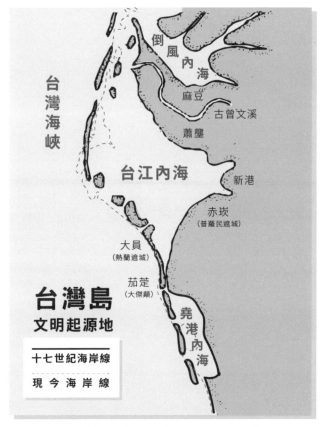

▲彩圖一　台灣島文明起源地（p.58）

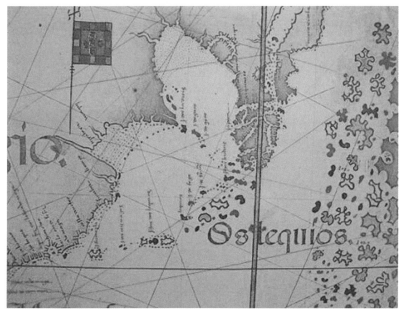

▲彩圖二　1554年歐蒙的《歐蒙世界地圖》，台灣島是最靠近紅色北回歸線北邊的小島（p.60）

◀彩圖三 1570年奧特柳斯繪製的台灣島（p.61）

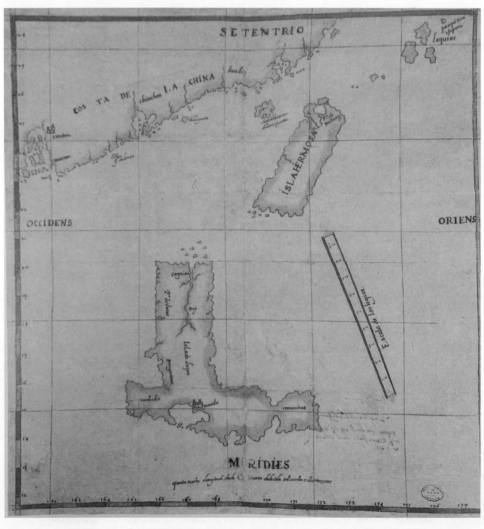

▲彩圖四 1597年科羅內爾《呂宋、福爾摩沙與中國局部圖》（p.61）

▲彩圖五　1602年明代中國利瑪竇繪製的《坤輿萬國全圖》（p.61）

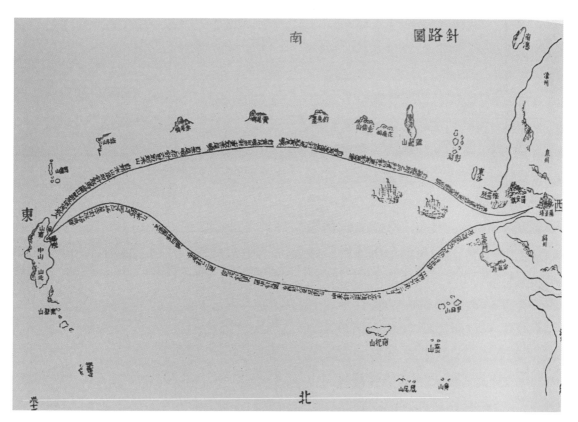

▲彩圖六　中國福州至琉球群島的航海圖，引自徐葆光(1671-1723)著《中山傳信錄》所附〈針路圖〉。（p.62）

La VILLE et le CHATEAU
de ZELANDIA
dans l'Isle de TAYOVAN

▲彩圖七　一鯤鯓上的《大員的熱蘭遮城與市鎮圖》，引自荷蘭醫師**Olfert Dapper(1639-1689)**1670年
出版《荷蘭東印度公司派使第二次**(1662)**及第三次**(1664)**出訪中國大清**(van taising of Sina)**》所繪
圖。（p.69）

▲彩圖八　長濱人的洞穴（p.138）

▲彩圖九　大坌坑遺址遠眺台灣海峽（p.147）

▲彩圖十　牛罵頭人獨有的三連杯陶器（p.151）

▲彩圖十一　芝山岩遺址，圖中遺骨是比芝山岩文化更晚的圓山人的遺骨（p.153）

▲彩圖十二　卑南人的住居（p.153）

▲彩圖十三　圓山遺址可以遠眺圓山大飯店（p.153）

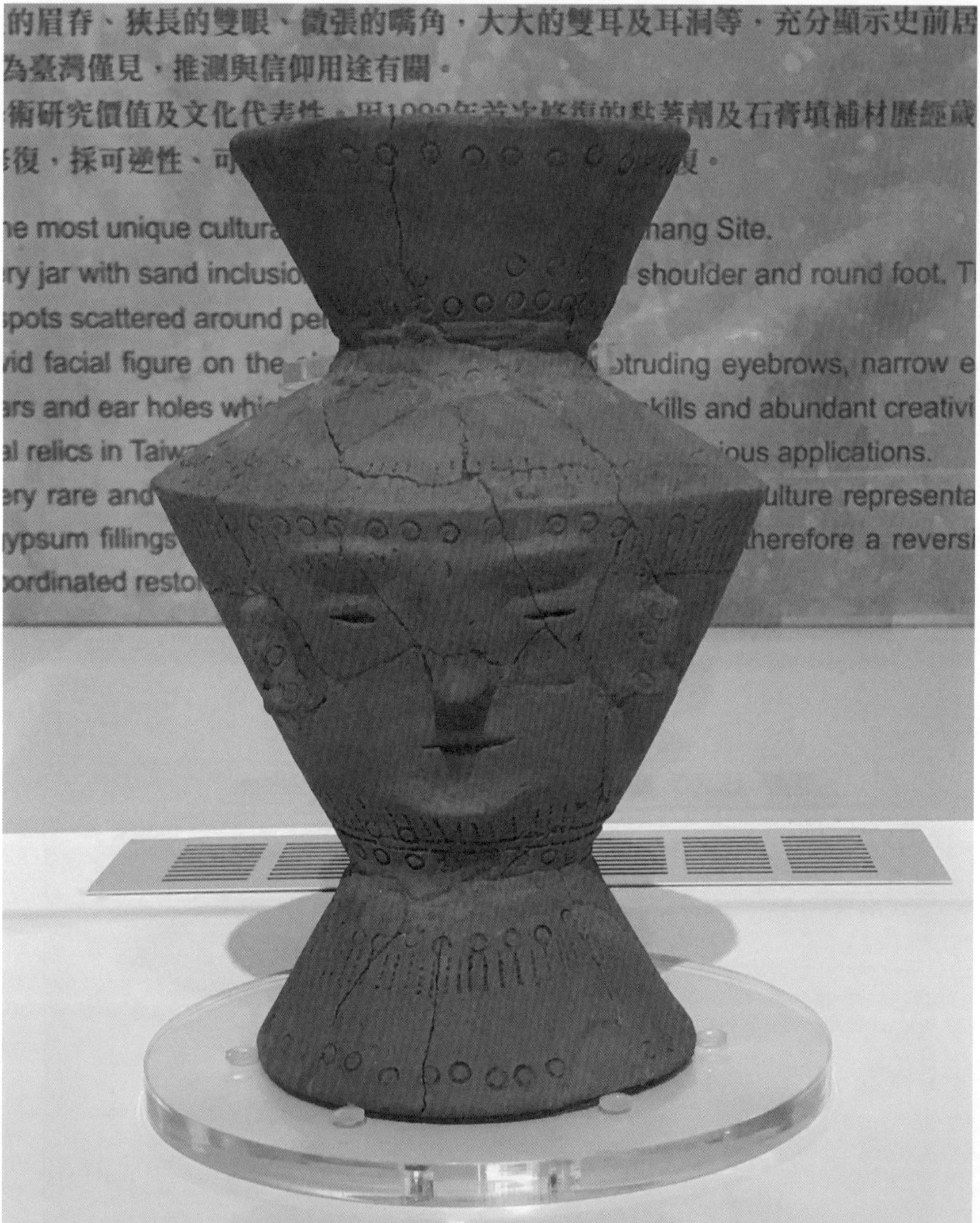

▲彩圖十四　十三行人著名的「人面陶罐」（p.182）

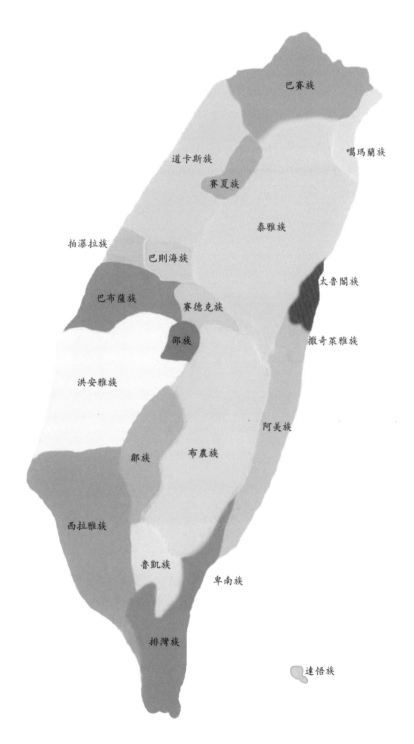

▲彩圖十五　台灣島原住民族的生活地域分布圖（p.196）

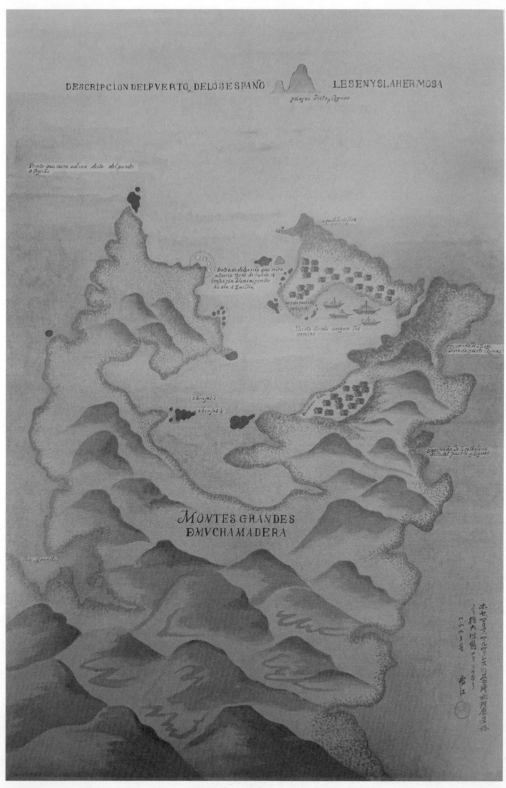

▲彩圖十六　西班牙人進佔基隆港口形勢圖（p.281）

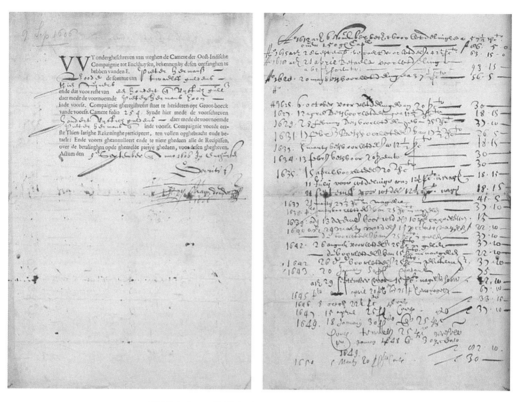

▲彩圖十七　荷蘭東印度公司的股票（p.284）

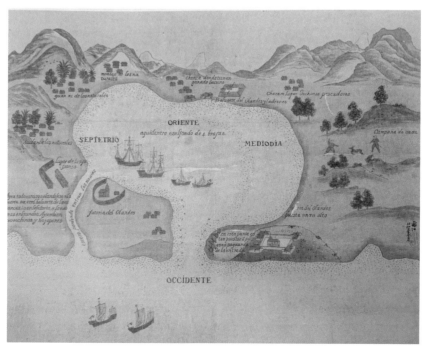

▲彩圖十八　西班牙人繪製《福爾摩沙島荷蘭港口形勢圖》（p.292, p.388）

▲彩圖十九　西班牙人在基隆社寮島蓋的聖薩爾瓦多城（p.292）

▲彩圖二十　末次平藏的朱印船（p.349）

▲彩圖二十一　　《威斯特伐利亞條約》簽約圖（p.364）

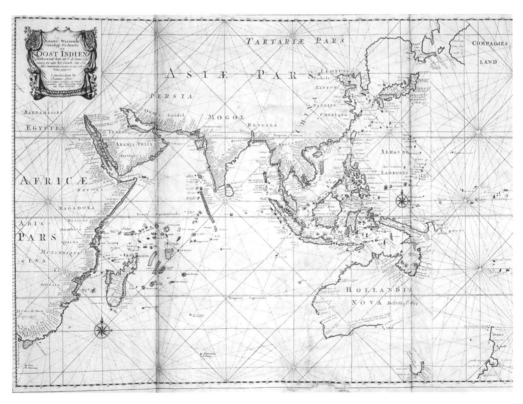

▲彩圖二十二　　**1700年荷蘭東印度公司的貿易地圖**（p.372）

▲彩圖二十三　荷蘭人的熱蘭遮城模型（p.378）

▲彩圖二十四　赤崁樓遺留的普羅民遮城遺跡（p.387）

▲彩圖二十五　熱蘭遮城、大員港與台江內海（p.387）

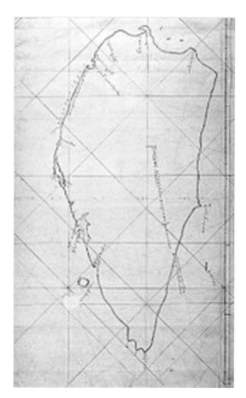

▲彩圖二十六　1625年諾德洛斯實地測繪的《北港圖》（p.387）

▲彩圖二十七　海堡遺址位於台南四草大眾廟後方河畔（p.390）

▲彩圖二十八　西班牙人在基隆社寮島蓋的聖薩爾瓦多城（p.434）

台灣島
史記

上

蔡正元 著

The
Chronicle
of
Taiwan
Island

典藏版

中華書局

謹以本書
紀念 父親 母親

連 序

古往今來著書修史的史學家繁如天上星辰，但眞正能發光發熱、流傳千古者，鮮矣。司馬遷著有《史記》一書，其首創的紀傳體撰史方法影響後世無數史學家，堪稱中國史書的典範，其執春秋之筆，胸懷「究天人之際，通古今之變，成一家之言」，更爲後人所景仰。

我的曾祖父連永昌正因深知歷史的重要，在祖父連橫13歲時，購買一部余文儀所著《續修台灣府志》贈予祖父，並對他說：「汝爲台灣人，不可不知台灣事。」後來祖父連橫著手撰寫《台灣通史》實淵源於此。《台灣通史》經十年之功始成，其體裁仿效司馬遷《史記》體例而成，時間起自隋煬帝大業元年（605年），終於台灣割讓日本（1895年）；其書分爲紀四、志二十四、傳六十，共八十八篇。

在〈台灣通史序〉之中，祖父連橫即引古人言：「國可滅，而史不可滅。」因爲，歷史乃是「民族之精神，而人群之龜鑑也。代之盛衰，俗之文野，政之得失，物之盈虛，均於是乎在。」近幾年來，台灣史的研究雖然逐漸得到學者專家的關注，並紛紛著書立說。然而，對於生活在這塊土地上的一般民眾，我們對台灣的歷史還是知道得太少，也因此衍生出許多諸如「台灣人四百年歷史」與「台灣中心主義」的迷思。

值此之際，看到蔡正元先生所著《台灣島史記》一書能於此刻出版，我個人感到格外的欣慰。蔡正元先生在此書中，秉持「歷史眞相是唯一的立場」，跳脫空間狹隘的「島嶼史觀」和時間封閉的「族群史觀」，引用世界史和中國史的客觀史料作爲佐證，破除許多過往只著重於台灣內部事件的傳統觀點，釐清台灣歷史的變動，實乃內部因素與外在因素交互影響所導致而成。

其次，蔡正元先生運用政治人類學、國際法學和憲法學的概念，客觀呈現過往各國如何在台灣島上進行領土主權的爭奪，依序分析討論「原住民之島」、「荷蘭公司之島」、「中國藩王之島」、「清代中國之島」、「日本殖民之島」、「南京民國政府之島」與「台北民國政府之島」，藉此破解各族群與各國本位主義的狹窄歷史視野。

　　蔡正元先生從宏觀的歷史視野，完整呈現台灣歷史變動的全貌，其筆觸語帶機鋒，觀察透徹，發人深省。相信此書的出版，能為台灣史的研究帶來正本清源之效，更能讓對台灣歷史有興趣的民眾，經由真相的瞭解，帶來啟發與思考，以借鑑過去，惕勵現在，指引未來。

連戰　謹識

2018年2月12日

註：連戰先生，曾任中國國民黨主席

王　序

　　蔡正元先生歷時數載，筆耕不輟，終於完成了這部關於台灣歷史的巨著。在眾多關於台灣歷史的著述中，本書以台灣島為座標，從遠古一直到當下，對台灣古今的人和事進行了全方位、多視角深度的掃描，還原了台灣歷史許多重大問題的本源和真相，具有重大的學術價值和深遠的歷史意義。

　　多年來，台灣怎麼回事，島上的人們從哪裡來，要到哪裡去，本來非常清楚，從來不是問題。但是，從上世紀八、九十年代以來，台灣一些政治勢力為了推動「台灣獨立」，篡改關於台灣歷史的一系列重大事實，改變很多既定的論述論斷，很多早有定論的問題被模糊乃至歪曲，一時間關於台灣未來走向，維持現狀都變得很難，統一被污名化，甚至排除，似乎只有「獨立」一個選項。

　　欲瞭解台灣島今夕何夕，今人何人，今事何事，路在何方，必須跳出當下看台灣，跳出台灣看台灣，從更加宏大高遠的時空來回視台灣，才能真正看清楚台灣到底從哪裡來，能到哪裡去。秉持「歷史真相是唯一的立場」的科學精神，作者以翔實的證據資料、嚴謹的考據考證，嚴密的邏輯分析，秉筆直書，條分縷析，令人信服地還原了台灣歷史的真相——台灣人就是中國人的一部分，台灣島就是中國人的空間和中國領土不可分割的一部分。不管歷史的塵埃多厚多髒，不管當政者是否敢於面對，終究遮不住真相。作者從「地」出發，主要從「人」和「政」兩個維度一層層揭開台灣歷史的面紗，展現了台灣島古今出現的重大歷史事件，道出了其中的原委和真相。

關於台灣「地」的真相

　　為了尋找台灣地理真相，作者從「盤古開天地」說起，從地理上

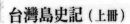

台灣島的生成開始，講述了台灣島地理的眞相。世上本無台灣島，只有中國東南沿海大陸架上的一塊沉積物。由於地殼運動，大約1億年前菲律賓海底板塊向西推擠，碰撞歐亞大陸板塊，隱沒入歐亞大陸板塊底下，將歐亞大陸板塊大陸架上的那塊沉積物抬高，大約600萬年前終於露出海平面，形成今日美麗的台灣島。可見，即便從地理構造上看，台灣島本來就屬於中國大陸板塊之一部分。如果沒有1億年前那次板塊大碰撞，今日台灣島仍然是太平洋西海岸、中國大陸架上的那塊沈積物。從地理構造上可以看出，台灣島與中國大陸本爲一體，不可分割，無法脫離。否則眞的要地動山搖，台灣島將失去其唯一的安全依託和穩定根基。

關於台灣「人」的眞相

根據作者的研究，台灣島最早的人類「長濱人」出現在3萬年前至1萬5千年前，他們趁著冰河時期海平面下降，走過中國大陸與台灣島相連接的「陸橋」，抵達台灣島。這些「大陸人」在台灣島居住長達萬年，比任何時期移民台灣的族群都來得長久，之後神秘消失。當然，台灣島後來又出現了原居民。就像中國大陸各省都有原居民一樣，不能因爲某個省找到了當地原始人的遺址，就否定當地人是中國人的身份，他們其實都是中華民族先人的一部分。

何況自古以來，中國大陸人到台灣定居、勞動、生活，就像從陝西、河南到廣東、福建遷徙一樣，就是從中國的一個地方到中國的另一個地方，從來沒有視之爲出國。中國人一直視台灣島爲自己生活的一個空間，是自己的家園，自己是這塊土地的主人，不是入侵者。千百年來，大量大陸居民不斷移居台灣，其人口數量逐漸超過原住民。據書中考證，1621年後台灣就已經由原住民之島轉變爲中國大陸移民之島。在荷蘭人佔領期間（1624-1662），大陸移民依然絡繹不絕。1662年鄭氏家族趕走荷蘭人，並於1683年歸降大清，一直到1895年日本人佔領台灣，在這長達230多年中國對台灣有效管治的時間裡，更多大陸移民入居台灣島，最終形成了現今台灣島的人口狀況：97%

以上的台灣島居民，其家族遷台歷史都不到三百年；絕大部分台灣人不僅是中國人，而且是中國漢族人，台灣漢族人的比例甚至高於大陸漢族人在全部人口中的比例，因此根本不存在所謂獨立的「台灣民族」。

近些年有人故意製造出一個「台灣民族」，人為地與漢族、中國人、中華民族區隔，這完全是對歷史和現實的歪曲。作者指出，任何把台灣島擬人化，假設現在島民的祖先在四百年前就已定居台灣島，都不符合歷史事實，更不存在「父系血緣來自中國，母系血緣來自平埔族」的普遍現象，所有這類論述都是編造的政治謊言，不是歷史真貌。

因此，台灣和中國其他省區一樣，自古以來都是中國人民勞動生活之所在，台灣始終傳承著中華文化傳統，延續中國人的香火，無論古今，台灣島名副其實就是「中國人之島」。荷蘭人、西班牙人、日本人作為入侵者，都是匆匆過客，他們在台灣的時間只有幾十年功夫，無論從時間長短或者人口數量上都根本無法改變千百年台灣人的主流主體和本源真相，無法改變台灣中華文化的基因和真實的存在。

令人遺憾和不解的是，台灣本來不存在嚴重的族群衝突，但有一些「聰明人」自以為「先知先覺」，似乎突然「發現」了自己的「新身份」、新的「民族認同」，假裝自己不是中國人，不斷製造民族區隔乃至歧視，導致很多無謂的族群衝突。在全世界都在努力化解族群矛盾、促進族群融合和人民大團結的今天，這完全是歷史的倒退，違背人類社會發展的潮流。

關於台灣「政」的真相

中國是最早、最多擁有關於台灣文字記載的國家，早在三國時期已有關於台灣這個地方的文字記述。從中國大陸的觀點來看，應該把整個台灣地區視為一個整體來看待。如果這樣，早在公元1171年南宋孝宗趙 (1162-1189)乾道七年，中原王朝就已經開始屯兵澎湖，這是澎湖併入中國版圖最早的記載。此後歷經元、明、清三代，澎湖地區一

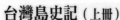

直在中國有效統治之下。

　　當然，本書以台灣島爲研究對象，不涵蓋澎湖等外島。作者認爲，在相當長的歷史時期，台灣島即便有固定居民，但並未產生國家組織。1624年荷蘭人佔領台灣島南部，建立殖民公司式的「政權」，但時間很短（1624-1662），只有區區38年時間，而且其目的是爲了建立對中國和日韓貿易的基地。這期間，西班牙人在北部建立了港口佔領軍據點（1626－1642），時間更短，只有16年時間，很難視之爲「西班牙殖民統治」。這兩個所謂的「政權」不僅時間短，而且交叉重疊，大部分時間又是局部統治，沒有建立全島性持續完整的政權。

　　1662年（康熙元年）鄭成功打敗荷蘭人，收復台灣島，並在台灣島建立了政權「承天府」。如果僅就台灣島而言，這是島上第一個現代政治學、法學意義上的完整政權。鄭氏1683年歸降大清後，台灣地方政權更是併入大清中央統治體系。以後的歷史就非常清楚了，大清一直有效管治台灣長達212年，包括1885年正式劃台灣爲單一行省，任命劉銘傳爲首任巡撫，一直到1895年日本人佔領台灣。如果從1662年到1895年，中國有效統治台灣、在台灣設立政權的歷史長達233年。在經歷了1895-1945年共50年日本殖民統治之後，1945年中國永久恢復對整個台灣地區行使主權和治權，台灣重新成爲中國的一個省，恢復了她的原狀和正軌，一直到「台獨」勢力執政，企圖把台灣從她本來的正軌上拉下來，改變台灣歷史的正常進程，推動各種形式的「台獨」。

　　可見，即便不算中國古代對整個大台灣地區的統治，最早在台灣島建立現代意義政權的毫無疑問是中國。無論根據當時取得領土主權的國際規則慣例，或者按照當代國際法的相關理論實踐，台灣確定無疑就是中國領土，中國對台灣享有排他的主權。在台灣近代以來394年建政史上（1624年至今），經歷了88年外族人統治，即38年荷蘭人和西班牙人的統治（如果可以算的話）以及50年日本人的統治，但這88年外族統治改變不了近代以來300餘年中國在台灣建立政權、實施有效

統治的歷史事實，改變不了1945年中國從國際法上永久恢復對台灣行使主權的眞相，更改變不了台灣自古以來就是中國人之島，就是中國人家園的事實。「二戰」後由於國共內戰，兩岸分治，但台灣本身法律地位和屬性不因內戰而改變，況且其政權性質仍然是中國人政權，絕對不是外國人統治。

　　本書以令人信服的證據，從「地」出發，重點從「人」和「政」兩個方面更加強化了一個早已形成的共識和常識：台灣人本來就是中國人，台灣島本來就是中國人之島，台灣自古以來就是中國領土的一部分；把台灣從中國分裂出去，就像把廣東、福建從中國分裂出去一樣，根本是不可能的。

誠實面對眞相，務實尋找出路

　　眞相是唯一的，也是殘酷的，無論怎麼篡改隱瞞，終究要大白天下。每一代人都是歷史過客，誰也無法選擇過去，無法選擇眞相，無法選擇祖先，也不可能選擇自己的基因。正如美國前總統林肯所言，你可以在某些時間里欺騙所有的人，也可以在所有的時間里欺騙某些人，但你決不能在所有的時間里欺騙所有的人。特別是政治人物必須要有基本的誠實，做決策時必須要基於歷史眞相和客觀現實，而不是自己虛幻的歷史和現實。

　　本書最大的貢獻在於客觀講述了關於台灣島歷史的眞相，指出「皇帝的新裝」其實是自欺欺人。有人幻想只要把台灣絕大部分人改造爲「台獨」分子至少是支持者，台灣就可以「獨立」！因此他們不遺餘力地開展「台獨」教育，假裝兩岸自古一體的歷史不存在，假裝台灣與中國沒有關係，企圖從根和本上切斷台灣年輕一代對於中國、中華文化的任何記憶和聯繫。且不說他們根本做不到這一點，即便他們有本事這樣做，台灣仍然無法「獨立」，因爲台灣能否「獨立」，是否「獨立」，取決於外界如何看待台灣，如何對待台灣。他們也許可以改變部分台灣民眾對台灣的看法，但是無法改變全體台灣民眾對台灣的看法，更無法改變大陸和國際社會對台灣的看法、共識和政

策，是否構成法理意義上的「獨立」取決於台灣之外的因素，而不是台灣內部因素。

有人幻想台灣將來可以和平「獨立」，通過與大陸和平談判實現「台灣獨立」，特別寄希望於大陸年輕一代人「解放思想」。這種可能性是零，世世代代都不可能，只要兩岸一天沒有統一，全世界中國人一天都不會放棄推動國家統一的努力。大陸的確在解放思想，本人2007年在《「一國兩制」下國家統一觀念的新變化》一文中梳理了改革開放以來大陸在國家統一問題上解放思想的過程和取得的成果：最大的解放思想就是由「一國一制」轉變爲「一國兩制」，不再堅持按照以前「只有'一制'，才是'一國'」的定義和標準實現國家統一，在很多領域已經不再追求統一，允許香港澳門在這些領域處於獨立狀態，只是在涉及國家主權最爲核心的少數領域實現統一即可；至於對未來兩岸統一的定義，更是對「一國兩制」的新發展，是全世界最寬鬆的關於國家統一的定義。我相信，只要堅持「一個中國」原則，願意談統一，大陸還可以再進一步解放思想。至於把思想「解放」到允許「台灣獨立」，那是絕對不可能的。

作者觀察到，台灣歷次大的統治權更替都是通過武力，無論荷蘭人、西班牙人，或者鄭成功、康熙，包括日本人以及1945年中國重新恢復對台灣行使主權都是通過武力實現的。這的確是歷史的事實，但希望不是台灣的未來。人人熱愛和平，而和平與「獨立」是不兼容的。2005年大陸制定的《反分裂國家法》已經清晰劃出了大陸的法律紅線、底線，既表達了追求和平統一的決心和誠意，也表達了必要時「採取非和平方式及其他必要措施，捍衛國家主權和領土完整」堅定的意志。

既然無法改變台灣的地理構造、人口構成和政權屬性，無法改變兩岸自古一體、本來一國的社會、文化和法理狀況，無法改變大陸同胞和海外僑胞追求國家統一的決心和信心，無法改變國際社會對兩岸關係性質的認知和共識，既然任何形式的「台獨」都是不現實的，那

就要老老實實回到正確的軌道上，大大方方承認歷史和現實，認眞、務實在兩岸一體、本來一國的原則框架下開展協商談判，爲台灣尋找最佳出路，爲兩岸統合爭取最佳方案。

文章千古事。在被「台獨」分裂勢力搞得是非不分、黑白不明的當今台灣，蔡正元先生毅然決然以春秋之筆，以中國知識分子「爲天地立心，爲生民立命，爲往聖繼絕學」的精神擔當，奮筆疾書，正本清源，還原眞相，大聲告訴世人台灣歷史的眞相和面臨巨大而現實的危險，力求挽狂瀾於既倒，避免台灣墜入萬劫不復的絕境。字裡行間可以看出他對這塊土地以及骨肉同胞深深的愛，不忍見到兩岸中國人再次兵戎相見，同室操戈，希望兩岸問題的最終解決不是魚死網破、零和遊戲，而是和平統一，是台灣民眾利益最大化、中華民族利益最大化。我眞誠希望此巨著面世能夠喚醒人們內心深處的良知和勇氣，堅決避免歷史悲劇重演，用智慧、眞情和責任化干戈爲玉帛，實現中華民族的偉大統一和全面復興。

祝賀蔡正元先生大作問世！
祝福台灣，祝福中華！

王振民 謹識

註：王振民先生，曾任清華大學法學院院長

張　序

「台灣島史記」序：尋真正言的一部台灣春秋史

　　正元兄這部「台灣島史記」不只是煌煌鉅著，用中國史學的老話說，更是一部「藏諸名山，傳之其人」的曠世巨作！

　　這絕不是奉承之語，而是我真心地如此認為！姑且不管考據問題，對於孔子曾參與，也是中國最早、最重要的一部史書---春秋----來說，孔子曾如此說：「知我者其惟春秋乎！罪我者其惟春秋乎！」「知我罪我」恐怕也是正元兄心情的寫照，透過此書，了解正元兄者，知其將台灣島的真實原貌呈現在世人面前的良苦用心，而其藉此一巨著，行褒貶賞罰之權，或許也會遭致不少人的怪罪。

　　孟子曾說，「孔子作春秋，而亂臣賊子懼」，煌煌史筆，傳之千載，人事可以有代謝，但史書定評，該也是人世牽流中顛倒黑白、無端妄作者，心裡多少懼怕的東西吧！不論是否「知我罪我」為正元兄的原意，但當本書付梓問世後，所有台灣島史中的顛倒黑白必將一一浮現。

　　在中國史學的傳統中，「史家」與「史學學者」乃是兩個不同的概念。史學學者是研究歷史的人，但史家是寫歷史的人，其輕重之間不可以道里計。史學學者的工作是爬梳史料，找出問題，給出歷史脈絡的看法，其中或評論得失，或給出褒貶，雖也不違司馬遷所說的「通古今之變，成一家之言」，但畢竟就只是一家之言而已。而史家則在裁剪史料，斟酌褒貶，指出古今之變，以成自我的一家之言時，他心中的擔負卻是面向千秋萬載，是否可成公論的。也因此，當我們說「史才、史學、史德、史識」時，史德與史識對史家而言，就更顯

得重要了。

我必須說，正元兄當然不是所謂的史學學者，這不只是因為他的所學與他的歷來工作資歷，也是因為他主觀上大概也沒有這樣一種想法吧！可是我相信他心中一定有著一種「史家」的擔負。連橫先生在《台灣通史》序中說道：「夫史者，民族之精神，而人群之龜鑑也。代之興衰，俗之文野，政之得失，物之盈虛，均於是乎在。故凡文化之國，未有不重其史者也。古人有言，國可滅而史不可滅。是以郢書燕說，猶存其名，晉乘楚杌，語多可採。然則台灣無史，豈非台人之痛歟！」這心情是所有古之良史之所同有，同樣，我覺得也該是正元兄的擔負！若地下有知，連橫先生看到今日正元兄的大作，必也會有後繼有人之慰。

台灣現在真的無史！不是說不曾有人寫過台灣的歷史，而是寫的人多數都存著一種特殊的想望，一種特殊的虛構。這一虛構就是試圖建構一個自古以來就已存在的所謂「台灣民族」。台灣不只有許多人試圖虛構這樣的歷史，這二十年來，更通過所謂的教改，把這樣的虛構變成了中華民國教科書的內容。任何曾經仔細看過目前中小學歷史教科書的人，都會知道，這樣一種虛構已經通過目前的教育體制、入學測驗的強制力，轉化成了許多受這教育長大的年輕人目前對台灣歷史的基本認知。

這樣的虛構，其內容是如何呢？簡單來說，就是台灣在遠古時代有一批原住民和所謂的南島民族有著共同的血緣關係，和中國是沒有關係的，這批人就是台灣人最早的祖先。一直到十六世紀前，台灣都是屬於這批原住民的，直到十七世紀開始，台灣乃開始被外來政權所掌控及殖民。從此台灣人不再能夠決定台灣的命運，台灣淪為外來政權的殖民舞台，歷經荷蘭、鄭成功、清政權、日本、乃至中華民國政權，這將近四百年的統治與殖民，才終於在二十世紀末，又重新回到了台灣人的手裡。

這當然毫無疑問是一種虛構，一種根植於血緣主義，但事實上

從未存在過的一種虛構。正元兄在本書中，開宗明義就指出了，台灣這塊土地從數百萬年前，自海底逐漸隆起後，就從來不曾出現過任何足以稱為掌握這塊土地的台灣民族。今天臺灣島上的所有住民，都不過只是在不同的歷史時期，因為種種不同的原因，來到這塊土地的人群，誰要說有一個先驗的、完整的台灣民族的概念，都只能是來自於刻意地向壁虛構。

我們當然也都很清楚，這種虛構乃是出之於一種特殊政治目的，目的在於企圖切割台灣與中國。正元兄長期在政治高位，在本書中卻並未著眼於此，而只是心心念念在指出正元兄所在意的「事實」，而這一個不容否認的事實，就是在不同的歷史時期來到台灣，而又長期居住下來的人群中，佔著絕高比例的都是從閩粵跨海而來的中國人。這高達百分之九十八的台灣人口比例，其組成結構也包含了目前仍生活在中國大陸的多數族群，而且其中漢族所佔有的比例，甚至比今天中國大陸漢族所佔有的人口比例還要來得更高。

這個事實對台灣而言，無疑極為重要。它不只摧破了那種根植於血緣主義所虛構的「台灣民族」，而且也為台灣的歷史確立了一個重要的基礎。對於這點，我也願意為正元兄的這部巨作略表示一點個人的意見。

原本從血緣主義來講歷史，就是一個很無謂的做法。人類歷史從部族時代開始，血緣就是一個不斷擴大的過程，它不可能是封閉的。即以正元兄所指出來的漢族為例，漢民族這個概念就不可能是個以血緣為基礎的概念。早期中原部族在爭天下時，商民族與周民族打得血流成河，但商周兩民族老早就通婚了，易經的「歸妹卦」講的就是商王帝乙娶了周文王之妹的事。後來一統天下的秦，原也來自西戎，中國文學史上最了不起的文學家之一、寫離騷的屈原乃是楚國人，早期楚人與周來往時，即自稱是蠻夷，也就是歷史上的荊蠻。吳越相爭的故事我們都是熟悉的，司馬遷寫吳太伯世家，說吳國乃是周文王的大伯之後，這傳說恐怕未必是事實。吳越都是當時中原民族眼中的

蠻夷，但吳國派人來中國，春秋特別稱吳國為子，就表示只要你有誠意在文化上與中國相融合，中國就不會排斥你。這就是中國自古所謂「以文德來遠人」的意思。

也就是說，中國之所以為中國，從來就不是一個根據血緣所建立的封閉性國度，「中國」的概念從來就是以文化為基礎的。從周初到漢代，中原民族與匈奴的爭戰就沒斷過，竇憲北征後，北匈奴西逃，造成了歐洲歷史上有名的蠻族大遷徙，南匈奴則逐漸內附，百年後還造成了所謂的五胡亂華，但今天中國可還有匈奴一族嗎？五胡老早就已經混入中國人的血液之中，沒有區別了。五胡亂華，晉室南遷，當時漢人的確曾一度要「嚴夷夏之大防」，講「非我族類，其心必異」，但隋唐統一後如何呢？唐朝皇室照杜甫詩中所寫，都是胡人的面容，唐初名將尉遲恭是波斯人，現在也成了我們貼在門上的門神，不是嗎？

至於所謂南方的百越，由於楚國與中原的交往，從戰國以後，就已經漸漸與中原民族不分了，雖然這種融合總是緩慢的，比如晉室南遷，東晉時北方南遷的人與當地的原住民也總有衝突，在今天湘贛一帶，當時稱為溪族，北方士族就常以「溪狗」名之，這當然很不好。但大家也許不知道，中國文學史上赫赫有名的陶淵明，其實就是溪族人。李白更是一個最好的例子。李白先世如何沒有記載，但根據考證，他其實是從今天中亞吉爾吉斯來的，當時稱為碎葉國，不管他有沒有漢人血統，照記載他的長相，至少也是個混血兒無疑，但他卻是中國文化完全無法抹去的一筆。

舉了這麼多的例子，一方面我想指出，歷史的發展總是在擴大與包容中進行，歷史的腳步也許有曲折，但擴大與包容永遠是歷史不變的軌跡，誰要逆反這個軌跡或想自我封閉，就是在自取滅亡，台灣的歷史軌跡自然也不可能逃開這個規律。另一方面，中國本就是一個以文化包容力所摶成的民族，它不是一個血緣的概念，這個文化當然還可以繼續擴大，繼續吸納更多新的文化質素，而台灣不只以人口結構

來說，是一個更純粹的中國，即使從文化來說，也不折不扣是個以中華文化為主體的地方，這如何可能被某些鹵莽滅裂之人說切割就切割得掉的呢？台灣今天現實上所謂去中國化的作為，或者並非不可理解，但這種逆著歷史、逆著文化內涵的舉措，又會對誰有好處呢？杜甫說「爾曹身與名俱滅，不廢江河萬古流」，這就是必然的結論。

　　台灣的歷史在目前台灣社會的敘事中，真是有著太多扭曲了！不只是像二二八之類的大事，其他諸如羅漢腳，諸如「只有唐山公，沒有唐山媽」等說法，也都有著太多扭曲。對於這些積非成是的說法，正元兄在此一巨作中都已經根據鐵錚錚的事實做了澄清。他告訴了我們，原來當年唐山過台灣，有多少是舉族遷徙的，而且很多都是豪門巨戶來台墾殖，而不是坊間所流傳，都是來逃荒的。正元兄讓事實說話的做法，自當是史家如椽之筆應有之義，也是台灣現在浮躁眾聲的喧嘩之中，所需要的一帖清涼散。我誠摯地相信，如果台灣每位朋友都能仔細讀讀正元兄這部巨帙，當都會從浮躁中冷靜下來，想想台灣是怎麼來的，知道了這點，台灣應往何處去，自然也就會有比較冷靜的思考了。

　　正元兄還在他的巨著中提到，他撰寫本書時援引兩大原則處理台灣島史料，包括世界史及中國史上的歷史經驗破除狹隘史觀，以及藉用政治人類學、國際法學和憲法學上的概念，解剖封閉的台灣史觀。在世界史與中國史的脈絡下，所謂的「分裂械鬥」早就存在中國東南等地，「羅漢腳」更是中國邊疆和世界上新移民地區「失敗移民」的共有社會現象，「民變」事件在中國歷史上從明代到清代，從未間斷，此皆非台灣島上中國移民社會的特殊現象。在國際法與憲法的脈絡下來看台灣島上的主權轉移、人事物變遷，才能釐清各國別、各族群扭曲事實的本位立場，並避免落入個別族群自我中心的偏差視野。

　　正元兄以上處理史料的原則，無疑讓此書在方法論上展現出其優秀的路徑，也讓本書以一個更為全面與客觀的視野來縱橫台灣的歷史，殊屬難得，值得高度讚賞。

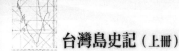

　　毫無疑問的，以春秋之筆論台灣島史，必然揭發出不少謊言，更給予當頭棒喝。在正元兄的筆下，固然有可歌可泣的英雄史詩，也有賣主求榮、睜眼瞎話的醜陋事跡。這是人性在政權轉化、利益誘惑前的不同反應，但是這個現象迄今仍然存在。

　　正元兄點出了清代在台灣的積極建設，不僅有鐵路、水利工程，更有大量漢人移民台灣，但是現在出現在台灣歷史教科書的說法竟然是清代「消極治台」，更以訛傳訛地引用日本學者伊能嘉矩認為〈清政府渡海禁令〉的錯誤觀點。台灣的稻米、蔗糖、樟腦在日據前已是台灣的主要經濟作物，而日本殖民者的基本心態是「留島不留人」；也就是說，是這塊土地讓日本垂涎，而不是台灣的人民，因而日本總督在面對台灣的「暴民」、「匪徒」時，不會有任何憐憫與同情，輕則捕殺，重則滅族。正元兄更提到，「後藤新平殺害歸順者的手法比現代伊斯蘭國IS殺害俘虜的情形，更為惡劣」，但是一些「皇民化」的遺民迄今仍然高歌日本殖民者對台灣的貢獻。

　　正元兄在本書中也無懼地對當代的台灣現象進行批判。此時，他已不僅是從大歷史的脈絡來解讀，而是他個人活生生的經驗與親身觀察。正元兄用「王莽篡漢」來形容某些「新皇民」抹殺歷史真相，企圖借殼上市的台獨作為，真是太傳神了。的確如此，在我看來，某些大家族及菁英後代為了掩飾自己家族的不忠及維護自身的利益，對於台灣史的詮釋自然就不客觀、不公正了。1945年日本戰敗，台灣光復，原本是一個可以徹底反思日本殖民台灣史的機會，但是忙於內戰的國民黨，在治理台灣時，也必須與當時擁有權力的台灣士紳、權貴家族合作，而這些人又是日據時期的得利者，因此，日本在台的惡行歷史沒有被全面深入的反省。

　　1949年後，兩岸政治對峙，國民政府在台灣需要美國的支持，因而台灣與美日成為戰略一體，台灣早期的輕工業也受日本企業的支配，這也使得台灣再次失去了全面反思殖民統治史的機會。當時的國民黨為了鞏固政權，再次選擇與本省的既有菁英合作，因此，台灣英

烈的抗日史蹟幾乎從來沒有被國民黨政府追思過。正元兄在本書中對此也表達出萬分的感慨，他舉抗日三傑之一的簡大獅爲例說：「簡大獅的英烈事蹟幾乎從台灣島的台北民國政府所編教科書課綱消失。台灣島在日本皇民後代操控下，已背棄台灣島抗日史。」

　　大量日據時代留下的權貴菁英，在國民政府進行土地改革時失去了土地，即使他們得到了工商業股票的補償，但仍自覺是受害者，一些人走往他們熟悉的日本，將其作爲台獨運動的海外基地。

　　以李登輝爲代表的一些皇民遺緒，爲了要去中國化，不惜把國民黨打成外來政權，醜化在台灣的所有貢獻，而其用的手法就是歌頌日本殖民時期對台灣的現代化建設，而全然不論日本的殖民惡行。正元兄在其大作中，即用春秋之筆清楚地指出：「蔡英文、柯文哲、李登輝都是皇民出身，也都是日本殖民時代的買辦階級，或是台籍日本兵背景，爲推動台灣獨立，帶領民進黨內的政治人物積極推動『去中國化』政策，改編歷史及中文教科書，全面縮減中國歷史及文學教育。拆除孫文及蔣介石銅像。搞『正名運動』消除任何具有中國意象的名字或稱號。還試圖剷除孔子和媽祖信仰，大力復興日本神社。美化日本殖民統治台灣島的形象，歌頌日本人樺山資紀、八田與一、湯德章等人，誇大日本殖民政府的治台政績。企圖用這類的『新皇民化政策』填充挖空中國元素後的台灣島文化內容，作爲推動台獨運動的精神支柱。」

　　可悲的是，接續李登輝的國民黨領導都沒有察覺到失去台灣史論述的嚴重性。即使在馬英九八年執政期間，也沒有做到撥亂反正，甚而還去祭拜興建嘉南大圳的日本工程師八田與一，並在現場公開宣稱自己不是「反日派」，而是「友日派」。

　　另一方面，民進黨不論是在野或在朝時，都是肯定、美化日本，使得台灣的年輕人對於日據台灣史的認知有偏差，而其誇大日本政府友好台灣的行爲，如果從深層的歷史去看這一群人的心靈，他們追求的並不是所謂的「台獨」，而是希望「脫中入日」，因而在政策上毫

無罣礙地選擇做日本的「扈從」，而其內心多麼希望能夠得到日本的撫慰。

在正元兄的眼中，長期占據台灣主流的「島嶼史觀」是一種空間狹隘的思維，讓人們常誤以爲台灣島上的歷史事件是純粹內部滋生而成，而忽略外部事件才是眞正的激發力量，台灣島居民只是被動做出反應而已。這個觀察是正確的，然而台灣這個島嶼在歷史上也曾有過一段時間成爲當代中國的核心、華夏的新中原，它可以影響中國大陸，甚而引導中國現代化的進程。

1949年國民政府來到台灣這段歷史，在目前絕大多數的詮釋中，是一個中原政權敗逃、國際上風雨飄搖、內部經歷威權統治及白色恐怖，但是也有卓越經濟成就的一段歷史。然而換個角度，從整個中國歷史來看，1949年國民政府渡海南遷，是中國史上足以比擬東晉永嘉渡江與南宋靖康渡江的三大南遷事件。1949年也是台灣史上三大移民潮中文化意義最豐富的移民事件。1949年後的台灣是民國學術的繼承者，是另一種五四精神的發揚者。1949年後整個中國的文化精華都來到台灣，其中不只有人才，還有文物，更有對中國歷史文化的傳承。1960年代，台灣更大力推展中華文化復興運動，讓中華文化在台灣深深紮下了厚實的基礎，也讓台灣成爲全球中華文化的代表者。

在1949年至1971年間，在台灣的中華民國政府是代表中國的唯一合法政府，由於堅持中華文化的正統，這時的台灣，不是中國的邊陲，而是眞正的中國，即使台灣在1971年以後失去了國際政治上的正當性，但是在文化上仍然是中原的正統。

李登輝取得政權以後，他的分離主義政策並沒有讓台灣離開中國，但卻使得台灣這個島嶼的地位重新打回原形。隨著去中國化運動的進行，台灣愈來愈不再是文化上的中原，而重新回到以往作爲島嶼的歷史軌跡，它已不再有機會去主導中國大陸的發展，也愈來愈難影響中國未來的走向。

這就是歷史的宿命，一群自認爲「愛台灣」的島民，白白地自我

放棄了可以成爲新中原、主宰中國命運的機會，他們內心那一種移民的基因，讓他們只能從身邊的需要與利益來看問題；即使是受到中華文化薰陶的馬英九，在面對歷史與未來時，他也難逃大多數移民者的侷限，缺乏放眼大陸的格局，帶領國民黨選擇了心裡上的偏安。

正元兄在大作中提到，關於台灣論述，常常會聽到一種說法：「『台灣歷史是外來政權的統治史』，這論述倒因爲果，似是而非。正確的論述應該是：『台灣島的歷史是外來政權引進外來移民的歷史』，早來的政權被晚來的政權推翻，早來的移民與晚來的移民競爭，演化出台灣島的族群衝突與合作的歷史篇章」。正元兄更憂慮地評論，「『台灣主體性立場』歷史論調最大的錯誤，就是『鎖島論述』」。這些觀察完全是正確、深入，且具啓發性的，從而也激發了我們新的想像，我們可否從根本上跳脫「本土／外來」的二元思維，從而使台灣偏離「鎖島」論述可能的宿命，並爲台灣帶來一個嶄新的未來。

1852年，美國總統想要買現在西雅圖的土地，被認爲是美國原住民的印地安酋長西雅圖回美國總統的一封信中有一段話寫到：「你怎麼能夠買賣天空？買賣大地呢？這種概念對我們而言是很陌生的」。這封信中更令人感動的一句話就是：「人類並不擁有大地，人類是屬於大地」。

西雅圖酋長這句話可以給我們人類深刻地反省，從人與自然的角度觀看，土地是我們人類的母親，孕育著我們的生命，我們只可能「享有」土地，不可能「擁有」土地；同樣的，我們都是地球上的過客，在地球這塊土地上，從來沒有眞正的「原住民」，也沒有所謂的「外來人」，有的只是「先來後到」而已。

台灣島上的歷史，的確是一個不斷有新「後來者」進入的歷史，先來者往往排斥抵制外來者，甚而要後來者「滾回去」，視後來者爲「非我族類」，這樣的情形在二十世紀末、二十一世紀初的台灣仍然可見。這種「先來是主，後來是客」的分別心，成爲台灣這個「移

民」島嶼爭執與衝突的核心源頭。

正元兄大作《台灣島史記》給了我啓發，也應該給台灣島民另一個想像。如果我們可以靜下來想一想，台灣與世界上所有地方一樣，都不是屬於誰的，我們都是地球上的過客，地球才是眞正的主人，展望過去，思考未來，台灣應該要做的是如何讓自己更「開放」，讓世界上更多的人能夠「享有」台灣。當世界都願意來「享有」台灣時，台灣也就「享有」了世界。故步自封、我執愛台，只會害台。「台灣是台灣人的台灣」的「鎖島」思維將使得台灣逐步萎縮，唯有當「台灣是世界的台灣」的認識，台灣才有機會享有全世界，「有容乃大」應是台灣面對世界、面對未來歷史的唯一座右銘。

新年期間，有幸以此書稿伴我長夜，益發感到正元兄在字裡行間所帶對台灣的濃濃深情，這也讓我爲之動容！感謝正元兄給我這個學習機會，並謹以如上雜感，聊致我的感懷！是爲序。

張亞中　謹識

2018年2月26日

註：張亞中，台灣大學政治學系教授

邱　序

　　今之太史公筆，撰春秋之宏文，道台灣滄海桑田！

　　我一向厭惡國民黨的「醬缸文化」，在國民黨內能受我尊敬的人物屈指數來只有三位，正元兄就是其中一位（其他兩位就暫且姑隱其名了）。

　　正元兄出身貧寒，在國民黨內初次嶄露頭角是在1998年馬英九選台北市長時，從那時開始他便是國民黨內不可或缺的關鍵人物，很多醬缸裡人物嫉妒他、排擠他，甚至用各種惡毒謠言中傷他，但他始終在「反台獨」的戰場中奮戰不懈。後來，在國民黨急於出售黨產時，他臨危受命擔任「中影公司董事長」，卻也因此成為日後被民進黨清算鬥爭的對象，甚至一度被構陷羈押黑牢，他即便在冤獄中仍筆耕不斷，完成了其百萬字的巨著《台灣島史記》。我花了好幾天時間詳細拜讀後，不得不讚賞正元兄以太史公之筆，撰春秋之宏文，道盡台灣島四百年的滄海桑田。正元兄請我寫序，基於兄弟情誼，我必須應允，但平生又不太會稱讚人，只好不揣淺陋發抒拙見，提出四點補充，希望能為這本《台灣島史記》添增一些材料。

　　第一個要補充的是「郭懷一事件」，這是台灣第一個有組織對抗殖民政權的事件，蔡正元提到1652年發生了三件與台灣有關的事，一是以舟山為基地的南明魯王朱以海投靠鄭成功。二是鄭成功擬殺施琅，施琅被迫逃亡，鄭成功怒殺施琅父親及弟弟，施琅投奔清軍。三便是台灣島爆發對抗荷蘭人的「郭懷一事件」。

　　郭懷一是鄭成功父親鄭芝龍的舊部，鄭芝龍投降明朝後，郭懷一仍留在台灣南部屯墾，在當地具有極高威望。荷蘭人侵台後對台灣人民欺壓、凌辱、掠奪，郭懷一遂在1652年八月初七號召民眾對抗荷蘭

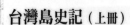

人，一度乘勢奪回赤崁城，起義隊伍最多時達到1.6萬人。後來荷蘭援軍抵達，兩軍在二仁溪進行激戰，在這場對抗殖民侵略者的戰鬥中，郭懷一不幸中彈犧牲。

郭懷一生前將一柄寶劍送給屯兵馬尾的鄭成功，鄭成功後來配戴此劍，在馬尾羅星塔公園舊址斷石立誓，之後率兩萬兵馬渡海擊退荷蘭人光復台灣，並將此劍命名為「復台劍」。

第二個要補充的是「謝雪紅的政治身份」，大陸說謝雪紅是共產黨，在台灣，國民黨視謝雪紅是叛亂份子，民進黨卻為謝雪紅立碑，史明等人稱她是有台獨色彩的護台革命英雄，前民進黨文宣部主任陳芳明還說她是「永不凋零的雨夜花」。但事實上，謝雪紅是共產黨員，還是台共的創始人之一，更是標準的「統派」，她在日本殖民時期所提出的「獨立」主張，指的是脫離日本殖民統治而獨立，根本不同於現在民進黨所指的台灣獨立。

謝雪紅是台灣彰化人，1923年就參加由蔣渭水等人主導的《台灣文化協會》，屬於文化協會中的左派，主張進行工農運動。1925年她回到上海參加「五卅工人運動」，並加入中國共產黨，1928年在上海法租界參加組建"台灣共產黨"，之後回台灣組織工農運動，以推翻日本殖民統治，爭取台灣人民自決為職志，並以台灣文化協會及台灣農民組合為活動中心。1931年日本憲警全面抓捕台共份子，謝雪紅也被捕關進黑牢，受盡各種慘無人道的刑求虐待，直到1939年才出獄。1945年日本投降後，謝雪紅繼續領導農民協會、工友協會，並在1947年的二二八事件中，在台中拉起義勇軍隊伍與國軍作戰，現在仍碩果僅存的陳明忠先生當時就是其下二八部隊的隊長。在二二八事件後，蔣介石政府追捕所謂叛亂份子，謝雪紅與其夫楊克煌逃亡到上海、香港，組建了台灣民主自治同盟。

第三個要補充的是發生在1950年的「吳石案」。此案被視為蔣介石政府在台灣破獲最大規模的「共諜案」。該案起因於「光明報事件」，1949年6月，中共台灣省工委會發行地下報紙《光明報》，在

社論中紀念中國共產黨成立二十八週年，地下黨人將報紙塞進省主席陳誠的家中，陳誠向蔣介石匯報後，蔣介石震怒，嚴命保密局限時破案，當時抓到傳送報紙的幾名台大學生，其中有位王明德(即民進黨議員王世堅之父)供出報紙是基隆中學校長鍾浩東提供，保密局大舉搜索基隆中學，鍾浩東、蔣碧玉夫妻被捕，鍾浩東在酷刑逼供中說出「老鄭」二字，被執行審訊的特務谷正文依此線索捕獲中共地下黨書記蔡孝乾。後來蔡孝乾在嚴刑拷打下叛變，並供出吳石、朱楓(即朱湛之)等人。吳石當時已是國軍中將、國防部參謀次長，是中共地下黨員中層級最高者，朱楓則逃到浙江舟山，幾個月後被保密局舟山站站長沈之岳抓獲，朱楓吞金自殺未果，後來與吳石在馬場町被槍殺。「吳石案」使中共在台灣的地下黨部署幾乎全毀，被抓捕者超出1800人，也使中共想一舉解放台灣的行動受挫，更牽扯出後來李友邦將軍的另一「共諜案」，台灣自此進入「白色恐怖時代」，而在此案中立功的沈之岳受蔣介石賞識，後來擔任位高權重的調查局長，其任內還吸收了很重要的線民謝長廷。

　　第四個要補充的是「李登輝的背景」。李登輝曾在吳克泰介紹下參加過中共台灣省工委會，又與台獨分子彭明敏交情甚篤，連1970年在美國進行「刺蔣案」的主角黃文雄，也是他在康乃爾大學的好友。以蔣氏父子之精明嚴查，對付異己「寧可錯殺，絕不錯放」的原則，為何會對其破格拔擢，並兩度順利到美國攻讀碩士、博士學位，並成為繼蔣經國之後的國民黨主席和總統，掌大權時間長達十二年。我的看法是李登輝應是日本右翼勢力安排在台灣的一個棋子，國民政府在冷戰時期為「反共」，必須與日本修好，因此日本右翼之身分反成為他的保護傘。我的懷疑來自五個線索：一是李登輝在1944年入日本京都大學讀書，又參加日本志願軍在台灣高雄受訓，他難道有分身之術，可同時在台灣與日本？二是李登輝在1944年從軍，1945年就升任少尉軍官，以台灣人或沒有背景的日本人是絕無可能的。三是李登輝在1945年日本投降後，獲得可生活達一年的退休金，隔年回台北進入

台大農經系繼續學業。以戰後日本財政之困難，能享有如此豐厚退休待遇，不可思議。四是李登輝在1946年加入中共地下黨，之後被捕，不但毫髮無傷出獄，還能在台大任教，娶妻生子，並取得"中美基金會獎學金"，於1951年赴美國攻讀碩士，1953年回台後進入合作金庫領高薪，後又到領取美金的農復會任職，以當時肅殺的政治氛圍，他既有中共地下黨經歷，根本不可能獲准出國。五是彭明敏在1964年因台獨案被判刑，李登輝是彭明敏在台大的至交好友，不僅沒有受到牽連，還在隔年獲獎學金赴美國康乃爾大學攻讀博士，以當時政治氛圍，也絕無可能。

基於上述五個線索，我認為李登輝背後有極其雄厚的政治後盾，使蔣氏父子雖懷疑他，卻仍不得不重用他，這個政治後盾依日後的發展來看，應是日本右翼政治勢力。

這本《台灣島史記》的內容極其豐富，專業研究台灣史的學者，可作為很重要的參考文獻。而一般人也可在欣賞該書洗練之文字及完整史料的同時，更加認識台灣，瞭解台灣，從而更確定兩岸血濃於水，兩岸一家親的歷史紐帶。

邱毅 謹識

於2018年3月12日台北市仁愛路自宅

註：邱毅先生，曾任台灣大學國際企業系教授

總目錄

目　錄

導論：歷史真相是唯一的立場

拒絕學習歷史的人，

會重蹈覆轍。

而編造扭曲的歷史，

終將在真相之前灰飛煙滅。

一

　　台灣島的文字歷史，就是台灣島外來移民的歷史。

　　台灣島的地理性質亙古不變，在不同歷史階段，台灣島卻有著不同族群的先住居民和外來移民。他們有時互相敵對，有時相互合作。有時主宰他人，有時被人主宰。台灣島的歷史發展就在紛爭與合作之中前進，而有今日的面貌。

　　傳說葡萄牙水手驚呼台灣島為「福爾摩沙」（Formosa，美麗小島）時，「福爾摩沙」僅指台灣島，不包括澎湖群島。在歷史長河裡，台灣島與澎湖群島的歷史發展，並不完全同步，可以分開進行歷史性的討論，尤其澎湖群島未見原住民史蹟，無法構建澎湖的原住民歷史。沒有論及原住民的歷史，就不成為台灣島的歷史。澎湖也未經荷蘭人殖民統治，討論荷蘭殖民統治是研究台灣島史必備的歷程，但與澎湖關聯不大，因此本書討論即聚焦於台灣島。

　　關於台灣島的歷史論述，常常會聽到一種說法：「台灣歷史是外來政權的統治史」。這論述倒因為果，似是而非。正確的論述應該是：「台灣島的歷史是外來政權引進外來移民的歷史」，早來的政權

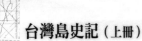

被晚來的政權推翻，早來的移民要與晚來的移民競爭，演化出台灣島的族群衝突與合作的歷史篇章。

荷蘭殖民公司的殖民政權引導荷蘭人和中國人進入台灣島，擠壓原住民的生活空間，但荷蘭人也不時與原住民聯手鎮壓中國人。中國藩王鄭成功的政權引來更多的中國人移民台灣島，鬥爭荷蘭人和原住民。清代中國政府又引入更多中國人開墾台灣島，排擠原住民。後到的中國人勢須與早到的中國人和原住民競爭，清代中國政府也順勢利用原住民鎮壓中國移民和其他原住民，以求穩定這個邊疆島嶼的治理工程。日本殖民政權引入日本人和琉球人，鬥爭中國人和原住民，製造成第一個日本殖民地。第二次世界大戰後，慘勝的南京民國政府引入新一批的中國人，趕走日本人，與早到的中國移民之間又引發新一輪複雜的生存競爭與合作。

「國家」是擁有領土主權的政治組織，主權是一塊土地上的最高統治權，領土是主權所涵蓋的土地範圍，因此不論大明帝國、大清帝國、中華民國，或中華人民共和國，都是在「中國主權領土內」建立的國家組織，從憲法和國際法上的法律人格分析之，都能以「中國」這個「主權單位」概括這些不同階段的國家組織。因此以「中國移民」代替其他史書常用的「漢人移民」更加貼近歷史真相，畢竟「漢人」不是獨立的「人種」，而是中國境內形成的「民族」之一，稱「漢族」也比「漢人」更恰當。「中國」雖從來不是憲法意義上的正式國號，亦即「中國」不是國家組織的名字，但自清政府與俄羅斯簽訂《尼布楚條約》後，「中國」一詞已成國際法正式名稱，指涉特定國家組織在國際法上行使中國領土主權相關權利義務的載體及法律人格。所以「中國」是國際法上的領土主權（territorial sovereignty）的專有名詞，也是特定的主權領土（sovereign territory）的國際法用語。生活或出身在中國的人類不論可依語言和文化分成幾個民族，自然都可稱為「中國人」。中國人在歷史上先後組建過許多國家組織或酋邦，有時甚至在同一個時間存在著兩個以上的國家組織。有些國家組織在

宣告成立時尚未取得公認的領土主權，只能算是「幼嬰國家」（Infant State）；另有些國家組織原本擁有領土主權，卻因內戰、政變、外國入侵等原因喪失大部分的領土主權，只控制或管轄剩餘一小部分領土，不再被認為擁有領土主權，這時就成為「殘存國家」（Rump State）；如果一個國家組織喪失所有主權領土，把組織遷移至其他國家境內，這時就成為「流亡國家」（Exiled State）。但這三種國家組織都不是常態的「主權國家」（Sovereign State），所以不是正常意義下所討論的「國家」。

中國人移民台灣島，就是「中國移民」，本書不作「漢人移民」稱呼，「漢人」是清代中國相對於「滿人」的習慣性用語，不適合嚴謹的學術討論。事實上台灣島在清代中國的「大移民時代」，福建廣東移民台灣島者，確有畬族、回族、滿族、蒙古族、壯族、瑤族等族群，且移民台灣島的來源不限於福建廣東，也不是只有「漢族」。畬族常取漢姓，如盤、藍、雷、鍾。清政府派來台灣島處理朱一貴事件的福建水師提督藍廷珍（1664-1730）是畬族，就不是漢族。1724年藍廷珍設立「藍張興」墾號當起墾首，開發台中地區，曾包庇中國畬族及其他族裔偷渡來台開墾。

荷蘭文獻把台灣島上的中國移民統稱「中國人」（Chinees），有些人為了政治上的原因故意翻譯為「漢人」。荷蘭文獻並沒有「漢人」一詞，當提到荷蘭人禁喝「中國米酒」時，這些人又無法翻譯為「漢人米酒」，這也是本書統一使用「中國人」、「中國移民」，而不採用「漢人」、「漢人移民」的另一個原因。

另如台灣島彰化縣福興鄉粘厝庄是女眞族「粘罕」的後人，粘罕又名「完顏宗翰」（1080-1137）。1115年黑龍江女眞族完顏阿骨打（1068-1123）在哈爾濱建立「大金國」，大金國於1125年滅遼國。1127年中國歷史爆發「靖康之難」，完顏宗翰率兵攻陷河南開封，滅亡北宋，逼使漢族大舉南遷，產生金宋對峙的局面。1234年金國被蒙古族滅亡，粘罕族人南遷至浙江、福建，1683年後遷移至台灣島。所

以中國人移民台灣島不全是漢族。

但是台灣島絕大多數人口仍是中國漢族移民及其後裔，而且原住民人口比例偏低，雙方通婚比重非常有限的條件下，中國漢族移民仍是台灣島的主要人口。至於荷蘭人來台常住人口不足2千人，更不可能改變台灣島的人口結構。台灣島上的中國移民本質上是外來移民，基本上是外來政權的產物。因此，無權質疑「外來政權」。

其次，「中國移民」和「漢人移民」也常可互用，不必做無謂的爭論。中國漢族在台灣島的人口比例是98%，在中國大陸只有91%，在香港94%，新加坡75%，台灣島是中國漢族比例最高的地區。至於有人宣稱台灣島的中國漢族是中國移民和原住民平埔族的混血後代，更是經不起人口統計數字檢驗的政治謊言。在荷蘭人結束殖民統治台灣島時，平埔族跡近滅亡大半，人口不到4萬人。任何平埔族人口多於4萬人的說詞，都是沒有根據的謊言。若非清代中國政府是滿族少數民族的政權，支持、承認且保護平埔族的「集體土地所有權」，平埔族人口早被「本省籍」的中國移民消滅，而非同化。

還有一些論者為了編撰「台獨論述」，先把閩南人看成「越人」，推論閩南人非漢族，亦非中國人的說法，再以台灣人離開閩南已久，不再「認同」中國閩南，論斷閩南裔中國移民不是閩南人，所以不是中國人。這種說法不是歷史學術，只是無聊的政治傳單。「閩越族」在漢代中國早已從福建消失，中國漢族則在公元308年西晉末年及南北朝侯景之亂後，才有「衣冠南渡，八姓入閩」移民泉州的記載。閩南語族群以這些漢族的「中古漢語」為基礎發展出泉州話，再從泉州話衍生出漳州話、廈門話、溫州蒼南話、台灣話、東南亞福建話、福佬話的所有閩南語族群。客家語則是客家人在西晉以後，贛南講「上古漢語」的漢族遷入閩西，與畲族混合產生的語言，也跟「閩越族」無關。但閩南語、客家話都是漢族語言的一環，也都是中國漢族，這是鐵的事實，跟政治認同無關。

畢竟客觀的歷史發展是「事實問題」，主觀的政治意願是「價

值問題」，兩者必須分辨清楚，否則就是精神層面的失智。台灣島上「有人」在主觀上不認同「中國人」的政治或國內法身份，與那些「有人」在客觀上的民族血緣、文化和國際法上的「中國人」身份，兩件事不可混淆。政治或國內法身份常隨政權更替而變動，民族血緣和文化因素卻是歷史無法切斷的長河。面對歷史，沒有歷史記憶的人群，只是沒有生命的木乃伊。有著錯誤歷史記憶的人群，更只是沒有智能的機器。

二

　　有關台灣島歷史的著作近來相當豐沛，中國、荷蘭、日本及台灣島本地的史料日益充實，讓現代人對台灣島的歷史可以有機會更加深刻的瞭解。但有關台灣島的歷史著作也充斥著許多錯誤的觀點，客觀史料常被錯誤且主觀的「史觀」扭曲，以致這些歷史著作過度失真，令人不忍卒睹。其中最嚴重的錯誤「史觀」是空間狹隘的「島嶼史觀」和時間封閉的「族群史觀」。「史觀」經常是有人為了達到特定政治或社會性目的，主觀地揀選或剪裁歷史材料，刻意地構建一個圍繞這些歷史材料的事實性的故事，進而可以推論出主觀立場擬獲得的價值性判斷的結論。這種「史觀」與其說是「歷史觀點」，不如說是「敘事謬誤」(Narrative Fallacy)。其實不論倡導什麼「史觀」，都要接受「最客觀原則」的考驗，就是呈現史實是否已經窮盡一切方法，以第三者的立場審視歷史材料及所做出的判斷與解釋。

　　空間狹隘的「島嶼史觀」只專注台灣島上的歷史發展，自陷於狹隘空間而過度忽略外在國際因素，尤其是中國和日本因素。這些外在因素常是影響台灣島歷史發展的最大力量，尤其台灣島的歷史幾乎是外來政權和外來移民陸續鏤刻下的時間痕跡，外在因素佔有最大的影響力。

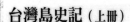

　　這種空間狹隘的「島嶼史觀」，讓人常誤以爲台灣島上的歷史事件是純粹內部滋生而成，忽略外部事件才是眞正的激發力量，台灣島居民只是被動做出反應而已。有時某些著作甚至把台灣島擬人化，假想台灣島是歷史發展的統一個體，從遠古到現代，互古不變，忽略台灣島的歷史眞相是各種族群爭奪的地盤，台灣島本身不是歷史的主體，原住民和外來移民才是歷史發展的動力，歷史學終究不是地理學，島嶼本身只是歷史上各族群競爭的舞台。

　　時間封閉的「族群史觀」則是褊狹地從個別族群歷史經驗的時間軸線，去扭曲宏觀的台灣島史實。台灣島在不同歷史階段，居住不同的族群，這些族群有時主宰他人，有時被人主宰。台灣島上從來沒有固定的台灣人，不同階段自稱或被稱台灣人、台民、島人、番人、原住民的族群，常是血緣或文化有很大差別的族群，而且經常相互爲敵。

　　因此，原住民或荷蘭人看台灣島，與中國人或日本人看台灣島，時間軸線的視角落差可以想見。這些時間軸線的視角落差又常遮蔽客觀史料，以致完全眞實的歷史著作可遇不可求。有人稱這些多樣化族群居民的生活現象爲「多元化的台灣文化」，以示有別於「一元化的中華文化」，是很可笑的推論。因爲中國大陸的族群多元化的幅度，遠遠大於台灣島。中國大陸以漢族文化爲核心體的集約程度也小於台灣島，因爲中國大陸的漢族人口比例低於台灣島。費孝通「多元一體論」的文化詮釋，較之中國大陸，更適用於台灣島。

　　還有些台灣史作者，用更荒謬的角度把「台灣人」的概念，當成同質性的名詞，假想歷代台灣人是有高度同質性的人群，可以擺在同一視角來審視，忽略「台灣人」其實是不同歷史階段移居台灣島的原住民、中國人、荷蘭人和日本人的泛稱。各式移居民族相互之間的歷史經驗，其異質性遠超乎可以當作同質性的歷史客體來處理。至於編造有一種「台灣人」從四百年前就存在到今天的說法，這是刻意捏造的假事實。最近更有人假借「台灣主體性」的政治說詞，用來大肆歪

曲歷史眞相，以滿足操縱群眾輿論的私慾，就更等而下之。這類「台灣中心主義」的見解，歪曲客觀史實有餘，呈現眞實面貌不足，與其說是「歷史」，不如說是「政治小說」。

三

《台灣島史記》的撰寫援引兩大原則處理台灣島史料，以求呈現客觀且眞實的台灣島史實。作者的立場只有一個：「歷史眞相是唯一的立場」。

第一，引用世界史及中國史上的歷史經驗破除狹隘史觀，台灣島上很多事件，在世界史及中國史上並非獨特且不可理解的個別案件，如果隔離世界史實，台灣島上的歷史事件會被孤立，顯得突兀，不易理解，甚至滋生偏差認知。例如「分裂械鬥」早就存在中國福建、廣東、江西等地，並非台灣島上中國移民社會的特殊現象。「羅漢腳」更是中國邊疆和世界上新移民地區「失敗移民」的共有社會現象，亦非台灣島的獨特社會問題。

「民變」事件在中國歷史上從明代到清代，從未間斷，稱皇稱帝的失敗人物，斑斑可考，台灣島發生「民變」，從「發起暴動」，到「組建民兵」，接著「奪取政權」，最後「推動政變」，統稱「民變」，其原因既不意外，其形式也無新意，更非清代中國政府刻意漠視台灣島治理問題的證據。因此本書引用世界史及中國史做客觀細膩的分析推論當佐證，尤其中國、日本、荷蘭、葡萄牙、西班牙，甚至美國的重要歷史事件，常是台灣島歷史發展中不可忽略的背景原因。藉由內外相互審視和對照，傳統台灣史著作以訛傳訛的惡習可不攻自破。

第二，援引政治人類學、國際法學和憲法學上的概念，破除封閉史觀。在有文字的歷史中，台灣島的歷史是各國爭奪領土主權的歷

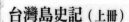

史。如果不依靠政治人類學、現代國際法和憲法的概念去解析，很容易落入個別族群自我中心的偏差視野，客觀的台灣島歷史就無從顯現。援用國際法的概念去理解台灣島的人事物變遷，尤其重要，因為荷蘭人來台之前，綜合歷史經驗法則及習慣法，所產生的國際法基本概念已經誕生，由此便可以釐清各國別、各族群扭曲事實的本位立場。如此可以跳脫「台獨史觀」常見的謬誤，這些不符史實的說法常自以為是的論證：荷蘭只大舉開發台灣島西南部，所以荷蘭的領土主權只限於西南部；鄭氏延平王政權自荷蘭人接收的領土主權也只是這一局部；甚至於還推論清代中國時期的領土主權不及於原住民部落居住地。依照這些不符國際法的論述，美國十八世紀建國時，領土主權也不及於印地安部落和未開發地區。

在這些學理詮釋下，「國家」定性為「擁有領土主權的政治組織」。「國家」經由「遊團」（Band），發展至「部落」（Tribe），再發展至「酋邦」（Chiefdom），最後進入「國家」（State）階段。「國家」組織可被創造，亦可被滅亡。但「國家」的「憲法人格」及「國際法人格」等相關的權利義務卻可以被「繼承」、「轉移」、「合併」、「消滅」。「憲法人格」指「國家」內部統治關係的權利義務的載體，「國際法人格」指「國家」外部國際關係的權利義務的載體。掌握這些分析能力，就不會迷失於「清帝國是不是中國」的虛假命題上，也不會落入幻想「大肚王國」曾存在台灣島的錯誤撰述。

掌握以上兩大原則，本書的寫作立場跳脫「台灣主體性立場」去詮釋外來政權和皇民化現象，任何宣稱今天的「台灣人」從舊石器時代就生活於台灣島，代代相傳到今天的隱晦假設，絕對不是事實。人類不會因為僅是曾經居住在同一個地點，就產生歷史性的連結。由於人類文明的進化速度並非同步，在台灣島上的族群亦復如此，新石器時代的訊塘埔人曾與牛罵頭人同時居住在台灣島超過五百年之久，也先後在四、三千年前從台灣島消失，但這兩個民族或文化族群是各過各的生活，未見任何歷史性的連結。

　　本書客觀呈現的歷史眞相，是外來政權帶來外來移民。除少數的原住民族外，今天的台灣人幾乎都是外來政權引進的外來移民，其原居地政治或社會變動的重大事件常是影響台灣島歷史進展最不可忽視的因素。由於荷蘭「聯合東印度公司」時代、延平王時代、清帝國時代、南京民國政府時代、台北民國政府時代，台灣島的外來移民主要都是中國移民，最後使台灣島成爲中國人之島，而非原住民之島或荷蘭人之島。日本殖民時代雖試圖移民日本人，但數量上也無法超越中國移民。日本殖民政府雖曾以貶抑中國移民的民族自尊爲代價，推動皇民化，企圖把中國移民轉變爲「假日本人」，但時間太短，且中國漢族的文化深度太強，日本人無法像轉變琉球人般地改變中國移民。中國移民雖可自稱台灣人，但也無法辯稱不是中國人的出身源頭。

　　荷蘭人並未自歐洲引入移民，荷蘭士兵也大多是日耳曼傭兵，甚或是非洲黑人、東南亞土著或奴隸，不是荷蘭人，也不具移民性質。日本殖民台灣島時，有從日本、琉球移民台灣島，但第二次世界大戰後都以「戰犯」身份被遣送回日本或琉球。同時期因皇民化而支持日本侵略中國及東南亞，具有「戰犯」性質的「台灣島民」，卻因《開羅宣言》及「以德報怨」的政策，在法律上推定爲「戰勝的中國人民」，可以享有「戰勝國待遇」，不必承擔「戰敗侵略責任」。

　　因此，現代的「台灣人」絕大多數是在不同時期自中國大陸移民來台。那麼用「台灣主體性立場」去掩蓋「想獨立的台灣人立場」，甚至編造出虛擬的「台灣民族」，都是扭曲歷史事實，迎合人爲企圖的政治謊言。如此混淆客觀史實與主觀政治企圖的界限，不是歷史研究該有的立場。

四

　　「台灣主體性立場」歷史論調最大的錯誤，就是「鎖島論述」。

在此論述下，一切發生在島外的事都視而不見；一切發生在台灣島的不堪事件都要刻意掩蓋；一切發生在島內的平常事務，即使毫無關聯，都當作有因果關係的事件大肆發揮，好像是非對錯的基準全都應該以「台灣人」的眼光和角度做出自以為是的判定。

在不同歷史時期出現在台灣島的人群，並不能全以「台灣人」的身份概念予以定位，例如1621年來台的中國福建移民、1624年來台的荷蘭人和日耳曼人、1626年來台的西班牙人和菲律賓土著、1631年應荷蘭人招募來台開墾的中國移民、1662年隨同鄭成功來台的中國人、1683年後康熙皇帝開啓的大移民時代來台開墾的中國人、1895年來台的日本人，都很難以「台灣人」的認知概念來化約解釋這些人的身份屬性。

只有1683年後來台開墾的清代部分中國移民，經過很長時期，才漸漸產生「台灣人」的身份認知。大部分外來移民來台居住的時間都不到400年，有人侈談「台灣人四百年史」的說法太誇張，充其量只能算是「台灣島中國移民四百年未滿的歷史」。

本書撰述亦非自「中國主體性立場」的屬性作論。荷蘭人統治台灣島，並未統治澎湖群島，台灣島與澎湖群島的歷史發展並不同步。荷蘭人以「尼德蘭七聯省共和國議會」授權「聯合東印度公司」殖民統治台灣島，有國際法上的合法性，不能定性為「荷據時代」，因為不存在國家與國家之間非法「佔據」或「割據」領土的問題。

本書論證，台灣島自鄭成功武力進佔台灣島後，才成為中國領土的一部分，台灣島不是自三國或隋唐時代就是中國領土。日本帝國殖民統治台灣島，在當時也具備國際法上的合法性，不能定性為「日據時代」。本書否定台獨學者的「外來政權理論」，把清代中國統治台灣島說成「滿清據台」或「清國領台」。清代中國和日本帝國初步取得台灣島時，中國和日本內部都有放棄統治台灣島的「棄台論」，但這些「棄台論」是正常的政策討論，並不構成台灣島當時不屬於中國或日本版圖的意思表示，更不構成中國或日本事實上「棄台」的國際

法證據。

日本殖民統治台灣島，直到1943年美國總統羅斯福發布《開羅宣言》，台灣島才被第二次世界大戰的同盟國認定為和滿洲一樣，都是「日本人自中國人竊取的領土」，等於非法竊取。日本人「非法」取得台灣島，經1945年日本昭和天皇《終戰詔書》與日本政府《降伏文書》確認生效。但那是1945年後的非法性，不影響1945年前的合法性，不能以「日據時代」稱之。同理，引據《舊金山和約》，強說「台灣主權未定論」，瞎扯「蔣介石非法軍事佔領」或「遷佔政權」，更只是無聊的政治囈語，不是國際法的真實面貌。1945年8月15日在法律上已確定台灣島的領土主權屬於中國，至今未曾改變，既不因《舊金山和約》而有所改變，也不因個別政治人物如何解讀而有所調整。《舊金山和約》既未修正《開羅宣言》的規定，也未經中國和蘇聯簽署確認，只是美國及其扈從國家與日本的單方面和約而已，無關台灣島主權歸屬的變動。

本書以國際法論述，否定台灣島在中國清代統治時期是「殖民統治」，也否定民國政府統治時期是「遷佔政權統治」。國際法上的「殖民統治」或「遷佔統治」有一定條件，本國領土的統治律令與殖民地的統治律令必須是兩套不同的憲法秩序。本國領土的大多數人口和殖民地的大多數人口必須是不同民族，且給予明顯高低不同的法律身份，才構成「殖民統治」。領土以外的政權自外而入，攻佔他人領土建立新政權，才構成「遷佔統治」。1945年10月25日南京民國政府宣布行使台灣島的領土主權時，當年8月15日台灣島的主權已從日本移轉給中國，因此南京民國政府不是「遷佔統治」。至於1950年3月1日蔣介石在台灣島宣布「復行視事」，建立「台北民國政府」的爭點在於是否持有「中國主權」，而非「遷佔統治」。法律焦點在於「蔣介石政權」是否有權「代表」中國主權，或「代行」中國主權。因為台灣島民是第二次世界大戰日本帝國的侵略共犯，若非「恢復中國國籍」，可能受到戰犯審判和清算。在戰後日本帝國無條件投降的國際

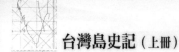
法秩序下，戰犯身份的台灣人無權「獨立建國」，是鐵錚錚的現實。根據這些清晰的定義，台灣島在中國清代和民國政府兩個時期並非「殖民統治」，亦非「遷佔政權」。

自1945年起，台灣島的領土主權屬於中國，是毫無疑義的國際法事實，至今未曾改變。任何台獨論述不管如何編撰，都無法動搖這個國際法現實。1949年後台灣島仍毫無疑義是中國主權的一部分，「南京民國政府」和「台北民國政府」都曾經是聯合國承認的中國主權代表，都是合法統治台灣島的主權政府。1971年後因為聯合國大會《第2758號決議案》的國際法效力，「台北民國政府」統治台灣島的合法性開始產生「主權消損」（Sovereignty Depletion）危機。「台北民國政府」統治台灣島的問題，在於無權「代表」中國主權，但可能有權「代行」中國主權。即使台灣島在1950年因美國總統杜魯門的《韓國情勢聲明》被劃歸「美國的勢力範圍」，從此任何台灣島上的政權都必須是美國的扈從政權，但仍沒有改變台灣島屬於中國主權的領土的國際法事實。

<h2 style="text-align:center">五</h2>

「遷佔者國家」（Settler State）則是指一個種族或民族組織政權遷入其他種族或民族的領地，以非法手段佔據其他民族的領地，建立一個全新的國家。1945年至1971年間，「南京民國政府」或「台北民國政府」統治台灣島並不符合「遷佔者國家」的定義。作為一個政權，統治中心的遷移，或統治範圍的變動，如果沒有超過原有領土範圍，並不構成「遷佔者政權」的條件。作為一個民族，台灣島上絕大多數人口仍是中國漢族，並沒有因為日本殖民統治50年而演化為語言文化完全不同的新民族，也不構成「遷佔者」與「被遷佔者」分屬不同種族或民族的基本條件。倒是1621年後，中國移民進入台灣島，

台灣島從原住民狩獵遊耕的島嶼社會，轉變成中國移民的農耕社會，「本省籍」的中國移民及其後裔更符合「遷佔者」的定義。第二次世界大戰後這段時期的台灣島實況，不是白人統治黑人的羅德西亞，兩者分屬不同種族；也不似英國人統治愛爾蘭人的案例，因爲兩者分屬盎格魯薩克遜民族（Anglo Saxons）和凱爾特民族（Celts），是完全不同民族，並信仰不同宗教。台灣島有部分歷史書冊囫圇吞棗隆納魏澤（Ronald Weitzer, 1952- ）不是很嚴謹的「遷佔者國家」的概念，解釋1945年後外省人入台爲「遷佔者」，忽略「外省人」與「本省人」屬於同一民族，而且「外省人」是第二次世界大戰遭到日本侵略屠殺的勝戰族群，「本省人」反而是協助日本侵略中國和東南亞的敗戰共犯。用「遷佔者國家」概念來編撰台灣島的歷史事實，完全是出賣學術專業，歪曲史實的作品。

本書也要特別指出，隆納魏澤是以研究娼妓問題聞名國際的美國社會學家，運用他研究羅德西亞（Rhodesia）、津巴布韋（Zimbabwe）所發展出來的「遷佔者國家」概念，詮釋台灣島歷史，適用度不足。更重要的是，在第二次世界大戰期間，「本省籍」台灣人的行爲和「志願」的表現，完全是日本人的侵略共犯，出錢出力，協助日本人侵略中國和東南亞。雖因《開羅宣言》和「以德報怨政策」，戰爭共犯責任獲得免刑，但在戰後日本無條件投降的國際法秩序，失敗的侵略共犯仍然沒有領土主權的聲索權利。這是台灣人不願面對，卻必須面對的歷史眞相。戰敗的侵略者及侵略共犯無權指責戰勝國取回上次戰爭失去的領土主權是「遷佔者」。

隆納魏澤自己定義「遷佔者國家」必須是遷佔者的後代仍然在政治上對本地住民居於優勢（To constitute a settler state, the descendants of settlers must remain politically dominant over natives），這個情形不存在於1949年後的台灣島。隆納魏澤認爲「遷佔者國家」同時要有三大特徵：第一，遷佔者統治行使政治權威和強制權力必須獨立於遷出的母國（metropole）；第二，遷佔者統治要堅固的控制本地人口；第三，

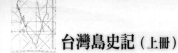

遷佔者的霸權要維持遷佔者種姓般的團結和國家凝聚力（the settlers' caste solidarity and the state's cohesion.）。前兩項特徵貌似1949年後統治台灣島的蔣介石政權，但蔣介石統治中國大陸也是如此，並非專爲台灣島而建立。蔣介石統治機制肇因於國共內戰的戰爭體制，而非爲統治台灣島的本省人而設計。最後一項特徵「種姓般的團結」在台灣島完全不存在，尤其居於種姓上層的遷佔者如隆納魏澤所說的：「要徵收最富庶的土地，聲索主要的自然資源，剝削本地勞工。」這只存在於1945年以前由日本殖民統治的台灣島。基於前面兩項特徵，隆納魏澤本人也把1949年後的台灣島視爲「遷佔者國家」，但卻不吻合第三項特徵，隆納魏澤只好自言自語說「台灣在遷佔者國家中是獨一無二」（Taiwan unique among settler states），這種論述暴露隆納魏澤治學的嚴重疏漏。

六

基於本書採取嚴格的「歷史事實爲主體性的立場」，歷史眞相與事實是詮釋歷史的唯一標準，而事實眞相要經得起嚴格的邏輯推論和模式檢驗，不是靠望文生義想當然耳的冥想。要嚴格區分「設想應該是什麼」（ought to be）與「實際狀況是什麼」（to be），這是完全不同層面的問題。前者是主觀認知的價值命題，後者是客觀評斷的事實命題。歷史上很多客觀事實的評斷要借助於人類學、政治學、經濟學、國際法發展出來且經過檢驗的觀念，而不是閉門造車、敝帚自珍，根據特定立場胡亂引用。有些人刻意加以混淆，製造虛假的歷史記錄，本書亦將予以揭露。

那些從扭曲的「台灣主體性立場」和「中國主體性立場」做出發點，所撰寫的台灣島歷史著作，只是特定政治立場的政治宣傳品，不是呈現歷史眞相的嚴謹作品。有些歷史著作連關鍵歷史事實都刻意裁

切以隱瞞歷史眞相，那就更不堪聞問。寫歷史的原則要忠實過去的記憶，不可以有選擇性的遺忘，更不可以用現在的想法去僞造過去的事實。縱使面對歷史眞相的鏡子會令人難堪，但難堪無關緊要，重要的是歷史眞相必須被呈現，而非故意加以遮蔽。歷史是事實眞相的呈現和說明，而不是特定立場的解釋、辯護和宣傳。

本書所有時間年份全採公元紀年，棄用中國或日本的皇帝年號，月日盡量採用陽曆。歷史上的重大政變或暴亂，其成敗均採國際法的承認標準。郭懷一事件、朱一貴事件、林爽文事件、戴潮春事件、余清芳事件、二二八事件，都涉及台灣島的政權爭奪戰。統治當局依「暴亂」或「政變」處理，反對勢力的武裝民兵自認爲「起義」或「革命」，都以「交戰團體」給予對等看待。由戰爭輸贏決定政權、主權、領土的歸屬，沒有對錯是非的問題。值得進行價值性評論的角度只在於政權爭奪過程的武力是否逾越比例原則，這是《戰爭法》的基本原則。本書作者親自走訪台灣島各個歷史現場，瞭解時地物的關聯性，以求歷史撰述的準確性。

本書雖命名爲《台灣島史記》，然係效法修昔底德（Thucydides, 460-400 BC）的《伯羅奔尼撒戰爭史》和司馬光（1019-1089）的《資治通鑑》的編年體（Chronology）爲敘事主軸，展現歷史發展的時序軌跡，輔以司馬遷《史記》的紀傳體，詮釋某些具有歷史意義的人事物；並以條目的方式對單一的主題，關鍵的事件做同時性的並置，綜攬前因後續的闡述。爲避免重複，並循此詳彼略的書寫原則，做出客觀的評介。司馬遷（145-86 BC）說：「是以君子爲國，觀之上古，驗之當世，參以人事，察盛衰之禮，審權勢之宜，去就有序，變化有時，故曠日長久而社稷安矣。」作者以此自勉，但自忖雖曾修習包括經濟史在內的歷史專業課程，究竟非以歷史專業爲職業。幸運的是，有歷史學前輩不吝惠予指導，使作者能發揮本身的經濟學、政治學、憲法學、國際法學的專業訓練，得以和歷史學術相結合，力求爲台灣島的歷史著作，撥亂反正，增添清晰而客觀的新篇章。

蔡正元 謹識

2017年10月1日凌晨一時寫於台北土城看守所

附記：本書註釋的電腦檔案於2017年7月17日蔡英文政府的特務搜索本書作者住宅時遭到毀損，是為大痛，此一大憾惟容日後再行補遺。面對台獨政權以刀鋸鼎鑊待天下士，本書作者辛然臨之而不驚，無故加之而不怒，毅然於牢籠囚室之內完成本書著作。歷史綿延，台灣島史記未完，天佑台灣島！

註：本《台灣島史記》於2019年3月由香港中華書局出版精裝繁體字「香港版」上下兩冊，2019年7月由財團法人孫中山紀念圖書館文教基金會出版平裝繁體字「台灣版」上中下三冊，兩個版本大同小異，「台灣版」字數稍多，資料及說明較細，方便研讀台灣史的初學者由淺入深。2020年2月經修訂後出版平裝本台灣版的「繁體字第二版」上中下三冊，2020年4月再修訂後出版精裝本香港版的「繁體字增訂版」上中下三冊，2020年8月第二次印刷。2022年11月出版全面修訂的平裝本台灣版的「繁體字經典版」上中下三冊。中國大陸發行的簡體字版2021年已與中信出版社和九州出版社簽約。

附註：本書於2019年12月即由美國Stanford University圖書館典藏。
https://searchworks.stanford.edu
Taiwan Dao shi ji = The Chronicle of Taiwan Island　Author/ Cai, Zhengyuan

作者簡介：蔡正元1953年出生於台灣省雲林縣北港鎮，祖先於1621年自福建省泉州府晉江縣青陽鎮移民台灣島，祖父蔡水讚在1928年參與領導「漢醫復興運動」。蔡正元的學歷包括：清華大學法學博士、哥倫比亞大學經濟學碩士及博士候選人、哈佛大學公共政策碩士、台灣政治大學企業管理碩士、台灣師範大學教育學士。經歷包括：中國國民黨副秘書長、政策會執行長、中央常務委員、文化傳播委員會主任委員、發言人，台灣立法委員、國民大會代表。

第一篇
台灣島世說新語

第一章
台灣島之土地與形狀

一、台灣島的土地與位置

　　台灣島於六百萬年前才露出海平面。由於1億年前厚度10公里的菲律賓海底板塊（Philippine Sea Plate）開始向西推擠，於1,200萬年前碰撞厚度80公里的歐亞大陸板塊（Eurasian Plate），並隱沒入歐亞大陸板塊底下，將歐亞大陸板塊東緣的海洋大陸架（Continental Shelf）上的沉積岩抬高，於600萬年前露出海平面，形成台灣島。這些沉積岩來自中國大陸的岩石風化後沉入海洋大陸架形成的，並非深海平原（Abyssal Plain）的岩石。當時南方古猿和直立猿人等早期人類尚未產生，現代人類的智人（Homo Sapiens）也是二十五萬年前才出現在非洲，八萬年前智人出現在亞洲及中國，直到三萬年前才移居台灣島，台灣島在這之前是無人島。

　　台灣島西面的澎湖群島則早在1,700萬年前至800萬年前之間就已出現，因南中國海底板塊擠壓碰撞中國大陸所在的歐亞大陸板塊，造成台灣海峽的大陸架地殼張裂，地函岩漿順著裂縫向地表以洪流式的火山噴發溢出，在海面上冷卻凝固後的火成岩所形成的群島。澎湖群島的洪流式火山爆發並未產生圓錐狀火山地形，也無高聳塵雲，而是溫和的岩漿從地殼多處裂縫溢出地表形成多處的地質平台。岩漿溢出地表頻率最高的期間為1,400萬年前至1,000萬年前，約於1,200萬年前菲律賓海底板塊擠壓中國大陸板塊的力量增強，澎湖群島地底的地殼裂縫受壓縮小，岩漿溢出量減少，於800萬年前地殼裂縫封閉，洪流火山活動停止，地震頻率漸少，形成目前的澎湖群島。

　　在荷蘭東印度公司1624年殖民統治台灣島之前，台灣島的原住民族從未產生酋邦或國家組織，因此台灣島本是無主之地（Terra Nullius）或（Res Nullius），亦即沒有任何酋邦或國家組織擁有台灣島的領土主權。直到1624年後，荷蘭的「聯合東印度公司」（VOC）

在台灣島南部建立殖民政權後，宣稱台灣島隸屬尼德蘭七聯省共和國之領土，並以主權國家代理人身分，逐步統一全台灣島，取得領土主權，台灣島才成為有國家主權統治之島嶼。

然而，荷蘭人從未領有澎湖群島主權，早於1171年澎湖群島的領土主權已毫無疑義地歸屬中國，且劃歸泉州府晉江縣管轄，並非無主之地（無任何主權統治之地）。1662年鄭成功在台灣島建立政權後，澎湖群島與台灣島才產生政治上的連結，由於本書主軸聚焦於台灣島的人類歷史，不涉及澎湖群島本身的歷史，所以取名《台灣島史記》。

台灣島總面積為36,188平方公里，南北長約395公里，東西寬約144公里，環島海岸線長約1,139公里。與中國大陸隔著台灣海峽，兩側海岸線平均距離約200公里，最窄處在台灣島新竹縣與福建省平潭島之間，僅有130公里。台灣島的基隆市距離北面的釣魚台島約190公里，東面宜蘭蘇澳港距離琉球八重山群島的「與那國島」約111公里，台灣島南面與菲律賓的巴丹群島（Batanes），相隔巴士海峽（Bashi Channel），距離約142公里。台東外海的蘭嶼（Orchid Island）與巴丹群島最北的雅米島（Mavudis, Yami）相距99公里。菲律賓的巴丹群島與台東外海的綠島、蘭嶼同屬菲律賓海底板塊的海底火山群因噴發熔岩累積而成的火山島群。巴丹群島與呂宋島馬尼拉灣的巴丹半島（Bataan）很容易混淆，巴丹半島是第二次世界大戰的重要戰場。

在地質學「第四紀」的「更新世」晚期和「全新世」早期，是冰河時期的「冰盛期」，約距今五萬年前至六千年前，地球處於低溫期，雨水被凍結在陸地上的冰蓋，河水被凍結在高地的冰川，海水被冰凍在北極和南極，各海洋的海水量減少，海平面下降。因此「冰盛期」時，全球海平面下降，低於現今海平面最深平均達140公尺，目前台灣海峽的平均深度只有50公尺，「冰盛期」時間內大部分台灣海峽的底土都露出水面。「冰盛期」來臨時，海平面下降，海水退出台灣海峽，多處變成陸地或冰面，台灣島與中國大陸之間形成多處局部相

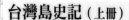

連狀態的「陸橋」。最明顯的「陸橋」是從福建漳州的東山半島連到澎湖群島，再連到台灣島南部附近，被稱爲「東山陸橋」或「台灣陸橋」。

六千年前「冰盛期」完全結束後，「間冰期」全面來臨，氣溫回暖，冰川退縮，雨水從陸地流入河流，河水流入海洋，海水從南北極釋放出來，海平面上升，在「陸橋」上活動的史前人類遺骨，沉入海底成爲化石。這些化石證實兩、三萬年前，福建東山至澎湖海域的台灣海峽存在「陸橋人」、「東山人」或「海峽人」，約與北京的「山頂洞人」、台灣島的「長濱人」同時期。台灣海峽上「陸橋」存在的時期，古人類、古動物從中國大陸遷徙至台灣島，此時約當舊石器時代晚期及新石器時代的早期。在冰河時期的「冰盛期」末期和「間冰期」的早期，約六千年前，海平面上升至目前的高度，「陸橋」消失，台灣島成爲一個四面環海的島嶼，與中國大陸以海峽相隔。中國傳說中的三皇五帝，約略是這段冰河時期「冰盛期」的晚期。

台灣島南端的巴士海峽，水深在兩千公尺至五千公尺之間，位處菲律賓海底板塊和歐亞大陸板塊之間，受地質相互擠壓的影響，屬於地震多發區域。一千年以前，台灣島上的原住民卻有可能在冬春時節藉著東北季風（Northeast Monsoon），用簡單的航海工具，通過巴士海峽，南下菲律賓群島，或在夏秋時節從菲律賓群島藉著黑潮（Kuroshio Current）和西南季風（Southwest Monsoon）北渡，抵達台灣島。北流的黑潮和西南季風提供南島語系的民族由南向北遷徙的航海飄移動力，東北季風則提供台灣島住民由北向南的航行動力。但這個論述僅止於航海技術的推論，十七世紀中國、荷蘭、西班牙的文獻都記載台灣島的原住民沒有航海能力，只有蘭嶼的達悟族與巴丹群島的雅米人之間的跨海往來是例外。

台東外海蘭嶼島上的達悟族（Tao）原住民，和菲律賓群島的巴丹群島（Batanes）原住民，至今語言仍然約略相通，並非偶然，因爲達悟族就是數百年前來自巴丹群島的雅米島人（Yami）。北流的黑潮卻

對中國人形成阻力，在中國的閩南人發展出「福船」技術之前，幾乎無法跨越位於澎湖群島與台灣島南部之間的「澎湖水道」洶湧湍急的黑潮，又稱「黑水溝」。「福船」技術誕生後，中國閩南人組成橫行台灣海峽的海盜及海商集團，勢力範圍北至日本長崎，南至泰國南部的北大年（Pattani）。

　　台灣海峽的海底基本上是連接台灣島與中國大陸的大陸架，海峽水流主要是由南向北的黑潮支流。黑潮的雜質較少，陽光較少被反射回水面，海水呈黑色，水溫較暖。黑潮起自菲律賓群島，終至日本群島，縱貫數千公里海域，海流寬度達100公里，深度700公尺，表面流速每秒100公分，主流流經台灣島的東海岸，離開台灣島東北海岸時，轉向東北方向流向琉球八重山群島的與那國島西側、日本群島的東部。黑潮支流流經西海岸，因此台灣島佇立於黑潮由南向北的海流之中。黑潮的流速很快，在台灣島西南、東南及東北海域產生湧升流，將海洋中含有豐富營養鹽類的海水帶上來，吸引浮游生物繁殖，提供迴游性魚類快速向北方前進的動力，黑潮中可捕捉這些迴游性魚類，及受這些魚類吸引而來覓食的大型魚類，形成很好的漁場。

　　黑潮支流經過台灣島西南部，要擠進澎湖群島與台灣島之間號稱「黑水溝」的澎湖水道底下的澎湖海溝，流速加大，與古曾文溪等河流相互影響，形成三大潟湖，當時閩南語稱「潟湖」為「內海」，以示和台灣海峽的「外海」有所區隔。潟湖是指離岸沙洲與海岸之間部分海水被攔阻而成的海域，通常位於河口附近，河流從上游帶泥沙注入潟湖，容易造成沙洲，也容易淤積潟湖。這三大內海由北而南分別是「倒風內海」、「台江內海」、「堯港內海」，堪稱是台灣島近代文明的發源地。原住民與中國人、日本人物物交易，大多是經由這三大內海的海汊港進行。海汊港是內陸溪河與內海交會時產生的港口。

　　「倒風內海」位於八掌溪和急水溪流域，形成許多海汊港，包括台南鹽水的月津港、新營的鐵線橋港（Terramisson）、下營的茅港尾港（Omkamboy）、麻豆的水堀頭港。「倒風內海」與「台江內海」中

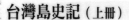

間隔著「麻豆半島」，實際上是蚊佳半島和隔著漚汪溪（古曾文溪）的蕭壠半島。「倒風」的閩南語原意是指冬季風把台灣海峽的海水吹向內陸，容易造成海水倒灌的現象。（彩圖一）

　　「台江內海」是三大內海面積最大者，位於古曾文溪（漚汪溪、灣裡溪）以南，二層行溪以北，東側是新市、赤崁，西側有沙洲島。由北至南依序排列的沙洲島分別是北鯤鯓、青鯤鯓、南鯤鯓、加老灣、北線尾、一鯤鯓、二鯤鯓到七鯤鯓，現今台南市的「灣裡地區」即是七鯤鯓。「台江」的名稱源自閩南語「大港」的發音。從水文地理上來看，台南海岸線的溪河出海口，從北到南，依次是嘉義布袋南邊的八掌溪（嘉義與台南的界河）、急水溪（從白河流經後壁、新營、鹽水、北門出海）、北門潟湖、將軍溪（灣裡溪）、七股潟湖、曾文溪、鹿耳門溪、鹽水溪（新港溪）、二仁溪（二層行溪）、下淡水溪（高屏溪）。其中曾文溪舊名「蕭壠溪」或「漚汪溪」，改道前的河道即現今「將軍溪」。舊時「台江內海」的範圍，南北涵蓋鹿耳門溪至二仁溪，東西水域從赤崁樓（普羅民遮城）至熱蘭遮城（安平古堡）。

　　「台江內海」外側的「長條形沙洲島嶼」，其西側是台灣海峽，東側即「台江內海」，內海可當港灣停泊船隻。沙洲島嶼上有隆起的沙丘，形狀酷似鯨魚，被中國漁民稱為「鯤鯓」，共有「一鯤鯓」至「七鯤鯓」由西北到東南連接成長條形沙洲島嶼。「一鯤鯓」呈東西向的矩形，其他「鯤鯓」則是南北向的矩形，「七鯤鯓」則與台灣島海岸幾乎連結在一起。這些沙洲土地早已沉積固化，像一道天然防波堤由東南向西北，伸入台灣海峽，使台江內海的海浪波動幅度降低，形成天然良港，而且固化的沉積沙洲又可作為建築用地。這些天然條件，讓面積較大且位置最佳的「一鯤鯓」成為荷蘭人進占台灣島立定腳跟的據點。

　　「一鯤鯓」現今的位置在「安平古堡」附近區域，又稱「上鯤鯓」；「二鯤鯓」在「億載金城」附近區域；「三鯤鯓」在「漁光

島」附近區域;「四鯤鯓」在「龍崗國小」附近區域;「七鯤鯓」則已到二層行溪(二仁溪)附近的台南市南區「灣裡」地區一帶。

「堯港內海」又稱「萬丹湖」,位於二層行溪和阿公店溪流域,即今興達港,其西側多是沙洲,東側是大湖台地,早年形成許多海汊港,包括白沙墩港(白沙崙,高雄茄萣區福德里)、茄藤仔港(高雄茄萣區吉定里)、堯港(興達港,新打港,高雄茄萣區崎漏里)、大鯤鯓港、竹仔港(高雄永安區新港里)、眉螺港(高雄彌陀區)。另有一個「蟯港」是台南西港。「堯港內海」是三大內海最小者,不過這三大內海在清代中國時期已因內陸溪河帶來泥沙,逐漸淤積而消失。

澎湖群島與台灣島之間,有海水深度超過五百公尺的海域,部分海域甚至深達一千公尺以上,但平均水深只有150公尺,南北長200公里,被稱為「澎湖水道」或「澎湖海溝」。「澎湖海溝」海水呈暗黑色,流速川急,浪差很大,因此古稱「黑水溝」。台灣海峽在澎湖群島與中國大陸之間海域的平均深度不到50公尺,海水屬於由北往南的中國海岸沿岸洋流,流速較為平緩,浪差相對較小,海水沖刷中國南方紅色土壤呈現暗紅色,古稱「紅水溝」。

台灣海峽大部分海域,海水平均深度約僅50公尺,最淺處只有30公尺,除了澎湖水道外,最深處也只有200公尺。如果中國沿海居民要橫渡台灣海峽,到達台灣島中北部,航行的困難度大為降低。冬天颳東北季風,東海的冷海流經台灣海峽南下,在秋冬之際,溫暖的黑潮與冷海流交替,帶來豐沛的水產。中國漁民順著海流追尋魚群,自然把漁場從中國大陸沿海拓展到澎湖群島及台灣島,成為最早橫渡台灣海峽,接觸台灣島的中國人。

但總的來說,十六、十七世紀橫渡台灣海峽,雖然船難甚多,到了十八、十九世紀,航行技術發達,橫渡台灣海峽已是家常便飯。依清政府的官方記錄,台灣島附近海域在1729年至1839年,有85件船難。按英國的記錄,歐美船舶在1850年至1894年,有83件船難,平均

每年5.5件至8.5件，但船難率低於當時的世界平均值2%，台灣海峽並非危險的航運海域。

二、台灣島的地圖史

台灣島在1625年荷蘭人實測繪製全島圖形之前，世人並不知道台灣島是呈甘藷狀，大多以為是變形蟲狀，或是兩三個小島組成的群島。

1554年葡萄牙的歐蒙（Lopo Homen, 1497-1572）繪製《歐蒙世界地圖》（World Map of Lopo Homen），這是最早出現福爾摩沙島的地圖。在北回歸線以北，繪出一個島嶼，標示出 I. Fremosa 的名稱，但所繪島形很像變形蟲，拼字也不是 Formosa。該圖畢竟已在琉球南邊繪出「美麗小島」Ilha Fremosa，是Formosa的錯字寫法，距離傳說1544年葡萄牙船隊驚呼取名「福爾摩沙」的時間已過10年，但所繪台灣島位於北回歸線以北，形狀像隻變形蟲，多是想像的，與實際不符。（彩圖二）

1561年巴圖維烏（Bartolomeu Velho, ? - 1568）繪製《全球圖》（General Chart of the Globe）時，把台灣島繪成兩個小島，藍色的北島叫「美麗小島」（I. Fermosa），紅色的南島叫「小琉球島」（Lequeo Pequeno）。1563年路易斯（Lazaro Luiz）所繪《路易斯地圖集》（Atlas de Lazaro Luiz），把台灣島繪成三個島，北島註明是「小琉球島」（Lequeo Pequeno），但沒有標出其他另兩個島，也沒標出「美麗小島」。1568年杜雷多（Fernao Vaz Dourado, 1520-1580）出版《東南中國 日本 東印度》（Southeast China, Japan, East Indies），把台灣島繪成三個小島，藍的北島是小琉球，紅色的中島通過北回歸線，金色的南島和紅色的中島都沒有標示名稱。

1570年奧特柳斯（Abraham Ortelius, 1527-1598）出版西方世界

第一套地圖集《世界舞台》（Theatrum Orbis Terrarum）將「福爾摩沙島」（Fermosa）繪在大琉球（Lequiho Grande）和宮古島（Reis magos）之間，宮古島南邊還有小琉球（Lequiho Pequinho），並沒有標示台灣島全貌，看起來像很多個島的群島（彩圖三）。1584年奧特柳斯繪製的中國地圖把台灣島繪成 Fermosa 和小琉球（Liquio Parua）兩個小島。1590年拉素（Bartolomeu de Lasso）繪製地圖集，台灣島是兩個方形島嶼，北島是「美麗小島」，南島是「小琉球島」。1592年布蘭休斯（Petrus Plancius, 1552-1622）出版《世界全圖》（Orbis Terrarum Typus），在北回歸線以北，繪出兩個島，北島叫福爾摩沙島（I. Fermosa），南島叫小琉球（Lequeo Pequeno）。但是1592年由布蘭休斯設計，克雷茲（Cornelis Claesz）製作的《東南亞圖》，台灣島被繪成三個小島，北島叫福爾摩沙島（I. Fermosa），南島叫小琉球（Lequeio Minor），中島無名字，北回歸線通過中島和南島之間。1594年布蘭休斯再版《世界全圖》，繪出三個小島，在北回歸線通過處是中島，叫小琉球，北島和南島沒有標示島名。1596年林斯喬登（Jan Huygen van Linschoten, 1563-1611）出版《東西印度水路誌》附有〈中國及東印度諸島圖〉，台灣島也是繪成三個方塊小島，北島是 Fermosa，中島通過北回歸線是小琉球（Lequeo pequeno），南島是無名島。

1597年西班牙人科羅內爾（Hernando de los Rios Coronel, 1559-?）出版的地圖《呂宋、福爾摩沙與中國局部圖》（彩圖四）把台灣島繪成一個長方形島嶼，標示爲Isla Hermosa，且標出雞籠和淡水的名稱和位置，顯見西班牙人掌握的訊息比較正確。儘管形狀不對，卻是台灣島首度被繪成一個完整島嶼，而不是三個小島。1600年葡萄牙出版《東亞地圖》繪出一串將近25個島嶼，標示大琉球、福爾摩沙、三王島、小琉球。1602年利瑪竇（Matteo Ricci, 1552-1610）繪製《坤輿萬國全圖》（彩圖五）把北回歸線通過的台灣島標示爲「大琉球」，很像黃豆形狀，頭小尾大，在其東北方兩個小島嶼標示爲「小琉球」，

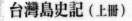

這是中國史上所有台灣島地圖最接近實況的作品，但是「大琉球」的西南方又繪出長方形島嶼意指「台灣島」，可見利瑪竇也不清楚兩者的區別。1606年洪地斯（Jodocus Hondius, 1563-1612）在歐洲出版的《中國地圖》（China）把台灣島繪成將近十個島嶼，最北邊的小島是大琉球島（Lequio grande），接著是宮古島（Dos reis magos），再來是 Fermosa，南側接連八個左右的島嶼，最南端一個大島叫小琉球（Liquio Minor）。

1609年中國出版王圻（1530-1615）的地圖集《三才圖會》附有《山海輿地全圖》，圖上繪製日本、大琉球、小琉球、澎湖都擠在一起。1610年程百二（1573-1629）的《方輿勝略》附有《西半球圖》，繪有大琉球、小琉球和一個無名島。更早的1389年朱元璋時期的《大明混一圖》在福建東邊海上繪出許多無名島嶼，1532年嘉靖皇帝時期的《四海華夷總圖》在福建東南方標出大、小琉球，但中國古老的繪圖方式，沒有經緯度的觀念，無法確定台灣島的位置。

1621年荷蘭東印度公司的地圖主管格瑞茲（Hessel Gerritsz, 1581-1632）繪製《東亞海圖》是把台灣島繪成三個小島，北回歸線通過中島，北島、中島、南島上共同註明叫「小琉球」（Lequeo Pequeno），可見當時荷蘭人尚未將台灣島稱爲「大員」或「福爾摩沙」。「小琉球」的名稱出自中國，1372年明代朱元璋時，中國與琉球的中山國往來，航海《針路圖》（彩圖六）顯示自福建福州向東出航，望見台灣島北部的雞籠山，即轉向北方航行，可至琉球。因此中國人稱台灣島爲「小琉球」，被葡萄牙等歐洲人廣泛引用，但當時都不清楚台灣島的真正形狀。

1623年初，荷蘭東印度公司的船艦舵手柯曼士（Moses Claesz Coomans）奉艦隊司令雷耶生（Reyersz）的命令搭中國戎克船從澎湖赴台灣島測繪沿海地圖。柯曼士所繪《大員海港圖》註明台江內海爲「大員」（Tayouwan），大員以北有個河口港灣，港灣北岸的港口稱爲「魍港」（Wankan），港灣南岸的港口稱爲「北港」（Pankam），

兩個港口隔著河口相對著。柯曼士回報說大員是最好的港灣，雞籠對東北季風太敞開了。1624年柯曼士繪製的台灣島地圖是個長形島嶼，已清楚註明加老灣（Caluan）、南崁（Lamcam）、魍港（Wancan）、淡水（Tamsouij）、雞籠（Quelang）。1625年荷蘭高級舵手諾德洛斯（Jacob Ijsbrandtsz Noordeloos）親自搭船環繞台灣島一周，實地測繪台灣島，完成《北港圖》（Packan Alsoo），這是史上第一幅台灣島接近實況的完整形狀地圖，但稱呼台灣島為「北港」。諾德洛斯報告說：「此行要去發現北港島，又稱福爾摩沙島。」他成為史上第一位繞島航行的人，諾德洛斯的說法影響維利斯（Maerten Gerritsz de Vries）在1644年繪製《東亞航海圖》時，把台灣島稱作「北港及福爾摩沙島」（Pakan o I. Formosa）。《北港圖》稱屏東外海的小琉球嶼為「馬地生島」（Mattysen），高屏溪為淡水溪（Tansuy），綠島為「毛瑞西」（Maurysy）。1625年阿利安生（Heijinderick Ariensen）所繪航海圖即有大員（Taijowan）、普羅民遮市街（de Stadt Proventie）的記載。不過1627年英國出版的地圖仍把台灣島繪成三個島嶼，北島是福爾摩沙（Fermosa），中島是小琉球，南島是無名島。但是1636年崇禎皇帝的兵部職方司郎中陳組綬繪製《皇明職方地圖》的第一部份《皇明大一統總圖》，還搞不清楚台灣島的形狀。把台灣島繪成三個島嶼，北島有雞籠和淡水，中島叫北港，南島和澎湖連在一起。荷蘭人到1636年已入台十二年，中國的「皇明」還搞不清楚台灣島的形狀，可能是當時的台灣島不是明代中國的一部分，明朝官員也沒有弄清楚台灣島的形狀。

第二章
台灣島之名稱與政權

一、台灣島的命名權

　　台灣島的歷史是各族群人民爭奪島嶼控制權的歷史，以荷蘭人和原住民的戰爭揭開序幕，但由中國人取得最終的勝利。各族群人民以各自的經驗替台灣島的一部分或全部的島嶼土地命名，因此產生種種名稱，最後中國人取得最終勝利，就以中國人的經驗命名為「台灣」，並於1684年以此命名台灣島上的政府機關叫「台灣府」。

　　「台灣」之名源自「大員」，「大員」之名被荷蘭人翻譯為Tayouan或Teyowan。荷蘭東印度公司的《東印度事務報告》在1622年3月26日仍稱台灣島為「小琉球」說：「Lequeo Pequeno（小琉球）則美麗而多鹿，但我們未能獲悉那裡有適合泊船的港灣。中國人與日本人暗地裡貿易的地方前面……有一沙床，那裡水深只有10、12荷尺。（程紹剛，p8）」但是1623年3月1日荷蘭艦隊司令雷耶生日誌記載，荷蘭船隊在澎湖海域航行，隨船的中國籍通譯Hung Yuyu（洪玉宇，Hongtsieusou）說，大員灣（Bay of Tayouan）魚蝦豐饒，鹿群遍野，很適合荷蘭人去經營。還說已有中國人娶原住民為妻，並定居大員灣附近。Hung Yuyu並說如果荷蘭人進駐大員灣，會有更多中國人搬過去定居，顯見荷蘭人記錄裡的Tayouan出自中國人的用語「大員」（包樂史等編，《邂逅福爾摩沙》第1冊，p1）。因此，1623年是西方文獻最早出現Tayouan或Teyowan的時間點，這也表示1623年荷蘭人才開始有「大員」的稱呼，比1603年陳第撰寫《東番記》已有「大員」的稱呼晚了20年。1625年阿利安生（Heijinderick Ariensen）所繪地圖即將「一鯤鯓」標為大員（Taijowan），這些荷蘭人的記錄是顯示「台灣」（Taiwan）之名源自「大員」（Taijowan）的第一個證據。

　　直到現在，台灣人用閩南語發音稱呼「台灣」時，仍然以「大員」發音，念成「大丸」，而不是閩南語直接發音念讀「台灣」應

有的字音。「員」的閩南語發音同「丸」,「台灣」的「灣」不是用「海灣」的「灣」字發音,而是念成「丸」字音。若用閩南語直接叫「台灣」兩個字,會叫成「代彎」,而不是「大員」。把「台灣」念成「大員」的習慣,不論台灣腔、廈門腔、泉州腔、漳州腔、溫州腔或新加坡腔的閩南語發音都是如此。閩南語中所有的「灣」字發音,都與普通話的「灣」字同音,唸成「彎」,唯獨「台灣」的「灣」字的閩南語發音唸成「丸」或「員」,這是「台灣」(Taiwan)之名源自「大員」(Taijowan)的第二個證據。但是現在中文字詞「大員」的用法僅指稱十七世紀台南外海的「一鯤鯓」,閩南語同音異字的「台灣」一詞則用於指稱台灣全島。

二十世紀時,日本人把荷蘭人只有兩個音節的Tayouan、Taijowan或Taioan翻譯為有三個音節的「台窩灣」,因為日本人翻譯外文,習慣逐個音節翻譯(Tay-o-uan、Taij-o-wan 或Tai-o-an),所以加上「窩」字,但已偏離原語發音很遠。正確發音要把Tay和ouan,Taij和owan,Tai和oan分開成兩個音節發音,才能接近荷蘭人翻譯閩南語念成「大員」的語音。日本人還編造說「台窩灣」是原住民村社的名字,這是徹底的謊言,因為「一鯤鯓」沙洲上從無原住民村社。1623年荷蘭人派人到大員調查,還發現在一鯤鯓北端有一處中國人的聚落,荷蘭人就在聚落旁邊建立臨時要塞,形成後來的熱蘭遮城(藍柏,2019,p36)。部分台灣人對日本人的權威無抗拒能力,跟著編造「台窩灣」的說法,實在荒唐。至於最早用「福爾摩沙」(Formosa)稱呼台灣島的葡萄牙人或西班牙人,是用Lamang稱呼「大員」,所以Tayouan、Taijowan 或Taioan等用語都跟葡西兩國的人無關。

「大員」的稱呼早已出現在1603年陳第撰寫的《東番記》,「大員」之名出自原住民語言,或出自中國漁民的用語,始終有爭論,也都有可能。1624年以前,台灣島南部是平埔族原住民「西拉雅人」(Siraya)的聚居地。台南附近的西拉雅人約有1.5萬多人,以村社的方式散居各處。其中靠近港灣附近,有個村社叫「新港社」

（Sincan），據說新港社原住民稱呼位於現今台南市安平區附近的「台江內海」等港灣區域叫Tayouan或Teyowan，被中國人翻譯為「大員」或「大灣」。有人認為Tayouan的新港語意為「濱海之地」，可是始終找不到新港語有「濱海之地」這個語詞的直接證據。

也有人認為「大員」一語源自中國漁民稱呼「台江內海」叫「大灣」，因為1624年福建詔安縣知縣沈鐵即有使用「大灣」稱呼「台江內海」或「大員」的記錄，這個稱呼也被荷蘭人援用過，但是「大灣」的閩南語發音又與「大員」有明顯差距。按時間順序觀察，卻先有「大員」，後有「大灣」。「大員」指「一鯤鯓」沙洲港，「大灣」指「大員灣」或後世所稱「台江內海」，是否因兩者相混合，產生以「大員」發音，又以「大灣」的「灣」字寫法的中文字詞「台灣」之名，就不得而知。

「台江內海」的稱呼比「大灣」晚很多，最早以「台江」稱呼這片內海的文獻出自鄭經時代沈光文（1612-1688）撰寫的《台灣輿圖考》：「台江在縣治西門外，大海由鹿耳門入，各山溪之水匯聚于此，南至七鯤鯓，北至蕭壠茅港尾。」但1685年蔣毓英的《台灣府志》記載：「北線尾在鹿耳門南，與鹿耳門接壤，其南即安平鎮也。離安平鎮不及里許，中一港，名大港，紅毛時甚深，夾板船從此出入。」後來藍鼎元（1680-1733）撰《東征集》又說：「惟丙午之大捷，收鹿耳與安平。戰艦蝟泊於台江，弁兵雲屯乎城闕。」顯見鄭經至康熙時期，中國人稱呼這片內海為「台江內海」或「大港內海」，在閩南語「台江」與「大港」發音近似，容易混用。只是蔣毓英所說的「大港」離安平港「不及里許」是否就是「台江」，不無疑問。因此源自鄭經時代閩南的中國移民即已稱呼這塊「潟湖」為「台江」，清代則合稱為「台江內海」。而「台江內海」是台南的海岸線向內凹，外海恰好又有「長條形沙洲島嶼」隔開台灣海峽，長條形沙洲島嶼與台灣島內陸的海岸之間剛好圍成「內海」的水域。這片內海現今大部份已淤積成內陸，位置大概在台南市西門路三段至安平港之間的

地區。

　　大員原本只是沙洲港口的地名，會演變成台灣全島的稱呼，跟荷蘭東印度公司於1624年進占台江內海附近區域後，建立殖民政權有關。荷蘭人在台江內海地圖的「一鯤鯓」位置上，標註成Teijouan。並在「一鯤鯓」上闢建「熱蘭遮城」（Zeelandia）（彩圖七）。荷蘭人接著習慣性地把Teijouan用來稱呼熱蘭遮城所在的「一鯤鯓」沙洲。因此對荷蘭人而言，Teijouan、「大員」、「一鯤鯓」約定俗成，都指同一個地點，於是「大員」（Teijouan）之名擴大成為指涉熱蘭遮城的統治者及其統治範圍的政治用語，就如同以「羅馬城」興起後，「羅馬城」所統治的領土全部稱為「羅馬帝國」的命名方式。

　　荷蘭人也常以熱蘭遮城作為指涉台灣島統治機構的稱呼。「熱蘭遮城」（Zeelandia）的名稱，起源於荷蘭靠近比利時的省份叫澤蘭省（Zeeland）。Zee是荷蘭語「海」，Land是「地」，Zeeland意譯就是「海地」。因為「熱蘭遮城」所處的「台江內海」，很像荷蘭比海平面低的「澤蘭省」（Zeeland）的景觀，所以命名為「熱蘭遮城」意即「小澤蘭」。因此，荷蘭人常簡稱所統治的南台灣地區叫「小澤蘭」，即「熱蘭遮」。 1642年荷蘭人踏上紐西蘭，也是用這個命名方式，稱為「新澤蘭」（New Zealand），大陸地區翻譯為「新西蘭」，台灣地區翻譯為「紐西蘭」。因此，台灣島叫「小澤蘭」，紐西蘭叫「新澤蘭」，兩者幾乎同名。但是「小澤蘭」音近「澤蘭地亞」，卻被中國人用閩南語讀音翻譯成「熱蘭遮」。有趣的是，1995年美國海洋地質學家路顏迪克（Bruce Peter Luyendyk, 1943-　）發表論文，稱新西蘭附近的海底土地是8,500年前沉入海底的大陸板塊，也是曾經存在過的世界第八大洲，取名也叫Zeelandia，但中文卻不翻譯為「熱蘭遮」，而翻譯成「西蘭大陸」。

　　荷蘭聯合東印度公司在「熱蘭遮城」的首長Governor，荷蘭人稱為「熱蘭遮長官」，因「熱蘭遮城」位處於「大員」（Teijouan），中國人則用閩南語稱為「大員長官」。由於中國人較大規模移民台灣

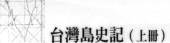

島，是從被荷蘭人招募來台建築熱蘭遮城、開墾農田、打工種甘蔗開始，用閩南語翻譯，把荷蘭長官叫成「大員長官」，把「小澤蘭」叫成「熱蘭遮」。因此在荷蘭統治台灣島時期「大員」、「小澤蘭」、「熱蘭遮城」等名詞，都曾不太精確的泛指台灣島的統治機構及範圍。隨著1635年荷蘭人發動麻豆戰爭，逐步統一台灣島，「大員」一詞逐漸演變為中國閩南移民對全台灣島的稱呼，後來被中國官員何喬遠改寫成「台灣」，使「大員」和「台灣」形成閩南語同音異義的孿生字詞。但是1635年後，荷蘭人自稱是「福爾摩沙政府」、「福爾摩沙長官」和「福爾摩沙議會」，而不是中國閩南人習慣稱呼的「大員政府」或「大員長官」。

鄭成功來台，把「大員」改成「安平」，稱「安平鎮」以紀念他的故鄉福建泉州府晉江縣安海鎮安平橋，是連通安海鎮與南安縣城的古橋，他父親鄭芝龍出生在南安縣石井鄉水頭村（現在已分別成立石井鎮和水頭鎮），就在安海鎮旁邊。鄭成功和鄭經則分別把台灣島稱為「東都」或「東寧」，表示台灣島是大明帝國的東方邊區政府轄地，似乎又恢復台灣島的「東番」稱號。鄭成功將熱蘭遮城改稱「王城」，普羅民遮城改稱「承天府」，後世稱「赤崁樓」。1683年大清帝國武力攻台後，則使用鄭經時代已經通用的「台灣」島名。1683年12月22日施琅（1621-1696）呈給康熙的〈恭陳台灣棄留疏〉，1684年康熙皇帝正式設立「台灣府」，從此「台灣」才成為台灣島全島正式的名稱。

在「大員」和「台灣」這兩個閩南語同音異詞的名稱出現之前，台灣島曾有過很多名稱。依文獻產生的先後順序，台灣島最早的名稱在1349年稱「琉球」、1392年稱「小琉球」、1544年稱「福爾摩沙」、1573年稱「東番」、1589年稱「北港」、1603年出現「大員」、1624年稱「大灣」。最後再演變出1629年稱「台灣」之名。

1349年元代旅行家汪大淵（1311-1350）撰《島夷誌略》，按條序描述各地風土人情，第一條是「彭湖」，第二條是「琉球」。「琉

球」所述內容被認為是台灣島，因此《島夷誌略》是稱呼台灣島為「琉球」的最早期文獻。

1372年明代朱元璋（1328-1398）時代，首度開闢中國泉州或福州至琉球群島的航線。中國從福建福州往東出航，赴琉球的中山國，途經台灣島北部，望見雞籠山，轉向北方航行，到達琉球。因此1375年明代中國福建至琉球的航海圖稱為《針路圖》，已出現「雞籠山」，1392年中國人的航海記錄稱台灣島為「小琉球」。《明實錄》1392年（洪武二十五年五月己丑條）記載：「遣琉球國民才孤那等二十八人還國……初才孤那等駕船河蘭埠採硫黃，於海洋遇大風，飄至小琉球界，取水被殺者八人，餘得脫。」這個「小琉球」稱呼被歐洲人廣泛引用，但當時都不清楚台灣島的真正形狀。 中國現存正式文獻以「小琉球」稱呼台灣島，最早可能是1535年陳侃（1507-? ）《使琉球錄》中稱：「九日，隱隱見一小山，乃小琉球也。」即以「小琉球」稱呼台灣島，這個稱呼也普遍被葡萄牙人和西班牙人使用。

1544年據說有葡萄牙商船途經台灣島稱呼為「福爾摩沙」，但始終沒有直接的史料證據，到1554年葡萄牙才有地圖將Fermosa一詞標示入圖，但西班牙官方文書直到1580年仍稱台灣島為「小琉球」。比較正式的中國史料是1555年鄭舜功出使日本，於1560年出版《日本一鑑》，繪圖標示小琉球、雞籠山的位置即台灣島，並記載著1558年返國途中曾漂流至「耶刺付」（淡水）。鄭舜功並說徽州幫海盜頭子許二「歸經小琉球，盜島木植，島夷殺之。」 1557年張天復（1513-1578）出版《皇輿考》，也繪製出「小琉球」的位置，即台灣島的位置。1565年顧炎武《天下郡國利病書》中提及雞籠、淡水若被倭寇占據，更易攻擊中國沿海城鎮。這些史料表示十六世紀時中國人對台灣島的地理位置已有比較清楚的理解，也都以「小琉球」稱呼台灣島。

1573年曹學佺（1574-1646）《倭患始末》稱「潮賊林道乾勾倭突犯漳泉海洋，竊據彭湖，尋投東番。」用「東番」一詞稱呼台灣島。1575年西班牙神父拉達（Martin de Rada）的遊記，使用Tangarrun稱呼

台灣島，是閩南語「東番」的西班牙音譯。拉達神父還記載：東番是一個周長334公里的大島，島上居民與菲律賓類似。拉達神父可能是第一個認識到台灣島為一個大島嶼，而且周長334公里。實際上周長是1,139公里，南北長394公里，東西最寬是142公里。

1582年7月16日葡萄牙船隻在台灣島西海岸擱淺，經歷該次船難的西班牙神父高梅茲（Pedro Gomez）在1582年12月3日信中稱台灣島為「小琉球」，但另一名同行的神父桑切斯（Alonso Sanchez）於1583年8月15日撰寫《船難述略》則說：「航經Golfo（台灣海峽）途中，有一島叫Hermosa，此乃因從海上觀之，有高聳青翠山脈可愛之故。大約四十年來，葡萄牙人經此島與中國沿海之間航往日本，卻未曾登陸與進行調查。」（翁佳音等，2006） 有人據此推論說，葡萄牙人可能自1542年起就稱呼台灣島為Hermosa，因為桑切斯說：「大約四十年來」，但這不算直接證據。這起船難聞名歐洲，使「福爾摩沙」（Hermosa）之名，廣為流傳，葡萄牙常以1582年為葡萄牙接觸台灣島的起始年。1996年葡萄牙還特地鑄造一枚硬幣紀念1582年這起海難事件，有趣的是，葡萄牙人擁有的船隻遇難，但紀錄顯示這是一艘由中國水手操帆的中國式戎克船，寫下船難紀錄的是西班牙人，船東則是葡萄牙人，自1580年起西班牙和葡萄牙處於合併狀態，所以誰是西班牙人或葡萄牙人在文獻上常混淆。

另有稱台灣島為「北港」者，1589年《明神宗實錄》記載福建巡撫周寀主張限制「船引」（航海許可證）：「東西二洋共八十八隻，又有小番，名雞籠、淡水，地鄰北港捕魚之處，產無奇貨，水程最近，與廣東、福寧州、浙江、北港船引一例，原無限數。」1593年福建巡撫許孚遠（1535-1596）的《海禁條約行分守漳南道》（出自許孚遠撰《敬和堂集》卷七〈公移〉篇），許孚遠引周寀的說法稱：「又有小番，名雞籠、淡水，地鄰北港捕魚之處」，「北港」泛指台灣島的稱呼，不是現今雲林北港。現今雲林北港原名「笨港」，清代乾隆時期才改名為「北港」。 1617年張燮（1574-1640）撰《東西洋考》

說：「雞龍山、淡水洋，在彭湖嶼之東北，故名北港，又名東番。」
1625年荷蘭人諾德洛斯（Jacob Ijsbrandtsz Noordeloos）實地測繪台灣
島，完成史上第一幅台灣島完整形狀的地圖，但稱呼台灣島圖為《北
港圖》，即是跟著稱呼台灣全島為「北港」（Packan）。甚至1662年
荷蘭人離開台灣島後，所繪的台灣島圖還稱為「北港福爾摩沙島」
（Pakan o Ilha Formosa）。1626年日本德川幕府頒發朱印狀給末次平
藏和平野藤次郎，准許兩人派船赴台灣島貿易，朱印狀裡所述的目的
地就是「北港」，足證日本官方到1626年還把台灣島稱作「北港」。

　　因此台灣島早期經歷過「琉球」、「小琉球」、「東番」、「福
爾摩沙」、「北港」等稱呼，而且也都曾被歐洲人援用。但原本不是
稱呼全台灣島的「大員」稱呼的出現，則催生了「台灣」的名字。

　　陳第（1541-1617）1603年所撰《東番記》可能是最早出現「大
員」的文獻：「東番夷人不知所自始，居彭湖外洋海島中，起魍港
（嘉義布袋或台南北門）、加老灣（台南七股國姓港，在北線尾之
北），歷大員（台南安平）、堯港（高雄茄萣）、打狗嶼（高雄左
營）、小淡水（屏東萬丹）、雙溪口（台南白河）、加哩林（台南佳
里）、沙巴里（台北淡水）、大幫坑（台北八里大坌坑），皆其居
也，斷續凡千餘里。」陳第所指的「大員」，僅限於現今台南安平古
堡附近區域，並非台灣島的全稱。在陳第的用語裡，「東番」才是台
灣島的名稱。

　　荷蘭人剛落腳「大員」時，中國人也有稱「大員」為「大灣」的
記錄。1624年冬，福建詔安縣知縣沈鐵上書巡撫南居益，要求驅逐
入駐大員的荷蘭人，上書文稱：「夫大灣去澎湖數十里，雖稱紅裔
區，實泉漳咽喉也。沿海商民捕釣貿易，往來必經。……嚴令紅裔速
歸本土，不許久住大灣。」其中「大灣」指的是現在已淤積的「台江
內海」，但閩南語發音稱呼「台灣」時，始終還是「大員」，而不是
「大灣」。荷蘭人也稱「台江內海」為Grote Baai，就是「大灣」的意
思。於是「大灣」與「大員」相結合產生「台灣」的寫法。

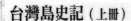

　　明代中國南京工部右侍郎何喬遠（1558-1632），福建泉州人，但出生於江西安福縣，1586年中進士，1629年他奏請解除海禁：「有地名台灣者，故與我中國不屬，而夷人亦區脫之。」何喬遠記載「台灣」一詞，是文獻上最早使用「台灣」的記錄。其中明白提到「與我中國不屬」，可見明代中國的立場，台灣島不是中國的一部分。何喬遠不見得清楚台灣島的形狀，1629年他所講的「台灣」至少泛指台南地區，且成為約定俗成的用詞，這個時間點已是荷蘭人於1624年進占大員港之後五年了。

　　1739年清乾隆的大臣張廷玉（1672-1755）等所撰《明史琉球傳》記載：「崇禎八年（1635年），給事中何楷陳靖海之策，言：『自袁進、李忠、楊祿、楊策、鄭芝龍、李魁奇、鍾斌、劉香相繼為亂，海上歲無寧息。今欲靖寇氛，非墟其窟不可。其窟維何？台灣是也。台灣在彭湖島外，距漳、泉止兩日夜程，地廣而腴。初，貧民時至其地，規漁鹽之利，後見兵威不及，往往聚而為盜。近則紅毛築城其中，與奸民互市，屹然一大部落。墟之之計，非可干戈從事，必嚴通海之禁，俾紅毛無從謀利，奸民無從得食，出兵四犯，我師乘其虛而擊之，可大得志。紅毛舍此而去，然後海氛可靖也。』時不能用。」

　　何楷（1594-1645）是福建泉州人，祖籍漳州鎮海，1625年中進士，曾任明代崇禎皇帝朱由檢（1628-1644）的給事中，後任南明隆武帝朱聿鍵（1602-1646）的戶部尚書。何楷1635年的奏策認為海盜以「台灣」為巢穴，應該加以掃蕩。1635年何楷所稱的「台灣」是指台灣島的全島，因為「袁進、李忠」等海盜也在台南地區之外活動，所以何楷說：「其窟維何？台灣是也。台灣在彭湖島外。」

　　換言之，早在1624年荷蘭人入台之前，1603年中國文獻就出現「大員」，但僅指台江內海的一鯤鯓港口。1624年出現「大灣」和1629年出現「台灣」，可能都只在講台南地區，不是指稱台灣島全島，但是1635年何楷所稱「台灣」可確定是全台灣島的稱呼。先有「大員」，次有「大灣」，都不是指全台灣島，最後產生「台灣」通

稱全島，但「大員」一詞仍保留在專用於指涉「一鯤鯓」。「大員」可以說僅指一鯤鯓，「大灣」僅指台江內海，「台灣」則從「一鯤鯓」的範圍擴大爲指稱全島的名稱。

　　1667年〈台灣賦〉作者沈光文（1612-1688）進士出身，被譽爲「海東文獻初祖」，隨鄭成功軍隊來台灣島，從事平埔族和中國移民的教學工作維生。〈台灣賦〉是最早以「台灣」爲名的中國文學作品，顯見在鄭經的延平王政府時代，「台灣」已是普遍的地理名詞，用於稱呼全台灣島。只是延平王的政權並非以「台灣」爲名，而以「中國東部政府」自居，1662年2月鄭成功命名台灣島爲「東都」，1664年5月鄭經改名「東寧」。「台灣」仍只是地理名詞，不是國號、王號或政治名詞。

　　1722年黃叔璥（1682-1758）任巡台御史，撰《台海使槎錄》引用《蓉洲文藁》：「明萬曆間，海寇顏思齊踞有其地，始稱台灣」，認爲「台灣」之名，始自顏思齊，但這個說法純屬揣測之詞。至於有人把「台灣」說是源自「埋冤」，表示中國移民橫渡台灣海峽的艱險，因此而得名，這是毫無根據的濫情說法。清代中國時期，中國移民才大舉渡台，當時海運技術使橫渡台灣海峽的安全性已達世界一流，談不上危險航路。比起荷蘭人遠航至東亞，西班牙人繞過太平洋，而且船班相當密集，中國人越渡台灣海峽就自怨自艾，那眞是東亞病夫的心態。中國移民渡台的海難死亡人數，既不如遠赴東南亞的海難及排華暴動死亡人數，也不如殺害原住民的人數及被原住民獵首的人數，實在不好再談什麼「埋冤」。

　　因此，「大員」被中國人用來概略地指稱熱蘭遮城的荷蘭統治者，「大員」變成荷蘭殖民政權和台南地區的稱呼，但是荷蘭人自己較常使用「福爾摩沙」。到了明朝末年，中國人進一步把「大員」改寫成「台灣」，用來指稱「大員港」的附近區域，1629年「台灣」演化爲台南地區的稱呼，1635年「台灣」已作爲台灣島全島的稱呼，1667年「台灣」已是全島普遍的稱呼，最後因爲歷史性的政治發展，

在1683年變成整個台灣島的正式名稱「台灣府」。

但是「大員」的稱呼還是存在，僅用於指稱安平港口附近區域。1823年時，「台江內海」因颱風暴雨，氾濫成災，曾文溪改道，自上游沖刷大量泥沙，淤積河口，在「台江內海」堆積出許多沙洲和海埔新生地，也把「台江內海」分割成三大鹹水潟湖，即七股潟湖、四草湖、鯤鯓湖。安平港即位於四草湖與鯤鯓湖之間，四草湖形成的四草濕地即荷蘭殖民時代的北線尾沙洲和南汕沙洲的位置。閩南語把離岸及河口的沙洲和海埔新生地稱為「汕」，才有「北汕尾」或「北線尾」的名稱。如今「台江內海」大部分已淤積成陸地，不復當年模樣。閩南話「汕」與「線」同音，「汕」是原意，「線」是通用字。

台灣島的文字歷史就從大員港開始，大員港在「一鯤鯓」的北側，大員也從港口名稱變成「台灣」全島的名稱，但大員港在1660年港口淤積嚴重，大型船隻只能停泊於澎湖或港外，再由小型船隻接駁入港。接駁終究是不得已的辦法，最後導致大員港的沒落。1683年後清代中國時期，加老灣的鹿耳門溪出海口，成為取代大員港的鹿耳門港。1722年後，鹿耳門港也面臨淤積的威脅，台南府「三郊」商會挖鑿「五條港水道」，讓府城貨物可以順利送至鹿耳門港。1784年彰化鹿港開港，1788年台北八里坌港開港，鹿耳門港的重要性下降。1823年颱風暴雨導致曾文溪（漚汪溪）改道，台江內海陸地化，鹿耳門港失去功能，船隻改停泊在四草湖、國賽港（國姓港）。四草湖在鹿耳門溪與鹽水溪之間，國賽港位於七股潟湖和曾文溪之間，都只具暫時備用港的功能。1840年後，清代中國政府在「一鯤鯓」（現稱上鯤鯓）的南邊建造安平港使用至今。

總而言之，「台灣」之名從「一鯤鯓」沙洲的大員港，再成為荷蘭人的「大員統治當局」及其統治地區的泛稱，最後由「大員」轉型成「台灣」作為台灣島的全稱。而原本模糊的全島名稱如琉球、小琉球、東番、北港、福爾摩沙、大灣、東都、東寧，都因測量技術進步和政治局勢演變而被淘汰。

二、台灣島的各式政權

綜觀台灣島的歷史之前，有幾個關於台灣島的政權與居民的事實，必須先予以澄清。

原住民是台灣島最早的永久居民，但未曾發展出酋邦（Chiefdom）或王國（Kingdom）的政治組織，也未曾出現其他形式的國家組織，始終以零散的原始部落或村社，生活了上千年。歐洲人所說平埔族的「大肚王國」及高山族的「大龜文王國」充其量只是「部落村社聯盟」，連「酋邦」都不是，也談不上是「酋邦」與「王國」之間過渡階段的「城邦」，更談不上「王國」。

1624年荷蘭人進佔台灣島，在台南建立殖民公司式的政權時，起初似乎只有建立貿易轉運港的企圖，並無控制整個台灣島的計畫。但到1635年打敗台南麻豆社原住民，簽署《麻豆條約》，從原住民手上取得第一塊領土主權。從此荷蘭人依樣畫葫蘆，陸續取得台灣島各原住民村社土地的領土主權。《麻豆條約》可說是台灣島史上第一份領土主權轉讓條約，也是把部落領地轉換成國家領土的第一份條約。台灣島於是出現由荷蘭聯合東印度公司所代表的第一個歷史性的國家組織。

荷蘭人從1624年至1635年這11年間是以「大員商館」和「港口佔領軍」的角色，建立港口都市、推動貿易殖民的商人，其重心放在爭取對中國與日本的轉口貿易。1635年麻豆戰爭及《麻豆條約》簽訂後至1645年征服台中地區的大肚部落這10年間，荷蘭人征服了台灣島所有反抗力量，包括西班牙人和原住民，荷蘭人是殖民征服者的角色。1645年至1662年這十七年間，荷蘭人則是統一全台灣島的殖民統治者。

荷蘭人剛落腳台灣島時，並無永久移民的打算，他們控制台灣島

的殖民方式是「貿易殖民」，只派官員、牧師、士兵、商人、船員佔據台灣島，建立貿易城堡，爭取和中國及日本做生意，並不是從歐洲運來大量人口移居台灣島，因此不是荷蘭人口外移的殖民。隨著貿易質量的擴張，荷蘭人以武力控制原住民，再從中國引進農業勞工，種植甘蔗、稻米外銷，進展爲「產業殖民」。

荷蘭人掌控農業土地，建立土地所有權制度和賦稅制度，以及管理這些制度的政權體制。荷蘭人開啓了台灣島有文字歷史的年代，並以武力統一全島，建立台灣島歷史上第一個全島性的政權。這時台灣島成爲荷蘭領土的一部分。

有些歷史學者認爲荷蘭人的實際統治範圍僅限於台灣島南部，所以荷蘭人的主權僅及於台灣島南部，並未涵蓋全台灣島。這個說法不符史實，也不符國際法。台灣島在荷蘭殖民時代已驅逐另一個國家主權者：西班牙，降服所有據地反抗的原住民村社。有些村社降服後復叛，已不影響荷蘭主權涵蓋全台灣島的法律效力。因爲除了荷蘭外，已沒有其他國家組織宣稱台灣島是其主權領土。降服後復叛的原住民已從屬民變成叛亂者，除非推翻荷蘭殖民政權，否則仍不影響荷蘭主權。至於荷蘭沒有廣設行政或軍事機構於各地區，也沒有實質控制所有高山族村社，這仍不影響荷蘭主權及於全台灣島的國際法效力。

1895年日本帝國納台灣島和澎湖群島爲殖民地，1901年日本總督府把台灣島劃分成二十個廳級行政區，也不包括花蓮、中央山脈、南部大武山脈等地區，這並不表示這些未設行政區的土地，就不是日本的殖民地或主權領土。1928年美國控訴尼德蘭的帕爾馬斯島案（Islands of Palmas Case），常設仲裁法院 （Permanent Court of Arbitration）的裁定書指出的國際法規則是：「一國對某地行使領土主權可能在時間或空間上存在空缺。這一現象在無人居住地區、野蠻人或半文明人居著地區尤爲顯著。不得將一國無法證明其對這類地區行使了主權，解釋爲它對該地區不享有主權。」換言之，在荷蘭人驅逐西班牙人後，台灣島已無其他主權競爭者，儘管無法證明荷蘭人在

有些高山族地區行使了主權，這不能解釋爲荷蘭人不享有該地區的主權。領土沒有開發或沒有管理，跟沒有主權是不同的概念，有些台灣史學者常常混淆不清。美國在十八世紀建國時，其主權涵蓋的領土內部有印地安部落存在，並不影響美國主權的完整，也是同一情形。

荷蘭擁有全台灣島的主權在荷蘭人離開台灣島前，已經確立。以此類推，中國延平藩王鄭成功自荷蘭人轉讓台灣島主權，也是取得全台灣島主權，而不是一部分而已。清代中國政府自延平藩王國取得台灣島，也是全島的主權，而不只是一部分實際行政管理的領土而已。有些人刻意擬想只有日本殖民時代，日本警察密佈全島，才算擁有全島的主權，但這個說法是錯誤的。主權展示的方式很多，國家組織可根據時空條件，通過不同方式展示領土主權，覆蓋行政管理設施，或派駐軍隊只是部分方式而已。

在1662年荷蘭人把台灣島領土主權轉讓給中國藩王鄭成功之前，台灣島不是中國的領土。鄭成功在1662年擊敗荷蘭人，才在台灣島建立第一個中國人的政權，並納台灣島爲中國的主權領土。對台灣島而言，這是第三個政權。第一個政權是印尼來的荷蘭東印度公司，在台南建立的殖民政權（1624-1662）。第二個「政權」是菲律賓來的西班牙人，在淡水和基隆建立港口佔領軍的據點（1626-1642），當時這個西班牙佔領軍雖可籠統地稱爲「政權」，但仍不能稱爲「殖民統治者」，因為實在看不出誰被殖民統治。西班牙人從頭到尾都只是「港口佔領軍」的角色，很難認眞地當作「西班牙殖民統治時期」看待。第三個政權是鄭成功建立的政權「延平藩王國」，統治的領土涵蓋台灣海峽兩岸。台灣島在1662年後，才成爲明末清初中國分裂時代鄭氏藩王政權新征服的領土。

在1621年之前，台灣島沒有中國移民村落。福建漳州海商顏思齊在1621年率領福建移民，入墾雲林北港至嘉義布袋附近地區，建立10個屯墾村落，台灣島才開始有中國移民的村落。隨後1624年荷蘭人在台南建立政權，剛開始不知道顏思齊已在笨港溪至八掌溪之間建立中

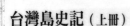

國移民的村落，只看到台南附近大約有1,500名中國人於台灣島的嘉南平原生活或僑居，大部分都是來捕烏魚，或向原住民收購鹿製品，都是短期居留，並未建立移民村落。荷蘭殖民政權為種植甘蔗、稻米，1631年後開始積極從福建、廣東招募屯墾佃民，中國移民的人數開始增加，但人口還是少於原住民。1625年顏思齊死後，笨港溪至八掌溪之間中國移民村落的管轄權由鄭芝龍接手，1630年鄭芝龍卻把這些管轄權賣給荷蘭人，並替荷蘭人招募中國人移民至台灣島做墾民。1662年到了鄭成功時期，更大量召集中國移民入台，其人口數才超越原住民。換言之，台灣島在1621年後，才開始慢慢由原住民的台灣島轉變為中國移民的台灣島。

台灣島有些史料提及「唐山過台灣，心肝結歸丸」，「結歸丸」是閩南語「結成一團」的意思。有些史冊以「埋冤」形容從中國大陸航抵台灣島的船難風險，似乎早期中國移民渡海來台，內心充滿悲傷與焦慮。這是浪漫文學的筆法，卻不是歷史事實。中國移民大舉入台始自荷蘭人熱烈歡迎中國人來台開墾、漁獵、經商，且荷蘭人能有效壓制原住民對中國人的攻擊和獵首，中國移民得到荷蘭軍隊保護，減少了遭原住民殺害的風險。明末清初，中國福建災害和戰亂頻仍，中國移民早已遍佈東南亞，渡海來台反而相對容易，且不必擔心排華暴動。荷蘭人和鄭芝龍的船運能量及航行安全，也不是問題。當時台灣島對很多中國人來說，是尋求土地和財富的新天地，是流著牛奶與蜜的夢想新故鄉。

在1662年鄭氏延平藩王政權建立前，澎湖在政治上不是台灣島的一部份。1171年，南宋孝宗趙昚（1162-1189）乾道七年，泉州知府汪大猷屯兵澎湖，這是澎湖併入中國版圖最早的檔案。從1171年後，直到1604年明神宗朱翊鈞（1563-1620），福建巡撫徐學聚和南路參將施德政派浯嶼都司沈有容（1557-1628）率軍逼退進佔澎湖的荷蘭人韋麻郎時，澎湖都是中國的一部份，但台灣島當時還不是中國的一部份，澎湖群島也不是台灣島的一部分。

　　鄭克塽於1683年投降康熙皇帝，台灣島由中國地方性分裂政權的領土，正式併入清代中國的統一版圖。在1683年至1895年，計212年間，台灣島是統一中國的一部份，大陸各省移民得以大量入居台灣島，可說是中國人的「大移民時代」，形成現今台灣島的多數族群，原住民也隨之變爲絕對的少數族群。

　　1895年至1945年，日本殖民統治台灣島。台灣島的中國移民面對日本統治，開始產生模糊的台灣認同，「台灣人」的身分認同於焉啓蒙。對當時的台灣人而言，中國是台灣人的祖國，但台灣人卻是日本天皇的臣民，不是中國皇帝的臣民。日本殖民統治後期推動「皇民化」政策，促使2%的台灣人自我定位爲「皇民化的準日本人」。日本殖民政府鼓勵台灣人效忠日本天皇（倭王），替日本人侵略中國和東南亞，當日本人的侵略共犯，台灣人卻也積極響應，這造成台灣人更嚴重的認知混亂。

　　1949年後，南京民國政府遷台，形成台北民國政府。國民黨政權推動再中國化政策，反國民黨的台灣人轉而開啓台獨運動。部份台獨運動者爲編造台灣人不是中國人的政治論述，刻意誇大現有台灣島人口都是中國移民和平埔族原住民的混血後裔，編造「父系是中國人，母系是平埔族」的謊言，但這不是事實。眞相是現有台灣島人口絕大多數都是純粹中國移民的後裔，從血統和文化下定論，客觀上台灣人就是中國人，其他的說法都是騙局。

　　但2000年後支持台獨政權的台灣人開始搞「去中國化」，主觀上不承認台灣人就是中國人，還學日本人鄙視的稱呼中國人叫「支那人」，其性質就如同稱呼日本天皇是「倭王」一樣。支持台獨的台灣人在2008年後，變本加厲不承認台灣島的核心文化是中華文化，且不顧客觀事實，貶抑中華文化。台獨份子「政治正確式」的文化思想或幻想，倡言台灣島的文化是原住民文化、荷蘭及西班牙文化、日本文化、漢族文化、西洋文化混合後的「多元文化」，每一種文化都是平起平坐，沒有誰是核心，或沒有誰的份量比較重。但是，用任何羅盤

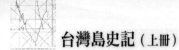
尺度，衡量現今台灣島民的語言、血緣、文化、生活方式，再用人口數加權，所呈現的文化特質，仍然是中國文化，這是無法狡辯的客觀事實。

1945年日本侵略戰爭失敗，台灣島重歸中國版圖，但1949年中國又分裂為台北民國政府和北京共和國政府。依兩邊各自的憲法秩序及《開羅宣言》的國際法秩序，台灣島仍歸屬中國領土。但是台獨份子為了否定中國合法取回台灣島主權的事實，編造的論述是「1945年蔣介石非法軍事佔領台灣島」。台獨份子不敢面對的真相是：「1950年1月5日美國總統杜魯門（Harry S. Truman, 1884-1972）在白宮發表的《福爾摩沙聲明》再度確認《開羅宣言》的效力，並引用1949年12月8日聯合國決議，聲明尊重中國領土主權完整。」雖然1950年6月27日杜魯門又發表《韓國情勢聲明》表示韓戰後台灣島的地位應由聯合國重新考慮，但是聯合國有無權力決定本身就是一大問題，而且聯合國非但從未企圖修改《開羅宣言》，還於1971年10月25日通過2758號「一個中國」的決議案。這個「非法軍事佔領」的台獨論述只能留在台灣島內自欺欺人。

有人提說台灣島四百年來都是由不斷更迭的外來政權統治，台灣人四百年間都不能當家做主。例如，有人寫道：「在歷史流轉的篇章中，台灣在『他人』手中來來去去。台灣這塊土地上的住民，面對著強勢的外來政權，很少有機會決定自己的命運。」這是意願的表達，不是事實的陳述。

事實真相是，「他人」就是現在台灣島居民或其先祖。目前97%以上的台灣島居民，其家族遷台歷史大多不到三百年，且大多是在外來政權的軍隊保護下，才能順利移居台灣島的中國移民後裔，所以現今97%絕大多數的台灣島居民本身就是台灣島上外來政權的產物。台灣島的外來政權創造外來移民，外來移民的後代只是不同階段外來政權的產物，只有本島的原住民才是失去政權或部落領地的受害者。任何把台灣島擬人化，假設現有島民的祖先在四百年前就已定居台灣

島，只有統治階級是來來去去的外來政權，都是錯誤的假設。由於中國移民佔有人口結構的絕大多數，台灣島居民也不存在多元血統的事實，更不存在「父系血緣來自中國，母系血緣來自平埔族」的普遍現象，所有這類論述都是編造的謊言。多元族群如果比例不相當，不會產生多元血統。

　　這樣真相就很清楚了：現有島民的祖先，除原住民外，這四百年來，都是在不同時期隨著外來政權而來，只是不一定隨著外來政權而去，所留下來的外來移民，享受著外來政權的軍事保護，免於原住民的襲擊。留下來的外來移民，忘卻自己的外來身份，自以為是本土，以多數本土去欺凌少數本土；甚至編造想像故事，捏造血緣關係，假冒自己的祖先四百年前就已經是台灣島的主人，這是政治謊言，不是歷史真貌。

第二篇
史前人類之島

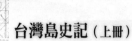

　　探討史前人類的台灣島，本書掌握幾個角度：第一，從地質學及地理學的角度，討論地球和生命形成的經過，以及從考古學及遺傳分子學的發現探索人類進化的角度，從南方古猿、直立猿人到智人的三階段進化，討論人種的起源和遷移過程，以及進入台灣島的考古歷史。第二，台灣島在第四紀更新世的冰河時期曾經發展的文明遺址及其地理限制，說明冰河時期的冰盛期海平面下降，台灣海峽露出成為陸地平原，中國大陸的智人追逐狩獵動物，遷居海峽平原，並進一步遷居台灣島的過程。因此，中國的史前人類史構成台灣島的史前人類史的前提，必須予以討論。第三，採用丹麥考古學家湯姆笙（Christian Jurgensen Thomsen, 1788-1865）的理論，說明人類及台灣島原住居民歷經舊石器時代、新石器時代、青銅器時代、鐵器時代的文明進化概況。第四，從政治人類學的角度探討台灣島居民的特性，目前台灣島98%的人口都是中國移民，援引美國文化人類學家賽維斯（Elman Rogers Service , 1915-1996）的學說，描述這些中國移民的祖先，特別是閩南人與客家人的祖先。這些先祖於台灣島史前時期的同時間，在中國大陸發展的政治組織，從遊團（Band）、部落（Tribe）、酋邦（Chiefdom）、國家（State），如：王國（Kingdom）、帝國（Empire）的演化歷史，值得特別詮釋。由於中國發展出國家級別的政治組織，中國移民才有經濟能力和受到國家級武力保護，於十七世紀大舉移民台灣島，並在台灣島躍居為佔絕大多數的主流人口，成為台灣島歷史舞台的主角。第五、援用賽維斯的學說解析台灣島各個階段政治組織的發展過程。第六，因為日本與荷蘭在爭奪台灣島主權的歷史過程扮演過重要角色，日本的史前人類史亦列入本書討論範圍，日本與荷蘭演化出國家組織的相關史前資料亦一併與台灣島的史前進程做出照覽式對讀。

第一章
地球、冰河與人類

一、地球的歷史

地球誕生於45.4億年前，依地質學分類法，地球的歷史可分成四個階段，每個階段稱爲「宙」（Eon），分別是「冥古宙」（Hadean）、「太古宙」（Archean）、「元古宙」（Proterozoic）和「顯生宙」（Phanerozoic）。

「冥古宙」、「太古宙」、「元古宙」跟人類的歷史較無關聯，這三個階段常被合稱「隱生元」（Cryptozoic）。「顯生宙」早期是多細胞動植物大量誕生的時期，其晚期更是人類登上地球舞台的時間點。有時「顯生宙」也相對地被稱爲「顯生元」。

地質學家在每個階段的「宙」之下，又分成三至四個「代」（Era）；每個「代」之下又分成三到六個「紀」（Period）；在「紀」之下又分爲二個至四個的「世」（Epoch）。形成「宙」、「代」、「紀」、「世」等四個層次的地質學年代劃分法。

（一）隱生元

第一個階段是45.4億年前至38億年前的「冥古宙」，時間長達7.4億年。地球由無數隕石或小行星撞擊、聚合而成，起初只是一團在太空中繞著太陽旋轉的自旋火球，逐漸冷卻形成地核（Core）、地函（Mantle）和地殼（Crust）的三層結構。

「地核」是由鐵和鎳金屬組成的球體，半徑3,470公里，溫度高達攝氏6,000度。地核分兩層，中心部分是固態的鐵鎳，外圍部分是熔融狀態的鐵鎳。高密度且會導電的熔融鐵鎳會自行對流，也會因地球自轉，使熔融鐵鎳繞著中心部分的固態地核旋轉，產生電磁感應，形成一圈環繞地球的地磁圈。由於外部地核的熔融鐵鎳不斷流動，地磁圈的陰極和陽極跟著改變位置，甚至反轉。自侏羅紀以來已經有數百

次的反轉，最近一次地磁反轉發生在78萬年前。中國人最早發明指南針，表示中國人最早發現地磁圈。

「地函」（或稱「地幔」）的厚度約2,900公里，溫度達攝氏2,000度，大部分由含有高濃度鐵、鎂的矽酸鹽形成的橄欖石（Olivine）構成，常處於高熱的膠質對流狀態，導致氣體元素逸出。這些高熱氣體散逸到外太空，隨後地球進一步冷卻收縮，增大萬有引力抓住這些氣體分子，在45億年前產生沒有氧氣的大氣層。44億年前空氣中的水分子聚集成雲，下雨產生液態水和海洋。這時地球每年降下數千公釐的雨水，持續下了1千年，形成幾近現在海水總量的原始海洋。（白尾元理，p.29）

「地殼」在44.5億年前形成，逐漸從原本炙熱且柔軟的狀態，轉變為平均厚度17公里且比較冰冷堅硬的薄殼，形成地球上以矽酸鹽為主的岩石圈。地殼質量64.7%由玄武岩（Basalt）、花崗岩（Granite）和安山岩（Andesite）等火成岩（Igneous Rock）所構成，少部分地殼是沉積岩和變質岩。沉積岩（Sedimentary Rock）包括石灰岩（Limestone）、砂岩（Sandstone）、頁岩（Shale）、白堊岩（Chalk）、黏土（Clay）等，雖只佔地殼質量9%，卻廣布今日地殼表面的73%。變質岩（Metamorphic Rock）主要是沉積岩或火成岩受到地熱高溫和上層岩石重量高壓後產生的岩石，佔地殼質量15%，例如大理石（Marble）、片麻岩（Gneiss）、石英岩（Quartz）等。目前已知最古老的礦物是澳大利亞西部傑克山（Jack Hills）地區44.04億年前的鋯石，最古老的岩石是加拿大西北部靠近阿拉斯加地區40.3億年前的片麻岩，最古老的沉積物則是格陵蘭西部伊蘇阿（Isua）地區38億年前海底噴發的熔岩和沉積岩。（白尾元理，p.33）

45億年前大氣層誕生，44億年前海洋形成，起初地殼上滿佈海洋，沒有陸地。由於冷卻速度不一致和地心引力的差異，海洋地殼開始出現板塊構造（Tectonic Plates），漂浮在半融化岩漿的上部地函之上，但現今已不易找到「冥古宙」時期形成的地殼岩石。流動的地函

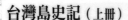

岩漿使得漂浮其上的板塊構造的海洋地殼相互摩擦、擠壓、碰撞，形成許多洋脊（Ocean Ridge），以及海底的高山、深谷、海溝，稱之為板塊構造運動。

地函岩漿從各種地殼板塊的裂縫噴發到地殼之上，形成長英岩石礦物（Felsic Minerals），從海洋中突起形成地殼上最早的島嶼式的原始大陸塊，並逐漸堆疊出地球最古老的「大陸古地塊」（Cratons），露出海洋和大陸地表的古地塊稱「地盾」（Shields）。經由板塊構造運動，這些地盾堆積出大陸板塊。地殼於是分成密度較小而平均厚度33公里的大陸地殼，和密度較大而平均厚度僅10公里的海洋地殼。比較薄但密度比較大的海洋板塊和比較厚但密度比較小的大陸板塊互相推擠碰撞，海洋板塊會沈入大陸板塊底下，沒入地函之中熔解消失，卻會抬升大陸板塊，並使大陸板塊縐摺變形，產生造山運動（Orogeny）。後來大陸板塊相互碰撞、擠壓、摩擦、錯動也發生類似的造山運動、地震、斷層、裂谷及火山爆發。海洋板塊不停擴張，大陸板塊不斷漂移，就成為板塊構造運動的主要現象。

海洋板塊有「中洋脊」（Mid-Ocean Ridge）的地殼裂縫，液態岩石從地函噴出而不斷增生新的海洋板塊，且不停地推擠著接壤的大陸板塊，再加上地函岩漿不停流動的摩擦力，使大陸板塊不停地移動和變動。「中洋脊」也有自地函噴出的地熱，形成高達攝氏370度的深海熱泉（Hydrothermal Vent），稱「黑煙囪」或「白煙囪」（Black or White Chimney），合成大量的有機物質，42.8億年前開始產生沒有細胞核的單細胞原核生物（Prokaryotes），如古菌（Archaea）和真細菌（Eubacteria）。地球於是出現生命，生命來自深海熱泉，「冥古宙」可說是「原核生物時代」（Age of Prokaryotes），但是這些原核生物在長達3億年的「後重轟炸期」幾乎滅絕殆盡。

41億年前至38億年前，這3億年間地球遭到太陽系內側小行星和彗星的大批撞擊，產生很多隕石熔岩，當時45億年前誕生的月球也遭到同樣的撞擊事件。這段時間稱為地球和月球的「後重轟炸期」（Late

Heavy Bombardment, LHB），現今較容易找得到的地殼最早岩石也正好是38億年前左右形成的，地質學就以這個時間點作為「冥古宙」的終點。

　　第二個階段是38億年前至25億年前的「太古宙」，時間長達13億年。38億年前「後重轟炸期」結束，原核生物又重獲生機，地球大氣層的水分子、二氧化氮、二氧化硫、氮氣和氫氣經太陽光照射產生「光解作用」（Photolysis），開始產生有氧氣出現的「太古宙」。「太古宙」期間，約35億年前時，海面上及海岸邊的原核生物演化出「光合作用」（Photosynthesis），形成有如珊瑚般構造的「疊層岩」（Stromatolite），最後變成「岩礁」。30億年前出現能進行「製氧光合作用」的藍綠藻（Cyanobacteria），並於25億年前產生促使大氣層和海洋表層富含大量氧氣的「大氧化事件」（Great Oxygeneration Event），也結束了太古宙。對原核生物來說，氧氣是致命毒物，氧化的大氣層和海洋表層滅絕了大部分的原核生物，倖存者只能遁入海洋深處或岩石內部。「太古宙」因此可說是「藍綠藻時代」（Age of Cyanobacteria）。

　　地殼在30億年前「太古宙」末期形成大塊陸地和地球上最早的大陸板塊叫「烏爾大陸」（Ur），「烏爾」是兩河流域蘇美（Sumerian）文明的早期城邦，地質學家以此命名，面積比現在的澳洲還小。27億年前則因地殼變動產生「凱諾蘭大陸」（Kenorland），現今的地殼岩石有39%形成於「太古宙」。這時大陸地殼與海洋地殼的比例是3:7，但大陸地殼以4億年的週期不斷地分裂、聚合。

　　第三個階段是25億年前至5.42億年前，有細胞核的真核生物（Eukaryota）及多細胞生物（Multicellular Organism）出現的「元古宙」，時間長達19.58億年。單細胞的真核生物進化出「群體原生生物」（protist）（像似團藻Volvox），再進化成多細胞生物，是生物演化史上的重大事件。24億年前至21億年前出現「休倫（Huronian）冰河時期」；約18.5億年前，出現會「呼吸」的真核細胞生物，吸入

氧氣，呼出二氧化碳。12億年前生物出現有性生殖演化（Evolution of Sexual Reproduction），目前已發現最早的多細胞生物化石是12億年前的紅藻化石（Bangiomorpha Pubescens）。但是18.5億年前至8.5億年前這段時間，地球上除了海洋中的細菌浮渣外，化石紀錄顯示幾乎沒有太大的生物痕跡的演化或變化，被地質學家稱爲「無聊十億年」。8.5億年前至6.3億年前（或稱7.2億年前至6.3億年前）地球進入「成冰紀（Cryogenian）冰河時期」，地球冰封如雪球，接著進入「元古宙」末期的埃迪卡拉紀（Ediacaran），約6.35億年前至5.42億年前，海洋中已演化出有神經細胞的軟體生物，但大多是活動力不佳，外觀呈碎形的軟體生物。因此，「元古宙」可說是「真核生物時代」（Age of Eukaryota）。

地球在20億年前至15億年前出現大陸板塊稱爲「哥倫比亞大陸」（Columbia），或稱「哈德遜大陸」（Hudsonland）、「努那大陸」（Nuna）。「哥倫比亞大陸」於15億年前裂解後，地球表面於11.5億年前至7億年前產生「羅迪尼亞大陸」（Rodinia），現今的地殼岩石有43%形成於「元古宙」。

（二）顯生元

地球歷史的第四個階段是5.42億年前至今，是多細胞動植物和人類出現的「顯生宙」，或稱「顯生元」。因爲這時海水的含氧濃度上升至3%以上，足夠的氧氣重塑海洋生物的演化途徑，多細胞動植物如水生植物（Aquatic Plants）、有胚植物（Embryophyte）和脊索動物（Chordata）因而誕生，「顯生宙」可說是「脊索動物時代」（Age of Chordata），但顯生宙也常發生動植物大滅絕的事件。

在7億年前「元古宙」晚期「羅迪尼亞大陸」開始裂解，於5.73億年前裂解成較小的「岡瓦那大陸」（Gondwana）和「勞亞大陸」（Laurasia），後於3.35億年前的「顯生宙」早期再度聚合組成「盤古大陸」（Pangaea），最後在1.5億年前至1.0億年前的「侏羅紀」和

「白堊紀」之間再裂解成目前七大洲的格局，現今的地殼岩石僅有18%形成於「顯生宙」。

「顯生宙」可再往下分為三個「代」，即5.42億年前至2.51億年前的「古生代」（Paleozoic），又簡稱「魚類時代」（Age of Fishes）；2.51億年前至0.65億年前的「中生代」（Mesozoic），又簡稱「爬蟲類時代」（Age of Reptiles）；0.65億年前至今的「新生代」（Cenozoic），又簡稱「哺乳類時代」（Age of Mammals），人類的歷史出現在「新生代」晚期。

「古生代」可再分成六個「紀」，依序包括：（1）5.42億年前至4.85億年前的「寒武紀」（Cambrian），海洋脊索動物和海生硬殼無脊椎動物出現，地質學上知名的化石「三葉蟲」（Trilobita）也出現，海洋中也出現有感光能力或有眼睛的動物。（2）4.85億年前至4.43億年前的「奧陶紀」（Ordovician），海星、魚類出現。（3）4.43億年前至4.19億年前的「志留紀」（Silurian），無翼昆蟲、陸地植物出現。（4）4.19億年前至3.59億年前的「泥盆紀」（Devonian），脊椎動物出現，兩棲類動物登陸，陸生動物出現。（5）3.59億年前至2.99億年前的「石炭紀」（Carboniferous），有翼昆蟲和蜻蜓出現，蕨類植物叢生，「盤古大陸」出現。（6）2.99億年前至2.51億年前的「二疊紀」（Permian），異齒獸出現與西伯利亞火山大爆發。

因此，「古生代」的第一個「紀」叫「寒武紀」（Cambrian），約5.42億年前至4.85億年前。「寒武紀」發生海洋中動植物的物種大量誕生的現象，被稱為「寒武紀大爆發」（Cambrian Explosion）。所以「顯生宙」「古生代」的「寒武紀」之前所有的「宙」、「代」或「紀」，合稱「前寒武紀」（Precambrian），被認為是不存在任何動植物的年代。「前寒武紀」和「隱生元」涵蓋的時間相同。

但是在4.5億年前的「奧陶紀」末期卻發生顯生宙的第一次生物大滅絕事件（Mass Extinction），又稱「奧陶紀大滅絕事件」，因為岡瓦納大陸板塊（Gondwana）和南極大陸板塊對撞，衝擊海洋環流，全球

氣候進入「安迪-沙哈倫（Andean-Saharan）冰河時期」，海平面大幅下降，海洋生物57%的物種都消滅殆盡，倖存的動植物開始嘗試從淺灘離開海洋，走上陸地，在這之前的動植物都屬於海洋生物。

在3.75億年前的「泥盆紀」地球表面出現大片森林，「泥盆紀」末期又開始發生第二次生物大滅絕事件，事件持續時間長達兩千萬年，又稱「二疊紀大滅絕事件」。因為在「泥盆紀」的時候，陸生植物大量繁殖，大氣含氧量大增，氧濃度高達35%，二氧化碳大幅減少，大氣溫度隨之下降，地球因此進入「石炭紀」和「二疊紀」時的「卡魯（Karoo）冰河時期」，海平面大幅下降，導致海洋生物50%滅絕，但陸生植物不受影響。二疊紀大滅絕事件結束後，2.45億年前陸地上出現會開花的植物。另一方面，大氣氧含量偏高，雷擊森林引發處處大火，即使氣溫下降，也阻止不了大量的森林火災。這些3.3億年前至2.6億年前，埋入土壤的森林石化為煤炭層，佔現代煤蘊藏量的90%。換言之，動植物的物種雖然一再大量誕生繁殖，卻也一再發生大滅絕事件。「石炭紀」和「二疊紀」出現巨型昆蟲如翼展達50公分的蜻蜓、巨型脊椎動物如長90公分且重20公斤的蠍狀生物，以及不同於兩棲動物的羊膜動物（Amniote）如爬蟲類、鳥類、哺乳類動物。「羊膜」意指能遠離水域生殖，且胎幼兒在子宮、卵殼、育兒袋的保護下發育。

「中生代」可再分成三個「紀」，包括：（1）2.51億年前至2.01億年前的「三疊紀」（Triassic），恐龍和哺乳動物出現，當時的哺乳類大多是小型穴居動物，但腦部已有特殊的「新皮質」（Neocortex）提供較強的運算能力，並以乳腺分泌乳汁餵養幼兒。（2）2.01億年前至1.45億年前的「侏羅紀」（Jurassic），始祖鳥類（Archaeopteryx）出現，屬於爬蟲類與鳥類的過渡物種，體型大如牛。（3）1.45億年前至0.65億年前的「白堊紀」（Cretaceous, Kreidezeit），長達8,000萬年，蜜蜂出現，恐龍滅絕。

2.5億年前二疊紀到三疊紀之間發生第三次生物大滅絕事件，因

為中國峨嵋山和俄羅斯西伯利亞火山大爆炸，熔岩傾瀉而出，覆蓋龐大的地表，幾乎把整個大陸覆蓋在玄武岩層之下，形成「暗色火成岩群」，熔岩與富含碳酸鹽和煤炭的地層交互反應，釋出大量甲烷和二氧化碳，破壞臭氧層，氣溫陡升，溫室效應（greenhouse effect）激烈，冰層融化，海平面上升，海水酸化，乾旱橫掃整片盤古大陸，大氣的氧濃度從30%降到15%以下，70%陸生脊椎動物及96%海中生物滅絕，這是地質學史上最大規模的生物滅絕事件，又稱「三疊紀大滅絕事件」。滅絕事件過後，出現第一批大型恐龍。

1.74億年前至1.57億年前侏羅紀時期，地心外核（outer core）變動，整個地球內部的地函流動，產生地函大旋轉，帶動地殼也跟著大旋轉，平均每年移動6.7英吋，東半球由北向南移動緯度25度，西半球由南向北也移動緯度25度，這種地質現象稱為「真極漫步」（true polar wander），造成東半球原本潮濕又林木蔥鬱的北方突然變得溫軟乾燥，原本赤道附近適應熱帶氣候的動植物突然移動至南半球，遭遇寒冷環境的侵襲，西半球也發生類似但相反的生態浩劫，因此發生第四次生物大滅絕事件，48%的物種滅絕，又稱「侏羅紀大滅絕事件」。（'Earth's odd rotation may solve an ancient climate mysterry', National Geographic, January, 2021）

白堊紀中期，火山活動激烈，二氧化碳濃度高出現在的10倍，地球氣溫比現在高出攝氏10度，赤道平均溫度達40度，南北極氣溫也高達20度，形成「溫室地球」。冰層融化成海水，海平面也比現在高出250公尺，陸地面積只有現在的一半大。深層海水溫度也高達17度，對比現在只有2度。高濃度的二氧化碳促使行光合作用的藍綠藻和圓石藻大量繁殖，圓石藻的石灰質外殼大量堆積，覆蓋淺海，形成白色景緻，卻在1.2億年前和0.95億年前造成兩次的「海洋無氧事件」。1.2億年前盤古大陸持續分裂，印度大陸從非洲大陸分離，往北飄移，於7千萬年前撞上歐亞大陸，兩個大陸板塊的互相擠壓，產生摺皺，地表逐漸隆起，形成喜馬拉雅山的造山運動。美洲大陸也自盤古大陸分裂出

去，大西洋於8千萬年前從北極裂開到南極，南美洲和非洲分離。

「新生代」再分成三個「紀」，包括「古近紀」（Paleogene）、「新近紀」（Neogene）、「第四紀」（Quaternary）。

「古近紀」出現於6,500萬年前至2,300萬年前，「近」是gene（基因）的音譯，「古近紀」是「古生命紀」之意，有靈長類動物（Primate）出現。希克蘇魯伯事件後，哺乳類動物存活下來，還演化出靈長類動物（Primate）。目前已知最早的靈長類動物是「德氏猴」（Teihardina），生存於5,900萬年前至4,700萬年前。在多數哺乳類動物的腦皮質佔腦容量10％到40％，但靈長類的腦部出奇發達，腦部上層的「新皮質」（Neocortex）更是碩大，整個腦皮質佔腦容量超過50％。屬於靈長類的人類，腦皮質更高達80％。黑猩猩腦皮質裡的神經元有60億個，人腦則有150億個。這意味著靈長類能高速運算並獲取、儲存和運用周遭的環境資訊。但是從最原始的靈長類動物演化出人類，經過了將近6,300萬年的時間。

「新近紀」出現於2,300萬年前至260萬年前，或稱「新生命紀」，有現代動植物、現代哺乳類和鳥類動物、人科動物（人猿）、地猿（Ardipithecus）和南方古猿（Australopithecus）等物種出現，古近紀和新近紀常合稱「第三紀」（Tertiary）。

「第四紀」出現於260萬年前至今，有直立猿人（Homo Erectus）和智人（Homo Sapiens）等人類物種出現。南方古猿是人類的先祖，出現在「新近紀」，直立猿人和智人這兩種人類則出現在「第四紀」。

「古近紀」又可再分為三個「世」，即「古新世」（Paleocene）、「始新世」（Ecocene）、「漸新世」（Oligocene）。「古新世」約6,500萬年前至5,580萬年前，靈長類出現。「始新世」約5,580萬年前至3,400萬年前，鯨類出現。「漸新世」約3,400萬年前至2,300萬年前，地球的草原面積大幅擴張，熱帶闊葉林則萎縮至赤道附近。

　　6,500萬年前「古近紀」早期發生90%地球生物滅絕和恐龍也滅絕的第五次生物大滅絕事件，又稱「K-T事件」（白堊紀-第三紀大滅絕事件），或稱「K-Pg事件」（白堊紀-古近紀大滅絕事件，或稱希克蘇魯伯事件），因為巨大隕石（小行星）撞擊墨西哥尤加敦半島（Yucatan），挖出將近直徑200公里的「希克蘇魯伯隕石坑」（Chicxulub），引起的全球大災難，這是最廣為人知的生物滅絕事件。該巨大隕石（小行星）擊穿地殼時就汽化，融化的岩石被拋入空中，將二氧化碳灑進大氣，形成濃厚的岩粒灰塵雲，遮蔽陽光長達數月之久，產生類似「核冬天」（Nuclear Winter）溫度急速下降的效應。硝酸雨從天而降，殺死大量的有機體，連岩石內的浮游生物「有孔蟲」（Foraminifera）都幾乎滅絕。碰撞點方圓數百公里內的生命全部滅絕，碰撞區域外數百公里的森林在巨大火災風暴中焚燒殆盡。激起的海嘯滅絕數百公里外的魚類和恐龍。地球表面陷入黑暗近兩年，光合作用完全中斷。當岩粒灰塵雲變薄，陽光穿透塵霾時，空氣中已富含大量二氧化碳和甲烷，迅速的暖化產生出炎熱的溫室效應。只有小恐龍後裔的鳥類和小型有機體的囓齒類哺乳動物比較容易在這場滅絕事件存活下來。恐龍生存的時期很長，在2.3億年前的「三疊紀」晚期誕生，「三疊紀」和「白堊紀」之間的「侏羅紀」繁殖最為旺盛，直到6,500萬年前的「白堊紀」晚期和「古近紀」早期的「K-Pg事件」滅絕。

　　6,500萬年前，「古近紀」開始後不久，「K-Pg事件」之後，大型哺乳類動物和靈長類動物出現。5,800萬年前至5,600萬年前，地球火山活動異常激烈，釋放出大量二氧化碳，地球快速暖化，海洋裡的甲烷晶籠化合物突然融化，釋出大量甲烷，迅速將萬物加熱，全球平均氣溫上升達攝氏5度至9度，造成許多物種滅絕，這是發生於古新世和始新世交替時短暫而激烈的溫室效應，也是地球上最晚近的一次溫室暖化期，被稱作PETM（Paleocene-Ecocene Thermal Maximum，古新世及始新世最熱期），連北極圈也出現大片森林，現代人類擔憂

的溫室效應與PETM很類似。同時5,200萬年前至4,800萬年前，印度次大陸與亞洲大陸板塊相互擠壓，產生喜馬拉雅山隆起的造山運動（Himalaya orogeny），2千萬年前喜馬拉雅山終於以山脈的面貌從海中浮現，但高度不到1千多公尺。

「新近紀」只分為二個「世」，即「中新世」（Miocene）和「上新世」（Pliocene）。「中新世」約2,300萬年前至533萬年前，非洲大陸板塊在2,500萬年前至2,200年前之間，開始分裂為努比亞板塊（Nubian Plate）和索馬利亞板塊（Somalian Plate），兩個板塊之間形成東非大裂谷（East African Rift Valley），這地區是人類誕生的搖籃之一。喜馬拉雅山於2,000萬年前開始從海底上升，700萬年前「圖邁人猿」（Toumai）出現並於610萬年前演化出黑猩猩（Chimpanzee）和「圖根原始人猿」（Orrorin Tugenensis），台灣島則於600萬年前出現。580萬年前已出現「卡達巴地猿」（Ardipithecus Kadabba）。「上新世」約533萬年前至259萬年前，440萬年前「始祖地猿」（Ardipithecus Ramidus）出現，「南方古猿」（Australopithecus）於420萬年前出現並於300萬年前演化出「非洲南猿」（Australopithecus Africanus）。「非洲南猿」則於260萬年前演化成「直立猿人」（Homo Erectus），此時地球終於進入「第四紀」屬於人類的時代。

596萬年前，非洲大陸板塊往北衝撞歐洲大陸，直布羅陀海峽消失，地中海封閉成為內海，周邊乾燥氣候，蒸發掉地中海的海水，成為地球上最深、最大的窪地，低於海平面5千公尺，非洲大象和河馬也因此輕易地遷移至歐洲，史稱「地中海乾涸事件」。原本地中海裡的海洋沉積物也被抬升堆積成阿爾卑斯山脈，原本屬於非洲大陸板塊的古老岩石也被推升成為知名的「馬特峰」（Matterhorn）。533萬年前又因為板塊移動，直布羅陀海峽再次打開，大西洋的海水急速灌入，產生寬達10公里，高度落差2公里的大瀑布，再度注滿地中海。

早年地質學把地球史分成：「第一紀」指爬行動物出現以前的時代，「第二紀」指爬行類動物繁殖旺盛的時代，「第三紀」指大型

哺乳動物和靈長類出現的時代（有時把古近紀和新近紀也合稱第三紀），「第四紀」指人類出現的時代。這個分類法已被淘汰，但「第四紀」則保留下來。

　　「第四紀」又分為二個「世」，即「更新世」（Pleistocene）[又稱「洪積世」（Diluvium）]，和「全新世」（Holocene）。「更新世」從259萬年前至1.17萬年前，約當整個舊石器時代，「南方古猿」在120萬年前的「更新世」中期滅絕，直立猿人（Homo Erectus）在「更新世」開啟了舊石器時代，卻在7.3萬年前滅絕。智人（Homo Sapiens）則出現於30萬年前的非洲摩洛哥和25萬年前非洲衣索比亞的「更新世」晚期，繁殖至今。直立猿人和智人才被視為「人類」（Human），「更新世」演化出現的「人屬」、「人類」或「人種」很多，但目前地球上的「人種」只剩智人一種，縱使智人尚可依膚色、體質、外貌再區分成「高加索人種」（Caucasoid）、「蒙古人種」（Mongoloid）、「尼格羅人種」（Negroid）、「澳美人種」（Australoid）等，但在解剖學和遺傳生物學上都同屬於「智人種」。「全新世」是智人的全盛期，從1.17萬年前至今，開創了包括新石器時代、青銅器時代、鐵器時代。智人於1.1萬年前開啟了農業文明，並於1750年進入工業時代。

二、冰河的歷史

　　冰河時期（Ice Age）的地質學定義是：地球的陸地上至少有一個永久性的冰蓋（Ice Sheet）存在。這個冰蓋是由大陸冰川（Continental Glacier）所構成，厚度至少4公里，面積至少覆蓋在5萬平方公里的陸地上，面積小於5萬平方公里則稱為冰帽（Ice Cap）。冰河時期的地球表面和大氣溫度會長期遞減，大陸板塊上的冰川面積和南北極的冰層也會擴大，時間可能長達數百萬年。Ice Age其實應該翻譯成「冰時

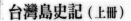

代」或「冰期」，Glacial Period才是中文「冰河時期」的意思。Glacial
Period有時翻譯成「冰川期」，以便與「冰河時期」（Ice Age）做出區
隔，但是中文「河」與「川」很難分清楚。「冰時代」內仍然有較為
寒冷和較為溫暖的週期，英文的Glacial Period是指「冰時代」時，陸
地上冰川盛行且氣溫較為寒冷的週期，「冰時代」中兩個「冰川期」
（Glacial Period）之間，較為溫暖的週期則稱為「間冰期」，英文稱
Inter-Glacial Period。

　　地球自形成以來，「冥古宙」的地表溫度，先高後低，平均達攝
氏230度，但大氣層的甲烷和二氧化碳含量太高，氣壓很高，只有高溫
的液態水存在，自然不會有冰河時期。

　　「太古宙」爆發「大氧化事件」，大氣層的氧含量增高，甲烷和
二氧化碳的含量下降，氣壓和地表溫度降低，但尚未到達可產生冰河
的條件，所以也沒有冰河時期。

　　「元古宙」時大氣層含氧量持續升高，地表激烈的火山活動適巧
停止，時間達2億年之久，地表溫度開始受制於地球自轉軸度和公轉
週期的影響而降低，產生兩次大的冰河時期（Ice Age或Glaciation），
簡稱「大冰期」，包括：24億年前至21億年前的「休倫（Huronian-
Makaganyene）冰河時期」；8.5億年前至6.3億年前的「成冰紀
（Cryogenian）冰河時期」。

　　25億年前的「大氧化事件」（Great Oxygeneration）燃燒掉大氣
中的甲烷，也導致氣溫下降，於24億年前產生休倫冰河時期。在「成
冰紀冰河時期」整個地球冰封宛如雪球，史稱「地球的雪球事件」
（Snowball Earth），全球陸地和海洋被厚厚冰層覆蓋著，地表溫度
降至攝氏負50度，行光合作用的有機體幾乎滅絕。但6.5億年前厚重
的冰蓋（Ice Sheet）壓裂地殼導致火山爆發，引起溫室效應，結束了
成冰紀和雪球事件，冰雪融化也引發全球大洪水。成冰紀冰河時期
結束後爆發的地球大洪水，海水的含氧濃度上升，間接觸發埃迪卡
拉紀（Ediacaran）軟體生物的出現和寒武紀的生物大爆發（Cambrian

Explosion）。

「顯生宙」則發生三次大的冰河時期和兩次較小規模的大冰期，包括：4.6億年前至4.3億年前古生代奧陶紀到志留紀的「安迪-沙哈倫（Andean-Saharan）冰河時期」、3.6億年前至2.6億年前古生代石炭紀和二疊紀的「卡魯（Karoo）冰河時期」、3,390萬年前的漸新世大冰期（Oi-1）、1,400萬年前中新世大冰期（Mi-1）、260萬年前至今新生代的「第四紀（Quaternary）冰河時期」。

恐龍從出現到滅絕都沒有經歷過冰河時期，哺乳類動物和後來出現的靈長類動物在早期很長的時間內也沒有經歷過冰河時期。南方古猿出現時也不在冰河時期，但直立猿人從出現到滅絕都處於第四紀冰河時期。冰河時期形成的主要原因被認為是地球公轉週期與地軸傾斜角度發生循環性改變，造成太陽輻射至地球的總能量減少，地球表面冷卻所造成，稱為「米蘭柯維奇循環」（Milankovitch Cycle）。循環的週期有2.2萬年、4.1萬年、10萬年等三種變化週期，250萬年前至90萬年前之間的氣溫變化週期為4.1萬年，90萬年前至今的週期則為10萬年。

每一個大週期的「冰河時期」內，又可分為小週期的「冰盛期」、「冰川期」或「小冰期」（Glaciations、Glacials或Glacial Period）與「間冰期」（Interglacials）交替出現的冰期循環。「冰盛期」和「間冰期」在冰河時期內往復出現，其原因除了「米蘭柯維奇循環」的天體循環（Astronomical Cycles）外，還加上大氣的二氧化碳含量（Atmospheric Composition）變動、板塊運動及洋流（Plate Tectonics and Ocean Currents）變動、造山運動（orogeny）等因素。長時間的冰河時期都是由幾十段或數百段的「冰盛期」和「間冰期」的循環所構成。

人類繁衍的「第四紀」直到現在都屬於冰河時期，因為258萬年前迄今，南極洲和格陵蘭始終被冰蓋覆蓋著，所以仍然屬於冰河時期。「第四紀」至少有七次，甚至五十次以上的冰盛期和間冰期的循

環，最近一次冰盛期稱爲「末次冰盛期」或譯「末次冰川期」（Last Glacial Period, LGP）發生在11萬年前至1.2萬年前，「末次冰盛期」的高峰發生在2.7萬年前至2.4萬年前，稱爲「末次冰盛高峰期」（Last Glacial Maximum, LGM）。在末次冰盛期時，北美洲、北歐和南美洲南部都覆蓋著厚厚的冰蓋。持續時間長達3千年的末次冰盛高峰期結束後，地球氣溫逐漸回升，但在1.8萬年前至1.5萬年前之間，再發生一段氣溫回降的低溫事件，稱「老仙女木事件」（Old Dryas）。在12,900年前又發生時間長達1,300年全球氣溫陡降的「新仙女木事件」（Younger Dryas）。在末次冰盛期的初期，地球上原本還有直立猿人、尼安德塔人、丹尼索瓦人、智人等人種，但末次冰盛期結束時，僅剩智人一種。

仙女木是生長在高緯度或2千公尺以上高山的薔薇，在新仙女木事件期間卻出現在菲律賓等赤道附近。其他冰盛期的低溫寒冷地區通常都在高緯度地區，但兩次「仙女木事件」的低溫寒冷區域卻擴展到赤道附近，對動植物生態和人類的生存分佈狀態有著重大影響，居住在亞熱帶舊石器時代台灣島的長濱人就在1.5萬年前的老仙女木事件中滅絕。從末次冰盛期到新仙女木事件結束，亦即2.7萬年前至1.1萬年前，常被視爲最近一次的冰盛期。

新仙女木事件結束後，氣溫回暖，人類開始了新石器時代，地球也從「更新世」進入「全新世」。新仙女木事件結束時，巨大的冰河和冰蓋溶解，引發大洪水，巔峰水量比現在亞馬遜河的水量高出100倍，在人類的歷史記憶中普遍產生大洪水的傳說。智人出現到今天只有30萬年，因此智人只經歷兩次「間冰期」，第一次在13萬年前至11.5萬年前，當時智人尚未離開非洲。第二次就是從1.2萬年前至今的「間冰期」（路易斯等，p123）。

1.2萬年來的全新世都處在間冰期，但1.2萬年前至11萬年前是很長的冰盛期，稱「大理冰期」或「玉木冰期」（Wurm）。13萬年前至20萬年前是「廬山冰期」（Riss），30萬年前至45.5萬年前是「大姑

冰期」（Mindel），62萬年前至68萬年前是「鄱陽冰期」（Gunz），以及100萬年前左右的哈斯拉赫冰期（Haslach）、100萬年前至180萬年前的多瑙冰期（Danube）、180萬年前至260萬年前的拜伯冰期（Biber）。這些是第四紀七次較大的冰盛期，但後三者的時間點和型態很難精確定位，世界各地檢測得出的冰期起始點和終結點也不一致。兩次冰盛期之間的間隔期間就是間冰期，新石器時代至今的全新世剛好處於間冰期，已經超過1.2萬年。第四紀的間冰期長度大約在1萬年至5萬年之間，下一次冰盛期何時來臨尚有爭議，來臨時人類文明將遭遇艱困的挑戰。

當冰河時期的「冰盛期」來臨，歐亞美大陸被大面積的「冰蓋」（Ice Sheet）披覆。海水及雨水被大量凍結在南北極和歐亞大陸的「冰蓋」裡，冰蓋下出現凍土層，海水蒸發數量減少，空氣乾燥，森林面積萎縮，貧脊草原和沙漠擴大。冰盛期時的平均氣溫比目前低15度，雨水及河水流入海洋的水量大幅減少，海洋水量減少，海平面下降，最多曾下降平均達140公尺。當「間冰期」來臨，歐亞美大陸的「冰蓋」消失，海平面上升，很多陸地淹沒，許多島嶼出現。

地球目前處於「第四紀冰河時期」的「全新世」，約從1.14萬年前到二十一世紀。「間冰期」則逐漸從1.2萬年前開始，6千年前全面進入「間冰期」到今天。目前的間冰期只有南極洲、格陵蘭、加拿大的巴芬島（Baffin）被「冰蓋」披覆而出現攝氏零度以下的凍土層。各地區的探測資料顯示，最近一次冰期循環的「冰盛期」在11萬年前開始，在6千年前完全結束，「間冰期」則在1.2萬年前開始，6,000年前至今都是全面性的「間冰期」。

台灣島於600萬年前因地殼板塊變動和海平面上升而出現，台灣海峽則因冰河時期氣溫變動，時而成為露出海平面的海峽平原，時而成為平均深度50公尺的海域。台灣島也因此時而成為中國大陸的一部分，時而成為四面環海的島嶼。在冰盛期海水下降，不只台灣島以陸地與中國大陸相連，不列顛島也以「多格蘭」（Doggerland）的陸地

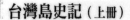

與歐洲大陸相連，日本的本州、九州、四國諸島也以陸地相連，馬來西亞和印尼附近也以「巽他古陸」（Sundaland）連在一起。

以台灣海峽為例，按目前的海平面測量，平均深度只有50公尺。但因為「冰盛期」逐漸轉化為「間冰期」的關係，1.5萬年前的海平面比目前的海平面低160公尺，1.4萬年前低100公尺，1.2萬年前低80公尺，8千年前低60公尺，7千年前低50公尺，6千年前低40公尺。台灣島新石器時代最早的居民是6,500年前步行穿越台灣海峽尚稱乾涸的階地平原，從中國福建抵達台灣島的智人。後來5千年前海平面曾經比目前高4公尺，2,600年前才又下降至目前的海平面。因為海平面的上升和下降趨勢雖然一致，也是起起伏伏循環變動的，有時是「海進期」，有時是「海退期」。「海進期」時，海水侵入內陸至海拔10公尺以上。「海退期」時，海水會退至海岸邊10公尺以下。人類的新石器時代出現在1.2萬年前逐漸開始的「間冰期」，台灣島的新石器時代則出現在6千年前「間冰期」完全蒞臨的時點，可說出現的時間比其他地區晚了6千年。

三、人類進化歷史

人類在地球上出現，地球之外，並無人類的蹤跡，而人類是地球生物經過42.8億年的演化，直到260萬年前才出現的物種，而現代人類是稱為「智人種」的生物物種，則在25萬年前才誕生。

就地球生物演化史來說，單細胞原核生物出現於42.8億年前的「冥古宙」，動植物出現在5.42億年前的「顯生宙」。

動物學分類法將動物界（Animalia）細分為：「門」（Phylum）、「亞門」（Subphylum）、「綱」（Class）、「亞綱」（Subclass）、「目」（Order）、「亞目」（Suborder）、「下目」（Infraorder）、「小目」（Parvorder）、「總科」（Superfamily）、「科」

（Family）、「亞科」（Subfamily）、「族」（Tribe）、「亞族」（Subtribe）、「屬」（Genus, Genera）、「種」（Species）。

　　但直到「顯生宙」的「新生代」的「古近紀」，約6,500萬年前，「靈長目」動物（Primates）才出現。靈長目隸屬於「獸亞綱」（Eutheria）、「哺乳綱」（Mammalia）、「脊椎動物亞門」（Vertebrata）、「脊索動物門」（Chordata）。靈長目共有660個物種，其中之一就是「智人種」（Homo Sapiens Species）。

　　靈長類動物於6,300萬年前又開始慢慢演化分岔為「原猴類」（Prosimians）和「簡鼻猴類」（Haplorrhini）兩類「亞目」。「簡鼻猴類」的特徵是上唇沒有直接黏著在鼻孔或牙床上，「智人種」隸屬於「簡鼻猴類亞目」。

　　「簡鼻猴類」於5,800萬年前再開始慢慢演化出「跗型猴」（Tarsiiformes）和「類人猿」（Anthropoids, Anthropoidea, Simiiformes）兩類「下目」。類人猿的重要特徵包括：雙眼在臉部正前方，有白晝的精準彩色視覺，腦部運作於視覺功能多於味覺功能。「智人種」隸屬於「類人猿下目」。

　　「類人猿」於4000萬年前出現，3,500萬年前又演化出「闊鼻猴類」（Platyrrhini）和「狹鼻猴類」（Catarrhini）等兩類「小目」。「智人種」隸屬於「狹鼻猴類小目」。

　　「闊鼻猴類」原產地在中美洲和南美洲因此統稱「新世界猴」（New World Monkeys）。「狹鼻猴類」於3,000萬年前經過演化分岔為「猴類」（Cercopithecoidae）和「猿類」（Hominoidea）等兩類「總科」，兩者的顯著外型差異在於有無尾巴。「智人種」隸屬於「猿類總科」。

　　「猴類總科」原產地在非洲和亞洲因此又統稱「舊世界猴」（Old World Monkeys）。舊世界猴與新世界猴的區別在於鼻部，新世界猴的鼻軟骨間隔很寬，鼻孔向外側張開，鼻孔間距較寬，舊世界猴的鼻間距則相對較窄。新世界猴的前臼齒（premolar）有12個，舊世界猴只有

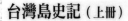

8個，與猿類相同。雌性新世界猴沒有月經週期，雌性舊世界猴則有，猿類和人類也有。

「類人猿」也常被簡單地分類為「新世界猴」、「舊世界猴」、「猿類」等三類，其他更稀少或已滅絕的物種就忽略省去。因此，靈長類動物常被簡化歸類為原猴、新世界猴、舊世界猴、猿類等四種。

「猿類總科」（Hominoidea, Apes）出現在2,800萬年前，最早的猿類是「埃及古猿」（Aegyptopithecus）或「原上猿」（Propliopithecus）。猿類又再演化分為「人猿」（Hominidae, Man Ape，大猿）、「長臂猿」（Hylobatidae）、「原康修爾猿」（Proconsulidae）、「森林古猿」（Dryopithecus）等四個「科」。

人猿又常被稱為「人科動物」，應該稱「人猿科動物」比較正確。每個「科」出現的時間點並不一定相同，猿類於1,800萬年前演化出「原康修爾猿」，1,500萬年前演化出「人猿」或稱「大猿」，1,200萬年前出現的「森林古猿」，1,160萬年前才出現「長臂猿」。「智人種」隸屬於「人猿科」。

人猿科又演化出猩猩亞科（Ponginae）和人猿亞科（Homininae, Hominines）。「智人種」隸屬於「人猿亞科」。但人猿亞科常被翻譯成「人亞科」，極易混淆。

猩猩亞科再演化成猩猩屬（Pongo）、巨猿屬（Gigantopithecus）、印度的西瓦古猿屬（Sivapithecus）、中國雲南的祿豐古猿屬（Lufengpithecus）。印度的西瓦古猿出現在1,200萬年前，中國的祿豐古猿出現在800萬年前。

人猿亞科動物統稱「非洲猿」（African Apes, African Hominids），出現在880萬年前，再演化分為大猩猩族（Gorillini）和人族（Hominini, Hominins）兩類「族」。「智人種」隸屬於「人族」。

人族以能雙足走路為特徵，出現在700萬年前至630萬年前之間，最早出現的人族是「查德沙赫人猿」（Sahelanthropus Tchadensis），人族堪稱是人類在生物學上最早的祖先。

　　人族又分成黑猩猩亞族（Panina）和人亞族（Hominina）兩類「亞族」。黑猩猩亞族可分成黑猩猩屬（Pan, Chimpanzees）和矮黑猩猩屬（Paniscus, Bonobo）。「智人種」隸屬於「人亞族」。

　　人亞族（Hominina）則可分成「人」（Homo）、「傍人」（Paranthropus）、「南方古猿」（Australopithecus）、「地棲猿」（Ardipithecus）、「圖根原始人猿」（Orrorin）、「查德沙赫人猿」（Sahelanthropus）、「肯尼亞人猿」（Kenyanthropus）和「葛雷哥古猿」（Graecopithecus）等八個「屬」類。「人亞族」除了「人屬」外，其他的「屬」都已滅絕。「智人種」隸屬於「人屬」。

　　人屬（Homo）動物可以廣義的稱為「人類」（Human），至少有12個種（Species），簡稱「人種」（Human Species），包括智人（Sapiens）、丹尼索瓦人（Denisovans）、尼安德塔人（Neanderthalensis）、海德堡人（Heidelbergensis）、前驅人（Antecessor）、匠人（Ergaster）、巧人（Habilis）、直立人（Erectus）、盧道夫人（Rudolfensis）、納來迪人（Naledi）、呂宋人（Luzonensis）、弗洛勒斯人(Floresiensis)等人類物種（Human Species）。但除了智人之外，其他人種又通俗地稱為「猿人」（Ape Men）或被誤稱為「早期智人」，都已經滅絕。

　　總結來說，人類的演化是從2億年前出現的「哺乳類」動物開始，於6,500萬年前出現「靈長類」動物，4,000萬年前出現「類人猿」，2,800萬年前出現「猿類」，1,500萬年前出現「人猿」，880萬年前出現「非洲猿」，700萬年前出現「查德沙赫人猿」，610萬年前出現「圖根原始人猿」，420萬年前出現「南方古猿」，260萬年前出現「直立猿人」，70萬年前出現「海德堡人」，35萬年前出現「尼安德塔人」，30萬年前出現「丹尼索瓦人」，25萬年前出現「智人」，智人就是現代的人種。若以能雙足走路作為人類起源的開端，人類的進化史應從「查德沙赫人猿」的出現開始算起。

（一）人族

人類的演化要從6,500萬年前談起，一顆來自外太空的小行星在墨西哥附近擊中地球，造成恐龍大滅絕，但是體型如小老鼠的哺乳類動物，卻在這場生物大滅絕事件中存活下來，並演化出靈長類動物（primates）。靈長類是猿猴類動物的統稱，生活在地球赤道兩側的地區，演化出600多種各式各樣的靈長類，人類的歷史就是從這些靈長類動物開始起源的。

靈長類動物前肢的大拇指與其他四指可以對握，產生抓握能力。前後肢的關節靈活，易於彎曲及運動。臉型傾向於扁平，兩眼位於同一個平面，可產生立體視覺（stereopsis）。腦容量相對較大，有思考與學習能力。

生存於6,500萬年前至6,300萬年前，出現在北美洲蒙大拿的普加托里猴的化石（Purgatorius），體型類似小老鼠，被認為是其他哺乳類動物演化成靈長類動物之前的祖先，但還不算是靈長類動物。

考古化石最早出現的靈長類是生存於5,900萬年前至4,700萬年前的「德氏猴」（Teilhardina），棲息地遍及亞洲、北美洲和非洲，但計算基因演變的分子時鐘顯示，早在6,500萬年前靈長類動物的基因即已出現，證實德氏猴與普加托里猴存在著可能的演化關係。為了紀念生物學家德日進（Teilhard de Chardin），德氏猴因而得名。

最早期的靈長類動物是原猴（Prosimian, Strepsirrhini），包括狐猴（lemur）、懶猴（slow loris）、狨猴（marmoset）和眼鏡猴（tarsier），原始棲息地在亞洲，因為亞洲赤道地區距離小行星擊中地球的墨西哥最遠，生存機會也最大。原猴的體型嬌小，大多是夜行樹棲生活，原猴中最古老的物種就是德氏猴，但在4,700萬年前已滅絕。

原猴在5,700萬年前從亞洲擴散至歐洲和美洲，但最後在5,000萬年前才抵達非洲。有趣的是，5,000萬年前的非洲與歐洲或亞洲都隔海相望，兩邊的大陸板塊互不相連，目前尚不清楚原猴如何跨海漂移至非

洲。

　　5,500萬年前在中國湖北省荊州市出現的「阿喀琉斯基猴」（Archicebus-achilles）同時具有眼鏡猴和類人猿的特徵，被認為是原猴演化成「類人猿」（anthropoids, simiiformes）的過渡物種。

　　原猴在4,000萬年前的非洲演化出「類人猿」，其中較著名的物種有在3,500萬年前漂移至南美洲的「新世界猴」（New World Monkey），包括松鼠猴（squirrel monkey）、粟鼠猴（madascariensis）、蜘蛛猴（ateles）。新世界猴的鼻頭寬大而塌陷，左右鼻孔朝天且較為分離，又稱「寬鼻猴」（Platyrrhini）；或者尾巴長而發達，可以捲纏樹枝，功能近似第五肢，故稱「捲尾猴」（prehensile tailed monkey）。

　　非洲與南美洲兩地最近的距離目前約2,900公里，雖然3,500萬年前只有1,500公里，類人猿要跨越這麼長的距離還是非常困難，所以類人猿如何從非洲漂移到南美洲成為新世界猴，仍然是個謎。縱使在冰河時期海平面下降，海底山脈露出海面，提供類人猿沿著大西洋有更多海上島嶼可供跳島遷移，但仍然是極為困難的事。

　　留在非洲的類人猿在3,000萬年前演化出有尾巴的舊世界猴（Old World Monkey）與無尾巴的猿類（Apes）的共同祖先。目前尚不瞭解這個共同祖先的類人猿為何，演化生物學推論這個類人猿物種除了在3,000萬年前演化出舊世界猴外，也在2,800萬年前演化出猿類。

　　棲息在南美洲的新世界猴有54條染色體，但演化緩慢。棲息在非洲的類人猿則演化出有48條染色體但更為進化的舊世界猴。現代人類只有46條染色體，與舊世界猴的演化途徑較為接近。舊世界猴包括獼猴（macaque, macaca, rhesus monkey）、狒狒（baboon）等，脊椎骨能直坐，臀部有厚墊的坐胼體，左右鼻孔距離較近且朝下，又稱「狹鼻猴」（catarrhini）；尾巴較為粗短，只能平衡身體，不能捲纏樹枝。

　　舊世界猴和新世界猴的新舊命名法是以哥倫布發現美洲新世界的時間為界，不是以猴類演化的快慢程度為準。新世界猴比舊世界猴至少早500萬年出現，演化較慢且生物結構較為原始。

至於新世界猴出現在南美洲，到底是從非洲跨越大西洋漂移至南美洲，或是北美洲的原猴直接遷移至南美洲，再演化出新世界猴，目前仍然是個爭議的議題。

因爲南美洲板塊與非洲板塊在1.4億年前，即已開始從盤古大陸（Pangea）分裂開，形成南大西洋。北美洲板塊在8,000萬年前才與歐洲板塊分離，產生北大西洋。靈長類動物則直到6,500萬年前才出現。所以新世界猴如果從非洲遷移至南美洲，跟地球的板塊運動或大陸漂移無關。

類人猿在3,300萬年前演化出介於猴類和猿類之間的過渡物種「埃及古猿」（Aegyptopithecus），2,800年前正式出現古老的猿類動物「原上猿」（Propliopithecus）。猿類再於1,800萬年前分化出小猿（lesser apes）和1,500萬年前出現的大猿（great apes）。小猿類有「原康修爾猿」（Proconsul）和長臂猿（gibbons）等，大猿又稱「人猿」（man ape），或稱人科動物（hominidae, hominids），包括紅毛猩猩（orangutans）、大猩猩（gorillas）和人族（hominini）。

1,500萬年前在非洲出現的大猿，肢體開始有了直立站起來的功能，雖還不能直立行走，但平常以四肢行走移動的猿類動物，發展出可以偶爾直立站起來的肢體結構，這是靈長類動物演化史上的一大步。

大猿先演化出1,400萬年前的紅毛猩猩，再演化出880萬年前的非洲猿，800萬年前的大猩猩，最後在700萬年前，演化出可以雙足直立行走（bipedalism）的查德沙赫人猿（Sahelanthropus Tchadensis），意指「來自查德的撒哈拉人」，成爲「人族」（Hominin）的起源。雙足直立行走是人族動物最主要的生物特徵。

當時非洲氣候乾燥化，原本是熱帶雨林的非洲中部，變成林木稀疏的草原，查德沙赫人猿被迫從樹棲生活演化成地棲生活，學會偶而雙足走路，誕生了人族動物。查德沙赫人猿是人猿亞科的「非洲猿」（African Apes）演化爲人族的最早期物種。

　　查德沙赫人猿後來除了演化出黑猩猩（chimpanzees）和矮黑猩猩（bonobos）以外，在610萬年前演化出圖根原始人猿（Orrorin Tugenensis）。

　　圖根原始人猿發現於公元2,000年，被稱為「千禧年人」（Millennium Man），出現在肯亞的圖根山（Tugen Hills），又稱「土根人猿」，這是人族動物演化出人類的重要關鍵，黑猩猩與人類在演化道路上開始分道揚鑣。查德沙赫人猿作為黑猩猩和圖根原始人猿這兩種人族動物的共同祖先，也因此被稱為「圖邁人」（Toumai），意即「生命的希望」。

　　查德沙赫人猿和圖根原始人猿之後，在「南方古猿」（Australopiths）出現之前，靈長類另外演化出現的「人亞族」物種是「地猿」（Ardipithecus），或稱「地棲猿」，應該也可以稱為「地棲人猿」，包括580萬年前的「卡達巴地猿」（Ardipithecus Kadabba）和440萬年前的「始祖地猿」（Ardipithecus Ramidus），都出現在非洲衣索比亞。「地猿」的骨盆結構證實雖然生活在森林樹上，但已能在森林中直立行走，屬於同時「樹棲」和「地棲」的「人亞族」猿類，也是最早的「地棲」猿類。

　　圖根原始人猿於約420萬年前又演化出「南方古猿」，也是「人亞族」底下的一個「屬」類，最早期的「南方古猿」是420萬年前出現的「南方古猿湖畔種」（Australopithecus Anamensis），再演化出約320萬年前的「南方古猿阿法種」（Australopithecus Afarensis）和約300萬年前的「非洲南猿」，或稱「南方古猿非洲種」（Australopithecus Africanus）。「南方古猿」意指出現在撒哈拉（Sahara）沙漠以南的古猿，以表示和其他更原始的古猿相區隔。

　　「南方古猿」是已能離開森林，在草原上直立行走的「人亞族」猿類，可稱為「猿人」（Ape Man），但仍被常稱為「人猿」（Man Ape）。「南方古猿」被認為是「早期人類」，最後在260萬年前演化出「人屬」的「猿人」（Ape Man），即「直立猿人」或稱「直立

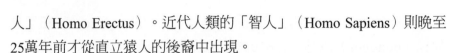

人」（Homo Erectus）。近代人類的「智人」（Homo Sapiens）則晚至25萬年前才從直立猿人的後裔中出現。

這些「人猿」（Man Ape, Hominidae）、「人族」（Hominini）、「猿人」（Ape Man，Pithecanthropus）和「人類」（Human）的初始演化全部發生在非洲，但「直立猿人」在180萬年前離開非洲，遍佈在歐亞各地後，於7.3萬年前滅絕。所謂「離開非洲」不是一次性或僅只一批次的離開，而是時間很久且持續性一批批的離開。「智人」則在8萬年前離開非洲後，近一步從歐亞洲各地擴展到美洲和澳洲，存續至今。

現代「智人」的DNA與黑猩猩的DNA的「融點差異」只有1.6%，依分子生物學的「分子時鐘」（Molecular Clocks）尺度計算，這1.6%差異表示「智人」的祖先與黑猩猩在700萬年前都從共同祖先「圖邁人猿」演化分岔成不同物種，黑猩猩被列為「人族」也就不意外。

「智人」與大猩猩的「DNA融點差異」是2.3%，表示兩者演化分岔自1,000萬年前。「智人」與猴子的差異更大，演化分岔點超過3,000萬年前。

因此地球上人類的演化故事，從靈長類的出現，經過演化分岔為猴類和猿類。猿類則從「大猿」開始，一路演化出「人猿」、「圖邁人猿」、「圖根原始人猿」、「南方古猿」、「非洲南猿」、「直立猿人」和「智人」等都歸屬於無尾巴的猿類。所以人類不是從有尾巴的猴子演化而成，而是從無尾巴的猿類演化產生的物種。

南方古猿似乎都以雙腿走路，黑猩猩和大猩猩以指背行走（Knuckle Walk）。南方古猿的大腳趾不再用於抓地，因此與其他腳趾排列得更近。南方古猿的脊椎骨從下方連接頭骨，而不像黑猩猩從後方。雙腿行走的南方古猿在演化時需要重新排列腦殼、脊背和臀部，也需要更窄的骨盆，造成雌性南方古猿及後來的人類女性分娩更加困難與危險。因此演化出比黑猩猩更早生育也需要更多照護的嬰兒，這使南方古猿和人類發展出以照護嬰兒為中心的家族社群。「南

方古猿」於300萬年前再演化出「非洲南猿」，「直立猿人」則於260萬年前從「非洲南猿」演化產生，最後「智人」於25萬年前從「直立猿人」中演化而出，成爲主宰地球生命的主人。

　　人類進化過程於是可以歸類爲是從「南方古猿」到「直立猿人」再到「智人」等三個階段。這三者的關係是物競天擇的遺傳漂變（Genetic Drift）、突變（Mutation）、適應輻射（Adaptive Radiation）的演化現象，而不是祖孫式的直線血緣關係。但一般講的「人類」通常指「直立猿人」和「智人」這兩個階段，不包括「南方古猿」階段，因此人類歷史只有260萬年。

（二）南方古猿

　　「南方古猿」（Australopiths）是人類進化的第一階段，雖稱「古猿」，卻是「人族」中的「人亞族」，自成一個「屬」，血緣與智人相當接近，稱之爲「南方古猿人」亦無不可。最早期的「南方古猿」是出現在在420萬年前的「南方古猿湖畔種」（Australopithecus Anamensis）。「南方古猿湖畔種」（Australopithecus Anamensis）再演化出320萬年前的「南方古猿阿法種」（Australopithecus Afarensis）、300萬年前的「非洲南猿」（Australopithecus Africanus）和「南方古猿驚奇種」（Australopithecus Garhi）、195萬年前的「南方古猿源泉種」（Australopithecus Sediba）。但被發現的第一具算很完整且有代表性的「南方古猿」是「南方古猿阿法種」（Australopithecus Afarensis）的骨骼化石。該「南方古猿阿法種」是女性，存活時代在320萬年前，於「新近紀」晚期出現於非洲衣索比亞（埃塞俄比亞，Ethiopia），身高約120公分，體重約26公斤，腦容量450cc與黑猩猩相仿，日常生活中已能完全以雙足行走，被稱爲露西（Lucy），黑猩猩和大猩猩只能偶而直立行走，但是露西的臂骨長度達腿骨長度的90%以上，類似黑猩猩，善於抓握爬樹。換言之，南方古猿的下半身已進化出直立行走功能，上半身及肩胛骨還擁有近似黑

猩猩的爬樹機能，所以南方古猿適應樹棲生活，直立走路並無效率。南方古猿是黑猩猩的近親，這個考古學推論符合前述「分子時鐘」的科學證據，即現代人類的智人在700萬年前與黑猩猩系出同源。

南方古猿出現的時代屬於地質學的「新近紀」（Neogene）的最後一個時期「上新世」（Pliocene），約出現在420萬年前。南方古猿的面目結構和牙齒排列介於人類和猿猴之間的特徵，居住在森林地帶，吃堅果、樹葉，偶而吃肉，基本上是素食動物。南方古猿和現代猿類動物在生理和生活方式尚無重大區別，沒有可發展出語言的發聲器官，只靠手勢和呼聲進行交流。但是南方古猿沒有撐過第四紀冰河時期而滅絕，黑猩猩卻能存活至今，原因不詳。南方古猿簡稱「南猿」（Australopithecines），於300萬年前又演化為兩類：「粗壯南猿」（Australopithecus Robustus）和「非洲南猿」（Australopithecus Africanus）。「粗壯南猿」又稱「傍人」（Paranthropus），在120萬年前滅絕。Para是希臘語beside的意思，anthropus則是human的意思。最著名的非洲南猿化石在南非西北省的陶格鎮被發現，因此暱稱為「陶格孩童」（Taung Child，或譯湯恩兒童）。「非洲南猿」則被推測在260萬年前演化為早期的「直立猿人」，叫「東非直立人」（East African Pithecanthropus，東非猿人）或「盧道夫人」（Homo Rudolfensis），210萬年前又再演化為「巧人」（Homo Habilis）。南方古猿的考古遺跡只出現在非洲，因此推論南方古猿從未離開過非洲。

這些物種的演化當然不完全是直線發展的，例如南非約翰尼斯堡（Johannesburg）郊外的「星升洞穴」（Rising Star Cave）就出現30萬年前的「納萊迪人」（Homo Naledi），同時具有「南方古猿」（Australopiths）和「巧人」（Homo Habilis）的特質，「納萊迪」（Naledi）是「星星」（Star）的意思。「南方古猿」被歸類為早期「人亞族」（Hominina）的「南猿屬」，「直立猿人」和「智人」則被視為晚期「人亞族」的「人屬」（Homo），是「人亞

族」七個「屬」類裡唯一生存至今的「人屬」（Homo）或「人類」
（Human）。「納萊迪人」則是介於「南猿屬」和「人屬」之間的
「人亞族」物種。

（三）直立猿人

　　人類進化的第二階段是「猿人」（Pithecanthropus, Ape-Man，
Pithec源自希臘語Pithekos，是猿Ape的意思，anthropus是人man的
意思），開始可被稱為「人類」，以「直立猿人」（Pithecanthropus
Erectus）或稱「直立人」（Homo Erectus）這種原始人類為代表，
被認為是從「非洲南猿」演化出來的人種。直立人最早出現在非
洲東部時，地球處於約260萬年前「第四紀冰河時期」（Quaternary
Glaciation）的初期，常被稱為「東非直立人」。目前最早的「東非
直立人」遺骨是在東非的馬拉威（Malawi）發現的250萬年前的「盧
道夫人」（Homo Rudolfensis），要注意中文翻譯是「“盧道夫”
人」，不是「“盧道”夫人」。因為第一次發現這個物種的地點位於
肯亞北部的盧道夫湖（Lake Rudolf），現已改名為特卡納湖（Lake
Turkana）。「東非直立人」在260萬年前開啟了「人類」的「舊石器
時代」，人類歷史可說99.67%的時間是「舊石器時代」，其間260萬
年前至7萬年前的人類仍然處在平均壽命20至30歲直立猿人的時代。
猿人與猿猴的區別在於是否能站立行走，雙手大拇指是否能與其他
四指伸展成90度角，是否會使用雙手敲擊出石器作為工具。猿人有類
似猿猴的臉部輪廓，額頭塌癟，眼眶上背凸顯，頜骨清楚，後腦勺很
大，體格粗壯，故稱之為「猿人」。2015年考古學家在南非約翰尼斯
堡（Johannesburg）北方40公里處的「錐莫崙」洞穴（Drimolen）發
現200萬年前的直立人和粗壯傍人（Paranthropus Robustus）的頭骨化
石，證實直立人最早出現在非洲，甚至出現在南非也比亞洲早，但200
萬年前直立人的人口只有粗壯傍人的十分之一。（Herries et., 2020）
　　直立人的腦容量1,000cc，臂長只達腿骨長度的75%，完全以雙足

行走，爬樹能力退化已不如古猿。直立人開始肉食，因而促使腦部發育增大，胎兒頭部也增大，難產機率增加，演化出胎兒未完全發育即生產的分娩現象，因此嬰兒時期拉長，家庭組織浮現。直立猿人在非洲繁殖後，於180萬年前離開非洲，移民遍及歐亞各地，擴張速度約平均每年前進140公尺。正確地說是每次前進幾公里，找到新的狩獵區域就駐留幾年。1891年荷蘭古生物學者杜布瓦（Marie Eugene Francois Thomas Dubois, 1858-1940）在印尼爪哇島東部的梭羅河畔（Bengawan Solo）發現149萬年前的「爪哇人」（Java Man），是首度發現的這些離開非洲的「直立猿人」骨骼化石。

可以跟「東非直立人」歸類在一起的近親物種，有210萬年前至150萬年前之間出現的「巧人」（Homo Habilis, 又稱「能人」），以及190萬年前至140萬年前之間出現的「匠人」（Homo Ergaster）。「巧人」全居住在東非的森林，在150萬年前消失滅絕。部分「匠人」則在180萬年前演化爲懂得使用火的「直立人」，所以學界常將東非直立人、巧人、匠人、懂得使用火的直立人都歸成同一類，統稱爲「直立人」或「直立猿人」。也有學者認爲應該將四者分開，懂得使用火的直立人只出現在180萬年前，更早出現的東非直立人、巧人和匠人則視爲介於南方古猿和懂得使用火的直立人之間的過渡物種，不應歸類在一起稱爲直立人。直立人最早的火塘遺址出現在160萬年前南非的「斯瓦特克朗」（Swartkrans）遺址，該遺址位於多閃電的「岩石高原綠地」（the Rocky Highveld Grassland），直立人因此學會控制和運用火種。這個地區有15個遺址，被統稱爲世界遺產的「人類搖籃」（the Cradle of Humankind）。「斯瓦特克朗」同時發現有270萬年前由南方古猿演化出來的「傍人」（Paranthropus Robustus），又稱「粗壯南猿」，也發現「匠人」。附近的「史特克方登」（Sterkfontein）遺址發現完整的「非洲南猿」（Australopithecus africanus）的骨架。

考古學約略的劃分，從260萬年前至100萬年前的「直立猿人」時代，被稱爲「舊石器時代早期」；100萬年前至10萬年前是「舊石器時

代中期」，也是直立人（包括海德堡人、尼安德塔人、丹尼索瓦人）與30萬年前出現的智人曾經共同生存的時期；10萬年前至1.2萬年前是「舊石器時代晚期」，則是直立人滅絕，智人興起的時期。

　　在「第四紀冰河時期」的一次「冰盛期」階段，直立猿人藉著許多海域因海平面下降而成為陸地，不需跨海或跨河，從森林移居到草原也相對容易，於是離開森林走向河谷洞穴，180萬年前開始離開非洲，移民遍佈歐亞大陸，但未出現在美洲。在西歐出現生活於120萬年前至80萬年前的直立人分支稱為「前人」或「先驅人」（Homo Antecessor）。中國的直立猿人如「元謀人」則出現在170萬年前，「公主嶺」的「藍田人」出現在115萬年前（佟洵等編，p37），「鄖縣人」出現在100萬年前，都屬於「舊石器時代早期」的直立猿人。不過「元謀人」的出土過程不符考古學的科學標準，其生存年代是否真的是170萬年前，可被懷疑的。

　　到了「舊石器時代中期」，78萬年前直立人學會保存和使用「火種」，70萬年前非洲、西歐、西亞、東亞的直立人開始分化。70萬年前至30萬年前非洲和歐洲出現「海德堡人」（Homo Heidelbergensis）。海德堡人最早的化石出現在非洲衣索比亞，但因最先在德國海德堡發現而得名。海德堡人先後在35萬年前的高加索演化出歐洲的尼安德塔人（Homo Neanderthalensis），30萬年前在西奈半島演化出亞洲的丹尼索瓦人（Denisova Hominin）。尼安德塔人與丹尼索瓦人曾經混血，但現有的紀錄顯示，尼安德塔人沒有丹尼索瓦人的基因，丹尼索瓦人卻有著尼安德塔人的基因。丹尼索瓦人從西奈半島往北遷移至西伯利亞，往東經過中國，再遷移至東南亞和大洋洲。中國的「許昌人」被認為是丹尼索瓦人，中國藏族和美拉尼西亞人都被認為帶有丹尼索瓦人的基因。海德堡人又於30萬年前在非洲摩洛哥和25萬年前的衣索比亞演化出智人（Homo Sapiens）。在海德堡人生存的時期，曾被認為是當時歐洲唯一存活的人種。同一時期，中國出現直立人的分支：70萬年前的「北京人」、65萬年前的「陳家窩」的「藍

田人」和45萬年前至19萬年前的「澎湖原人」，但這個「澎湖原人」年代的估算並不符合嚴格的科學標準，尚待驗證。

2015年《自然》（Nature）發表的最新定年結果，尼安德塔人出現在在35萬年前，而非傳統考古學者認定的15萬年前，且在3.9萬年前消失滅絕。35萬年前歐洲出現咽喉和聲帶位置尚無法發揮完整語言功能的直立人種「尼安德塔人」，其遺骨在德國尼安德塔河谷發現，但「尼安德塔人」的遺跡僅限於歐洲、中東和北亞，3.9萬年前義大利那不勒斯（Napoli, Naples）西邊的坎皮弗雷格瑞（Campi Flegrei）火山大爆發後已消失滅絕，其特徵也是「舊石器時代中期」的「直立猿人」的分支。尼安德塔人又譯為「尼安德特人」，平均壽命約30歲，只有20%的尼安德塔人能活到40歲。尼安德塔人的遺址分佈範圍很廣，從西歐南部的西班牙延伸到整個歐洲，到中東，再延伸至西伯利亞，但地廣人稀，人口數從未超過52,000人。

在「舊石器時代晚期」，28萬年前中國遼寧金牛山人、20萬年前的陝西大荔人、16萬年前的甘肅夏河人、14.6萬年前黑龍江哈爾濱的「龍人」（homo longi）、12萬年前河南許昌靈井的「許昌人」，被認為屬於30萬年前出現的丹尼索瓦人，也是新出現的直立人種。10萬年前至6萬年前東南亞出現矮小的「弗洛勒斯人」（Homo Floresiensis），4萬年前西伯利亞南部出現的晚期「丹尼索瓦人」等都可被歸類為「直立猿人」的分支。弗洛勒斯(Pulau Flores)是一個島嶼屬於印尼小巽他群島（Lesser Sunda Islands）的一部分，在冰河時期，海平面降低時，直立猿人抵達該島，但後來冰河時期結束後，海平面上升，無航海能力的直立人與外界斷絕聯繫，受困於該島資源貧乏，直立人的體型在演化過程中萎縮成為小矮人，平均身高不到100公分，最後在一萬八千年前至一萬二千年前滅絕。中國藏族被認為帶有「丹尼索瓦人」的基因（EPAS1），能適應4千公尺以上高原地帶氧氣稀薄的生活環境。

在物競天擇、適者生存的嚴酷考驗下，直立猿人撐過「第四紀冰

河時期」的幾次冰盛期，卻在7.3萬年前印尼多峇火山爆發的「多峇巨災」（Toba Catastrophe）後陸續滅絕。多峇火山爆發是自「新近紀」「中新世」以來，近2,300萬年內地球最大規模的火山爆發，火山噴發至3.25萬公尺高的大氣層，印度大陸覆蓋厚達3公尺的火山灰，亞洲遍佈低溫霧霾，歐洲氣溫下降超過6度，非洲受影響又發生大乾旱，時間長達2萬年，包括北京人在內的亞洲直立人全部滅絕，非洲直立人和歐洲尼安德塔人大量減少，人種幾乎消失滅絕，人口總數量突然減少到只剩數萬。到了「舊石器時代晚期」時，剩餘的直立猿人包括尼安德塔人、許昌人、丹尼索瓦人、弗洛勒斯人都陷入「種群瓶頸」（Genetic Bottleneck），皆陸續在5萬年前至1.2萬年前從地球上滅絕。有人將巧人、匠人、先驅人(Homo Antecessor)、海德堡人、納萊迪人、尼安德塔人、丹尼索瓦人、羅德西亞人(Homo Rhodesiensis)等都歸類為「古早智人」(Archaic Homo Sapiens, Archaic Humans)，把「智人」歸類為「早期現代人類」(Early Modern Humans)，但這種歸類方式只是文字遊戲而已，缺乏嚴謹的科學準則。

（四）智人

「智人」（Homo Sapiens）就是現代人類，是人類進化的第三階段，出現在「舊石器時代中期」，興起於「舊石器時代晚期」，獨霸於「新石器時代」至今。「智人」的腦容量約1,400cc，已脫離猿猴的臉部特徵，不再是猿人，且褪除皮毛，增多汗線，更擅於長途行走。與猿人相較，智人臉龐較平，前額以下較為收縮，牙齒較少用作工具，四肢較長，肌肉較少，神經管較寬，頭蓋骨較高，有較大空間容納語言中樞的腦細胞。考古學認為「智人」出現於30萬年前的非洲摩洛哥耶貝伊羅（Jebel Irhoud）、25萬年前的非洲衣索匹亞的奧莫河谷（Omo Valley）的基比什（Kibish）或20萬年前的尚比西河（Zambezi River）流域南部。摩洛哥耶貝伊羅發現的智人遺骨，臉部與現代人類相似，但腦部大為不同，是否可以定位為「智人」，還有爭議，或可

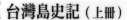

視為是海德堡人演化為尼安德塔人和智人的過渡期人種。在「智人」出現之後，衣索比亞的阿爾法三角窪地(Afar Triangle)出現16萬年前的「賀圖人」(Herto Man)，又稱「長者智人」(Homo Sapiens Idaltu)，其頭顱型態介於「羅德西亞人」和「智人」之間，「羅德西亞人」生存於32.4萬年前至27.4萬年前，被認為是「海德堡人」的一種。但從生存年代判斷，「長者智人」晚於「智人」出現的時間，證明「長者智人」不是「智人」的祖先，而是從「羅德西亞人」演化出來，近似「智人」的物種。

在衣索匹亞演化產生的智人向南非、西南非、西北非移民擴散，最重要的是向東北非擴散，經過埃及走向兩河流域，或經過非洲之角走向印度半島。當時地球上的人族尚有遍及歐亞非的直立猿人、歐洲的尼安德塔人、亞洲的丹尼索瓦人、東南亞的弗洛勒斯人，直立猿人在7.9萬年前滅絕，尼安德塔人和丹尼索瓦人在3.9萬年前滅絕，弗洛勒斯人在1.2萬年前滅絕，只有智人存活下來，成為地球上唯一的人屬(Homo Genus)動物。

尚比西河流域南部出現智人的區域廣及波札那（Botswana）北部、納米比亞（Namibia）東北角和辛巴威（Zimbabwei）西北部，面積達14萬平方公里的沼澤地帶，古稱「馬卡迪卡迪-奧卡萬戈」（Makagadikgadi-Okavango）濕地。現代遺傳分子學認為現代人類的粒線體DNA可以追溯至尚比西河的智人，在13萬年前他們開始向外移民，第一批往非洲西南部移民，第二批往非洲東北部移民。因為氣候變遷，這地區產生一條以尚比西河為中心，從非洲西南角到東北部的綠色植被地帶，使該地智人得以順利向外移民。尚比西河流域目前還居住著很古老的民族「科伊桑人」（Khoisan），體內擁有很高比例古老的粒線體DNA。但是摩洛哥的智人、奧莫河谷的智人和尚比西河的智人之間的關係，目前並沒有遺傳分子學的證據。

智人大量出現在10萬年前至1萬年前的「舊石器時代的晚期」，但分子生物學認為20萬年前才演化出智人。智人的咽喉位置下降至比

直立人低的位置，演化出發聲腔，並於10萬年前發展出語言。語言的出現提升了智人的競爭優勢，也開始產生神話、傳說、故事、宗教行為。智人撐過7.3萬年前的「多峇巨災」，雖然育齡女性人口只剩4,000至1萬人，但腦部容量遠大於直立猿人，較擅於狩獵，想方設法存活下來，大量繁殖，爭奪食物，間接造成剩餘的直立猿人和尼安德塔人徹底滅絕，智人因此是現存的唯一人種。智人也在7萬年前「多峇巨災」後發展出抽象語言的認知能力，創造出人類文明。

智人約於8萬年前離開非洲，從北非埃及走過蘇伊士地峽（Isthmus of Suez）進入阿拉伯半島，遷移全球各大洲，包括美洲，平均每年前進1.7公里。其中有一支智人7萬年前從阿拉伯半島北上黎凡特（Levant, 巴勒斯坦、敘利亞、伊拉克地區），轉向西北於5.6萬年前進入歐洲，或經伊朗高原和中亞，再分兩條路線從甘肅河西走廊或西伯利亞進入遼河西岸的內蒙古和滿洲，最後進入中國黃河流域，成為北方中國人的祖先。因此有人認為北京周口店發現4萬年前的「田園洞人」就是這批中國早期智人，3.4萬年前的「山頂洞人」則是更晚期的智人。有一支居住於西伯利亞的智人則遲至1.8萬年前才從白令亞陸（Beringia）進入美洲大陸，成為古印地安人（Paleoindians）。田園洞人的DNA已經被萃取出來，確定與現代中國人沒有血緣關係。

另有一支智人於8萬年前通過波斯灣位於厄利垂亞（Eritrea）、吉布地（Djibouti）和葉門（Yemen）之間，當時可步行或涉水通過紅海有「傷心門」（The Gate of Grief, Mandab Strait，曼達布海峽）之稱的「陸橋」，因布滿淺灘（shoals）和礁石（reef）而得名，進入阿拉伯半島後，順著古代海岸線，經過波斯灣及荷姆茲海峽（Strait of Hormuz）、伊朗、印度洋沿岸，移民至東南亞，再北上亞洲東部和南部，取代「舊石器時代晚期」在亞洲存活的直立猿人。這支智人再從亞洲大陸南部進入中國青藏高原、華南及長江流域，成為南方中國人的祖先，目前中國發現最早的智人遺骸是約6.8萬年前的廣西柳江人。這批智人於3萬年前跨越海平面很低的台灣海峽的「陸橋」或階地平

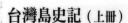

原，進入台灣島定居，被稱為「長濱人」（Kakacawan, Kakatsawan，加走灣人）。義大利人口統計學家利維巴齊（Massimo Livi Bacci, 1936-　）估計，3萬年前全球人口數有50萬，到1萬年前則增加到500萬。

智人在1.2萬年前撐過氣溫陡降的「新仙女木事件」，在底格里斯河（Tigris）、幼發拉底河流域（Euphrates）及約旦河谷（Jordan Valleys）所構成的肥沃月灣（Fertile Crescent, 或稱「丘陵兩側」，Hilly Flanks）率先大規模脫離狩獵採集生活，同時開創了農耕文明和新石器時代，也出現較具規模的宗教活動。但農耕文明不是只在肥沃月灣出現並向外擴展，全球率先獨立發展出農耕文明的地區至少有14處，尤其是在東亞中部和美洲南部（路易斯，p111）。

在中國的智人於1.8萬年前即發展出粗陶製作技術，1萬年前開始在長江流域進行稻作，8,500年前在黃河流域進行粟米栽作，長江與黃河之間則稻粟兼耕。中國的智人在8,000年前發明「賈湖刻符」（河南漯河），近似甲骨文的早期符號系統，西亞的智人於5,300年前由蘇美人發明簿記用的泥板文字，5,100年前發展成楔形文字，同時出現埃及的圖形拼音文字。希臘克里特島的線形A文字出現於5,000年前，中國的甲骨文字則出現於3,200年前，後來智人的經濟和文化活動在各地接續產生青銅器時代、鐵器時代、工業時代。

駐留在非洲的智人從25萬年前出現到5萬年前之間，只經歷著緩慢的文化或文明變化過程，不論是使用的石器、骨器、捕撈、貨物交易等行為可說變化不大。但是離開非洲的智人卻在5萬年前突然創造力大幅躍進，藝術活動和符號語言出現，社會組織更形複雜，從遊團（Band）逐漸進化至部落（Tribe），遠距離交易網路也發展出來，被稱為「舊石器時代晚期革命」，智人的人口開始快速成長。這些離開非洲的智人在5萬年前神秘地發展出創造能力大躍進的生活型態，懂得製造鋒利的石刀、鹿角器、複合材料的器具、繩索等工具。例如智人之一的克羅馬儂人（Cro-Magnon）於5萬6千8百年前就已從西亞移

居歐洲，在4萬年前會先從大塊石頭上剝下石瓣，再以石瓣製造鋒利的石刃。石斧裝上木柄，石鏃裝上木桿做成長矛。克羅馬儂人且在洞穴或石壁上製作繪畫藝術，並擁有製造航海用的舟楫等技術文化。現代DNA研究顯示，早期的克羅馬儂人並無尼安德塔人的基因，表示兩者對立，且無混血。

10萬年前智人的人口約1萬人，5萬年前約5萬人，3萬年前約50萬人，1萬年前約500萬人，5,000年前約5,000萬人，3,000年前約1.2億人，2,000年前約2.5億人，800年前約4億人，600年前約3.75億人，400年前約5.78億人，300年前約6.8億人，200年前約9.54億人，100年前約16.34億人，50年前約25.3億人。

10萬年前至5萬年前的「智人」稱為「古人」或「早期智人」，從5萬年前生產及文化大幅躍進的「舊石器時代晚期革命」後至今的「智人」稱為「新人」或「晚期智人」。這裡的早期智人與晚期智人的分類純屬文化發展現象的分類，不是生物學上人種差異的分類。晚期智人在5.6萬年前抵達歐洲時，與歐洲3.9萬年前滅絕的尼安德塔人有1.7萬年的重疊時間。晚期智人與尼安德塔人爆發衝突，滅亡了尼安德塔人。但現代DNA分析技術顯示現代智人帶有尼安德塔人少量(2%-4%)的基因，而且亞洲和大洋洲的智人身上帶有的尼安德塔人基因數量平均比歐洲的智人高約20%，或許能推論智人曾在6.5萬年前至3.9萬年前與中東和歐洲的尼安德塔人結合過。智人帶有這些基因的後代曾高達10%，但因容易罹患皮膚癌及遺傳疾病，導致其後裔人口逐漸減少(Ewen Callaway, 2015; Kelly Harris and Rasmus Nielsen, 2017)。基因分析也發現尼安德塔人的基因多樣性（diversity）遠少於智人，與智人接觸後，容易遭受智人帶來的病原體攻擊而滅絕，但是這些病原體對智人卻非滅種性的病因。其情形如同白人帶至美洲的天花或其他病原體，讓印地安人的部落或國家在遭受白人屠殺之外，還因傳染病而滅亡。核苷酸的差異數量可作為種群基因多樣性的指標，智人最大的核苷酸差異數達118個，丹尼索瓦人的差異數86個，尼安德塔人卻只有51

個。帶有尼安德塔人基因的現代智人比起沒有的智人，有著高達三倍的風險感染嚴重症狀的新冠肺炎（Covid-19）。（＃參見：'Neandertal gene variant increases risk of severe Covid-19', Max-Planck-Gesellschaft, September 30, 2020）有趣的是現代智人身上的粒線體基因和細胞核內的Y染色體基因都沒有尼安德塔人的基因，這顯示現代智人都不是尼安德塔人的直系子孫。粒線體基因只能經由母系遺傳，Y染色體基因只經由父系遺傳。現代智人身上帶有的尼安德塔人基因都出現在細胞核內第1對至第22對的「常染色體」，沒有出現在第23對的「性染色體」內，這說明現代智人與尼安德塔人只是旁系親戚。

同時，4萬年前智人已懂航海，能跨越寬達80公里的海峽抵達澳洲，這些海峽的深度縱使在冰河時期海平面下降140公尺時也未曾見底，證實當地當時的智人是人類史上最早使用船隻的人類，其他地區的智人在3萬年前才有使用船隻的記錄。使用船隻和對抗嚴寒氣候的本領是智人存活下來，不像其他人種慘遭滅絕的關鍵。

分布在各大洲的智人因太陽輻射程度、皮膚和骨骼反應狀況、適應各地氣候變遷和生活環境的改變，分化出蒙古人種（Mongoloid）、高加索人種（Caucasoid）、尼格羅人種（Negroid）、澳美人種（Australoid）。1987年美國加州柏克萊大學取自各地人種的婦女粒線體DNA，分析發現不同人種的粒線體DNA都源自同一個母親，這位母親又可追蹤至20萬年前居住在撒哈拉沙漠（Sahara）以南的非洲，這個結論被稱為智人的「非洲夏娃理論」或「粒線體夏娃理論」(Mitochondrial Eve)。但這位人類女性始祖的非洲夏娃不是當時唯一的女性，而是只有她生育的女兒及女性的後代生存到現代，現代各式人種的女性都是她的後代。因為粒線體DNA只通過女性遺傳給後代女性，如果非洲夏娃或同時代的女性只生育兒子，粒線體DNA的遺傳便會中斷。「非洲夏娃理論」也證實只有她有女性後代，而且她的後代離開非洲的時間點約於13.5萬年前，這個遺傳分子學的結論與考古學的智人離開非洲的證據（8萬年前至12萬年前）相吻合。

　　台灣島最早的人類「長濱人」出現在3萬年前至1.5萬年前，中國最早的智人「廣西柳江人」出現在6.8萬年前，北京的「田園洞人」出現在4萬年前，較晚的智人「山頂洞人」出現在3.4萬年前。福建東山海域至澎湖海域出現的智人「陸橋人」（海峽人）也在2、3萬年前出現；菲律賓群島最早出現的智人是4.7萬年前在巴拉望島（Palawan）的「太邦洞人」（Tabon Caves），五者出現時期約略相同，都是「舊石器時代晚期」的「智人」。3萬年前沒有航海技術的「長濱人」趁著「冰河時期」的「冰盛期」時，海平面下降，走過中國大陸與台灣島相連接的「陸橋」或階地平原，抵達台灣島，但1.5萬年前「長濱人」因氣候寒冷的「老仙女木事件」從已居住1.5萬年之久的台灣島消失滅絕（陳歆怡，p27-36）。

　　1.4萬年前歐洲的智人的皮膚還是暗灰色，但已出現藍色眼睛的人群。11萬年前至1.2萬年前的末次冰盛期裡，智人的狩獵技術進步很多，猛瑪象、批毛犀牛也因此都滅絕了。末次冰盛期結束後，氣候變暖，動植物繁衍茂盛。1.1萬年前中國湖南洞庭湖水系的沅江流域已出現栽種大米，1萬年前河北桑乾河流域已出現小米。世界上許多地區如兩河流域開始出現較大面積的農田，全球智人的人口開始大幅增長。8,000年前過著原始遊團生活的智人向農業中心地帶聚集成農業聚落，近一步形成部落的社會組織。接著各個部落因地緣及經濟關係產生共同的文化圈，在文化圈內產生可互相溝通的共同語言，民族的雛形於淵產生。7,000年前智人的古文明出現，產生大聚落的市鎮，酋邦、城邦等政治組織也陸續出現。5,000年前產生大面積的城市，有領土主權概念的國家組織也接著出現。

（五）人類起源論的爭執

　　人類的起源論指的是智人（Homo Sapiens）這一特定人種（human species）的起源，不是所有地球舞台曾經出現的各式人種的起源。智人起源的學說有兩種，第一種是非洲單地起源論，第二種是世界多地

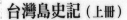

起源論。目前科學證據最爲完整的是非洲單地起源論，只有非洲找得到較爲完整的人類進化各個階段的考古證據，再加上現代遺傳分子學的基因理論也支持非洲單地起源論，所以本書採用非洲單地起源論的學說和證據，用以論述人類的起源。當然還是有少數人主張世界多地起源論，主張人類是在世界上不同地點都發生有直立猿人種（Homo Erectus）進化爲智人種的說法，中國也有主張從直立猿人如北京猿人進化爲山頂洞人的說法。但是世界多地起源論缺乏足夠科學證據的支持，例如從北京猿人進化到山頂洞人，中間有60幾萬年的時間，並無其他考古學或基因學的證據支持兩者之間的演化過程。北京猿人和山頂洞人的生理特徵也證實，兩者的落差是跳躍式的差距，沒有演化的連續性。兩者分屬兩個不同人種的特徵，無法從一個人種直接演化成另一個人種，因爲中國不存在兩者之間的演化過程應有的中間人種，而非洲卻存在這些演化過程的中間人種。更多證據支持北京猿人和山頂洞人雖然在不同時期居住在同一個地點，卻都是各自從非洲移居而來的不同人種。

　　如果說要談到所有人種的起源，世界多地起源論更無立錐之地。比直立猿人更早的各式人種，都只出現在非洲，其他地區均無這些人種的蹤跡。不只考古人類學的證據付之闕如，連遺傳分子學的基因證據都不支持世界多地起源論。南方古猿（Australopithecus）是人類演化過程很重要的先期階段，其骨頭化石和其他存活證據，在非洲之外，完全不存在。其他比南方古猿更早先階段的物種也只出現在非洲，如「圖根原始人猿」（Orrorin Tugenensis）和更早的「圖邁人猿」（Toumai），所以相較之下，非洲單地起源論是目前較經得起科學檢驗的理論。

四、湯姆笙理論

1836年丹麥考古學家湯姆笙提出「三時代系統」（Three Age System），將人類歷史劃分爲「石器時代」（Stone Age）、「青銅器時代」（Bronze Age）、「鐵器時代」（Iron Age）。「石器時代」是包括直立猿人和智人的人類歷史，也是湯姆笙考古學史上最長的時代，距今約260萬年前至6千年前，佔人類歷史的99.77%的時間。「石器時代」又可分爲260萬年前至1萬年前的「舊石器時代」（Paleolithic Period）或（Old Stone Age），以及約1萬年前至6千年前的智人開創的「新石器時代」（Neolithic Period 或 New Stone Age）。其後也是由智人開創的「青銅器時代」和「鐵器時代」則接續上場。

「舊石器時代」約當是地質學上的「更新世」（Pleistocene），由直立猿人開啓，但直立猿人滅絕於更新世晚期。智人出現在更新世晚期的舊石器時代，與直立猿人有將近18萬年的並存時間。更新世結束時，亦即新石器時代開啓時，智人的全球人口約800萬人。在更新世結束前200年，全球人口成長率約在0.0007至0.0015%之間。

人類在「舊石器時代」用摔砸或敲擊成形的石塊，製作石器工具，因而得名。到了「新石器時代」，人類懂得使用「研磨」成形的石塊做工具，稱「新石器」。新石器時代另一個最重要的標誌就是製作陶器，因此舊石器時代常被稱爲「先陶時代」，新石器時代早期也會有一段時間屬於陶器尚未出現的「先陶時代」，但是中國最早的陶器出現在1.8萬年前的江西仙人洞和吊桶環遺址，比新石器時代早了6,000年。陶器的發展從紅陶進步到黑陶，從粗紋進步到細紋。人類最早出現的陶製容器是在1.8萬年前中國的新石器時代早期或舊石器時代晚期。考古學的新石器時代、人類學的農業時代和陶器時代、地質學的全新世常被視爲相互重疊又不完全同步開始及結束的時代。

在石器發展方面，智人從「敲擊」石頭發展到「研磨」石頭是很大的技術進步，研磨石頭做工具通常須使用比較堅硬的燧石，才能磨出工具形狀的光滑表面，這是「新石器時代」最重要的特徵，也是人類最巨大的「技術進步」。智人的社會和政治組織也在新石器時代從部落（Tribe）發展至酋邦（Chiefdom）。但從3萬年前陸續移居台灣島的智人，卻始終停留在遊團或部落社會的階段，未曾發展出酋邦，直到1624年荷蘭東印度公司殖民勢力來臨，台灣島不經過酋邦階段，直接從部落社會跳躍至國家組織的殖民地。

全球各地人類文明進化的速度當然不是同步的，新石器時代在各地方出現的時間不會相同，有的很早，有的很晚。有些地方可能在2萬年前就開始進入新石器時代，例如1.8萬年前中國江西上饒市萬年縣大源鎮仙人洞遺址就已出現新石器時代的文明，也不表示全中國各地區皆已進化至新石器時代。平均來說，新石器時代在1.3萬年前才普遍在各地區發生。

「新石器時代」同時發生農業變革，智人用石斧、石犁、鹿或牛角做成耕種器具，學會製作陶器取代石器或皮製袋器，作為容器儲存食物。智人開始離開穴居的山洞，建造房屋，形成村落、市集。

人類最早出現以市集為中心的「城市」可能是1萬年前人口有3千人約旦河西岸的耶律哥（Jericho，或譯杰里科），因為那裡有一口從不乾涸的大水井。7,000年前敘利亞的阿勒坡（Aleppo）也出現市集城鎮。另外，7,000年前土耳其的加托胡耶或譯「加泰土丘」（Catal Huyuk）已有1,000戶家庭、5,000人口，居民用日曬泥土建造城鎮設施。城市或城鎮掌控著鄰近農村或部落、村社，提供法律治安、宗教信仰、貿易市集、戰爭動員等的功能。相較之下，台灣島在新石器時代的居民從未發展出類似的市集或城鎮。

新石器時代約從1萬年前至6,000年前，人類使用磨製石器耕種，進化至農業和畜牧社會，也學會製作陶器，紡織簡單布疋。但每個地區的人類脫離新石器時代的時間差異很大，有的地區在6,000年前就脫

離新石器時代進入青銅器時代，有的地區卻直到2,000年前才脫離。台灣島的人類沒有經過青銅器時代，在2,000年前直接脫離新石器時代進入鐵器時代。

「青銅器時代」的人類大量採用青銅製作器物、工具、武器。青銅指紅銅與錫、鉛、銻、砷的合金，關鍵技術是開採錫石，熔化錫石，分離熔化錫，加入熔化紅銅，製成不易鏽蝕的高硬度青銅。人類的武器和工具因青銅的出現，有了很大的進展，酋邦社會也因青銅作為更精良的武器，可以擴大征戰範圍，開始產生小型的國家或城邦國家（city state）。錫的產地和產量相較於銅少很多，在青銅器時代成了戰略物資，其地位類似現代的石油。在大多數地區青銅器都控制在統治階級和貴族手上，一般平民很難擁有。

地球上各地區的人類引進青銅冶煉技術的時間不一致，水平也有差異，人類的青銅器時代最早出現在6千年前亞洲西部伊拉克的蘇美人（Sumeru）。蘇美人已有能力建立城邦，發明楔形文字，城邦之間有運河及貿易網路。但蘇美的城邦國家在4千年前因伊朗的埃蘭人（Elam）入侵而滅亡。西亞的青銅器製作技術於4千年前經由貿易關係，傳至希臘克里特島，克里特島民從塞浦路斯島購買銅料，從西班牙購買錫料，製成青銅，開啓歐洲的青銅器文明，這就是著名的希臘米諾斯（Minoan 或 Minos）文明。智人在青銅器時代的社會政治組織已從酋邦（Chiefdom）發展為國家（State）。

中國的青銅器時代出現在5千年前的甘肅臨洮縣馬家窯，但有人認為馬家窯雖有青銅小刀（長12.5公分，寬2.4公分）出現，仍應是新石器時代晚期的彩陶文化時期，是仰韶文化的支脈。近代有考古學說認為中國的青銅器技術是從西亞傳來，經過中亞，再自甘肅河西走廊或西伯利亞傳入中國北方。在中亞一帶出土很多類似的青銅小刀，就是確切的證據。此後整個黃河流域都出現銅器，尤其進入被認為是夏王國時代的「二里頭文化」時期，青銅器更是普遍出現。張光直（1931-2001）明確指出，夏、商、周就是中國青銅器時代的鼎盛時期，二里

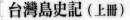

頭文化被推定是夏朝文化的考古證據，中國漢族的封建王朝國家也在此時形成。雖然台東太麻里舊香蘭遺址出土2千年前青銅耳飾、鈴鐺的砂岩鑄模，但是當時東亞地區幾乎都已進入鐵器時代，台灣島單憑這個鑄模，無法證實有青銅器時代的發展痕跡，因為青銅器時代是以「青銅容器」為標誌，台灣島並未出現製作青銅容器的史蹟。因此，台灣島可以說從石器時代受中國鐵器文化影響，直接跳躍進入鐵器時代。

　　人類在青銅器時代即已從鐵隕石中取得鐵料製作鐵器，但人工煉鐵技術出現後，才算是鐵器普及的「鐵器時代」。鐵器時代能運用複雜的金屬加工技術，製作高硬度、高熔點的鐵器，鐵礦的取得比銅礦容易，一般平民也相對較容易擁有鐵器，因此鐵器出現很快就結束青銅器時代。人類最早進入鐵器時代的地區是3,700年前土耳其的「西台王國」（Hittite）或譯「赫梯王國」，中國是2,500年前的東周春秋時代晚期才進入鐵器時代，台灣島則在1,800年前的東漢時期進入鐵器時代，但台灣島鐵器時代的居民始終停留在村社部落階段，從未能發展出鐵器時代常見的酋邦式政治組織。

　　鐵器時代的來臨造成青銅器時代許多城市或國家崩潰，史稱「青銅器時代晚期的崩潰」（Late Bronze Age Collapse）。公元前1,200年後，冰島Hekla火山爆發，大量塵霾造成歐洲、北非、西亞地區普遍的低溫及乾旱，糧食嚴重歉收，飢荒普遍發生，時間長達半世紀。沿著地中海許多落後地區的部落的飢民離開住居地，組成海上流寇四處搶劫，史稱「海民」（sea people）。「海民」很容易取得鐵製武器，組成破壞力極大的武裝集團，攻擊青銅器時代建立起來的許多城市文明。希臘的邁錫尼文明遭到毀滅，土耳其高原的特洛伊城遭到毀滅，地中海沿岸的中東城市幾乎無一倖存，連埃及也好不容易在「海民」攻擊下生存下來。土耳其的西台王國和兩河流域的亞述王國則因饑荒、暴動、內戰而苟延殘存，這地區的青銅器時代城市幾乎被廢棄而消失。

就人口數字來說，新石器時代人口成長率約0.036%，5千年前青銅器時代全球人口已有5千萬人，到鐵器時代的公元元年全球人口已達2.5億人。1750年工業時代時人口成長率0.056%，人口達9億人。從1750年至1800年，人口成長率提高到0.44%。1800年至1900年，人口成長率是0.53%。1900年至1950年，人口成長率是0.79%。1950年起，人口成長率升高到1.7%，人口總數破40億人。2017年全球人口超過75億人，預估2100年將達112億人口。台灣島人口在1905年只有3,039,751人，2017年已達23,571,227人。

五、賽維斯理論

美國人類學家賽維斯（Elman Rogers Service, 1915-1996）觀察人類的政治社會組織方式，發展出政治人類學理論。賽維斯認為智人從狩獵採集時代四處狩獵的「遊團」（band）社會，發展成耕種和採集農業的「部落」（tribe）社會，再發展成有穩定統治階級的「酋邦」（chiefdom）社會，最後形成有政治體制的「王國」（kingdom）、「帝國」（empire）等「國家」（state）體制。

遊團從洞穴岩蔭走向平地，因定居而發展成部落。部落基於軍事攻守需要，或聯姻關係，組成不穩定的部落聯盟，並因地域性的文化互動形成文化圈，並在文化圈里組織成酋邦。酋邦結盟爭奪銅礦資源、貿易路線、肥沃土地、灌溉水源而擴大勢力範圍而形成國家。最早的國家體制通常沿襲酋邦的酋長制或酋邦聯盟的共主制度產生王國體制。中國從酋邦發展至酋邦聯盟甚至國家，資源爭奪是很重要的原因，尤其演化期間正值新石器時代進入青銅器時代，爭奪銅礦和鹽井是政治組織從酋邦演化成國家的根本原因之一。

智人的社會和政治組織在舊石器時代是遊團社會（band society），到了舊石器時代晚期和新石器時代早期進展到部落社會

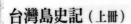
（tribe society），新石器時代中晚期演化出酋邦或酋邦聯盟（chiefdom union），到了青銅器時代發展出國家組織（state organization），鐵器時代就有鐵製武器的物質條件產生跨文化圈的帝國組織（empire organization）。

「遊團社會」是狩獵採集時代由親屬團體（kin group）、家族（extended family）或氏族（clan）為單位組成的生產或生活團體，每單位人數在30至50人之間，常以以年齡劃分權力，沒有階級界線。遊團很容易分裂、組合而消失，也不易產生強制力的領導體制，稍有爭吵打架即告分崩離析。嬰幼兒的養育極為困難，人口增長速度緩慢，基本上都是母系社會。

「部落社會」由許多親屬家族的遊團在一定地域範圍內因應耕種和採集農業聚集定居的生活型態而產生，部落社會的聚落常以一個小村莊或幾個鄰近的小村莊組成，遊團也常因戰鬥的需要而組成攻守聯盟的部落，開始產生長老（elders）、大人（big man）或頭目（chief, captain, kakita'an）的領導機制和社會秩序。部落社會時代出現於新石器時代，也開始由母系社會演化到父系社會，耕地私有財產制度、財產繼承制度、嬰幼兒養育責任分配制度、原始階級制度陸續產生，人口和耕地增長動機開始內化為文明的一部分。部落之間會因戰爭、宗教、經濟、政治等原因組成部落聯盟，推舉部落聯盟的共主或大頭目（Mamazangiljan），這是部落演化出酋邦的過渡階段。

「酋邦」常以貴族階層（aristocrat）和寺廟式社會等不平等的階層結構的出現為特徵，由酋長（Chieftain）、首領和祭司雙元統治居多，並以宗教規則及神權力量強化統治權威。貴族階層則扮演酋長或首領治理助手的角色，並產生部落社會所缺乏的財物重分配機制，例如進貢機制。酋邦的邊界（frontier）是有彈性的，領土和邊界的概念較為模糊，但酋長或首領和祭司的權威有時能控制相當遙遠的部落，並發展出遠程進貢制度。酋邦的聚落形式常以一個較大型的部落形成中央主要的社區（central and primary community）控制著鄰近許多較

小型的部落所形成的次級社區（smaller subsidiary communities）的形式出現，雖然每個部落仍然有著各自的統治者，但後者對前者有進貢義務（tributary obligation）或服從關係（subservient relationship）。此外，「原初城市」（protocity）、「環壕聚落」和「城牆建築」也是「酋邦」出現的重要跡證。與部落聯盟產生的原因相似，酋邦也會發展出酋邦聯盟，推舉出共主（Mamazangiljan），或產生較為複雜的酋邦，以一個中央酋邦控制著許多較小酋邦的方式出現，中央酋邦的領導者成為「最高酋長」（paramount chief）。酋邦聯盟是演化成國家的過渡階段，也開始形成原初城市或較原始的城邦國家（city-state）。原初城市是新石器時代出現的大型村莊或城鎮，兼具村莊和城鎮特徵的聚落，但缺乏城市（city）應有的道路等的規劃及社會階級化的控制管理制度。例如新石器時代的以色列的耶利哥（Jericho）是一座沒有道路規劃，但有階級制度的原始城市。土耳其的「加泰土丘」（Catalhoyuk）則是沒有階級制度，也沒有道路規劃，但有居住人口超過5,000人的建築群的原初城市。原初城市也是發展成城邦國家的聚落基礎。

　　「國家」（State）是擁有領土主權的政治組織，不論內部組織形式是城邦（city-state）、王國、帝國、共和國，對外都有主權的高度排他性和明確的領土界線；同時為了有效控制及分配領土內部的資源和財富，會產生嚴密的管理系統和有規則的連鎖命令，包括分工和繼承的規則，以及控制這些命令如何執行的監督機制，因而發展出某種「憲法秩序」，通常以稅官為代表的官僚機制的出現就是國家產生的現象表徵之一。國家因此會出現政府組織，產生一批專業分工負擔政府職責的階層或團隊。相對的，「酋邦」的這些政府職能通常由貴族兼任，且常是世襲職務，甚至軍隊和稅官也是如此。

　　以埃及為例，公元前4000年出現小村莊林立的各自獨立的部落社會，公元前3900年出現酋邦，上埃及地區至少有49個酋邦。公元前3700年上埃及地區出現8個擁有原初城市的酋邦，公元前3300年上埃

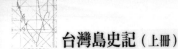

及出現王國控制北方的下埃及地區和南方的努比亞（Nubia）地區，公元前3050年出現統治整個埃及的王朝王國或帝國（dynasty kingdom or empire），且能跨越紅海到黎凡特（Levant）地區（巴勒斯坦）設立行省，稱為廣域國家或領土國家（territorial state）。

另外，領土國家的產生常伴隨著殖民地（colony）的出現，例如早期希臘時代即已出現希臘人赴小亞細亞和義大利建立殖民地的現象。殖民的原義是指移民前往人煙稀少的荒地（desert land）墾殖，建立聚落（settlement）、村莊（village），進而發展出交易市集、貿易城鎮、軍事據點等的現象。後來殖民的定義擴大為一個國家使用武力，在無主之地（terra nullius）或奪取他國土地後，建立殖民地統治機制（colonial rule）的現象。無主之地是處於部落社會（tribal society）階段，尚未產生酋邦或國家組織的地域，亦即尚無酋邦或國家主權所統治的土地，無主之地並非無人之地。殖民地統治機制是指不同於本土（homeland）的統治機制，在該機制之下，殖民地人民的政治經濟和法律權利低於本土人民，殖民地人民的民族特徵也常不同於本土人民。殖民地的人力和資源常成為本土政府或人民掠奪或剝削的對象，本土政府為了擴大掠奪的規模或提高剝削的效率，常拿出在殖民地掠奪或剝削所得的一部份資源，再投入殖民地，推動較為先進的宗教、社會、教育、醫療等制度。殖民地人民也因此常產生「殖民斯德哥爾摩症候群」（colonial stockholm syndrome），對本土政府和人民產生崇拜和感恩的心理狀態，而刻意忽略或遺忘被鎮壓、掠奪或剝削的傷痛。台灣島在荷蘭和日本統治時期是典型的殖民統治，但在鄭成功家族和大清帝國時期則不符合殖民統治的定義。

第二章
舊石器時代

一、長濱人

人類的舊石器時代開始於260萬年前左右，當時「直立猿人」的人種之一「東非直立人」剛出現在非洲並開創舊石器時代，並於180萬年前開始移民離開非洲，但「直立猿人」在7.3萬年前爆發的多峇巨災後滅絕。30萬年前或25萬年前與「直立猿人」不同的人種「智人」也出現在非洲，8萬年前「智人」離開非洲，6.8萬年前移民至中國，5萬年前出現在東南亞，3萬年前移居台灣島（以前有學者認為是5萬年前移居台灣島，但最近更精確的檢視已確定是3萬年前），「智人」在約1萬多年前才結束舊石器時代，開創了新石器時代。

中國大陸的直立猿人「元謀人」據說可能出現在170萬年前，「公主嶺」的「藍田人」出現在115萬年前，兩者是「舊石器時代早期」的「直立猿人」。「北京人」出現在70萬年前的北京周口店，「陳家窩」的「藍田人」出現在65萬年前，澎湖水道海底出現45萬年前至19萬年前（應該是25萬年前）的「澎湖原人」（Homo Tsaichangensis）都屬於「舊石器時代中期」的「直立猿人」，但「元謀人」和「澎湖原人」生存年代的估算並不符嚴格的科學標準，故尚待驗證。

「廣西柳江人」是6.8萬年前中國最早的「智人」，在周口店西南6公里處發現的「田園洞人」是4萬年前的「智人」，周口店同一地點發現的3.4萬年前「山頂洞人」，都是「舊石器時代晚期」的「智人」。這些考古證據都符合人類學「人類非洲起源和遷移論」所測定的時間表。

史前考古資料顯示，藉著5萬年前「第四紀更新世」冰河時期的「冰盛期」來臨，海水下降，最深時海平面較目前低達140公尺。台灣海峽的平均深度只有50公尺，海床原本就是連接中國大陸與台灣島的大陸架，也幾乎全部露出成為階地平原的陸地。中國大陸靠狩獵維

生，沒有航海能力的「智人」追捕動物群進入台灣島。所以3萬年前的舊石器時代，台灣島已有來自中國大陸的人類居住，即「長濱人」（Kakacawan, Kakatsawan，加走灣人）。

　　台灣島上發現最早的史前人類「長濱人」距今3萬年，與北京3.4萬年前的「山頂洞人」、居住在目前福建東山海域至澎湖海域海底3萬年前的「陸橋人」（海峽人）都是同時期出現的「智人」。「陸橋人」的存在也證實台灣海峽在冰盛期是有人類居住的階地平原，不是海水淹沒的海域。所以「長濱人」是舊石器時代晚期的人類，這個時期又稱「先陶文化」，亦即尚未製造與使用陶器的時代。

　　長濱人屬於「晚期智人」，活動範圍在台東東海岸至屏東恆春半島，遺址大多是洞穴或岩蔭。生存時間在3萬年前至1.5萬年前，後來不知何故突然從台灣島消失滅絕。長濱人的生存時間一度被誤認為是4萬年前至5,000年前，近期經過更嚴格的科學驗證已修正。長濱人的八仙洞遺址從1.5萬年前之後，近1萬年間再也沒有人類的遺跡，直到6千年前至4,800年前，才有新石器時代的人類遺跡出現。所以台灣島在長濱人消失後，直到大坌坑人出現前，有將近9千年的時間是無人島，換言之，台灣的舊石器時代和新石器時代之間，有著近9千年的空白。3萬年前全球人口估計僅有50萬人，到1萬年前也僅有500萬人，因此推測台灣島上的長濱人的人口數不到1千人，甚至僅有幾百人。

　　約1萬年前「冰盛期」結束，海平面開始上升，6,000年前「陸橋」完全被黑潮的海水淹沒，台灣島與中國大陸才以台灣海峽相隔，成為一個完全四面環海的島嶼。在此之前，人類和動物還有機會在中國大陸和台灣島兩邊遷徙移動。3萬年前長濱人居住的洞穴位於海岸邊，由於菲律賓海底板塊碰撞中國大陸板塊，並隱沒入中國大陸板塊底下，進入地函而融化，但也把中國大陸板塊的邊緣抬高而隆起，平均每一千年抬高6公尺（陳歆怡，p27），3萬年就抬高180公尺，所以目前的長濱人洞穴最高處位於海拔200公尺處。

　　目前沒有資料可以理解，長濱人為何沒能撐過1.8萬年前至1.5萬

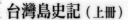

年前的「老仙女木事件」的低溫氣候，長濱人為何消失滅絕。但可以確定的是，長濱人和新石器時代以後出現在台灣島上的原住民沒有血緣關係。長濱人生存時期即將結束時，台灣島東海岸的氣溫比現今低約2度，海平面比今日低約15公尺，後來氣溫和海平面都慢慢升高。長濱人消失時，氣溫比現今高約2.5度，海平面比今日高約4公尺，海平面上升被懷疑是造成居住海濱的長濱人消失的原因。因為上升的海平面，伴隨著台灣島常有的地震和颱風，對人口不多的長濱人來說就等於是海嘯來襲。

長濱人的遺址於1968年在台灣島台東縣長濱鄉三間村（三間屋）的八仙洞被發現（彩圖八），是以狩獵採集維生的「遊團社會」（Band-level Societies），人口不多，居住在山洞或海濱，不知農牧，不會製陶，敲擊製作石器，以狩獵與採集維生，沒有村社聚落，但有小型定址的穴居聚落，稱「長濱文化」，也是台灣島發現最早的舊石器時代文化遺跡。遺跡內有數以千計用海濱圓礫石敲擊製成的石器，顯示長濱人是熟練的石器打造專家。八仙洞是海蝕洞穴，共有30個，其中19個已被土石掩埋，目前只有11個露出，其中以「潮音洞」面積最大，出土石器最多。這些洞穴證實舊石器時代的長濱人以此處為聚居地點。

但迄今為止，只發現長濱人的文化遺物，並未發現其遺骨。遺物包括單面偏鋒砍器、石片器、小型尖器、骨針、骨尖器、骨魚鉤等生活工具，以及火塘、魚骨等生活遺留物，但似乎很少吃海鮮。雖然沒有找到人類的遺骸，但仍可推知長濱人已曉得利用濱海洞穴遮風避雨，也擁有打製生活工具及升火應用等技術。長濱人的遺物是目前瞭解台灣島舊石器時代晚期的人類活動，最主要的考古資料。有些論著認為長濱人的文化型態與中國廣西百色、貴州貓貓洞的舊石器時代文化遺址近似。

長濱人跟台灣島新石器時代的文化沒有關聯，與現代台灣島上各族群的人口也沒有血緣或文化關係；也就是說，這時期的台灣人跟後

來的台灣人沒有任何關係，但長濱人在台灣島居住長達1.5萬年，比任何時期移民至台灣島的民族都來得長久。更重要的啓示是，長濱人會消失滅絕，任何後來移民台灣島的民族也沒有理由不會消失或滅絕，平埔族、荷蘭人和日本人已從台灣島消失，台灣島上的中國漢族也曾一度因1652年郭懷一事件及1653年氣候危機幾乎消失滅絕，幸而中國大陸的漢族不斷大舉移民入台，補充在台灣島消失的漢族，台灣島才成爲今天中國漢族的島嶼。

　　因爲缺乏充足的考古證據和可靠文獻，台灣島的史前時代呈現斷層不連續的歷史過程，至今未發現舊石器時代史前人類的遺骨，亦無從得知當時台灣島上的原始台灣人有何特徵，但可以確定舊石器時代出現的台灣人與現今的台灣人並無血緣關係，現代台灣人不能稱呼這些史前台灣人爲「祖宗」。

　　長濱人沒有划船技術，不可能跨越巴士海峽或台灣海峽，可推斷是更新世晚期的冰河時代，約距今3萬年前至1.5萬年前，從中國大陸經過福建漳州的「東山陸橋」到澎湖群島，再抵達台灣島南部的史前人類。澎湖海域出現的「陸橋人」提供的證據，支持長濱人從中國大陸走過台灣海峽抵達台灣島的論述，也是曾居住在當時露出海平面的台灣海峽階地平原的居民。「東山陸橋」西起福建漳州的東山島與南澳島，目前是水深30公尺的海底階地 （Submarine Terrace），延伸至台灣海峽中間的「台灣淺灘」，再轉向東北，繼續延伸至澎湖群島南部的「澎湖淺灘」，再延伸至台南外海的「台西淺灘」。「東山陸橋」全長200公里，平均水深40公尺，最淺處只有10公尺。180萬年來，海平面下降超過40公尺的現象，至少有七次，亦即「東山陸橋」至少有七次可讓動物和人類從中國大陸步行遷徙至台灣島。台灣島在1萬年前，最後的「冰盛期」結束，「間冰期」開始，6千年前開始成爲四面環海的島嶼，才阻隔人類繼續在台灣海峽兩岸步行遷徙。

　　另外，苗栗大湖的網形地區伯公壠遺址，稱「網形文化」，曾經被認爲是距今8,250年前至6,000年前，曾被認爲是台灣島的「晚期智

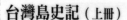

人」，其特色近似廣西新州的晚期舊石器時代遺址。取名「網形」是
因為發現地點位於苗栗大湖鄉新開村，大安溪支流的景山溪中游「網
形地區」，遺址在溪北緩坡地的「伯公壠」。「網形人」曾一度被認
為屬於4萬年前的舊石器時代，但網形文化遺址的遺跡資料太少，很難
建構充足的推論，無法採信可作為舊石器時代的遺址或遺物的證據，
台灣島在1.5萬年前至6,500年前是無人島的論證繼續得以成立。

　　在台南左鎮菜寮溪發現的「左鎮人」遺骨在2015年經美國佛羅里
達州貝塔實驗室和澳洲國立大學碳十四定年實驗室分別檢定，得出相
同結論：左鎮人遺骨是3,000年前的新石器時代晚期的人類（陳歆怡，
p17, p23）。1975年日本學者鹿間時夫、下田信男用「氟錳定年法」推
估「左鎮人」的遺骨屬於3萬年前舊石器時代人類，是一項學術錯誤。

二、中國直立猿人和智人

　　直立猿人於260萬年前在非洲演化產生，180萬年前離開非洲即抵
達中國土地，直到7.3萬年前才消失滅絕。智人於25萬年前在非洲演化
產生，10萬年前發展出語言，8萬年前離開非洲不久，即出現在中國
大陸。5萬年前智人的文化突然躍進，3萬年前才經由台灣海峽的陸橋
移居台灣島，卻在1.5萬年前消失，這些智人被稱為長濱人。台灣島目
前的主要人口卻是直到十七世紀後才航渡台灣海峽來自中國大陸的移
民，其祖先大多是在1.2萬年前中國新石器時代由蒙古人種的智人演化
而成的中國漢族。

　　這些中國移民的祖先在舊石器時代的考古歷史，值得特別詮釋。
舊石器時代中國土地上的居民，有舊石器時代早期的直立猿人（北京
人）與舊石器時代晚期和新石器時代的智人（廣西柳江人、田園洞人
和山頂洞人）。考古證據顯示，猿人型態的北京人與現代人型態的智
人並無血緣關係。

　　中國已知的舊石器時代人類（直立猿人）最早的遺址是240萬年前安徽蕪湖繁昌縣癩痢山的「人字洞遺址」，通過這個遺址，中國考古學界試圖證明中國很早已有「猿人」或「類猿人」居住，如果此事為真，將是歐亞大陸發現最早的舊石器時代人類遺址，較260萬年前的東非直立猿人出現的時間只晚了20萬年，但更多證據指出這個遺址不是「人類遺址」。除了這個遺址的定年方法有問題外，近年遺傳分子學已證實，直立猿人在260萬年前誕生於非洲，180萬年前才離開非洲，走進歐洲和亞洲，所以中國不可能有直立猿人的舊石器時代遺址早於180萬年前。

　　中國的舊石器時代遺址至少有2,000多處，較知名但經不起科學檢驗的遺址有：215萬年前的湖北建始遺址出現「建始人」5枚牙齒的遺骨，但同樣地，有更多證據指出這個遺址不是「人類遺址」，「建始人」是某種「古猿」，不是「猿人」；204萬年前的重慶巫山縣廟宇鎮龍骨坡遺址發現的「巫山人」，巫山人與建始人的遺址僅相距80公里，「巫山人」僅有一小段牙床及門齒，雖宣稱是「猿人」，但該遺址也明顯不是「人類遺址」，該遺骨是「古猿」的遺骨，不是「猿人」的遺骨；170萬年前的雲南楚雄彝族自治州元謀縣上那蚌村遺址發現的「元謀人」化石是中國最早的古人類遺骨，但元謀人僅發現兩顆牙齒，且發現過程、地點及年代檢定方法都不符合考古學的標準程序，較為科學的判斷，其年代不會超過73萬年前，頂多60萬年前，比北京人還要晚出現。

　　中國的考古發現，較經得起科學檢驗的舊石器時代遺址有：「舊石器時代早期」115萬年前的陝西藍田縣遺址發現的「公主嶺」的「藍田人」；100萬年前的湖北十堰市鄖陽區遺址發現的「鄖縣人」。「舊石器時代中期」80萬年前的陝西洛南縣東河村洛河左岸洞穴遺址發現的「洛南人」；70萬年前的北京房山區周口店遺址發現的「北京人」；65萬年前「陳家窩」的「藍田人」；45萬年前至19萬年前的台灣海峽海底發現的「澎湖原人」，但這個「澎湖原人」年代的估算是

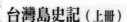

比較「和縣人」的資料估算的，並不符嚴格的科學標準；25萬年前的
安徽和縣陶店鎮遺址發現的「和縣人」；19萬年前的湖北省長陽土家
族自治縣下鍾家灣村龍洞遺址發現的「長陽人」；13萬年前的廣東韶
關曲江區馬霸鎮發現的「馬霸人」；12萬年前的河南許昌靈井遺址發
現的「許昌人」。「舊石器時代晚期」10萬年前的山西陽高縣許家窯
村發現的「許家窯人」等等都屬於「直立人種」；但是6.8萬年前的
「廣西柳江人」、4萬年前的北京周口店西南6公里處的遺址發現的
「田園洞人」和3.4萬年前的北京房山區周口店遺址的「山頂洞人」則
屬於「智人種」。

　　2015年「自然通訊」雜誌發表專文，說明在台灣海峽澎湖水道海
底發現「澎湖原人」的下顎骨化石，生存年代距今約45萬年至19萬
年，相當於地質學上第四紀更新世（距今258.8萬年至1.17萬年）舊石
器時代的直立猿人，比「北京人」晚一些。但晚近較科學的分析，澎
湖原人應該與安徽的和縣人同時代，距今只有25萬年，但分析方法尚
未符合嚴格標準。海底「陸橋」還有許多古代中國的動物骨頭化石，
1975年日本古生物學者鹿間時夫在澎湖水道撈獲哺乳動物化石，1995
年台灣自然科學博物館在澎湖水道撈獲古菱齒象、德氏水牛、四不像
鹿等遠古時代中國的動物化石，證實人類和動物經過台灣海峽在兩岸
之間的遷徙。

三、日本的舊石器時代

　　日本發現的舊石器時代人類居住的遺址，最早只到2.4萬年前，晚
於台灣島3萬年前的長濱人。雖然有日本人認為東京小金井市的「中
山谷遺跡」出土的石器有4萬年，但其可靠性始終令人存疑。日本到
1.2萬年前才逐漸結束舊石器時代。這證明日本沒有直立猿人的歷史，
最早出現在日本的人類是舊石器時代晚期的智人，是來自西伯利亞移

民，不是日本人自詡有高貴血統或有高度文明的民族，其血統相當於「雜胡人」。作爲日本先民的「雜胡人」和愛斯基摩人（Eskimos）、阿留申人（Aleut）、阿伊努人（Aynu）、蝦夷人（Emishi）同種，都是從西伯利亞經庫頁島、千島群島進入北海道、本州島，成爲最早的日本人。日本的舊石器時代遺址，遺留有西伯利亞的細石刀片石器就是鐵證。日本人自稱是天照大神的子孫完全毫無根據，且是公元720年的《日本書紀》刻意編撰出來的政治神話。

　　日本舊石器時代長野縣史前的野尻湖遺址出現在2萬年前，琉球港川遺址出現在1.7萬年前，荒屋遺址出現在1.7萬年前，濱北遺址出現在1.4萬年前，都是舊石器時代晚期的遺址。日本這些遺址都比台灣島的長濱遺址晚了至少5,000年。日本的本州島、九州島、四國島、北海道島在1.2萬年前「冰盛期」結束後，海平面上升，都成爲四面環海的島嶼，情形與台灣島相同。海平面上升前，西伯利亞的智人從庫頁島、千島群島追捕野獸，進入北海道，再轉進本州島，成爲日本的先民。目前水深140公尺以內的海域，在「冰盛期」時都是露出水面的陸地。日本沒有舊石器時代早期或中期的人類遺址，1981年曾有藤村新一（1950-　）自稱發現舊石器時代早期、中期的日本原始人石器，全日本盲從相信，還寫入教科書，成爲國際大笑話。藤村新一提出所謂「本土起源論」最終證實都是捏造的。2000年11月5日日本《每日新聞》派人暗中調查，拍攝到藤村新一將預先準備的石器埋入謊稱遺址時的照片與影片，日本政府才刪除教科書內錯誤記載日本有早期和中期舊石器時代歷史的說法。

　　琉球群島沖繩島那霸市於1962年出土的「山下洞人」是生活於3.2萬年前的七歲女孩的骨化石，比台灣島的長濱人早2千年。沖繩島的島尻郡八重瀨町於1967年出土1.7萬年前的「港川人」，有兩男兩女的遺骨，是現存東亞地區最完整的舊石器時代智人骨骼。

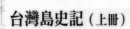
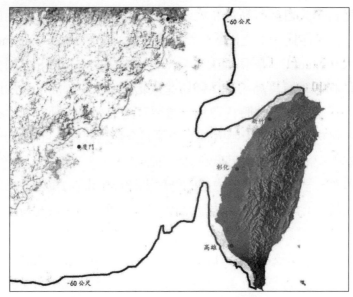

史前台灣海峽：8,000年前，海平面比目前低60公尺，粗線顯示當時的海岸線。出自：劉益昌編，《臺灣史前史專論》，第20頁。

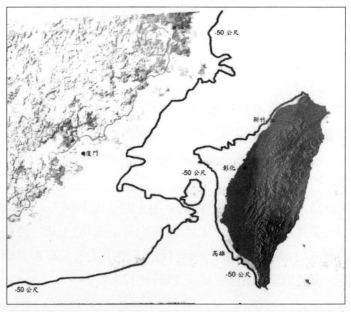

史前台灣海峽：7,000年前，海平面比目前低50公尺，粗線顯示當時的海岸線。出自：劉益昌編，《臺灣史前史專論》，第20頁。

第三章
新石器時代

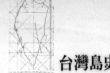

　　人類的新石器時代出現在1萬年前，開始懂得農牧生活，並有村社聚落。中國的新石器時代，相當於中國歷史上三皇五帝等遠古帝王的傳說時代。中國到了夏商周時期就已脫離新石器時代，進入青銅器時代。在黃帝傳說時代以前，台灣島出現新石器時代早期的「大坌坑文化」。但是中國在新石器時代已進化到「酋邦」（Chiefdom）階段，酋邦領袖炎帝姜烈山和黃帝姬軒轅的傳說，也形成炎黃子孫的概念，台灣島的大坌坑人卻始終停留在村社部落階段。到中國夏商朝的青銅器文化時代，中國已從「酋邦」進化到「國家」（State）階段，演化出穩定的「王國」（Kingdom）體制，且形成中國漢族的民族意識，台灣島仍然處於新石器時代中期部落階段的「訊塘埔文化」和「牛罵頭文化」。中國到西周時期已進化到鐵器時代，形成「帝國」（Empire）的初級階段，台灣島仍在新石器時代晚期村社部落的「芝山岩文化」、「卑南文化」和「圓山文化」，頂多只有部落聯盟，尚未進化到「酋邦」階段。台灣島在中國東漢時，約1,800年前才脫離新石器時代，未經青銅器時代，直接進入鐵器時代的「十三行文化」，但仍然處於村社部落階段。

一、早期：大坌坑人

　　新石器時代最早出現在台灣島的人類是「大坌坑人」，在6,500年以前趁著冰河時期的「冰盛期」，台灣海峽的海平面比目前低，從中國大陸經過「東山陸橋」，走過澎湖群島抵達台灣島。但是目前沒有證據顯示，現代台灣島原住民就是「大坌坑人」的後裔。

　　史前台灣海峽在8千年前的海平面比現在低約60公尺以上，海水尚未完全淹沒台灣海峽，海峽在雲林以北和台中以南的緯度內仍是露出海面的陸地。到了7千年前台灣海峽的海面比現在低約50公尺，海水開始淹沒兩岸的陸地通路，只在雲林和彰化的緯度間留著狹窄的海域，

可供簡單航行工具渡越。到了6千年前，台灣海峽開始全面淹沒海水，但仍比現在海平面低約40公尺。對當時在台灣海峽活動的人類而言，只是水深10公尺的水域，用簡單舟筏渡越不是問題。但是間冰期海平面上升的趨勢也有高低起伏，時而高漲至現今海平面10公尺以上的「海進期」，時而低於現今海平面以下10公尺的「海退期」。4,500年前台灣海峽的海平面穩定在現今的水位。所以6千年前之後，台灣海峽的階地平原漸漸不適合人類居住，居住在海峽階地平原的人類不是遷回中國大陸，就是遷居台灣島。位於台灣島新北市八里區發現的「大坌坑遺址」（「坌」讀音同「笨」），就是自中國大陸和海峽階地平原遷居台灣島的人類，其文化特徵和7,000年前河南省三門峽市澠池縣仰韶村發現的仰韶遺址的仰韶文化，同屬新石器時代早期的文化。就陶器紋飾和石器型態比較，大坌坑人在4,200年前的陶器和石斧，則與6,500年前至5,500年前出現的福建殼丘頭遺址的陶器和石斧幾乎一樣。台灣島新石器時代的考古遺址在6,500年前至4,800年前這段時期也屬於陶器尚未出現的「先陶文化」時期（陳歆怡，p37），因為智人磨製石器的技術通常早於陶器製作技術的出現。

　　大坌坑位於八里埤頭村觀音山西北側山麓，海拔30至40公尺的斜坡，遺址已被中國移民的墓葬群覆蓋著（彩圖九）。大坌坑遺址顯示新石器時代的三大特徵：磨製石器、燒製陶器、初始農業。大坌坑類型的生活文化型態散佈台灣全島及福建廣東沿海地區，聚落很小，以漁撈、狩獵維生，採集果實、種子，種植根莖類等初級農作物，如芋頭、薯類，是台灣島農業的發源地。大坌坑人擅於磨製石器，如凹石、砥石、網墜石、石斧、石錘、石鏃、石錛、石棒，但沒有石刀、石鐮等與穀物農耕有關的石器。大坌坑人也擅於製作陶器，如「拍印粗繩紋」的陶鉢、陶罐，陶器的器身佈滿拍打的粗繩紋，稱為「粗繩紋陶文化」。大坌坑人已懂得採「刀耕火種」（Slash and Burn）的遊耕農業，且使用石鋤耕作。大坌坑人的生活遺跡遍佈台灣島北部及西南海岸，還沿著淡水河進入台北盆地，分佈在五股、關渡、圓山之

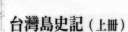

間。

　　大坌坑人已有農業生產能力，並以原始村落形式聚居，生存時間距今約有6,500年前至4,200年前，在台灣島上生活了2千3百年後消失。大坌坑人出現的時間比8千年前福建馬祖的「亮島人」晚約1,500年，與中國「古閩族」在福州西南部閩侯縣甘蔗鎮曇石山村發展出5,500年前至4,000年前的「曇石山文化」約略同時期。2014年德國普朗克（Max Planck）進化人類學研究所提取亮島人骨骸的DNA證實亮島人是東南亞及大洋洲南島語系各民族最早的基因起源，2020年5月14日科學雜誌（Science）出刊證實福建曇石山、溪頭、奇和洞遺址出土的人骨所提取的DNA是西太平洋各島嶼南島語族的祖先。台灣島的「長濱文化」是舊石器時代晚期的文化，與台灣島新石器時代早期的「大坌坑文化」卻沒有文化連續性的關係。但是大坌坑人與長濱人從台灣島消失的原因都不清楚，兩者沒有文化或血緣關係，卻都消失得無影無蹤。更重要的是，台灣島從長濱人消失到大坌坑人出現，中間有近1萬年的空白，目前尚不清楚這1萬年間發生什麼事。

　　6,500年前至5千年前海平面曾經偶而高達目前海平面以上的35公尺，稱「海進期」。但6,000年前海平面平均仍低於目前海平面約40公尺，台灣海峽目前的平均深度又只有50公尺，最淺處也只有10公尺，因此出現多處「陸橋」可供通行，或得以簡易舟楫通航。台灣島與中國大陸經由比當時海平面高的「陸橋」仍可相連接，使大陸居民可以經由「陸橋」進入台灣島。5千年前至4千年前海平面又曾經偶而低於目前海平面以下5公尺，稱「海退期」。大坌坑人在4,200年前消失結束時期，台灣島附近海平面曾經是比現今高約4至5公尺的「海進期」，氣溫也高約2.5度。

　　中國歷史上黃帝公孫軒轅時代大約出現在4,700年前，中國史書記載鯀和大禹治水的時期，剛好在4,200年前至4,000年之間發生的歷史傳說。氣象科學證實4,200年前地球發生極端乾旱或酷熱的氣候，時間幾乎長達兩百年，同時黃河中游和長江流域因酷熱使高山冰川融解，爆

發一系列的特大型洪水。全球農業生產幾近崩潰，稻穀短缺，糧食不足，饑荒造成人口減少。埃及古王國（Old Kingdom in Egypt）、兩河流域的阿卡德帝國（Akkadian Empire in Mesopotamia）無法應付乾旱因此滅亡，印度河谷文明（Indus Valley Civilisation）和黃河流域的龍山文化也開始衰敗，長江流域的良渚文化則因而滅絕，稱之爲「4.2千年事件」（4.2 kiloyear event），這也是大坌坑人在台灣島消失的時間點左右。換言之，大坌坑人的部落無法度過「4.2千年事件」而滅亡。另外一方面，雖然中國西北草原文化和長江流域的稻作文化區因4.2千年事件而衰敗，黃河中下游卻因洪水過後，原本低下的沼澤區因洪水帶來的有機泥沙堆積，反而變成肥沃的可耕地，河南鄭州一帶農耕發達，經濟富庶，成爲中國文化誕生的搖籃和漢族認同起源的「中原地區」，更誕生中國歷史上的第一個國家組織夏王國和繼起的商王國。

　　6千年前的台北盆地還是一個鹹水湖，只有芝山岩、圓山、寶藏巖三個小山丘型的島嶼露出水面，其餘是湖水淹沒區域。後來經長期的泥沙淤積形成沼澤，5千年前最後成爲台北盆地。在芝山岩考古探坑也可以發現最底層的泥土埋葬著大坌坑文化層。有人認爲大坌坑人可能來自中國大陸沿海，這個說法到1996年台南科學園區考古遺址出現才獲得證實。

　　1996年台南有82處的「南科遺址」出現三層的史前文化，底層有5,000年前至4,200年前新石器時代早期的大坌坑文化，中層有4,200年前至3,300年前新石器時代中期的牛稠子文化和3,300年前至1,800年前新石器時代晚期的大湖文化，上層有1,800年前至500年前鐵器時代的蔦松文化和500年前至300年前的西拉雅族文化等遺跡（陳歆怡，p54）。該遺址的底層發現上萬粒碳化的小米，小米是中國北方的農作物，不是東南亞南島語系各民族的作物，證實大坌坑人是中國移民。同時發現5,000年前的稻米和人類遺骨，壽命只有40至50歲。遺骨有頭形較小的南方臉孔，也有高顴方臉的北方民族，再度證實大坌坑人是來自中國華北及華南的移民，不是來自東南亞的移民，而且文化樣貌

與福建南部至廣東雷州半島之間沿海的同時期文化完全相同。小米又稱「粟」（Foxtail Millet）是中國人在夏商兩代的主食，所以夏商文化又稱「粟文化」。至於大坌坑人的語言是不是南島語系是個疑問，有些學者認為大坌坑人是南島語系民族的先民，這至今仍無證據可以支持，只能說是一種尚待驗證的假設。「南科大坌坑人」出土的石器有部分是來自台東的變質玄武岩和來自澎湖的橄欖石玄武岩，開啓了這三地相互交流的想像空間。「南科遺址」的挖掘也證實這個遺址當時緊鄰海邊，表示台江內海比荷蘭殖民統治時期要大很多，現在的赤崁樓等台南市區都還是海域面積的一部分。

二、中期：訊塘埔人、牛罵頭人

台灣島的新石器時代中期，約中國夏朝、商朝時期，距今約4,000年前，開始出現的地域型分殊差異的文化，考古遺址發現有台北的訊塘埔文化、台中牛罵頭文化、台南牛稠子文化。此時的台灣海峽已是平均水深達50公尺的海域，不易渡越，但仍然可見外來多源的移民和文化。

1992年在大坌坑西南方附近平原的道路工地發掘出「訊塘埔遺址」，存在時間距今4,600年前至3,700年前，出土石器、陶器、玉器，陶器以細繩紋紅褐色陶器為其特色，屬於新石器時代中期（劉益昌，2018，p.321）。考古學界曾經未能區分出訊塘埔文化，把訊塘埔文化誤以為圓山文化，使新石器時代晚期的圓山文化存在時間提早甚多。有人推論訊塘埔文化接續了大坌坑文化，並延伸出芝山岩文化和圓山文化，但尚須找到更多考古證據支持。目前的證據仍然顯示斷裂性多於連續性，異質性多於同質性。

訊塘埔文化遺址比大坌坑文化遺址數量多，單一遺址面積較大，有聚落大型化的現象。台北、新北、基隆、宜蘭、桃園、新竹皆有其

遺址，但以新北市淡水、三芝爲主。訊塘埔人已有立柱建屋的能力，柱洞建造出方形建築物，且在周邊挖出溝渠和水井。其陶器製作以圓腹圓底罐爲主，也出現雙連盤杯、三連盤杯、陶紡輪、陶罐、陶豆（高底座的盤子）、陶瓶，其陶器製作技術被認爲受到浙江杭州良渚文化和福建福州曇石山文化的影響。事實上良渚文化的要素出現在台北訊塘埔、台中牛罵頭、台南牛稠子文化中已是定論，其情形像是良渚文化因長江洪水滅亡時，當地居民跨越東海移居台灣島的文化移植現象。

「牛罵頭遺址」位於台中清水鰲峰山，也是新石器時代中期的文化，約4,500至3,500年前，出土紅、褐、黑色「拍印繩紋」陶器，還有著名的三連杯陶器（高足盤或三口豆形器），及狩獵和耕作用的石器，牛罵頭文化遍佈台灣島中部海岸及河湖沿岸。「牛罵頭」是台中清水的舊稱，原是平埔族的拍瀑拉族（Papora）的村社「牛罵頭社」（Gomach）的稱呼。牛罵頭人算是最早的台中人，擅於製作細繩紋陶器，懂得種植秈稻（旱稻、小米），有石棺葬的遺跡，已發展出有柱建築物的住宅，但無法證實3,500年前的牛罵頭人就是拍瀑拉族的祖先。（彩圖十）

其他新石器時代中期的文化也出現在台南仁德牛稠子遺址、南投草屯的草鞋墩遺址、高雄林園鳳鼻頭遺址、屏東恆春墾丁及鵝鑾鼻遺址、花蓮壽豐鹽寮遺址、台東東河漁橋遺址、澎湖馬公鎖港遺址、澎湖白沙赤崁遺址，共有90多處，大多在沿海及河谷，是台灣島分布最廣的史前文化，又稱「繩紋紅陶文化」。這些類似的考古文化遺址，在台灣島西南部及澎湖的遺址稱爲「牛稠子文化」，中部稱「牛罵頭文化」，桃竹苗地區稱「紅毛港文化」，北部稱「訊塘埔文化」，東部稱「東部繩紋紅陶文化」。這些文化的差異性也預示這時期的台灣島有著多民族的原住居民，但與新石器時代晚期的原住居民及現代原住民族的血緣關係則不清楚。

考古發現這個時期在台灣島與澎湖群島之間，約4,600年前已有

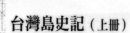

「石器」交易行為的可能；且發現使用澎湖群島特有的橄欖石玄武岩製作的石器，遍佈在台灣島西南部平原。而澎湖文良港遺址出土的石器，與台灣島西南部遺址出土者相同。但是這些台灣島遺址附近並無橄欖石玄武岩，至於這些石器如何運銷至台灣島，始終成謎。如果是「東山陸橋」的冰河時期，可以經陸橋運到台灣島，但時間似乎太早。如果冰盛期結束，那個時代的史前人類卻又無太高超的划船技術可橫渡澎湖海溝，這個問題至今沒有答案。當然如果從中國大陸或琉球群島橫渡東海的困難度比較低，甚至從菲律賓群島跨越巴士海峽也已不太困難，訊塘埔人和牛罵頭人從中國大陸或菲律賓航海登島的可能性是存在的。

三、晚期：芝山岩人、卑南人、圓山人

新石器時代晚期，約當中國西周時代，距今3千年前，發現有台北「芝山岩文化」、台東「卑南文化」、台北「圓山文化」。台灣島已有較大型的聚落出現，社會組織和喪葬儀式開始複雜化，陪葬玉器和陶器很精緻，部落聯盟也開始出現。部落聯盟固然是酋邦出現前的過渡階段，但台灣島尚無出現「酋邦」的證據。

台北士林的「芝山岩遺址」出土3,600年前至3千年前的木製器具、繩索、稻穀、石製農具、陶器、骨角器具、掘棍，也挖出兩具完整的人類遺骸。芝山岩文化的陶器製作多樣化，有彩繪紋、捺點紋、圈紋、繩紋、齒狀凹槽紋，以灰黑陶為主。石器、玉器、骨器都很精緻，木器開始發展。但台灣島尚未發現近似芝山岩文化的其他遺址，也無法判定芝山岩人來自何處。芝山岩遺址出土大量的炭化稻穀、稻葉和稻桿，以及大批的農具，可見稻作技術相當精熟（劉益昌，2018，p323）。芝山岩人卻可能是最早的台北人，近年有學者推測這個文化形態的民族來自浙江和福建地區（劉益昌，2018，p324）。芝

山岩考古探坑由下而上依序清楚的出現大坌坑文化、訊塘埔文化、芝山岩文化、圓山文化、植物園文化等考古文化層，人類遺骨則出現在圓山文化層。（彩圖十一）

　　台東的「卑南遺址」位於卑南社附近而得名，但與現今原住民「卑南族」無文化或血緣關係，距今3,500年前至2,300年前。出土文物包括蛇紋岩石板棺、陪葬玉器、陶器、石刀、石鐮、石杵，以及規模很大的石板棺墓葬群。卑南遺址是台灣島最大的史前聚落，面積超過30萬平方公尺。卑南人種植穀類和狩獵採集並重，砌石築屋，已有製陶、製玉的工作坊，喪葬習俗石棺葬普及，也行室內葬，男女有拔牙成年禮，貧富及地位階級開始產生。卑南文化遍佈台東平原、花東縱谷、海岸山脈南邊、恆春半島。該遺址本身分幾層，涵蓋5,300年前至1,900年前的文化遺跡，但3,500年前至2,300年前這層文化遺跡具有獨特性，被定位為「卑南文化」。但是台灣島上的玉石文化在2,000年前以後突然消失，被玻璃珠文化取代，原因不詳。較合理的解釋是喜好玻璃珠文化的新來移民取代了原先喜好玉石文化的早先移民，而且所有玻璃珠都不是台灣島的製品，而是來自東南亞。（彩圖十二）

　　「圓山文化」遺址位於台北市圓山，距今3,200年前至2,300年前（劉益昌，2018，p324），圓山文化散布於台北盆地和東北部海岸，圓山文化的陶器以表面常塗紅彩、素面無紋的紅褐色陶器為主。圓山人會打製、磨製、琢製石器，石斧、石鏃、網墜都很精緻，玉器發達，骨角器種類繁多。懂得以木骨、草泥為牆，岩石為礎，建築房屋。貝塚是圓山文化的特色，都是半鹹半淡的貝類。圓山人存有以仰身直肢把死者埋葬在貝塚內的習俗。有人認為圓山文化較接近中國廣東南部、越南北部的文化型態，具外來文化的特色，已懂得大量種植稻米，會飼養家畜，狩獵、漁撈技術也很發達。有人則認為圓山文化是接續訊塘埔文化，屬於新石器時代晚期（劉益昌，2018，p325-326）。（彩圖十三）

　　其他與卑南文化遺址同時期，文化類型近似的，又有特殊地域

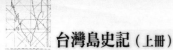

性的考古文化遺址有：台東麒麟文化、台北植物園文化、台中營埔文
化、高雄鳳鼻頭文化和大湖文化。

麒麟文化又稱巨石文化，分布於東海岸及海岸山脈東邊，北起花
蓮秀林太魯閣，南至台東成功都蘭，有十多處遺址，以台東成功的麒
麟遺址為代表。時間從5,000年前至2,000年前，麒麟人製作素面無紋的
紅陶，用岩塊雕造大型石器，包括岩棺、岩壁、石像、石輪、石柱、
石盤。

植物園文化分布在台北盆地及淡水河中下游，時間約在2,800年前
至1,800年前，不帶把手的方格印紋的紅褐色陶罐是其特色，石器與圓
山文化相似，但對其文化內涵目前所知不多。植物園文化的居民和圓
山文化的居民在時間上重疊，在居住空間上犬牙交錯，都在台北盆地
附近，植物園文化的居民較少遷移，與時常遷移的圓山文化的居民比
較，兩者生活習性明顯不同，繫屬不同的「人群」（劉益昌，2018，
p338），可視為不同的「民族」。考古學界另有一種推論，植物園文
化的居民因為輸入鐵器的製作技術，演化轉型為後來鐵器時代的十三
行人。

營埔文化分布於大甲溪、大肚溪、濁水溪中下游的河階和丘陵，
時間約在3,500年前至2千年前，代表性遺址有：台中大肚營埔、南投
集集洞角、南投埔里大馬璘，出土陶器以灰黑色陶罐、陶缽為主，其
上飾紋種類繁複，有羽狀、波浪、圓圈、貝形、點刺、弦狀、彩繪、
稻殼印都有，而石器的種類更多。

鳳鼻頭文化位於高雄林園，分佈在高屏海岸地帶。鳳鼻頭人擅
於沿岸捕魚，出土很多漁具，似乎是以漁民為業的民族，存在時間約
3,400年前至2,400年前，文化特質跟鄰近的大湖文化有明顯的區別，
早期製作的陶器以灰色夾砂陶為主，晚期則大多是紅色夾砂陶（劉益
昌，2019，p70）。

大湖文化分佈於台南、高雄，以高雄湖內大湖遺址為代表，時間
約在3,200年前至1,800年前，製作灰、紅兩色陶器，飾紋有刻畫紋、繩

紋、蓆紋、籃紋、方格紋。彩陶和黑陶數量很多，黑陶薄而光亮，製作精美。石器以板岩質石器爲主，貝塚很普遍，骨器數量很大是其特色。

　　3,500年前台東卑南人開始製作「玉器」，玉材產自花蓮豐田及平林，玉器卻遍佈全台灣島各地遺址，包括宜蘭丸山遺址、台北芝山岩遺址、圓山遺址、南投大馬璘遺址、高雄桃子園及鳳鼻頭遺址、屏東朱拉（Chula）遺址，甚至蘭嶼、綠島、澎湖都發現這些玉器，足證台灣島存在著一個玉器貿易的渡海交換途徑。更令人訝異的是，菲律賓、越南、泰國的考古遺址也曾出現這些玉器，表示台灣島的玉器早已是海外交易的物品。卑南文化被認爲與菲律賓南部的文化接近，所以卑南人來自菲律賓群島的可能性很高。

　　但是儘管台灣島在新石器時代中期和晚期出現許多種「文化」，當時「多文化、多民族」的原住民人口仍然相當稀少，而且各個文化的差異性足以視爲不同的民族，其文化來源也都具有高度的外來性，有的來自中國大陸，有的來自菲律賓，堪稱是不同時期、不同民族的外來移民。

　　人類在新石器時代只靠狩獵或採集果實作爲食物時，平均每人要有10平方公里的土地空間作爲食物供應來源才能生存。農業文化出現後，若只會利用雨水灌溉，每人平均要有500平方公尺的土地空間，才能有足夠的食物。如果能進步到利用河水灌溉，每人平均只要有100平方公尺的土地空間供應食物即能生存。這個技術門檻決定人類的人口成長限制，台灣島在新石器時代的人口稀少，就是受到這個生存條件的技術限制。

四、中國炎黃子孫的起源

　　台灣島的中國移民發源自「炎黃子孫」，中國「炎黃子孫」的觀

念則起源於新石器時代中期，傳說炎帝姜烈山和黃帝姬軒轅兩個氏族部落合併後產生了大型「酋邦」，炎黃聯合酋邦的後代子孫和屬民統稱「炎黃子孫」。中國的主要民族是漢族，漢族經歷新石器時代炎黃酋邦的「炎黃子孫」認同形成期，到青銅器時代夏商周王國的「華夏民族」認同塑造期，最後在鐵器時代秦漢帝國的「漢民族」認同鞏固期確立具體的民族意識和族群範圍。

　　根據美國文化人類學家賽維斯（Elman Rogers Service，1915-1996）的學說，國家式政治組織的形成過程是人類文化演進的足跡，歷經「遊團」（Band）、「部落」（Tribe）、「酋邦」（Chiefdom）、「王國」（Kingdom）、到「帝國」（Empire）或「共和國」（Republic）。「遊團」式政治組織常見於游擊隊，「部落」式政治組織在許多非洲沙漠的獨立部落還很常見，「酋邦」的蹤跡還可在一些酋長國或酋長公國發現到，「國家」不論是王國、帝國或共和國，是目前世界上主要的政治組織。國家擁有確定且完整的領土主權，但有些自稱「國家」的政治單位，卻未必有國家的政治和法律性質。

　　「酋邦」常以貴族階層和寺廟式社會的出現爲特徵，由酋長和祭司雙元統治居多，並以宗教規則及神權力量強化統治權威。貴族階層則扮演酋長治理助手的角色，並產生部落社會所缺乏的財物重分配機制，例如進貢機制。酋邦的邊界（Frontier）是有彈性的，領土和邊界的概念較爲模糊，但酋長和祭司的權威有時能控制相當遙遠的部落，並發展出遠程進貢制度。此外，「環壕聚落」和「城牆建築」也是「酋邦」出現的重要跡證。

　　「國家」（State）是擁有領土主權的政治組織，這種政治組織具有主權（sovereignty）的法律意識，也在確定的土地範圍內表達實施主權統治的意思表示和控制力量，形成「領土」的概念和管轄權，並組成施行管轄權的機制，產生有官僚結構的政府組織，以專業分工的型態運作領土管轄權，官僚資格不以貴族血緣爲要件，此現象大大不

同於以貴族血緣爲基礎運作管轄權的酋邦。通常國家產生的初期，最高領導人由軍隊統帥或宗教大祭師轉型爲「國王」式的統治者。政府官僚則出現稅官和有系統的徵稅制度爲特徵。不穩定的進貢制度不再是國家或政府的主要收入。（Douglass Cecil North, 1920-2015，《制度經濟學》）

　　中國在1.8萬年前的新石器時代早期出現「部落」，再漸漸因戰爭、通婚、貿易、防災產生「部落聯盟」，推舉部落聯盟的「共主」或「盟主」。中國在1萬年前進入農耕部落社會，最後在4,700年前至4,000年前產生有統治控制力的「酋邦」的「酋長」和「酋邦聯盟」的「共主」，即傳說歷史4,700年前的「阪泉之戰」後，姬軒轅所創立的「五帝時代」。新石器時代也是中國「炎黃子孫」觀念的形成時期，中國在4,000年前新石器時代結束時，進入夏商周的青銅器時代，則演化進入「王國」時期，中國的古代國家觀念「華夏天下」從夏朝王國時期開始確立。「華夏」是古代的民族觀念，「天下」是古代的「主權領土」概念，「炎黃子孫」的民族觀念就此鞏固了。「華」字源自傳說中姬軒轅的曾祖母華胥氏，擔任陝西藍田縣華胥部落的女頭目，很有影響力。華胥氏延伸出來的氏族自稱「華胥人」或「華人」。「夏」字的甲骨文是象形兼會意，表示在太陽底下跳舞的人，「華夏」即「在太陽下活耀的華人」之意，以「華夏」自居的用語帶有母系社會遠祖的人類學意義。

　　考古學家發現的中國新石器時代遺址很多，最早的有1.8萬年前江西上饒市萬年縣大源鎮仙人洞遺址、9千年前的河南新鄭斐李崗村遺址、8千年前的內蒙古赤峰市敖漢旗興隆窪遺址、7千年前的河南三門峽市澠池縣仰韶村遺址等。除考古發現的歷史資料之外，還有中國歷史文獻記載的歷史傳說，可供參考。「三皇五帝」的傳說描繪的是新石器時代，約9,000年前至4,700年前的「三皇時代」，大約是新石器時代的早期和中期，「三皇」就是：盤古、伏羲、神農，相當於河南斐李崗文化和仰韶文化發展的時期，都還在部落階段或部落聯盟階段，

時間長達4,300年。 中國人自稱「龍的傳人」，可能與中國新石器時代早期「伏羲」的神話傳說有關。當時有一對夫妻，半神半人，男的叫「伏羲」，發明「八卦」；女的叫「女媧」，傳說煉石補天，解決暴雨帶來的洪水。這對新石器時代早期的夫妻，傳說都是上半身是人形，下半身是「沒有龍爪」的蛇肢體，基本上這是一對被神話化的部落首領夫婦。中國到了商代在青銅器上出現無足或單足的「夔龍」，夔音魁，是「玉豬龍」走向有爪龍的演化過渡期的產物。

中國內蒙古赤峰市出土的「紅山文化」，約6,700年前，比仰韶文化晚300年，挖出中國第一個玉製的豬頭龍形及馬頭龍形手工藝品，該「玉豬龍」或「玉馬龍」作品只有「蛇身」，並無「龍爪」，可視為「蛇身人形」的伏羲傳說的晚期文化作品，中國人因此可以自稱是「龍的傳人」。但《史記》記載的第一位中國帝王是黃帝姬軒轅，他的氏族部落或「酋邦」叫「有熊氏」，是以熊為部落圖騰，而不是龍。

內蒙古的紅山遺址解釋了中國的「智人」從非洲橫跨中亞，經甘肅河西走廊或西伯利亞進入中國土地，先駐足甘肅和內蒙古，再南下進入黃河流域。「智人」的皮膚也因應各個緯度的太陽紫外線，由黑皮膚而逐漸演化成黃皮膚，產生蒙古人種（Mongoloid）的早期中國人。紅山文化甚至廣及中國東北，遼寧朝陽市的牛河梁遺址出土5,500年前的女神廟場景及女神頭像，與「女媧」傳說有著驚人的相似性。

神話史家總認為，所謂「三皇」盤古氏、伏羲氏、神農氏都是一個「氏族部落」的總稱，應是形成中的「酋邦」名稱，不是一個人的名字。神農氏族傳說的第一位首領，可能就是頭上長牛角，嚐百草為藥的「神人」。中國在「三皇」神話時期還處於部落或部落聯盟階段，漸漸形成「酋邦」。但神農氏族部落的最後一位首領，就是史書上的炎帝姜烈山，4,700年前在「阪泉之戰」（位於山西運城）敗給有熊氏族部落的黃帝姬軒轅，向姬軒轅稱降，其後有熊部落合併神農部落，成為「酋邦」或「酋邦聯盟」，這是中國「炎黃子孫」的歷史起

源。

4,700年前至4,000前年前是傳說的「五帝時代」，約當新石器時代晚期。「五帝」就是：黃帝姬軒轅、高陽帝姬顓頊（音專序）、高辛帝姬嚳（音酷）、唐堯帝伊放勳、虞舜帝姚重華，時間長約700年左右，中國漸漸出現穩固的「酋邦」，也誕生因祖先崇拜而產生的「炎黃子孫」的觀念。「黃帝」姬軒轅是「炎黃子孫」觀念的核心，相傳他出生於公元前2717年，領導的酋邦「有熊國」還具有遊牧民族的特性，不設首都。司馬遷撰寫《史記》時，含蓄的提到姬軒轅「而邑于涿鹿之阿，遷徙往來無常處。」

「炎帝」和「黃帝」的帝號是後世添加的稱呼。中國在新石器時代稱呼首領，最早叫「氏」或「后」，不叫「帝」、「皇」或「王」，「三皇五帝」都是後世追加的尊稱。三皇五帝時代的部落首領，還談不上有國家的體制，通常只是產生部落氏族聯盟的共主所形成的「酋邦」首領，故稱「氏」。炎帝「姜烈山」，稱作「伊耆氏」、「烈山氏」、「神農氏」。「五帝」則指黃帝姬軒轅（公孫氏）、高陽帝姬顓頊（高陽氏）、高辛帝姬嚳（高辛氏）、唐堯帝伊放勳（陶唐氏）、虞舜帝姚重華（有虞氏），這些「帝號」都是後世追封的。

中國古代「酋邦」首領的姓氏很有趣，常以身份或地名作為姓氏。例如，神農部落的最後一位「酋邦」首領，住在姜水畔，烈山上，就以姜為姓，烈山為名，叫姜烈山，後人尊稱烈山氏，就是炎帝。古代「酋邦」首領的兒子叫公子，其孫子叫公孫。許多貴族便以公孫為姓，以表彰貴族身份。

中國早期民族的生活空間被稱為「天下」，是古代中國主權領土的觀念，第一位正式的「酋邦」領袖，叫公孫軒轅，因為出身有熊部落的酋長，以貴族身份為姓，姓公孫，又生在軒轅山，以軒轅為名，取名叫公孫軒轅。後來當上酋邦共主，搬到姬水畔，改為姬姓，又叫姬軒轅，後人尊稱為黃帝。黃帝之後的中國帝王，從五帝至夏商周，

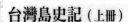

都自稱是姬軒轅的第幾代子孫，以取得法統正當性。但後代子孫常又改姓，不一定姓姬或姓公孫，直到周王朝才又出現姓姬的子孫當國王。不過，因為炎帝姜烈山和黃帝姬軒轅這兩位政治氏族的鬥爭分合，後世中國人就自稱是「炎黃子孫」。

新石器時代晚期的「五帝時代」，約當中國山東濟南「龍山文化」發展的時期，政治組織已進化到「酋邦」或「酋邦聯盟」階段。「邦號」或「國號」千奇百怪，都不叫「中國」，也沒有品牌觀念，朝代或國家觀念還在萌芽階段，隨著酋邦領袖更易，常以部落氏族為國號，或以自取的首領稱號充作國號。

黃帝姬軒轅的國號是「有熊國」；姬軒轅的孫子姬顓頊跨代接班，史稱「帝顓頊」，國號是「高陽國」；姬顓頊的侄子姬俊接班，又名「姬嚳」，史稱「帝嚳」，國號叫「高辛國」；姬嚳的兒子接班，不姓姬，改姓「伊祁」，名「放勳」，叫「伊祁放勳」或「伊放勳」，國號叫「陶唐國」，後世稱為「堯帝」、「帝堯」或「唐堯」；接著，伊放勳的女婿叫「姚重華」接班，國號叫「有虞國」，史稱「虞舜」。基本上這段時期屬於「酋邦聯盟」階段，正在形成「國家」體制。

姬軒轅傳位至伊放勳是血緣繼承，伊放勳和姚重華是翁婿關係的權力接班，被後世稱為「禪讓政治」。堯舜禹的權力禪讓案例，被儒家大力推崇為聖賢明君的模範，然而另有歷史文件卻記載不同版本的史實稱為「篡奪說」。公元279年，西晉在河南魏王墓出土的竹簡《竹書紀年》記載，舜是黃帝的第九世子孫，其先祖自黃帝的曾孫「窮蟬」後就不再富貴，但舜仍然是貴族，而且是名聲卓著很能幹的貴族。

堯一路提拔舜，並收為女婿，舜成為堯一人之下的大官。堯晚年時，舜發動政變把堯的兒子「伊丹朱」貶放到三苗地區，並囚禁堯，逼宮要堯讓位。堯被囚禁8年後去世，舜也代行君位8年，「昔堯德衰，為舜所囚也」。這期間，「舜囚堯，復偃塞丹朱，使不與父相

見也」。丹朱知道真相後，率軍討伐舜，爆發「丹浦之戰」，伊丹朱的大將「夸父」，順著太陽高掛的方向急速行軍，卻誤入沼澤大湖而死，這就是「夸父逐日」的故事來源。

但伊丹朱戰敗，只好乖乖回三苗，「后稷放帝子丹朱于丹水」。「后稷」是姚重華的農業部長，本名「姬棄」，是周朝國王的祖先。堯死後，舜正式繼位。這是兒子、女婿手奪政權的案例，跟儒家宣傳的「禪讓政治」版本完全不同，儒家版本是政治宣傳品的可能性較高。「舜伐三苗」的史實真相，是赤裸裸的暴力爭奪政權，「舜囚堯於平陽，取之帝位」更是女婿篡位的政變手法。

如果《竹書紀年》這些出土竹簡記載的歷史比較真實，回頭檢視儒家版本的「禪讓」，就更有趣。因為受禪讓的人內心也不太踏實，都先逼被禪讓的人的兒子當一段時間的傀儡，再從傀儡手中受讓政權。舜帝姚重華囚禁岳父堯帝伊放勳，且打敗堯的兒子伊丹朱，伊丹朱只好被迫當一段短期的名義君主，再讓位給舜。禹逼宮舜讓位，也是先逼舜的兒子姚商均當一段短期傀儡，再由姚商均讓位給禹。可見連受禪讓的人也覺得世襲才是正統，搞政變內心不踏實，才逼被禪讓者的兒子當過渡時期的傀儡。

這段歷史見證中國從「酋邦」（Chiefdom）進化至「國家」（State）的過程，以領袖繼承體制的變動為中心展示出演化的進程，其間還帶有部落（Tribe）的政治文化色彩。

中國儒家編撰的君主禪讓制度，事實上只是例外，不是常態。堯禪讓給舜，兩人是翁婿關係。舜禪讓給禹，兩人沒有親屬關係。其他情況，黃帝傳給顓頊，兩人是祖孫跨代世襲；顓頊傳給帝嚳，是叔侄世襲；帝嚳傳給堯帝，是父子世襲。4千年前，姚重華去世，先由姚重華的兒子姚商均接班，但治水成功的水利部長大禹「姒文命」聯合共同治水的部落酋長罷黜姚商均，「禪讓政治」戲碼又被後世編撰復演。公元前1989年（4,000年前），姚商均「禪讓」給姒文命，國號叫「夏后國」。後世暱稱姒文命為「大禹」，只當了8年國王，就傳位給

兒子「姒啓」。大禹本來也要禪讓給皋陶（音高遙），但皋陶早逝，禹帝姒文命就準備禪讓給嬴伯益（或稱「嬴伯翳」）。嬴伯益被禹的兒子姒啓打敗，姒啓廢禪讓，而恢復世襲。姒啓接班後，開始有品牌觀念，定國號為「夏后」，讓中國人自稱「華夏民族」有了歷史根據，也見證中國進入「王國」階段。穩固的世襲制度和國號象徵中國的政治文化已演化至「王國」（Kingdom）階段，「國家」（State）體制也逐漸成熟。

從黃帝姬軒轅起算，中國的國號依序是：有熊國、高陽國、高辛國、陶唐國、有虞國、夏后國。這些變動的「國號」象徵「酋邦」的政治文化，也說明中國在「夏后國」之前，仍在「酋邦」階段。

夏后國成立之後，國號不再變動，啓傳位給太康，是父子世襲；太康傳位給仲康，是兄弟世襲；仲康傳位給相安，是父子世襲。接著后羿和寒浞共篡位48年後，相安的兒子少康復國，又開始世襲傳位。所以說中國君位傳承，以世襲為原則，以禪讓為例外，並以此確立「王國」的政治文化。

中國在夏朝進入有文字歷史的時代。中國古代諸侯貴族的姓氏，不外乎以封國地名或君主賜姓作為姓氏的起源。大禹的姓名叫姒文命，禹是綽號，綽號反而名氣大。大禹的父親姓名叫崇鯀，姓崇，名鯀。父子不同姓，原因是堯帝封鯀在「崇」地方當小諸侯，靠近今天的嵩山附近。舜帝因大禹治水有功，特賜「姒」姓給大禹，理由是大禹的母親吃了「薏姒」這種助孕植物而懷胎，大禹也聰穎過人，因此獲賜「姒」為姓。公元前2029年，舜帝封大禹在河南陽翟附近的「夏」地方當諸侯，稱號為「夏伯」，大禹及其子啓建立的氏族就稱為「夏后氏」。夏王國的後繼者也不再隨意變更國號，夏代中國的國號就穩定下來，成為中國第一個王朝。這是今天很多人稱中國為「華夏」的由來。中國的政治文化自此從「酋邦」演化至「王國」，一個穩定的「國號」所代表的「憲法秩序」是「國家」誕生的標誌。

大禹姒文命原本打算「禪讓」傳位給「嬴伯翳」，又名「嬴伯

益」，簡稱「益」，就是秦始皇嬴政的遠祖。如果「禪讓」順利，國號又得改變，中國可能又返回「酋邦」階段。「嬴伯翳」卻被大禹姒文命的兒子姒啓擊敗，開啓中國世襲制度。姒啓建立世襲的「夏」王國，自稱「后」，不再稱「氏」。當時稱「后」，就是國王，不是後世的女性「皇后」或「王后」的意思。大禹一系的氏族，又稱「夏后氏」，大禹被稱「夏后禹」，姒啓就稱「夏后啓」，漸漸的其子孫以「夏」爲姓，少用「姒」爲姓。中國在夏朝脫離新石器時代，進入青銅器時代，政治組織也進入「王國」時期，並開啓中國漢民族的起源，稱「華夏民族」。

中國人崇拜的第一位君主「公孫軒轅」，歷史尊稱「黃帝」，可以說是人類歷史上最幸運的君主。平民領袖劉邦在公元前200年創立漢朝帝國之前，中國所有君王都自稱是黃帝的子孫，這些子孫直接統治中國近1,500年。陶唐氏堯帝「伊祁放勳」是黃帝的五世孫，有虞氏舜帝「姚重華」是黃帝的九世孫，夏后氏禹帝「姒文命」自稱是黃帝的八世孫。禹的兒子「姒啓」終止「禪讓」制度，確立世襲的夏王國，夏朝君主當然都是黃帝的直系子孫。新石器時代結束時的中國，於是產生「炎黃子孫」的概念，青銅器時代則產生「華夏民族」的觀念。

五、日本繩紋人

日本在1.2萬年前慢慢進入新石器時代，日本人則稱爲「繩紋文化時代」，直到公元前300年（約2,300年前）中國東周戰國時代才結束，時間長達9千年左右。「繩紋人」是以懂得製作繩紋陶器而得名，陶偶多是女性，屬母系社會。繩紋人身材矮小，本州島繩紋人有蒙古人種的特徵，九州島的繩紋人卻有赤道人種的特徵。繩紋人集村群居，以狩獵、採集、漁撈維生，貝塚很普遍，農業活動很原始。工具以敲擊和磨製石器、骨角器爲主。居住豎穴式房屋，崇拜土偶，盛行

巫術，犬齒外暴，有拔齒風俗，死者屈膝下葬。繩紋人遺址很多，青森縣的三內丸山遺址規模最大。三內丸山遺址出現在5,500年前，發展至4,700年前結束，時間長達800年，面積達35公頃，是人口500多人的村落，且各地村落會運送物品到三內丸山交易。繩紋人划著圓木舟四處交易，有相當的航海能力。日本也有菲律賓人順著黑潮，漂流到九州島，成為繩紋人的說法。日本的繩紋時代從1.2萬年前開始，到公元前300年彌生人從中國和朝鮮移民日本，征服繩紋人才結束。繩紋時代幾乎長達1萬年，日本在新石器時代的文明發展可說相當遲緩。日本在8千年前人口只有約2萬人，5千年前增加至8萬人，4千3百年前達26萬人，但到3千年前反而僅剩7萬6千人（田本康著，p135）。彌生人則為日本帶來青銅器文化和鐵器文化，同時建立「部落」、「部落聯盟」、「酋邦」和「王國」。

第四章
青銅器時代

一、台灣島沒有青銅器時代

令人奇怪的是，人類文明是歷經舊石器時代、新石器時代、青銅器時代、鐵器時代等階段，台灣島卻從新石器時代，受到中國鐵器文化的影響，跳過青銅器時代，直接出現鐵器時代，考古工作至今並未發現台灣島有任何青銅器時代的遺址，在台東太麻里舊香蘭遺址發現2千年前的砂岩鑄模，可用於澆鑄青銅耳飾和鈴鐺，但沒有發現「青銅容器」的跡證，仍不足以證明青銅器時代的盛行。中國歷史上夏、商、周、秦等青銅器時代的文化，在台灣島似乎是一片空白。因此許多台灣史學者經常含含糊糊的把鐵器時代稱為「金屬器時代」，不特別去談論台灣島的有沒有青銅器時代的問題。

二、中國漢族

台灣島的絕大多數人口是來自中國的漢族，基因調查證實中國漢族是8萬年前離開非洲，7萬年前進入中國大陸的智人（Homo Sapiens）後裔，都屬於蒙古人種（Mongoloid）。來自非洲的智人進入中國時，分南北兩個路徑。南方路徑是從東非跨越紅海，經阿拉伯半島、波斯灣、伊朗海岸、印度，經中南半島，再北上中國，抵達長江以南，或分支往南，走向東南亞及大洋洲。北方路徑則從北非跨越蘇伊士地峽，北上兩河流域，經伊朗、中亞進入河西走廊，再進入遼河流域及黃河流域，分佈到長江以北。南北兩方的智人從非洲到中國，適應不同環境的過程，開始有適應輻射的基因分岔現象，9,500年前南方基因和北方基因明顯有所不同。中國南方的智人後來形成南方各個民族，包括福建的南島語系各個民族。北方的智人則形成中國兩大主

要民族：漢族和藏族。

　　漢藏兩民族在4萬年前仍然同屬一個民族，5,500年前開始分成漢族和藏族，直到2,750年前才完全成為兩個民族。漢藏兩族共同祖先的北方智人都與更早抵達中國的丹尼索瓦人接觸，因此都帶有其基因，但藏族帶有丹尼索瓦人基因的比例8%，比漢族的1%高很多，也更能適應高原氧氣稀薄的環境。因為北方智人在10,000年前至7,000年前以及在4,000年前至3,000年前分別有兩波浪潮大舉向青康藏高原移民，尤其在5,400年前至3,600年前北方智人已將粟黍作物帶入青藏高原東北部低海拔的青海谷地，並且種植出更耐寒的青稞。有了青稞作物，北方智人更能向更高海拔的高原地區移民。就在逐步向青藏高原更高海拔地區移民的過程中，具有較高比例丹尼索瓦人基因的北方智人因為較能適應高原反應，因此擁有較高的生存優勢，物競天擇之下，足以繁衍更多的後裔，最後擁有丹尼索瓦人基因的比例就遠高於居住在低海拔地區的北方智人。這是藏族的丹尼索瓦人基因比例比漢族高出8倍的原因。現代中國漢族男人的Y染色體DNA顯示，5.4萬年前皆來自同一群父系的智人，其中有60%的Y染色體DNA來自7,000年前新石器時代早期的五個男人。這說明現代60%中國男人不是黃帝公孫軒轅一個人的子孫，這些漢族的祖先至少有五個人。另外40%現代中國男人則是新石器時代其他幾個男人的後代，但是這種「同祖現象」的集中度在全世界各個民族裡幾乎是最高者之一。

　　基因研究又發現亞洲、大洋洲的智人，包括中國的智人都帶有1.5%至2.1%的尼安德塔人的基因，這種現象跟歐洲人相似，但非洲人並無這種現象，說明智人離開非洲後才在中東、中亞地區與尼安德塔人局部混血。但是非洲人和歐洲人無丹尼索瓦人的基因，間接證實智人是在亞洲才與丹尼索瓦人混血。

　　8,000年前南北方的基因開始交流，南北方人群逐漸擁有對方的特徵基因。在5,000年前至3,000年前，南方人群還是以南方基因為主。中國漢族在4,000年前開始南下，逐漸進入中國南方其他民族的生活領

域，南方中國人的北方基因比例，也越來越高，連福建海邊閩江下游的曇石山人的北方基因已開始呈現。在4,000年前以後，南方人群的南方基因比例快速減少，原有的8,000年前福建奇和洞人的基因已消失不見。現代中國漢族的基因雖仍有以秦嶺淮河爲界的差異，但差異越來越小。現代台灣島上的漢族和中國南方的漢族，並無基因上的差異。

這些遍佈中國土地上的蒙古人種的智人，度過2.7萬年前至2.4萬年前的末次冰盛高峰期和1.8萬年前至1.5萬年前的老仙女木事件，在1.3萬年前第四紀冰河時期的冰盛期結束時，尤其是新仙女木事件之後，生存下來的智人脫離舊石器時代的狩獵採集社會，開始進入有農耕生計的新石器時代。新仙女木事件（Younger Dryas）是指1.29萬年前至1.165萬年前之間，地球突然遽冷了將近1,300年，連高緯度和2千公尺高山上的薔薇科仙女木（Dryas）都出現在赤道的事件。中國大陸的智人在3萬年前藉著冰盛期海水退離的機會，走過台灣海峽，移居台灣島，稱之爲長濱人，但在1.5萬年前左右已消失。換言之，長濱人沒能撐過老仙女木事件。

農耕生計方式使這些蒙古人種由遊團（Band）穴居社會發展成半地穴式住居的部落（Tribe）社會，黃河和長江流域的這些農耕部落就是中國漢族的祖先。黃河流域以粟黍農耕爲主，長江流域則以稻作農耕爲主，長城以北地區在新石器時代晚期發展出畜牧型農耕社會，到了青銅器時代更演化爲遊牧社會。但史前時期的華南和東北在新石器時代始終維持著狩獵採集社會的生活方式。

新石器時代早期的中國農耕部落已相當發達，9千年前河南新鄭的裴李崗村和舞陽縣賈湖村、8千年前河北武安的磁山、7,300年前甘肅秦安的大地灣都是黃河流域粟黍農耕部落的遺址，當時小麥和大麥皆非農耕作物。賈湖遺址出土6,600年前的龜甲刻符，近似商代甲骨文，還不能確證爲文字，但已被部分學者視爲中國漢字的起源之一。

7千年前黃河中游河南澠池的仰韶村、陝西西安的半坡村和臨潼的姜寨、河南三門峽的廟底溝、河南鄭州的大河村等都是新石器時代中

期的粟黍農耕部落，稱之爲「仰韶文化」，相當於神話傳說「盤古、伏羲、神農」的三皇時代。台灣島的大坌坑人在6,500年前趁著海水尚未完全淹沒台灣海峽時，開始半步行、半筏舟渡越台灣海峽進入台灣島，也帶著中國北方仰韶文化及南方河姆渡、良渚及曇石山文化的混合特徵。

黃河中游河南洛陽的王灣村、河南鄞城的王油坊、山西襄汾的陶寺村、陝西神木的石峁村遺址等地方，在新石器時代晚期則從部落社會進化到酋邦式（Chiefdom）的農耕社會。河南鄭州西山在新石器時代中晚期出現用土塊築牆，把聚落圍住的「城郭聚落」，這些現象相當符合傳說中以「黃帝公孫軒轅」爲首的五帝時代。傳說公孫軒轅的首都在河南鄭州，神農酋長姜烈山的首都在山西永濟的蒲州鎮，4,700年前兩人領軍大戰於阪泉，即山西運城解州鎮，神農酋邦兵敗投降。阪泉之戰是中國由酋邦聯盟走向國家組織（State）的第一場大型戰爭。

酋邦的出現，會伴隨著「環壕聚落」和「城牆建築」的出現。聚落四周有壕溝環繞，供防禦及防洪之用，形成「環壕聚落」。新石器時代早期在中國東北遼河西岸已出現興隆窪、查海、白音長汗等的環壕聚落，長江中游湖南澧縣的八十壋也出現環壕聚落，但黃河中游和渭河流域尚未發展出環壕聚落。直到新石器時代中晚期，渭河上游甘肅秦安縣的大地灣、渭河下游陝西西安半坡村、臨潼的姜寨、黃河下游安徽蒙城縣的尉遲寺才出現環壕聚落。

新石器時代晚期，城牆建築出現在黃河中游山西襄汾縣的陶寺村、河南新密市的古城寨、輝縣孟莊、淮陽縣平糧台、登封市王城崗、鄲城縣郝家台等地。河南新密市古城寨的城牆東西長460公尺，南北長370公尺，高度15公尺，寬度40公尺。陶寺村遺址的城牆東西長560公尺，南北長1,000公尺，後來東西長度更擴大到1,800公尺，南北長度擴大到1,500公尺。

黃河下游部份，5,500年前山東泰安的大汶口的「大汶口文化」到

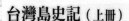

　　4,500年前的新石器時代晚期山東濟南的龍山鎮已具有發展出酋邦條件的「龍山文化」。大汶口遺址出土的陶器上有劃線記號，也被部分學者視爲漢字的起源之一。新石器時代中期黃河中游的仰韶文化和晚期黃河下游的龍山文化形成中華文化的基礎，所以中華文化又稱「黃河文明」。在龍山文化階段，山東出現了城牆建築，山東荏平縣「教場鋪」有東西長1,100公尺、南北長300公尺的城牆，山東陽谷縣景陽崗有東西長400公尺、南北長1,150公尺的城牆，這兩座城牆都是用版築技術建造而成，城內還有版築基壇，可能有宮殿建築。

　　山東在當時被稱爲「東夷九黎」。「東夷九黎」的龍山文化以薄如蛋殼的黑陶製作技術崛起，並傳入黃河中上游，這些區域吻合中國史書記載的「蚩尤」統治區域。約4,600年前蚩尤領軍與公孫軒轅大戰於涿鹿，蚩尤兵敗，遭公孫軒轅肢解死亡。涿鹿位於河北、河南、山東的交界處，涿鹿之戰後，公孫軒轅的勢力範圍擴及陝西、山西、河南、河北、山東等黃河中下游。涿鹿之戰是中國歷史上統一黃河流域上下游的第一場戰爭。不過從估計是4,700年前的「阪泉之戰」到4,600年前的「逐鹿之戰」在傳說中可能間隔100年，很難詮釋是同一個公孫軒轅在合理的壽命長度內完成的，所以只能歸類爲神話式的傳說。長達700年的五帝時代，只有五位統治者的生命長度，這段歷史本身僅能以新石器時代晚期的神話傳說看待。

　　龍山文化晚期，黃河中游山西襄汾縣陶寺村出現東西長1,800公尺、南北長1,500公尺的大型城牆，城內有宮殿建築，還有高三層樓可觀天象的祭祀基壇，這個陶寺城後來明顯遭到暴力破壞，城內人遭到屠殺，該城也遭廢棄。陶寺遺址出土4千年前的扁壺，繪有類似「父土兀」的紅色文字符號，稱「朱書文字」，被認爲是「父堯」或「文堯」，間接佐證「帝堯」的存在不是傳說，而陶寺不只是酋邦，更可能就是史書上「五帝時代」陶唐國「帝堯」伊祁放勳的首都。

　　河南新密市新砦遺址尙殘存有東西長960公尺的城牆，南北城牆被鄰近的雙洎河破壞，僅存160公尺的遺蹟，城內面積達70萬平方公尺。

沿著城牆外有壕溝，這個壕溝外側還有長達1,500公尺的外壕。城牆內部西南側還有內壕，城內中心位置有一座東西長50公尺、南北長14.5公尺的宮殿建築。

　　考古學家依時間順序判斷，新砦可能就是毀滅陶寺的新霸主。伊祁放勳的首都如果遭到新砦的攻擊和屠殺，《竹書紀年》所述有虞國「帝舜」姚重華囚禁陶唐國「帝堯」伊祁放勳，擊敗堯的兒子伊祁丹朱，支持丹朱的「三苗」遭舜鎮壓而滅亡。這段歷史記載，舜發動暴力政變，奪取堯政權的撰述，可能才是正史，堯舜禪讓政治只是後代的政治宣傳。舜的首都傳說是河南虞城縣，但虞城尚無城牆的考古證據支持，另一說是建都山西蒲阪，和神農氏族首都同鄉。

　　如果河南新砦是舜的首都，則《竹書紀年》的歷史記載將獲得考古證據的支持。河南新砦在鄭州的西南邊，進攻山西襄汾也比河南商丘東邊的虞城近很多。《荀子》和《韓非子》的記載和《竹書紀年》一致，《荀子正論篇》說：「夫曰堯舜禪讓，是虛言也。」《韓非子說疑篇》說：「舜逼堯，禹逼舜，湯放桀，武王伐紂，此四王者，人臣弒其君者也。」但是近年來的考古發現，有了另外兩個推論，認爲可能是陝西石峁遺址的遊牧部落南下突襲山西陶寺遺址的農耕部落，毀滅了陶寺遺址；或認爲陶寺遺址內部爆發群眾暴動摧毀陶寺遺址，這個推論接近虞舜發動政變的說法。

　　長江中游北邊和漢水流域的湖北天門市石家河有東西長1,100公尺、南北長1,200公尺的城牆。湖北應城市的陶家湖、門板灣，荊門市的馬家院、荊沙市的陰湘城也都出現城牆建築，但未發現有宮殿建築物。陰湘城的城牆基底寬40公尺，高5公尺，東西長580公尺，南北長500公尺，城牆外有寬45公尺的壕溝環繞。這些城牆建築的地點卻是史書上「三苗」的統治區域，也幾乎是在同一個時間建築起來，又幾乎是在同一時間被廢棄，原因可能是戰爭或洪水。中國史書記載，「三苗」遭帝舜姚重華鎮壓敗亡。

　　長江下游南邊在6千年前浙江餘姚的河姆渡、浙江嘉興的馬家濱、

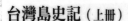

上海青浦的崧澤村、5,300年前浙江餘杭的良渚等，都是新石器時代晚期稻作農耕相當發達的部落或酋邦。長江以南的這些部落和酋邦在中國史書上並無記載，當時的文化水平並不比黃河流域差。浙江餘杭的良渚城牆建於4,500年前，東西長1,700公尺，南北長1,900公尺，寬60公尺，高達4公尺以上。良渚作爲長江下游以南最大的酋邦，既是中國當時的玉器製作中心，也是稻作農耕的生產中心。良渚的莫角山有一座土台，東西長760公尺，南北長450公尺，作爲祭祀之用，因此良渚也是長江下游南邊的宗教中心。良渚的稻作文化和拍蓆（繩）紋陶器技術被認爲影響了江西贛江流域的樊城堆文化，以及福建的曇石山文化和台灣島的大坌坑文化。但良渚酋邦在中國史書上並無記載，考古證據顯示這個「良渚文化」從5,300年前出現，存在至4千年前突然滅亡。中國長江流域的文明包括浙江良渚文化、湖北石家河文化、四川寶墩文化等都在4千年前急遽衰微，原因不詳（田本康著，2012年，p135）。中國各地區這些文化圈幾乎在同一時間滅亡，最可能的原因是4.2千年事件（4.2 kiloyear event）的氣候危機。

總之，中國在4千年前已是酋邦林立的土地，酋邦之間合縱連橫的聯盟，出現神農氏族的姜烈山和有熊氏族的公孫軒轅等權威很大的聯盟共主。作爲酋邦聯盟的共主與各個酋邦的酋長之間的關係，開始產生君主與諸侯的政治原型，這種原始政治架構提供中國漢族形成的初始政治條件。

4,700年前「阪泉之戰」公孫軒轅擊敗姜烈山，有熊酋邦合併了神農酋邦，讓後世中國人自稱是公孫軒轅和姜烈山的「炎黃子孫」有了歷史憑據。後世把酋邦聯盟的共主宗教化，稱爲「天子」，並賦予政治性的「帝號」，但當時尚不具備由酋邦聯盟進化到國家組織的歷史條件。

4,000年前成立的夏朝是中國漢族從酋邦聯盟進化到國家組織的第一個王朝，中國也在此時進入青銅器時代。考古證據較接近《史記》所述的夏朝都城，可能分別是河南登封的王城崗和河南偃師的二

里頭，這兩地都有城牆建築的遺蹟。二里頭可能是文獻上的夏朝都城「斟鄩」，出土了不僅是青銅製的刀斧鑿等工具、戈鉞鏃等武器，還有青銅器時代的標誌性青銅容器，做禮器用的彝，做酒器用的爵，做烹調用的鼎，證實中國在夏朝已進入青銅器時代。二里頭的城牆東西長300公尺，南北長370公尺，可能是當時的宮牆。另建有兩座宮殿，一號宮殿東西長108公尺，南北長100公尺，二號宮殿東西長58公尺，南北長73公尺，宮殿南側還有青銅器鑄造工坊。二里頭的東邊還有寬10公尺的壕溝，是取土後形成的溝狀遺址，不是環壕。從公孫軒轅的阪泉之戰到夏朝的斟鄩建都的歷史發展，中國漢族因此自稱「華夏民族」。

　　商朝是中國的第二個王朝，也是第二個國家組織。商朝都城卻不斷搬遷，商湯滅夏桀後，在夏都二里頭附近，建都河南偃師商城。後來陸續遷都鄭州二里崗、鄭州石佛的小雙橋，第十九代商王盤庚遷都安陽洹北（殷），武丁時再遷都安陽殷墟。雖說河南舞陽縣賈湖村出土6,600年前龜甲殼上的「賈湖契刻符號」類似商代甲骨文，商朝發展出來的鐘鼎文和甲骨文正式奠定中國漢文字的基石，中國漢文字的非拼音特性在商周兩代成為各地諸侯酋邦的共同文字，跨越各地的語言，歷經東周春秋戰國時代的發展，提供中國從諸侯林立的鬆散王國逐漸走向統一帝國的文化要素。到了秦漢兩代，中國全面地進入鐵器時代，華夏族改稱漢族，形成民族的政治條件和文化要素，尤其是語言文字和重要文史作品，都已獲得堅實的鞏固，漢族作為一個民族的主客觀條件完全成熟。

三、中國華夏王朝的誕生

　　中國的「炎黃子孫」在青銅器時代的夏王國時期（1989-1600 BC），已從酋邦聯盟時期進入王國時期，開始形塑以「華夏」為名

的國家組織，和以「天下」爲名的主權領土，文化上則從新石器時代進入青銅器時代。青銅器製作技術被認爲從亞洲西部傳至甘肅河西走廊或西伯利亞，再傳入內蒙古，最後傳入黃河流域。夏王國存在長達389年，但迄今除了史書記載外，並無考古證據可直接佐證夏王國的存在。比較接近的考古證據是1959年出現在河南登封市唐莊鄉花玉村的遺址，或1960年偃師市翟鎮二里頭村出土約4,100年前的遺址，通稱「二里頭文化」，出土平底夾砂黑陶和泥質黑陶爲典型陶器，另有少量灰陶，紋飾以藍紋爲主，橫跨新石器時代與青銅器時代，被視爲夏王國存在的間接證據。「二里頭文化」的年代介於山東與河南的「龍山文化」與商代早期的「二里崗文化」之間的500餘年。仰韶、龍山、二里頭、二里崗四個文化在黃河中游區域呈現出文化層依序疊壓的現象。二里頭文化疊壓在商代文化之下，又在龍山、仰韶文化之上。夏朝在文獻中的年代概念便是處於新石器時代末期轉向青銅時代的過渡期。然問題是「二里頭文化」只出土陶片上的簡單符號，類似文字，並無倉頡造字的跡證，有出土卜骨，卻無刻字。而且夏王國被商王國滅亡，商王國出土的甲骨文和青銅器，卻從無述說夏王國的文字記載，連「大禹治水」也無記載，夏朝的傳說歷史可說虛虛實實。夏商兩代的中國人都是以小米爲主食，小米又稱「粟」（Foxtail Millet），夏商文化又稱「粟文化」。但是夏王國時代產生的「華夏民族」意識，後來卻促成中國「漢族」的誕生。「華夏」一詞最早出現在《尚書》〈武成〉篇：「華夏蠻貊，罔不率俾，恭天成命。」

　　中國傳說夏王國的創立者禹帝「姒文命」建都「高密」（山東濰坊或河南禹州、登封），在位8年（1989-1982 BC），這使河南登封等地被視爲夏王國的都城，考古工作挖掘出「二里頭文化遺址」，找到繪有簡單筆畫的陶片，但是只能證實這些遺址與傳說的夏朝同時代，無法確認就是夏朝的都城，也沒有找到中國文字的跡證。但是二里頭遺址出土的城牆和宮殿建築遺跡，已是國家級首府的建設證據。

　　中國文字歷史記載，夏王國是中國的第一個「王國」式的國家組

織，創立者大禹姒文命原先也要按「禪讓政治」這套規則，把王位傳給「嬴伯益」（或「嬴伯翳」）。但這套規則的背後，還是要靠實力的潛規則。不要真的以為舜帝姚重華只靠孝行和賢德，就能囚禁堯帝伊放勳，打敗伊放勳的兒子伊丹朱。搞不清楚狀況的受害者，就是這位秦始皇的第一位嬴氏先祖「嬴伯益」。

嬴伯益在舜帝姚重華時代擔任水利部副部長，大禹當水利部長，是嬴伯益的上司。舜帝姚重華獎賞治水有功的禹帝姒文命，也獎賞姒文命的助手伯翳，賜嬴姓給伯翳，嬴伯翳就成了嬴姓的第一代。禹從舜手中取得王位後，派嬴伯益擔任林業部長。禹的政權既來自「禪讓」，禹也非照著「禪讓」的規則過場不可。

禹最先公開徵詢，說要禪讓給威望很高的司法部長皋陶，問題是皋陶的年紀比禹大，且老病纏身，明眼人一看就知道這是一場不會真做的假戲。皋陶後來病死，禹就找嬴伯益接班。嬴伯益信以為真，忘了最重要的潛規則：實力。實力建立在武力、財力、人力之上。禹只派嬴伯益當林業部長，是比較沒有權力的職位，真正有權力的職位都掌控在禹的兒子「姒啓」手上。等公元前1982年大禹姒文命去世後，嬴伯益就學大禹應付舜的兒子姚商均的慣例，恭請姒啓繼位。姒啓假裝推辭，根本不把「姚商均禪讓」的慣例當回事，卻實質行使王權4年（1982-1978 BC）。

嬴伯益等了4年，真以為姒啓會循例把政權「禪讓」給他。沒想到姒啓不當回事，嬴伯益等得不耐煩，憑藉「禪讓當選人」的身份，帶兵向姒啓興師問罪，經過幾回合爭戰，嬴伯益兵敗被殺，姒啓名正言順定國號為「夏后」，當起16年的夏王國國王（1978-1963 BC）。後人只能說，嬴伯益是照章辦事的書呆子，被姒文命和姒啓這對父子愚弄了。但是「夏后啓」的爭權促使中國的政治文化進入「王國」階段，中國穩定的「國家組織」開始產生。

還好嬴伯益的後代很爭氣，出了個秦始皇嬴政（259-210 BC）統一中國，建立中國第一個「帝國」。嬴政當了26年的秦王（247-221

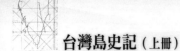

BC），11年的皇帝（221-210 BC）。秦始皇使嬴氏一族成爲貴族中的皇族，秦朝滅亡後，嬴氏子孫逃避戰禍，分別改姓，如江、徐、黃、秦等，號稱嬴姓十四氏。到了宋朝編百家姓時，已無嬴姓在內。但是嬴政的帝國模式成了中國大一統的國家體制，影響中國政治文化的演變長達兩千多年。

中國在夏王國時代，已確立「王國」的政治型態，留有幾個膾炙人口的故事和傳說：大禹治水、夏啓世襲、嫦娥奔月、少康中興、商湯滅桀。姒啓死後，間隔五年（1963-1958 BC）才由兒子姒康繼位，史稱「太康」，間隔繼位的原因不詳。姒太康只當了4年國王（1958-1955 BC），終日沉迷打獵，不理政事，被權臣有窮羿放逐，史稱「太康失國」。

又間隔3年（1955-1952 BC），才由姒太康的弟弟姒仲康繼位，姒仲康只是有窮羿的魁儡，姒仲康在位7年（1952-1946 BC）去世，間隔3年後（1946-1943 BC）由年幼的兒子姒相安繼位，姒相安在位28年（1943-1916 BC）仍是有窮羿專權，姒相安最後被有窮羿流放，後來更遭寒浞殺害。姒太康、姒仲康都名叫「姒康」，或「夏后康」，史書爲求分別，稱爲太康和仲康，姒相安在史書上常簡稱「姒安」。夏禹登位後第34年，大禹的孫子「太康」和「仲康」、曾孫「相安」的王權，接連被后羿篡奪。

嫦娥的老公據說就是這位有窮羿，原是夏王國轄下部落「有窮氏」或「有穹氏」的首領，因此叫「有穹羿」。因善於射箭，自比堯帝時代射下九個太陽的「平羿」，自己取名「羿」。有穹羿放逐姒太康奪權後，掌權40年（1955-1915 BC），卻未篡位稱王，又當了8年沒有名份的國王（1916-1908 BC），被稱爲「后羿」。嫦娥奔月是中秋節的浪漫故事，但后羿的真實生平卻很悲慘。

后羿晚年沉迷飲宴遊獵，被他自己一手拉拔的宰相「妘寒浞」，夥同后羿的妻子「玄妻純狐氏」，聯手殘酷烹殺。寒浞卻娶了「玄妻純狐氏」，還當了32年有實無名的國王（1907-1876 BC）。后羿篡奪

王權，只流放姒太康、姒仲康、姒相安，並未予以殺害。寒浞謀殺后羿之後，還派兵殺害流亡的姒相安，姒相安的小老婆「緡」懷有身孕，逃回娘家「有仍氏」部落，生下姒少康。姒少康長大後，復國成功，殺寒浞父子，史稱「少康中興」。不知道后羿的妻子「玄妻純狐氏」，是不是「嫦娥」，但后羿的遭遇比起希臘悲劇，其悲慘程度有過之而無不及。

姒少康在位20年（1875-1855 BC）傳了10任國王，傳到最後一位國王，叫姒履癸（?-1600 BC），被稱爲中國第一個暴君「夏桀」或「夏后癸」。姒履癸於公元前1600年在山西運城的「鳴條之戰」被「商湯」所滅，後世有「殷鑑不遠，在夏后之世」的說法。從夏朝到商朝，中國的國家型態漸漸形成封建王國，最高首領的稱呼就從「氏」到「后」，再從「后」到「王」，這些稱呼的演變反映著中國從部落進化到酋邦，再從酋邦進化到王國的軌跡，可是「氏」和「后」到了後代變成女子專用的稱號。

夏朝滅亡後，姒姓子孫都改姓夏、禹、費、辛等姓。商朝的先祖「契」，是黃帝的五世孫，原本也姓「姬」，名「契」，在堯帝時當消防部長，官號「闕伯」，曾被當作姓「闕」。到了舜帝時，姬契改當內政部長，被舜帝封在河南商丘，並賜姓「子」，改稱「商契」、或「子契」，這才有了後來的「商湯」和商朝王國。

夏朝被諸侯商湯推翻，商湯本名「子履」，姓子，名履，開創商王國。商湯的先祖「子契」就是高辛帝姬嚳的兒子，是堯帝的同父異母兄弟。換算起來，商湯是黃帝的十九世孫，商朝君主也都是黃帝的直系子孫。商朝被周朝推翻，周朝開國帝王周武王的先祖「姬棄」，號「后稷」，也是姬嚳的兒子，又是堯帝的同父異母兄弟，所以周朝君主不但是黃帝的直系子孫，且沒改姓，都維持黃帝的「姬」姓。連秦始皇嬴政的先祖嬴伯益，也扯得上黃帝子孫的邊。換句話說，劉邦之前的中國君主都是黃帝一家的貴族子孫。

商朝是個非常有趣的王國，君主開始有了王號，而且王號用天干

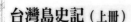

命名，天干就是「甲、乙、丙、丁、戊、己、庚、辛、壬、癸」。商朝君王不敢稱「帝」，他們認爲「帝」是上天最大的神。商朝的開國君主「商湯」，是中國第一個搞武裝革命成功，推翻君主「夏后桀」的諸侯，「湯武革命」就成了歷史成語。商湯綽號「唐」，在甲骨文裡「唐」字寫成「喝」，文獻上就直接寫成「湯」，所以商湯不姓湯。

商湯的「王號」用天干排序取的，叫「大乙」。商湯的父親只是地方諸侯，「侯號」就自稱爲「主癸」，商湯的祖父稱「主壬」，曾祖父稱「報丁」，再上去稱「報丙」、「報乙」，報乙的父親稱「上甲」。「上甲」就是開創天干稱號的第一人，本名「子微」，又被稱作「上甲微」。上甲的父親則稱「王恆」，伯父稱「王亥」。「王」是諸侯最大的稱號，也是中國首度出現的「王」號，但直到周朝滅商後，周朝君主才普遍自稱爲「王」，到了秦始皇才自稱爲「皇帝」。

商湯之後的君主稱號沿用天干，或有二說：一種是生日說，東漢《白虎通義・姓名》篇最早提出：「殷家質，故直以生日名子也。」一種是廟號說，《史記・殷本紀》：「夏、殷之禮，生稱王，死稱廟主。」甲、乙等都是宗廟神主的稱呼。商朝君主的稱號依序如下：大乙、太丁、外丙、仲壬、太甲、沃丁、太庚、小甲、雍己、大戊、中丁、河亶甲、祖乙、祖辛、沃甲、祖丁、南庚、陽甲、盤庚、小辛、小乙、武丁、祖己、祖庚、祖甲、廩辛、庚丁、武乙、文丁、帝乙、帝辛。

商朝比較知名的君主，除了商湯大乙外，就是盤庚、武丁、帝辛。盤庚本名子旬，又稱商王旬，是商朝首都從山東曲阜遷至河南安陽，安陽古稱「殷」，史稱「盤庚遷殷」，又稱「殷商」。殷墟的考古挖掘，證實商朝不是傳說，是真實的存在，也證實甲骨文是中國最早的文字。武丁本名子昭，就是商王昭，是四處討伐，創建「武丁中興」的主角。帝辛本名子受，就是赫赫有名的「商王紂」，就是「助紂爲虐」的「紂王」。紂王連年東征，窮兵力微，後來被覬覦已久的

周武王姬發（？- 1043 BC）於公元前1046年在河南新鄉市的「牧野之戰」一舉攻破，統治中國長達554年的商王國自此滅亡，但是「華夏民族」或「漢族」的民族文化歷經夏商周三代已逐漸穩固，到了秦漢之後就牢牢確立。尤其商王國時代出現的青銅器鐘鼎文和甲骨文對漢族的形成發揮強大功能，商代的文字規則可以橫跨各地區的語言，各地部落或諸侯酋邦可能語言不能互通，但這套中國文字卻能使其溝通順暢，終致產生統一國家。不像西方羅馬字母的拼音規則，文字隨語言而變，使歐洲各地的文字無法互通，終至難以形成統一國家。

四、日本彌生人

日本是對台灣島歷史有重大影響的國家，日本人喜歡對周遭國家或人民展示其文化優越性。明治維新後，日本人精心編造日本皇室的神話起源，宣傳「大和」（Yamato）民族的血統優越論，吹噓日本武士道精神的高尚品德，形成日本人自以為是的法西斯種族優越論調。日本眾議員中島知久平（Nakajima Chikuhei, 1884-1949）在1940年聲稱：「世界上存在優等民族和劣等民族，領導其他民族，對他們實施教化是優等民族的神聖使命。」日本眾議員荒川五郎（Arakawa Goro, 1865-1944）批評朝鮮民族說：「他們更接近於畜牲而非人類」。其實這些日本民族優越論的法西斯言詞都是謊話和廢話，日本人出現的歷史很短，日本群島有人類居住的歷史比台灣島晚了至少5千年。現代日本人的祖先「彌生人」是公元前300年才從中國大陸和朝鮮半島移民到日本各島嶼，居住日本的時間只有2,300年而已。

公元前300年至公元200年，短短的500年間，日本人稱「彌生時代」，涵蓋日本的青銅器時代及早期的鐵器時代，這時期日本人口增加至60萬人。（田本康著，2012，p150）「彌生人」是1884年在東京文京區彌生町發現「彌生文化」遺址而得名。彌生人是現代日本人

的祖先，是從朝鮮半島移民而來的「渡來人」（外來人），屬農業民族，擅於種稻。日本人認爲彌生人的稻作技術起源自中國雲南和印度阿薩姆邦（Assam），傳至中國長江流域，再經過朝鮮半島或山東半島傳入日本。彌生人的陶器、銅鐸、鐵刀、鐵斧、鐵鋤都相當發達。

彌生人是中國北方的亞洲人種，移民至九州島，再繁衍至關西地方京都、大阪、奈良、和歌山、兵庫、滋賀、三重等府縣的近畿（Kinki）地區。彌生人帶給日本農業文明、稻作技術、青銅器及鐵器，也征服繩紋人，建立部落政權進行統治。靜岡縣「登呂遺址」屬於晚期的彌生文化，已有從河川引水灌溉水田的遺跡，也懂得育苗培育。村落的周圍挖有濠溝，證實村落戰爭頻繁。彌生人或渡來人的後裔佔日本目前人口三分之一，日本人的血統不像他們自己想像的那麼純粹的單一民族。

第五章
鐵器時代

一、十三行人

　　台灣島新北市八里區的十三行遺址　（Sipandang或Sip-An-Dang）發現曾使用鐵器的「十三行文化」，距今1,800年前，約當中國東漢時代，是台灣島進入鐵器時代的開始。擁有鐵器的部落社會，改變原住民的農業耕作、狩獵技術、戰爭方法，進而引發部落之間的權力重組，但是十三行人並未像其他鐵器文化的地區產生酋邦或王國，仍維持村社部落的組織型態。

　　鐵器時代的十三行人有可能是現代已消失的平埔族巴賽人（Basay）的祖先。同時期的蔦松文化遺址可能是西拉雅人的祖先，台東靜浦文化遺址可能是阿美族的祖先。

　　十三行遺址位於頂罟村海港邊，清代中國時期有十三家貿易商行位於港口，別稱「十三行村」，故得名「十三行遺址」。十三行人居住在木頭架高的茅草屋，喜食檳榔、菸草，用陶紡輪紡紗、製作簡單衣物，且工藝發達，有骨角器主要用於裝飾品、矛、鏃、魚鉤，還有聞名的紅褐色「人面陶罐」（彩圖十四）及幾何紋硬陶片。十三行人的陶器飾紋與巴賽族、噶瑪蘭族的陶器花紋相似。但十三行人的石器不多，可能鐵器已充分取代石器。遺址出土煉鐵爐、鐵器、鐵渣外，從未發現有當時鐵礦石開採的考古遺址，煉鐵材料很可能還是經由進口取得，中國來的沿岸貿易商人也很可能是主要的供應商。

　　十三行人的遺骨證實擅長划槳，捕撈魚蝦，採集貝類，食後棄置貝殼，形成貝塚。但十三行人的主食是稻米，懂得種稻，以農業為主要生計，也會上山打獵。台灣島的「家豬」出現在2,000年前以後的鐵器時代，由十三行人或同時期的人帶入台灣島，而不是從台灣島的「野豬」馴化而成。目前無足夠證據確認現代台灣島原住民與十三行的遺址有關。

　　十三行文化遍及淡水河以南，北部濱海地區，苗栗南部大安溪以北，東至宜蘭，到花蓮的三棧溪。十三行遺址存在時間最早出現在1,800年前，約當中國東漢時代。結束於500年前，約當明代中國正德皇帝朱厚照（1491-1521）時代。十三行文化爲何結束，人去哪裡，仍是謎團。

　　十三行人的墓葬大多屈肢葬，也有少數的直肢葬和無頭葬，無頭葬可能是獵人頭習俗的遺跡。墓葬有287座，長軸方向與海岸線平行，頭部向著西南方，代表某種信仰。遺址也出土外來物品，如瑪瑙珠、玻璃珠、玻璃手鐲、耳玦、金飾、鎏金青銅碗、銀管飾物、銅刀丙、銅碗、銅鈴、銅幣，這些證實是與中國或南洋貿易得來的，足證十三行是與海外交易的重要據點。十三行人消失後，遺址成爲現代原住民及後來中國移民的村落。

　　十三行遺址出土煉鐵爐，有高溫製作技術。十三行人的煉鐵技術於1,800年前傳自海外，約當中國東漢三國曹操與劉備爭奪天下的年代。因爲十三行的地理位置在淡水河口，與海外來往方便，可與中國人交易，所以十三行人能取得中國唐宋以來的錢幣和青銅器，及宋元明等朝代的陶瓷器。至於運輸途徑是橫渡台灣海峽或東海，甚至經過琉球轉運而來，甚或是台灣海峽船難中獲取得的，則都有可能。總之，鐵器時代的台灣島是與中國有密切貿易關係的島嶼。

　　十三行遺址出土的人骨，常見鎖骨下方的肋鎖韌帶有潰瘍病徵，顯見是終年用力划槳的結果，表示十三行人雖然沒有船隻，但懂得以竹木造筏，划槳駕筏出海，當然航海距離有限，從事沿海交易謀生，甚或航進內河做買賣，尚不能稱爲海洋民族。1349年元代中國旅行家汪大淵的《島夷誌略》說：「水無舟楫，以筏濟之。」另外，十三行人出口沙金、硫磺、鹿皮、黃豆，賣給日本人和中國人。《島夷誌略》就提及這些貿易，說：「地產沙金、黃荳、黍子、硫黃、黃蠟、鹿、豹、麂皮。貿易之貨，用土珠、瑪瑙、金珠、粗碗、處州磁器之屬。海外諸國蓋由此始。」十三行人善於划筏，可能是最晚抵達台灣

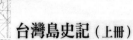

島的民族，也有可能來自琉球群島。

除了十三行遺址外，台灣島考古的鐵器時代遺址還有台中大甲的番仔園遺址、台南永康的蔦松遺址、花蓮豐濱的靜浦遺址、屏東車城社寮的龜山遺址、南投集集田寮的大邱園遺址、宜蘭南澳的漢本遺址、雲林崙背豐榮村的崁頂遺址（貓兒干文化）。

番仔園文化距今1,600年前至400年前，分布台灣島中部海岸，文化明顯不同於十三行人。番仔園人流行俯身直肢葬，頭朝東方，有時以陶罐覆罩死者頭部。遺址的陶器以灰黑色為主，礫石打造的石刀很多，有土鐵刀、玻璃、瑪瑙珠。

蔦松文化分布於台灣島西南部，北起嘉南平原，南至高屏海岸的平原及丘陵。遺址面積都很大，紅褐色素面陶器是一大特色，燒製火候很高，石器甚少，與雲林崙背崁頂遺址的文化類似。

二、中國周朝王國

中國漢族在3,000年前組建的周王國（1046-256 BC）從青銅器時代逐漸地進入鐵器時代，比十三行人早約1,000年。周王國的第一位國王周武王本名「姬發」，公元前1046年1月20日在牧野之戰滅亡商王國，建立周王國，史稱「西周」，姬發只在位3年（1046-1043 BC）即去世。西周是封建諸侯式的王國，轄下分封公侯伯爵位的諸侯藩邦有1,773個。商王國最後一位國王「紂王」的兒子武庚仍被周武王封為「殷」（河南安陽）的諸侯，這顯示中國雖已從酋邦進化到王國，還保有封建諸侯的部落習慣法，天子的部落可以降為諸侯的部落。周王國習慣向諸侯致贈青銅器鼎，鑄刻鐘鼎文，既帶動鑄鼎風氣，也廣泛傳播中國文字，這奠定跨越中國土地上各語言區域的漢族文化基礎。2,800年前的毛公鼎就是周代中國文字氣勢宏大的代表作。中國沒有像歐洲按語言區域分裂成各個國家，商周兩代發展出來的中國文字不採

拼音規則，而以表意規則爲主，是一個很重要的因素。

西周王國傳至周幽王「姬宮涅」，寵愛褒姒，擬廢王后「申」，改立褒姒爲王后，並廢太子宜臼（780-720 BC），改立褒姒的兒子伯服。申后的父親申侯（封地在陝西寶雞）串連西夷犬戎（甘肅天水附近）向東進攻鎬京（陝西西安），姬宮涅被殺於驪山下，褒姒被犬戎擄走，下落不明。西周分裂爲兩個政權，姬宮涅的弟弟姬余臣在戰後殘破的陝西西安被立爲攜王，稱「宗周」。申侯在河南洛陽立外孫姬宜臼爲王（770-720 BC），號周平王，稱「成周」。公元前750年攜王被殺，結束21年的兩王分裂局面。但鎬京（西安）已遭嚴重破壞，周平王姬宜臼以東邊的「雒邑」爲都，即河南洛陽，從此周王國史稱「東周」，是東周王國的開始。

周平王因外祖父申侯串連犬戎殺害父親周幽王姬宮涅，而取得王位，被酋邦諸侯認爲有弒父嫌疑，同時周平王喪失西半部的土地和人口，需要諸侯供給糧食，僅留有天下共主的虛名，王權一落千丈，被封爲「公」的酋邦諸侯紛起不服，周平王要靠晉公、鄭公，才勉強支撐場面，姬宜臼無奈的開啓中國諸侯列國並起的春秋戰國時代。此時的中國也逐漸結束青銅器時代，進入鐵器時代。

中國在河北石家莊發現商朝製造的鐵刃銅鉞，表示在商王國時代，中國人已認識鐵金屬。但是中國開始發展冶鐵技術，普遍使用鐵器的確切時間，仍是東周春秋時代。目前發現最早的人工冶煉鐵器，是西周虢季墓出土的玉柄銅芯鐵劍，此劍被視爲是中國最早的鐵器物。但西周時代受限於採礦及冶煉技術，鐵器仍不普及。

到了東周春秋時代，中國的煉鐵技術成熟，鐵器更加普及。甘肅靈台的春秋早期古墓出土的銅柄鐵劍，湖南長沙楊家山春秋晚期古墓出土的鍛造中炭鋼材的劍，是當時著名的鐵器刀具。戰國時代中期後，鐵製品普遍用於農具、手工具、武器，青銅器的功能已被完全取代。鐵器改變武器，也改變戰爭型態，製造出統一國家的工具基礎。中國在鐵器文明的推動下，包含西周（1046-771 BC）和東周（770-256

BC），時間長達790年，雖然東周王室衰微，各諸侯酋邦演化成區域強權，甚至成為王國，卻逐漸從「王國」演化至「帝國」階段，在公元前221年產生大一統的秦帝國。

三、日本的倭王國

日本的鐵器時代出現在2千年前「彌生時代」晚期，也是小型倭王國林立的倭王時代，約與台灣島的十三行人同時期。公元前108年漢武帝劉徹（157-87 BC）滅亡「衛滿朝鮮」時，已得知日本形成100多個部落政權及酋邦，如九州島上的伊都國、不彌國、奴國，本州島上的投馬國、末盧國，中國古書則通稱為「倭國」。倭國各部落政權及酋邦通過朝鮮半島與大漢帝國建立宗主與藩屬關係，其中以「邪馬台國」（Yamatai, Yamataikoku）國力最盛，史稱「大倭王」。日本人也常把「邪馬台」作為普通名詞Yamato來讀，與「大和、山門、山戶、山都」的讀音相同（倉本一宏，p 21）。

日本第一本史書公元720年的《日本書紀》把「倭」、「大和」、「日本」的讀音都念成Yamato。「邪馬台」也可能是Yamato的中國音譯。公元600年至759年柿本人麻呂等人所作《萬葉集》，把Yama寫作「山」，to寫作「跡」，亦即日本人是「山跡民族」之意。馬可波羅（Marco Polo, 1254-1324）則稱日本為中國外海的吉潘古島（Cipangu Island），就成了英語裡的Japan。

公元57年位於九州島福岡縣，約有2萬戶人口的酋邦「奴國」向東漢帝國漢光武帝劉秀朝貢，獲頒「漢委奴國王印」的金印，正式成為大漢帝國的藩屬國。公元107年倭王「帥升」進貢繩紋人「生口」（工藝匠）給漢安帝劉祜（94-125）。公元146年至189年「倭國大亂」，部落酋邦相互征伐，彌生人鎮壓繩紋人，繩紋人暴動反抗彌生人。例如九州酋邦伊都、不彌、奴等結盟，與本州酋邦吉備（岡山）、出雲

（島根）、近畿（京都）的聯盟，爆發戰爭。

直到懂得巫術，自稱能驅使鬼神的「卑彌呼」（Himiko, 170-248）於188年登位邪馬台國女王，統治轄下30多個酋邦，內戰才在220年漸次平息。彌生時代結束於公元200年，在卑彌呼登位後，公元188年至248年則是日本歷史半世紀的「卑彌呼時代」，但卑彌呼去世後，直到公元300年開始的古墳時代，又是半個世紀歷史狀況模糊不清的時代。

這段期間日本傳說比較著名的事件，是神功皇后（169-269）三度征伐朝鮮半島的故事。神功皇后在世時間與卑彌呼相同，不應是後來古墳時代的人物，而是彌生時代才對。神功皇后可能是卑彌呼的日本版神話，日本人常把神功皇后編在公元300年以後的古墳時代，是明顯矛盾的；再加上卑彌呼曾被曹魏帝國封爲「假倭王」，更佐證存在著以王后或女王身份代理倭王的事蹟，符合神功皇后攝政的傳說。

公元239年卑彌呼派「難升米」（Nashime）和「都市牛利」（Toshikori）出使中國三國時代的曹魏帝國（220-265），魏明帝曹叡頒賜「親魏倭王」金印、紫綬給卑彌呼，並贈「絳地交龍錦」五疋、「絳地縐粟罽」十張、「蒨絳」五十疋、「紺青」五十疋。又特賜「汝紺地句文錦」三疋、「細班華罽」五張、「白絹」五十疋、「金」八兩、「五尺刀」二口、「銅鏡」百枚、鉛丹、眞珠各五十斤。這是日本天皇三神器：八咫鏡、天叢雲劍、八尺瓊勾玉的由來，而百枚銅鏡對於給卑彌呼女王，其價值超乎現代人所能想像的。

卑彌呼只有進貢男「生口」四人，女「生口」六人、班布二疋二丈。這個朝貢關係讓卑彌呼賺翻了，但也確立曹魏帝國與邪馬台國的宗主與藩屬關係，岡田英弘才會說「倭國是中國的一部分」。卑彌呼被形容爲「事鬼道，能惑眾，年已長大，無夫婿」，事蹟其實就是日本人所杜撰的「天照大神」的原型。247年及248年北九州發生兩次日蝕，神話故事是天照大神躲入「天岩戶」，天地日月無光，這時正是卑彌呼去世的年份。卑彌呼下葬時，讓100多名奴婢陪葬，表示公元

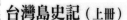

248年日本還處於很殘酷的奴隸社會階段。

公元240年帶方郡（首爾）太守「弓遵」派建中校尉「梯儁」出使倭國，帶曹魏帝國正始皇帝曹芳的詔書印綬前往日本，賜封卑彌呼爲「假倭王」，代理倭王之意，卑彌呼於243年還遣使「伊聲耆」和「掖邪狗」進貢曹魏帝國。公元247年卑彌呼與「狗奴國」國王「卑彌弓呼」發生爭端，帶方郡太守王頎派張政協調，順便視察倭國，《三國志》作者陳壽根據兩人的視察報告寫成《魏志·倭人傳》。卑彌呼在248年去世，葬於奈良，王位由13歲的宗女「台與」或「壹與」繼任。日本奈良縣櫻井市的「箸墓古墳」據說是卑彌呼的墳墓，該古墓所在地點「纏向遺址」有規模龐大的宮殿遺跡。266年是邪馬台國最後一次遣使進貢曹魏帝國，當時曹魏帝國滅亡，由西晉帝國取代。

公元300年日本大和政權興起，稱「古墳時代」，直到 公元600年時結束，時間300年。在這段時間，日本全國共建有古墳16萬多座。公元350年左右，在大和地方，即近畿地區，出現實力強大的部落或酋邦，但沒有文字，也不知其「國號」，簡稱「大和政權」或稱「倭王國」。大和政權結合各地豪族征服本州島，甚至在公元380年把勢力侵入朝鮮，與高句麗王國對抗。

公元414年領土範圍涵蓋中國東北與朝鮮半島北部的高句麗王國的長壽王高璉（394-491）於中國吉林省集安市埋葬其父好太王高談德（374-412）時，豎立「國岡上廣開土境平安好太王碑」，碑文證實公元391年日本倭王曾渡海侵略朝鮮半島南部的百濟和新羅，並把「伽耶國」（加羅）納爲藩屬國，399年倭王聯合百濟侵略新羅，400年高句麗驅逐朝鮮半島上的倭軍，404年高句麗再度打敗渡海入侵的倭軍。此時的「倭王國」已強大到有能力橫渡對馬海峽，侵略朝鮮半島，而且從百濟傳入佛教。

《隋書》寫道：日本「男女多黥臂點面紋身，没水捕魚。無文字，唯刻木結繩。敬佛法，于百濟求得佛經，始有文字。」日本人懂文字就是這時期從朝鮮半島學習佛經而來。倭王大量進用百濟和伽耶

人擔任官員，除了中國文字和佛教外，這些從朝鮮半島移民到日本的
「渡來人」也將中國的醫藥、占卜、易經、陰陽學、須惠器（青灰色
陶器）、紡織技術傳入日本，奠定日本飛鳥文化的基礎。

　　日本再度出現在中國史籍已是公元413年東晉帝國時的「倭五王時
代」，換言之從266年卑彌呼的繼承人「壹與」最後一次對曹魏帝國派
出使節後，至413年相距達147年沒有遣使至中國的歷史紀錄，日本人
當時無文字，也無這段相當於公元四世紀的歷史記載，因此被日本歷
史學者川本芳昭稱爲「神秘的四世紀」。第一位倭王「贊」在413年晉
安帝司馬德宗（382-419）時遣使中國，438年第二位倭王「珍」在南
北朝時南朝的宋文帝劉義隆（407-453）時遣使中國，443年第三位倭
王「濟」遣使再度晉見劉義隆，462年第四位倭王「興」遣使晉見孝武
帝劉駿（430-464），477年第五位倭王「武」遣使晉見南朝宋「後廢
帝」劉昱（463-477），並致書劉昱說他「東征毛人五十五國，西服眾
夷六十六國，渡平海北九十五國」，這份信函見證「倭王」使日本脫
離酋邦，進入王國體制的演進歷程。

　　倭王「贊」可能是《日本書紀》改稱號的「應神天皇」、「仁德
天皇」或「履中天皇」；倭王「珍」可能是「仁德天皇」或「反正天
皇」，438年倭王「珍」自稱爲「都督倭、百濟、新羅、任那、秦韓、
慕韓六國諸軍事、安東大將軍、倭國王」，名義上是中國的藩屬國，
但南朝宋文帝劉義隆並未承認其封號，因爲不承認日本對「百濟」
有軍政統治權；倭王「濟」確定是「允恭天皇」，受封爲「都督倭、
新羅、任那、加羅、秦韓、慕韓六國諸軍事、安東將軍、倭國王」，
「安東將軍」比「安東大將軍」低一級，還是沒有「百濟」統治權，
但增添「加羅」的統治權。當時高句麗國王已被冊封爲「征東大將
軍」，百濟國王已被冊封爲「鎮東大將軍」；倭王「興」是「雄略天
皇」；倭王「武」是「安康天皇」或稱「獲加多支鹵大王」，但已被
承認是「安東大將軍」。其中「應神天皇」被編撰成「神功皇后」的
兒子。這些倭王都被中國皇帝封爲「安東大將軍倭王」，「天皇」封

號是後世的日本人用來美化「倭王」的稱呼，兩者含義並無不同，當時也無「天皇」稱號。

537年筑紫國的首領「磐井」起兵反抗「大和政權」，日本史稱「磐井之亂」。538年佛教僧侶和經典正式從朝鮮半島的百濟國傳入日本。550年後日本兩大豪族爆發政爭，引入佛教的蘇我稻目與反對佛教的物部尾輿爭鬥不已，物部尾輿是鎮壓「磐井之亂」的物部鹿鹿火的後人。587年蘇我馬子舉兵消滅物部氏族，取得專政權力，日本從此離開「古墳時代」，進入「飛鳥時代」。

596年大和政權蘇我馬子在奈良縣高市郡明日香村建造「飛鳥寺」，開啟日本的「飛鳥文化時代」（592-710），也結束「古墳時代」。飛鳥時代值得特別提的是592年即位的推古天皇經由聖德太子（524-621）啟動的「推古改革」及645年孝德天皇即位展開的「大化革新」。607年聖德太子派小野妹子出使中國，晉見隋煬帝楊廣（569-618）時稱：「日出處天子致書日沒處天子無恙」，產生「日本」的國號。楊廣不悅對臣下說：「蠻夷有無禮者，勿復以聞。」，但還是派斐世清出使倭國，這等於承認「日本天子」。這時期日本從「倭國」改稱「日本國」，大和政權從「諸侯王」身份升級為「國王」，取代「倭五王」，奠定日本的國家基礎，日本從此不再是中國的藩屬國。但在這之前，公元600年倭國就曾派出遣隋使晉見隋文帝楊堅（541-604），楊堅問及倭國政情，使者答：「倭王以天為兄，以日為弟，天未明時出聽政，跏趺坐，日出便停理務，云委我弟。」這等於倭王自稱「天弟、日兄」，楊堅斥責說：「此太無義理，於是訓令改之。」因此607年遣隋使改稱倭王為「天子」。

另一說，607年《隨書》〈倭國傳〉記載自稱是「日出處天子」的倭王是男性的「阿每多利思北孤」，很可能是指聖德太子，不是推古天皇。中國正式承認「倭國」更改國號為「日本」的時間，約在703年武則天統治結束前兩年，武則天接見遣唐使粟田真人的記載，出自《善鄰國寶記》卷上《唐錄》：「長安三年，遣其大臣朝臣真人

來朝，貢方物，自言其國近日出所，故號日本國。」徐州刺史杜嗣先於712年9月去世，713年2月下葬，墓誌：「又屬皇明遠被，日本來庭。」734年日本人井眞成在長安去世，墓誌：「公姓井，字眞成，國號日本，才稱天縱。」這些資料都證明公元703年後，中國已棄稱「倭國」，改稱「日本」。

日本第一本史書《日本書紀》由舍人親王（676-735）等人於681年至720年間所撰，其上古史可以說是完全不可信的杜撰神話。日本人掰說第一代「天皇」叫「神武天皇」，登基於公元前660年2月11日稱「皇紀元年」，那時還在非常落後的「繩紋時代」，比中國的黃帝傳說更不可信。但《日本書紀》也承認「日本，此云耶麻騰，下皆效此」，「耶麻騰」（邪馬台）與「大和」、「日本」、「倭國」的古代讀音相同，都是Yamato。712年太安萬侶編撰《古事記》也是一樣，都是飛鳥時代結束後，爲了給日本皇室妝點身世，毫無根據，憑空捏造的神話。但至少這兩本史書給了「倭王」一個很體面的稱號叫「天皇」。不過《古事記》仍用「倭」，不用「日本」。

第三篇

原住民之島
（1349年-1624年）

第一章
台灣島原住民

一、原住民族的歷史

　　現代熟知的台灣島原住民族的文字歷史，大多是鐵器時代十三行人於公元1500年左右消失後的資料。原住民族沒有文字，無法累積史料，考古學研究現代台灣島原住民族也無法發現超過一千年的資料。原住民族的傳說或口述資料，也無法傳達可納入歷史論證的材料。大部分有關台灣島現有原住民族的史料大多靠十四世紀後中國史料及十七世紀後荷蘭或西班牙的記錄，甚至從現代的資料回溯，去推斷400年前的狀況，才能大概勾勒出1349年汪大淵撰寫《島夷誌略》時至1624年荷蘭人入台之間275年的文字歷史。存在於公元683年至1377年印尼蘇門答臘的「室利佛逝王國」的史料提及台灣島也是語焉不詳，汪大淵1349年撰寫的台灣島資料是可徵信的最早文字史料，因此本書以1349年作為台灣島是「原住民之島」的史料起點，但不表示目前台灣島原住民族的歷史始自1349年。1624年荷蘭東印度公司抵達台灣島後，台灣島即進入「荷蘭公司之島」的階段。在荷蘭人登上台灣島之前，原住民族的部落和部落聯盟早已散佈台灣島的平原和山地，達千年之久。原住民族也懂得對外交易，管理部落村社的生產活動，適應各種天災和環境變動。荷蘭人則從濱海港口起家，透過海路調度資源，建立農業殖民地，引進中國農民，並向內陸延伸，帶來布疋和鐵銅製品、牛馬運輸力量和鹿皮的貿易需求。荷蘭人稱原住民為「福爾摩沙人」，而不是「番人」；稱中國移民為「中國人」，而不是「漢人」。對荷蘭人而言，中國人是外籍勞工，不是台灣島民。1349年至1624年這段時間的台灣島是屬於原住民族的部落領地，原住民族未形成酋邦，更無國家組織的跡象，稱之為「原住民之島」。（彩圖十五）

　　台灣島原住民族習慣上可分為兩大族群：居住在平原的

「平埔族」（Pepohan）及居住在山地的「高山族」（Formosan Aborigines）。雖名為「高山族」卻不一定居住在山上，有部分居住在河谷或平原，但台灣島的外來移民不論是荷蘭人、西班牙人、中國人、日本人，都是從西部或北部登陸，必須進入或越過雪山、阿里山、玉山、中央等山脈，才能接觸到這些原住民，所以歷史經驗上統稱之為「高山族」。在荷蘭人和中國人抵達台灣島之前，高山族已生活在高山地區，並非被荷蘭人和中國人趕入高山。平埔族是因為中國移民的擠壓而大舉遷徙，但也不是遷入高山地區。目前常有使用「原住民族」一詞專指史冊上的「高山族原住民」，而用「平埔族群」表述史冊上「平埔族原住民」的用詞。

平埔族與高山族有著明顯的不同文化和民族背景，但都操著南島語系的語言，卻未必能互通言語。平埔族出現在台灣島的時間可追溯至1,000年前，但在第二次世界大戰後幾乎被中國移民同化而消失。平埔族都是母系社會，沒有明顯的社會階級制度，曾被荷蘭東印度公司派駐台灣島的牧師甘地斯（George Candidius）描述為「希臘式的民主社會」。高山族則父系、母系、混合制皆有；有較平權的長老制，也有世系繼承的貴族頭目制度。這些特質說明台灣島原住民的語言雖同屬南島語系，卻說著難以互通的語言，有著不同的文化和社會制度，本質上分屬不同的民族。

中國清代政府稱原住民為「番人」，並依「文明開化程度」分「熟番」及「生番」。「熟番」指平埔族，「生番」指高山族。日本殖民政府在1896年至1901年間沿用中國移民的用語，稱呼台灣島的高山族原住民為「番人」，1902年後因為日語「番」字有「號碼」的意思，改用日本習慣的漢字「蕃人」，並按「進化程度」分為「生蕃」、「化蕃」、「熟蕃」三類，即所謂「三蕃區分」。「熟蕃」指平埔族，日本殖民政府視為與「土人」無異。「土人」指中國移民，「化蕃」則是懂得繳納「蕃餉」（土地稅）且戒除獵首習慣的高山族。日本殖民晚期為鼓勵台灣島原住民協助日本侵略中國及東

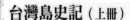

南亞，將「熟蕃」改稱「平埔族」，將「化蕃」及「生蕃」改稱「高砂族」，「高砂族」即「高山族」。日本殖民政府爲行政上需要，把部分高山族密集居住的鄉里定位爲「蕃地」。1945年後南京民國政府把「番地」改稱「山地鄉」，戶籍登記在「山地鄉」的高山族稱爲「山地原住民」，戶籍登記不在「山地鄉」的高山族稱爲「平地原住民」，所以平地原住民不是平埔族。

二、南島語系各民族

　　台灣島的文字歷史出現時，台灣島就是原住民的島嶼，島上原住民分屬不同的民族，語言文化不盡相同，甚至血統都可能不盡相同，但是語言都可歸列爲南島語系（Austronesian Languages）的一部分。有考古學家推測台灣島的南島語系原住民文化可能形成於大坌坑文化晚期、訊塘埔文化和牛罵頭文化早期，這段時期的文化遺跡已往南擴散至菲律賓卡加延河流域（Cagayan River），往東擴展到台灣島各溪河上游的丘陵地，甚至到達海拔1100公尺的高山河階地，與現今原住民聚落相同的海拔高度。但是截至目前爲止，考古證據確認大坌坑人來自中國大陸，卻無法確定大坌坑人就是南島語系的原住民族的祖先。目前的證據只能含糊地判斷，鐵器時代的蔦松文化與平埔族西拉雅人有密切關係，十三行文化與平埔族巴賽人和噶瑪蘭人有密切關聯，番仔園文化與平埔族拍瀑拉人有關係，靜浦文化與阿美族有關係；但新石器時代的台灣人與現代台灣島原住民的關係卻是斷裂的，沒有證據支持兩者之間的關聯性。

　　「民族」（Nations）和「語系」（Language Family）、「語族」（Language Group）、「語群」（Speech Community）是不同的概念，「民族」是以語言、文化、血緣爲定義的族群，「語系」則僅以語言的近似度歸類而已。不同民族可能使用近似的語言而被歸類爲同一個

語系，同一個語系則不一定屬於同一個民族，因爲文化和血統可能差異很大。例如埃及人放棄原有的語言，改講阿拉伯語，採行伊斯蘭文化，但血緣上與阿拉伯人不同，只能說埃及人和阿拉伯人同屬亞非語系（Afroasiatic Languages Family）的阿拉伯語族，但是仍然不是同一個民族。另一個例子是阿爾泰語系（Altaic），包括蒙古語、滿族語、日語、韓語、琉球語、通古斯語、突厥語等語言，儘管歸屬同一語系，但民族血緣和文化皆不相同。台灣島各族原住民在語言文化，甚至血緣體貌的差異，可歸類爲不同的民族，但這些有差異的語言，其發音、詞句、結構的近似度可視爲同一個語系或語族。

南島語系（Austronesian）是世界第五大語系，佔有4.9%的人口。其他前四大語系是印歐語系（Indo European）、漢藏語系（Sino Tibetan）、尼日剛果語系（Niger Congo）、亞非語系（Afroasiatic）。英語也有採擷自南島語系的詞語，例如禁忌（taboo）、刺青（tattoo）、狂熱（amok）。但台灣島上居於人口絕對多數的中國移民所使用的閩南話、客家話和北京話都屬於漢語族，被歸類爲漢藏語系的一部分。漢語和藏語屬於同一語系，蒙語和滿語反而不是。有趣的是，人類最早的文明是發生在伊拉克兩河流域的蘇美文明，黑頭髮的蘇美人通行的蘇美語（Sumerian）非常接近漢藏語系，反而大大不同於阿拉伯語等的亞非語系。

南島語系包括1,262種語言，又可分爲三大語族（Language Group），即福爾摩沙語族（Formosan）、馬來亞－波利尼西亞語族（Malayo-Polynesian）、大洋洲語族（Oceanic）。南島語系分佈範圍北起台灣島及夏威夷群島，南抵（紐西蘭）新西蘭群島，東起智利的復活節島（Easter Island），西至非洲東南外海的馬達加斯加島（Madagascar），在這廣泛的範圍內也有其他語系的民族存在，這些民族甚至比南島語系各民族更早出現在當地，例如講巴布亞語系（Papua）的美拉尼西亞人（Melanesians），其基因特質與波利尼西亞人（Polynesians}和密克羅尼西亞人（Micronesians）無甚關聯，後者在

基因特性上與東南亞居民或台灣島原住民有很強的關聯，美拉尼西亞人則無甚關聯。在人口近3.8億人的南島語系民族中，台灣島原住民族使用的語言，不論是平埔族或高山族的語言，都可歸類爲南島語系下的福爾摩沙語族，但人口佔南島語系極小的一部份。絕大部分的南島語系民族人口集中在菲律賓、馬來西亞和印度尼西亞，其他地區分佈雖廣但人口比重不大。

南島語系在古代可能都是臨海而居的民族，互相學習產生的語言，因此對海洋用語如鯊魚、烏賊、蝦、海龜、船、帆、槳的稱呼都很接近，反而對農產物品的稱呼歧異甚大。例如台灣島巴賽族（Basay）有ba ka（獨木舟），與南島語詞同源，中國移民譯成「艋舺」。西拉雅族（Siraya）有 avang（船），與菲律賓語同源。蘭嶼的達悟族稱呼獨木拼板舟叫tatala，與菲律賓巴丹群島的用語相同。不過這些形容「船」的用語和現代「船」的意義不同，這些原住民所講的「船」，事實上是河流或沿著海岸使用的「筏」或「舟」，不是能跨越海洋的「船」，更沒有帆船可以渡海。十七世紀的荷蘭人和西班牙人已發現，台灣島的原住民大多沒有航海能力，沒有出現「漁民」行業，反而是擅於爬山狩獵的「獵人」，除了蘭嶼達悟族外，文化特質屬於陸地民族，不是海洋民族，與其他地區的南島語系民族的海洋文化差異很大。有些人認爲吃海鮮，划排筏，捕撈魚蝦，近海或沿岸航海就算海洋民族，卻忽略這種文化與遠距航海，靠海維生的海洋民族相較，差異實在太大。

台灣島上目前有些原住民的語言詞彙並沒有「船」的語詞，推測他們的祖先可能就是經由陸路到達台灣島的民族。有些比較晚到台灣島的原住民族的祖先，有划舟技術，語言也有「舟」的語詞，推斷可能是新石器時代結束後，才從菲律賓群島出發，經由海路跨過巴士海峽抵達台灣島的民族。甚或可能是自中國大陸及琉球群島航渡東海抵達台灣島的原住民，航渡東海比航渡澎湖與台灣島之間的黑水溝容易很多。台灣島現有原住民族的語言是屬於同一語系的不同語言，但文

化和血緣分屬不同民族，抵達台灣島的時間也在不同時期。換言之，語言是後來經過交流，相互學習產生的，至於交流的狀況並不清楚。

南島語系起源地早期認為應該在北回歸線以南，南緯8度以北，即台灣島嘉義以南，印尼爪哇以北。李壬癸（1936-　）認為南島語系的起源地最可能是在中南半島，也有學者認為起源自中國長江以南，目前後者已獲得證實。這些原住民族都沒有漢藏語系（Sino-Tibetan Language Family）的痕跡，足證不是新石器時代以後傳自中國大陸的語言。但是南島語系包含著不同民族，膚色深淺不同，身高體態各異，文化歧異很大。台灣島原住民有體型高大的特徵與東南亞的南島語系民族身材矮小的特徵，差異很大，足證血統不同。相同語系的原因可能源自語言傳播與學習，不一定跟移民血緣有關，也不一定跟文化傳播相關。台灣島的原住民除了巴賽族和達悟族懂得簡易航海外，大多是不會航海的陸地民族，跟其他屬於海洋民族的南島語系民族有著明顯不同的文化。

近年來基因研究進步神速，特別是出身德國馬克斯普朗克研究所（Max Plank Institute）的中國大陸學者傅巧妹（1983-　）發明古人類DNA的捕獲方法，讓人們能一覽最早在40萬年前的古人類基因。應用這個方法提取福建龍巖市奇和洞出土人骨的DNA，證實這是很標準的8,000年前中國古代南方人群的基因組。到了4,800年前至4,200年前之間的福建福州市閩侯縣甘蔗鎮壘石村和白沙鎮溪頭村遺址出土的人骨DNA，除了含有奇和洞遺址的古代南方人基因外，也含有山東淄博市沂源縣張家坡鎮北桃花坪村扁扁洞出土人骨DNA所代表的中國古代北方人群的基因組。至少在8,500年前中國北方和南方的古代人群的基因已有著很明顯的不同，這說明4,800年前中國古代北方人群已經南下移民或征服南方部落，在古代南方人群身上留下古代北方人群的基因。但是現代中國南方漢人身上已找不到這些中國古代南方人群的基因，反而在大洋洲美拉尼西群島的瓦努阿圖人（Vanuatu, 萬那杜）身上發現有50%中國古代南方人群基因，35%中國古代北方人群基因，以及

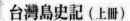

15%其他基因，這個比例和3,000年前中國南方古代人群的基因混合比例一致。瓦努阿圖人是現在最爲典型的南島語系的民族，因此可以確認南島語系民族的血緣來自中國福建，這些中國大陸上的南島語系民族因爲古代北方人群往南遷移的壓力下，被迫遷往台灣島、中南半島、東南亞、大洋洲，反而從中國大陸消失。目前的DNA研究也證實8,000年前至7,500年前的馬祖亮島人的基因和奇和洞人的基因相同，4,800年前澎湖鎖港遺址出土人骨的基因和曇石山人的基因相同，現代中國傣族和台灣島的阿美族、泰雅族的基因也含有很高比例的奇和洞人的基因，傣族、阿美族、泰雅族的語言都屬於南島語系，更加強了南島語系民族起源自中國福建的證據力。至於中國福建的南島語系民族的祖先遷居到台灣島的途徑，可能是從福建駕船經澎湖，轉而抵達台灣島中部；或直接從浙江搭船經東海南下抵達台灣島北部；或輾轉南下東南亞，再從菲律賓巴丹群島北上抵達台灣島南部和東部。

有一種「南島語系台灣島起源論」（Peter Stafford Bellwood率先提出"Out Of Taiwan Model"）的說法，南島語系的族群源起於中國大陸南部及中南半島北部，在6千年以前跨越海水下降的台灣海峽抵達台灣島，約當大坌坑人時代，但目前無法證實大坌坑人的語言屬於南島語系。再者約於5,300年前，發展出航海技術，從台灣島航渡巴士海峽，南下到菲律賓群島、婆羅洲（Borneo）或加里曼丹（Kalimantan）、蘇拉威西島（Sulawesi）及印尼東部。4,500年前又往東擴散到關島（Guam）、塞班島（Saipan）等馬里亞納群島（Mariana），往西擴散至馬來西亞、蘇門答臘（Sumatera）。3,200年前擴散到密克羅尼西亞（Micronesia）的加羅林島（Caroline Islands），後來在1,700年前進一步擴散到美拉尼西亞（Melanesia）和波利尼西亞（Polynesia），1,500年前傳至夏威夷，在800年前移民到紐西蘭（紐西蘭），就是今天的毛利族（Maori）原住民，最後約於700年前又從婆羅洲到達非洲東南岸的馬達加斯加島。

「南島語系台灣島起源論」的論述基於兩個理由：第一是以南島

語系民族在各地新石器時代遺址出現的時間點，作爲南島語系民族在該地出現的時間點；第二是南島語系民族被分爲十個語群，其中九個語群只在近代台灣島找得到，其餘各地的南島語系民族全歸類爲第十個語群，因此推論台灣島是南島語系民族的「原鄉」。但這兩個論述理由在邏輯上並不嚴謹，第一個疑問是無法證明現在居住該地的南島語系民族就是以前新石器時代的居民，第二個疑問是第十個語群既然與台灣島上的九個語群有著顯著的差異，爲什麼其他九個語群無法傳播離開台灣島，卻只有不存在於台灣島的第十個語群是從台灣島傳播出去的。

這是根據語言傳播時序的特定模型發展出來的「南島語系台灣島起源論」，不是「南島民族基因台灣島起源論」。有人說台灣島是南島語系各民族的發源地，這是錯誤的說法，因爲語言的學習與傳播未必跟移民或血緣有關聯。何況這個學說既無法在眞正的起源地中國華南找到會說南島語系的人群，也無法證實台灣島上6千年前的大坌坑人使用的語言屬於南島語系，更無法證實大坌坑人與現代原住民有血緣關係。而且除了語言之外，台灣島原住民的文化和血緣與東南亞民族的關聯性很有限，所以這個理論的問題很多：

第一個問題在於5千年前台灣島原住民是否已發展出足以航渡巴士海峽的能力，如果以前有很強的航海能力，爲何十七世紀已完全喪失這些航海能力，使荷蘭人發現台灣島原住民只會爬山，不會航海。另一方面，其他地區的南島語系民族卻幾乎是最早發明海洋航行技術的人類，唯獨台灣島原住民不會航海，很難歸類爲同一民族。

第二個問題在於有些台灣島原住民的體型體貌與其他南島語系的民族差異太大，明顯是血緣不同的民族，語言的傳播可能是靠移民，也可能是靠通商交易，所以同屬南島語系，有近似的語言，卻未必有近似的血緣。荷蘭人的記錄裡，台灣島原住民如西拉雅人的身高都比荷蘭人高一個頭，印尼爪哇人的身高卻矮荷蘭人不只一個頭。

第三個問題是台灣島上的原住民相互間的語言、文化、體型和血

統的差異，相當多元，可推論是來自不同地區，於不同時間抵達台灣島的外來移民，可以推斷不是系出同源，不是系出同源的民族又如何可能成爲其他南島語系民族的起源地；或者存在一種南島語系的語言如何在這麼短的時間，在台灣島演化出這麼多種語群，再選擇出一種語群傳播到東南亞。

第四個問題是台灣島的原住民已可確定並非舊石器時代原住民長濱人及新石器時代早期大坌坑人的後裔，結論是台灣島原住民也是外來移民，「台灣島是南島語系起源地」的說法無法解釋這些新石器時代以後才出現在台灣島的原住民族是來自何處，或曾去過何處。其他南島語系的語言可能是學自與台灣島原住民同樣的島外發源地，這個可能性無法被排除，尤其從中南半島傳入馬來西亞、印度尼西亞、遠至大洋洲的可能性更高。從智人的遷移途徑觀察，台灣島原住民不是來自中國大陸，就是來自東南亞，或是來自日本和琉球。台灣島畢竟只是智人遷移的中途站，不可能有什麼「原鄉」的歷史意義。

第五個問題是美拉尼西亞人4萬年前就出現在新幾內亞（New Guinea），語言屬於巴布亞語系（Papua），不是南島語系，且分成1千多種民族語言，比原住民出現在台灣島還要早，無法跟台灣島的原住民語言產生聯繫。同樣是位處大洋洲的密克羅尼西亞人和波利尼西亞人在語言上屬於南島語系，基因上也較接近台灣島原住民，但美拉尼西亞人卻帶有直立人分支的丹尼索瓦人的基因，甚至帶有金髮基因，這又與台灣島原住民差異甚大。

第六個問題是波利尼西亞人3,200年前就已散佈在大洋洲各處，不能解釋爲1,700年前從台灣島擴散而來的民族。這個證據反而指向一個結論：有部分台灣島原住民族是來自東南亞和波利尼西亞。

第七個問題更關鍵，台灣島的南島語系各個民族從何處來，何時抵達台灣島，如何抵達台灣島。如果不是從菲律賓群島等東南亞地區北漂台灣島，就是從中國大陸和澎湖群島，或從日本及琉球群島，「南島語系台灣島起源論」都無法給出答案，其民族血緣來源，也尚

未獲得遺傳分子學的驗證。反而中國大陸長江流域的河姆渡文化、馬家濱文化和良渚文化在塗黑牙齒、玉石雕刻、刺青、高腳干欄式住屋、稻耕技術等，提供南島語系民族更多的文化起源證據，可推論出南島語系的語言和文化，極有可能直接從長江流域傳播至東南亞，而且不經過台灣島。

第八個問題很具有顛覆性，當長濱人以及大坌坑人可以步行跨越台灣海峽抵達台灣島的時代，連接中南半島、婆羅洲、蘇門答臘、爪哇的海域，不是海域而是陸地，稱「異他古陸」（Sundaland）。遺傳分子學證實，更早年從印度洋沿岸移居而來的智人可以輕易在東南亞移居，形成「澳美人種」（Australo-Melanesians），最後才北上進入中國大陸東南沿海，台灣島反而是最後的落腳點，而不是出發點。目前「異他古陸」低於海平面平均只有50公尺，最淺處不過20公尺，比台灣海峽還淺。所以台灣島原住民與早期的東南亞原住民可能都是來自印度洋沿岸，是同時存在，而沒有先後關係。這是「南島語系異他古陸起源論」（Out of Sundaland Model），換言之，南島語系各民族早在舊石器時代就已分佈在異他古陸、東南亞、大洋洲，但是南島語系的語言卻是在新石器時代以後，經由中國大陸長江流域或台灣島傳播至東南亞。人種由南向北遷移，語言卻由北向南傳播，是相當有趣的結論。

第九個問題是馬達加斯加島上南島語系民族是於2,200年前至1,500年前之間，從異他群島（Sunda Islands）的婆羅洲（Borneo）駕駛邊架舟（Outrigger Canoes），沿著印度和非洲海岸航行抵達的，而不是「南島語系台灣島起源論」所說的700年前才抵達。

第十個問題是台灣島上的高山族原住民大多存有「祖先海外來源論」的傳說，例如阿美族、達悟族、噶瑪蘭族、布農族、卑南族、撒奇萊雅族都有「祖先海外來源論」的傳說，其中東部原住民族在馬偕的回憶錄記載有：「南勢蕃說，他們的祖先們，來自台灣的南方和東方，划著類似的獨木舟而來」（馬偕，p.89），撒奇萊雅族內部

就明確代代相傳有祖先來自菲律賓群島的民族典故（田哲益，2019，p.18），這些典故如果反映的是民族記憶，就直接了當推翻「南島語系台灣島起源論」。

第十一個問題是2021年印尼從一副7,000年前的女孩遺骸上提取DNA，證實有著南島語系民族的共同基因。這個科學證據揭露的事實是7,000年前印尼已有南島語系民族，但台灣島當時還是無人島，台灣島不可能是南島語系民族的起源地。

第十二個問題是從基因學角度來推論，如果台灣島上的南島語系民族的後裔有著較多樣的族群基因，而台灣島以外的南島語系民族卻只有其中一樣的族群基因，的確可以推論台灣島是南島語系民族的起源地。但是語言卻沒有這個道理說，台灣島有十種南島語言，台灣島以外只有一種，就可以下結論說台灣島是起源地。因為台灣島上從未形成原住民族的統一生活圈或政治體制，即使原本是同一種語言也會散居成不同方言。如果台灣原住民族分別在不同時期來自不同地方，也將繼續保有不同的南島語言。反之，印尼、馬來西亞很早就出現酋邦或國家體制，也很早就出現統一的貿易、文化、生活圈，縱使有著不同的南島語言也會逐漸同化為一種語言。

比較穩當的學術說法是，南島語系分佈範圍很廣，最東起自智利的復活島，沿著太平洋、印度洋，延伸到非洲東南外海的馬達加斯加。南島語系又分成將近1,262種語言，講這些語言的族群，1萬多年前起源自中國大陸南部及泰國、緬甸北部，再往外擴散至恆河、湄公河、長江流域，7千年前抵達南海，6千年前抵達台灣島，把陶器製作技術帶入台灣島，並帶來南島語系的語言，剛好是台灣島新石器時代的早期，即大坌坑文化即將結束的時期。

奇特的是，澎湖群島上並無南島語系各民族的蹤跡，但2011年在福建馬祖亮島的島尾遺址厚度50公分、寬度30公尺的貝塚下發現屈膝葬的男性「亮島人一號」，碳十四年代測定在8,300年前，同一貝塚又發現7,500年前仰身直肢葬的女性「亮島人二號」（陳歆怡，

p46-47）。經遺傳分子學證實，「亮島人」屬於早期的「澳美人種」
（Proto-Australoid, Australo-Melanesians，澳洲-美拉尼西亞人），或稱
澳洲人種或褐色人種，並非蒙古人種（Mongoloid）。「亮島人」的出
現確立一項有待進一步驗證的假設：南島語系的「澳美人種」8千年
前已出現在中國福建沿海，而且來自中國長江以北。所以來自中國大
陸北方的「亮島人」可能經由福建越過台灣海峽，進入台灣島，成為
大坌坑人的先輩。「澳美人種」的「亮島人」再從台灣島遷移去東南
亞，或是直接從中國沿海移居至東南亞各地，都有可能。當然也有可
能是自東南亞移居中國大陸沿海，再輾轉進入台灣島。這部分的研究
尚待努力，即使遺傳分子學也尚無法釐清。但是台南科學園區的大坌
坑人被證實有中國北方的顱骨和體型，不是「澳美人種」，卻否證了
這項假設。

　　如果遷移過程是相反的，台灣島原住民則從菲律賓群島移居台灣
島，這些原住民如果是從巴士海峽進入台灣島，也有800多年以上的
歷史，「福爾摩沙語族」則可推測是從「馬來亞—波里尼西亞語族」
演化而成的。這個說法最可靠的理論基礎是，台灣島全部處於黑潮海
流之中，黑潮提供由南向北的水流動力，早期原住民可以駕駛簡單的
舟楫，如獨木舟、邊架艇、拼板舟，從菲律賓群島仗著黑潮飄航至台
灣島。反之，要從台灣島大舉遷徙至菲律賓群島，靠這些原始舟楫逆
渡黑潮，較缺乏技術可行性。總之，台灣島的史前人類或近代的原住
民，不是來自同一個地方，也不是在同一個時期進入台灣島，可說眾
說紛紜。比較可靠的說法是，各種南島語系的民族是在不同的歷史階
段，從不同地方進入台灣島的。亦即台灣島各原住民族不是在同一個
時期和同一個出發地點進入台灣島，早則數千年，晚則數百年。

　　從語系來看，目前台灣島上原住民確實是南島語系各民族的一
支，但並非單一民族，至少是16個不同語言、文化的民族。從各種紛
雜的證據推敲，這些原住民族既非同一民族，亦非同時期移民至台灣
島，也非從同一個原居地移居來台，更不確定擁有同一血統。最早移

居來台的原住民族可能超過一千年，最晚移居來台的原住民族如宜蘭蘇澳的猴猴族（Quau Quau），可能只有數百年。台灣島原住民的原居地，有些來自中國大陸東南地方，有些來自中南半島，有些來自菲律賓群島。當然台灣島原住民也有往外移民的現象，尤其移往菲律賓群島、印尼群島、大洋洲等地，都有跡可循。這些原住民移民的遷徙是雙向，甚至多向，而非單向的。至於那些原住民族是經由東山陸橋這類的陸路，很早就進入台灣島，或者經由海路，例如跨越巴士海峽或台灣海峽，進入台灣島，以及這些族群何時有跨海航行的能力，目前都沒有確定的答案。

統計台灣島上現有的「福爾摩沙語族」可分為三大「語群」，即泰雅語群（Atayalic）、排灣語群（Paiwanic）、鄒語群（Tsouic），而不是「南島語系台灣島起源論」所說的十個語群。泰雅語群包括：泰雅、太魯閣、賽德克。排灣語群包括：排灣、魯凱、布農、卑南、阿美、賽夏、噶瑪蘭、邵、達悟、撒奇萊雅。鄒語群包括：鄒族、卡那卡那富、拉阿魯哇。這表示目前原住民的多樣化語言是由泰雅、排灣、鄒等三種語群演化出去的。平埔族的語言大體上都屬於排灣語群，所以排灣語群是人口最多的語群。

第二章
高山族

　　高山族的聚落在山區的有：泰雅、太魯閣、賽德克、布農、鄒、賽夏、排灣、魯凱、拉阿魯哇、卡那卡那富。在河谷平原者有：阿美、卑南、噶瑪蘭、邵、撒奇萊雅。在海濱者為：達悟。

　　高山族聚居高山上的原因主要是：

一、避免瘧疾蚊蟲危害，必須居住在海拔1,000公尺以上的高山，維持人種的繁衍。日本殖民政府曾試圖逼迫高山族遷居到低谷地帶，卻使高山族人口發生傳染病，而大量死亡的案例。

二、尋找適合種植小米、可用「山田燒墾」耕種的土地，必須往高海拔地區遷移。其實台灣島原住民的原始農業多採「山田燒墾」、「刀耕火種」、「遊耕」等方法，因為在不同的土地上輪耕，用不同的作物輪種。用焚燒地上物的方式開墾土地，要較長的時間休耕，需要四處遊耕，終至移向高海拔的山地。種植的作物有「雜穀」：小米、旱稻、玉米；「塊根」：芋頭、薯類、樹薯、甘藷；「樹生」：香蕉、麵包果。

一、高山族原住民

　　台灣島位於歐亞大陸板塊（或稱中國大陸板塊）與菲律賓海底板塊交界處，兩個板塊推擠碰撞，致菲律賓海底板塊擠入歐亞大陸板塊底下，將歐亞大陸板塊抬高，於600萬年前形成台灣島及島上的高大山脈。最早形成的是貫穿南北的中央山脈，作為台灣島東西向河川的分水嶺。再來是由東北向西南傾斜的雪山山脈，接著是與中央山脈西側平行的玉山山脈，及與玉山山脈西側平行的阿里山山脈，最後是與中央山脈東側平行的海岸山脈。這五大山脈共有268座3,000公尺以上的高山，各山脈的山嶺、河谷、坡地、丘陵、盆地、台地、平原成為台灣島高山族原住民的家園，但地廣人稀，人口密度非常低。

　　中央山脈北起宜蘭蘇澳的烏岩角，南抵屏東恆春的鵝鑾鼻，全長340公里，最高峰是海拔高度3,860公尺的秀姑巒山。雪山山脈北起新北市貢寮的三貂角，南迄南投名間濁水溪北岸的濁水山，全長200公里，雪山主峰的海拔高度有3,884公尺。玉山山脈北起南投水里的濁水溪南岸的玉山山塊，南抵高雄六龜的十八羅漢山，全長180公里，玉山主峰的海拔高度3,952公尺，是台灣島第一高峰。阿里山山脈北起南投鹿谷的濁水溪南岸，南迄高雄燕巢的雞冠山，全長250公里，最高峰大塔山只有2,663公尺。海岸山脈北起花蓮的花蓮溪口，南抵台東的卑南溪口，全長200公里，最高峰是新港山只有1,682公尺。有地質學家將板岩為主的雪山山脈與西側沙岩、頁岩、沉積岩的山脈區隔開來，後者另稱為加里山山脈。

　　菲律賓海底板塊比較薄，密度比較大，會持續的隱沒滑入地函，並與中國大陸板塊不斷擦撞，產生地殼斷層，導致台灣島東部和外海不斷發生地震。中國大陸板塊厚度較大，密度較低，在膠質地函上較具浮力而不會隱沒。在兩個板塊碰撞摩擦時，菲律賓海底板塊潛入中國大陸板塊底下，使中國大陸板塊的邊緣大陸架（Continental Shelf）翹起並向上抬升，在海面浮起形成台灣島。中國大陸板塊與菲律賓海底板塊之間的高度落差，形成台灣島東部陡峭垂直的海岸，也使東部外海有著較深的海底。原先在大陸架邊緣就堆積著從中國大陸沖刷下來的岩屑所形成的沉積岩，也被擠壓浮出海面。菲律賓海底板塊隱沒融化過程中，部分海底地殼受到碰撞的壓力產生斷層和裂痕，導致地函裡高熱的岩漿從裂縫中噴出，向上噴發形成海面上的火山島弧。這些菲律賓海底板塊上面的火山島弧隨著菲律賓海板塊向西北移動，撞擊中國大陸板塊上的台灣島，與台灣島東海岸大陸架的沉積岩共同形成東部的海岸山脈，部分沉積岩屑的大陸架土地則成為花東縱谷。花東縱谷是台灣島東部原住民的主要居住地區，雖稱「高山族」，事實上卻是居住在縱谷的平原地帶。有謂花東縱谷和海岸山脈是菲律賓海底板塊的一部分，這是錯誤的說法。菲律賓海底板塊已隱沒入地函而

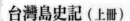

融化，不會浮出海面。如果菲律賓海底板塊浮出海面，台灣島東部海岸將相當平緩，不會陡峭，也不會有深度很大的外海。這種板塊運動也可見諸美國加州的太平洋海岸山脈、內華達山脈和南美秘魯的安地斯山脈（呂特根，2012，p192；普羅泰羅，p43）。

高山族原住民像泰雅族（Tayal）分佈在台灣島中北部山區，居住在1,500公尺至2千多公尺的坡地；賽德克族（Seddaka）居住在南投霧社及花蓮太魯閣地區，在日本殖民時代因霧社事件被鎮壓，差點滅族；賽夏族（Sai Siyat）居住在新竹尖石、苗栗南庄和泰安地區；布農族（Bunun）居住在南投埔里及中央山脈，南至高雄、屏東，東至台東、花蓮山區；鄒族（Tsou）居住在玉山山脈地區；魯凱族（Drekay）又稱澤利先族（Tsarisen），居住在台東大南溪上游山地；排灣族（Payuan或Paiwan）居住在屏東恒春以北的大武山山區；卑南族又稱漂馬族（Pinuyumayan或Puyuma），分佈在台東知本、太麻里之間的山腳平地；阿美族（Pangcah或Amis）居住在花東縱谷地區；達悟族又稱雅美族（Tao或Yami）只居住在台東蘭嶼，其語言和菲律賓巴丹群島（Batanes）居民可以互通。高山族不一定居住在高山上，像達悟族就住在蘭嶼島海邊。

高山族原住民採母系社會（Matrilineal Society）的有阿美、卑南、噶瑪蘭、撒奇萊雅，採雙性繼承制度（Ambilateral Residential Lineage）只有排灣族，其餘皆屬於父系社會（Patrilineal Society）的民族。母系社會不是母權社會（Matriarchal Society），母系社會通常以女性的親屬關係組織家族，繼承財產，家庭事務歸女性主宰，但部落公共事務仍由男性主導。母權社會則是女性掌控部落公共事務的母系社會。史前台灣島住在高山上的高山族少與外界直接往來，不但少與平埔族往來，高山族與高山族之間的往來也不多。因此高山族每個原住民族的語言文化區隔性和獨立性很強，幾千年來都無法形成高山族共通的語言和文化。

原住民以部落村社型態聚居，人口多則幾千人，少則不到100人。

普遍的獵首行為使部落村社之間相互敵視、仇恨、懷疑。部落村社之間也會用婚姻建立聯繫關係，或短暫結盟共同對付敵人。除了魯凱族、排灣族外，原住民部落沒有貴族平民的階級劃分，也無「酋邦」（Chiefdom）形成的條件。部落村社內部結構有著年齡階級（age sets）、宗教地位及其他超家庭的連結。但原住民從未以相同語言族群形成政治組織，無法產生政治性的民族同盟或酋邦。

二、高山族人口統計

荷蘭聯合東印度公司的資料顯示，平埔族和高山族的原住民人口不多，但居住地區廣泛，散佈在台灣島各處，現在則主要分佈於山區和東部。1646年荷蘭人概算平埔族約6萬人，高山族約4萬至6萬人。1650年較精確統計平埔族約68,657人，高山族概算約5.5萬人。延平王時代，沒有原住民的人口統計資料。清代中國也沒有原住民人口統計數字，只有繳稅的平埔族戶口或丁口數。1874年後劉銘傳執行「開山撫番」政策，報說高山族原住民（未歸化生番）有14萬人，應該是概略估算的數字，與實際數字距離稍遠。

1897年日本殖民政府調查，原住民人口包括高山族和平埔族粗估約82,100人，本島人（中國移民）有2,699,122人，日本人16,321人。

1905年統計，平地高山族36,363人，山地高山族76,443人，平埔族46,432人，本島人（中國移民）2,890,485人，日本人57,333人，外國人9,136人。

1915年統計，平地高山族46,152人，山地高山族86,576人，平埔族47,676人，本島人3,231,927人，日本人137,229人，外國人18,225人。

1920年統計，平地高山族46,255人，山地高山族84,548人，平埔族48,894人，本島人3,371,358人，日本人166,621人，外國人24,836人。

1927年統計，平地高山族沒有數字，山地高山族87,000人，平埔

族沒有數字，本島人4,009,000人，日本人200,300人，外國人38,000人。

1930年統計，不分平地或山地，高山族141,711人，平埔族沒有數字，本島人4,118,772人，日本人232,298人，外國人46,691人。

1939年統計，不分平地或山地，高山族157,439人，平埔族沒有數字，本島人5,367,461人，日本人323,148人，外國人47,726人。

1943年統計，不分平地或山地，高山族161,961人，平埔族62,119人，本島人5,910,328人，日本人396,674人，外國人54,759人。

1956年台北民國政府首度在台灣島普查人口，台灣人口總數達937萬人，由於漢化太快已無平埔族的人口資料。平埔族在荷蘭殖民統治結束時，人口約3.2萬人。清代中國時期結束時，平埔族人口約4.5萬人。以平埔族人口的穩定且低度成長現象觀察，平埔族在清代並未明顯被中國漢族同化得太厲害，可能還是處於使用漢語，穿著滿漢服，居處漢族生活的涵化階段，尚無全面同化現象，所以到日本殖民初期還能在人口統計上顯示平埔族的人口數字。平埔族被漢族同化，可能就發生在第二次世界大戰晚期。1943年6.2萬人的平埔族，到1956年已調查不出來。

從這些資料可以看出，原住民的人口成長速度遠遠落後中國移民（稱本島人），到2015年台灣島人口統計，原住民僅指「高山族」，亦即「山地原住民」及「平地原住民」，不包括「平埔族原住民」。原住民（高山族）有545,657人，占台灣地區人口總數2.32％。其中14,498人未申報民族類別，佔2.65％。高山族可分成16個原住民族，最多是阿美族，人口約20萬人，占全部原住民37.2％；人口最少的是卡那卡那富族，只有251人，僅占0.04％。

三、高山族各民族

（一）阿美族（Amis 或 Pangcah）

　　阿美族是高山族原住民人口最大的族群，2015年人口202,973人，佔高山族原住民總數的37.2%。阿美族居住在中央山脈東側，立霧溪以南，太平洋沿岸的花東縱谷及東海岸平原。大多數居住在平地，少數居住在山谷或內山。分布於花蓮、台東、屏東。第二次世界大戰後，也移居台北、高雄、基隆等都會區。阿美族是母系社會，行招贅婚。家族事務由女性家長主導，家族產業由長女繼承。部落公共事務由男性負責，男人依年齡組成階級（Selal），進行分工，組織男子集會所（Taloan），或稱「公廨」（Kuwa），議決及執行部落公共事務。女性反而沒有議事權，也不得進入集會所。每年七月至九月間，由部落長老（Matoasay）擇期舉辦「豐年祭」，短則三日，長則半個月。居住海邊的阿美族每年五月舉行「捕魚祭」、「海祭」。台東豐濱西邊有「奇拉雅山」（Cilangasan），阿美族人視為聖山，傳說是阿美族的發源地。1960年羅馬奧運十項全能銀牌得主楊傳廣（Maysang Kalimud, 1933-2007）、棒球選手郭源治、陽岱鋼都是阿美族。

　　阿美族在清代中國時期有「崇爻八社」的說法，包括崇爻（花蓮市）、筠椰椰（撒奇萊雅族，花蓮市）、抖難（丹郎、多難，花蓮市）、竹腳宣（知卡宣或七腳川，壽豐鄉）、薄薄（吉安鄉）、芝武蘭（豐濱鄉）、芝密（瑞穗鄉）、貓丹（光復鄉）。本來是「崇爻九社」，包括遭瘟疫滅社的「水輦社」（壽豐鄉）。「崇爻」（Tsongau）是猿猴之意，原為阿美族稱呼太魯閣族的用語，「爻」音同瑤。

（二）排灣族（Payuan 或 Paiwan）

排灣族發源於台東和屏東交界的北大武山（Kavulungan），是第二大的高山族，2015年人口97,449人，佔高山族原住民總數的17.9%。排灣族人口分佈在台東、屏東，位於中央山脈南部的東西兩側，生活圈由北向南依序是大姆姆山、大武山、依丁山、大漢山、里龍山等，1931年日本殖民政府統計，共有部落219村社，人口30,118人。排灣族有階級社會的組織，開始有酋邦組織的雛形，分別是頭目（Mamazangilan）、貴族、勇士、平民等四個世襲階級。頭目和貴族是地主階級，平民是納稅人和佃農。頭目有大批土地，包括河流、山林、農田、住宅。其他人沒有土地，須依附頭目，成為屬民，屬民有義務替頭目耕種土地。排灣族屬民若受頭目虐待，須冒生命危險逃亡，尋求新頭目的庇護，這是排灣族著名的「頭目制」。排灣族的部落形式曾被誇大的傳說為「大龜文王國」（Tockovol），其實觀其部落人口及組織結構，仍停留在「部落」階段，連「酋邦」都不是，更別說是「國家」了。排灣族家產繼承則採男女平權的長嗣（Vusam）繼承制度，女嫁男，或男贅女，都很平常。但部落公共事務以男性集會所（Cakalj或Palakuan）為運作機關，頭目有戰爭、外交等重大事務的決策權。信仰祖靈，家中擺設「祖靈柱」，每五年舉行「五年祭」（Maljeveq），也有「毛蟹祭」和「豐年祭」。排灣族的巫術文化、織布、服飾手工藝、木雕、刺青、鼻笛、刺藤球、百步蛇圖騰等文化活動都很突出，陶壺、琉璃珠、青銅刀則被視為排灣族三寶。

（三）泰雅族（Tayal或Atayalu）

泰雅族分佈於大霸尖山、南投瑞岩部落、南投白石山，分布中央山脈兩側，東至花蓮，西至台中東勢，南至南投，北至台北烏來。2015年人口86,845人，佔高山族原住民總數的15.9%。泰雅族是台灣島分佈面積最廣的原住民。雖講泰雅族語，但方言眾多。男子外出必

配刀，曾有出草獵首的習俗。泰雅族採父系社會，兄弟組成家族，共管房舍財產。社會組織以祖靈祭祀團體爲主，頭目由推舉產生，組織長老會議作爲議事機關。泰雅族是個平權的社會，由具有領導能力的人擔任部落領袖。遇到部落有重大事情時，則由頭目召集長老會議商討決策。精神信仰是祭祀「祖靈」（Utux），在墓地舉行「祖靈祭」（Mahou），偶而舉行「豐年祭」。部落還有其他三個小團體，祭祀團體、狩獵團體及共負罪責團體（Gaga或Gaya）。

　　泰雅族以喜好面部刺紋聞名，而紋身的意義包括：族群標記避免在戰爭時誤殺自己部落的人；表示通過考驗，有結婚資格的成人標記；就男性來說，紋刻獵首較多的「成就標記」表示男性勇氣的記號；女性則以紋身表示織布技術高超的符徵，裝飾的美觀標記，有花紋者爲美。口簧琴與口簧琴舞爲其特色。歌手陳盈潔、楊林、張雨生、徐若瑄、言承旭、立法委員高金素梅都有泰雅族的血統。

（四）布農族（Bunun）

　　布農族又名武崙族，2015年人口56,644人，佔高山族原住民總數的10.4%。布農族習慣居住在1千公尺至2千公尺的高山，發源於南投，十八世紀大量遷移，一部分東遷至花蓮、台東，一部分南遷至高雄山區。社會組織以父系大家族爲主，氏族又可分爲卓社群（Takitudu）、卡社群（Takibakha）、丹社群（Takivatan）、巒社群（Takibanuaz）、郡社群（Bubukun）及蘭社群（Takipulan）等六個主要氏族。蘭社群與西邊的鄒族比鄰而居，混血成鄒族的一部分。布農族重視小米收成，每年二月舉行「播種祭」（Minpinan）。「祈禱小米豐收歌」（Pasibutbut）是著名的八部合音或泛音和聲合唱。「射耳祭」是男子成長的生命儀氏，「嬰兒祭」是嬰兒誕生時的祈福儀式。木刻畫曆是知名的文化作品。男子帽飾以獸骨磨製成方形，以表彰戰功。女子以頭巾纏頭，頭巾兩端刺繡，以錢幣或銀片裝飾。布農族信仰「天神」，沒有頭目，設長老治理部落事務。知名女歌手高勝美即布農族

人，拉荷阿雷（Dahu Ali或Lahu Ali,1861-1941）是著名抗日領袖，從1915年到1933年在花蓮地區游擊抗日，時間長達18年。

（五）太魯閣族（Truku或Taroko）

太魯閣族又稱Tongotaval分佈於南投，2015年人口30,212人，佔高山族原住民總數的5.5%。太魯閣族與泰雅族、賽德克族有同源現象，信仰共同祖靈Utux，有相似語言。信仰祖靈，行父系社會，組織共祭團體Gaya（Gaga），行紋面刺青，以狩獵、捕魚及採集維生。貝珠衣是太魯閣族的特殊衣飾文化，男子狩獵會戴藤帽，飾以羌牙或山豬牙。十六世紀時遷徙至宜蘭、花蓮。1914年日本總督佐久間左馬太為砍伐樟樹，製造樟腦，發動「太魯閣戰役」，屠殺太魯閣族，驅趕族人離開樟樹產區。但佐久間左馬太也被太魯閣族暗矢射中，墜崖病重喪生。

（六）卑南族（Pinuyumayan 或 Puyuma）

卑南族又稱普悠瑪族，2015年人口13,590人，佔高山族原住民總數的2.5%。卑南族發源於台東太麻里，分佈於花東縱谷南部山區，及中央山脈以東、卑南溪以南的海岸地區。分居八個部落，有「八社番」之稱，曾有72個村社，以農耕生產為主。採母系社會的長女繼承制，男性組織年齡階級，以「男子會所」為政治中心及教育場所。未婚男性須居住在會所接受軍事訓練，倡導斯巴達式的苦行軍訓。盛行入贅婚，刺繡手藝精湛，喜戴花環。依祖先傳說分成兩個氏族系統：「石頭生」的「知本系統」及「竹子生」的「南王系統」。知本系統有五個部落：知本（卡大地布Katratripulr，卡地布Katripulr，卡砦卡蘭Kazekalan)、建和（射馬干Kasavakan)、利嘉（呂家Likavung)、初鹿(Ulivelivek)、泰安(大巴六九Damalagaw)，南王系統有三個部落：南王(Puyuma，南王里)、檳榔（下賓朗，檳榔樹格Pinaski)、寶桑(Papulu)。共八個部落在清代合稱「八社番」。知本系統可再外加兩個部落：龍過脈(Dandanaw，明峰村)、上賓朗（阿里擺Alripay)，合稱「八番

十社」。頭目負責政治和軍事行動，部落祭師負責祭祀活動，爲人驅邪，巫術盛行。祭祀活動很多，有「除草祭」、「海祭」、「收穫祭」、「大獵祭」、「少年猴祭」、「祈雨祭」、「陸發安祭祖」等。「陸發安」(Ruvoahan，又稱巴拿巴拿樣Panapanayan)是卑南族祖先從海上登陸來台的地方，位於太麻里鄉三和村，這個傳說佐證卑南族是來自東南亞或大洋洲的民族，而不是從台灣島往外移居的民族。康熙晚年，台灣島爆發朱一貴事件，卑南族在「南王」率領下，協助清政府鎮壓朱一貴民兵，被冊封爲「卑南大王」。光緒年間，中國漢族人洪狗昌、洪科盤進入射馬干社定居，並與卑南族通婚，引入水稻種植技術，洪科盤曾出任知本社和射馬干社的通事。知名歌手張惠妹是卑南族人。

（七）魯凱族（Drekay 或 Rukai）

魯凱族分佈於台東、屏東、高雄，曾被稱爲「澤利先族」（Tsarisen）。2015年人口12,946人，佔高山族原住民總數的2.4%。魯凱族文化接近排灣族，有頭目、貴族、士人、平民等階級制度，常以琉璃珠作爲階級飾物。除道路、休憩所、集會場所、敵首棚架、泉水、公墓作爲公產外，部落內的其他土地，如山林、河流、獵場、土地、住宅等，都歸頭目私人所有。平民以勞力換取生活，須納貢，頭目再回送部份救濟品或宴請平民，以示籠絡。貴族是頭目的近親，爲二頭目或小頭目，地位世襲，不必納貢。行父系社會，重男輕女，長男繼承制度，盛行階級聯姻。信仰祖靈，敬重百步蛇。舉行「小米豐收祭」、少女的「買沙呼魯祭」、「搭巴嘎饒望祭」（黑米祭），祭典時有少女盪鞦韆、青少年鞭笞等活動。擅長木雕，建築石板屋，以男子會所建立軍事力量。知名音樂人沈文程是魯凱族。

（八）賽德克族（Seedig或Seddaka）

賽德克族發源於德鹿灣（Truwan），位於南投仁愛鄉的春陽溫

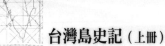

泉。2015年人口9,321人，佔高山族原住民總數的1.7%。賽德克族分佈於南投、花蓮，與泰雅族曾有相同的紋面、出草獵首習俗，且與太魯閣族有共同祖先。行父系社會，信仰祖靈（Utux），發展出Gaya或Waya（Gaga）生活律法。視Sisin鳥爲靈鳥。賽德克族較不喜歡唱歌跳舞，沒有豐年祭。1930年日本殖民時期，賽德克族曾爆發震驚世人的霧社事件。莫那魯道（Mona Rudao）是霧社事件的領導人。

（九）鄒族（Cou或Tsou）

鄒族曾被稱爲「曹族」，2015年人口6,670人，佔高山族原住民總數的1.2%。鄒族分佈於嘉義阿里山、南投信義等地。鄒族沒有階級制度，但有世襲頭目，曾有出草獵首習俗。社會組織行父系氏族，部落事務及祭典以男子會所爲中心，稱爲「庫巴」（Kuba）。青少年須居住會所，接受軍事訓練。部落以長老會議爲決策機構，最大氏族的長老爲頭目。信仰天神、戰神、命運神、獵神、土地神、粟神、家神、社神等神祇。部落的祭儀以「戰祭」（Mayasvi）爲最重要，其他有「播種祭」（Miyapo）、「收穫祭」（Homeyaya），祭典的音樂性及節奏性最爲人稱道。鄒族有知名歌手湯蘭花、藝人田麗。

（十）賽夏族（Say Siyat）

賽夏族發源於大霸尖山，分佈於新竹、苗栗山區，2015年人口6,484人，佔高山族原住民總數的1.18%。賽夏族以「矮靈祭」（Pastaay）聞名，「麻斯巴絡祭」、「臀鈴」和「摘芒草」等文化活動也很有特色。受客家漢族、泰雅族的影響很深。行父系社會，以地域和圖騰氏族構成社會組織，擅長麻布紡織、編籃。男帽以籐編製，女帽則以織布做成。有特殊姓氏如「絲」、「日」、「豆」、「根」等。曾有出草獵首習俗，重男輕女，喜紋面紋身。賽夏族苗栗南庄獅里興社頭目日有來（Tanoherah Ubai）收養漢族小孩，取名「日阿拐」（Basi Banual Akuwai）是1902年南庄事件領導人。

（十一）達悟族（Tao或Yami）

達悟族又稱雅美族，是海洋民族，2015年人口4,468人，佔高山族原住民總數的0.82%。達悟族世居蘭嶼，捕魚爲業，有「飛魚祭」，行父系社會及捕魚團組織。物質文化極爲豐富，雕造拼板舟，打造銀器，捏塑陶壺、泥偶都很有特色。住半穴屋，冬暖夏涼。婦女的頭髮舞，獨樹一格。男子的勇士舞則是力與美的表現，「大船落成禮」是重要慶典。沒有貴族或氏族制度，男漁女耕，有試婚制度。語言與菲律賓巴丹群島人（Batanes）相似，因爲達悟族是數百年前來自巴丹群島最北邊的雅米島人（Yami），語言近似，才會被鳥居龍藏（1870-1953）取名爲雅美族。達悟族可能是唯一沒有獵首歷史的原住民。

（十二）噶瑪蘭族（Kebalan或Kavalan）

噶瑪蘭族分佈於宜蘭平原，後來遷居花蓮、台東。2015年人口有1,401人，佔高山族原住民總數的0.26%。有除瘟祭（Kisaiiz）、新年祭祖（Palilin）、Metiyu祭、入倉祭、海祭、豐年祭，圖騰是大葉山欖（Gasop）。行母系社會，沒有階級，頭目由推舉產生。噶瑪蘭族在荷蘭殖民時代被認爲是平埔族，分布在宜蘭平原。1650年後遭逢氣候危機，宜蘭災害頻傳，噶瑪蘭族幾乎慘遭天災滅族的厄運，人口大量減少。1796年吳沙入墾宜蘭，噶瑪蘭族的土地遭強奪，採集狩獵空間減縮，1840年後蘭陽溪兩岸的噶瑪蘭族村社陸續向山區或叭哩沙（宜蘭三星）搬遷。加禮宛社、打那美社、打那案社、　橄社先遷至冬山鄉的打那美（永美村），甚至再南遷至蘇澳、花蓮、台東，成爲阿美族人所稱的「加禮宛人」。1878年加禮宛事件噶瑪蘭族遭到殘酷鎮壓，躲入阿美族村社，因爲這些事件造成遷徙，進入山區，清代中國後期迄今，噶瑪蘭族都被視爲高山族。1852年噶瑪蘭族尚有5,507人，到1935年只剩1,500人。本書在討論平埔族時，會再討論噶瑪蘭族。

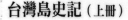

（十三）撒奇萊雅族（Sakiraya或Sakizaya）

撒奇萊雅族世居花蓮平原，立霧溪以南，木瓜溪以北，簡稱「奇萊」。2015年人口只有859人，佔高山族原住民總數的0.16%。撒奇萊雅族曾被稱爲「筠椰椰、根耶耶」，以漁業及狩獵維生。行母系社會，採入贅婚，從妻居，情形與阿美族相同。有年齡階級（Sral），設男子集會所（Taloan），訓練戰技。舉行播粟祭、捕魚祭、收成祭、豐年祭、收藏祭。撒奇萊雅族有明確的「祖先海外來源論」的傳說，其族內流傳著祖先來自菲律賓群島的說法（田哲益，2019，p16），這種具體的民族傳說推翻了「南島語系民族台灣島起源論」。1878年加禮宛事件（達固湖灣事件Takoboan、竹窩宛）差點被清政府滅族（田哲益，2019，p60）。

（十四）邵族（Thao）

邵族分佈於南投日月潭附近，以「思麻單社」（Shvatan）爲核心，曾被視爲平埔族。2015年人口只有769人，佔高山族原住民總數的0.14%。行父系社會，家屋客室內側的左牆腳懸掛「祖靈籃」，放置祖先穿戴過的衣服和飾品。世襲頭目是部落的決策者和仲裁者。生活方式爲漁獵、農耕、山林採集。音樂以杵歌和杵音聞名。祭典有「拜鰻祭」、「播種祭」、「狩獵祭」、「豐年祭」。清代中國時期，邵族在水沙連（Sarian）地區有知名的「水沙連六社」（Katuru Sazum A Kataunan）：頂社（頭社）、水社、貓蘭社、沈鹿社、埔里社、眉社。其中前四社位於日月潭附近，屬於邵族。後兩社位於埔里平原，埔里社在眉溪南側，屬於布農族。眉社在眉溪北側，屬於泰雅族。清代另有水沙連二十四社的記錄。

（十五）拉阿魯哇族（Hla'alua或Sa'aroa）

拉阿魯哇族舊稱沙阿魯阿族，2015年人口只有277人，佔高山族

原住民總數的0.05%。拉阿魯哇族居住在鄒族南邊，曾被視為鄒族，通行布農語，原有的沙阿魯阿語被認為屬於鄒族語系。居住高雄桃源區、那瑪夏區，行貝神祭（Miatungusu）。屬父系社會，部落由世襲頭目和長老會議治理。另有戰爭指揮官（Maliialualu）。清代稱「頂四社」，有排剪社（Paioiana）、美濃社（Vilangan）、塔蠟社（Tararahluvu或Talalu）、雁爾社（Hlihlala）。

（十六）卡那卡那富族 （Kanakanavu）

卡那卡那富族居住在鄒族和拉阿魯哇族南邊，曾被視為鄒族，2015年人口只有251人，佔高山族原住民總數的0.04%。卡那卡那富族通行布農語，原有的卡那卡那富語被認為屬於鄒族語系。居住高雄那瑪夏區。行父系社會，有年齡階級。由頭目及長老治理部落。信仰Utus神靈，包括天神及祖靈。舉行「米貢祭」（Kannaiara）、「河祭」（Kaisisi Cakuran）。

四、原住民的「王國」

台灣島上的原住民族，不論是高山族或平埔族，無文字紀錄，也無可靠的口述歷史，無法考證祖先來自何處。台灣島是原住民記憶所及唯一有關聯的土地，原住民自我定位為「台灣島人」或「台灣人」，是身份認同合理的定位。但遲至十七世紀，台灣島原住民尚無台灣全島的觀念，基本上是以部落作為身份認同的主要標識，並不自稱為「台灣人」。

台灣島這些語言風俗很分歧的原住民族，組成各種部落村社，分散在台灣島上各個角落，有1千年以上的歷史。原住民生活在各自的部落村社的領地，不瞭解整個台灣島的形狀，也沒有整個台灣島的觀念。各部落村社時常爭戰，也時常聯合。聯合的部落村社規模比較大

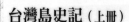

的，也從未形成有世系繼承的酋邦或王國。在荷蘭人到來之前，各原住民部落從未形成統一的政治生活圈，在這層意義上，荷蘭殖民統治可說統一了全台灣島。

或許有這樣的說法：台灣島中部曾有過平埔族的「大肚王國」（Dorida Middag），南部曾有過高山族的「瑯嶠王國」（Lonckjou）及「大龜文王國」（Tjaquvuquvulj）。把這些跨村社的部落聯盟說成「王國」，把其「頭目」說成「國王」，只是比較粗略簡便的概念，也都經不起政治人類學的檢驗。據荷蘭人統計，原住民族的人口估計不會超過12萬人，其中高山族不會超過5萬人，平埔族不會超過7萬人，而且分散成很小的部落，或更小的村社。這些被稱為「王國」的人口都很少，甚至不足千人，不具備組成「酋邦」或「王國」的條件。

畢竟原住民族的部落村社，其政治機能距離一個「酋邦」或「王國」還很遙遠。荷蘭人建立殖民地政權之前，台灣島並沒有任何實體的政權存在，只有原住民以部落形式組成各種村社，由「頭目」或「長老」領導。另有許多部落組成聯盟，產生「大頭目」（Mamazangiljan）。這些「大頭目」常被荷蘭人及西班牙人視為「國王」，才有「大肚王國」、「大龜文王國」、「瑯嶠王國」的說法。這些比較大的部落聯盟實際上還是部落，都尚未進化到「酋邦」（Chiefdom）或「王國」（Kingdom）的階段，稱不上是一個「政權」（Regime），更談不上具有「國家」（State）的特性。同時由於原住民部落村社的生活條件，也限制了人口的增長。嬰兒夭折率很高，人口平均壽命很短。在荷蘭殖民統治之前，原住民的部落村社的文化和生活型態在歷史長河中很緩慢流動著，沒有太大的變化。

五、「大龜文王國」和「斯卡羅王國」

屏東有種說法，獅子鄉的排灣族組成了「大龜文王國」

（Tockovol或Tjaquvuquvulj），滿州鄉的排灣化的卑南族曾組成「瑯嶠王國」或稱「斯卡羅王國」（Seqalu、Suqaroqaro或Sukaro），斯卡羅是排灣語，亦即「乘轎的人」。但考察其特徵，本質上只是高山族的部落聯盟，事實上連「酋邦」都談不上。排灣族的社會結構分為頭目（Mamazangiljan）、貴族、勇士、平民等四個世襲階級，這種「頭目制度」很容易被誤以為是一個「王國」。

從賽維斯（Elman Rogers Service, 1915-1996）的政治人類學理論觀察人類的政治社會，從狩獵採集時代四處狩獵的「遊團」（Band）社會，發展成耕種和採集農業的「部落」（Tribe）社會，再發展成有穩定統治階級的「酋邦」（Chiefdom）社會，最後形成有政治體制的「王國」（Kingdom）、「帝國」（Empire）等「國家」（State）體制。台灣島的原住民族始終停留在部落社會的階段，頂多基於軍事攻守需要，或聯姻關係，組成不穩定的部落聯盟，從未形成酋邦或王國。

「大龜文社」與「瑯嶠十八社」是有所區別的，「大龜文社」是純粹的排灣族，「瑯嶠社」則是「排灣化的卑南族」。「大龜文社」（Tocupul、Taccabul或Takabolder）的勢力範圍位於楓港溪以北的山區，現今為屏東獅子鄉，被稱為「大龜文王國」。「瑯嶠社」（Lonckjou）的排灣語是「蘭花」之意，被中國客家移民轉譯為「瑯嶠」（Longkiauw），位於屏東恆春附近。「瑯嶠內社」位於屏東滿州鄉滿州村，「瑯嶠港」則位於屏東車城鄉新街村。「瑯嶠十八社」常被誇稱「斯卡羅王國」或「瑯嶠王國」，地盤位於恆春海岸平原，現今為屏東恆春鎮及滿州鄉，位於楓港溪以南的丘陵及平地。「大龜文王國」與「瑯嶠王國」兩個集團互相敵對爭戰，直到1639年經荷蘭人協調議和，共同歸順荷蘭東印度公司。

「大龜文社」和「瑯嶠十八社」在日本殖民時期被強迫下山居住及合併，改稱「內文社」（Caqovoqovolj），可能包括23個村社，泛指荷蘭殖民時期加祿堂村社（Karittongangh）（枋山加祿村）以南的恆

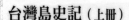

春半島，包含現今屏東獅子鄉、牡丹鄉、枋山鄉、車城鄉、滿州鄉、恆春鎮、台東達仁鄉等地，後來間雜有中國移民的村落。排灣族常被中國移民稱爲「傀儡番」（Kalees）。

統治「大龜文社」的「大頭目」（Mamazangiljan）由兩個頭目家族（Ruvaniyaw族和Tjuleng族）共同推舉，常由女性擔任。1637年即有臣服於荷蘭人的紀錄，但荷蘭人仍准予維持半獨立狀態。根據荷蘭人的紀錄，大龜文社與瑯嶠社在1639年之前是相互敵對的部落，在1639年2月27日經荷蘭駐卑南部落（Pimaba）的商務員兼軍醫魏斯霖（Maerten Wesselingh）牽線下，雙方言和，從此位於恆春半島南邊的瑯嶠社才與北邊的大龜文社結合，形成「瑯嶠二十三社」。但大龜文社與「瑯嶠十八社」並未組成一個政治領導架構，談不上「酋邦」（Chiefdom）。不過這種分分合合常讓後人誤以爲「大龜文王國」與「瑯嶠十八社」是同一個部落集團。

儘管大龜文社是恆春半島山區裡最有勢力的村社，但在1647年至1656年間，人口數只有150到240人，家戶數28到70戶，全部「大龜文部落聯盟」有24個或23個村社，人口才593至723人。這個人口規模組成「酋邦」都很困難，誇稱爲「王國」（Kingdom），實屬牽強。即使在清代中國統一台灣島時人口增加超過千人，不管是人口數或社會政治權力結構，都還稱不上「酋邦」或「王國」。大龜文部落聯盟到1874年牡丹社事件發生時，人口增長至4,154人，23個村社，共11,680戶。

1636年4月22日尤紐斯（Robertus Junius）牧師致函大員長官普特曼斯（Hans Putmans）說：「中國籍通譯藍沙哥（Lampsack）說大頭目每天跟100多人同桌吃飯。」這種部落全體共食的飲食習慣，證實其政治文化還未演化到酋邦首領的階段。1637年8月2日剛卸任大員長官的普特曼斯致函阿姆斯特丹董事會說：「（1636年底）承認公司爲其領主的村社盟友數目已自22個增加到57個，包括台灣南端居民被稱爲瑯嶠人的15個村社，他們擁有廣大的土地，從東部到西部都有。……

瑯嶠人遠比其他村落的居民更爲文明，男女外出均穿戴整齊。他們由一個被高度尊崇的大頭目統治，其地位宛如國王，他從所有種植、收穫及獵物中獲得貢品，而非靠收取人頭稅。」這段記載證實瑯嶠人向荷蘭人稱臣「承認公司爲其領主」，大頭目「地位宛如國王」，仍然只是「頭目」，不是「國王」，所以「每天跟一百多人同桌吃飯」，顯見其結構和運作方式還未發展到人類學定義下的「酋邦」階段。1642年荷蘭人征伐瑯嶠，1661年荷蘭人征伐大龜文社，1874年日本人征伐牡丹社，1875年清政府征伐獅頭社，都只有幾個村社動員抵抗，其餘村社都袖手旁觀，也直接證實「大龜文王國」或「斯卡羅王國」皆虛有其表。

　　值得注意的是，屏東滿州鄉「斯卡羅族」（Skaro或Seqalu）是從台東知本社（Tipol）（或稱卡日卡蘭社、卡砦卡蘭社（Kazekalan））遷移到屏東南端的卑南族，受排灣族影響變成「排灣化的卑南族」，建立「豬勝束社」（Dolaswack）、射麻里社（Qatoro）、龍鑾社（Lingdan）、貓仔社（Savaruku）等村社，以武力和巫術征服原有的排灣族、阿美族、中國移民，形成「瑯嶠下十八社」的部落聯盟，以楓港溪爲界，與大龜文社所統領的部落聯盟，隔溪而治。台東知本社原本是台東地區的盟主，有權要求卑南社（普悠瑪社，Puyuma）的卑南人進貢。後來普悠瑪社壯大拒絕進貢，雙方爆發衝突，知本社戰敗往南逃亡，途中還遭到太麻里社（Tavalij）等部落狙擊，到了屏東滿州鄉才立定腳跟，習得排灣語，成爲排灣化的卑南人，自稱斯卡羅人。這場衝突史稱「竹林戰役」、「滑地之戰」或「貢品事件」。斯卡羅人對這段逃亡的仇恨，代代相傳成爲卑南族與斯卡羅族的世仇記憶。1638年1月24日斯卡羅人配合荷蘭人進攻太麻里社，1月30日攻佔太麻里社，荷蘭人刻意縱容斯卡羅人馘首40個太麻里人，俘虜70個太麻里社的女人和小孩，並放火焚燒300間房屋，史稱「太麻里事件」。

　　1874年美國記者郝斯（Edward H. House）因牡丹社事件隨日本軍隊來台探訪，提到「從被尊稱爲瑯嶠下十八社頭目的老卓杞篤

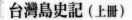

（Garuligul），實際上也只不過是豬勞束社（Dolaswack）（屏東滿州鄉）這個小部落的頭目而已......老卓杞篤生前在十八社的統治權威並不像外界想像中那麼的穩固，兇悍的牡丹社似乎從未真正的聽命於他的號令。他擁有這樣的虛名，乃因龜仔角社肇禍，招外力入侵，展現危機處理能力，獲得其他村社敬重。」「老卓杞篤酗酒而死，繼任的三位也是喝死的，目前的第四位繼承者（按：朱雷 Zujui）也是喝得呆呆的。」（陳政三，p105）

　　「瑯嶠十八社」一詞，出自1722年任巡台監察御史的黃叔璥所著《台海使槎錄》，包括：貓仔（Savaruku, 斯卡羅族，貓仔坑）、牡丹（Sinbaujan, 排灣族）、豬勞束（Derasoa, 斯卡羅族）、龜勞律（Kuraluts, 排灣族，龜仔角）、蚊率（Vangtsur, 滿州，斯卡羅族）、施那隔（Sidaki, 排灣族，四林格）、頂加芝來（Coatsiljai, 排灣族，加錐來）、龍鑾（Lingdan, 斯卡羅族，合蘭）、高士佛（Kuskus, 排灣族，滑思滑）、女乃（Chaljunai, 排灣族，慄留）、滿州埔（Surizuk, 斯卡羅族，瑯嶠）、德社（Tataljivan）、貓籠逸（Nangenangl）、上哆囉快（快仔）、猴洞、貓鰲、牡里毒、下哆羅快等排灣族或斯卡羅族的村社。

　　另有紀錄認為下列村社是瑯嶠十八社的成員，如：射馬里（Qatoro, 斯卡羅族）、中社（Chakudakudalj, 排灣族，牡丹中社）、射不力（Sapediq, 排灣族）、竹社（Sabaruku, 排灣族）、港口（Vaqitsun, 阿美族）、老佛（Ljupeche, 阿美族）等，跟黃叔璥的說法略有出入。

　　這些排灣族的「部落聯盟」存在很久的時間，橫跨史前、荷蘭殖民、延平王、清代、日本殖民等時代。楓港溪以南的瑯嶠人（Lonckjou）組成的「高士佛社」（Saqacengali）和「牡丹社」（Sinvaudjan）曾是1874年牡丹社事件的主角。歷經中國藩王時期，中國清代時期，到了日本殖民時期，楓港溪以北的大龜文社尚維持有680戶，約4,154人的規模。但到1936年日本殖民末期推動皇民化運動時，

強制推動「蕃人下山」政策，大龜文人被迫離開山區，下山耕種，「部落聯盟」的組織被瓦解而消失。

六、出草獵首與年齡階級

　　台灣島原住民的「出草獵首」是一種狩獵式的突襲殺人風俗。除了蘭嶼的達悟族外，其他高山族和平埔族等各族均有「出草獵首」的歷史紀錄。在中國人、日本人、荷蘭人進入台灣島之前，原住民的出草獵首發生在敵對的部落村社之間，是一種部落戰爭的原始型態，使原住民人口長期處於幾乎零成長的狀態。在中國人、日本人、荷蘭人進入台灣島之後，出草獵首又成為原住民對抗外力的戰爭策略，卻也成為外來武力鎮壓原住民的動力，許多原住民村社因此遭到外力殲滅。

　　原住民出草獵首時，常以10人左右組織出草隊伍，規劃出草對象及進退路線。以隱蔽的方式接近獵首對象，或放火擾亂獵首對象的注意力，出奇不意狙擊或包圍攻擊，以利刃割下獵首對象的頭顱。獵首對象原則上以成年男子為主，許多部落村社立有祖宗家法Gaya（Gaga）不得殺害婦女兒童。有時遇有殺害對象遺有幼兒，會帶回去撫養，經過部落儀式，視同己出。1902年南庄事件的主角具有中國人血統的日阿拐就是如此被日有來收養，後來還繼任南庄獅興里社頭目。

　　出草獵首獲得頭顱的處理如蔣毓英編《台灣府志》所說：「好殺人取頭而去，漆頂骨，貯於家，多者稱雄，此則番之惡習也。」有些原住民認為祖先的靈魂住在「彩虹橋」，有獵首的男子死後的靈魂才能進入祖靈的「彩虹橋」，甚至遇有天災或瘟疫，認為應出草獵首祭祀祖靈，平息祖靈的憤怒，這是戰爭行為宗教化的現象。另外，有出草獵首的男子會取得更高的村社地位，被視為勇敢的象徵，更易於獲

得女人的青睞，這是戰爭行為社會化的現象。

馬偕看到的村社，最大的有700人，一般是150人左右。各村社部落相互爭戰不停，但偷襲中國移民被認為是理所當然的英勇行為（馬偕，p.247）。利邦上尉說：「男人四十歲以前，出草是他們生活的重心。……從收成之後到播種期間，村落和村落之間彼此爭戰。只要一開始播種，大家又恢復和平。……雙方你來我往，直到雙方都獵到人頭，才各自退回自己的部落，歡慶勝利。」（利邦，p.124）。

馬偕說：「台灣的生番把敵人的部落視為矛靶，敵人的頭顱就是茅屋的裝飾品。（馬偕，p259）」甘為霖也有如下的記載：「當我們經過遙遠的「周社分」（Chiu-sia-hun）時，看到一群小孩子……拿著大把的肉和骨頭，啃得津津。……有個女人正忙著做菜……這些東西竟是……兩具人體的剩餘物……她……回答道：『為什麼我們不該吃他們？他們砍了我丈夫的頭（甘為霖，2009, p112）」。「有些福爾摩沙的蠻族，會把獵得的頭顱放到鍋裡熬煮成濃稠的肉凍，然後再做成長條的人腦糕，他們認為吃人腦糕可以增加勇氣，以抵抗外來的入侵者（甘為霖，2009, p.113）。」台灣島原住民的出草獵首風俗歷經荷蘭殖民政權、延平藩王國、清代中國、日本殖民政權長達300年的鎮壓，於二十世紀初才消失。

根據馬偕描述原住民的「年齡階級」（age sets）或稱「年齡組合」時說：所有男人依年齡分成不同階級，總共有九級：第一級是55歲至60歲，第二級是50歲至55歲，如此推算，第九級是15歲至20歲。年輕一級要服從年老一級，每一級都有其特殊工作，有的修路，有的耕田，有的編藤具、狩獵、收割，打仗時則由不同年齡階級聯合編隊。年輕一級冒犯年老一級，會被逐出村社6天。每一級的頭目在每年選定一天，以一哩路競跑比賽，優勝者出任該年齡階級的頭目。村社部落的頭目再由每一級的頭目推舉產生（馬偕，p.233）。

第三章
平埔族

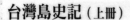

台灣島現存的高山族原住民有16個民族，依語系區別，雖然都是南島語系下的福爾摩沙語族，也可再細分成泰雅語群、排灣語群、鄒語群等3個語群。已消失的平埔族（Pepohan），可能有8至15個民族，被認爲全都屬於排灣語群。在新石器時代晚期，有人認爲平埔族與高山族的語言文化並無太大區別，但平埔族大多居住於較靠近海岸的平原地區，很早就與外界文化接觸交流，生活方式受島外文明影響較大，與高山族產生差異。

就語言文化而言，平埔族不是一個民族，而是許多民族的統稱，但同屬一個語族。平埔族也並非同時抵達台灣島，有的平埔族是一千多年前即來到台灣島，有的則是數百年前才來到台灣島。有的平埔族可能是途經澎湖，來自中國大陸東南部，有的則是來自菲律賓群島。其實高山族也有這種狀況，有的平埔族和高山族甚至是反過來從台灣島移往菲律賓群島，這些移居並非單向，也非同時代發生的，而是在久遠的歷史長河中陸續發生。

「平埔族」是較早與海外頻繁接觸的原住民，因此較早吸收海外文明。在十六世紀之前，就有海外人民，例如中國人、日本人、琉球人駕船來到台灣島，與平埔族接觸或交易。中國人橫渡黑潮支流，跨越澎湖海溝（黑水溝）的強勁海流，經過台灣海峽來到台灣島，所需的航海技術，當然要比從巴士海峽來到台灣島的平埔族，相對困難。航海技術、海流強度和海洋深度是中國人較晚登陸台灣島的主因。

海外人民抵達台灣島的目的，不外乎和原住民做買賣，或者到台灣島附近海域捕魚，順便靠岸停泊取水。中國和日本的海盜也經常在台灣島岸邊聚集。台南安平港（大員）、台南鹽水港（月津）、嘉義布袋港（魍港或蚊港）、雲林北港（笨港）、台北淡水（滬尾）、基隆（雞籠）等早就有這些海外人民的足跡，但始終未建立任何長久居留的移民村寨。

直到1621年才有第一批海外移民進入台灣島，即是中國人在顏思齊（1586-1625）的武力帶領下，在雲林北港至嘉義布袋的內陸，建

立十個村寨，這是非南島語系各民族移居台灣島的開始。當時的雲林北港稱爲「笨港」，包括現今的嘉義新港，現今的雲林北港在當時只是「笨港北街」。除了原住民外，現在台灣島上其他97.68%的人口，絕大多數是從顏思齊開始，自中國大陸移民至台灣島的中國人。在顏思齊之前，沒有武力或武力不足的外來移民，都抵擋不住原住民的攻擊，反成爲原住民獵殺人頭的犧牲品，無法在台灣島立足，更談不上長期居留。

　　史前平埔族各個民族之間就有密切的接觸和往來，不但互通有無，語言文化也互相影響，且較早與島外人民接觸，受海外文化影響很大。平埔族彼此的區隔和獨立性較少，很容易形成共通語言，組成跨民族的部落聯盟。西班牙人在1626年進駐雞籠、淡水時，就發現北部地區各個平埔族都能說共通語言「巴賽語」（Basay）。西班牙人很肯定地記載台灣島北部只有兩種流通語言，即巴賽語和噶瑪蘭語。許多會講巴賽語的村社可能還有自己的地方語言，但不影響他們使用巴賽語。西班牙人十七世紀的文獻顯示，台灣島並無「凱達格蘭語」或「凱達格蘭族」的名稱，不論是自稱或他稱皆不存在，「凱達格蘭」的族名完全是十九世紀日本人伊能嘉矩憑空杜撰的名詞。

　　中文「平埔」一語可能最早出現於1722年黃叔璥（1682-1758）的《台海使槎錄》（槎是木筏，音茶），內文有「平埔諸社」之語。1730年曾任台灣鎭總兵的陳倫烔（?-1747）撰《東南洋記》（或名《海國聞見錄》）有「平埔土番」之語，記載「台灣西南一帶沃野，東面俯臨大海，附近輸賦應徭者名曰『平埔土番』」。但荷蘭殖民台灣島時才著手調查，而有了平埔族各民族生活狀況較爲詳細的資料。

一、平埔族的人口

　　平埔族的生活方式是村社式的部落生活，除了少數地區曾形成跨

村社的部落聯盟，甚至產生「大頭目」外，都是以簡單的村社為生活單位。平埔族的村社規模都不大，少則數十人，多則一千人左右。平埔族的政治社會發展階段尚處於村社「部落」時代，也尚未達到具有穩固統治階級的「酋邦」階段。

荷蘭東印度公司殖民統治台灣島，在1647年首度調查平埔族人口，平埔族村社當時有246個，家戶數13,619戶，人口數62,849人。後來人口持續增加至1650年的高峰，達315個村社，15,249家戶數，共計68,657人。但1650年後，平埔族人口大幅減少，至1656年幾乎減半。這份調查統計，是目前最早的平埔族人口資料。其歷年統計如下（楊彥杰，p.92）：

年度	村社數	家戶數	人口數
1647	246	13,619	62,849
1648	251	13,955	63,861
1650	315	15,249	68,657
1654	271	14,262	49,324
1655	223	11,029	39,223
1656	162	8,294	31,221

荷蘭人1624年來台殖民統治，陸續統計過平埔族的人口，另外一份按民族分類的統計資料，平埔族人口甚至比前一份統計更少，最多時不到5萬人，內容如下表：（註：日本學者伊能嘉矩把「巴賽族」錯誤地取名為「凱達格蘭族」，本書特予更正，因為台灣島原住民族從無「凱達格蘭族」的稱呼。）

荷蘭殖民統治時期平埔族人口（以部族區分）

年代 部族	1647			1650			1655		
	村社	人口	人/村	村社	人口	人/村	村社	人口	人/村
巴賽	22	4399	200	37	6972	188	28	3508	125
道卡斯	10	1995	200	11	2935	267	16	2899	181

拍瀑拉	3	368	123	4	454	114	4	473	119
巴則海	7	1538	220	7	1649	236	7	1599	228
巴布薩	9	2320	258	11	3171	288	10	3171	317
洪安雅	14	3816	273	13	3940	303	13	3480	268
西拉雅	13	14028	1079	31	19172	913	16	14769	923
噶瑪蘭	43	9865	229	45	9670	215	3	640	213
合　計	121	38329		159	47963		97	30539	

　　依這份按民族劃分的統計，平埔族的人口在1647年有38,329人，到1650年3年內增加25%至47,963人，但到1655年只剩下30,539人，人口少了36%，從此以後，平埔族人口數就沒再大幅增加過。240年後，1895年日本人殖民統治台灣島，在1905年實施首次人口普查，全台人口約300萬人，平埔族只有4.6萬人，占1.53%，高山族11.3萬人，占3.77%，中國移民有284萬人，占94.7%。從1655年到1905年計250年間，平埔族人口只從3萬人增加至4.6萬人，台灣島的中國漢族人口卻從1.8萬人增加至284萬人。1935年平埔族人口有57,812人，1943年有62,119人。這個統計數字直截了當的證明，台灣島中國移民人口的大幅增加，是靠「唐山嬤」生育的。所謂台灣島「有唐山公，沒有唐山嬤」的傳言，不是事實。

　　平埔族人口跟高山族一樣，受制於食物生產量、村社戰鬥、獵首習俗，對地震、颱風、傳染病的防禦能力不足，外加墮胎、殺嬰惡習，導致平均壽命不長，人口無法成長，村社規模難以擴大，部落聯盟難以形成，更無法組織酋邦，遑論形成「王國」。1650年後更因「十七世紀氣候危機」，旱災、蝗災、傳染病接踵而至，平埔族人口銳減，又遇上中國移民大舉入台，面臨被同化的結局。

　　舉如在1647年至1655年間，平埔族人口大量減少或無法正常成長的原因，或可歸因於荷蘭人武力征伐，殺戮太大。1650年後，台灣島又連續發生大地震、暴風雨、傳染病，使平埔族人口減少到3萬多人。人口減少比例最多的平埔族分別是噶瑪蘭族、巴賽族、西拉雅族，其

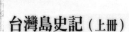

他平埔族人口無太大變化。

此外，平埔族（西拉雅人）的婚姻制度和殺嬰墮胎習俗也不利於人口成長。荷蘭人雖以基督教義強迫平埔族實施夫婦同居，共同扶養兒女，且禁止殺嬰或墮胎。但面對平埔族母系社會的特質，夫婦不同居的習俗，兒女由女方親戚養育的傳統，都不利於平埔族的人口成長，荷蘭人也常無計可施。部分平埔族的殺嬰或墮胎習俗起自古老的迷信，生雙胞胎被認為不吉利而殺嬰，婦女未滿36歲生產必須墮胎以免惡靈上身。這種風俗在其他人類社會難以找到類似的案例，這些迷信都由部落村社的女巫（尪姨）執行。荷蘭人最後乾脆逮捕女巫，流放至諸羅山區任其靠「法術」自生自滅。荷蘭人採取強硬措施後，台灣島卻災害連續不斷，反招致平埔族誤以為惡靈降臨，而敵視荷蘭人。

1662年後延平王時期，中部平埔族幾次武力反抗失敗，招致討伐，被迫遷居南投山區，生活條件惡化，人口停滯。1683年至1895年間，清代中國統治早期，下令「不得娶番婦」，避免中國移民利用平埔族母系社會的財產繼承制度，「取番婦，奪番產」，以保護平埔族的土地產權和生活資源。清代中國統治晚期改令漢化，平埔族改取漢化姓名。漢化造成漢原通婚，突破「不得娶番婦」的禁令，終至被採父系社會制度的中國移民完全同化，結束了平埔族的母系社會體制。

二、平埔族各民族

依語言及生活文化的差異，荷蘭人把平埔族分成八個民族：西拉雅族（Siraya）、洪安雅族（Hoaya）、巴布薩族（Babuza）、巴則海族（Pazeh）、拍瀑拉族（Papora）、道卡斯族（Taokas）、巴賽族（Basay）（被誤稱為凱達格蘭族（Ketagalan））、噶瑪蘭族（Kavalan）等八個部族。其中噶瑪蘭族在近年仍然存在，被轉列為高

山族的一部份，可見高山族和平埔族的界定時有混淆，區分不易。

　　平埔族有濃厚的母系社會氛圍，漁獵重於農作，土地均分，男漁獵，女種田。沒有文字，以傳說相傳，信靈魂不滅。拜「阿立祖」，設草寮奉祀，名為「公廨」。平埔族無貴賤尊卑，村長與村民都平等，年齡長幼為身份差別，形成年齡階級團體。但到清代晚期，絕對少數的平埔族幾乎已被絕對多數的中國移民同化。平埔族舊有的居住聚落稱為「舊社」，台灣島考古出土的平埔族遺址約有200多處，年代約距今300至500年間，被視為是「平埔族舊社」位址，其中有130多處在同時同地也出現中國瓷器，顯見中國人與平埔族的交易活動已有500年的歷史（陳玉苹等，p.14）。

（一）西拉雅族（Siraya）

　　平埔族裡最先登上文字歷史的原住民族就是西拉雅族。西拉雅人皮膚呈棕色，是南島語系各民族的一種，文化和語言與東南亞的南島語系各民族接近。西拉雅族居住於台灣島南部的台南、高雄、屏東地區，是分佈地區最廣的平埔族。西拉雅族也是平埔族中人口最多的民族，約占平埔族人口的一半，荷蘭殖民時代的人口約1.5萬人至2萬人之間。1650年至1655年間遭逢「十七世紀氣候危機」，西拉雅族的人口從19,172人減少到14,769人，減少幅度23%。比巴賽族的減少幅度49.7%或噶瑪蘭族的93.4%要低一些。

　　高雄、屏東地區的西拉雅族又稱「馬卡道族」（Makatao），台南玉井地區的西拉雅人自稱「大滿族」或「大武壠族」（Taivoan）。「馬卡道族」和「大武壠族」與西拉雅族在語言、文化、血緣相同，只有發音略有變異，可視為通行新港語，指「新港社」西拉雅人的語言。情形類似閩南語變異成泉州話、漳州話、台灣話、廈門話、溫州倉南話、潮汕話、海南話（瓊語）。由於西拉雅族文化的相對強勢，西拉雅語對屏東高山族的排灣族、魯凱族、卡那卡那富族都有影響。

　　西拉雅族行母系社會，男人負責狩獵，以獵鹿為主。女人從事

簡易農耕，但尚未進入農耕社會。其村社聚落是「小型非固定性集村」，在一個傳統土地領域內，小型村社隨著狩獵或農作需要而移動。有獵取人頭的風俗，被視爲戰士的英勇表現。根據荷蘭傳教士甘地斯（George Candidius, 1597-1647）《台灣略記》這個被稱爲「十七世紀西拉雅族的人類學報告書」對西拉雅平埔族有如下的描述：男子身材高大，喜戴耳環，強健而耐勞，膚色介於棕色和黃色之間。夏天喜歡赤裸。女性與男性相反，她們大多身材矮小肥胖而健康，衣著比較完整，常裸露上身（包樂史，p61-85）。《荷蘭東印度公司檔案》記載：「他們男人的身高比荷蘭一般男人高過一個頸項和一個頭……他們是相當高大、魁武的民族，奔跑神速」（包樂史，p9）。這個身材比荷蘭人高大的描述又顯然與東南亞的南島語系民族普遍矮小的特徵有所不同。

西拉雅人以栽植稻米維生，雖然有足夠的土地，但栽植面積只求維生所需，所以會有收成不足的困境。男人憎惡田間工作，由女人負責所有粗重的農務。稻穀收成後，連穀粒都還留在稻穗上，即帶回藏於屋裡。婦女舂米時，只取食用的數量。婦女農閒時會駕小船（vaartuygen）出海捕魚，撈捕螃蟹（krabben）、蝦子（garneelen）及牡蠣（oysters）。海產配米飯是西拉雅人可口的食物。17到21歲年齡階層的年輕男子整天無所事事。年紀較大約40到60歲的中老年人，通常與妻子住到田裡小寮（hutjen）。每隔2、3個月才回去部落參加慶典。

西拉雅族沒有國王或酋長，以各自獨立的村社爲單位，也不承認任何高於部落村社的權威者。在村社裡沒有固定的頭目產生制度，頭目也沒有絕對權威統治村民。有時由年紀40歲至42歲左右的男性，推選4位長老，組織長老會議（Takasach或Tackatackusach），再推舉一人或數人擔任對外代表即是頭目，通常推舉子女眾多者爲頭目，很少出現世襲的頭目。長老會議每年改組，頭目也年年更換，沒有實際的統治權力，重大事項則召開村社大會公決。有些大型村社有12位左右

的長老組織大型的議會，稱爲「夸提」（Quatij或Quarry）。長老每兩年選舉一次。長老年紀都在40歲左右，當長老任滿兩年後，會將前額與兩邊鬢角的頭髮拔除，以顯示卸任長老的身份。當有重大事情發生時，「夸提」開會討論取得決議前，會召集部落所有人在「公廨」（De Kerke）集會，解釋決議的過程，以達成村社共識。這個制度被甘地斯想像爲希臘、羅馬時代的民主複印版。

清代中國時期來台傳教的甘爲霖（William Campbell,1841-1921）稱：台灣島南部的原住民部落由女性擔任頭目或長老，並非不尋常。有時一個部落轄區還包括幾個村社，村社頭目有男有女，這種情形在台灣島北部沒看過。

「公廨」（Kuwa）也是供奉祖先神靈「阿立祖」（或稱「矸仔祖」）的場所，也作爲未婚少壯男子的訓練所，同時也是女巫祭祀活動的場地。「阿立祖」的神位以壺或矸插上澤蘭花卉。「阿立」即西拉雅語「祖先」之意，中國移民加上「祖」字，即成「阿立祖」。「公廨」裡面擺放著一些動物頭骨，如豬頭殼和鹿角，西拉雅人認爲這些祖先遺產會庇佑平安與健康。「公廨」裡面還有幾個水瓶、陶甕和檳榔樹枝等。西拉雅人遇有出草、結婚、生育，都到「公廨」找女巫作法祭拜。

西拉雅女人掌握神權，女巫（Priesteressen）是西拉雅人信仰的重心。女巫稱Inibs，負責請神（Aanroepen）和獻祭（Offeranden）。如果村民遇到困難，會請女巫作法。女巫自稱能預言吉凶，預測天氣，驅除不祥惡靈。女巫負責召喚神明，神靈降臨，女巫會狂野的轉動眼珠，躺在地上，伸展四肢像死人，發出喊叫聲，劇烈的顫抖，旁人見此情景，便開始啜泣。女巫接著起來，爬上公廨屋頂，對神明念念有詞。最後女巫會裸體示衆，以手用力的拍打身體，直到尿水流出，並以之遍抹全身，儀式才完成。

西拉雅人結婚後，夫妻不同居，各自留在自己家裡。婚姻以女方爲主，男子赴女方家夜會女子，直到女方經女巫認定可懷孕生產後，

男子才得拜見女方父母。夫妻沒有共同財產，丈夫不擔負婚姻責任。妻子有自己的農田養活自己，夫妻各在自己的家裡工作吃飯。妻子不照顧丈夫，丈夫也不照顧妻子。小孩與母親同住到2歲後，也可以與父親同住，但父親不會負擔太多撫養小孩的責任。

婦女在37歲之前不能生小孩，在這個年紀前懷孕必須墮胎。《巴達維亞日記》於1624年2月16日記載：「當男人參加戰爭期間，婦女懷孕，就將胎兒殺死，直到他們不再參與戰爭，大約是34到36歲。（包樂史，p.18）」37歲以前的婦女懷孕，要被召喚到女巫處，孕婦躺在床上，由女巫推擠她的肚子，直到胚胎流出來為止。這帶來婦女無比痛苦。婦女墮胎並不表示沒有母愛，而是村社迷信，女巫宣稱36歲以前懷孕是觸犯神明的大罪。但甘地斯牧師所說36歲或37歲的限制懷孕年齡的準確性是有爭議的。而男人滿50歲才可以和妻子同居，住在田中的小草寮，共同生活。這個風俗嚴重限制西拉雅族的人口成長，後經荷蘭人嚴刑峻罰，甚至處死女巫，才逐漸廢除墮胎惡俗。

荷蘭人1623年先到台灣島調查研究時，觀察到台南平原地區較大的村社有：新港社（Sincan，台南新市）、麻豆社（Mattau，台南麻豆）、蕭壠社（Soulang，台南佳里、西港）、目加溜灣社（Baccaluan, Backeloan，台南善化，又稱灣裡社）、大目降社（Tavocan, Tafalan，台南新化）、締福盧干社（Tivalukang, Tifalukan，台南新化的「知母義」）、大唪社（Teopang，台南新市）、大傑顛社（Cattia，高雄阿蓮、路竹，遷至茄定、高雄岡山（阿公店）等地）、大武壠社（Taivuan, Tefurang，台南大內至玉井，今「走馬瀨農場」）。其中，阿公店（Agongtoan）是「很多船仔草」之意，「船仔草」就是「竿蓁仔」。清朝時稱蕭壠社為「霄壠裡社」，稱目加溜灣社為「灣裡社」，但現在台南市的「灣裡地區」指的是七鯤鯓，不是目加溜灣社。

新港社、麻豆社、蕭壠社、目加溜灣社等村社，常被合稱「西拉雅四大社」。新港社位於今台南市新市區、永康區、北區、赤崁

（Saccam，台南市中西區）、東區、山上區，且還控制Teopan（大嗹社）、Tatepoan、Tibolegan等3個小部落（包樂史，p.34）；麻豆社則包括麻豆、下營、六甲、官田；蕭壠社又稱「漚汪」，涵蓋佳里、七股、西港、學甲、北門、將軍等地；目加溜灣社包括善化、安定、大內。這些村社的語言、風俗、宗教相同，都屬西拉雅人的平埔族，分佈地區從山區到海邊，從大員附近的新港社，到深山之中的大武壠社。

　　台南玉井盆地有所謂「四社熟番」或「四社平埔」，指屬於西拉雅族支系的「大滿族」（Taivuan），或稱大武壠族，包括「大武壠頭社」、「宵裡社」、「茄拔社」、「芒仔芒社」等四個村社。「大武壠社」包括楠西、玉井、噍叭哖、鹿陶洋；「宵裡社」包括玉井、左鎮；「茄拔社」包括南化、楠西；「芒仔芒社」包括玉井三和里。玉井盆地的大滿族村社還可以細分成七個村社：大武壠頭社（大咔社，玉井鹿陶，中正村、竹圍村）、噍叭哖社（Tapani，大武壠二社，玉井村，音「丘八年」或「交八年」，「噍吧」是「蕃薯」之意，「噍吧年」是「蕃薯寮」）、宵裡社（豐里村）、茄拔社（楠西、內茄拔）、芒仔芒社（Voungo，三和村）、芒明明社（芒明村、望明村）、大武壠派社（大滿族往北遷徙的支脈，白河六溪里）。乾隆時期，「大滿族」向東遷徙，進入楠梓仙溪、荖濃溪流域，逼得原居該處的鄒族美壠社、排剪社、塔蠟社、雁爾社，遷往上游山區。噍叭哖在日本殖民時代被改名為「玉井」（Tamai）。噍叭哖社是1915年余清芳事件發生地，又稱為「噍叭哖事件」。

　　高雄屏東地區較著名的平埔族村社有西拉雅族支系馬卡道人（Makatao）的「鳳山八社」，包括放索社（Pangsoor，阿加社，林邊鄉水利村）、茄藤社（Kattangh，奢連社，佳多鄉佳多村）、力力社（Netne，崁頂鄉力社村）、下淡水社（Verovorangh，萬丹鄉）、上淡水社（Tapouliangh，萬丹鄉）、阿猴社（Akauw，屏東市）、塔樓社（Swatelauw，里港塔樓村）、武洛社（Tedackyangh，里港鄉武洛

村）。「鳳山八社」其實不在現今的鳳山，反而都在屏東，因爲清代中國時期受鳳山縣管轄而得名。

根據1722年任巡台監察御史的黃叔璥的《台海使槎錄》記載：「一產二男爲不祥，將所產子縛於樹梢至死，並移居他處」。西拉雅族視生雙胞胎爲不祥之兆，尤其是男雙胞胎，有殺嬰避凶的惡習。考察西拉雅族的支系馬卡道人在屏東地區組成「鳳山八社」中，只有位於高屏交界的「上淡水社」（Tapouliangh，大木連社，屏東萬丹社皮、社上）沒有西拉雅族特有的墮胎風俗。其他各村社都存在著墮胎殺嬰的惡習，如：「下淡水社」（Verrovorongh，又稱「下澹水社」或「麻里麻崙社」，屏東萬丹香社，後遷至內埔、恆春）、「阿猴社」（Akauw，屏東市）、「放索社」（Pangsoya，阿加社，林邊、萬金）、「塔樓社」（Swatelauw，里港塔樓村）、「茄藤社」（Kattangh或Cattia，奢連社，屏東南洲萬華村、屏東佳冬、東港大鵬灣，高雄茄萣的大傑顛社（Taburian）亦常稱Cattia，同名易被混淆）、「武洛社」（Tedackyangh，大澤機社，里港鄉武洛村或茄苳村、尖山仔）、「力力社」（Netne，新園，崁頂力社村）等村社。另有「塔加里揚社」（Taccariangh）在1645年後併入「阿猴社」。高屏溪古稱下淡水溪，下淡水社因而得名。「萬丹」的平埔族馬卡道語即「市集」之意，因萬丹是屏東平原最早的市街，鄰近居民也常把萬丹叫做「淡水」。當年的高雄叫「打狗」（Takao），是西拉雅語「竹圍」的意思。打狗社也屬馬卡道人，原居高雄壽山，後來遷居屏東阿猴（屏東市）。大澤機社另有記載位於高樹鄉泰山村。

（二）洪安雅族（Hoaya）

洪安雅族包括羅亞人（Lloa）和阿立昆人（Arikun），通行虎尾壟語，居住區域分布於台中霧峰以南，台南新營以北，遍及彰化、南投、雲林、嘉義，是分布次廣的平埔族，荷蘭殖民時代的人口約3,500人至4,000人左右。

清代早期尚有記載台灣島中部雲林笨港（Poonkan）的平埔族原住民是「洪安雅族」（Hoanya）人；其他尚有：萬斗六社（Dosck Noort，台中霧峰）、貓羅社Kakar Barroroch（彰化芬園）、大武郡社（Tavocol或Tavekol，彰化社頭）、南投社（Tausa Talakey，南投市）、北投社（Tausa Mato，南投草屯）、斗六門社（Davole或Talack，雲林斗六）、柴裡社（雲林斗六溝仔壩）、他里霧社（Teribo、Tialiro或Dalivoe，雲林斗南）、貓兒干社（Vassikangh、Vasikan、Basiekan或Batsikan，雲林崙背）、笨港社（Poonkan、Poncan，雲林北港）、南社（雲林二崙）、諸羅山社（Tirosen，嘉義）、打貓社（Dovaha，嘉義民雄）、哆囉嘓社（Doreko，台南東山）、鹿陶洋社（Lohotan，台南楠西）等社。各地風俗略有差異，貓羅社男女皆配戴耳環，貫耳孔，以細硝子穿綴為珥。婦女僅以鹿皮遮蔽下體，頭戴花朵或雞羽，手腳帶銅鐲或鐵環。

在1698年郁永和撰《裨海紀遊》的記載中，洪安雅族的相貌，女人美貌，男人俊秀，比其他各平埔族長相「妍好」，郁永河甚至用長相「甚陋」形容其他平埔族。郁永和說：「自諸羅山至此，所見番婦多白皙妍好者」、「婦頗有姿，然裸體對客，而意色泰然」。這段描述證實洪安雅族不同於東南亞的南島語系民族。

（三）巴布薩族（Babuza）

巴布薩族分布於彰化的海岸平原，大肚溪以南，濁水溪以北，橫跨雲林北部、彰化、台中南部，巴布薩族也通行虎尾壟語。荷蘭殖民時代的人口大約2,300人至3,200人。巴布薩族與新竹、苗栗、台中的道卡斯族在語言文化上有較密切的關聯，血緣親屬關係也有聯繫。

重要村社有：馬芝遴社（Tariu, Taurinap或Dorenap，彰化鹿港南佃里）、鹿港社（Rokauan或Taurinak）、眉裡社（Dobalibaiou或Ballabais，彰化溪州）、大武郡社（Tavocol或Tavekol，彰化社頭）、大突社（Turchara或Taytoet，彰化大村、溪湖）、半線社

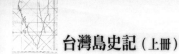

（Pangsoa，彰化市、番社洋）、柴仔阬社（Barariengh，彰化市）、阿束社（Asock或Assoeck，彰化和美）、二林社（Tarkais、Gielim或Takkais）、東螺社（Taopari、Dobalebaota、Dobale Bayen，彰化埤頭、北斗）、西螺社（Sorean或Sailei，雲林西螺）、埔姜社（雲林褒忠）。

（四）拍瀑拉族（Papora）

拍瀑拉族分布於台中地區，包括大甲、大肚、沙鹿、龍井、梧棲、清水、南屯。位於大安溪以南、大甲溪出海口附近、大肚溪以北。拍瀑拉族與彰化、南投、雲林、嘉義的洪安雅族在語言、文化、血緣相近，通婚頻率也很高。荷蘭殖民時代的人口只有300人至500人，是人口很少的平埔族。拍瀑拉族以這麼少的人口組成的村社或部落聯盟，被稱爲「大肚王國」，實在誇張過度。

著名村社有：拍瀑拉族「四大社」，包括大肚社（Dorida，台中大肚）、水裡社（Bodor，台中龍井）、沙轆社（Salach，台中沙鹿）、牛罵頭社（Gomach或Goema，台中清水）、貓霧捒社（Babusaga, Poavosa，台中南屯）。大肚社又分：大肚南社、大肚中社、大肚北社。貓霧捒原被日本學者列爲巴布薩族（Babuza），經簡史朗研究應改列拍瀑拉族（Papora）的分支。

（五）巴則海族（Pazeh）

巴則海族（或稱「巴宰族」）分布於台中丘陵地區，以豐原、神岡、后里爲中心，北至大安溪，南至潭仔墘（台中潭子），西至大肚山，東至東勢角（台中東勢）。荷蘭殖民時代的人口數約爲1,500人至1,700人。主要村社有：巴則海族的「五大社」，包括岸裡大社（Lahodoboo或Barlafon，台中神岡）、葫蘆墩社（Paradan，台中豐原）、大馬僯社（Papatakan，台中東勢）、阿里史社（Rarusai，台中潭子）、烏牛欄社（Aoran，台中豐原，1814年郭百年事件後舉社遷

年事件後舉社遷徙至南投埔里）。岸裡大社包括九個村社，即大社（Tarovagan，Taranongan，斗尾龍岸社，台中神岡）、岸西社、岸東社（Daiyaodaran）、岸南社、西勢尾社、麻里蘭社（Aboan Balis，台中豐原）、翁仔社、葫蘆墩社（Paradan，台中豐原）、岐仔社，號稱「岸裡九社」。「大社」是村社聯盟形成的大部落。

　　巴則海族另有分支噶哈巫族（Kaxabu），該族有樸仔離社（Poalij，台中豐原樸仔口）、掃涷社。樸仔離社在清乾隆時期遷居東勢、石岡、新社等地，組成社寮角社（Varut）、山頂社（Santonton）、大湳社（Karahut）、大馬遴社（Papatakan）、水底寮社（Tarawel），其中遷居南投埔里眉溪流域的牛眠山社（Bassist）、大湳社（Kalexut）、守城分社（Suwanlukus）、蜈蚣崙社（Tauving）合稱「眉溪四社」。巴則海族外號「散毛番」，指頭髮蓬散。巴則海族身材高大，男子身高平均170公分以上，較其他平埔族明顯的高。巴則海族與高山族的賽夏族關係比較密切，與其他平埔族關係比較疏遠。巴則海族高大身材也不同於矮小的東南亞南島語系民族。

（六）道卡斯族（Taokas）

　　道卡斯族居住於新竹、苗栗、台中的海岸地區。中國閩南移民把「道卡斯」翻譯成「斗葛族」。北京官話再把「斗葛族」轉譯成「大甲族」，遂有「大甲」之名。在荷蘭殖民時代的人口紀錄大約2,000人至3,000人，有「牽田祭」的儀典。道卡斯族與彰化平原的巴布薩族在語言、文化、血緣都有較密切的聯繫，反而與鄰近地區台中海岸的大甲、大肚的拍瀑拉族在語言、文化、血緣關係上比較疏遠，原因不詳。

　　著名村社有「竹塹二社」、「後壠五社」、「崩山八社」。

　　「竹塹二社」包括：竹塹社（Texam, Pocaal, Pocael或Pukkal，新竹市，塹音欠）、眩眩社（Gingingh，桃園南崁）。眩眩社原居新竹平原，荷蘭殖民時代有44戶，102名人口。1681年與鄭克塽軍隊衝突，

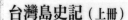

退至山區和桃園後消失。

「後壠五社」有：後壠社（Auran，後龍、西湖）、中港社（Makalubu, Tokodekal, Tockudekol，竹南、頭份、三灣，馬卡盧布社）、新港社（造橋）、貓裡社（Bari，中苗、南苗、公館）、嘉志閣社（Kalikan, Calikas，北苗、頭屋）。貓裡社原名「巴利社」（Bari），「巴利」是「平原」之意，客家話譯爲「貓裡」，是「苗栗」地名的來源。清代中國乾隆時期，「貓裡社」和「嘉志閣社」合併爲「貓閣社」。

「崩山八社」包括：大甲東社（台中外埔）、大甲西社（台中大甲番仔寮）、雙寮社（台中大甲建興里）、日南社（台中大甲幸福里）、宛里社（苗栗苑裡成功路）、貓盂社（苗栗苑裡客庄里、五北里）、吞霄社（Calicautomel, Calicaroutsiou，苗栗通霄）、房裡社（Warawar，苗栗苑裡中山路）。「崩山」位於大甲溪中游北岸，大甲東社的南邊，又稱「蓬山」。另有「日北社」位於大甲溪北岸，靠近苗栗苑裡，「日北社」和「日南社」原本都是「南日社」的一部份。

（七）巴賽族（Basay, Basai）

巴賽族居住於基隆、淡水、台北、桃園地區，以淡水河下游流域的台北盆地爲中心，東北起自貢寮三貂角，經過北海岸、大屯山、淡水河南岸，西南達桃園北部。對1626年抵達台灣島北部的西班牙人而言，只發現「巴賽人」（Basay）和「噶瑪蘭人」（Kavalan或Cabaran），並未發現有人自稱或被稱爲「凱達格蘭人」（Kataganan）。

巴賽族在1650年是人口第三多的平埔族，有37個村社，6,972人。但1653年至1654年，台灣島北部地區連續爆發傳染病、蝗災、地震、颱風，使巴賽族人大批傷亡。到1655年只剩28個村社，3,508人，人口減少49.7%。

1617年張燮（1574-1640）撰《東西洋考》卷五〈東番考・雞籠淡

水〉篇說：巴賽族「無君長、徭賦。以子女眾者為雄，聽其號令……無曆日、文字。有大事，集而議之；位置如橫階陛，長者居上，以次遞下，無位者乃列兩旁。至宴會，置疊團坐，酌以竹筒，時起跳舞，口烏烏若歌曲焉。」又提及母系制度下的婚姻：「男子惟女所悅，娶則視女可室者，遺以瑪瑙一雙；女不受則他往，受則夜抵其家，彈口琴挑之。口琴薄鐵所製，齧而鼓之，錚錚有聲。女延之宿，未明便去，不謁女父母。自是宵來晨去，必以星。迨產子，始往婿家迎婿，婿始見女父母。或云既為留婿，則投以一箕、一鋤，俾作女家，有子然後歸。妊婦產門外，手拄兩杖，踞地而娩，遂浴子於清流焉。」

　　西班牙人於1626年抵達台灣島北部時，最先遇到的就是巴賽族的大巴里社（Taparri）和金包里社（Kimauri）。西班牙人記載，兩個村社是最接近西班牙人在基隆社寮島的據點「聖薩爾瓦多城」。大巴里社位於社寮島西邊，村社面向西北方，在一個叫瑪鍊（Masu）半島的地方（萬里附近）。金包里社則位於社寮島東邊，村社面向南方，後人不知何故常把現在的金山誤為金包里社的原址。

　　1630年西班牙神父艾斯奇維（Jacinto Esquivel, 1595-1633）證實，北台灣通行的共通語言（lingua franca）是「巴賽語」。1636年安吉拉（De los Angeles）在台灣島北部住了6年，從1636年至1642年，他這樣描述：「西班牙人統治區域有一種共同語言，叫巴賽語，通行到哆囉滿（Turoboan，九份、金瓜石）產金區，但每個村落也有自己的語言，說著不同的語言。」他也沒聽過「凱達格蘭」這一名詞及說法。事實上，西班牙人從巴賽族聽到有個產金區叫「哆囉滿」，但並不確定其位置。貢寮（三貂角）附近的瑞芳九份有產金的傳說，貢寮地區先被稱為「哆囉滿」。後來花蓮新城立霧溪口也有產金的傳言，也被稱為「哆囉滿」。

　　1697年郁永河撰《裨海紀遊》說：巴賽族「厝內所用，木扣、螺碗之類。」又說：「男女夏則裸體，惟私處圍三尺布；冬寒以毛毯為單衣，毯漬樹皮雞犬毛為之。」又對巴賽族的「艋舺」描述說：「視

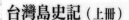

沙間一舟，獨木鏤成，可容兩人對坐，各操一楫以渡；名曰莽葛，蓋番州也。」

　　1722年任巡台監察御史的黃叔璥撰《台海使槎錄》有「番俗六考」說：巴賽族「既娶曰『麻民』，未娶曰『安轆』。自幼倩媒以珠粒而定；及長而娶，間有贅於婦家者。屆期約諸親宰割牛冢，以黍爲粿，狀如嬰兒，取葉兆熊羆之意。夫婦相聚，白首不易。婦與人私，則將姦夫父母房屋拆毀，倍罰珠粒分社番，以示家教不嚴。未嫁娶者不禁。」又說衣飾特徵爲：「番婦頭無妝飾，烏布五尺蒙頭曰『老鍋』。項上掛瑪瑙珠、螺錢、草珠，曰『眞仔贅』。耳鑽八、九孔，戴漢人耳環。每至力田之候，男女更新衣曰『換年』；會眾飲酒，以示更新」；「平日所佩，鏢刀、弓箭之屬。」巴賽族的婦女平日戴頭巾，愛好瑪瑙珠、貝飾和植物珠項鍊，使用各色珠子和瑪瑙裝飾。

　　有學者說雷朗語（Luilang）是凱達格蘭語的分支，其實是雷里社和秀朗社的語言，也是巴賽語的分支。但有些學者爲迎合伊能嘉矩無中生有的「凱達格蘭族」，就把「巴賽族」和「雷朗族」、「龜崙族」都並列爲「凱達格蘭族」的分支。所以可以確定的說，「凱達格蘭」一語，是西班牙人到達台灣島北部272年後，伊能嘉矩杜撰出來的民族名稱。雷朗族（Luilang）是雷里社（Luili）和秀朗社（Siron、Sirongh、Chiron或Chiouron）兩社搬遷合併後的合稱「雷朗社」，雷里社原位於台北艋舺，秀朗社原位於台北中和、永和地區。雷朗族其實是巴賽族的村社「雷朗社」，不是獨立的族群。

　　對於歷史上的民族名稱，不是當時的自稱，就是當時的他稱。除非沒有任何資料顯示自稱或他稱，才會用後人給與的稱呼。巴賽族是西班牙文獻早有的稱呼，272年後伊能嘉矩不知不察，於1898年發表《台灣土番開發狀況》杜撰「凱達格蘭族」（Ketaganan）一詞。伊能嘉矩說台北盆地的平埔族都自稱（Ketaganan），卻只是聽憑一位叫潘有密的口述記錄。但遍查西班牙、荷蘭文獻從無「凱達格蘭族」的稱呼，只有平埔族自稱「巴賽族」或「馬賽族」（Basay）的文字記

錄，顯見「凱達格蘭族」是伊能嘉矩臆測之詞。當時日本殖民政府則用Tabuarawan（塔布拉灣）稱呼巴賽族，但在《台灣文化誌》第一篇的附錄裡，伊能嘉矩稱凱達格蘭族為Kietagarang，並說居住在基隆的凱達格蘭族，由族名轉為地名，翻譯為「雞頭籠」，後來才轉為「雞籠山」，最後稱「雞籠」（Kieran）。伊能嘉矩的論述可說牽強附會，中國在明代的航海《針路圖》早有「雞籠山」的標示，指的就是基隆旁邊呈覆盆狀，形似「雞籠」的死火山，這是中國船隻航向琉球的地理指標，與凱達格蘭族的名稱毫無關係。例如，1555年鄭舜功出使日本，於1557年撰《日本一鑑》說從福建到日本的航路是「或自梅花東山麓，雞籠上開釣魚目」、「有雞籠之山，山石乃峰，特高於眾中，有淡水出焉」，該書所附〈桴海圖經〉繪有「雞籠山」。1579年蕭崇業（?-1588）撰《使琉球錄》所附〈琉球過海圖〉繪有「雞籠嶼」。1610年福建籍進士董應舉（1557-1639）致函福建按察司巡視海道副使韓仲雍說：「乘風而直抵東湧之外洋，望雞籠、淡水島嶼如指諸掌，惟老漁能之。」這些紀錄都證明早在西班牙人記載台灣島北部有「巴賽人」、「金包里人」（Kimauri）、「大巴里人」（Taparri）之前，中國人基於出航日本、琉球的需要，就以「雞籠山」或「雞籠嶼」作為航向標誌。

　　台北方面用「凱達格蘭大道」命名是錯誤的沿襲，改成「巴賽大道」更符合轉型正義的史實。「凱達格蘭」倒是比較像菲律賓古名Katagalugan（凱達格蘭根），意思是「泰加洛國」（Nation of the Tagalogs），或是「河邊民族」（those who settle by the river）之意。另有人替伊能嘉矩強硬解釋說，潘有密的口述記錄可能是講「大加蚋」之意，平埔族語言習慣於名詞前加上Qi或Ke，就成「奇大加蚋」，被伊能嘉矩記載為「凱達格蘭」。這是強加解釋，「大加蚋」是艋舺地區的名稱，「加蚋仔」（Gara）是沼澤地之意，不是族群名稱，這種解釋也是伊能嘉矩情結作祟的現象。

　　巴賽族善於划筏、航海、經商，其語言的傳播力自然相對強勢，

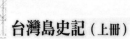

會對其他平埔族的語言文化產生統一的作用，包括台北盆地的雷朗社（Luilang）、淡水的圭柔社（Senaer，林仔社）、桃園的南崁社（Percuzi, Percoutsi）等的語言文化都與巴賽語相同，可共同歸類為「巴賽族」。

西班牙人及荷蘭人記載的巴賽族村社很多，較著名的有台北盆地巴賽族（Basay，被誤稱為凱達格蘭族）的村社，人口只有3,000多人，800多戶，卻分成20多個村社。

台北市巴賽族村社有：

1. 萬華區（艋舺Bangka）的雷里社（Rivrijcd、Rieuwrijck、Ruiri或Ruijryck）（「加蚋仔」，Gara「沼澤地」之意）、沙蔴廚社（Samadu）、里末社（Liui）。

2. 中正區的「了阿八里社」（Rieuwwerowar、Raworawas，了阿社、了匣社、老匣社、龍匣口社、荖厘社、雷朗四社、大加臘社，汀州路龍匣口，龍口市場）。

3. 大同區的圭武卒社（Kimotsi或Kimoetsiouw、Kimoutsio，大稻埕）、大浪泵社（Paronpong，泵音蹦，台北大龍峒、大隆同，又稱「北港」）。

4. 松山區的塔塔悠社（Cattayo）、里族社（Litsouck或Lichoco）、錫口社（Maliziho、Malysyakkaw、Sykaw或Kimalitsigowan，麻里折口社）。

5. 士林區的毛少翁社（Kimassauw或Moronos、Massouw，台北士林社子或天母）。

6. 北投區的內北投社（Kipataw，台北北投區）、唭哩岸社（Kizingan、Kirragenan、Kirananna、Kernannananna，北投區石牌）、嘎嘮別社（Sialawbe、Halapei，北投桃源里和稻香里）、甘豆門社（Kantaw，關渡，西班牙人則稱淡水為Casidor，被認為是關渡「干豆門」名稱的由來。）、大屯社（Touckenan、Touchunan、Towquenan）。

新北市（台北縣）巴賽族村社有：

1. 淡水區的坌社（Pen、Rapan，淡水竹圍里）、外北投社（Kuapataw、Kippapauw，淡水區北投里）、雞柔山社（Kilousan，下圭柔山，淡水義山里）、圭北屯社（Kiuibaduan，圭柔社、外北投社、屯山社合併，淡水屯山里）、淡水社（Hobui、Hobe、Tanchuy，滬尾、淡水水源里）、圭柔社（Senaer，林仔社、頂圭柔山，淡水忠山里）。

2. 新莊區的武　灣社（Pinnonouan、Pulauan），位於大漢溪北岸。

3. 板橋區的擺接社（Paijtsie、Peitsie、Paitsij、Paghsij、Peijtsil）、里末社（Ribats，板橋埔墘），位於大漢溪南岸。

4. 汐止區的房仔嶼社（Kipanas或Pangasi，峰仔峙、峰仔時、峰仔嶼，水返腳）。

5. 八里區的八里坌社（Paripen、Palihun、Pergunu、Parihoon、Prarihoon、Parigon或Sipandang）。

6. 三芝區的小雞籠社（Kaggilac）、瓦威社（Vavui）。

7. 金山區的奇大巴里社（Kitapari）、大巴里社（Taparri）。

8. 萬里區的瑪鍊社（Masu，又稱Parian，閩南語音譯「萬里」，但在菲律賓被譯為「澗內」）。

9. 石門區的打賓社（Tapin，富貴角的巴賽語就叫「打賓」）、阿里磅社（Aripong）、阿里荖社（Arilaw）。

10. 蘆洲區的南港社。

11. 永和區的秀朗社（Sirongh、Siorongh、Chiron）、挖仔社（Wara或Quiware，秀朗社的舊社，位於新店安興路139號一帶）、雷朗社（Luilang，秀朗社與台北萬華的雷里社合併成雷朗社）、龜崙蘭社（Quiware、Kourounaugh，龜蘭社，原居永和龜崙蘭溪洲，位於永和的北半部，稱頂溪洲和下溪洲，後改稱頂溪村、中溪村和下溪村。）

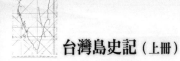

12.三峽區的瓦烈社（Kiwari）。

13.貢寮區的三貂社（Kiwannoan或Santiago）。

桃園市巴賽族村社有：

南崁社（Percuzi或Lamcam）、眩眩社（Gingingh，桃園南崁）、龜崙社（Touckenan或 Coumangh，龜山）、乃乃社（Kemarij,或Sinaney，龜山）、澗仔力社（中壢）、芝巴里社（中壢）、霄里社（Sousouly，中壢、平鎮、八德、楊梅、新屋）、坑仔社（Mattatas或Tsijnandij，蘆竹）等。南崁社、霄里社、龜崙社、坑仔社，合稱「南崁四社」。

基隆市巴賽族村社有：

瑪陵坑社（Malingkin，七堵）、金包里社（Kimaurri或Quimoury）、暖暖社（Loanloan）、大雞籠社（Quelang，基隆市社寮）。

宜蘭縣巴賽族村社有：

哆囉美遠社（社頭社，Trobiawan或Torobiawan）、里腦社（Linaw）。

1642年荷蘭人擊敗西班牙人，佔領淡水和雞籠。1644年荷蘭殖民政府統計淡水河流域有十大原住民村社，都是巴賽族，但是人口稀少，人口密度很低，說明台灣島北部當時是人煙稀少的荒野：

1. Kipangas社（房仔嶼社，汐止），頭目Laco，壯丁40人；

2. Kimalotsigauwa社（毛少翁社，社子或天母），頭目Tackovay，壯丁40人；

3. Kataya社（Cattayo 塔塔悠社，松山），頭目Rap，壯丁70人；

4. Kimoetsiouw社（圭武卒社，圭柔社），頭目Kaupo，壯丁30人；

5. Kimadaminadauw社（麻里折口社，錫口，台北松山），頭目Tachoway，壯丁30人；

6. Kipatauw社（內北投社，Quipatao），頭目Tacholin，壯丁70人；

7. Litsoeck社（里族社，台北內湖區湖元里），頭目Ponap，壯丁80人；

8. Senaer社（林仔社，圭柔社，淡水長庚里），頭目Mouron，壯丁80人；

9. Prarihoon社（八里坌，淡水竹圍），頭目Kamaco，壯丁30人；

10. Tapien社（大幫坑社，石門），頭目Kilaes（Don Lucas Quilas），壯丁80人。

里族社頭目Ponap，其名字的意譯是「冰冷」，號稱「冰冷大王」，自稱有通靈神力，以祭師和部落聯盟大頭目的角色，控制基隆河沿岸12個部落村社，也控制著基隆河的河道運輸，成爲荷蘭人通航淡水和基隆間的河運助手。當時基隆河被稱爲「里族河」或「毛少翁河」，從上游的房仔嶼社、中游的麻里折口社、到下游的塔塔悠社都受里族社節制。最下游的毛少翁社頭目與里族社頭目有親族關係，雖常有紛爭，但在荷蘭人壓力下，也盡棄前嫌攜手對抗荷蘭人。

1642年冰冷率部落聯盟歸順荷蘭共和國，簽訂類似「麻豆條約」的「里族條約」。1645年里族社不堪荷蘭人需索竹木和鹿皮，冰冷拒繳這些貢賦遭荷蘭人扣押，里族社無奈地以六百里爾價值的昂貴珊瑚替冰冷贖身。1653年台灣北部首先遭遇蝗蟲侵襲，基隆河及淡水河沿岸村社損失慘重。1657年冰冷的兒子茶尼兒（Teneijl）早已繼任里族社頭目，同時因毛少翁社頭目福貿（Gommou）去世，也繼承毛少翁社頭目地位。茶尼兒善於操作艋舺，控制基隆河的河運，被荷蘭人取外號「水手」（Bootsman）。1699年冰冷的後裔被清政府任命爲淡水土官，亦名叫「冰冷」，後來發生「金賢事件」，因麻里折口社頭目

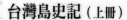

爲女兒婚事與通事金賢起衝突，遭金賢綑綁於樹上鞭打，事後土官冰冷殺害金賢報復，清政府問斬冰冷，里族社自此沒落。（張隆志，47-59）

另有荷蘭人記載，福貿（Gommou）同時也是秀朗社（Siorongh）的頭目，毛少翁社另有一位長老叭哩莫（Parimoch），在1646年至1648年兩人合作無間，到了1650年只剩福貿在領導，至於紀錄上另外一位頭目Tackovay，與福貿和叭哩莫的關係則不清楚，這些頭目也可能只是毛少翁社兩三位長老之一員。但荷蘭人的紀錄顯示，毛少翁社控制著淡水河與基隆河的河口，也控制著新店溪與大漢溪的河口，其領導階層的勢力延伸至大漢溪北岸的武勝灣社（Pinorowan）、新店溪北岸的雷里社（Royruyck）、了阿社（Rabbarawas）、龜崙蘭社（Cacouranan）、Balabolau社。當時大漢溪和新店溪常被荷蘭人通稱爲武勝灣溪。（張隆志，224-228）

（八）噶瑪蘭族（Kavalan）

噶瑪蘭族原居住於宜蘭地區，後遷往花蓮和台東。行母系社會，母權爲大，母系繼嗣，夫從妻居，兒從母居，以「連名制」命名，女耕男獵，祖靈崇拜，相信女巫，沒有階級，頭目經推舉產生，部落以年齡階級分工。與巴賽族長期接觸，相互影響，語言文化近似巴賽族。噶瑪蘭語也與阿美族語、西拉雅語相近。

噶瑪蘭族在荷蘭殖民時代幾乎滅族，1644年有40個村社，人口1萬人。1650年還是台灣島人口第二大的平埔族，有45個村社，9,670人。但人口在短短五年內，於1655年突然減至640人，只剩3個村社。人口減幅達93.4%。原因是1653年宜蘭地區爆發高熱傳染病、大蝗災、大地震，1654年爆發大饑荒、大蝗災、大颱風，1655年又再爆發大蝗災。這一連串的地震、颱風、蝗災、饑荒、傳染病，噶瑪蘭族受害最重。整個宜蘭像人間地獄，噶瑪蘭族人大量死亡，也有部份噶瑪蘭族逃往花蓮避難，被其他高山族同化而消失。也有人認爲噶瑪蘭族雖遭遇悲

慘，但不至於滅族，主要是荷蘭官員在那段時間內無法赴宜蘭地區進行人口統計，噶瑪蘭人也無法赴北部地方會議去報告人口數字，才有人口統計數字大幅減少的現象。

1878年姚瑩（1785-1853）撰《東槎紀略》記載，「哈仔難」人口估計約有5,500人。這個數字是有問題的，當時「哈仔難」地區人口並非都是噶瑪蘭族。經過360年，到2015年噶瑪蘭族的人口只有1,404人。

姚瑩提及的「哈仔難（Kebalan）三十六社」都已凋零，這「三十六社」有：婆羅辛仔宛（婆羅新仔宛，五結新店村）、里荖（里腦，冬山補城村）、加禮遠（加禮宛，五結秀水村）、奇澤簡（其澤簡，奇利簡、利澤簡、里德幹、奇力港，五結下福村）、打朗巷（打那岸，羅東新群里，或五結鄉協和村）、打蚋米（打那美，冬山永美村）、馬荖武烟（貓里府烟、武淵，冬山武淵村）、猴猴（蘇澳龍德里）、留留仔（五結新店村）、掃笏（五結興盛村）、芭荖鬱（叭咾吻，員山惠好村）、歪仔歪（羅東仁愛里）、武罕（冬山群英村）、珍珠美簡（珍珠里簡，冬山珍珠村）、南搭吝（冬山鄉群英村）、奇武荖（冬山三奇村）、哆囉美遠（壯圍大福村、新社村）、抵美抵美（芝密，壯圍鄉美間村）、打那岸（哆囉岸，礁溪玉光村、玉田村）、打馬烟（頭城竹安里）、踏踏（礁溪玉田村）、奇立板（壯圍廊後村）、蔴里目罕（貓里霧罕，壯圍新南村、圍後村）、擺離（宜蘭市）、奇武暖（礁溪光武村）、珍仔滿力（宜蘭市進士里）、奇武蘭（奇蘭武蘭、淇武蘭，礁溪二龍村、光武村）、抵美福（壯圍美城村或美福村）、棋立丹（礁溪德陽村）、蔴芝鎮（蔴芝鎮落，礁溪）、新仔罕（仔罕，宜蘭市新生里）、新仔羅罕（辛仔羅罕，壯圍功勞村、宜蘭市）、高東（馬麟，礁溪玉光村）、撈撈（流流，宜蘭市東村里）、抵把葉（礁溪德陽村）、抵美簡（礁溪白雲村）。但其中「猴猴」是「猴猴族」（Qauqaut），不是噶瑪蘭族。「哆囉美遠」（Trobiawan）和里荖（里腦，Linaw）是巴賽族，也不

是噶瑪蘭族。

1830年後，由於中國移民的壓力，宜蘭多山鄉的「加禮宛社」噶瑪蘭族開始南遷到花蓮平原建立新的「加禮宛五社」，阿美族人稱之為「加禮宛社人」。1878年花蓮的「加禮宛社」與高山族的撒奇萊雅族聯合反抗清政府「開山撫番」及「開闢蘇花公路」，爆發「加禮宛事件」。「加禮宛社」再度被迫南遷至花蓮與台東交界處的海岸地區。

（九）猴猴族（QAUQUAT）

聚居宜蘭蘇澳的「猴猴族」（Qauqaut，閩南語譯音），是最晚抵達台灣島的原住民，人口不到150人。學者推測猴猴族來自密克羅尼西亞（Micronesia）群島，1700年從菲律賓群島移居宜蘭南澳鄉（浪速）。在淡水行醫傳教的馬偕（George Leslie Macay,1844-1901）博士於1892年5月14日有記載猴猴族人，但只剩下11戶，語言文化與其他平埔族、高山族都不同。猴猴族不與其他原住民通婚，造成人口滅絕。

三、平埔族生活記載

明代中國人尚未移民台灣島，對台灣島的理解有限。把琉球群島稱為「大琉球」，把台灣島稱為「小琉球」，但「小琉球」的面積卻比「大琉球」大很多。1602年陳第隨沈有容到名叫「東番」的台灣島外海，進擊倭寇，1603年陳第撰《東番記》描述平埔族西拉雅人。這是中國文獻上第一份實地觀察而記載平埔族生活的文獻：「東番夷人不知所自始，…種類甚蕃，別為社，社或千人，或五六百，無酋長，子女多者眾雄之，聽其號令。性好勇喜鬥，…鄰社有隙則興兵，期而後戰，疾力相殺傷，次日即解怨，往來如初，不相讎。所斬首，剔肉存骨，懸之門。其門懸骷髏多者，稱壯士。」「交易，結繩以識。無

水田，治畲種禾。」「族又共屋，一區稍大，曰公廨。少壯未娶者，曹居之。議事必於公廨，調發易也。」「居常禁，不許私捕鹿。冬，鹿群出，則約百十人即之，窮追既及，合圍衷之，鏢發命中，獲若丘陵，社社無不飽鹿者。」「居島中，不能舟，酷畏海，捕魚則于溪澗，故老死不與他夷相往來。」

在荷蘭殖民統治時期記載，平埔族有八或九個族群。《巴達維亞日記》於1624年2月記載平埔族說：「地雖甚肥沃，但不種苗，亦不播種，又不耕作，除少播米穀及小米外，土番從土地所獲者，不過自然生產之物而已。」《荷蘭東印度公司檔案》第1081號記載：蕭壠社的幅員廣大，房屋與房屋之間隔著竹籬笆，並不稠密。竹籬內有一大片土地，且都有一口水井。沒有階級制度，也沒有奴隸。西拉雅人沒有船隻，不會航海，不是海洋民族，有漁撈也僅限於溪流。但西拉雅族擅於狩獵，確定是陸地民族。台灣島上具有海洋民族特徵的原住民，只有蘭嶼的達悟族和已經消失的巴賽族。陳第也說：台灣島原住民「居島中，不能舟，酷畏海，捕魚則於溪澗，故老死不與他夷相往來。」

平埔族居住在台灣島的平原地帶，狩獵野鹿及遊耕小米和稻米，但旱稻、小米的種植量卻未超過基本需求量，缺乏田犁、鐮刀、耕牛，只用簡單鋤頭、鶴嘴鋤、小刀耕作。耕作技術以火耕、遊耕爲常態。植物類食物以種植或採集蔬菜、水果、甘蔗、塊根植物果腹。婦女會到河邊捕撈螃蟹、蠔蚵、魚蝦。陳第說：「女子健作，女常勞，男常逸。」鹿群的捕獵提供平埔族肉食來源，鹿皮、鹿脯、鹿角則作爲貿易交易的高價值產品。稻米、小米與其說是主食，不如說是釀酒的原料。40歲以上即算是老人，和婦女負責田間勞動，年輕人忙於上山狩獵、出草獵首和打不完的部落戰爭。用刺竹做圍籬保護村社，村社的領地內有耕作的農地及蓄養動物的圈舍。荷蘭人常燒燬原住民房舍、穀倉，砍倒果樹，斷絕食物來源，以懲罰或征服原住民，由於這些損害在短期間很難復原，平埔族只好屈服。

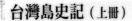

　　平埔族的村社或部落是半定居式的，會隨狩獵和遊耕的需要而移居，但仍局限於傳統領地內。因此必須對外宣示安全領域，不許他人進入，侵入者會遭驅逐或獵首。平埔族也會宣示傳統獵場，擁有優先狩獵權，或對獵物有壟斷權。外來人闖入狩獵，必須進貢。平埔族雖有鬆散的跨部落聯盟組織，但缺乏同語族的團結傳統，部落之間的戰爭和獵首非常普遍，使得外來的荷蘭人、中國人能輕易的征服，並成功的壓制獵首習俗。

　　平埔族比高山族早些取得金屬鐵器，也因此擁有軍事上和經濟上的優勢。金屬刀刃是狩獵和戰爭的利器，鐵器被認為是高價值物品，用鐵器做結婚嫁妝是炫富行為。與中國漁夫交易，或殺害海難求助者，是平埔族取得鐵器的兩大來源。中國漁夫或商人常進入部落，用鐵器、食鹽、布匹、菸草、青銅器、鈴鐺交換鹿皮、鹿脯、鹿角。原住民急須使用食鹽保存魚肉，荷蘭人從中國人的經驗學到，控制鐵和鹽，就可屈服原住民。布匹更是荷蘭人控制原住民的有效工具，荷蘭人用15匹花棉布就買下赤崁的土地，用布匹支付原住民勞役的酬勞，賜黑色披肩給長老以彰顯權威。為了從中國人和荷蘭人手中交易物品，原住民積極捕鹿，用弓箭、刀矛、繩索獵殺鹿群，並使用土狗和火焰追趕鹿群。鹿皮大多經由中國人或荷蘭人出口至日本，鹿脯、鹿角則出口至中國。

　　延平王時期的台灣島，鄭經與陳永華大力推動中國傳統文化，較缺乏有關原住民的記載；1667年〈台灣賦〉作者沈光文（1612-1688）對原住民事蹟的記載也都太簡略。

　　清代1698年郁永河（1645-?）撰《裨海紀遊》描述平埔族：「平地近番，冬夏一布，粗糲一飽，不識不知，無求無欲，自遊於葛天、無懷之世，有擊壤鼓腹之遺風。」郁永河於1697年5月26日（農曆4月7日）自台南府城出發北上，隨行有55人，赴台北北投採硫磺。採礦器具從台南海運至北投，郁永河本人則堅持走縱貫道路北上。經由台南新港社、目加溜灣社、麻豆社、哆囉嘓社（台南東山）、諸羅山社、

柴裡社（雲林斗六）、東螺社（彰化北斗）、大武郡社、半線社、啞束社（彰化和美）、大肚社、沙轆社、牛罵社、大甲社、宛裡社、吞宵社、後壠社、中港社（苗栗竹南）、竹塹社、南崁社、八里坌社，抵達淡水社。

郁永河認爲車行經過大肚社以北，「番人狀貌轉陋」。郁永河覺得平埔族長相美貌者，多在嘉義以北、台中以南的洪安雅族（Hoaya）。郁永河提到：「自渡溪後，御車番人貌益陋，變胸背雕青爲豹文。無男女悉翦髮覆額，作頭陀狀，規樹皮爲冠，翻婦穴耳爲五孔，以海螺文貝嵌入爲飾，捷走先男子。」當時台灣島人煙尚稱稀少，尤其北部地區更是如此。郁永河說：「自竹塹迄南崁八九十里，不見一人一屋，求一樹就陰不得。」

1721年朱一貴事件後，1722年黃叔璥（1682-1758）任巡台御史，撰《台海使槎錄》卷五至卷七的「番俗六考」中，記載「諸羅番」、「鳳山番」的「居處」、「飲食」、「衣飾」、「婚嫁」、「喪葬」、「器用」；卷八「番俗雜記」談「生番」、「熟番」、「社商」、「社餉」、「捕鹿」、「番役」、「土官饋獻」、「番界」、「吞霄淡水之亂」、「馭番」，對平埔族的生活觀察入微。

四、「大肚王國」

平埔族社會已從「遊團」（Band）社會進展到「部落」（Tribe）社會，但並未形成跨村社或部落的「酋邦」（Chiefdom），更未曾出現「國家」（State）階段的「王國」（Kingdom）。台中地區曾出現的「大肚王國」，或屏東地區出現的「瑯嶠王國」或「大龜文王國」，根本談不上「王國」，充其量只是「部落聯盟」而已。許多歷史學者不了解政治人類學的概念，才把「部落聯盟」視作「王國」。

有學者說平埔族組成的「大肚王國」（Middag），Middag（Mid

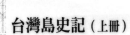

day）是荷蘭語「中午白晝」之意，也是Dorida的荷蘭語意譯，Dorida的拍瀑拉族語就是「中午白晝」的意思。這個稱呼來自熱蘭遮城的蘇格蘭籍官員萊特（David Wricht），他稱大肚部落的大頭目為「中晝王」（Keizer van Middag）。「大肚王國」其實只是跨民族的部落聯盟，以「大肚社」（Dorida或Darida，閩南語音譯：肚累大）為中心，包括拍瀑拉族、巴布薩族、巴則海族、洪雅族、道卡斯族等少數村社組成部落攻守聯盟；地域很廣橫跨桃園、新竹、苗栗、台中、彰化、南投，但人口不多。大肚社所屬的拍瀑拉族，全族人口在荷蘭殖民時代只有300人至500人，說成「王國」並不符事實。拍瀑拉族既無「酋邦」的領導機制，更無「王國」起碼的組織架構，充其量只是一個部落聯盟。「大肚社」又分為「大肚南社」（Dorida Mato）、「大肚中社」（Dorida Babat）、「大肚北社」（Dorida Amicien），以「大肚南社」的頭目Kamacht家族為領導人，因此「大肚南社」又稱甘仔轄社（Chamachat）。

1638年荷蘭聯合東印度公司已知「大肚王國」的存在，由「甘仔轄阿拉米」（Kamacht Aslamie）擔任「大頭目」，又稱「番大王」（Quataongh，或稱Takamacha）。1644年荷蘭人率軍攻伐，「甘仔轄阿拉米」被迫臣服，但荷蘭人也准許其維持半獨立狀態。1645年4月「番大王」向荷蘭人報告，他管轄下的村社有15個，包括：Dorida Babat（大肚中社）、 Dorida Mate（大肚南社）、Dorida Amicien（大肚北社）、Bodor（水裡社）、Assocq（阿束社）、Abouan Tarranogan（岸東社）、Abouan Auran（烏牛欄社）、Babosaq（貓霧捒社）、Barariengh（柴仔坑社）、Tausa Bato（南投草屯附近）、Kakar Barroch（貓羅社，芬園舊社）、 Kakar Sackaley（芬園茄荖社）、Kakar Tachabouw（大武郡社）、Tausa Talakey（南投社）、Tausa Mato（北投社、草屯）。甘地斯牧師記載有個蘇格蘭人萊特（David Wright）說：「大肚王並非很威武的統治領地，外出時也僅有一兩個隨從而已。原本有27個村社，但已有10個村社獨立出去。」這證實「大肚王

國」只是一個可以隨時加盟或退盟的部落聯盟，根本不是「王國」。「大肚王」的角色接近農作季節祈福豐收的祭司和糾紛調解人，象徵性的保護人，甚或戰爭的聯絡指揮官，但無統治處罰權，也無統治機能，權力不如巴賽族「里腦社」或排灣族「龜文社」的頭目。「大肚王」只能在替人祈福時收取貢品，沒有常態進貢的收稅權利。

　　1661年6月鄭成功派兵屯墾台中地區，大肚社假意協助，聯合荷蘭人趁夜突襲鄭軍營房，鄭軍死亡1,500人。鄭成功原計畫派大軍報復，但為了準備對熱蘭遮城發動總攻擊，暫時按兵不動。荷蘭人投降後，鄭成功不久去世，沒有報復大肚社。直到1670年，延平王鄭經派劉國軒進攻「大肚王國」，「大肚王國」兵敗解體。當時平埔族死傷慘重，殘存人口則遷往南投。從政治社會化程度和戰爭規模評估，「大肚王國」只是空有外人口中「王國」之名的村社部落聯盟而已。

五、室利佛逝王國

　　室利佛逝王國（Sri Vijaya）是公元683年（當年唐高宗李治去世）就出現在歷史上的國家，定都印尼蘇門答臘的巨港（Palembang）。1180年室利佛逝的國力鼎盛，勢力範圍北從台灣島，西至錫蘭（Ceylon）（Robert Day McAmis, p. 8）。1377年（朱元璋登基第10年）亡於爪哇島興起的滿者伯夷（Modjopait）王國，又稱「麻喏巴歇（Majapahit）」。中國古籍又以爪哇語稱室利佛逝王國為「三佛齊」（Samboja），室利佛逝王國是有印度教及佛教色彩的航海商業王國，從事航海貿易及海盜搶劫而壯大，建國年代不詳，初期領土範圍限於蘇門答臘東部、爪哇西部、加里曼丹南部，但全盛時期領土西起斯里蘭卡、蘇門答臘、爪哇、加里曼丹、蘇拉威西、馬來半島、泰國南部、柬埔寨、越南南部、菲律賓，且北至台灣島屏東南部。室利佛逝王國滅亡後，其王子拜里米蘇拉（Parameswara, 1344-1414）逃亡

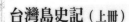

至馬六甲（Malacca），於1402年建立馬六甲王國，這是馬來西亞國家
史的起源。1405年中國皇帝明成祖朱隸（1360-1424）冊封拜里米蘇拉
爲「滿剌加國」國王。

室利佛逝王國允許各地諸侯、民族、部落以小王國或諸侯酋邦
的形式自治，但王國政府獨佔航海貿易權。傳說中的台灣島屏東南部
恆春的「瑯嶠王國」，也是這種臣服的部落聯盟。台灣島南部成爲室
利佛逝王國的領土出現在印尼的史料上，中國古籍並無相關記錄，台
灣島南部有「瑯嶠王國」或「大龜文王國」這種部落的史料，也尙未
發現室利佛逝王國的遺跡。但中國文獻上記載「毗舍耶」（Visaya或
Bisaya）侵擾澎湖群島及福建沿海地區，「毗舍耶」有很高的航海技
術且膚色暗黑，應該就是室利佛逝王國 （Sri Vijaya）的人馬。尤其轄
下的「羅越人」（Orang Laut）號稱「海民」，終生在舟船之上生活，
有著優越的航海能力，皮膚漆黑，能擔任傑出的領航人員，也能當起
令人膽寒的海盜。另有一說「毗舍耶」是來自菲律賓群島中部的維薩
亞斯群島（Visayas），但十二世紀時菲律賓群島也在室利佛逝王國
的領土或勢力範圍內。有人把「毗舍耶」和台灣島南部的排灣族相混
淆，是誤解的說法，因爲排灣族並無航海能力。

平埔族生活圖，引自荷蘭醫師Olfert Dapper(1639-1689)1670年
出版《荷蘭東印度公司派使第二次(1662)及第三次(1664)出
訪中國大淸(van taising of Sina)》所繪圖。

第四章
大航海時代的歐洲人

　　大航海時代到來，改變了台灣島的命運。

　　大航海時代（The Age of Voyage、the Age of Sail或 Oceanic Age ）又稱「地理大發現時代」（The Age of Discovery） 或「大探險時代」（The Age of Exploration），葡萄牙人於十五世紀率先提升航海技術，從西歐航抵東亞，不再是天方夜譚，開啓了大航海時代。十四世紀開始的文藝復興（Renaissance）、十五世紀興起的大航海時代、十六世紀爆發的宗教改革、十七世紀崛起的資本主義是歐美近代強國興起的四大基礎。大航海時代開創大西洋和太平洋貿易圈，啓動歐洲人殖民亞非美各洲，帶動黃金、白銀、黑奴、香料的全球交易網以及全新的金融體制。

　　中國人從這些歐洲人學到嶄新的逆風航海技術，跨越台灣海峽的黑水溝變成家常便飯，不再視爲天人永隔的「埋冤」海域。由於歷代中國政府的海禁政策，反而滋養了中國沿海的海商及海盜集團。海商從事走私及跨海貿易，甚至人口販運。海盜則結合日本武士浪人淪爲倭寇，反過來危害中國。但這些海商及海盜也變得更有能力壓制台灣島上各原住民族的武力，把中國移民送上台灣島，改變了台灣島各族群的人口結構。

　　大航海時代可說是人類文明歐洲化的新時代，也是亞洲及美洲各原住民族被征服欺凌及被殖民的黑暗悲慘時代。對台灣島原住民而言，尤其是平埔族，大航海時代是黑暗命運的降臨。

一、葡萄牙人

　　葡萄牙人跟台灣島沒有往來，從未登陸或進佔台灣島，卻傳說曾率先替台灣島取名爲「美麗島」，音譯「福爾摩沙」。葡萄牙人在十五世紀至十六世紀開歐洲人之先鋒，憑藉優越的造船及航海技術、勇敢的探險精神、充足的資本投資，開闢了第一條海上航路，也開啓

了大航海時代。時間從1415年葡萄牙親王恩里克（Infante D. Henrique, 1394 -1460） 開闢史上第一條遠岸大海航路開始，歐洲人在長達三個世紀裡，共開展三條大海航路，最後可以繞行地球一圈。

第一條航路是大西洋南向航路，可稱爲「恩里克航路」。歐洲人從大西洋向南航行，沿著非洲西海岸，繞過非洲好望角，再轉向東航行，抵達印度洋、東南亞，再北上中國、台灣島、琉球群島、日本。這條航路改變了東方各國的歷史方向，歐洲人帶來了文明及侵略，也改變了台灣島上原住民的命運。這條航路是由葡萄牙親王恩里克於1415年開始發展出來的，只比1405年鄭和首次下西洋晚10年，但成就比鄭和大很多。鄭和的遠航幾無商業和經濟價值，開銷又極其昂貴，最後財政上難以負擔。

第二條航路是大西洋西向航路，可稱爲「哥倫布航路」。歐洲人從大西洋向西航行，發現美洲的存在，開啓歐洲人殖民美洲新大陸的歷史，以優越的武力征服美洲原住民，滅亡原住民的國家及政權，屠殺及奴役原住民，並發展出販賣非洲黑人的奴隸貿易。這條航路是由義大利的熱那亞人哥倫布（Christopher Columbus,1451-1506）於1492年獲得西班牙國王及熱那亞商人資助成行，並於同年發現美洲大陸的附近島嶼，時間與第一條航路相距77年。恩里克和鄭和船隊的航海，基本上還是貼近陸地的近陸航行，哥倫布遠離陸地橫越大西洋的航行，則是人類航海史上首次的遠陸航行。哥倫布開闢新航路是爲了找尋與印度和中國進行直接貿易的航路，性質上是商業投資或投機，不是探險家，其資金更是來自西班牙王國驅逐猶太人，並沒收猶太人資產詐取所得，本質上也與恩里克或鄭和不同。1492年3月31日西班牙的伊莎貝拉女王（1451-1504）和斐迪南二世（1452-1516）國王頒布《阿罕布拉敕令》（Alhambra Decree）或稱《驅逐敕令》（Edict of Expulsion），命令猶太人放棄猶太教，改信天主教（基督教），否則驅逐出境。伊莎貝拉女王和斐迪南二世國王設立宗教法庭（Inquisition），審查改信後的猶太人是否爲眞正的皈依者

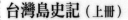

（conversos），全面沒收違反命令的猶太人的財產。反而信仰伊斯蘭教的鄂圖曼帝國蘇丹巴亞濟德（Bayezid II, 1447-1512）積極收容這批猶太難民。當時哥倫布留下一句名言：「這個月，偉大的陛下驅逐了國土上所有猶太人；這個月，陛下也命令我出發尋找印度人民所在之地。」

第三條航路是太平洋航路，可稱爲「麥哲倫航路」。歐洲人繞經南美洲南端的麥哲倫海峽（Strait of Magellan），位於南美洲大陸和火地群島（Tierra del Fuego）之間，進入太平洋，抵達菲律賓群島，完成人類相信地球是圓球狀的最後一段航路。南美洲的最南端是火地群島的合恩角（Cape Horn），隔著德雷克海峽（Drake Passage）與南極洲（Antarctica）相望。這是1520年西班牙資助葡萄牙探險家麥哲倫（Fernando de Magallanes,1480-1521）船隊航入太平洋完成的壯舉，時間與開發第一條航路相距105年，距開發第二條航路28年。

大航海時代的起點是從葡萄牙人革新航海技術開始。猶太人克雷斯克（Abraham Cresques,1325-1387）借助經商的猶太人、航海的伊斯蘭教徒、十字軍東征的基督徒、旅行家著作、海員水手的知識，在西班牙的馬洛爾卡島（Mallorca或Majorca）創辦地圖繪製學校，應阿拉貢國王胡安一世（John I of Aragon,1350-1396）邀聘，於1375年製作出以耶路撒冷作爲世界中心的《加泰隆尼亞地圖集》（Catalan Atlas）。十五世紀時馬洛爾卡島地圖繪製學校的地圖專家海梅（Jaime）赴葡萄牙替恩里克親王創辦地圖繪製學校時，發展出根據觀察太陽星辰的運行，從正午時刻太陽的高度，經季節修正後，繪出地球的緯度線及天文地理座標，產生現代地圖學，使得大航海時代的遠洋航行成爲可能。

大西洋航路牽涉大西洋航行所需知識和技術，與地中海航行差別很大。大西洋從北極伸展到南極，氣候差異很大。狂風巨浪的浪差，近岸航行的技術難以應付。原有的導航技術，不論是指南針、羅盤地圖、海程計算表，面對從歐洲南下到幾內亞灣的逆風逆流，已嫌不

足。葡萄牙人發展出「天文航海術」，用天文學的概念，觀察天空，利用星盤、象限計算星辰位置，用數學、天文學知識，在大海上測定船舶位置，航海術終於有了突破性的發展。

　　大航海時代正式開始於1415年，葡萄牙親王恩里克率軍攻克直布羅陀（Gibraltar）對岸的非洲城市「休達」（Ceuta）後，從義大利找來優秀水手，鑽研造船及航海技術，開發出新型的三角帆船（Caravela或稱Caravel）卡拉維拉帆船或拉丁式大帆船，再受到伊斯蘭造船技術的影響，進一步開發出方形帆的克拉克船（Carraca），英語稱作Carrack。這些「快帆船」操作靈活，可以逆風行駛，能載運足夠的食物，滿足遠程長期航行的需要。船長30公尺，寬8公尺，吃水深度3公尺。船舵固定在艉柱上，船上架一個橫帆，可以加速航行，另有一只三角帆，可以切風航行，產生逆風行駛的效果。所謂三桅帆船是指前桅架設方形船帆，中間主桅是長方形船帆，後桅是三角形船帆。這樣的設計可以使船隻更容易依據風向變更航向，同時用堅實的框架作船體，而非使用傳統的船板層層相疊，這種工法大幅降低成本，且能夠裝設密不透水的射擊孔。「休達」至今仍然是西班牙的飛地領土（exclave）。

　　恩里克並以自己的資金投入組織新型艦隊，開展從大西洋南下，沿著西非海岸向南航行的壯舉。恩里克從航海探險中，取得西非外海許多島嶼的所有權，與西非的馬利帝國（Mali Empire）建立獲利豐碩的貿易關係，並從黃金、象牙、棉花及販賣黑奴的貿易中累積龐大財富。他終生未娶，也無子嗣，1460年恩里克66歲去世時，把財產捐給葡萄牙王國，這份巨大遺產和航海事業奠定了葡萄牙王國的海上霸業。

　　由於恩里克的努力，葡萄牙的海外領地快速增加。教宗尼古拉五世（Nicolaus PP. V,1397-1455）在1455年頒發詔書，批准葡萄牙國王阿方索五世（Alfonso V, 1432-1481）有權征服「非基督徒」的土地和人民，並禁止其他基督徒侵犯葡萄牙征服取得的財產。尼古拉五世還從

「巴達霍斯角」（Cape Badajoz）到幾內亞（Guinee）劃出一道線，授予葡萄牙國王取得該線以西，新征服領土的權力。這是恩里克1460年去世前，畢生奮鬥所得最大成果。教宗在中世紀即擁有代表上帝授予基督徒國王征服和佔領非基督徒土地的權力。例如1155年教宗哈德良四世或譯亞德里安四世（Hadrianus PP. IV,1100-1159）授予英國國王亨利二世征服愛爾蘭的權力。教宗這個權力源自仲裁或調解基督徒國王之間紛爭的歷史傳統，以及在神學上擁有將基督福音傳遍全世界的義務，並擁有克服反抗基督信仰的權力。

葡萄牙王國的海上探險事業在1460年恩里克去世後，沉寂一段時間。1481年約翰二世（Joao II,1455-1495）繼承王位，積極復興恩里克的事業，1482年在迦納（Ghana）海岸建立商館和堡壘，與奈及利亞（Nigeria）的貝寧（Benin）王國的國王買賣黃金。1483年與剛果（Congo）王國的國王建立貿易關係，使葡萄牙人能以歐洲商品交換黃金、象牙、奴隸。1487年派科維良（Pedro da Coviha,1460- ?）假扮阿拉伯人獲取印度洋航行至東南亞、印尼購買胡椒、香料的情報，使葡萄牙成為歐洲最先掌握印度及東南亞商業情報的國度。約翰二世利用貿易利潤支撐海外擴張及探險行動的巨額支出。這比明代中國永樂皇帝朱棣（1360-1424）派遣鄭和（1371-1433）下西洋，只是宣揚國威，投入資金卻無法回收，最後無以為繼，葡萄牙人實在有智慧太多。這個商業模式成為其他後起殖民國家，如西班牙、荷蘭、英國、法國等的模仿對象。

約翰二世給予里斯本（Lisboa）富商戈麥斯（Fernan Gomez）經營非洲幾內亞（Guinea）的貿易獨佔權，條件是戈麥斯必須每年多發現100海哩的非洲海岸。航行在非洲西海岸就是南大西洋東岸，必須穿過赤道無風帶，有濃霧、暴雨、龍捲風，而且要對抗由南向北的「本格拉海流」（Benguela Current）的強勁流速。但在戈麥斯資助下，因為有強勁誘因，狄亞士（Bartolomeu Dias, 1451-1500）於1488年發現南非的「好望角」（Cabo da Boa Esperanca），證實大西洋與印度洋的海水

是相通的，從而掌握印度和東南亞商機。好望角在當時是經年大風大浪的海域，浪差常出現高達15公尺以上的殺人浪，1488年狄亞士抵達「好望角」時，狂浪幾乎吞噬整個船隊，幸而被巨浪推上岬角生存下來，狄亞士將這個岬角命名為「風暴角」（Cabo das Tormentas）。但經此暴浪打擊，船隊物資人員損失慘重，無法繼續前進印度，只好返航葡萄牙。

　　1495年國王曼紐一世（Manuel I,1469-1521）繼位，持續推動航海事業。1497年達伽瑪（Vasco da Gama, 1460-1524）順利通過「好望角」，才將「風暴角」改名為「好望角」。但是狄亞士於1500年重返好望角時，卻遭遇狂浪不幸葬身大海。許多人誤以為「好望角」是非洲的最南端，這是錯誤的知識。非洲最南端是位於好望角東南東方150公里處的「阿古拉斯角」（Cabo das Agulhas）。「阿古拉斯角」附近海域的風暴浪差達30公尺高，從「好望角」到「阿古拉斯角」是全球最危險的海域，達伽瑪能順利通過，實在是高超的航海技術加上無比幸運所致。葡萄牙王國發展的大西洋南向航路，比起哥倫布的大西洋西向航路或麥哲倫的太平洋航路所經過的海域更加危險。中國人橫渡澎湖海溝就號稱「埋冤」，實在比不上葡萄牙人。

　　1498年達伽瑪航抵印度的胡椒和香料交易中心卡里卡特(Calicut)，滿載絲綢、香料、黃金而歸。1502年達伽瑪再度抵達印度的果阿(Goa)，搶劫阿拉伯商船，屠殺阿拉伯人，達伽瑪後來還出任葡萄牙在印度殖民地的第二任總督。1510年葡萄牙的印度總督阿爾布克爾克(Alfonso de Albuquerque, 1453-1515)攻佔果阿，作為葡萄牙殖民地。1511年阿爾布克爾克攻佔馬來西亞的麻六甲(Melaka)，並屠殺全城的士兵和平民。阿爾布克爾克派人找到印尼盛產香料的摩鹿加群島(Kepulauan Maluku 或Molucca Islands)，1512年1月在安汶(Ambon)建立據點。香料是指肉豆蔻 (肉荳蔻樹Myristica的果仁，Nutmeg)、肉豆蔻皮（肉荳蔻硬殼的紅色外皮，Mace）、丁香(Cloves)、胡椒(Piper)、肉桂(Cinnamon)、薑(Ginger)、八角(Star Anise)、薑黃(Turmeric)，由於

阿拉伯人的壟斷，在歐洲的價錢幾乎和黃金一樣貴，這使葡萄牙人在1512年掌控原產地印尼的摩鹿加群島後，有足夠利潤撐起在印尼的殖民事業。1521年西班牙人亦從菲律賓來到摩鹿加群島的帝多利(Tidore)建立據點，西葡雙方爭戰不斷，最後葡萄牙人獲勝，雙方於1529年簽訂《薩拉戈薩條約》(Treaty of Zaragoza)，西班牙人退出摩鹿加群島。從此，整整16世紀葡萄牙船隻、航海家、地圖繪製師、軍隊幾乎壟斷了半數的國際貿易金額。

1514年葡萄牙船隊抵達廣東，從事香料貿易。1553年以「借地晾曬水浸貨物」爲由，獲准在澳門租地設商館，每年地租2萬兩。1557年明代中國政府同意葡萄牙人定居，葡萄牙政府才視之爲租界式的殖民地。1583年設立澳門市政廳，由葡萄牙政府派官治理。但直到1887年《中葡和好通商條約》簽訂後，葡萄牙才正式取得「永居管理澳門」的權利。葡萄牙於1516年攻佔斯里蘭卡，1542年首度航抵日本種子島，1549年8月天主教首位神父沙勿略（Francis Xavier,1506-1552）經過台灣海峽，抵達日本九州鹿兒島，開始傳播天主教。沙勿略是西班牙的巴斯克（Euskaldun）人，也是天主教耶穌會（Societas Iesu）的創始人之一。巴斯克人被一些人類學家認定是舊石器時代晚期克羅馬儂人（Cro-Magnon）的後裔。

1550年葡萄牙商館（Factory）在日本長崎的平戶島（Hirado）設立，1584年西班牙人也抵達平戶設立商館，1605年葡萄牙商館遷移至長崎的扇形人工島「出島」（Dejima），1609年日本人允許荷蘭人在平戶島設立商館。荷蘭人的來臨與葡萄牙人形成政治上的對立，以及商業上的激烈競爭。「商館」兼具貿易代表處、貿易商辦事處、發貨倉庫、資金調度中心的功能。1637年日本爆發天主教徒的「島原之亂」，日本德川幕府怪罪傳播天主教至日本的葡萄牙人和西班牙人，1639年下令驅逐居住在日本的葡萄牙人和西班牙人，禁止葡萄牙和西班牙船隻停靠日本港口。葡萄牙人的對日貿易遂爲信奉基督新教派且保證不在日本傳教的荷蘭人所奪取。

　　1550年左右，葡萄牙人從克拉克式船（Carraca）再發展出大型運輸用的蓋倫式船（Galeon），載運量可達1,500公噸，更有助於提高遠海航行的運輸利潤。十六世紀歐洲商人最賺錢的生意莫過於掌握東南亞的香料和胡椒、中國的絲綢和瓷器，這些貨物最大的集散地原本在德意志境內，位於西歐北部的漢堡（Hamburg），後來漸被位於西歐中部的荷蘭阿姆斯特丹（Amsterdam）取代。由於葡萄牙和西班牙位處西歐的西南部，地理位置不適宜作為東方貨物的歐洲貿易集散地。

　　據說1544年葡萄牙貿易船隊奉葡萄牙的麻六甲總督之命，品托（Fernao Mendes Pinto, 1509-1583）率船隊開赴日本九州豐後國（大分縣），航經台灣島西海岸，看見台灣島的山川景觀，船上葡萄牙水手驚呼為「美麗小島」（Ilha Formosa ，福爾摩沙），Ilha 相當於英語的Isle是「小島」的意思。不過這段歷史僅止於傳說，尚缺乏有力證據。後來1554年葡萄牙人歐蒙（Lopo Homen）繪製的地圖，在北回歸線以北，繪出一個島嶼，標示出I. Fremosa的名稱，這是最早出現福爾摩沙島的地圖。但所繪島形很像變形蟲，拼字也不是Formosa。有人說「福爾摩沙」一語是台灣人抄自荷蘭人林斯喬登（Jan Huygen van Linschoten,1563-1611）1596年出版的荷蘭語《東西印度水路誌》（His Discours of Voyages into ye East and West Indies: Diuided into Foure Bookes）在1598年發行英文版裡的說法，但是《東西印度水路誌》記載的內容仍然把台灣島稱作「小琉球」，把台灣島東北方的宮古群島稱作「三王島」，把位於北緯25.5度以北的沖繩島稱作「福爾摩沙」，而台灣島極北的緯度是25度18分。當時台灣島在西方並無特別名稱，葡萄牙官方當時還是跟著中國人把台灣島叫做「小琉球」（Lequeo Pequeno）。葡萄牙人亦不知台灣島的島型是什麼形狀，還以為台灣島是三個很小的島嶼組成的群島。

　　福爾摩沙只是「美麗」的意思，不能算是正式的島名。葡萄牙人在十六世紀大航海時代，船舶航經很多島嶼也都稱呼為「美麗小島」，台灣島只是其中較大的島嶼，所以「福爾摩沙」不算是正

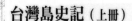

式的命名。葡萄牙人在1505年航經印度南部的錫蘭島（Sirandib或Ceylon），也稱呼錫蘭叫Ilha Formosa「美麗小島」。錫蘭於1972年更名爲「斯里蘭卡」（Srilamka），就是僧伽羅語（Sinhalese）「神聖美麗」之意。所以台灣島稱「福爾摩沙」其實並不獨特。

葡萄牙人殖民巴西時，也曾命名「福爾摩沙山脈」、「福爾摩沙湖」、「福爾摩沙市」，阿根廷北部有「福爾摩沙省」、「福爾摩沙市」，美國佛羅里達州奧蘭多市Orlando也有「福爾摩沙湖」，其他叫福爾摩沙的小島還很多，「福爾摩沙」在葡萄牙語或西班牙語是個「菜市仔」的通俗名稱。葡萄牙人以「福爾摩沙」命名的城市、島嶼、海灣、海灘、山脈、河流、湖泊，遍布全世界，一點都不稀奇。另外，葡萄牙人看見澎湖聚集很多中國漁船和漁夫，還把澎湖取名「漁夫島」（Pescadores）。

1557年葡萄牙人與明代中國政府協議居留澳門，作爲發展與中國貿易的基地。當時中國受困倭寇問題，實施海禁，葡萄牙在澳門的轉運貿易，居中謀利，控制中國與日本、東南亞之間的貿易，包括中國的絲綢及黃金、日本的白銀、東南亞的香料，都是葡萄牙人買賣的主要貨品。但葡萄牙商船在澳門載貨，駛出廣州灣，沿著廣東省海岸，向東北航向福建漳州，再沿著台灣島西部海岸航行三天，抵達琉球群島，順北而上前往日本。所以葡萄牙人航經台灣島，卻從未登陸台灣島，也未起心動念佔領台灣島，還常把台灣島說成「小琉球」。

雖然1554年《歐蒙世界地圖》（World Map of Lopo Homen）在北回歸線以北已繪出一個島嶼I. Fremosa，但航海誌用「福爾摩沙」一詞正式稱呼台灣島，比較確定的歷史事實是1582年7月24日出現在西班牙船隊航經台灣島東海岸，船長蓋里（Francisco Gaulle, 1539-1591，或稱Galli, Gali）在航海誌寫下「好美麗的諸島」（As Ilhas Fermosas），意思是他的船隊「正航經一些不知名的美麗小島」，緯度在21.75度，正是台灣島極南端座標21度53分位置以北，約台東的海域。蓋里還記載，聽到一位中國人Santy（閩南語：瘦豬）說：「該島有良好港

灣，居民面貌及身體與呂宋島的毗舍耶（Visaya）人相似，服裝亦雷同。該島有金礦，島民常駕扁舟，載鹿皮、金沙和雜物赴中國海岸交易。」從此西班牙船隊只要航經台灣島海域都習慣性地寫下「航經美麗島」，西班牙人和葡萄牙人的航行紀錄，就逐漸用「美麗小島」稱呼台灣島，名爲「福爾摩沙小島」，西班牙地圖製作者也逐漸用「福爾摩沙」取代「小琉球」作爲台灣島的稱呼。因此，1584年後西班牙人較常用「福爾摩沙」（Hermosa）一詞正式稱呼台灣島。但對當時台灣島上的原住民而言，台灣島仍然沒有全島的名稱。

1582年7月6日葡萄牙有一艘「克拉克」（Carraca）式三桅帆船自澳門出發，前往日本途中，在台灣島西北部海岸觸礁，300多名乘員游向岸邊，遭原住民攻擊，倖存290多人，自行建造一艘較小船隻，經過8天航行，返回澳門。乘員中有位西班牙傳教士桑切斯（Alonso Sanchez）留下了這個紀錄，時間是1582年7月16日。但1580年至1668年西班牙與葡萄牙兩國處於合併狀態，常讓外人分不清這階段許多歷史人物的國籍。

在傳統國際法領域，一個國家取得領土主權，有下列方式：武力征服、原主權者割讓或合併、先佔無主權土地、其他主權者長久不聲索的時效（Prescription）已過、人工填造、殖民地自決、主權者認可之獨立等。葡萄牙人航經台灣島時，葡萄牙是有主權的國家組織。對葡萄牙而言，1544年的台灣島是無主權的土地，葡萄牙可以經由佔領取得台灣島主權，但葡萄牙人志在貿易，不在佔領土地，並未把握機會。另外，因爲西班牙和葡萄牙曾於1529年簽訂《薩拉戈薩條約》（Treaty of Saragossa），以東經134度劃分兩國在太平洋地區的勢力範圍，以摩鹿加群島爲分界線，以東歸西班牙，以西歸葡萄牙。但後來協商調整，東經120度左右的菲律賓群島和台灣島劃歸西班牙，摩鹿加群島全歸葡萄牙。這是葡萄牙人後來率先航經台灣島西岸，卻未佔領台灣島，也未登陸台灣島，反而西班牙積極佔領台灣島的原因。

葡萄牙王國於1580年被西班牙國王腓力二世以王室繼承權爲

由，合併爲西班牙聯合王國的一部分，形成「共主邦聯」（Personal Union），稱「伊比利邦聯」（Iberian Union），從1580年至1640年，存在60年。兩國共同接受一個擁有領土主權的國王統治，但各自有貴族分別組成的議會和政府。雖然王室相同，兩個議會和政府不互相統屬，所以兩邊人馬還是常爲海外殖民的利益爆發衝突。由於1580年至1668年間葡萄牙被併入西班牙，並非主權國家，就無法行使這些領土主權的權利。也就是說，1626年西班牙進佔台灣島北部時，西班牙和葡萄牙是同一個國家，不過西班牙與葡萄牙兩國於1640年開始分裂，至1668年葡萄牙才恢復獨立。1642年西班牙佔領軍被荷蘭軍隊驅離台灣島北部時，西班牙與葡萄牙還是同屬一個國家。兩國的共同敵人荷蘭於1568年宣布脫離西班牙獨立，荷蘭人後來搶了葡萄牙人的摩鹿加群島，又搶先進佔台灣島，卻是葡西兩國始料未及的發展。

相較之下，令人非常不可思議的歷史事實是：1405年至1433年鄭和（1371-1433）七次下西洋，竟然對近在咫尺的台灣島視而不見。這個事實足以令任何人聲稱中國歷史早有關於台灣島的記載，變得毫無意義。特別的是，鄭和下西洋打開的中國航海時代對中國的意義，遠不如一個小小的葡萄牙。葡萄牙人航向大海，有清楚的貿易殖民戰略。相對地，鄭和下西洋只像是一場明代中國奢華的國際宣傳活動，不具備可以回收資金的商業模式，反而留下龐大的財政赤字。據說，鄭和的航海資料《鄭和出使水程》後來被明朝曾任兵部尚書的劉大夏（1436-1516）燒毀。明代中國毀棄海軍建設，中國海洋勢力就此衰微。

英國商人於1600年成立英國的「東印度公司」展開殖民貿易，荷蘭商人於1602年成立「聯合東印度公司」，以公司股份制籌集海外殖民及貿易的資本，並獲得主權政府授權，變成擁有海外主權的殖民公司，大肆在海外組織武力，招募傭兵，向東方各地進行侵略擴張。殖民公司的實力及效率遠大於葡萄牙及西班牙的官僚殖民模式，葡萄牙的海外勢力逐漸遭英荷兩國奪佔。

荷蘭的聯合東印度公司更以葡萄牙隸屬西班牙，以及荷蘭與西班牙之間有獨立戰爭正在進行爲由，在海上劫掠葡萄牙商船，派兵搶奪葡萄牙的印尼殖民地，並在印尼的雅加達（Jakarta）設立殖民總部，更名爲「巴達維亞」（Batavia）。這個巴達維亞總部對台灣島的命運起了重大的歷史作用。雅加達當時的名字叫「巽他卡拉巴」（Sunda Kelapa）。

葡萄牙人在1640年由葡萄牙貴族起義，發起武裝獨立鬥爭，到1668年葡萄牙才又正式恢復成爲獨立王國，這是葡萄牙歷史上長達28年的「王政復古戰爭」（Portuguese Restoration War）。但除了巴西及澳門外，葡萄牙王國的海外殖民地在這場「王政復古戰爭」時幾乎被荷蘭和英國趁機瓜分殆盡。

二、西班牙人

西班牙所處的伊比利半島（The Iberian Peninsula），自從八世紀伊斯蘭勢力從北非洲進入，便長期處於與基督教勢力衝突的紛爭中，政治局勢動盪不安。在西羅馬帝國崩潰後，伊比利半島的山脈地勢切割成幾塊地區，形成許多封建小王國，分別由親戚關係相近的王室統治。1035年，納瓦拉（Navarra）國王桑喬三世（Sancho III Garcés, 992-1035）聯合萊昂（Leon）王國、卡斯提亞（Castilla）王國以及阿拉貢（Aragon）王國等基督教領地，共同對抗伊斯蘭勢力，而1139年葡萄牙則在伊比利半島西部形成相對獨立的王國。1230年同屬基督教勢力的萊昂王國和卡斯提亞王國合併，形成西班牙的統一基礎。當時阿拉貢王國和加泰隆尼亞王國（Catalunya）則仍處於獨立王國的狀態。伊比利半島南部則控制在非洲摩洛哥的柏柏爾人（Berbers）、摩爾人（Moors或Amazighs）的手裡，號稱格拉納達大公國（Emirate of Granada）。

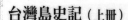

阿拉貢王國陸續合併加泰隆尼亞王國、瓦倫西亞王國（Valencia），甚至合併義大利的西西里王國（Sicilia）。薩丁尼亞島（Sardinnia）、科西嘉島（Corsica）、那不勒斯（Naples）王國（拿坡里）都成為阿拉貢王國的藩屬國或被保護國。1385年卡斯提亞王國試圖合併葡萄牙王國失敗，為了對抗伊比利半島南部格拉納達大公國的摩爾人（Moors），經由1469年卡斯提亞公主伊莎貝拉（Isabella I of Castile, 1451-1504）與阿拉貢王子斐迪南（Ferdinand II of Aragon, 1452-1516）聯姻，伊莎貝拉和斐迪南後來分別繼承卡斯提亞和阿拉貢的王位，1479年卡斯提亞王國與阿拉貢王國合併成共主聯邦型（Personal Union）的西班牙王國，兩人所生女兒胡安娜（Juana I de Castilla, 1479-1555）嫁給奧地利哈布斯堡（Habsburg）王室的菲利浦大公（Archduke Philip），即「美男子」腓力一世（Felipe I el Hermoso, 1478-1506）。胡安娜生下查理五世（Charles V, 1500-1558），後來繼承奧地利和西班牙王位，並被封為「神聖羅馬帝國皇帝」，統治奧地利、西班牙、荷蘭、比利時、部分義大利，領土分散各處，被稱為「拼裝王國」，但以西班牙的領土面積最大。查理五世繼承各個封建領地的時間不同，也都會有不同的封號或王號。1492年西班牙王國滅亡格拉納達大公國，才正式產生現代西班牙國家的主權領土。摩爾人是基督教信徒對進佔伊比利半島的伊斯蘭教徒的稱呼，其他稱呼包括柏柏爾人、阿拉伯人、撒哈拉人（Saharawi）、衣索比亞人（Ethiopians）、穆拉迪人（Muladi）。

1415年葡萄牙王國積極拓展航海殖民事業，引起了西班牙王國競逐。哥倫布（Cristoforo Colombo, 1450-1506）於1492年受西班牙國王伊莎貝拉和斐迪南的資助橫渡大西洋，航抵美洲大陸，發現古巴和海地，引發西班牙人與葡萄牙人的緊張關係。葡萄牙人當時已控制大西洋上的「維德角群島」（Cabo Verde），但是葡萄牙以南下非洲西海岸，越過好望角，抵達印度為主要目標，不是橫渡大西洋航抵美洲。

雖然葡萄牙人已有教宗尼古拉五世1455年詔書的保障，但哥倫布

的航行和發現，卻使西班牙和葡萄牙的競爭關係趨於緊張。西班牙人怕葡萄牙人爭奪美洲的土地，葡萄牙人怕西班牙人搶奪非洲及亞洲的貿易，為避免衝突，西葡兩國於1494年6月7日在西班牙卡斯提亞的度假小鎮托爾德西利亞斯（Tordesillas）簽訂條約，規定維德角群島以西370里格（League，每1里格約當步行1小時的距離，或定義為3海里，約5.556公里），即西經46度37分為界線。界線以西歸西班牙的勢力範圍，界線以東歸葡萄牙的勢力範圍，劃分兩國在大西洋的勢力範圍，史稱《托爾德西利亞斯條約》（Treaty of Tordesillas）。《托爾德西利亞斯條約》條文如下：「在這個大洋上劃定一條邊界，或者一條從北極到南極的直線，自北向南距維德角群島以西370里格，以此為界，在它以東，凡是已被或將被葡萄牙發現的島嶼和大陸均屬於葡萄牙王國；在它以西，凡是已被或將被西班牙發現的島嶼和大陸均屬於西班牙王國。」

這條分界線通稱「教皇子午線」（Papal Meridian），是教皇亞力山大六世（Alexander PP. VI, 1431-1503）於1493年5月4日提議以西經38度線作界線，稱Bull Inter Caetera。但是《托爾德西利亞斯條約》所劃的「子午線」是西經46度37分線，比教皇亞力山大六世原先提議的「子午線」還要靠西邊很多，造成葡萄牙於1500年可以「合法」佔領巴西的局面。有趣的是，西葡兩國拒絕買教皇的帳，《托爾德西利亞斯條約》明文規定西葡兩國反對教皇擁有分配新發現土地的權力，公然刻意貶損教皇的權威。

1500年葡萄牙探險家卡布拉爾（Pedro Álvares Cabral, 1467-1520）不顧教皇子午線的限制，越界發現並佔領南美洲的巴西，建立葡萄牙殖民地，範圍遠超過西經46度37分的西側。1511年葡萄牙在太平洋發現香料群島摩鹿加（Moluccas）。1493年後西班牙和葡萄牙如此劃分勢力範圍，西班牙人在其美洲殖民地發現黃金和白銀，葡萄牙人在印尼、巴西、非洲建立蔗糖、香料、奴隸貿易網，靠著這些財富，西葡兩國建立人類史上第一代的海洋殖民帝國主義，隨後引來英國與荷蘭

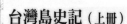

的競逐。

　　伊莎貝拉和斐迪南的外孫和接班人神聖羅馬帝國皇帝查理五世（Charles V, 1500-1558）於1521年支持麥哲倫（Fernando de Magallanes, 1480-1521）船隊環球航行，並建立菲律賓殖民地。查理五世也是西班牙國王卡洛斯一世（Carlos I, 1500-1558），封號不同，但都是同一人。查理五世更是啓動宗教迫害，造成荷蘭獨立的重要人物。麥哲倫船隊展開環球航行，於1521年3月16日航抵菲律賓的霍蒙洪島（Homonhon），再航至菲律賓宿霧（Cebu），命令宿霧部落酋長臣服西班牙國王，這是菲律賓成爲西班牙殖民地的第一步。4月27日麥哲倫率60多人去鎮壓麥克坦島（Mactan）的反抗而戰死，其餘船員繼續航行，11月6日航抵摩鹿加群島，引爆西班牙和葡萄牙爭奪摩鹿加群島的糾紛。爲避免摩擦或衝突，葡西兩國自1523年開始談判，於1529年簽訂《薩拉戈薩條約》（Treaty of Zaragoza或Saragossa），在太平洋上劃分勢力範圍。太平洋分界線位於東經134度（一說東經142度），即摩鹿加群島以東的經線。分界線以西歸葡萄牙，所以西班牙要退出摩鹿加群島，由葡萄牙賠付西班牙35萬金幣（Ducat）。印尼、東南亞及中國澳門因此劃歸葡萄牙的勢力範圍。分界線以東歸西班牙，但條約有模糊地帶，未言明西班牙已登陸的菲律賓如何處理，太平洋分界線以西的菲律賓仍歸西班牙統治，葡萄牙默認從未抗議。因此西班牙後來認定，台灣島與菲律賓同屬西班牙的勢力範圍，葡萄牙不得介入。同時，《薩拉戈薩條約》再度重申羅馬教皇無權重分配西葡兩國新發現的領土，從此教皇失去這項權力。

　　麥哲倫原本是葡萄牙人，曾擔任葡萄牙海軍的艦隊船長，1515年不滿葡萄牙王室，投奔西班牙國王。麥哲倫於1518年受西班牙國王之命，從西班牙的塞維亞Sevilla出發，繞過南美洲南端，橫越太平洋，直抵菲律賓。當時太平洋海域很平靜，被麥哲倫稱爲「平靜海」（Mar Pacifico），這是太平洋名稱的由來。

　　1543年西班牙國王查理五世以王子腓力二世（Philip II, 1527-

1598）之名，命名菲律賓群島（Las Islas Filipinas），1564年正式佔
領菲律賓作為亞洲據點。1565年以宿霧（Cebu）為殖民地，開通菲
律賓和墨西哥之間的郵輪航線。到1571年西班牙人已全面征服菲律賓
原住民，並定馬尼拉為首府，吸引中國人從福建運貨到馬尼拉交易，
馬尼拉成為澳門之外另一個中國貨物的轉運集散地。西班牙人從墨西
哥運送白銀，橫越太平洋至菲律賓，與中國商人交換絲綢、瓷器，然
後北渡巴士海峽，航經台灣島東海岸，北上琉球和日本。再沿著千島
群島，橫越北太平洋到北美洲，最後沿著北美洲西海岸南下返回墨西
哥。1545年在玻利維亞的波多西（Potosi）發現銀礦山，西班牙人大量
奴役原住民或黑奴，開採銀礦運去墨西哥的阿卡普爾科（Acapulco）
港口鑄成全球最早的通行銀幣，再運到菲律賓與中國商人交易，或運
回歐洲，造成各地銀製貨幣供給大增，引發通貨膨脹。

　　1545年至1560年間，西班牙自海外運回5,500公斤黃金、2.4萬公斤
白銀，控制世界金銀挖採量的83%。為了保障海上運輸線，組建「無
敵艦隊」（Armada Invencible），擁有130多艘戰艦，3千多門艦砲，數
萬名海軍，總船舶數1千多艘，雄霸大西洋和地中海。1588年卻被英國
艦隊摧毀，西班牙海上武力從此一蹶不振。

　　1565年黎牙實比（Miguel Lopez de Legazpi, 1502-1572）與烏爾達
內塔（Andres de Urdaneta,1498-1568）率西班牙遠征隊從菲律賓宿霧出
發，順北上黑潮經過台灣島、琉球群島、日本九州島、本州島周圍海
域，再橫渡北太平洋，抵達北美洲，再沿著太平洋東側海域南下，成
功返回墨西哥的阿卡普爾科（Acapulco）。從此，西班牙人由墨西哥
順著南太平洋海流航行至菲律賓，再由菲律賓北上順著北太平洋海流
回到墨西哥，成為環太平洋的航線。

　　1586年4月西班牙的第6任菲律賓總督維拉（Santiago de Vera），
曾建議佔領台灣島，但西班牙國王腓力二世（Felipe II）困於對英國、
荷蘭的戰爭，一直無法下定決心，直到聽聞日本豐臣秀吉有意佔領台
灣島，進而攻擊菲律賓，掠奪馬尼拉與中國的生意時，於1589年8月同

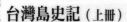

意出兵佔領台灣島。

1591年日本豐臣秀吉派使臣前往菲律賓，要菲律賓原住民臣服日本。1593年派海盜商人原田孫七郎到馬尼拉要西班牙第7任菲律賓總督老達斯馬里納斯（Gomez Perez Dasmarinas, 1519-1593）向日本進貢。原田孫七郎途經台灣島，要求「高砂國王」臣服。此舉引起西班牙人疑懼，認為日本可能佔領台灣島及呂宋島。

1592年6月老達斯馬里納斯派遣西班牙天主教多明我會（Ordo Dominicanorum，道明會）神父柯博（Juan Cobo, 1546-1592）赴日本查探日本人南侵馬尼拉的準備。12月柯博搭日本船隻返回馬尼拉，在台灣海峽發生船難，登岸時遭原住民斬首。但是老達斯馬里納斯並未執行腓力二世的指示，沒有趁勢採取行動出兵佔領台灣島，懲罰原住民。未與柯博搭同一條船返回馬尼拉的翻譯也是中國商人的羅佩茲（Antonio Lopez）向老達斯馬里納斯證實日本人準備南下佔領琉球、台灣島及呂宋島。

事發很久之後，1596年老達斯馬里納斯的兒子也是第9任總督小達斯馬里納斯（Luis Perez Dasmarinas）向腓力二世進言，主張佔領台灣島，可以保護中國商船赴馬尼拉貿易，不受海盜侵擾，又可以防止日本人南下進攻菲律賓，擴大天主教的傳教基地，保護西班牙商船北上航經台灣海峽的安全。1597年5月18日及6月21日西班牙的第10任馬尼拉總督古茲曼（Francisco de Tello de Guzman, ?-1603）兩度召開軍事會議，再度主張佔領台灣島。

1597年6月27日西班牙人科羅內爾（Hernando de los Rios Coronel, 1559-?）上書國王，建議搶先佔領台灣島，文件指出：位於台灣島北端，靠近琉球通往日本的航線附近，有座港口叫「雞籠」（Keilang），是天然良港，港內水深，港灣易於防禦。港口附近土地肥沃，魚、米、肉等食物產量豐盛，每年有200艘船運貨前往中國。居住「雞籠」的原住民叫巴賽人（Bassayer），善於貿易，有生意頭腦，也不時從事海盜行為。巴賽人聚集在北海岸形成大巴里社（Tappare）

和金包里社（Kimpauri）。金包里人駕著艋舺（舟）四處經商，去宜蘭向噶瑪蘭人買鹿皮、稻米，轉賣中國商人的醬油、印花布、銅製品給噶瑪蘭人。科羅內爾所附地圖的台灣島形狀是長方形，上有雞籠（Keilang）、淡水（Tamchuy）兩個港，可能是西方史上繪製台灣島圖第一次最接近實際狀況的。科羅內爾1597年就把台灣繪成一個完整的島，而不是許多小島組成的群島，可惜未將地圖大量發行，歐洲航海家接觸這張圖的機會非常少。

西班牙人並記載，噶瑪蘭人在收穫季節後，會航海北上到淡水、關渡埋伏，在沿岸伺機獵殺金包里社的巴賽人和中國人，強奪財物，割取首級獻祭。八里地區至今留有噶瑪蘭人埋伏地，稱「噶瑪蘭坑」。互相猜忌的噶瑪蘭人與金包里人發展出互不見面的「沉默交易」（Silent Trade）。金包里人攜帶黃金，置放在特定地點，接著噶瑪蘭人出現在該特定地點，置放衣物布料或稻米。金包里人再出現，拿取衣物布料或稻米，結算留下適量黃金，最後由噶瑪蘭人再出面拿走剩餘黃金。噶瑪蘭人常經由搶劫或貿易，取得琉璃珠、瑪瑙珠、陶製煙斗等物品。

1598年西班牙人派兵200人搭船兩艘，擬進佔台灣島，然遇颱風受阻，未能航抵台灣島。1619年西班牙傳教士馬丁略（Bartolome Martinez, ?-1629）認為台灣島是菲律賓前往日本和中國貿易的中繼站，再度建議佔領台灣島，建立貿易港口，不可讓日本人捷足先登。

十七世紀時，西班牙和日本的關係愈趨緊張，日本德川幕府在1613年下令禁止日本人信仰天主教，1614年把信仰天主教的諸侯高山右近、內藤如安等148人流放馬尼拉，1616年驅逐所有天主教的傳教士，1622年在長崎處死55名天主教傳教士和信徒，1623年日本德川幕府禁止日本船隻前往馬尼拉，1624年日本進一步禁止西班牙商船赴日貿易。1637年日本爆發天主教徒的「島原之亂」，西班牙與日本的關係形同絕裂。

西班牙人經過一番折騰，最後遲至1626年才由駐菲律賓總督施爾

瓦（Fernando de Silva）派瓦迪斯（Antonio Carreno de Valdes）率兵300名，繞經台灣島東海岸，登陸洩底灣（貢寮澳底），進佔基隆社寮島（和平島），建「聖薩爾瓦多城」（San Salvador）（彩圖十六）。1628年瓦迪斯沿著北海岸向西航行，進入淡水。西班牙人於是在台灣島北部的基隆、淡水建立港口貿易根據地。西班牙人計畫提供「會船點」港口，給中國人和日本人交易之用，但比荷蘭人進佔台灣島南部晚了兩年。

西班牙人在基隆、淡水的根據地，始終維持著港口佔領軍的規模，從未發展成「殖民地」。後世史家記載台灣島有「西班牙殖民地」或「西班牙殖民時期」，與史實不符。十七世紀西班牙人記載，居住在淡水的原住民大巴里人（Taparri，台北淡水）採集北投硫磺，賣給中國海商，西班牙人即使佔領基隆、淡水，卻也無法介入這些交易。可見西班牙人只有「佔領港口」，卻無法進行「殖民統治」或「殖民貿易」。

西班牙和葡萄牙在全球相互劃分勢力範圍，但在1580年至1668年間，長達88年合併為「共主邦聯」形式的西班牙聯合王國，同屬一個王室統治的政治局面。荷蘭原屬西班牙王國統治的行省，卻因信仰天主教的西班牙國王腓力二世（1527-1598）迫害信仰基督新教派的荷蘭人，搞宗教裁判所，以火刑、活埋迫害新教徒，引發暴動與革命，爆發武裝衝突。

荷蘭人在奧倫治親王（Prins van Oranje）威廉一世（Willem I，1533-1584）領導下於1568年展開獨立運動，到1648年西班牙被迫承認荷蘭獨立為止，史稱「八十年戰爭」。後來荷蘭人以獨立戰爭為由，把葡萄牙看成西班牙的一部分，四處劫掠葡萄牙商船，攻佔葡萄牙的海外殖民地。「荷蘭」一詞其實只是「尼德蘭」的一個行省，因為荷蘭省的政經勢力最強大，荷蘭人也最早航抵東方，東方各國常以為「荷蘭」是一個國家，習慣用「荷蘭」稱呼整個「尼德蘭」，或者兩個稱呼互相替代使用，本書也沿用這種習慣用法。所以「荷蘭東印度

公司」的正確名稱應該是尼德蘭的「聯合東印度公司」，「荷蘭共和國」的正確名稱應該是「尼德蘭七聯省共和國」。

　　這期間英國政府以同屬基督新教派為理由，支持荷蘭的獨立運動，對抗西班牙。荷蘭的獨立戰爭是以尼德蘭七個省政府和貴族議會為基礎，以荷蘭省為核心，並以基督新教派為主力發起的，戰爭也以海戰及搶劫對方商船為主。因此英荷合作在海外搶奪西班牙和葡萄牙的殖民地，1588年西班牙無敵艦隊敗給英國後，荷蘭的相對實力大增，西班牙和葡萄牙的國力開始衰退，西班牙被迫於1648年正式承認荷蘭共和國的獨立。在這之前，西班牙和荷蘭始終處於敵對的戰爭狀態，所以1626年進佔台灣島北部的西班牙人，和1624年進佔台灣島南部的荷蘭人，終須在台灣島上以武力交鋒，一決勝負。

三、荷蘭人

　　1581年7月26日荷蘭地區原隸屬於西班牙王國的幾個省份宣布獨立為「尼德蘭七聯省共和國」。1585年西班牙國王腓力二世宣布禁止荷蘭人進出西班牙港口與殖民地，並派兵攻占安特衛普（Antwerpen），荷蘭人的商業貿易陷入危機。1588年8月8日荷蘭人提供資金給英國海盜德雷克（Francis Drake, 1540-1596），德雷克率領的英國海軍摧毀西班牙無敵艦隊（Armada Invencible），西班牙國力開始衰敗，反轉了荷蘭人的不利局面。

　　1592年荷蘭人霍特曼（Cornelis de Houtman, 1565-1599）到葡萄牙首都里斯本（Lisboa）盜竊東方航海圖，失風被捕下獄。1594年荷蘭商人籌錢贖身，霍特曼才得以脫身。在霍特曼提議下，從安特衛普逃到阿姆斯特丹的荷蘭商人歐斯（Dirck van Os, 1556-1615）發起並募集29萬荷蘭盾的資金組成「遠征公司」（Compagnie van Verre），試圖利用葡萄牙港口和殖民地發展貿易機會，但葡萄牙已於1580年被西班牙

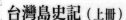

王國合併，同屬一個王室統治。西葡勢力遍及各地，「遠征公司」只好另尋貿易航路，先試圖通過北極海通往亞洲失敗，再次於1595年4月2日「遠征公司」派出四艘船艦，從阿姆斯特丹出發，由霍特曼率領繞過南非好望角，抵達印尼萬丹（Bantam），可惜於1597年8月14日失敗而歸。四艘船出航，僅三艘返航，249名船員出發，僅剩89人回家，其餘不是病死，就是在衝突中喪生。僅管霍特曼此行失敗，但帶回來數量不多的胡椒，仍讓遠征公司的股東能收回投入的資金，因而鼓舞阿姆斯特丹、荷蘭省和澤蘭省的其他城市紛紛創辦十幾家同類型東印度遠洋貿易公司的設立。四年之內，共有65艘荷蘭船隻出航到東印度群島，平均獲利達四倍。當時所謂「東印度」是泛指印度以東的地區。荷蘭人林斯喬登（Jan Huygen van Linschoten, 1563-1611）藉著擔任葡萄牙派駐印度果亞（Goa）主教秘書的機會，偷取葡萄牙人航行至印尼的航海圖及資料，1596年出版《東西印度水路誌》（Itinerario），1598年又出英文版，更引發荷蘭的東向貿易熱潮。

　　1598年「老牌公司」（de Oude Compagnie）派荷蘭人范聶克（Jacob Cornelius van Neck, 1564-1638）率兩艘船艦抵達印尼摩鹿加群島（Maluku），被葡萄牙人驅逐，於是試圖轉向馬來半島的大泥王國（Patani，泰國的北大年），當時大泥已有很多從事經商貿易的中國人。范聶克卻遭遇暴風，1601年改航澳門。澳門的中國稅官李道招待范聶克進城居住一個月，但因葡萄牙人從中作梗，荷蘭人未能獲得中國同意直接通商。後來范聶克順利與印尼萬丹的酋長（蘇丹）簽訂貿易合約，回程載滿八艘船的香料，獲利豐厚。但隨著荷蘭船隻大量運回胡椒，不但讓印尼產地價格翻倍，也使阿姆斯特丹的胡椒售價滑落，東印度貿易利潤消失。最後荷蘭省議會議長（Land's Advocate）奧登巴內維特（Johan van Oldenbarnevelt, 1547-1619）出面整合，1602年3月20日將許多東印度貿易商組成「聯合東印度公司」（Vereenigde Oostindische Compagnie, VOC）（彩圖十七），並給予特許權，得代表荷蘭政府行使海外統治權，開創了史上第一家全球資本主義的商業帝國。

　　1600年荷蘭船隻慈愛號（Liefde）及希望號（Hoop）從南美洲橫渡太平洋，漂流至日本九州上岸，船長魁克納克（Jacob Jansz van Quaeckernak）和英國籍領航員威廉亞當斯（William Adams, 1564-1620）前往駿府晉見德川家康（1543-1616），獲得禮遇，取得朱印狀（貿易商船特許證），1605年才返回荷蘭。1607年荷蘭人組織12艘的船隊東來日本貿易，1609年7月荷蘭東印度公司派遣史必克茲（Jacques Specz, 1585-1652）抵達長崎平戶，設立荷蘭商館。1612年布勞維爾（Hendrik Brouwer, 1851-1643）出任平戶商館館長，建議荷蘭東印度公司巴達維亞總部派兵佔領台灣島做貿易中繼站。史必克茲和布勞維爾後來都出任巴達維亞總督，顯見日本市場對荷蘭人的重要性。1639年日本鎖國，排斥天主教國家，驅逐葡萄牙人和西班牙人，要荷蘭商館從平戶（Hirado）遷移到原先提供給葡萄牙人使用的出島（Dejima），荷蘭人在日本只做生意不傳教，趁勢取代葡萄牙人和西班牙人，大力發展對日貿易。

　　威廉亞當斯被留居日本，做德川家康的外事顧問，並成為第一位白人日本武士，取名「三浦按針」（Miura Anjin）。1613年威廉亞當斯引薦英國東印度公司赴日本設立商館，沙里士（John Saris, 1580-1643）率船團抵達，並派考克斯（Richard Cocks, 1566-1624）擔任館長，但英國商館業績不佳，於1623年封館停業。

　　荷蘭和英國的日本商館為與中國貿易，刻意討好中國海商李旦，英國商館向李旦租房屋做辦事處及倉庫，荷蘭商館離李旦宅邸步行不到5分鐘。1617年英國商館館長考克斯設宴祝賀李旦生子，1621年致贈厚禮祝賀李旦的長子李國助結婚，可見李旦在英國人心中的地位。

　　西班牙國王腓力二世於1590年解除封鎖荷蘭人貿易的禁令，1598年再下禁令，反而促使荷蘭人決心以武力搶奪西班牙和葡萄牙的生意。於是在1602年14家荷蘭貿易商合組「聯合東印度公司」。威廉亞當斯搭的商船就是原本屬於荷蘭鹿特丹的貿易商，後來併入「聯合東印度公司」。

　　1602年3月20日荷蘭的「聯合東印度公司」（Vereenigde Oost-indische Compagnie, VOC）成立，又稱「荷蘭東印度公司」（Dutch East India Company）。歐洲人習慣將印度東邊的印尼稱爲「東印度」，這家公司的作風被後世史家戲稱「左手拿帳冊，右手拿刀劍」。

　　1604年及1622年荷蘭人曾兩度進佔澎湖，都被明代中國政府驅逐離開。1624年荷蘭人轉進台灣島南部建立貿易殖民根據地，荷蘭人的目的不是要大量移民荷蘭人到台灣島，而是建立港口城堡從事對中國和日本貿易，同時控制台灣島原住民，便於取得鹿皮外銷日本。荷蘭東印度公司的目標市場自然是以雅加達爲中心，控制印尼的香料、胡椒、蔗糖，接著想以澎湖或台灣島做基地，採購中國的絲綢、瓷器，從事轉口貿易。

　　1602年6月17日荷蘭東印度公司成立不久，即派韋麻郎（Wijbrandt van Wearwijck, 1566-1615）率15艘船的艦隊從荷蘭出發，1603年4月抵達萬丹。6月派遣兩艘船艦，進攻澳門失敗，改去大泥。韋麻郎在大泥遇到中國商人李錦、潘秀，李、潘兩人勸韋麻郎佔據澎湖，賄賂福建海澄稅監高寀，像葡萄牙人在澳門一樣取得通商權，不必硬搶澳門。1604年6月27日韋麻郎再攻澳門，卻遇颱風轉舵航向澎湖，8月7日抵達澎湖。韋麻郎乃計畫在澎湖建立據點與中國大陸貿易。

　　當時的中國沒有自由貿易的觀念，官員保守顢頇，不知國際貿易對中國的重要性，始終認爲國際貿易是給外國人的「恩賜」，對前來要求通商的歐洲人皆持敵視態度。10月高寀派人到澎湖索賄，韋麻郎要求以澎湖爲據點通商，福建巡撫徐學聚堅決反對，派沈有容領兵二千，船艦50艘，11月8日在澎湖天后宮談判，逼退韋麻郎，12月15日荷蘭艦隊離開澎湖，沈有容且循中國習慣在澎湖立碑，上書「沈有容諭退紅毛番韋麻郎等」，這是中國人與荷蘭人第一次武力對峙。歐洲人向日本要求通商，日本的九州肥前藩懂得提供長崎縣的平戶島（Hirado）和出島（Dejima）作爲外國人的貿易據點，中國官員卻視

為「喪權辱國」。4年後，1609年荷蘭人再度率艦駛抵澎湖，不知什麼原因，沒多久就撤退。但是1609年荷蘭人史必克茲（Jacques Specx）抵達長崎平戶，獲得了德川家康的朱印狀，准許荷蘭商船赴日貿易。

沈有容在1602年曾率軍追擊倭寇，進入大員。原住民頭目「大彌勒」獻鹿饌酒，把酒言歡。隨軍幕僚陳第於1603年撰寫《東番記》，成為重要的台灣島史料。但是沈有容進軍台灣島，並非進佔土地，不具佔為主權領土的法律意義。

1618年起荷蘭東印度公司認真考慮要在中國沿海建立轉運中心，作為中國、菲律賓、印尼、日本之間的貿易中繼站。中繼站必須位於貿易航路交織的地點，還要具有良好的港口，船艦遇有巨大風浪可以進港庇護，港口水深足夠大船出入，港內腹地可以提供補給或供應貿易商品。荷蘭人考慮澳門、廈門、澎湖、台灣島，作為轉運站的選項。澳門必須從葡萄牙人手中用武力搶奪，廈門必須與封閉的中國政府談判，澎湖被認為是不得已的考慮，台灣島則是最後被迫的選擇。

1619年荷蘭與英國建立同盟關係，共同對抗西班牙與葡萄牙。組織聯合艦隊巡弋印度、東南亞、中國、日本的航路，劫掠西班牙及葡萄牙的商船。1622年6月荷蘭人由荷蘭艦隊司令雷耶生（Cornelis Reyersen, 1595-1632）率艦隊攻擊葡萄牙人居留的澳門失敗，7月11日第三度進佔澎湖，7月26日率兩艘船艦赴台灣島的大員港勘查，相比較後認為澎湖比台灣島更適合作為荷蘭人的據點，8月1日決定在澎湖風櫃尾建築城堡，遂至福建沿海強擄漁民1,500人從事築城工作，其中饑餓或受虐死亡人數高達1,300人，剩餘200人被轉賣至印尼做奴隸。荷蘭人這種作為是集合侵略、海盜、販奴、殖民的四合一行為。1623年12月25日《東印度事務報告》則記載：「我們在澎湖的人共捉獲1,150名中國人，其中有一半因水土不服和勞累過度而死亡，有571人由Zirickzee運往巴城，結果473人未免厄運，到達這裡時只剩98人，另有65人又飲水中毒而喪生，這一批人最終只有33人免於死亡。（程紹剛，p.29-30）」

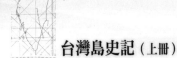

1622年10月荷蘭東印度公司金獅號船艦遇風，停靠台灣島西南海岸外的小琉球島，當時稱爲「拉美島」（Lamey），金獅號派船員登島取水，全遭小琉球島民殺害，金獅號因遭狂風吹襲，無法登島搜救，荷蘭人稱此爲「拉美島事件」，並改名爲「金獅島」。這事件引發荷蘭人在1633年、1636年4月、1636年7月三度征伐小琉球，屠滅小琉球社原住民，或俘虜給新港社等原住民村社，或送至巴達維亞擔任奴工。到1644年小琉球島民只剩15人，1645年荷蘭人命令小琉球的贌商中國移民Sams Jack捕捉這15人，全數送至大員，小琉球社至此滅絕。牧師尤紐斯（Robertus Junius）曾參加征伐，但他於1647年向荷蘭東印度公司董事會控訴對小琉球社的報復過當。

1622年7月27日雷耶生找中國漁民當嚮導，從澎湖至台灣島探勘「大員」（Teyoan）港口，葡萄牙人稱該港爲「拉曼」（Lamangh），即中國人所稱的「一鯤鯓」和「北線尾」（Bascedoy，閩南語「北線島」）。7月30日雷耶生在大員港看到一艘中國漁船，且得知有日本船前來大員港，向原住民買鹿皮。9月間雷耶生派兵在澎湖海域阻擾葡萄牙船往來日本平戶和澳門，阻止福建泉州的中國商船駛往菲律賓馬尼拉，引發多起海戰和岸戰。雷耶生摧毀80艘中國商船，俘虜數百名中國人。1623年1月3日中荷雙方在廈門談判，3月12日福建巡撫商周祚也派人到巴達維亞交涉，同一時間雷耶生派人到大員調查，發現在一座沙質圓丘（閩南人稱「鯤鯓」）北端有一處小型的中國人聚落（藍柏，2019，p.36）。中國福建當局後來雖然在1623年9月28日實施海禁，但對漁船網開一面，中國漁船仍可到台灣島沿岸捕魚，甚至從事走私貿易。1623年10月27日雷耶生率領16名士兵和34名奴隸到大員，挑選沙質圓丘北端鄰近中國人聚落處建立臨時要塞（藍柏，2019，p.38），並派瑞士傭兵隊長利邦（Elie Ripon）上尉駐守要塞（利邦，p.123），這是熱蘭遮城歷史的開端。1624年福建巡撫商周祚出兵驅逐佔領澎湖的荷蘭人，雷耶生不敵，雙方言和，達成協議：荷蘭人於8月26日撤離澎湖轉進台灣島，中國不予過問，荷蘭人於是拆毀澎湖的城堡，進佔

台灣島。

　　這個協議在國際法上確定了澎湖群島是中國領土，但台灣島不是中國領土，且佔領台灣島的荷蘭人可從大員港與中國人進行貿易。畢竟荷蘭人最關心的是與中國進行貿易，在澎湖群島或台灣島都可以貿易的話，沒有必要爲了澎湖群島和中國鬧翻。其實在這個協議之前，從無任何法律證據可以證實台灣島是中國的領土。在這個協議之後，卻開啓台灣島是荷蘭領土的法律依據。

　　澎湖群島和台灣島在鄭成功於1661年進攻台灣島建立中國人政權之前，並無任何政治上的連結。澎湖群島在宋代中國即有正式紀錄，納爲中國領土，且派海軍進駐，但宋代中國與台灣島並無任何政治上的關連。不能因爲鄭成功在台灣島建立政權後，澎湖群島和台灣島開始建立政治連結，就可以回溯過去，拿明朝的證據去審定宋朝的官司，進而主張中國宋代政府即已納台灣島爲中國領土，這個推論是錯誤的。

　　1624年雷耶生艦隊進抵台灣島前，依該艦隊1622年的調查記錄，已發現日本船舶每年有2到3艘在大員港進出，向原住民購買鹿皮。因爲日本武士穿鎧甲時，會在鎧甲外再披一件「陣羽織」，「陣羽織」就是用鹿皮製作的「鎧甲外套」。每年也有3到4艘中國船舶來大員港從事「會船點貿易」，販賣生絲給日本人。同時也有部份日本人因貿易需要，留居大員港附近。1626年西班牙人逮獲荷蘭奴隸，根據口供所繪製的《福爾摩沙島荷蘭港口形勢圖》（Descripcion Del Pverto Delos Olandeses En Ysla Hermosa）中，在北線尾（Bascedoy）北面水道對岸，即鹿兒門溝北岸，就繪有3棟房屋，並註明住有160個日本人。附註有220名荷蘭人及1500名中國人，居住在附近。可見早在荷蘭人入台以前，日本人和中國人在台灣島早就有民間貿易活動，只是不具政治意義，不能因此延伸出任何領土主權的歸屬結論。但是荷蘭人不一樣，1624年荷蘭艦隊進入大員港，立即找原住民協助，在一鯤鯓沙洲島上建築城堡，採伐竹木，雙方結成友好關係，建立港口貿易

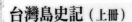

基地，最後發展成殖民政權，史冊記載中才會有台灣島自1624年起成為荷蘭殖民地的說法。但眞實的情況是，荷蘭人花了很多力氣，經過很多年，先在1635年麻豆戰役擊敗西拉雅族原住民，降服台灣島各地原住民部落，1642年再揮軍北上，擊退進駐雞籠和淡水的西班牙人，1645年征服台中的大肚部落和屏東的瑯嶠部落，最終統一台灣島。

荷蘭聯合東印度公司成立於1602年從事殖民貿易，1609年在日本設立商館，企圖壟斷對日貿易。1619年和英國東印度公司成立同盟，組織聯合艦隊，約定各派5艘船艦巡行海域，搶劫西班牙人和葡萄牙人的船隻。1622年荷蘭和英國的聯合艦隊由雷耶生率領，襲擊葡萄牙人佔領的澳門，形成英荷兩國與西葡兩國在中國沿海對峙的局面。但葡萄牙人的澳門砲台擊沉英荷艦隊，登陸澳門的荷蘭兵又大量陣亡，雷耶生兵敗澳門，英國艦隊憤而離去，英荷聯合艦隊解體。雷耶生在副手高文律（Kobenloet）建議下，轉而於1622年7月10日進佔澎湖，強擄中國人做奴工，興建紅毛城堡，並與中國海商李旦的船艦合作，阻擾西班牙人與中國貿易。「高文律」是荷蘭語「指揮官」（Commandeur）的閩南語音譯，分拆音節Co-mman-deur 音譯為Ko-ben-loet的中文形聲寫法。（曹永和，2016, p.155）

1623年3月雷耶生從澎湖派維虎特（Adam Verhult）率船來到台灣島的「瓦維斯濱」（Walvis Been，台江內海），即大員港，進行首次貿易。維虎特向來自中國和日本的商船購買絲絹和砂糖。10月雷耶生再派遣50多人到瓦維斯濱，商務員康斯坦（Jacob Constant）在一處叫「大員」（Tayouan、Teyowan或Teijouan）的沙洲島上，用竹子和沙土構築一個簡陋寨堡，俗稱「砦堡」，又稱「木柵城」，以防禦原住民攻擊。這個「砦堡」就是荷蘭人在台灣島的第一個據點，該沙洲就是中國移民所稱的「一鯤鯓」，其實只是一個防禦柵欄。這個據點就是後來「熱蘭遮城」的位址，「一鯤鯓」現在被稱為「上鯤鯓」。

「一鯤鯓」沙洲島是呈東西向的長方形島嶼，在西側的南邊，連接另一個丘陵狀的沙洲島，叫「二鯤鯓」。「二鯤鯓」是呈南北向

的長條形島嶼，其南邊接連著「三鯤鯓」。「三鯤鯓」再往南邊接連
「四鯤身」，直到「七鯤鯓」（台南灣裡），已隔著「窄峽」，接近
二層行溪（二仁溪）的溪口。「大員」是中國福建漁民和商人的稱
呼，指「一鯤鯓」沙洲島嶼。

　　台灣島在台南的海岸線呈內凹狀，靠台灣海峽的外側有「一鯤
鯓」等沙洲島，將海面隔開。「一鯤鯓」沙洲島的西側是台灣海峽，
沙洲島東側至台南海岸線之間的水域，就是「台江內海」，可供船舶
停泊。「台江」是河口之意，「內海」是「潟湖」或「內水」之意。
「一鯤鯓」和北邊的北線尾沙洲島中間，是船舶可進出的水道，稱
爲「大員水道」。北線尾與更北邊的「隙仔線」沙洲島（加老灣）之
間，也隔著一條水道，就是知名的「鹿耳門水道」，或稱「鹿兒門
溝」。

　　1624年1月2日福建副總兵兪咨皋率軍驅離澎湖的荷軍，5月10日
李旦抵達澎湖勸荷蘭人離開，6月6日李旦轉赴大員，6月24日中國軍
隊包圍風櫃城，8月1日中國軍隊在紅木埕築起堡壘，8月4日巴達維亞
派宋克（Martinus Sonck, 1590-1625）接替雷耶生，8月26日荷蘭人自
知不敵，接受李旦的意見與兪咨皋和談，荷蘭人只好轉進台灣島，登
陸瓦維斯濱（Walvis Been，大員港），取名「奧倫治」（Orange，柳
橙），再改名爲「普羅民遮」（Provintia），最後定名爲「熱蘭遮」
（Zeelandia）。當時荷軍兵力薄弱，在澎湖只有280名白人士兵，40名
印尼班達島（Banda）土著士兵，在大員港還有100名白人士兵，16名
印尼班達島士兵。荷蘭人憑藉這些兵力，儘管火砲比較先進，還是無
法和兪咨皋的兵力長期抗衡。

　　兪咨皋代表明代中國政府答應不干涉荷蘭人進佔台灣島，且默許
荷蘭人可自台灣島發船至中國沿海貿易。歷史從此開啓中國與台灣島
的經貿臍帶，也揭開台灣島的荷蘭人時代。李旦是受兪咨皋的要求，
出面與荷蘭人協商談判，李旦帶著熟悉荷蘭語的鄭芝龍幫忙翻譯，因
此在荷蘭文件上，鄭芝龍是翻譯人員，荷蘭人當時不了解鄭芝龍其實

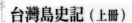

是李旦的得力助手，不僅是個翻譯而已。荷蘭人轉進台灣島的大員港時，鄭芝龍也隨行至大員。所以荷蘭人於1624年來台灣島的初衷不是經營殖民地，而是要建立一個與中國貿易的據點。當時澎湖為不毛之地，但在荷蘭人眼中，澎湖較接近中國東南沿岸，又有良港可停泊，是比台灣島更為理想的貿易據點。但因明代中國政府不允許荷蘭人在中國領土駐留，荷蘭人只好撤至台灣島。

荷蘭人很快發現蔗糖和鹿皮是獲利豐厚的貿易商品，台灣島對荷蘭人的意義就從「對中國的貿易據點」變成「蔗糖與鹿皮的殖民地」。1624年2月《巴達維亞日記》記載「蕭壟產甘蔗」，荷蘭人早就發現蕭壟社（台南佳里）的原住民懂得種植甘蔗，這提供荷蘭人殖民台灣島的產業發展條件。荷蘭人於是從經營「貿易港」轉型為經營「殖民地」，強奪原住民土地，找中國移民入台種植甘蔗，製造砂糖，外銷日本或中國。

1624年的台灣島上，荷蘭人發現已有約1,500名中國人，以做生意、捕魚、打獵等短期居住為主，也有栽種水果的臨時農民。荷蘭人則有2,800人，其中官員600人，士兵2,200人。為了與中國做生意，荷蘭人開始在台灣島雇用中國商人和勞工，從事服務業和營造業，並於1631年從中國福建招徠農業移民，且因為工資便宜，工作勤奮，服從性高，運費低廉，荷蘭人放棄從歐洲或東南亞招募移民的想法，全力自中國招人入台墾殖。（彩圖十八）

西班牙人對荷蘭人的攻勢深感困擾，當得知1624年荷蘭人進佔台灣島南部，即決定於1626年5月11日派兵進佔台灣島北部，抵達東北角取名「聖地牙哥」（Santiago），後來中國人翻譯為「三貂角」。5月12日再抵達基隆港取名「聖三位一體」（San Tisima Trinidad）港，5月16日在港內的社寮島舉行佔領典禮，命名該島叫「聖薩爾瓦多城」（San Salvador），同時招撫原住民協助建築城砦。1628年西班牙人進佔淡水（滬尾），建築「聖多明哥堡」（San Domingo）。西班牙人同時在基隆和淡水間修築道路，企圖對北部原住民形成初步的殖民統

治，卻無殖民統治的規劃。西班牙人佔領基隆、淡水充其量只是港口佔領軍的角色，西班牙人希望佔據港口，吸引日本人或中國人到港口進行「會船點貿易」，但沒有成功。（彩圖十九）

西班牙人從未把台灣島當成殖民地，既未從歐洲或菲律賓移民來台，也未接受傳教士艾斯奇維（Jacinto Esquivel）的建議，自中國招募移民入台開墾。西班牙人在台16年雖然自稱建立三個行省：淡水省、哆囉滿省（Turoboan，貢寮附近）、噶瑪蘭省（宜蘭附近），都只是紙上談兵，從未建立行政架構，既無省民可抽稅，也無外來移民，因此把西班牙人說成「殖民者」，實在與事實不符。西班牙人曾在1626年由菲律賓總督率艦隊來台，同時調動北部兵力南下，準備驅逐台南的荷蘭殖民政權，無奈中途遇到颱風，被迫折返馬尼拉。反而荷蘭人在1642年更有實力進軍台灣島北部，擊敗西班牙人。1642年8月26日西班牙人不敵，投降敗走，台灣島已無其他政權，荷蘭人正式取得台灣島主權，全面統治台灣島。

四、競爭結果

大航海時代競爭結果，使印度洋和大西洋取代地中海成為歐洲人最熱鬧的貿易航線，葡萄牙的里斯本、西班牙的塞維亞（Servilla）成為歐洲最忙碌的商港。美洲的貨物從這兩個港口轉運至比利時的安特衛普（Antwerpen），與歐洲生產的貨物進行交換，安特衛普因此成為歐洲許多大商行的匯集地。西班牙和葡萄牙自美洲運入黃金和白銀，這兩國的貴族和商人只懂得將這些黃金和白銀存入荷蘭的阿姆斯特丹銀行，投資生息。荷蘭人則將這些存款資金放貸給荷蘭、法國、英國的生產事業，促進工業、農業快速發展。相對地，西班牙和葡萄牙不擅於組織貿易商和銀行，只會購買土地或奢侈揮霍，結果西葡兩國的物價和土地價格飆漲，在十七世紀大蕭條時，西葡兩國經濟陷於

崩潰，再也無法支撐海外殖民事業，終於被荷蘭、英國、法國取代和淘汰。荷蘭和英國的殖民經濟模式大爲不同，荷英兩國將本國製造的工商產品運至非洲，與黑人酋長交換奴隸，再把奴隸運去美洲的種植園農場，生產蔗糖、菸草、棉花，及開採黃金、白銀，再運回歐洲販售。西葡兩國少了生產製造這個階段的競爭力，沒有發展出本國的工商業，最後落敗。

第五章
中國人與台灣島

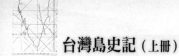
　　中國有些文獻在討論台灣島何時成爲中國主權領土，常犯兩個不科學的錯誤：第一個錯誤是把「好像」有中國人「到過」台灣島的事件，引申爲台灣島已歸屬中國主權領土的證據；第二個錯誤是把中國政府明確對澎湖行使主權的時間，認定爲澎湖與台灣島已連成一體，台灣島也「應該」與澎湖同時成爲中國領土。其實古代中國人對台灣島的認知經過是很曲折的，印象也很模糊，很多記載都是間接聽聞，而非實地考察所得。另外西洋有些人對「中國」的意義也不清楚，甚且故意混淆，特別予以釐清。

一、中國之名

　　在中國與台灣島接觸的歷史進程，中國在不同時代有不同的「國家組織」和「國號」。爲了瞭解用詞的紛爭，以下特別從用詞的歷史習慣、國家組織的憲法秩序和領土主權的國際法秩序探討「中國」之名。因爲「主權領土」、「國家組織」、「政府組織」是不一樣的政治及法律概念。「主權領土」是被國際公認的土地單位，在其上僅有一個主權，也僅能由一個「國家組織」持有這份主權。另一方面，「國家組織」則是擁有領土主權的政治組織，可能同時擁有許多單位的「主權領土」，像西班牙和葡萄牙兩個「主權領土」就曾形成同一個「共主邦聯」的「國家組織」。「神聖羅馬帝國」更是擁有數個單位的「主權領土」，所以同一位皇帝同時擁有好幾個封號，造成一個「國家組織」同時擁有兩個以上「主權領土」的政治現象。英國的「大不列顛與北愛爾蘭的聯合王國」也可視爲是一個「國家組織」擁有兩個單位的「主權領土」。同一個單位的「主權領土」，若同時出現兩個以上的「國家組織」，就會被稱爲「國家分裂」、「分裂國家」。若這些「分裂的國家組織」也都被視爲「主權國家」，則產生「主權分裂」和「分裂主權」，南北韓和以前的東西德就是一例。另

外，一個「國家組織」之內可能由於繼承或內戰等種種原因，也會形成許多互相對立的「政府組織」，中國東周初期，西安的「宗周」攜王政府和洛陽的「成周」平王政府，對立21年，就是一例。中國古代習慣上用「天下」這一名詞表達「主權領土」的概念，擁有或行使領土主權的人，就是「天子」。

「中國」之名，從來就不是正式的國號。「中國」一詞在長遠的歷史中，約定俗成，被用來泛指新石器時代晚期、青銅器時代、鐵器時代，在黃河流域所建立的「酋邦政權」或「國家組織」的首邑或疆域。到了近代，「中國」之名則成為領土主權的國際法秩序的正式名詞，代表著一項國際法上領土主權的法律人格和權利義務的法律載體及概念，尤其是從元朝忽必烈開始，「中國」意指「主權領土」（Sovereign Territory）或「領土主權」（Territorial Sovereignty），而不是「國家組織」（State Organization）。在「中國」定義下的領土主權範圍雖或有擴大或縮小，但核心部分基本不變，約從大小興安嶺以南至珠江流域以北，從東部沿海至西部疆界，西部疆界的變動幅度比較大。就國際法而言，「中國」是「主權領土」的名稱，不論其上組建幾個「國家組織」，甚或在同一個「國家組織」之內組建多少個「政府」，常居其上的人民，不論是蒙古族、漢族、滿族，都是「中國人」。所以在國際法上，「中國」是主權領土的概念和名稱，不是「國家組織」的概念或名稱。

國家（State）是擁有領土主權（Sovereignty）的政治組織，人類文明從部落（Tribe）和酋邦（Chiefdom）發展為國家，再以王國（Kingdom）或共和國（Republic）的形式，發展至帝國（Empire）。「主權」是源自王權、帝權等在領土範圍內的統治權力。用現代語言表達，就是對內的憲法權力和對外的國際法權力。國家與國家之間，經由戰爭或其他因素，發生繼承或合併關係，法律權利義務被延續下去，就成為「法統」或「主權」的習慣法規則。這些前後有繼承或合併關係的國家組織之間，在法律上不視為並存的異國，而被視為有主

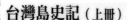

權繼承關係的同一個主權人格的國家「朝代」。所以「朝代」或「王朝」即是一個國家主權之下的「國家組織」，「中國」就是黃河流域、長江流域在歷史長河裡，產生過的很多國家組織，因「朝代」繼承關係而形成的統稱以及法律上領土主權的人格。

「中國」一詞在古代僅指首都地區，最早見於公元前十一世紀，西周周成王時代的青銅器「何尊」銘文：「惟武王既克大邑商，則廷告於天，曰：余其宅茲中國，自茲乂民。」「中國」指以西安、洛陽為中心的中原地區，仍只是政治性的地理名詞，不是國號或國名。其他文獻如：《尚書》〈梓材〉篇：「今王惟曰：先王既勤用明德，懷為夾，庶邦享作，兄弟方來；亦既用明德，後式典集，庶邦丕享。皇天既付中國民越厥疆土于先王；肆王惟德用，和懌先後迷民，用懌先王受命。已！若茲監。惟曰：欲至于萬年，惟王子子孫孫永保民。」《詩經・大雅・民勞篇》：「惠此中國，以綏四方。」，〈民勞篇〉共出現四次「惠此中國」，另外〈蕩篇〉出現兩次「中國」，〈桑柔篇〉出現一次「中國」。司馬遷(145-86 B.C.)所作《史記・五帝本紀》：「夫而後之中國，踐天子位焉。」語境上皆把「中國」一詞用於指涉首都地區。但司馬遷在《夏本紀》說：「中國賜土姓：『祗臺德先，不距朕行。』」，此句出自《尚書》〈禹貢〉篇：「中邦錫土、姓，祗台德先，不距朕行。」先秦文獻用「邦」、「國」、「邑」，泛指君主或諸侯的領地，「中邦」等同「中國」，「大邑商」等同「大國商」。「中國」所指涉的範圍包括所有夏禹統治的「九州」，不僅限於首都地區，具有「主權領土」的意涵。

但秦漢以後，「中國」的定義開始擴大，用於指涉統一的帝國，特別指「中原」地區。《史記・天官書》說：「其後秦遂以兵滅六國，併中國」。更有政治意涵的文字出自描述漢武帝的《史記・孝武本紀》：「天下名山八，而三在蠻夷，五在中國。」「中國」已指大漢帝國實際統治的疆域，明顯就是指「主權領土」。甚至漢族以外的少數民族，爭奪政權，入主中原，也開始自稱「中國」，意圖繼承

「中國」法律概念上的領土主權，作爲政權號召的符號。用現代語言詮釋，就是繼承秦始皇大帝和漢武大帝所持有的憲法及國際法上的領土主權。班固撰寫的《漢書》〈匈奴傳〉記載匈奴單于冒頓派使者對太后呂雉說：「孤僨之君，生於沮澤之中，長於平野牛馬之域，數至邊境，願游中國。」呂雉送給冒頓「御車二乘，馬二駟」，冒頓再派使者回謝說：「未嘗聞中國禮儀，陛下幸而赦之。」可見漢朝初年匈奴等外國即已使用「願游中國」一詞指涉大漢帝國的主權領土，使用「中國禮儀」指涉大漢帝國的國家文化。不過東漢、三國之後，東晉南遷，仍稱中原爲中國，例如《世說新語‧言語篇》說：「江左地促，不如中國。」《晉書》說：「石季龍死，中國大亂。」

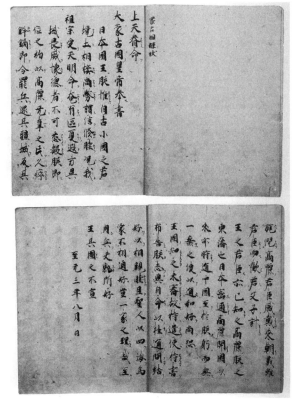

1266年忽必烈致日本的國書《蒙古國牒狀》，現藏於日本東大寺尊勝院。

公元781年大唐帝國朝議郎呂秀巖撰寫「大秦景教流行中國碑」則把「大唐」當作「國號」，而把「中國」當作「主權領土」的概念。唐末五代十國時期，稱北方非漢族的五代政權為「中國」，南方漢族政權的十國反而只是「世家」。歐陽修（1007-1072）在《新五代史》直結了當說：「十國皆非中國之有也。」歐陽修認為「十國」並未擁有中國大部分的領土主權，也未擁有中國領土的「中原」核心部分，因此不具備中國主權代表者的身份。歐陽修的觀念與現代國際法不謀而合，反映出只有以中原地區為領土的國家，才廣被認可為擁有「中國」領土主權的國家，因為中原地區被視為中國的核心領土。但到南宋、遼國、金國並立時期，都曾自稱「中國」，中國轉為純粹的政權概念。

按可查得的歷史文獻，最早以公權力且具有法律意義的公文書使用「中國」一詞的時間點，應自蒙古族入主中國開始。《元史》卷二百零八，〈列傳〉第九十五，〈日本〉段，「大蒙古國皇帝奉書日本國王」記載：忽必烈（1215-1294）雖自稱「大蒙古國皇帝」，但宣示「受天明命，奄有區夏」，「區夏」就是「華夏」。1266年忽必烈給日本的這份國書說：「日本密邇高麗，開國以來，亦時通中國。」這等於在國際法理上承認「大蒙古國」繼承「中國」的領土主權。忽必烈於1271年改國號為「大元帝國」，但忽必烈的外交宣示，確立「中國」是主權領土的法律概念，不論當時的國家組織是「大蒙古國」或稱「大元帝國」。雖然是蒙古族建立的政權和國家組織，在忽必烈定義下的「中國」，蒙古族是國際法上的「中國人」。朱元璋（1328-1398）建立國家組織「大明帝國」，繼承忽必烈的「中國」主權領土概念。《明太祖實錄》第三十七卷記載，《賜高麗國王王顓璽書》說：「元非我類，入主中國百有餘年，天厭其昏淫，亦用殞絕其命。華夏潑亂十有八年，當群雄初起時，朕為淮右布衣，暴兵忽起，誤入其中。見其無成，憂懼弗寧，荷天地眷，授以文武，東渡江左，習養民之道十有四年。其間西平漢主陳友諒；東縛吳王張士誠；南

平閩粵，戡定八蕃；北逐胡君，肅清華夏，復我中國之舊疆。」出現「元非我類，入主中國百有餘年……復我中國之舊疆。」《明太祖實錄》第三十九卷記載，1369 年派「行人」（外交大使）楊載賚發給日本的國書《賜日本國王璽書》稱：「朕本中國之舊家，恥前王辱，興師振旅，掃蕩胡番，宵衣旰食，垂二十年。自去歲以來，殄絕北夷，以主中國，惟四夷未報。」（嚴從簡，《殊域周咨錄》卷二〈東夷·日本國〉）但朱元璋組建的國家組織名稱是「大明帝國」，「中國之舊家」正是「中國主權領土上舊有的國家組織」，意指繼承唐帝國及宋帝國的領土主權。1595年1月萬曆皇帝朱翊鈞（1563-1620）派沈惟敬（1537-1599）發給豐臣秀吉（1537-1598）的詔書《皇帝勅諭日本國王平秀吉》亦稱：「奉天承運皇帝，制曰：聖仁廣運，凡天覆地載，莫不尊親帝命。溥將曁海隅日出，罔不率俾。昔我皇祖，誕育多方。龜紐龍章，遠賜扶桑之域；貞珉大篆，榮施鎮國之山。嗣以海波之揚，偶致風占之隔。當茲盛際，咨爾豐臣平秀吉，崛起海邦，知尊中國。」「中國」成為自忽必烈以後，元朝及明朝對外的主權通稱，開始成為國際法上領土主權的專屬用語，而不是國家組織的國號。

　　清朝作為「國家組織」的國號是「大清帝國」，也繼承「中國」作為領土主權的概念。康熙（1662-1722）於1689年用滿文、拉丁文、俄文與俄羅斯簽訂《尼布楚條約》（Treaty of Nerchinsk），在滿文的條文中以「中國」（Dulimbai Gurun） 取代「大清國」（Daicing Gurun），條文開頭就說：Dulimbai Gurun i Enduringge hvwangdi hesei jecen ba toktobuha amban（中國皇帝欽差定邊大臣）。康熙在拉丁文的條文中用Sinici Dominio稱「中國領土」，不是「清國領土」，用Sinarum Imperatoris 自稱「中國皇帝」，不是「大清帝國皇帝」。《尼布楚條約》的滿文和拉丁文都使用「中國」與俄羅斯作為簽約的對造主權名稱，而不是使用「大清國」。滿文 "Dulimba" 是「中央」之意，"Dulimbai" 是「中央的」，"Gurun" 是「國」，"Dulimbai Gurun" 就是「中國」。《尼布楚條約》當時定義下的「中國」包括

滿洲地區、蒙古地區在內的大清帝國所有領土，也包括台灣島，滿文的條文通稱「中國管轄領土」（gemu Dulimbai Gurun i harangga obume）。條約原文中譯：「已流入黑龍江之綽爾河，即轄鞈語所稱烏倫穆河附近之格爾必齊河爲兩國之界。格爾必齊河發源處爲大興安嶺，此嶺直達於海，亦爲兩國之界；凡嶺南一帶土地及流入黑龍江大小諸川，悉歸中國；其嶺北一帶土地及川流悉歸俄羅斯。……又流入黑龍江之額爾古納河亦爲兩國之界：河以南諸地盡屬中國（拉丁文：ut omnes terrae quae sunt ex parte meridionali ad Sinicum），河以北諸地盡屬俄羅斯。」滿文條文並把條約簽訂前居住在俄羅斯的蒙古人稱爲「中國人」（Dulimbai Gurun i niyalma）。事後康熙皇帝更直接表明「中國」就是大清國的領土用語：「鴨綠江之西北系中國地方，江之東南系朝鮮地方，以江爲界。土門江西南系朝鮮地方，江之東北系中國地方，亦以江爲界，此處俱已明白。」從此，「中國」一詞成爲國際法上正式的領土主權的法律概念，而且台灣島已是中國的一部分，滿族也名正言順稱爲「中國人」。

康熙晚年更說：「海外如西洋等國，千百年後中國恐受其累……此朕逆料之言。」乾隆（1736-1795）採同一立場：「夫對遠人頌述朝廷，或稱天朝，或稱中國，乃一定之理。」是以「中國」成爲國際法上各個朝代繼承自秦始皇的領土主權的通稱，且被視爲近代國際法上具體存在的國際法人格實體。所以不論中國主權是由取什麼國號的「國家組織」所代表，或用什麼「憲法秩序」架構出國家組織，「中國」都是上千年來國際法上已確定的「主權領土」、「領土主權」及「主權人格」的專有名詞。

僅管如此，「中國」在歷史上仍未被當作正式國號或國名使用，直到1911年辛亥革命，呼應孫文「驅逐韃虜，恢復中華」的號召，才於1912年正式定國號爲「中華民國」，簡稱「中國」，開始有「中國人」的普遍稱呼出現。後來梁啓超更提議以「中華民族」一詞，稱呼所有「中國」境內各個民族的總稱。「中華民族」是中國境內各個

民族的總稱，不是一個人類學意義上的「民族」名稱，如同用「平埔族」統稱台灣島西半部各個原住民族一樣，「平埔族」也不是一個「民族」的名稱。1949年「中華人民共和國」成立，繼承這一國際法定義，亦對外通稱「中國」。在「中國」境內可能同時會出現許多國家組織，但只有一個國家組織會被視爲「主權國家」（Sovereign State），例如明朝末年，「大明帝國」這個國家組織還存在時，中國境內先後出現其他國家組織，1616年努爾哈赤（1559-1626）建立「大金國」，1644年初李自成（1606-1645）建立「大順國」。近代也有類似情形，1912年1月1日「中華民國」宣告誕生，但「大清帝國」仍然存在，中國同時出現兩個國家組織，當時「大清帝國」在國際上是「主權國家」，「中華民國」則是沒有主權的「幼嬰國家組織」（Infant State）。到了1912年2月12日「大清帝國」皇帝溥儀發佈退位詔書，把中國主權明確的移轉給「中華民國」，這時「中華民國」才成爲「主權國家」。由於社會主義在中國境內的發展，1931年毛澤東（1893-1976）在瑞金成立「中華蘇維埃共和國」，1949年在北京建立「中華人民共和國」。「中華人民共和國」擁有中國的「主權國家」地位，「中華蘇維埃共和國」則屬於「幼嬰國家組織」，也是類似情形。

　　「中國」一詞經此演化，代表秦漢至大清時期傳承下來的領土主權，在憲法和國際法秩序上相關的權利義務載體。因此本書以「中國移民」詮釋十七世紀以來，自中國移民入台的台灣島民，是很適當的用語。至於「中國」一詞的英語「China」源自印度，公元前三世紀開始出現的印度史詩「摩訶婆羅多」和「羅摩衍那」就稱呼喜馬拉雅山以北的地區或國家叫「Cina」，在早期佛教經典被翻譯成「至那」、「支那」，或者稱「Cina-sthana」亦即「支那之地」，被翻譯爲「支那斯坦」或簡譯爲「震旦」、「眞丹」。「Cina」一詞傳至希臘被寫成「Sinai」，傳至義大利被古拉丁語稱爲「Sinae」、「Sina」，晚期拉丁語稱爲「Sino」，現在義大利語仍稱「Cina」。早期西班牙語則稱「Chino」，在荷蘭殖民統治台灣島時也跟著稱「Chino」。不過後

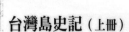

來日本人用「支那」和西班牙人用「Chino」都是在貶抑中國，就像中國人稱呼日本爲「倭國」，儘管「倭國」也是日本早期自稱的國名。另外公元前五世紀希臘文獻就稱「中國」爲「Serica」、「Sinica」、「Seres」、「Sinici」，亦即「絲國」之意，也常被拉丁語沿用。

二、古代中國人

古代中國人的地理概念受限於測量和航海技術，對「海外」一詞所指涉的範圍相當含糊而廣泛。中國人在黃河與長江所發展出來的船運經驗，面對更爲遼闊的大海，實在派不上用場。跨越台灣海峽對古代中國人來說，更是只能想像和臆測。基本上中國人是陸地民族，不是海洋民族，對大海不甚熟悉。

公元82年漢朝的班固（32-92）在《漢書‧地理志》中記述：「會稽海外有東鯷人，分爲二十餘國，以歲時來獻見⋯。」有學者推測這個「東鯷」就是台灣島。但這推測的精準度不可靠，台灣島也從來沒有存在過「二十餘國」或「歲時來獻」的跡證。

陳壽（233-297）的《三國志‧吳志‧孫權傳》記載，公元230年吳國孫權政府曾派衛溫、諸葛直「將甲士萬人浮海求夷洲及亶洲。亶洲在海中，⋯⋯所在絕遠，卒不可得至，但得夷洲數千人還」。沒有證據確定夷洲或亶洲就是台灣島，亶洲在何處始終沒有答案，而且太遠，軍隊到不了。也沒有證據可以確定「得夷洲數千人還」具有任何行使統治權或主權展示的意義，頂多只能說派兵出海，去找尋一個叫夷洲的地方。這也無法確定中國於此時「發現」台灣島，如同哥倫布很具體的發現美洲新大陸一樣。甚至「得夷洲數千人還」也是靠不住的記載，因爲同一本《吳志‧陸遜傳》記載，孫權此事的結果很慘：「權欲遣偏師取夷洲及珠崖，⋯⋯權遂征夷洲，得不補失。」《吳志‧全琮傳》寫得更糟：「初權將圍珠崖及夷洲，⋯⋯權不聽，軍行

經歲，士衆疾疫，死者十有八九，權深悔之。」陸遜、全琮反對孫權
「求夷洲」，兩種記載相對照，可以判定孫權「得夷洲數千人還」，
應該是「甲士萬人」最後只剩「數千人還」。「得夷洲，數千人還」
是「到了夷洲，只剩數千人回來」才是正確的解讀。有些文獻以孫權
「得夷洲」的歷史記載，作爲中國對台灣島行使主權展示的開端，顯
然經不起考驗。這段歷史記載無法在法律上構成台灣島已屬中國主權
領土的論證。再說「圍珠崖及夷洲」一事，「珠崖」確定是海南島，
距離台灣島太遠，將珠崖和台灣島一起包圍，是一件不可思議的記
載。比較合理地詮釋，「夷洲」就是「雷州半島」，也比較合乎地理
意義。

公元268年三國時代末期，吳國丹陽太守沈瑩（?-280）在《臨海
水土志》中記載：「夷洲在浙江臨海東南，去郡二千里，土地無霜
雪，草木不枯，四面是山，衆山夷所居。山頂有越王射的正白，乃是
石也。此夷各號爲王，分割土地人民，各自別異。人皆髡頭穿耳，
女人不穿耳。作室居，種荊爲蕃障。土地饒沃，既生五穀，又多魚
肉。」這個「夷洲」是台灣島、琉球群島或日本，都無法確定。「浙
江臨海郡」就是「浙江省台州市所轄臨海市」，「去郡二千里」，依
《漢書》〈食貨志〉的記載「六尺爲步，步百爲畝，畝百爲夫，夫三
爲屋，屋三爲井，井方一里，是爲九夫。」亦即「九夫」耕種一井，
等於九百畝地，每一井的邊長三百步，即爲一里。換算可得每一步爲
六尺，三百步爲一里，所以當時一里等於一千八百尺，再按出土的秦
代商鞅量尺、新莽銅斛尺、東漢建武銅尺計算，一尺等於0.231公尺，
所以一里等於415.8公尺，「二千里」等於831.6公里。依此計算「夷
洲」應該是到了廣東汕頭以南，也超出台灣島最南端的鵝鑾鼻燈塔
的位置。台灣海峽平均寬度只有150公里，等於漢代約360里而已。從
臨海到台灣島的基隆嶼的海路距離最多只有389公里，也只有漢代的
936里，尙有1,064里的差距，不是「去郡二千里」，因此夷洲確定不
是台灣島。基隆嶼是中國航海紀錄最早出現的台灣島地標，況且台灣

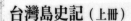

島此時尚處於狩獵採集的部落社會，沒有酋邦組織，也談不上「此夷各號爲王，分割土地人民，各自別異。」是故《臨海水土志》記載的夷洲，無法作爲「中國人」在三國時代已「發現」台灣島的證據。何況三國時代的航海技術還很初淺，派大量的軍隊士兵沿著中國東南沿海由北向南的沿岸洋流往海南島航行不是問題，若要橫越中國大陸與澎湖群島之間的海水呈紅色有「紅水溝」之稱的台灣海峽是相當困難的，要進一步橫渡澎湖群島與台灣島之間的海水呈黑色有「黑水溝」之稱的黑潮支流的台灣海峽，無疑是做不到的事。中國文獻在這之前也無澎湖群島的記載，遑論抵達台灣島的紀錄。但是此後直到隋朝，中國文獻少有更進一步的台灣島記載，這段空白期長達300多年。

直到公元607年《隋書》才有記載隋煬帝楊廣（569-618）派朱寬、何蠻，入海訪異俗，到「流求」，「言語不通，掠一人而返。」608年，再派朱寬去招撫，結果是「流求不從，寬取甲布而還。」這時剛好有日本遣隋使求見，看到這些「甲布」，判定是「此夷邪久國人所用也」，但仍無法確定「夷邪久國」就是台灣島。曹永和（1920-2014）認爲夷邪久國就是「屋久島」（Yakushima），位於九州南側種子島（Tanegashima）西南，琉球群島的奄美島（Amami）之北，屬於鹿兒島縣的薩南群島，《日本書紀》稱爲「掖久」。這表示朱寬去了日本九州南端，絕非台灣島，「流求」應該就是「琉球」或日本南端島嶼（曹永和《續集》，2016年，頁10）。

《隋書・煬帝紀》記載，610年派陳稜、張鎮州率軍「擊流求，破之，獻俘萬七千口，頒賜百官。」〈流求國傳〉記載「遣人慰諭之，流求不從，拒逆官軍，稜擊走之，進至其都，頻戰皆敗，焚其宮室，虜其男女數千人，載軍實而還，自爾遂絕。」《隋書》上的記錄，同樣不足以證明「流求國」就是台灣島，當時的台灣島是部落社會，不可能有什麼「國」存在，也不會有「都城」可以進攻，或有「宮室」可以焚毀，更無法證明那數千男女就是台灣島原住民，就算是也不能確定這是中國對台灣島行使主權的證據。何況「獻俘萬七千口」與

「虜其男女數千人」數目對不上，「自爾遂絕」可能指「流求」已被滅亡，也可能指中國與「流求」的關係自此斷絕，就更無中國取得台灣島主權的含義。

尤其是所謂抓數千男女而歸的說法更不可靠，「男女數千人」或「獻俘萬七千口」要搭船橫越東海或台灣海峽，不是一個簡單的航程，以隋代的航海技術要航行中國內河容易，要橫越台灣海峽黑潮的浪差很難做到。何況「虜男女數千」、「獻俘萬七千口」對當時台灣島的原住民人口比例，是一個大到不可思議的數字，抓到中國大陸也是很大的新族群，不可能事後從中央到地方，都找不到其他文獻從旁佐證，因此這段史書的記錄不可靠。只能猜測隋代的「琉求」，可能指今日的日本九州、琉球群島，也極有可能將台灣島，甚或菲律賓的北部包括在內，總之不是確切可靠的記載。「流求國」是不是從此滅亡，「自爾遂絕」也是大有疑問。

《隋書·陳稜傳》記載，陳稜(?-619)殺「流求國」的國王「歡斯渴剌兜」和王子「歡斯老模」，俘虜「渴剌兜」的另外一個兒子「島槌」，然後「虜男女數千而歸」，「歡斯」是姓氏，也可能是琉球群島各酋邦統治者稱號「按司」的另一個音譯。台灣島在那個年代還沒有原住民的國王，也從來沒有產生過「國王」或「按司」。「歡斯」的姓氏或頭銜出現在《隨書》，剛好證明「流求國」是琉球群島，不是台灣島。因為台灣島的原住民在七世紀既無姓氏，也無王室。嚴格來說，當時原住民大多數還處於部落社會，除了台灣島南部的排灣族和魯凱族外，連「準酋長」都尚未產生，「部落頭目」也還未發展到成熟穩定的階段，不可能有「國王」產生。就政治人類學的角度觀察，台灣島的政治發展是比琉球群島落後。因此「流求國」推論為台灣島，不是可靠的說法。1535年，明代陳侃（1507-?）的《使琉球錄》認為朱寬、陳稜征伐的「流求國」就是現今的琉球群島。陳侃說：「琉球國，在福建泉州之東海島中，其朝貢由福建以達於京師。國之沿革未詳，漢魏以來不通中華。隋大業中，令羽騎尉朱寬訪求異俗

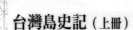

始至其國，語言不通，掠一人以返。後遣武賁郎將陳稜率兵至其國，虜男女五百人還。唐宋時未嘗朝貢，元遣使招諭之，不從。本朝洪武中，其國分為三，曰中山王、山南王、山北王，皆遣使朝貢。嗣是，惟中山王來朝，其二山蓋為所併矣。」根據陳侃的說法，陳稜只有「虜男女五百人還」，不是「獻俘萬七千口」，也不是「虜男女數千而歸」，這是比較穩當的說法。

琉球群島自1187年才有半傳說半歷史的「舜天王朝」出現，但779年淡海三船（722-785）所撰有關唐代中國和尚鑒真（688-763）的《唐大和上東征傳》即有「阿兒奈波」（Okinawa）的記載，當時琉球群島已出現許多濱海城鎮式的酋邦，其酋長稱為「按司」。1719年日本德川幕府時代的江戶儒學者新井白石（1657-1725）撰寫《南島誌》時將Okinawa寫為「沖繩」。從這些記載可以推斷七世紀的琉球群島已有許多酋邦存在，包括沖繩北部的「今歸仁」、中部的「浦添」和「首里」、南部的「大里」和「佐敷」。相較之下，七世紀的台灣島原住民族一直處於部落社會階段，並未出現任何酋邦，《隋書》記載的「流求國」推斷為琉球群島，比猜測為台灣島更為可靠。

隋末公元617年到南宋末1225年趙汝适撰寫《諸蕃志》之間，約計600多年，所有中國文獻幾乎都沒有涉及台灣島的文字記載，可說空白了六個世紀之久。元朝（1271年至1368年）是蒙古族建立的中國王朝，其對海外的興趣卻超越漢族，海外島嶼的記載才又出現。較近代的名稱在明初的《東西洋考》、《閩書》、《世法錄》，則將台灣島稱為「東番」，以有別於「東夷」。

綜上所述，台灣島自古是中國領土的說法，這「自古」的期間，很肯定不能從三國或隋唐起算。至於有人認為戰國時代的作品《尚書禹貢》所指的「島夷」，如尾崎秀眞（1874-1952）引用《尚書禹貢》稱「島夷卉服，厥篚織貝，厥包橘柚，錫貢」，是指台灣島原住民曾向中國夏王國進貢，更是穿鑿附會，沒有根據，因為台灣島原住民不論四千年前或十七世紀都無橫渡黑潮的航海能力，這更不能說明古代

中國與台灣島有何關聯。

三、宋元兩代中國人

　　到了宋代，中國人的航海技術進步很多。宋元時期中國造船業開發出尖底的「福船」技術，安全係數高，耐波性好，裝載量大。福船是宋元時期風帆動力的海上主要運輸船舶（佟洵、王雲松，p.485），1987年在廣東陽江海域發現的宋代沉船，被取名「南海一號」，是目前所知最早的福船。因此，宋元時代的中國漁民、海盜、水師軍隊已能跨越台灣海峽的黑潮等危險海流。也有中國人跨越台灣海峽至澎湖聚居的記載，1171年南宋泉州知府汪大猷（1120-1200）已派兵屯駐澎湖「建屋二百間，遣將分屯」，常態性派兵屯駐是行使主權的證據。1281年元代中國政府在澎湖群島設立巡檢司，隸屬福建同安管轄，這些都是宋元兩代中國政府在澎湖群島行使主權的鐵證，但仍不能推論台灣島已歸屬宋元兩代的中國領土。雖然當時已有中國商船、漁船往來福建、澎湖、台灣島、菲律賓，從事正常貿易及捕魚、走私或海盜行為兼而有之，仍不能證明中國主權已從澎湖延伸至台灣島。台灣島在當時仍是「無主之地」，沒有任何國家級的政治組織曾經毫無爭議地將台灣島納為主權管轄的領土。

　　宋元兩代，泉州地方的漁民與海盜渡海來到澎湖，當時稱台灣島的北部為琉球，南部則含糊的稱為「毗舍耶」。至於「毗舍耶」涵蓋的範圍有多大，宋元時代的中國人並沒有清晰的概念。有人認為「毗舍耶」可能是菲律賓中部以宿霧島(Cebu)為中心的米沙鄢群島(Visayas, Kabisayan)的住民，也是菲律賓最大的民族的名稱Visaya或Bisaya，但米沙鄢人的膚色並未「肌體漆黑」。有人認為很有可能是指台灣島南部，被稱為「傀儡番」的原住民，即今屏東的「排灣族」。但到十七世紀荷蘭人和西班牙人只發現台灣島北部的巴賽族人

(Basay)有簡易的航海能力，南部的排灣族並無航海技術，也無船隻。巴賽族則被誤稱凱達格蘭族(Ketagalan)，事實上台灣島從無「凱達格蘭族」的稱呼。「凱達格蘭」是日本學者伊能嘉矩錯誤編撰的名詞，日本殖民政府稱巴賽族叫「塔布拉灣」(Tabuarawan)，也不叫「凱達格蘭」(Ketagalan)，菲律賓呂宋島(Luzon)的菲律賓第二大民族他加祿人(Tagalog)才曾自稱是「凱達格蘭根」(Katagalugan)人的民族。

比較可靠的推論，「毗舍耶」應該是來自建都於印尼蘇門答臘巨港（Palembang）的室利佛逝王國（Sri Vijaya）的海盜，因為「毗舍耶」（Visaya）的閩南語發音和Vijaya的馬來語發音幾乎一樣，而且室利佛逝王國於公元683年出現在梵文史書時，已有大海的航行技術，控制馬六甲海峽與巽他海峽(Sunda Strait)且自認為統治疆域包括台灣島南部。室利佛逝王國的海上民族「羅越人」(Orang Laut)的相貌更符合中國史書記載的「肌體漆黑」，反而台灣島原住民的膚色並無「漆黑」的情形，更重要的證據是室利佛逝人在公元683年至1377年就是印度洋、南海、台灣海峽、東海等海域著名的海盜。

1171年樓鑰（1137-1213）《攻媿集》卷八八《敷文閣學士宣奉大夫致仕贈特進汪公行狀》、周必大（1126-1204）《周益文忠公集》卷六七〈汪大猷神道碑〉，記載有「島夷」叫「毗舍耶」，航至澎湖，登岸強割種植物「粟、麥、麻」，殺害中國人，汪大猷的部隊俘虜400餘名「毗舍耶」，殺其頭目。這些「肌體漆黑，語言不通」的「毗舍耶」都是趁春夏颳南風時，從台灣島南部順風航至澎湖進行擄掠，所以中國軍隊在春夏就得派海防兵到澎湖，擒捉「毗舍耶」。秋冬時改吹北風，「毗舍耶」無法從台灣島向北航行至澎湖，海防兵就調回中國大陸，這些海防部隊稱為「汛兵」。汪大猷在澎湖「建屋二百間，遣將分屯」，海防兵從此不必每半年調動一次，對澎湖軍民方便很多。「汛」是軍事據點、關卡、檢查站的意思。清代兵制由漢族兵員組成的軍隊稱「綠營」，綠營把總以下的單位是「標」，標以下的單位是「汛」。「汛」有軍官駐守，「塘」則只有士兵駐點。清政府在

台灣島設有70個汛站，只有9個塘點。澎湖群島則有13個汛站，沒有塘點。（黃清琦等，2010, p.26-27）

　　1225年趙汝适(1170-1228)撰寫《諸蕃志》的〈毗舍耶〉條，記載「彭湖」東面有「毗舍耶」，然其地「語言不通，商販不及；袒裸盱睢，殆畜類也。……時至寇掠，其來不測」中國文獻才又出現近似「台灣島」的記載，可見當時澎湖與台灣島，除了海盜問題外，兩地並無密切往來。可是關鍵問題在於台灣島原住民族並無航海能力，認定「毗舍耶」就是台灣島原住民的說法很難成立。但是擁有航海技術的印尼室利佛逝人借助台灣島中途落腳「剽掠」中國沿海是意料之內的事，何況室利佛逝王國的史料還把台灣島的一部分視為其領土。1292年忽必烈命楊祥，從「汀路尾澳」到「瑠求」招撫，卻只到澎湖，就不了了之。1297年元成宗鐵木耳(1265-1307)續派張浩、張進征伐「瑠求」，俘虜「生口」130餘人，也無法確定「瑠求」就是台灣島。趙汝适是否清楚的劃分「毗舍耶」與「流求國」的區別也是個問題。在《諸蕃志》的〈流求國〉條記載「流求國，當泉州之東，舟行約五、六日程。王姓歡斯，土人呼為「可老」。王所居曰波羅檀洞，塹柵三重，環以流水，植棘為藩；殿宇多雕刻禽獸。」「無他奇貨，尤好剽掠，故商賈不通。土人間以所產黃蠟、土金、犛尾、豹脯往售於三嶼（菲律賓）。旁有毗舍耶、談馬顏等國。」台灣島沒有王室，但有「黃蠟」（硫磺），琉球則相反。

　　元朝丞相脫脫帖木兒(1314-1356)在1343年撰《宋史‧琉球國》抄錄趙汝适的《諸蕃志》說：「琉球國在泉州之東，有海島曰彭湖，煙火相望。其國塹柵三重，環以流水，植棘 藩，以刀槊弓矢劍鈹 兵器，視月盈虧以紀時。無他奇貨，商賈不通，厥土沃壤，無賦斂，有事則均稅。」這個地理位置的描述已接近「琉球國」就是台灣島的說法。

　　《宋史‧琉球國》抄錄趙汝适的《諸蕃志》又說：「旁有毗舍邪國，語言不通，袒裸盱睢，殆非人類。淳熙間，國之酋豪嘗率數百輩，猝至泉之水沃、圍頭等村，肆行殺掠。喜鐵器及匙箸，人閉戶則

免，但刉其門圈而去。擲以匙箸則頫拾之，見鐵騎則爭剒其甲，駢首就戮而不知悔。臨敵用標槍，繫繩十餘丈爲操縱，蓋惜其鐵不忍棄也。不駕舟楫，惟縛竹爲筏，急則群异之泅水而遁。」「毗舍邪國」（Visaya）被描述位於「琉球國」的旁邊，被認爲指涉台灣島。

概括來說，脫脫帖木兒把「琉球國」視爲包括琉球群島和台灣島北部，「毗舍邪國」則泛泛地包括台灣島南部、菲律賓的呂宋島，甚至東南亞。台灣島直到十七世紀初還常被認爲是三個小島組成，而不是一個完整的島嶼。「毗舍邪」曾侵犯泉州，殺人搶劫，喜歡鐵器，袒胸露背，張目仰視，可以確定是皮膚幽黑的南島語系民族，但很難論斷是當時的台灣島原住民，因爲台灣島原住民除蘭嶼的達悟族外，並無航海能力。「毗舍邪」則已有很強的橫渡台灣海峽的航海能力，當時有此能力的民族只有印尼的室利佛逝人（Sri Vijaya）。十七世紀荷蘭人和西班牙人來到台灣島時，並未發現台灣島原住民有此航海能力，可以推斷「毗舍邪」並非台灣島原住民。

元末旅行家汪大淵（1311-1350）於1349年撰《島夷誌略》提到「彭湖」，說「地隸泉州晉江縣，至元間設巡檢司」，也提到「琉球」，說「琉球，地勢盤穹，林木合抱。山曰翠麓，曰重曼，曰斧頭，曰大崎。其峙山極高峻，自彭湖望之甚近。余登此山，或觀海潮之消長，夜半則望暘谷之出，紅光燭天，山頂爲之俱明。土潤田沃，宜稼穡。氣候漸暖，俗與彭湖差異。水無舟楫，以筏濟之。男子婦人拳髮，以花布爲衫。煮海水爲鹽，釀蔗漿爲酒。知番主酋長之尊，有父子骨肉之義。他國之人倘有所犯，則生割其肉以啖之，取其頭懸木竿。地產沙金、黃豆、黍子、硫黃、黃蠟、鹿、豹、麂皮。貿易之貨，用土珠、瑪瑙、金珠、粗碗、處州磁器之屬。海外諸國，蓋由此始。」1535年陳侃的《使琉球錄》認爲汪大淵描述的不是琉球群島，因爲「琉球國之山形，雖南北一帶而生，不甚抱合，亦無翠麓等四山之名，且形勢卑小，不高聳，林木樸樕不茂密。」

汪大淵這篇文章是有史以來，被認爲對台灣島及原住民描述得

最清楚明晰的中國文獻，文中還說汪大淵親自來到台灣島「余登此山」。汪大淵是否真的到過台灣島，而且還登過島上高山，未受原住民的阻擾，都無法確證。但汪大淵所說「煮海水爲鹽，釀蔗漿爲酒」，則證實十四世紀台灣島原住民已懂得煮海鹽，懂得種甘蔗，但只用蔗汁釀酒，未有製造砂糖的記載。

四、明代中國人

　　1368年朱元璋（1328-1398）建立明朝帝國，鑑於倭寇、海盜爲患，僅准「朝貢貿易」，禁絕海外商賈來航。1387年明代中國政府以澎湖島民「叛服難信」爲由，廢除澎湖巡檢司，「盡徙嶼民」回去福建漳泉。但禁令歸禁令，中國漁民聚集澎湖捕魚，反而更加興盛，不僅橫跨台灣海峽捕魚，甚至到達台灣島沿岸，與原住民來往形成「漢番交易」。依當時的航海技術已屬常態，更難因明朝政府禁令而阻絕，台灣島北部的「十三行人」就與中國漁民兼雜貨商有經常性的貿易關係，從十三行遺址出土的中國商品可以見證。

　　1440年至1500年歐亞大陸氣溫陡降，全面進入罕見的低溫期，史稱「十五世紀氣候危機」。中國頻頻爆發饑荒，中國人奔赴海外尋求生機的管道，卻被明朝政府禁止，武裝走私活動就逐漸形成氣候。1522年明朝嘉靖皇帝到1620年萬曆皇帝，近100年間，中國漁民往返海峽兩岸，在台灣島沿岸漁場及原住民村社出入，人數未必很多，卻已稀鬆平常。

　　朱元璋政府在1387年廢除澎湖巡檢司，江夏侯周德興「遷其民而墟其地」，將澎湖居民全部遷至泉州、漳州，稱爲「墟澎」。因爲「主權者長久不聲索的時效已過」，形同放棄澎湖主權，反而使澎湖成爲「海商」的集結地。中國海商是沿海貿易商人，因明代海禁鎖國政策，變成走私集團，自購武裝船艦，劃分地盤，劫掠商漁船，形成

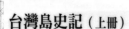

半商半盜的武裝集團，後來與倭寇結合，危害中國沿海甚巨。日本在十五世紀的戰國時期，封建領主資助武士浪人外出當倭寇，至中國沿海走私搶劫，常以澎湖、台灣島做據點停泊取水，視風向進犯中國，北風起時進犯廣東，東風起時進犯福建、浙江、江蘇，沿途燒殺擄掠，爲當時中國的主要邊患。

日本倭寇並與中國海盜相結合，史書記載倭寇團夥裡的中國人一度占三分之二。台灣島也成了海盜、海商、倭寇出入的據點，曾一本、林道乾、林鳳都是當時出入台灣島的著名中國海盜。另一方面，中國海商集團後來卻發展成大型海上武力，產生李旦、顏思齊、鄭芝龍等實力人物，在抵制荷蘭、西班牙海上勢力，替中國人發揮了歷史性的關鍵作用。

1555年鄭舜功出使日本，回國後於1560年出版《日本一鑑》，繪有「滄海津境」簡易地圖，標示小琉球、雞籠山，記載著1558年返國途中曾漂流至「耶刺付」（淡水）。1557年張天復出版《皇輿考》，繪製出小琉球的位置。1565年顧炎武《天下郡國利病書》中提及雞籠、淡水若被倭寇佔據，更易攻擊中國沿海城鎮。1573年曹學佺（1574-1646）撰《倭患始末》，稱「潮賊林道乾勾倭突犯漳泉海洋，竄據彭湖，尋投東番。」1575年茅瑞徵撰《萬曆三大征考》也表達與顧炎武相同的顧慮。這時期，中國人對台灣島的認識僅止於被倭寇佔據的「小琉球」或「東番」而已。

1563年明代中國政府雖曾恢復設置澎湖巡檢司，不久又廢棄。1567年解除海禁，准許中國商船出海到澎湖，或航行至台灣島的基隆、淡水與原住民易貨貿易，但仍不准至日本通商。日本戰國封建領主抓住這機會派船至台灣島與這些中國商船交易，台灣島上幾個天然港口，如大員、魍港、淡水、雞籠，逐漸聚集中國和日本的商船，形成小規模的「會船點貿易」據點。

日本戰國時代群雄割據的局面在十六世紀末結束，豐臣秀吉（1537-1598）統一日本，迫不及待於1592年進犯朝鮮，展開1592年至

1598年的「萬曆朝鮮之役」。日本海盜在同年登陸淡水、基隆。1593年豐臣秀吉派家臣原田孫七郎到台灣島，要求原住民納貢稱臣未果。明代中國政府擔心日本趁「萬曆朝鮮之役」佔領澎湖，在1597年又再恢復派兵屯守澎湖，距1387年撤出澎湖已210年。從十四世紀到十六世紀，這210年間澎湖形同是被中國政府拋棄的無主之地，但也未歸屬於其他主權或政權，因此中國可輕易恢復行使澎湖群島的領土主權。

　　因為「萬曆朝鮮之役」，明代中國政府禁止中日貿易，卻使台灣島成為中國與日本的走私基地和貿易轉運站，1593年福建巡撫許孚遠（1535-1596）撰《疏通海禁疏》說：「駕駛烏船稱往福寧卸載、北港捕魚及販雞籠、淡水者，往往私裝鉛、硝等貨僭去倭國。」閩南人每年四、五月駕船出海，號稱至北港捕魚，或到淡水、雞籠交易，其實都私裝鉛硝等軍火物資去日本販售。許孚遠所說「北港」是當時台灣島的泛稱，不是目前的雲林北港，因為當時雲林北港的名稱叫「笨港」。1598年豐田秀吉去世前後，以及日本德川家康等軍閥混戰時期，對鉛、硝等軍備物資需求孔急，以台灣島為中繼點，在中國、日本之間進行軍火貿易，勢不可免。

　　中國人在明代的航海技術較為發達後，陸續離開大陸，赴海外謀生。往南去菲律賓、馬來西亞、印尼，往北去日本，往東到台灣島。中國人在宋代就已可航抵澎湖，但澎湖和台灣島之間的黑潮海流，水深達500公尺以上，號稱黑水溝，需要更高級的航海技術，中國人直到明代才較順利橫越澎湖海溝，抵達台灣島南部。

　　十七世紀以前，中國人到台灣島的目的主要是捕魚和經商。當時日本海盜及倭寇侵擾中國海岸，情況嚴重，中國和日本海盜也常以台灣島為巢穴。福建海軍將領沈有容（1557-1628）於1602年奉福建巡撫朱運昌密令，率24艘艦隊自金門啟程清剿倭寇。航抵澎湖遭遇颱風，僅剩14艘船艦，餘皆飄散。沈有容仍下令進剿藏匿在台灣島的倭寇，雙方在台灣島外海激戰，倭寇敗亡。沈有容率軍停泊大員港整補，接受平埔族頭目款待近20天。因此，沈有容是史上第一位登陸台灣島的

中國官員，其幕僚陳第於1603年將見聞寫成《東番記》，是台灣島原住民早期生活記錄的中國文獻。已62歲的陳第隨同沈有容到大員，接受西拉雅人頭目「大彌勒」的款待，寫下1,500字左右的傳世之作《東番記》。陳第在《東番記》說：「以瑪瑙、瓷器、布、鹽、銅簪環之類，易其鹿脯皮角」，而且「漳、泉之惠民、充龍、烈嶼諸澳，往往譯其語，與貿易」，指中國人已可通譯原住民語，並與原住民從事物物交易。

陳第（1541-1617）福建連江人，1562年戚繼光（1528-1588）至福建追緝倭寇，任命陳第為幕僚。1573年俞大猷駐防福建，再聘陳第為顧問，後來累功升任游擊將軍（從三品，騎兵營長），鎮守北京東北方的長城古北口。1585年辭官返鄉，福建巡撫許孚遠（1535-1596）、金學曾（?-?）多次請陳第復出，均辭不就。陳第與沈有容私交甚篤，1602年隨沈有容追緝倭寇，抵達台灣島，事後撰寫《東番記》，是中國史上親歷台灣島，寫下台灣島實況的第一人。有趣的是，陳第記載台灣島上有虎、熊、豹、鹿，有貓、狗、豬、雞，但沒有馬、驢、牛、羊、鵝、鴨。

明代福建巡撫黃承玄（?-?）在1616年撰《條議海防事宜疏》說：「瀕海之民，以海為業，其採捕於澎湖、北港之間者，歲無慮數十百艘。」台灣島的「北港」在那個年代，是指中國人常到台灣島停泊的漁港和小商港，幾乎是泛指所有台灣島的港口，因此「北港」在那個年代是台灣島的代名詞。有人認為這裡所講的「北港」是指台南安平港，即荷蘭人的大員港，或嘉義布袋港，甚至是雲林北港，其實都不是。經商主要是和原住民以物易物，以及把台灣島當作轉運港，在中國和日本之間，從事貿易及走私。

然而不論是捕漁、經商，或做海盜，都不是長久定居台灣島的移民。到了十七世紀，中國人才開始移民台灣島，進行長期常態的墾殖。1621年顏思齊率眾長居台灣島，以海商集團的武力為基礎，在台灣島中部，雲林和嘉義之間，建立10座村寨。連橫在《台灣通史》寫

道：「辟土田，建部落，以鎮撫土番。」顏思齊因此被認為是中國開台第一人。顏思齊早逝，由鄭芝龍接班，到了1628年鄭芝龍回福建當明代政府的海軍將領，把台灣島中部的中國移民村寨，作為與荷蘭人商業往來的交易市集，後來鄭芝龍甚至把中國移民的管轄權賣給荷蘭人，那時村寨裡的中國人口據說已達3,000人。

1629年，明代中國南京工部右侍郎何喬遠（1558-1632）在《鏡山全集》稱台灣島為「台灣」。奏請解除海禁時稱：「有地名台灣者，故與我中國不屬，而夷人亦區脫之。」是文獻上最早使用「台灣」的紀錄。

何楷（1594-1645）曾任南明隆武帝朱聿鍵的戶部尚書，1635年撰《靖海策》記載：「今欲靖寇氛，非墟其窟不可。其窟維何？台灣是也。台灣在澎湖外，距漳泉止兩日夜程，地廣而腴。……初，貧民時至其地，現漁鹽之利，後見兵威不及，往往聚而為盜。」何楷記載「台灣」一詞，是明代早期稱呼「台灣」的正式文獻。

明代中國對台灣島的稱呼很混亂，閩人周嬰（1583-?，福建莆田人）在其所著《遠遊篇》內有《東番記》一篇，文中稱「台員」為東番之地；何喬遠的《閩書·島夷誌》稱為「大員」；張燮的《東西洋考》則稱為「大圓」；後來沈鐵的奏摺中稱為「大灣」等等。其他尚有福建沿海居民稱台灣島南部為「毗舍耶」，在中原的漢人把台灣島北部稱為「小琉求」。

明太祖時代琉球群島被稱為大琉球，台灣島稱為小琉球。明朝中葉以後，對台灣島又有多種不同稱呼：小東島、小琉球、雞籠（山）、北港、東番等等。所以東番、毗舍耶、台員、大員、大圓、台灣、大灣、東鯤、埋冤、琉球、島夷、東夷、海夷、夷洲、東鯷、大灣、大宛等，幾乎都是台灣島的含混稱呼。

為什麼近在咫尺的中國對台灣島的稱呼這麼混亂?究其原因是中國人在十七世紀以前，尚無經緯度的觀念。製作海圖若沒有近似經緯度的界定，則同一個島嶼，因記述人的不同，各自取名，也沒有人敢認

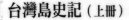

定同屬一島，這就是台灣島有許多稱呼的原因。換句話說，當時的中國人對台灣島的認識很模糊，直到荷蘭人入台後，資訊較爲豐富，才有所改觀。台灣島的稱呼就漸漸統一爲「大員」或「台灣」。

中國人到1621年才有顏思齊率領海上武力進佔台灣島中部，在雲林北港到嘉義布袋附近地區建立十個村寨型據點，這是中國人首次移民台灣島的正式記錄。顏思齊因此被喻爲開台先祖，現今雲林北港鬧區豎立有顏思齊開台紀念碑。但這只是移民村寨，談不上建立政權，不能因此論斷自1621年起台灣島隸屬中國領土。有政權或國家才能宣示主權，有主權才有主權權利（Sovereign Rights）可宣稱擁有領土。顏思齊從來沒有建立過政權或國家，不具備宣示領土主權的資格。

荷蘭人在1624年進佔台灣島前，先於1622年到大員港做調研工作，發現在台灣島居留的中國人約1,000到1,500人，主要工作是駕船沿著海岸一個村社又一個村社，去找原住民做買賣的生意人（包樂史，p.13）。荷蘭人發現西拉雅族原住民沒有船隻，也不會航海，中國商人駕船從事生意，拿食鹽交換鹿皮，將鹿皮運出原住民部落，送上大員港的貿易船隻。許多貿易船隻是日本商船，1624年荷蘭人記錄有一艘日本商船載走1.8萬張鹿皮。中國商人常常暫居原住民村社內的「公廨」（男子集會所），也常揚言切斷食鹽供應，逼迫原住民在交易上讓步。原住民用食鹽保存肉品和魚鮮，或作爲烹煮食物的調味料。有些原住民村社懂得製鹽，販賣到別的村社，但品質不佳，帶有澀味，所以需要中國商人提供食鹽。除了食鹽外，原住民期待從交易中換得粗鐵製作的武器和工具，獲得鐵鍋、瓷器、金屬首飾、青銅器、鈴鐺。鈴鐺可以裝在長矛上，擊中野鹿後，容易憑鈴鐺聲響，找到受傷野鹿。鈴鐺又可以做耳環、頭飾、女裝等的裝飾，甚至當傳家寶。荷蘭人在1623年就發現原住民喜歡中國煙草、燒酒、衣物，於是拿這些物品作爲賞賜、禮物、甚或支付勞役的報酬。1650年荷蘭東印度公司的製帆師John Struys的遊記說：「當原住民不穿傳統服飾時，大多數會穿中國服裝，而不穿歐洲服飾。」顯示原住民受中國人的影響不

小。

明代末年中國福建靠海維生的人口不少，每年冬至前後，烏魚群從東海南下，至台灣島西南海岸產卵。福建漁船橫越台灣海峽，撈捕烏魚，漁季長達八週。有漁民渡海登陸台灣島西海岸邊，將烏魚卵鹽漬成烏魚子，轉銷中國和日本。日本商船拿白銀向中國人買烏魚子、生絲、瓷器、鹿皮，中國人則拿陶器、鐵器、食鹽向原住民交換鹿皮等製品，最後將鹿茸、鹿鞭、白銀運回中國。十七世紀氣候危機發生前，明代中國的生絲、綢緞、棉布、瓷器行銷全球，導致白銀收入大量湧進中國，產生通貨膨脹。

日本人對鹿皮的需求是啓動原住民積極獵鹿的最大誘因，也是中國商人進入原住民村社蹲點，爭取鹿皮貨源的最大動力。鹿皮可以製作日本武士的「陣羽織」、盔甲、馬鞍配件、箭袋。鹿皮的毛較貂或狐狸短，且價格較便宜，可縫製夾克、靴子、足袋。日本對皮製品材料的需求量很大，除了台灣島外，也從泰國、柬埔寨、呂宋島進口鹿皮。中國內地對鹿皮的需求能自給自足，但對購買台灣島的鹿茸、鹿鞭當藥材，則情有獨鍾。野鹿是開啓台灣島國際貿易循環的歷史商品，原住民也是經由中國商人仲介，靠野鹿走進中國及日本的國際貿易圈。

荷蘭人剛到台灣島時，對大員附近中國人的政策是「一切不變」，對鄭芝龍村寨裡的中國人則採「和平共存」。荷蘭最後一任大員長官揆一寫道：「答應准許該地的中國移民照舊居住和生活。」荷蘭人佔住南部，鄭芝龍佔住中部，《巴達維亞日記》稱作「雙方佔有」。但鄭芝龍去福建當官時，就把台灣島中部的管轄權賣給荷蘭長官。施琅在《恭陳台灣棄留疏》裡寫道：「將此地稅與紅毛爲互市之所。」指的就是這件事。鄭成功在1661年4月27日寫信勸荷蘭人投降時，提到這段過節說：「我的父親只是將這地方借給你們。」

五、閩南人

　　1621年即有閩南人移居台灣島的紀錄，1624年荷蘭人開始建設大員港、熱蘭遮城及海堡所用的勞工絕大多數是閩南人，1631年荷蘭人開始從中國招募移民開墾台灣島也是閩南人。1661年後追隨鄭成功和鄭經來台的人員絕大多數是閩南人，1683年後康熙開放中國大陸居民移墾台灣島，也大多是以閩南人為主。所以到現在，台灣島的居民98%是中國移民，絕大多數是漢族，其中72%是來自福建中南部稱「閩南人」（Hoklo，客家語「福建佬」）的漢族，14%是來自廣東東部和福建西部的「客家人」（Haka），12%是1949年後隨蔣介石入台的「外省人」。

　　福建省是台灣島民的第一大原鄉，七成以上現代台灣人的祖先來自福建泉州、漳州、廈門、莆田地區，都在台灣海峽西側沿岸，通稱「閩南人」。「閩南人」講的「閩南語」是以泉州話、漳州話、廈門話為主體發展出來的語言，目前稱「台灣話」的語言，就是閩南語的分支。

　　新石器時代「古閩族」在福州西南部閩侯縣甘蔗鎮曇石山村，發展出5,500年前至4千年前的「曇石山文化」，與南島語系民族的海洋文化有驚人的相似處。約4千年前夏商周時，古閩族即進入青銅器時代，史稱「七閩文化」，也出現酋邦組織。另一方面，浙江有史冊記載公元前1855年「無餘」在浙江紹興（會稽）建立「越國」，封建爵位不高，號稱「越子」。「無餘」是稱號，本名「于越」，據說是夏朝姒少康的後裔。另一說，無餘在公元前2032年已建立酋邦式的「越國」，則立國於舜帝姚重華時代，無餘就不是姒少康的幼子，卻與公元前3300年至公元前2000年浙江杭州新石器時代的「良渚遺址」的時間吻合。良渚遺址存續1,300多年後消失無蹤，於公元前2000年消失無

蹤，原因可能是戰爭或天然災害。無餘之後的子孫也有30個世代查無記載，直到公元前564年才有第一代越王勾踐的祖父「越子夫譚」的記載出現，但越國的語言並非漢語，越國的人民應非漢族。

公元前496年越國和位於江蘇蘇州的「吳國」曾發生「句踐復國」史詩般的故事。公元前334年楚國攻入越國的紹興及杭州，公元前306年楚國滅亡越國，第十代越王無疆自殺，浙江的越國臣民南逃福建。這些越國難民自稱「于越族」，南下福建與古閩族融合，形成「閩越族」。越國貴族後裔「無諸」在福州建立政權，自稱「閩越王」。公元前222年秦國統一中國時，秦始皇廢封建，立郡縣，無諸失去封建酋邦的王位。當時浙江溫州也有一位越國貴族「搖」，自稱「閩越君」，地位僅次於無諸。秦朝末年，無諸投入劉邦（256-195 BC）陣營。公元前202年漢高祖劉邦冊封「無諸」爲「閩越國王」，定都福州。公元前192年漢惠帝劉盈（210-188 BC）冊封「搖」爲東海王，王城在「東甌」，即浙江溫州。閩越族於是有福州的閩越王國和溫州的東甌王國，兩個臣屬於大漢帝國的封建藩王國。

閩越王傳至「郢」，兼併東甌王國，又興兵攻打廣州的「南越王國」。「南越王國」在公元前204年創立於廣州，秦帝國南海郡的郡尉河北人趙佗（240-137 BC）趁秦末大亂的局面，起兵自立爲王。趙佗大舉移民中原漢族進入南越王國與當地原住民融合，公元前196年又臣服成爲漢帝國的藩屬國。漢武帝劉徹（157-87 BC）對閩越王「郢」攻打南越王國的舉動非常憤怒，派兵進攻閩越王「郢」。「郢」的弟弟「餘善」發動政變，殺死「郢」，投降漢軍。漢武帝劉徹冊封無諸的孫子「丑」爲閩越王，改稱「越繇王」，另外冊封餘善爲「東越王」。公元前112年漢武帝劉徹派兵滅亡爭奪王位爆發政變的南越王國，公元前110年漢軍回師，漢武帝派朱買臣和韓說順道滅亡「閩越國」，越繇王「丑」趁機謀殺東越王餘善，投降漢軍，取消藩王封號。漢武帝劉徹下令強制遷徙全部「閩越族」至江淮一帶，「閩越族」就此從福建消失。極少數未被強迫遷徙的閩越族，逃入武夷山

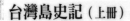
脈，發展成「山越」族，成爲福建的少數民族。有人說閩南人是漢族入閩與閩越族的混血後裔，這個說法無法成立，因爲公元420年漢族入閩成爲閩南人之前，閩越族早已被流放至江蘇北部，離開福建超過500年。

中國的西晉帝國自306年「八王之亂」（291-306）後開始衰敗，311年西晉帝國（265-316）爆發「永嘉之亂」，匈奴劉聰（？-318）攻陷洛陽，大肆屠城，316年西晉帝國滅亡。翌年匈奴帶來的「天花」傳染病首度在中國爆發，造成沒有抗原的漢族生靈塗炭更甚。西晉皇室和漢族難民從甘肅、陝西、山西沿著漢水流域逃亡到湖北、湖南，從河南沿著淮河流域逃難到安徽，再與山東的難民共同沿著吳王夫差開鑿的邗溝運河到江蘇南部，317年在南京建立東晉帝國（317-420），史稱「衣冠南渡」，顏之推（531-591）說：「中原冠帶，隨晉渡江者百家。」中國北方則進入「五胡十六國」（304-439）時代，「五胡亂華」指起兵攻擊西晉帝國的匈奴、鮮卑、氐、羌、羯等五個少數民族。

420年東晉帝國滅亡，中國進入「南北朝」（420-589）時代。漢族的上層階級開始移民至福建泉州，沿「南安江」出海口兩岸聚居。這些移民改稱「南安江」爲「晉江」，以紀念滅亡的東晉帝國。這些漢族較有規模者，有林、陳、黃、鄭、詹、丘、何、胡等八姓大家族遷居福建泉州，自稱「泉州人」或「晉江人」，形成最早的「閩南人」，史稱「八姓入閩」，這是第一波在東晉末年移居閩南的漢族，成爲福建閩南人的先祖。

548年南朝梁武帝蕭衍（464-549）末年爆發「侯景（503-552）之亂」，南京城破，「千里煙絕，人跡罕見，白骨成聚，如丘隴焉。」南方望族如王謝兩家，幾乎亡族，劉禹錫的詩：「舊時王謝堂前燕，飛入尋常百姓家。」就是描述當時慘況。大量漢族難民從江蘇、浙江湧入福建，佔領原屬於「閩越族」的生活空間，再由南北朝漢族通行的「中古漢語」演化產生「閩南語」，這是南北朝時期第二波移居閩

南的先祖，也是移民數量最大的一批入閩漢族，講閩南語的人口從此都是福建人口的絕對多數。

閩南語和閩北的福州話有所差異，福州話是古吳語和古楚語的混合，因爲漢朝滅亡閩越國後，駐軍福州的兵士大多是江蘇的吳人或江西的楚人。現代北京話則是宋元兩代「近代漢語」演化而成的語言，與南北朝的「中古漢語」演化產生的閩南語，系出同源，但有些差異。

唐朝帝國時期，河南固始人陳元光於677年帶兵入閩，鎭壓畬族暴動，將畬族逐入閩西、贛南和粵東的丘陵山區。陳元光開墾漳州，成爲漢族的新居地，泉州話又與陳元光軍隊士兵講的中原漢語的河南話混音成「漳州話」，陳元光被尊爲「開漳聖王」。在唐朝時期從河南隨軍入閩的漢族，就是第三波閩南人的先祖，也是構成漳州人先祖的起源之一。陳元光開墾漳州的成就，使唐朝時的漳州，與東晉時期的泉州，明朝時的廈門，共同形成閩南人的三大都城。

泉州是福建最古老的城市之一，也是最大城市，是「古閩族」的原居地，也是閩南人的發源地。1087年北宋政府即在泉州設「市舶司」，管理港口、海關、船舶、貿易。十二世紀南宋時代，泉州已是貿易大港。1346年阿拉伯旅行家伊本巴圖塔（Ibn Battuta,1304-1368）自印度抵達泉州，看見港口停泊100艘大帆船，他認爲泉州是世界最大的港口之一。1352年泉州城已長達「三十里」，居民有漢族、蒙古族、東南亞人、印度人、阿拉伯人、歐洲人、非洲人等，儼然是國際貿易商港。但明代以後泉州開始沒落，人口外移，1575年泉州城內人口只剩5萬多人。「閩南人」前往珠江三角洲和東南亞時，都自稱「福建人」，因此被廣東人（廣府人）和客家人稱爲「福建佬」，簡稱「福佬人」（Ho Lo或Hoklo）。後世有人改稱「福佬人」爲「河洛人」，意指「河南洛陽」，實在是畫蛇添足，偏離原意。「閩南人」在閩南本地喜歡自稱「泉州人」、「漳州人」，「閩南人」則是1930年代才出現的稱呼，因爲當時福州人在中國政壇，尤其是國民黨內部

份量較重，例如曾任國民政府主席的林森就是福州人。福州人的人口相對較少，但政治和社會影響力較大，不喜「閩南人」自稱「福建人」，因此創造出「閩南人」一詞，限縮閩南人的福建代表性。

十六世紀末，1572年至1582年，明代中國享有十年的經濟繁榮，國庫充足，糧食充裕，漳州月港取代泉州港，成為國際商港。西班牙銀幣在漳州廣泛流通，泉州府南安縣的縣城安海鎮則是出名貿易商人的出身地，安海商人自菲律賓引進中南美洲的甘薯、花生、甘蔗至福建漳州等地種植，使漳州成為蔗糖出口大港。同時估計福建已有一半的人口遠赴海外經商或移民，尤其赴菲律賓、馬來西亞、印尼、泰國、越南、柬埔寨。

葡萄牙人聚居的澳門也成為福建人謀生的新天地，鄭芝龍就是其中之一。但尚無記錄顯示明代中國早期有福建人橫渡台灣海峽至台灣島定居的資料，閩南漁民在十六世紀航行至台灣島西岸捕魚，並上岸與原住民物物交易。1573年曹學佺（1574-1646）的《倭患始末》也有閩南籍海盜林道乾於1563年出沒台灣島的記載。閩南人的漁民、走私客、海盜是最早進出台灣島的中國人，但是在1621年後，才有顏思齊率領閩南人開始大規模移民台灣島。1631年後荷蘭人更大舉招攬中國人赴台移民墾植，絕大多數是閩南人。

二十世紀初孫中山革命、蔣介石北伐都仰賴東南亞的福建華僑提供資金，所以毛澤東才笑說：「福建人出錢，廣東人出力，湖南人當兵，浙江人當官。」

六、客家人

1683年後，台灣島開始有客家人移民台灣島的紀錄。「客家人」（Hakka）一詞最早出現於文獻，是清代1676年江西贛州興國縣知縣黃惟桂的公文稱：「興邑地處山陬，民多固陋，兼有閩、廣流氓僑居境

內，客家異籍，禮義罔聞。」證實明代中國時期，閩西、粵東與贛南鄰近區域的漢族居民，湧入地廣人稀的贛南，使原本文化落後的興國縣土著居民要面對新移入的「客家人」。從此「客家人」泛指閩西、粵東、贛南交會處，這片丘陵山區的漢族居民。其實漢族湧入江西贛州的歷史起自西晉末年，贛州因而成為客家人的搖籃。

「客家人」講的「客家話」是「漢藏語系」下的漢語分支，從語言學觀點探究，秦漢盛行的「上古漢語」，在西晉時期發展為長江及贛江流域的「贛話」，流行於江西、安徽、湖北、湖南。西晉末年漢族難民移居江西南部，帶來「洛陽話」，與「贛話」相混合，形成「江西客家話」。再轉化成福建閩西的「汀州客家話」或「閩西客家話」，與石窟河流域的「畬族語言」相融合，最後流入廣東粵東地區，成為韓江、梅江流域的「廣東客家話」。傳入台灣島的「客家話」以粵東嘉應州梅縣（程鄉）、蕉嶺縣、興寧縣、平遠縣等「四縣腔」的客家話為主，以惠州海豐縣、陸豐縣、陸河縣的「海陸腔」的客家話為輔。

語言的發展是都市發展的現象之一，政治或經濟中心的都市發展出語言，再向外圍擴散至鄉村地區。都市規模越大，越容易產生廣泛流行的通用語音。上海話就是一例，上海以前只是小漁村，沒有上海話可言，但隨著蘇州人和嘉興人移入上海，蘇州話和嘉興話就混合成上海話，廣泛流傳開來。古漢語源自陝西、山西、河南交界處的仰韶文化圈，藏語則源自陝西和甘肅交界處，所以漢語和藏語系出同源，稱「漢藏語系」。漢語隨著漢族遷移，擴大至河北、山東，再往南擴散至長江流域。漢語在擴散過程，早先以長安話為主體，發展出洛陽話、南京話、北京話。再從南京話演化出杭州話和泉州話。閩南語就是泉州話。中國歷代朝廷和官場都會制訂「標準發音」，稱「官話」。秦漢時以長安話為「官話」，西晉以洛陽話為「官話」，唐朝又以長安話為「官話」，宋朝以洛陽和開封話為「官話」，元朝以北京話為「官話」，明朝以南京話為「官話」，清朝、民國、共和國都

以北京話爲「官話」，又稱「國語」或「普通話」。「滿語」則屬於「通古斯語系」，滿語有一些漢語或蒙語的「外來語」，反而漢語少見引用滿語做爲「外來語」。台灣地區有人誤以爲北京漢語是滿語演變的，這完全是錯誤的知識。

從語言的發展途徑可以追溯客家人的血緣，原本是中國黃河流域的古漢族，幾度往南大舉移民形成的漢族分支的族群。南遷的原因出自黃河及長江流域的戰亂，南遷的性質以政治難民爲主，這不同於十七世紀福建、廣東的漢族移民台灣島是以經濟原因爲主。歷史上首度出現的中原政治難民，是約於311年西晉帝國爆發「永嘉之亂」，漢族政權的首都洛陽被匈奴毀滅，洛陽至開封一帶的漢族逃亡南遷，有部分聚居在江西南部，轉進福建西部，最後落腳廣東東部，產生以客家話形成的族群。這些漢族難民是第一波的客家先民。另外有些西晉難民移居江蘇南京，有部分到了東晉滅亡時，再輾轉經浙江，逃入福建南部，則形成第一代的閩南人。

唐帝國末年，875年爆發王仙芝及黃巢事件，至884年結束，整整亂了十年。907年唐帝國被朱全忠滅亡，中國進入72年歷史的「五代十國」紛亂局面。漢族居民爲躲避戰亂和飢荒，逃難進入贛南，再越過武夷山進入福建汀州，這些漢族難民是第二波的客家先民。福建汀州寧化縣的石壁鎮與江西贛州石城縣相鄰，被視爲是客家先民進入福建、廣東的門戶，稱「客家祖地」。

1126年，北宋帝國爆發「靖康事變」，滿洲女眞人建立的「金國」軍隊攻入汴梁（開封），北宋帝國滅亡，北宋皇室軍民等漢族人口逃難南遷，另在杭州建立南宋帝國。漢族難民湧入贛州、汀州、漳州平原，逼迫原居民「畬族」遷移入閩粵贛交界的丘陵山區。這些漢族難民是第三波的客家先民。

南宋朝末年，元朝初年，漢族的南宋帝國和蒙古族的元帝國雙方軍隊在廣東潮州爆發激烈戰爭，宋軍兵敗，潮州遭到屠城，梅州梅縣的「梅州之戰」，加上疫癘流行的影響，更是「所遺餘孑只楊、古、

卜三姓，地爲之墟」。（光緒《嘉應州志》卷12《談梅》）。元末明初，江西贛州、福建汀州及漳州的客家人大舉遷移，進入因戰爭而人口稀少的潮州、梅州、揭陽、惠州地區。

中原政治難民流徙至贛南、閩西、粵東時，當地早有「畲族」居住。畲族是苗瑤族的一支，遷移至福建，消滅人口已不多且居處山區的閩越族（山越），成爲福建第一大民族。畲族自稱「九黎族」的後裔，尊奉蚩尤、盤瓠（神犬）爲祖先。政治難民的漢族大舉遷入畲族地區，原本人口稀少，貧脊的土地承載不了漢族難民，漢畲爭鬥不可避免。貧困的畲族紛紛舉旗造反，在明代中國即有1507年汀州張時旺事件、1516年謝志山、池仲容事件，都是規模很大的畲族暴動事件。

1517年明朝政府派出大名鼎鼎的王守仁（1472-1529）鎮壓畲族，畲族村寨被摧毀，畲民被迫搬遷到漢族居住區域，就近看守。王守仁即王陽明，儒家「知行合一」學說的創始人，文武全才，官至兵部尚書兼兩廣總督。王守仁對鎮壓後的畲族採取儒學教化，改姓鍾、藍、盤、雷，加速畲族漢化，與漢族融爲一體，畲族棄畲語改講客家話，客家話吸納畲語部分用詞，因此現代客家人約13%具有畲族血統。「畲」音「奢」，意「刀耕火種」，是原始的農耕方法。畲族與苗族、瑤族常並稱「三苗」。

客家人直到十七世紀末才有移居台灣島的紀錄，1662年鄭成功進佔台灣島，有些廣東客家籍（粵民）的士兵跟隨來台。1683年後大清帝國軍隊來台，也有閩西的客家士兵，更有客家人在台南城外種植蔬菜的記載，以及1698年廣東客家人邱永鎬開墾高屏溪南岸的紀錄。台灣島最早出現客家移民的正式記錄是1716年《諸羅縣志》，稱「客仔」來自廣東潮州府，當佃農、傭工維生。1970年鍾壬壽編撰《六堆客家鄉土誌》則認爲1692年清軍客籍士兵解編後，被安置於屏東萬丹鄉濫濫庄墾殖，發覺屏東平原土地肥沃，適合稻耕。邱永鎬就是退役後，在台南三郊行擔任會計，並獲得資金前往開墾屏東的客家墾台第一人。當時米價騰貴是台灣島、福建、廣東的普遍現象，這些客家人

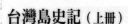

返鄉邀集墾民，再分別擴散到屏東「六堆」各地。客家人大舉移民台灣島的確是從屏東平原開始，而且1704年就有鳳山知縣宋永清發放「濫濫庄」墾照的紀錄。（李文良，p.37）

七、唐山公與唐山嬤

荷蘭人的統計資料可以輕易的推翻兩個台灣島歷史的謬論：第一，台灣島本省籍中國漢族後裔居民的人口絕大多數是平埔族漢化的人口，不是真正的漢族；第二，台灣島本省籍中國漢族居民的人口都有平埔族血統，沒有純種漢人。

這兩種謬論常被台獨理論用來說謊：「台灣島上的本省人沒有純種漢族，所以不是中國人。」謬論起因於有些資料說：「台灣人只有唐山公，沒有唐山嬤。」理由是早年台灣島和中國大陸來往交通不便，中國人只有男人移民台灣島，沒有女人移民台灣島。這些中國男性移民只好娶平埔族女子為妻，所以現代的台灣人不是中國移民的「唐山嬤」生育的，都是平埔族女性生育的，當然可以推斷為不是純種漢族，也就不是中國漢族或中國人。

荷蘭人的統計資料可以徹底否定這些謬論。首先，1655年到1656年這一年間，平埔族從39,223人減到31,221人，中國移民人口卻從18,480人增加到22,344人。平埔族減少8,002人，中國移民卻增加3,864人。這一年之間，不可能有大幅度的漢化使平埔族人口減少，也沒有那麼多平埔族的女性可替漢族男性生育兒女，以增加漢族人口。台灣島中國移民人口增加不是靠生育，也不是靠平埔族漢化，是靠中國大陸源源不斷移民進入台灣島。

1653年荷蘭的大員長官西撒爾重新規劃市集，興建「普羅民遮城」，形成台南市的早期雛形。普羅民遮城的興建費用卻來自對「女性中國移民」開徵人頭稅，足證在荷蘭殖民統治時期，中國移民在台

灣島就有「唐山嬤」，而且人數及所得足夠課徵人頭稅，可見「有唐山公，無唐山嬤」是錯誤的歷史傳說。

　　1653年荷蘭人課徵人頭稅統計，納稅中國女性移民有838人，是納稅男性10,501人的8%，實際女性比例會高很多，因為未達課稅標準或免稅的女性更多，這使「只有唐山公，沒有唐山嬤」的說法不攻自破。

　　何況1650年到1656年之間，台灣島天災人禍不斷，西拉雅人、噶瑪蘭人、巴賽人等三個人口最多的平埔族，都遭到幾乎滅村滅族的厄運，才是平埔族人口大量減少的主因，而不是被漢化。

　　1652年中國移民在郭懷一領導下起兵，企圖推翻荷蘭人統治，很短時間內，郭懷一兵敗被殺。當時中國移民人口2萬人，每4人就有1人被殺，剩下不到1.5萬人，但到1655年又有人口1.8萬人。只隔3年這麼短的時間內，中國移民人口增加如此快，當然是靠不斷的移民，而不是靠平埔族女性替中國移民生兒育女。當時荷蘭人和平埔族結盟屠殺中國移民，兩邊仇恨高漲，也不可能增加通婚。平埔族雖然戰勝中國移民，但犧牲人數也不可避免。中國移民可再經由中國不斷移民增加在台人口，平埔族卻只能承受人口減少，由多數轉為少數的後果。

　　1653年初台灣島爆發麻疹和會發高燒的傳染病，島內人口大量死亡，很多稻田無人耕種，任其荒蕪，平埔族死亡率更高。1653年11月台灣島北部發生嚴重蝗災，飛蝗如烏雲，糧食作物損失慘重。12月全台發生大地震，平埔族大量死亡，西拉雅族人口減少超過四分之一，巴賽族人口減半，噶瑪蘭人幾乎滅族。

　　1654年5月發生蝗災，全島都被蝗蟲掩蓋，稻穀蔬菜全毀，平埔族爆發饑荒，有8,000人餓死。1655年蝗災再度發生，稻田蔗園全毀，災情更嚴重，平埔族人口再度大量減少。

　　另一方面，荷蘭人的港口海關紀錄顯示，當時中國大陸和台灣島的船舶客運已很發達，每十位乘客就至少有一位女性，中國女性移民來台已不是新鮮事。1656年3月至11月的荷蘭海關統計，從中國大陸搭

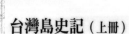

船來台共有164船次，中國人乘客5,079人，男性4,358人，女性721人。女人佔14.2%，男女比例6比1。可見早年來台的中國成年移民不只男性，也有女性。女性約占中國移民常住人口的16%，這些移民來台的女性，屬於在台灣島的常住人口。男性移民則常往來海峽兩岸，部分在大陸已婚配成家，部分只是季節性來台經商、耕作、捕魚，逢年過節都會返回大陸，這些男性沒有在台灣島娶平埔族女性的動機。中國成年移民的男女比例失衡，是移民生活的常態，不必假設一定會與平埔族女性婚配。

《熱蘭遮城日誌》1656年4月25日記載：「有一艘戎克船從中國沿海來到此地港內，搭64個男人和26個女人。」4月30日記載：「搭45個男人和5個女人。」5月19日記載：「有強風從西北方繼續吹來。今天有23艘戎克船從中國沿海來到此地，搭739個男人和143個女人。」5月21日記載：「有2艘戎克船從中國沿海來到此地，搭54個男人和22個女人。」5月24日記載：「也有一艘戎克船從中國沿海來到此地，搭54個男人和18個女人。」上述記載直接證明荷蘭殖民時代的中國移民已有很多「唐山嬤過台灣」。

荷蘭時代兩岸的航運相當發達，跨越「黑水溝」已不是問題，沒有傳說中「埋冤」那麼嚴重。「黑水溝」是台灣海峽位於澎湖群島和台南安平港之間的海域，最深處達1,000公尺，台灣海峽其他海域平均深度只有約50公尺。台灣海峽的船難比例低於2%，已優於世界水平。荷蘭人還與鄭芝龍簽約買賣中國婦女，由鄭芝龍自福建找中國婦女移民來台，再由荷蘭人轉售給在台灣島替荷蘭人開墾田地的中國男性移民。因此特定墾殖村落的男女比例可能非常懸殊，但整體而言比其他移民社會，台灣島的性別失衡問題還不算嚴重。

中國移民雖一直有「羅漢腳」的單身漢問題，但這也與平埔族人口減少，或中國移民人口增加的原因無關。「羅漢腳」是中國移民社會的無產階級，有因逃難來台的難民，有因台灣島天災流離失所的災民，有因地主佃農關係矛盾的失業遊民，但都不是移民社會的主力，

「羅漢腳」更不會是平埔族女性選配的對象。台灣島的中國移民社會常以家族、鄉黨爲群體來台開墾，不能納入這些群體的移民，常成爲「羅漢腳」。

鄭成功在台灣島建立中國人政權後，更直接命令軍隊家屬必須率先遷居台灣島，避免軍隊投降清政府，這些家屬大部分是女性。有了延平王的武力保護，中國人更以全家族的方式移民來台，逃避中國大陸的戰亂和飢荒。鄭經更自中國大陸偷渡婦女來台，獎勵軍士兵，甚或做偷渡婦女的生意賺取差價，中國人在台灣島的男女比例逐漸趨近平衡。面對這些事實，中國移民在台灣島與平埔族女性通婚的案例一定有，但比例很低，不是中國移民人口成長的原因。

荷蘭人殖民統治時代，中國移民增加的人口，主要靠大陸不斷的移民，跟平埔族通婚無關。漢族女性也早已陸續來台定居，「沒有唐山嬤」的說法只是某些史書作者想當然爾的誤傳。平埔族人口減少也跟漢化成中國人或與中國移民通婚無關。

到了延平王和清代中國，中國移民有了政權的武力當靠山，可鎮壓原住民，全面掌控台灣島，航海技術更先進，海峽兩岸的交通更便利，即使有海禁，也擋不住中國人舉家移民台灣島的風潮。中國移民增加在台人口，始終靠不斷的移民，不是因爲與平埔族通婚，也不是漢化平埔族所造成。憑藉1655年3萬人的平埔族，和1萬8千人的中國移民，繁延不出1905年284萬人的中國移民，更不可能靠漢化平埔族造就的，這是一個簡單的算術問題。清代中國政府甚且數度頒令禁止「漢番通婚」，目的在阻止中國移民假借原住民的招贅習俗，侵奪原住民部落的土地，更使中國移民與原住民「漢番通婚」的機率被阻斷。例如1722年巡視台灣監察御史黃叔璥（音景，1682-1758）撰《台海使槎錄》記載：「（通事）盜買盜娶者，除斷令離異，乃依律治之。」；1737年（乾隆二年）巡視台灣監察御史白起圖奏准：「嗣後漢民不得擅娶番婦，番婦亦不得牽手漢民。違者，即行離異。漢民照民苗結親例，杖一百離異；土官、通事照民苗結親媒人減一等例，各杖

九十；地方官照失察苗民結親例，降一級調用。其從前已娶，生有子嗣者，即行安置為民，不許往來番社，以杜煽惑滋事之端。」；《大清律例》〈戶律〉第一百一十七條〈嫁娶違律主婚媒人罪〉所附〈條例〉規定：「福建台灣地方民人，不得與番人結親。違者，離異。民人照違制律杖一百，土官、通事減一等，各杖九十。該地方官如有知情故縱，題參，交部議處。其從前已娶，生有子嗣者，即安置本地為民，不許往來番社。違者，照不應重律，杖八十。」到了1887年（光緒十三年），清政府吏部發布《欽定重修六部處分則例》卷二十〈戶口〉項下〈台灣編查流寓〉規定：「台灣漢民不得擅娶番婦，違者土官、通事各杖九十，地方官降一級調用。」這些規定都是漢番通婚極大的法律障礙。

1685年清代中國的台灣島人口統計，中國移民共有52,902人，其中男性28,480人，女性24,422人，男女比例1：0.86，並無嚴重的性別失衡。1689年蔣毓英的《台灣府志》記載，中國移民減少至30,229人，男性16,274人，女性13,955人，男女比例還是1：0.86，也不算失衡。清代中國政府初期治理台灣島，縱使男女比例有1：0.86的差距，造成首任台灣府知府蔣毓英於1685年編撰《台灣府志》稿卷五〈風俗〉篇提及台灣島「民男多女少，匹夫猝難得婦」，但1716年諸羅縣知縣周鍾瑄（1671-1763）編修《諸羅縣志》的〈雜記志〉篇提及：「男多於女，有村庄數百人而無一眷口者。蓋內地各津渡婦女之禁既嚴，娶一婦動費百金；故庄客佃丁稍有贏餘，復其邦族矣。」同書〈風俗志〉也提及：「今佃田之客，裸體而來，譬之饑鷹，飽則颺去，積羸數歲，復其邦族。」這些記載有兩個特點：第一，沒有任何紀錄提及單身中國移民與台灣原住民婦女通婚；第二，明確記載單身的中國移民累積足夠的金錢即返鄉娶妻成家。

中國移民在台灣海峽兩岸來回不過一日夜的航程，成家在中國大陸，工作在台灣島，來回頻繁，因此台灣島縱使表面上男多女少，仍不能視為男女失衡的社會，亦無與原住民婦女通婚之必要，也無足夠

多的原住民婦女可以填補單身中國移民成家的需求。藍鼎元（1680-
1733）於1732年撰《粵中風聞台灣事論》提及廣東客家人時說：「往
年渡禁稍寬，皆于歲終賣穀還粵，置產贍家。春初又復之台，歲以爲
常。」1760年福建巡撫吳士功（1699-1765）的《題准台民搬眷過台
疏》提及：「居其地者，均係閩、粵二省濱海州縣之民。從前俱於春
時往耕，西成回籍，隻身去來，習以爲常。」這些記載都是中國移民
不論閩粵，皆頻繁往來台灣海峽兩岸，且在中國大陸有娶妻成家的證
據。

　　中國移民與原住民婦女通婚的記載僅出現在屏東地區，黃叔璥的
《台海使槎錄》只有在卷七〈番俗六考〉的〈南路鳳山番一〉提及：
「近日番女多與漢人牽手者」；〈南路鳳山傀儡二〉提及：「歸化
番女，亦有與漢人爲妻室者。」；〈南路鳳山琅嶠十八社三〉提及：
「琅嶠一社，喜與漢人爲婚。」至於其他村社原住民皆無與漢人通婚
的記載，當時屏東地區的中國移民人數不多，該地區原漢通婚的情形
對整體台灣島的人口結構不會產生影響。連與清代政府關係緊密的台
中岸裡社高度漢化的土官潘氏家族，除了康熙年間曾嫁女給通事張達
京外，有清一代未再有嫁給漢人的情事，到了日本殖民統治後，才再
有漢原通婚的案例。新竹的竹塹社的錢姓和衛姓平埔族，到了道光年
間才有與漢人通婚的事例。

　　前述1716年康熙晚年時《諸羅縣志》有「內地各津渡婦女之禁既
嚴」的記載，但是清代何時開始禁止婦女渡台，卻始終無法釐清。從
1683年至1722年康熙統治台灣時期，未見有康熙批示婦女入台的禁
令，但1716年又事實上存有婦女入台禁令，只是不清楚從何年開始，
又由誰提議。禁止婦女入台的用意，大學士福康安撰寫的《欽定平定
台灣記略》說：「臣查海洋重地，禁止搬眷居住，使民人顧戀室家，
不敢恣意爲非，舊例原屬妥善。」當時除了台南地區外，台灣島大都
是未開發土地，如果「民人」恣意爲非，添增台灣府的治理成本，又
無足夠稅收可以挹注，禁止搬眷及讓「民人」返鄉成家，被清政府認

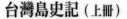

爲可以降低治理成本的方法。但隨著台灣島在清代快速開發，治理成本和本地稅收的赤字逐漸縮小，解除搬眷禁令就成了清政府新的考量。

1727年閩浙總督高其倬（1676-1738）的奏摺《奏聞台灣人民搬眷情節摺》，又稱《奏請台灣人民搬眷過台疏》，建議墾田一甲以上且有房舍者，得給照搬眷，但未獲雍正皇帝批准。這證實1727年時即已有婦女來台的禁令，但直到1732年雍正皇帝批准大學士鄂爾泰的奏摺，同意搬眷入台。高其倬說：「查得台灣府所屬四縣之中，台灣一縣，皆係古來住台之人，原有妻眷。其諸羅、鳳山、彰化三縣，皆新住之民，全無妻子。」可見已開墾多年的台南地區，並無搬眷的需要，但清代後新開墾的地區都是「新住之民」，經濟基礎較不穩定，可能在大陸尚無妻眷，或因禁令有眷也無法搬遷來台。

1738年台灣道員伊士俍（1690-?）撰《台灣志略》的〈民風土俗〉篇說：「自奉旨搬眷，郡城內外，居民多有父母、妻子之樂；鳳、諸兩邑，頗擬郡治，即彰化、淡水僻在北壤，亦差異於昔。」清代開墾台灣島由南而北，台南地區已成「郡治」，鳳山縣（高雄、屏東）與諸羅縣（嘉義、雲林）兩地也接近「郡治」，最爲偏僻的彰化、淡水雖在「北壤」，但搬眷之後也「差異於昔」。由此可見，1732年開放搬眷政策對當時尚處於開墾階段的台灣社會，從南到北影響很大。

1740年乾隆皇帝同意閩浙總督郝玉麟（?-1745）的奏摺，認爲「流寓民眷均已搬取」，再度禁止搬眷。1746年乾隆皇帝又批准巡視台灣監察御史六十七的奏摺，再度開放搬眷一年。1760年乾隆皇帝又再批准福建巡撫吳士功的奏摺，准許搬眷一年。1788年乾隆皇帝同意大學士福康安（1754-1796）和福建巡撫徐嗣曾（?-1790）上奏《清查台灣積弊酌籌善後事宜疏》說：「至禁止攜眷之例，自雍正十年至乾隆二十五年（1732-1760），屢開屢禁……而挈眷來台灣者，至今未絕……嗣後安分良民，情願攜眷來台者，該地方官查實給照，准其

渡海。」1738年後台灣各地方志也不再記載有男多女少的社會問題，1788年福康安在林爽文事件後撰寫的《欽定平定台灣記略》說：「舊例，內地民人至台灣，不准攜帶眷屬，止許隻身居住耕種。今內地攜眷出口者，未聞稽查禁止。」從1788年以後，清代即取消婦女入台的禁令，1788年到1895年，整整107年間半個清代中國時期，也不可能再發生「無唐山嬤」的問題。

　　1737年中國移民人口增至454,872人，48年間台灣島中國移民人口增加15倍，每年人口的算術平均成長率達30%，幾何平均每年成長率達5.8%。這麼高的人口成長率是中國人大舉移民的結果，絕非自然生育所導致，更非平埔族漢化或中國男性移民與平埔族女性結合所造成的人口增加現象。縱使1685年後，中國移民大舉入台，率皆男性移民先行，在某些地區、某些村落、某部分族群、某段時間，會有男女性別嚴重失衡的現象，但不是全面性的問題，也不是長期的結構性問題。畢竟促使男性中國移民入台的社會經濟因素如此強大，對女性也會產生一樣的移民動力。

　　在清代中國時期已到台灣島傳教的馬偕牧師說：台灣人分為原住民和漢人，雙方完全不通婚，因此島上沒有混血人種，雖然也有歐美人士，但人數太少，微不足道。馬偕在台傳教29年卻從未看到「原漢通婚」和「原漢混血」，可見即使通婚情形存在也少到令馬偕看不到（馬偕，p.87）。

　　日本殖民台灣島時的人口統計很完整，紀錄顯示，閩南家庭有男子娶平埔族女子的比例不到0.5%，客家家庭有男子娶平埔族女子的比例不到1%。比近年的台灣島男子娶外籍或大陸女子的比例還要低，這個統計證明跨族婚姻不如想像和傳說那麼普遍，而且這個統計是以「家庭」，不是以「個人」做調查單位，實際通婚比率應會更低。平埔族的後裔或相關血緣在目前台灣島上以中國漢族為主體的人口結構，只佔不足輕重的比例，其人口比台灣島現有的外籍配偶還要少。任何誇大的說法都是刻意捏造，不足採信。

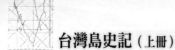

　　2014年10月調查資料顯示，台灣島女性外籍配偶人數已達495,907人左右，達人口數2.12%，其中又以中國大陸及港澳女性為大多數，有335,245人，佔67.6%。再來是越南籍100,099人，佔18.28%。印尼籍28,191人，佔5.68%。台灣島近年的外籍配偶及所生兒女的人口總數已經超過原住民的總人口數。這些女性，尤其是大陸配偶，都是台灣島的「新唐山嬤」。「無唐山嬤」的理論是對大多數的「唐山嬤」視而不見，對極少數的「平埔族嬤」誇張地放大比例，以達致「無唐山嬤」的結論。如果把「無唐山嬤」的理論援用一下，台灣島再過幾年，可以對大多數長久居住的台灣島婦女視而不見，把「大陸配偶」和「外籍配偶」的比例誇張地放大，也可以達致一個結論：下一代的台灣兒童都是「新唐山嬤」的後代。

　　台灣島歷代的中國移民人口，幾乎完全靠中國大陸移民及其後代組成的，台灣島漢族與中國大陸的漢族沒有不同。當然中國移民大部分是漢族，但也不完全是漢族。平埔族反而因自身獨特的婚姻及墮胎制度，造成人口在300年間幾乎呈零成長。歷史謬論不可信，部分台獨理論的說法更是以訛傳訛的謊言。近年台獨推動者為論證「台灣人不是中國人」，不斷用各種錯誤論據試圖證實「台灣人大部分沒有中國血統」，包括有日本血統的林媽利，使用錯誤的DNA分析技術，最後都枉費力氣的原因，就是鐵錚錚的中國移民入台的客觀數字，可以輕易駁斥這些台獨論述的謊言。陳叔倬和段洪坤檢視所有這些「台獨遺傳學」的研究，得到結論：「證實所有已發表數據都不支持台灣漢人與中國南方漢人的遺傳組成不同，因此以原住民血源作為國族建構的假設存在著根本性的錯誤。……個人遺傳血源無法完整地追溯，因此所有連結認同至遺傳血源的嘗試目前都沒有理論依據。（陳叔倬等，2008, p138）」但是台獨份子瘋狂製造的謊言：「台灣人是中國人和原住民的混血」，有了宣傳效果。卡普蘭（Robert D. Kaplan）在Asia's Cauldron書中就說：「現代的台灣人七成具有原住民血統」，就是謊言說千遍，變成事實的最佳例證。

　　許多想台獨的人士不斷自我催眠，編造閩南裔和客家裔的台灣人的父系來自中國移民，母系來自平埔族原住民，自身就算是「本土混血」，可以據地為王，就是依賴以訛傳訛的依附「有唐山公，無唐山嬤」的傳言。說句不客氣的話，都是一群「半路認老母」的傢伙，是全世界最可笑的可憐蟲。

　　要台灣獨立其實不需什麼理由，只要台灣島民有足夠武力推翻第二次世界大戰及冷戰後的國際法秩序，讓中國主權者無能為力，像西班牙放棄荷蘭，英國放棄美洲殖民地，台灣島就可以獨立。但如果做不到，台獨論述的謊言編造愈多，激怒中國人民的機率愈大，中國主權者愈會出現林肯式的人物，像林肯一樣不計代價以武力統一美國，舉中國之軍力統一台灣島會成為歷史的必然。

　　概括來說，中國人男男女女移民台灣島有五波：第一波是1621年有武力的顏思齊、鄭芝龍率福建移民來台，定居在雲林北港至嘉義布袋一帶。第二波是1631年荷蘭東印度公司和鄭芝龍合作，從福建進口農業勞動力，這些中國移民大部分居住在台南地區。第三波是1662年鄭成功在台灣島建立中國藩王政權，從福建撤退官兵及支持者來台，其後更多福建及廣東居民順勢移民來台，中國移民人口在台灣島各地逐漸成長。第四波是1683年清代中國統一台灣島，中國移民大幅增長，台灣島完全變成中國人的土地。即使1895年割讓台灣島給日本，日本人移民台灣島，日本政府對中國移民施行皇民化的殖民政策，也扭轉不了台灣島由中國移民佔絕大多數的局面。第五波則是1949年國共內戰，國民黨敗退台灣島時，有200萬中國人隨著國民黨政權移居台灣島。從這五波中國移民可以看出，台灣島上的中國政權和中國移民是人口結構改變的最重要因素，如果台灣島上沒有中國人的政權，台灣島可能只是另一個原住民佔優勢的菲律賓，或另一個日本人佔優勢的琉球，中國移民將只是台灣島上的少數民族，中國的語言和文化也就不可能盛行於台灣島。

八、中國海盜

　　十五世紀明代中國海商兼海盜的集團有金老子、李光頭、許棟、王直等，根據地在浙江雙嶼島，雙嶼島被浙江提督朱紈（1494-1549）搗毀後，這些集團轉移至日本長崎平戶島。通常模式是先求通商，通商不成，轉而搶劫為盜。也有純粹的海盜集團，如徐海、陳東等。根據地在上海市奉賢區柘林鎮，掠奪江浙海岸及內陸河流沿岸。十六世紀中葉騷擾浙江、福建、廣東的倭寇，經戚繼光（1528-1588）討伐後，轉進台灣島。但曾以台灣島為基地的海盜，較著名的是林道乾和林鳳。

　　林道乾和林鳳是十六世紀末兩大中國海盜。林道乾是廣東潮州惠來人，早年是縣府差役，後與曾一本投身吳平的海盜集團，吳平也是曾以台灣島為巢穴的海盜。1563年林道乾率眾攻擊福建詔安，經明朝政府派福建都督俞大猷（1503-1579）領軍追擊，林道乾率眾逃至澎湖，再遁入台灣島的雲林北港，以武力屠殺劫掠原住民，雙方戰於鹿耳門口外。林道乾後因補給困難，轉逃越南占城，又折返潮州。1573年明軍進剿潮州，林道乾逃往台灣島的基隆，聚眾固守，1574年遠走泰國北大年。據傳林道乾獲北大年女王賞識，不再返回中國，但卻於替北大年女王鑄造大砲，試射時膛炸身亡。

　　林鳳是廣東潮州饒平人，出身海商世家，其祖父林國顯是明代中國嘉靖年間，約1522年至1566年間著名的海商頭子。林鳳與林道乾是同時期的海盜，15歲即投入海盜曾一本門下，先從事廣東海上的走私貿易，後羽翼漸豐。1569年曾一本去世，林鳳與諸良寶結合，1572年領有43艘船舶。1574年諸良寶被廣東總兵張之勛剿滅，林鳳率眾東遁福建，又被福建總兵胡守仁（1544-1599）追剿。1574年7月林鳳率70條船逃亡到台灣島的魍港，即今嘉義布袋或台南北門，劫奪新港社的

米糧。8月間胡守仁曾透過漁民劉以道，聯絡新港社原住民夾攻林鳳，林鳳脫逃至澎湖。11月林鳳再度搶劫麻豆社，台南的原住民聯絡彰化二林的原住民，南北夾攻林鳳，海盜被殺500多人。林鳳敗走台灣島後，繼續在廣東、福建海域從事走私活動，並轉往馬尼拉劫掠失敗，被西班牙人擊退。西班牙總督懷疑中國移民私下協助林鳳，擬採排華措施。後林鳳再北返台灣島的淡水港，被胡守仁擊潰後失蹤。1574年胡守仁派把總王望高赴馬尼拉追緝林鳳，西班牙總督熱烈接待王望高，且派傳教士於1575年隨王望高回福建請求通商，獲准在漳州通商的權利。

事實上，1571年馬尼拉只有中國人15名，1588年只有600名華商經營150間店鋪，以及100名天主教徒、300名漁夫和工人。但1594年菲律賓已有1.2萬名中國人。1603年西班牙人結合菲律賓土著排華，屠殺中國人2.5萬人。

雲林北港和嘉義魍港在十六世紀已是中國海盜出入的港口，也是中國商人與原住民交易的地點，更是中國漁船補給飲用水或食物的場所。廣義的說，從北港到魍港沿海海岸，已是中國海盜和漁民出入的地方，但僅只是短期居留，並未形成長期聚落，當然談不上殖民或移民。

十六世紀海盜是個普遍的現象，英國海盜更是建立大英帝國的主力。葡萄牙人在十五世紀建立海洋事業，控制蔗糖、香料和奴隸貿易，西班牙從海外殖民地挖取黃金和白銀。英國海外探險一無所得，改從事海盜行為奪取西葡兩國的財富而致富。十六世紀英國皇室不只批准「私掠狀」（Privateering），讓英國海盜劫掠西葡船隻視同戰爭行為予以合法化。海盜不只成為英國的封爵英雄，更直接貢獻於大英帝國的建立，這些著名的海盜有：1574年的格倫維爾（Sir Richard Grenville）、1577年的德瑞克（Sir Francis Drake）、1576年的弗羅畢舍（Martin Frobisher）、1595年的雷利（Sir Walter Ralegh）、1606年的蓋茨（Sir Thomas Gates）。最傳奇的是1663年海盜摩根（Henry

Morgan）靠搶劫致富，在加勒比海的牙買加置產，經營甘蔗園，當起大地主，獲封爵位，還出任英國的牙買加總督。摩根的生涯生動地描繪了大英帝國的崛起過程，是名副其實的海盜帝國。但中國的海盜卻沒有演化成為對中國建立海洋帝國的貢獻者，直到十七世紀的鄭芝龍才有類似大英帝國海盜的功能，但最後也功敗垂成，中國失去蛻化為海洋帝國的機會。不過，中國海盜頻繁出入台灣島，官軍亦跟隨追緝，卻無意中讓中國人熟悉跨越台灣海峽的所有航路和港口，創造出中國人移居台灣島的交通條件。

第六章
日本人與台灣島

一、豐臣秀吉

　　日本是歷史上最早想以政治和軍事力量進佔台灣島的國家。1526年日本九州博多商人神谷壽禎發現島根市的石見銀山，開挖的白銀使日本的國際貿易力量大增，對外擴張能力大幅提升。1539年日本「泉州埠」商人納屋助左衛門在大員設有商貿據點，曾於1594年晉見豐臣秀吉，但其人在台灣島的事蹟不詳。1582年日本當時實力最強大的軍閥織田信長，在京都本能寺遭部下明智光秀發動政變殺害。正在廣島領軍作戰的豐臣秀吉，立即回師京都，擊滅明智光秀，開始統一日本的征伐戰爭，終於在1590年完成日本統一。

　　豐臣秀吉掌權後，好大喜功，推動擴張領土的侵略政策。1592年豐臣秀吉發動侵略朝鮮的「文祿之役」，朝鮮稱為「壬辰倭亂」，中國稱為「萬曆朝鮮之役」。日軍攻佔漢城、平壤，並進入中國邊境的會寧，逮捕朝鮮王子。明代中國萬曆皇帝派兵援助朝鮮，當時中國軍隊使用弓箭長矛，日本軍隊已會使用葡萄牙人提供的「鐵砲」，武器水準有相當差距，雙方卻打成僵局，於1593年議和休戰。1597年豐臣秀吉再度發動戰爭，中國與朝鮮聯軍與日本侵略軍又陷入膠著僵持，直到1598年豐臣秀吉去世，日本才撤軍。這場戰爭使中國明朝和日本豐臣秀吉兩個政權的財力都受到重大折損，兩者都走向衰敗。

　　1591年豐臣秀吉派長崎貿易商人兼海盜原田孫七郎前往菲律賓招撫，要菲律賓原住民向日本臣服。1592年菲律賓傳教士包地斯塔（Fray Pedro Bautista）攜帶禮物赴日本，豐臣秀吉誤以為菲律賓已經臣服。當時豐臣秀吉正忙於侵略朝鮮，也想同時進佔台灣島，隔年1593年在長谷川宗仁（1539-1606）建議下，再派原田孫七郎和原田喜右衛門先到菲律賓勸西班牙總督向日本進貢未果，途經台灣島北部，攜帶《高山國招諭文書》，勸原住民頭目臣服日本，卻找不到

「高山國」的蹤影，目前仍留有這份歷史檔案。1598年豐臣秀吉去世，德川家康掌權，繼續推行南進台灣島的政策。

豐臣秀吉的《高山國招諭文書》全文如下：「夫日輪所照臨，至海岳山川草木禽蟲，悉莫不受此恩光也。予際欲處慈母胞胎之時，有瑞夢，其夜已日光滿室，室中如晝，諸人不勝驚懼。相士相聚占筮之日，及壯年輝德色於四海，發威光於萬方之奇異也。故不出十年之中，而誅不義立有功，平定海內。異邦遐陬嚮風者，忽出鄉國，遠泛滄海，冠蓋相望，結轍於道，爭先而服從矣。朝鮮國者自往代，於本朝有牛耳盟，久背立約。況又予欲征大明之日有反謀。此故命諸將伐之，國王出奔，國城付一炬也。聞變已急，大明出數十萬援兵。雖及戰　，終依不得其利，來　使於本邦肥之前州，而乞降。繇之築數十個城營，收兵於朝鮮域中慶尙道，而屢決眞僞也。如南蠻琉球者，年年獻土宜，海陸通舟車，而仰予德光。其國未入幕中，不庭罪彌天。雖然不知四方來享，則非其地　志。故原田氏奉使命而發船，若是不來朝，可令諸將攻伐之。生長萬物者日也，枯竭萬物亦日也。思之不具。文祿二歲，星集癸巳，十一月初五日。日本國，前關白」

出身寒微的豐臣秀吉，本名羽柴秀吉，1585年自任公卿最高位階的「關白」，1586年自任「太政大臣」後，才請「後陽成天皇」賜姓「豐臣」。在招降「高山國」的這份文書裡，稱自己是「前關白」，先宣告自己出生時，有「日光滿室」，吹噓自己多偉大。再說自己派兵征伐朝鮮，還和中國打成平手，琉球也來朝貢。威脅「高山國」如果不投降，「可令諸將攻伐之」。原田孫七郎是常到台灣島與原住民交易的日本海盜兼海商，不可能不知道台灣島當時還是部落社會，既沒有「高山國」，也不會有「國王」，情況與琉球完全不同。這個招降計畫可能是個騙局，也就是原田孫七郎設局欺騙豐臣秀吉。當時日本人以爲台灣島叫「高山國」，後來稱呼台灣島叫「塔加沙古」（Takasagun，高砂國）。

二、德川幕府

1600年日本「後陽成天皇」時期，軍閥諸侯德川家康（1543-1616）在關原之戰獲勝，1603年在江戶建立「幕府」，即軍閥政府。「幕府將軍」的法定頭銜是「征夷大將軍」，意即「軍閥政府總理」，而這個「總理」職務跟曹操的「宰相」職務一樣是世襲的。德川家康開啓日本江戶幕府時代，江戶後來被明治改名爲東京。1604年朱印船船長山田長政（1590-1630）有停泊於台灣島的紀錄，連橫（1878-1936）的《台灣通史》記載，山田長政曾去「哆囉滿」採金，也曾攻擊雞籠的原住民。

幕府將軍德川家康於1609年同意荷蘭聯合東印度公司在平戶設商館，開啓日本人與荷蘭人正式通商的管道，同年又派長崎地區「島原藩」的「藩主」有馬晴信（1567-1612）到台灣島探勘地形，建立與中國往來的貿易據點，並尋找原住民酋長，要求納貢稱臣。有馬晴信派谷川角兵衛和千千石采女率艦隊登陸台灣島北部，卻與原住民發生衝突，日本人死傷慘重，最後只俘虜原住民數人而不了了之。有馬晴信曾下達「台灣視察船掟書拔寫」，提醒艦隊許多注意事項。但是有馬晴信的艦隊在回程時，還是與葡萄牙船隊發生衝突，回日本後於1610年挾怨焚毀停泊在日本港口的葡萄牙船「慈悲聖母號」。有馬晴信想利用此事邀功，卻涉嫌向幕府官員行賄，於1612年被德川家康下令自殺死亡。有馬晴信也是日本知名的天主教徒。「藩主」是相當於縣長位階的軍閥諸侯。

1614年有馬晴信的家業由兒子有馬直純接班，但德川家康把有馬直純改封至其他領地，派松倉重政接手「島原藩」。松倉重政上任後，大幅提高年貢歲賦，引起島原居民不滿。島原大多數居民是天主教徒，於是在16歲少年天草四郎以各種神蹟顯示爲由，集結天主教

徒於1637年發起暴動，試圖推翻松倉重政。天草四郎神蹟不靈，兵敗自殺。德川家光遷怒天主教徒，認定西班牙人及葡萄牙人到日本積極傳教，才會爆發「島原天草暴動」，於1639年驅逐居住日本的葡萄牙人，1641年下令斷絕西班牙外交關係，禁止葡萄牙商船進港貿易，史稱「鎖國政策」。但信仰基督新教派的荷蘭人不在禁止範圍內。

　　1616年德川家康再派長崎「代官」村山等安（?-1619）率兵至台灣島北部，也沒結果。日本各地的軍閥諸侯叫「守護」，意即「軍政長官」，平常這些守護居住在幕府所在地的江戶，守護的封地則委由他人代理叫「守護代」，一般人就稱之為「代官」，意即「代理軍政長官」。村山等安即是長崎地區的代理軍政長官。德川家康這兩次行動都是意圖對台灣島行使主權的行為，也都沒有結果。日本是歷史上第一個採取具體行動，擬宣佈台灣島為其領土的國家，但都失敗。

　　畢竟當時台灣島原住民部落林立，村社聚落零星分佈全島，再加上並未開發，交通聯繫不便，頂多只有區域的部落聯盟，尚處於原始的政治狀態，日本人當然找不到擁有足夠權力的酋長可以納貢稱臣，完成主權展示。何況當時台灣島北部的原住民部落，不論是平埔族或高山族原住民，相較於台灣島南部，都是人口稀少，發展程度較原始的族群。沒有跨部落的政治結盟，也沒有實權的酋長，無法履行納貢稱臣的政治契約。

　　日本幕府未像1624年的荷蘭東印度公司發兵進佔台灣島南部，或像西班牙人於1626年駐軍台灣島北部，此後整個十七、十八世紀，日本政府不再跟台灣島有任何政治上的連結，尤其1639年德川幕府下達日本史上第五次《鎖國令》，禁止葡萄牙船隻入港，推動鎖國海禁政策，連日本人到台灣島進行貿易也完全切斷。因此「台灣島自古不是日本領土」這個歷史命題是可以確立的。

　　1628年日本人關閉荷蘭平戶商館，斷絕日荷貿易以懲罰荷蘭人惹出的「濱田彌兵衛事件」，直到1633年納茲（Piter Nuyts, 1598-1655）被送去日本軟禁，才恢復日荷貿易。1634年荷蘭東印度公司重開平戶

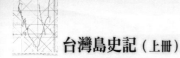

商館，1635年日本第三次鎖國，不准信奉天主教的西班牙人、葡萄牙人赴日貿易，信奉基督新教加爾文教派的荷蘭人取代了西班牙人及葡萄牙人在日本的地位。

總計日本前後共發佈過五次《鎖國禁令》：1633年日本發布《第一次鎖國令》，禁止「奉書船」以外的船隻出航，「奉書船」指獲有幕府首長「老中」背書的朱印船，並禁止滯留外國5年的日本人返國。1634年發布《第二次鎖國令》，重申第一次鎖國令。1635年發布《第三次鎖國令》，除中國、荷蘭以外的船隻，只能進入長崎，禁止所有滯留海外的日本人回國。1636年發佈《第四次鎖國令》，驅逐與貿易無關的葡萄牙人。1639年發佈《第五次鎖國令》，禁止葡萄牙船隻入港。

西葡兩國的貿易地位既為荷蘭人所取代，又因為日本商人不得出國，荷蘭人又取代日本商人的地位，從此奠定荷蘭人在日本對外貿易不可取代的地位，荷蘭人殖民下的台灣島自然成為荷蘭人與日本進行貿易的轉運中心。

三、村山等安與末次平藏

村山等安是日本愛知縣街頭出身的混混，流浪到長崎打拚，成為朱印船貿易商，受洗天主教，取名安東尼奧（Antonio），人稱村山東安。1592年村山東安捐納戰爭獻金給豐臣秀吉，被派為長崎代官做回報，並被賜名「村山等安」。1604年再被德川家康續派為長崎代官。1615年德川家康簽發「高砂國渡船朱印狀」，命令村山等安征服台灣島。此事被琉球國尚寧王得知，擔心村山等安危害中國沿海，派外交官蔡廛向明朝政府報告。當時福建巡撫黃承玄提拔沈有容擔任水師提督，準備防務，防範村山等安藉機襲擊中國。長崎是日本當時的國際貿易港，直屬幕府管轄，「代官」一職等同幕府的代理人。

　　1616年5月4日村山等安和兒子村山秋安率艦隊13艘，兵員3,000多人從長崎出海南下，卻在琉球海面遭遇颱風，船隊四散。村山等安率領的3艘船漂流至越南，到1617年7月才回到日本。其部將明石道友率領的3艘船則航抵台灣島北部，其中1艘船有近200名兵員登陸，被原住民武力團團圍住，斷糧斷水，全數被迫自殺。另2艘船逃離台灣島，漂流至福建馬祖島，沿途當起海盜劫掠船隻，連赴馬祖島偵察的中國官員董伯起也被擄去日本。其他7艘船艦回到琉球整補後變成倭寇，搶劫福建金門島，攻擊福州北邊的寧德，再轉戰澎湖，進佔澎湖龍門澳，進攻台灣島新竹港，後再轉去劫掠浙江、江蘇。其中有1艘被沈有容擊沉，其餘船艦與中國軍隊交戰後逃回日本。

　　村山等安於1618年被末次平藏（1546-1630）密告曾於1615年大阪「夏之陣」戰爭時，運送武器彈藥給德川家康的對手豐臣秀賴，1619年在東京被斬首。長崎代官一職由末次平藏取代，末次平藏有個部下叫濱田彌兵衛，在荷蘭統治台灣島時期發生著名的「濱田彌兵衛事件」。

　　末次平藏是日本江戶時代的貿易商，在台灣、安南、暹羅等地從事「朱印船」貿易，成為巨富，其所擁有之朱印船稱為「末次船」。1619年取代村山等安，擔任長崎代官。1626年末次船船長濱田彌兵衛在台灣島與荷蘭人發生貿易糾紛，1627年濱田彌兵衛帶領台南新港社16名原住民到日本，以「高山國使節團」的名義，向末次平藏控訴荷蘭人暴行，希望江戶幕府驅逐荷蘭人，引發濱田彌兵衛事件。末次平藏1630年病逝。1636年日本因宗教問題施行海禁，不但斷絕日本人自行與台灣島貿易往來的機會，也放棄武力進佔台灣島的念頭。

　　末次平藏、中村四郎兵衛、平野藤次郎（?-1638）、津田紹意、李旦（?-1625）當時都是知名的走私海商和海盜的金主，常派船至台灣島與中國商船進行「會船點貿易」。

四、勘合貿易與朱印船

　　勘合貿易是中國與日本之間，在十五世紀建立的貿易制度。朱印船則是日本於十七世紀管理日本商船從事東南亞貿易的許可制度。

　　倭寇是日本海盜，日本人稱爲「海亂鬼」，興起於十四世紀，爲患中國及朝鮮沿海。倭寇以北九州及瀨戶內海爲據點，一邊以海盜角色搶奪貿易商品，一邊又以貿易商人的身份從事「會船點交易」，即交易船隻約定在港口、海灣、海岸、海面等處交換貨物的水上交易據點。中國及朝鮮多次要求日本加強取締，室町幕府第三代將軍足利義滿（1358-1408）下令討伐倭寇，同時開放對中國貿易，倭寇問題漸漸弭平。1404年日本與中國正式展開「勘合」貿易，用來區分貿易商船與倭寇船。中國與日本各持一個寫了半個字的文件，將兩個名牌合而爲一，可形成一個完整文字，以驗明正身，稱之「勘合」。「勘合」長84公分，寬37公分，正面是用於勘合的文字，背面記載船舶數量、船員人數、貨物明細。

　　勘合貿易實施後，沒有勘合名牌的海盜船，在日本及中國兩邊都不易銷貨，倭寇活動逐漸減少。勘合貿易熱絡的商品，日本從中國進口蠶絲、銅錢、陶瓷，中國從日本進口刀劍、銅礦、硫磺。日本方面仍以「貢品」名義送貨至中國。中國再以「商品」名義，做物物交易，也算是一種變相的「朝貢貿易」。但是日本在1467年至1477年爆發長達10年的「應仁之亂」，整座京都城都化爲戰火的灰燼。勘合貿易中斷，倭寇再度興起，從1404年至1467年，中日勘合貿易運作了63年。日本在應仁之亂後，進入戰國時代。從1477年至1577年，長達100年間，中國海盜與日本海盜結合，且以中國海盜爲主，危害中國沿海甚巨。這些中日合組的倭寇，常以台灣島爲臨時巢穴。

　　日本戰國時代結束，取得政權的豐臣秀吉於1588年著手取締倭

寇，同時爲區別貿易商船與倭寇船，於1592年開始發給日本商人「渡航許可狀」。1600年德川家康取得政權，1602年接續「許可狀」制度。凡日本商船擬出海貿易必須取得「渡航許可狀」，狀書上繕寫航行目的地及核定日期，右上角蓋幕府將軍的紅色官印，稱「朱印狀」；持有「朱印狀」的商船稱「朱印船」。朱印船以往來台灣島、菲律賓、東南亞爲主，並要求東南亞各國政府及台灣島的荷蘭殖民當局，只能允許持有朱印狀的日本船隻入境。（彩圖二十）

　　前往台灣島貿易的朱印船共有35艘船次，在1617年至1624年間，李旦即有11艘船次，末次平藏1艘船次。1625年至1633年間，末次平藏4艘船次，平野藤次郎1艘船次，松浦隆信1艘船次。李旦死於1625年，所以1625年後沒有他的朱印船。末次平藏則死於1630年，之後也無他的朱印船。1634年後則未見有朱印船從日本航往台灣島。1631年日本實施「奉書船」制度，規定從事海外貿易的日本船舶除了要具備「朱印狀」外，尚需向幕府「老中」申請「奉書」（特別許可證），「老中」是德川幕府掌管全國政務的最高官員。1633年幕府發布《第一次鎖國令》，因應朱印狀發放浮濫的問題，禁止奉書船以外的船隻出航，並禁止滯留海外5年以上的日本人回國。德川幕府有時會臨時設置「大老」一職，地位高於「老中」，輔佐幕府將軍處理政務。

　　1635年日本發布《第三次鎖國令》時，同時禁止建造75噸以上的航海船舶，朱印船的船東無新船可用，朱印狀制度乃走向終結。從1602年至1635年朱印船制度施行33年間，共有356艘船次的朱印船前往東南亞，赴越南交趾71艘船次，泰國暹羅56艘船次，菲律賓呂宋54艘船次，台灣島35艘船次。日本浪人、天主教徒、貿易商人、受雇於海外工作的日本人也隨著朱印船進出東南亞，逐漸在東南亞形成「日本町」的居住區。人數最多時，呂宋島有3,000多人，暹羅有1,500多人，其中有少部分居留於台灣島的大員港附近。1635年規定外國船艦只能進入長崎，1637年至1638年「島原天草之亂」後，禁止葡萄牙船隻入港。1673年英國船艦「回歸號」抵達長崎，要求通商被拒，中斷與英

國的貿易往來。但日本仍准許荷蘭人與日本通商，而且「對馬島」可與朝鮮通商，九州可透過琉球與中國通商，遐夷可與北海道及俄羅斯通商，並非絕對的鎖國。

五、日本倭寇

倭寇是指日本人組織的強盜集團，是海盜兼土匪，從日本渡海至中國或朝鮮沿海城鎮搶劫財物。實際上1522年至1566年間，侵犯中國沿海的倭寇，只有二成是日本人，八成卻是中國人。倭寇搶劫的地區很廣，從日本海、朝鮮、黃海、琉球、東海、澎湖、呂宋、越南、柬埔寨，到巴達維亞。倭寇最早由日本浪人開始，以日本爲基地，侵犯朝鮮半島爲業。後來明代中葉中國國勢衰弱，中國人和日本人結合，侵犯中國沿海城鎮，倭寇更發展成兼具走私貿易的海盜集團。幕後金主也從日本戰國諸侯，演變爲中國海商。

台灣島在原住民時代的孤立，並非是各國勢力難以進入，而是缺乏經濟吸引力。台灣島的自然資源在當時的遠東貿易體制和結構，沒有高價值的貿易商品，可以抵付高成本的航海運輸；台灣島本身當時也無工藝品製造能力，或可供轉運的貿易商港。原住民的獵首行動更加劇貿易商人赴台的風險，也限制貿易網路的發展。台灣島始終無法吸引追求利潤的航海家，原住民只有稀薄的機會與中國漁民以物易物，跟外界無法廣泛接觸，直到中國海盜和日本倭寇來臨，局面才改變。中國漁民和海盜、海商主要以鐵器和食鹽交換原住民的鹿皮和鹿茸，台灣島才漸漸納入東亞貿易圈。

第四篇
荷蘭公司之島
（1624年-1662年）

一、荷蘭不是國家

荷蘭影響台灣島的命運甚巨，探討荷蘭史是研究台灣島史重要的一環。

歐洲大西洋岸邊的荷蘭地區出現人類居住的時間相對較晚，舊石器時代晚期有以狩獵爲主的遊牧聚落，1萬年前有穴居人類，8,000年前開始有凱爾特人Celt定居，7,000年前凱爾特人才出現原始農業和陶器，6,000年前農業和狩獵交互替換。5,000年前荷蘭地區才全面走入新石器時代，手工藝也從丹麥，經過北德意志，傳入荷蘭。4,000年前日耳曼人移民進入荷蘭地區，也使荷蘭進入青銅器時代。日耳曼族人口不斷移入，壓過凱爾特族的人口成爲主要民族。由於荷蘭全境佈滿鐵礦，3,000年前鐵器時代來臨，讓荷蘭地區大幅繁榮，鐵匠技術稱雄歐洲，但仍然處於部落社會，沒有酋邦或國家組織。凱撒（Gaius Julius Caesar, 100-44 B.C.）於公元前58年率軍控制荷蘭地區，自此荷蘭開始出現國家組織，隸屬於羅馬帝國的領土，但是荷蘭本身從來就不是一個國家。

荷蘭只是一個省分，現在又分割成北荷蘭省和南荷蘭省。荷蘭在古代屬於羅馬帝國的日爾曼行省，古羅馬人把居住在西歐地區的凱爾特人（Celt）稱爲「高盧人」（Gaule）。羅馬帝國統治時期就把「低地國地區」（Low Countries）稱爲「比利時高盧省」（Gallia Belgica）。荷蘭（Holland）自古就被歐洲人認爲屬於「低地國地區」的一部分，荷蘭語「低地國地區」是Lage Landen。「低地國地區」是相對於海拔比較高的「高地日耳曼地區」（Upper Germany）而言。「低地國地區」只有50%的土地海拔高於1公尺，範圍包括現在荷蘭鄰近各省、比利時、盧森堡等國領土。「低地國地區」的荷蘭語稱「尼德蘭」（Nederlanden），英語稱（Netherlands）。荷蘭人大部

分是日耳曼人的後裔，主要族群是日耳曼族的分支，稱「德志人」（Dutch），是從「德意志人」（Deutsch）演變來的。日耳曼族有許多分支，如法蘭克人（Franks）、薩克森人（Saxons）、菲士蘭人（Frisians）都先後定居在荷蘭地區，再往西跨海進入英國，或往南移民走向法國。

公元286年東西羅馬帝國分裂後，荷蘭屬於西羅馬帝國。西羅馬帝國於476年滅亡，它的殘餘勢力則在克羅埃西亞的達爾馬提亞（Dalmatia）存續至480年才崩解。476年西羅馬帝國滅亡後，法蘭克人的莫洛溫王朝（Merovingian）取而代之，統治了荷蘭地區。

486年法蘭克人裡的「撒利安法蘭克」（Salian Franks）部落在克洛維一世（Clovis I, 466-511）率領下趁機攻佔法國的蘇瓦松（Soissons），建立「法蘭克王國」（Francia），史稱「莫洛溫王朝」。751年莫洛溫王朝被「卡洛林王朝」（Carolingian）取代，800年卡洛林王朝發展成「查理曼帝國」（Charlemagne）。841年查理曼帝國分裂為三個國家：東法蘭克、中法蘭克、西法蘭克。荷蘭的「低地國地區」屬於「中法蘭克王國」，曾改名為「洛泰爾王國」（Lotharii）。荷蘭因此歷經西歐幾代的封建國家統治：莫洛溫王朝、卡洛林王朝、查理曼帝國、中法蘭克王國、洛林公國（Lorraine）、勃艮地公國（Burgundy）、神聖羅馬帝國的哈布斯堡皇室（Habsburg）的統治。但不論誰統治「低地國地區」，荷蘭一直都處於封建狀態，地主諸侯、宗教集團、自由城鎮各據一方。

十世紀後比利時「法蘭德斯」（Flanders）地區的伯爵諸侯稱霸，1369年「法蘭德斯」與「勃艮第公國」（Burgundy）聯姻，「低地國地區」歸「勃艮第公國」統治。

十二世紀的荷蘭還是遍佈沼澤、人煙稀少的不毛之地，十三世紀後才開始築堤排水，十四世紀開始有封建諸侯實際統治，十五世紀才有乳牛養殖農戶及奶品產業農戶出現，阿姆斯特丹、德爾夫特（Delft）等城鎮才逐漸形成。

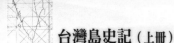

　　十四世紀約1346年至1351年，鼠疫（Plague）或稱黑死病（Black Death）蹂躪歐洲，有2,500萬人死亡。黑死病起源於中亞草原，1331年向西和向東傳播。同年傳至長江流域的衡州，1338年蒙古墓碑已有記載，1345年在中國江淮地區爆發黑死病災情。1346年蒙古軍隊將黑死病帶到克里米亞，1347年傳遍地中海所有港口。荷蘭地處沼澤，鼠類繁殖不易，荷蘭人又以魚類為主要食物，相對免於黑死病的肆虐，讓荷蘭在歐洲的貿易和經濟地位，逐步增強。

　　「尼德蘭」南部被稱為「法蘭德斯」（Vlaanderen或Flanders），因為862年起由「法蘭德斯伯爵邦」（County of Flandes）統治南部，1091年起「荷蘭伯爵邦」（County of Holland）統治北部。1369年「法蘭德斯」併入「勃艮第公國」，在1384年至1482年間與「荷蘭伯爵邦」形成「共主聯邦」（Personal Union），稱「勃艮第尼德蘭」（Burgundian Netherlands）。1477年勃艮第公爵瑪麗（Maria van Bourgondie, 1457-1482）與奧地利的馬克西米利安一世（Maximilian I, 1459-1519）聯姻，兩人所生兒子「美男子」腓力一世（Felipe I el Hermoso, 1478-1506）於1482年繼承勃艮第公爵。1492年腓力一世與西班牙公主胡安娜（Juana I de Castilla, 1479-1555）聯姻，兩人生下赫赫有名的查理五世（Charles V 或Carlos I, 1500-1558）。1506年查理五世繼承勃艮第公國爵位，1516年繼承西班牙王國王位，1519年繼承哈布斯堡皇室的奧地利大公爵位和神聖羅馬帝國皇帝，就此「低地國地區」改歸「哈布斯堡皇室」的「西班牙王國」統治。

　　1519年至1581年之間，荷蘭是神聖羅馬帝國哈布斯堡王室轄下西班牙王國的領地，卻開啟宗教迫害之門，也開啟荷蘭與西班牙的八十年戰爭（1568-1648），最後1581年成立「尼德蘭七聯省共和國」，「七聯省」包括荷蘭省（Holland）、澤蘭省（Zeeland）、烏特勒支省（Utrecht）、格羅寧根省（Groningen）、菲士蘭省（Friesland）、上艾賽爾省（Overijssel）、海爾德蘭省（Gelderland）。1648年各國簽署《威斯特伐利亞條約》，尼德蘭七聯省共和國正式獲得獨立，但於

1795年亡國，立國214年，主權獨立了147年。

　　尼德蘭七聯省共和國採邦聯制，設立三級的邦聯會議，每個省派代表擔任國會議員，一切提案都須通過全體代表的表決，常造成不必要的延誤。國家元首稱作「執政官」（Stadtholder），規定由拿騷家族（Nassau）成員擔任，執政官也是軍隊總司令，又很像國王。政府另設「首相」領導行政機關，負責實現邦聯會議的決議。拿騷家族源自德意志「萊茵蘭—普法茲」（Rheinland-Pfalz）的封建諸侯拿騷王室（House of Nassau），拿騷王室家族曾統治法國普羅旺斯（Provence）地區的奧蘭治親王國（Principality of Orange）。尼德蘭七聯省共和國的首位執政官威廉一世（Willem I, 1533-1584）繼承奧蘭治親王的封建爵位，被稱為奧蘭治的威廉（Willem van Orange），他的家族被稱為奧蘭治—拿騷王室（House of Orange-Nassau）。尼德蘭七聯省共和國雖名為共和國，事實上接近君主立憲的王國性質，其「共和」的意義在於各省的「貴族共和」，不是「人民共和」。

　　殖民統治台灣島的政權就是「尼德蘭七聯省共和國」授權組織的「聯合東印度公司」，是全世界第一家股票上市公司。「股票上市公司」擔當殖民統治者堪稱是世界史上的創舉。聯合東印度公司創立於1602年，對荷蘭爭取離開西班牙獨立，卓有貢獻。對荷蘭在十七世紀的經濟繁榮，創造「荷蘭黃金時代」更是發揮了關鍵性的作用。但是1621年荷蘭創建西印度公司，與英國東印度公司在美洲展開殖民貿易的競爭。英國於1651年以《航海條例》杯葛荷蘭的海運事業，1652年英荷雙方從盟友變為敵人，爆發史上第一次英荷戰爭。英國痛恨荷蘭人忘恩負義，無視於英國出錢出力對付西班牙，協助荷蘭爭取獨立，荷蘭卻反過來傷害英國的利益。雙方接續於1665年爆發第二次戰爭，1672年爆發第三次戰爭。事隔104年，1776年荷蘭出錢出力支持美國獨立戰爭，削弱英國國力，英國銜恨報復，於1780年至1784年挑起戰端，爆發第四次英荷戰爭，荷蘭海軍潰敗，荷蘭陷入嚴重經濟危機。1795年法國趁機入侵荷蘭，尼德蘭七聯省共和國滅亡，法國成立傀儡

政權巴達維亞共和國。荷蘭西印度公司和東印度公司也先後破產，海外殖民地被英法奪取，歐洲的荷蘭人時代就此結束。

　　荷蘭在十六、十七世紀是一個經濟很發達的地區，十八世紀末瀕臨破產，但始終是尼德蘭的省份。1810年荷蘭被併入拿破崙的法蘭西帝國，1815年拿破崙兵敗滑鐵盧，荷蘭人聯合比利時人、盧森堡人復國成功，建立今天的「尼德蘭王國」。現今「尼德蘭」專指以荷蘭為核心的「尼德蘭王國」，荷蘭只是「尼德蘭王國」的一個省份，世界很多國家習慣上常把「尼德蘭」與「荷蘭」混用，稱「荷蘭王國」。目前「尼德蘭王國」分為12個省份，「荷蘭」則分割為「北荷蘭省」及「南荷蘭省」。較著名的省份是北荷蘭省（Noord Holland）、南荷蘭省（Zuid Holland）、澤蘭省（Zeeland）、烏特勒支省（Utrecht）、格羅寧根省（Groningen）、菲士蘭省（Friesland）等。阿姆斯特丹位於北荷蘭省，鹿特丹、海牙位於南荷蘭省。梵谷（Vincent Willem van Gogh, 1853-1890）則是世界上最知名的荷蘭人。

二、宗教改革與迫害

　　歐洲宗教改革之前，荷蘭地區就擁有較為開放的思想，卻也是宗教迫害較為激烈的地區。1516年尼德蘭人伊拉斯謨（Desiderius Erasmus, 1466-1536）出版希臘文《新約聖經》，並附上自行翻譯的拉丁文譯本，呼籲基督徒不經教士指導，自行研讀《聖經》，奠定宗教改革的知識基礎。1517年馬丁路德（Martin Luther, 1483-1546），發表《九十五條綱領》（The Ninety-Five Theses）掀起宗教改革的浪潮，尼德蘭、德意志、瑞士成為基督新教派的發源地。

　　1521年德意志（神聖羅馬帝國）帝國議會在沃爾姆斯（Worms）召開，哈布斯堡王室（Habsburg）的神聖羅馬帝國（Holy Roman Empire）皇帝查理五世（Karl V, 1500-1558）發布《沃爾姆斯敕令》

（Edict of Worms），下令任何人都不得幫助馬丁路德傳播宗教改革思想。哈布斯堡王室是奧地利的王室家族，神聖羅馬帝國只是歐洲地區封建聯盟的尊稱，經由聯姻和征服連結起來，名義上轄有390個諸侯公國、侯國、自由邦、自由市、領地，領地通常是宗教、貴族、騎士的封地，形成自奧地利、日耳曼延伸到尼德蘭和西班牙的一群領土鬆散且不完全接壤的封建邦國、主教酋邦、自治城邦的大雜燴。

　　德意志地區支持馬丁路德的諸侯邦國激烈抗議《沃爾姆斯敕令》，聯合發布《抗議書》（Protest）。1530年，梅蘭希頓（Philipp Melanchthon, 1497-1560）起草《奧格斯堡告白》（Confessio Augustana），成為抗議者的戰鬥宣言，從此支持宗教改革者被稱為「抗議者」（Protestant），中文翻譯為「新教徒」、「抗議基督徒」，甚至簡化為「基督徒」，以示與羅馬梵蒂岡教廷的天主教（Catholicismus）有所區別。1541年加爾文（John Calvin, 1509-1564）在瑞士日內瓦建立新教派的政治基礎，不像馬丁路德譴責資本主義，加爾文主張資本主義新生事物也是上帝的安排，使得加爾文教派在比利時的安特衛普、荷蘭的阿姆斯特丹、英國的倫敦獲得工商業者大力支持。這更加深信奉新教的荷蘭與自詡為天主教保護國的西班牙之間的矛盾，來自西班牙的宗教迫害和荷蘭追求政治獨立的鬥爭，勢不可免。

　　查理五世當時正在進行對法國的戰爭，暫時對基督新教派採取容忍的態度。戰爭結束後，1550年4月29日即頒佈《血腥詔令》（Edict of Blood），全面迫害基督新教派，尼德蘭的基督徒首當其衝。皇帝查理五世與資助麥哲倫環球航行的西班牙國王卡洛斯一世Carlos I是同一個人，只是在不同的封建統治權利上封號不同。宗教迫害與開啟環球航行兩大事件集於一身，查理五世也集野蠻和文明於一身，堪稱是史上最矛盾的角色。

　　荷蘭自1520年即流行信奉馬丁路德教派，1540年在倫敦的荷蘭僑民成立教會組織，1561年荷蘭加爾文教派擬訂自己的信仰綱領《比

利時告白》（The Belgic Confession of Faith），荷蘭北部盡是基督新教派的天下。《血腥詔令》頒佈後，西班牙王國設立宗教法庭，新教徒遭到殘酷懲罰，凡信奉馬丁路德或加爾文教派者，沒收財產，男性斬首，女性活埋，甚至火刑。罪刑輕一點的案例，如布魯塞爾（Brussels）出生的醫師維塞里（Andreas Vesalius, 1514-1564）於1543年出版《人體結構》，說明男人的肋骨數目與女人一樣多，並沒有《聖經》上講述少一根肋骨的事實，就被羅馬天主教會判處流放，要去耶路撒冷贖罪，卻死在希臘的札金索斯（Zakynthos）。罪刑重的案例如布魯諾（Giodano Bruno, 1548-1600），他相信哥白尼的〈天體運行論〉，撰寫一篇短文《諾亞方舟》，主張「宇宙是無限的，沒有一個絕對的中心」，並四處宣揚他的主張。1591年2月布魯諾被騙到羅馬，於1600年火刑處死。布魯諾當時是荷蘭地區的居民。

　　1556年查理五世將西班牙和荷蘭封給兒子腓力二世（Philip II, 1527-1598），菲律賓就是以腓力二世命名的。腓力二世成為西班牙國王，荷蘭從此歸西班牙王國統治，荷蘭當時被稱為「北方省」（Noord Provincia）之一。腓力二世是狂熱的天主教徒，繼續瘋狂迫害荷蘭人，用盡殘酷的宗教裁判所和火刑迫害荷蘭的基督新教徒。腓力二世對荷蘭課徵重稅，橫徵暴斂，使荷蘭人半數以上的貿易所得，全流入西班牙國庫。腓力二世還宣布拒付西班牙國債，使持有這些國債的荷蘭銀行業者破產倒閉。1560年還故意提高西班牙出口至荷蘭的羊毛出口稅，荷蘭毛紡業的羊毛進口量頓時減少40%，毛紡廠幾乎停工，工人大量失業。腓力二世更禁止荷蘭與英國及西班牙的海外殖民地進行直接貿易，打擊荷蘭的農產品出口，使荷蘭農民陷入貧困境地。

　　但是不要誤以為只有羅馬天主教有宗教迫害，加爾文（Jean Calvin, 1509-1564）的新教派也是一樣。賽爾維特（Michael Servetus, 1511-1553）出生於西班牙的圖德拉Tudela，就讀巴黎醫學院，1553年撰寫《基督的復活》一書，闡明人體血液的循環機制，批判基督教義採信的古羅馬醫師蓋倫（Claudius Galen, 130-200）的「上帝賦予熱

力的靈氣說」。加爾文對「靈氣說」深信不疑，以專制教主的權力，下令逮補賽爾維特，賽爾維特越獄逃亡。四個月後卻在日內瓦被捕，判處火刑。有人建議加爾文用劍刑斬殺賽爾維特，但加爾文咆哮說：「要慢慢烤，燒成灰。」這位人類史上偉大的醫學先驅因此遭受殘酷火刑兩個小時後死亡。長老教會（Presbyterian Church）就是加爾文教派的分支，由加爾文的學生諾克斯（John Knox, 1505-1572）於1560年在蘇格蘭創立。

三、八十年戰爭

　　西班牙王國統治不到12年，西班牙王室一連串的倒行逆施，反而逼使荷蘭人毫無退路的全面反抗，信仰基督新教的荷蘭人和信仰天主教的西班牙人爆發衝突。1566年8月荷蘭人全面暴動，遍及尼德蘭17個行省中的12個行省，西班牙在荷蘭的統治機器全面癱瘓。1567年西班牙王室派大軍開入荷蘭鎮壓，1568年引爆所謂「荷蘭叛變」（Dutch Revolt）。1569年荷蘭人展開森林及海上游擊戰，號稱「森林乞丐」及「海上乞丐」，並引入法國和日耳曼傭兵反抗西班牙國王，反抗天主教壓迫加爾文派基督教，雙方戰爭起起伏伏，戰事拉長，迫使西班牙在1572年從荷蘭地區撤軍。

　　1579年「北方省」中的7個省，包括荷蘭省、澤蘭省、比利時、盧森堡等地區，結合鄰近的政治實體，共組「烏特勒支同盟」（Utrecht Union）。這個同盟的性質接近現代的國協，成員有7個行省：如荷蘭省、澤蘭省、德倫特省、法蘭德斯省等，另外還有5個政治實體，如2個公國、1個教區、2個自治市。烏特勒支是一個教區，統治者是大牧師。澤蘭省（Zeeland）的名字常被用於海外殖民地命名，像新西蘭（New Zealand）（紐西蘭），台灣島的熱蘭遮城（Zealandia）等。

　　1581年烏特勒支同盟通過《斷絕誓言法案》（Act of

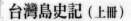

Abjuration）：「各省將不僅拒絕承認其權威，還要以合法手段，另擇他人做護國君主。」宣稱以前對西班牙國王的忠誠誓言無效，脫離西班牙獨立。在烏特勒支同盟的基礎上，以擁有否決權的荷蘭省爲主力，於1581年7月26日設立沒有實權的邦聯中央政府，宣布成立「尼德蘭七省聯合共和國」（Republiek der Zeven Verenigde Nederlanden）。國名應該是尼德蘭，荷蘭省是這個邦聯的帶領者，中國人約定俗成，常以「荷蘭共和國」稱呼這個尼德蘭邦聯，實際上荷蘭只是尼德蘭所屬高度自治的省份。七個省份以荷蘭省的政經實力最強大，但這個邦聯式共和國並非是民主共和國，荷蘭當時還是貴族家族統治的「省」，七個省之外也有兩個諸侯公爵統治的「公國」及一個基督新教派牧師統治的「教區」加入，視當地統治者的政權性質而定。像烏特勒支在當時就是由加爾文教派的貴族所統治的「教區」，也有兩個由新興資產階級商人統治的「市」加入聯合共和國，所以實際上不只七個省，共有十二個政治單位，而聯合共和國也只限於這些貴族之間的共和而已。1795年尼德蘭七聯省共和國被法國第一共和征服而亡國，從1581年至1795年，尼德蘭七聯省共和國存在長達214年。

　　荷蘭共和國爭取從西班牙王國獨立，自1568年「荷蘭叛變」至1648年簽訂《威斯特伐利亞條約》間，雙方斷斷續續打了80年的戰爭，但主要是海戰。1580年西班牙兼併葡萄牙，西葡矛盾擴大。荷蘭人同時很幸運，1588年西班牙的無敵艦隊（Armada Invincible）被英國摧毀，國勢日衰，荷蘭人的獨立運動更有機會持續下去。荷蘭人趁西班牙的無敵艦隊毀滅後，西班牙人無力反擊，聯合英國海盜四處獵捕西班牙及葡萄牙的商船，侵佔西班牙及葡萄牙的殖民地或海外領地。在這段戰爭時間，荷蘭人尚有能力成立聯合東印度公司，並且在印尼以荷西戰爭爲由，攻擊已隸屬西班牙王國的葡萄牙人的印尼殖民地。

　　1609年西班牙王國與烏特勒支同盟簽訂《十二年休戰協議》時，才承認烏特勒支同盟作爲交戰團體的地位。《十二年停戰協議》期滿後，荷蘭聯合東印度公司更大肆威脅西班牙佔領的菲律賓，攻擊

葡萄牙佔領的澳門，且壟斷日本的對外貿易，佔領台灣島自然成爲荷蘭人在東亞擴張勢力的選項。1618年至1648年再爆發「三十年戰爭」（Thirty Year's War），同屬哈布斯堡皇室（House of Habsburg）的西班牙與奧地利都筋疲力盡，撐到1648年，西班牙國王腓力四世（Philip IV,1605-1665）被迫簽署《明斯特條約》（Vrede van Munster），爲《威斯特伐利亞條約》（Peace of Westphalia），又譯爲《西伐利亞條約》的一部分。《威斯特伐利亞條約》中，承認尼德蘭七省聯合共和國是主權獨立的國家。自1568年「荷蘭叛變」至1648年簽署《明斯特條約》，斷斷續續爆發各種陸海戰役，史稱「八十年戰爭」。所以荷蘭人一面殖民統治台灣島，一面進行八十年戰爭。

尼德蘭七聯省共和國雖已於1581年宣布獨立，1624年荷蘭東印度公司的軍隊從澎湖轉而進佔台灣島大員港時，尼德蘭還不算是主權獨立的國家，直到1648年《威斯特伐利亞條約》簽訂後，其主權地位才獲得承認。

1516年西班牙國王查理五世（Charles V，即卡洛斯一世Carlos I）登基，開始西班牙稱霸歐洲的時代，領土涵蓋荷蘭、比利時、那不勒斯（Naples）、米蘭（Milano）、西西里（Sicily）。荷蘭隸屬於西班牙王國時，荷蘭人所繳稅捐佔西班牙王國總稅收的91%，荷蘭人繳納的稅收等於是其他地區的10倍。荷蘭脫離西班牙王國，自行宣告獨立，不再向西班牙繳稅，自己就擁有充足財源打一場長期戰爭。相對地，失去荷蘭稅收的西班牙卻經不起長期戰爭的消耗，要維持龐大軍隊和王室開銷的西班牙王國不可避免走入財政破產的境地。

1557年、1575年、1596年、1607年、1627年、1647年西班牙都爆發無法償還到期國債，財政瀕臨破產的窘境。尤其是1626年西班牙人進佔台灣島的基隆，1627年就爆發財政破產，連帶使菲律賓殖民地陷入嚴重經濟衰退，更無法支持西班牙軍隊在台灣島建立殖民統治，這時台灣島上的西班牙軍隊和傳教士像被遺棄在孤島的流亡軍隊，所謂西班牙曾經殖民台灣島不過是個虛假的宣傳。西班牙打完八十年戰

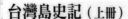

爭，從此喪失大國的光環，退出強國的行列，1642年離開台灣島的基隆根據地，1648年被迫簽訂《威斯特伐利亞條約》，王國開始沒落。這是歷史上極具諷刺性的現實，西班牙人又要封建統治，又要宗教迫害，無法認清自己的實力，就必須面對衰敗的歷史宿命。

四、《威斯特伐利亞條約》

　　1648年《威斯特伐利亞條約》是國際法歷史上非常重要的條約。當時的德國還是一堆鬆散的封建諸侯邦國、自由邦或自由市組成的「邦聯」或「聯盟」，以奧地利的皇帝作爲「帝國皇帝」，對外卻號稱「神聖羅馬帝國」（Holy Roman Empire），常被戲謔地稱爲「既不神聖，也非羅馬，更不是帝國」，但這個「帝國」卻常與羅馬教廷（Curia Romana）聯手鎮壓馬丁路德（Martin Luther, 1483-1546）、加爾文（Jean Calvin,1509-1564）等人創立的基督新教派。

　　1618年信仰新教的丹麥、瑞典與法國聯手，結合荷蘭、德意志的新教徒諸侯，與哈布斯堡皇室的軍隊爆發激烈戰鬥。信仰基督新教的邦國和信仰羅馬教廷的邦國，雙方自1618年至1648年爆發「三十年戰爭」，死傷800萬人，神聖羅馬帝國境內各邦國的男性近半陣亡，有些邦國甚至人口陣亡達65%。最後參戰各邦國在威斯特伐利亞地區的明斯特（Munster）和奧斯納布呂克（Osnabruck）分別簽訂和約，結束戰爭，統稱《威斯特伐利亞條約》（彩圖二十一）。條約規定：各邦國可以自行訂定天主教、路德教派、加爾文教派爲官方宗教，被視爲「教隨邦定」（Whose realm, his religion）的開端。各邦國主權獨立，不受「帝國」或「教皇」箝制，被視爲近代民族國家或主權國家的起源。《威斯特伐利亞條約》確立現代化的主權概念：世界是由有邊界的國家所組成，各國與其他主權國家對等互動。各條約簽訂國同時正式承認荷蘭、瑞士、米蘭（Milano）、熱那亞（Genova）等邦國獨立

為主權國家。主要的簽約國有神聖羅馬帝國（德國）、西班牙王國、法蘭西王國、瑞典帝國、荷蘭共和國以及許多神聖羅馬帝國轄下的諸侯邦和自由市。但是神聖羅馬帝國事後仍像個邦聯或國協的政治實體，支配許多國家的政治走向，並如此存續了158年。荷蘭共和國雖獲得承認為主權獨立的國家，卻早已透過荷蘭聯合東印度公司和其他殖民公司在海外建立許多殖民地，反而更像個被淘汰的神聖羅馬帝國。

荷蘭脫離西班牙獨立時，荷蘭與英國是合作無間的盟國，但荷蘭於1621年設立西印度公司（GWC）介入美洲殖民事業，開始與英國產生摩擦和爭端。英國於1651年頒布《航海條例》，限制英國貨物只能由英國船舶運輸，這個《條例》影響到擁有1.5萬艘船隻，號稱「海上馬車夫」（Sea Coachman）的荷蘭海運事業，兩國開始正式交惡。1652年至1654年英荷爆發海戰，史稱「第一次英荷戰爭」，荷軍潰敗，荷蘭商船成為英國搶掠的目標，荷蘭國力開始衰退。1662年荷蘭人敗於鄭成功之手，也是荷蘭殖民帝國落幕的前兆。

第二章
荷蘭聯合東印度公司

一、創建殖民公司

十七世紀開始，歐洲國家積極拓展海外貿易和殖民地，紛紛設立東印度公司和西印度公司。「東印度」泛指印度、中國、東南亞、日本、韓國等地區，「西印度」則指北美洲、中美洲及南美洲。這個概念最初是由葡萄牙人和西班牙人界定的。

葡萄牙是歐洲最早憑藉先進航海技術，發展出殖民主義的國家。在1511年即航抵印尼群島，控制香料產地，壟斷荳蔻、丁香、胡椒等香料出口至歐洲的貿易。1580年西班牙兼併葡萄牙，正值荷蘭和西班牙之間發生長達80年的獨立戰爭。當時有位叫林斯喬登（Jan Huygen van Linschoten, 1563-1611）的荷蘭人藉著擔任葡萄牙派駐印度果亞（Goa）主教的秘書時，趁機偷取葡萄牙人航行至印尼的航海圖及資料。林斯喬登回荷蘭後在1596年公開出版這些資料稱《東西印度水路誌》，引發荷蘭的東向貿易熱潮。

1595年時荷蘭已有很多小型貿易公司赴遠東地區經商，常惡性競爭，相互殺價，血本無歸。為了避免遠洋貿易惡性競爭，荷蘭政府出面整合。在1602年3月20日集合這些原本在荷蘭省和澤蘭省從事國際貿易的14家貿易商，合併組成「聯合東印度公司」（Vereenjgde Oost-indiscretions Compagnie （VOC）），共同展開對遠東的國際貿易，故取名「聯合」，並由尼德蘭共和國的「聯省議會」（Staten Generaal der Vereenigde Nederlanden）授與特許狀（Octrooi），擁有遠東貿易的壟斷權利及特殊的政府功能。特許狀說：「前述〔聯合東印度〕公司在好望角（Cape van Bonne Esperance）以東，到麥哲倫海峽（Estrecho de Magallanes）之間，以聯邦議會或其主權的名義和君主及實力者（Potentaten）結盟或訂立契約，以建立堡壘及據點（Verskertheden）。因地制宜設置長官、軍事人員、司法官員，

及其他必要的職位以維持秩序（ordre）、治安（politie）、與司法（justitie），尤其在推展業務。」好望角在南非，麥哲倫海峽在智利南端，這等於尼德蘭政府授權聯合東印度公司可以在印度洋和太平洋擔當殖民政府的角色。南美洲的最南端是德雷克海峽（Drake Passage），不是麥哲倫海峽，兩者中間夾著火地群島（Archipielago de Tierra del Fuego）。因此，聯合東印度公司可以在海外行使武力、召募軍隊、武裝船艦、建築堡壘、宣戰締約、發行貨幣、設立統治機構和法院等。聯合東印度公司既是殖民貿易公司，也是荷蘭在海外的特區政府。這家貿易公司已不再是單純的貿易商，而是攻城掠地的武裝集團，集商人、海盜、海軍、黑道、自治政府、股票上市公司於一身的新生機構，這是資本主義發展史上極具重要的里程碑。「聯省議會」共核定兩家大型殖民貿易商：1602年創立的「聯合東印度公司」（VOC）及1621年創立的「西印度公司」（GWC或稱WIC）是荷蘭殖民主義事業的有力工具。

聯合東印度公司在1612年成為永久股份有限公司，並以股份為基礎，發行股票。為了提供該公司股票一個集中交易的場所，荷蘭人創建阿姆斯特丹證券交易所（Amsterdam Exchange）。聯合東印度公司可說是人類史上第一家上市交易的股份有限公司，初次上市時募集了54萬英鎊，阿姆斯特丹證券交易所則是史上第一個證券交易所。

聯合東印度公司的總部設在阿姆斯特丹，有76人的董事會（Bewindhebbers），再選出17人的常務董事會作為日常的最高領導機構。當時稱這17位常務董事為「17紳士」（the Heeren XVII, the Lords Seventeen）：其中8名由荷蘭省阿姆斯特丹商會指派，4名由澤蘭省商會（Zeeland）指派，1名來自德夫特（Delft），1名來自鹿特丹（Rotterdam），1名來自荷恩（Hoorn），1名來自恩克豪森（Enkhuizen），另1名由荷蘭省以外的商會指派，但荷蘭省的常務董事有決策否決權。

荷蘭東印度公司於1609年從葡萄牙人手裡奪取印尼的安汶

島（Ambon），安汶島是摩鹿加群島的航運中心。1610年至1619年在安汶設立營運總部，1619年改在雅加達建立「巴達維亞城」（Batavia），作爲印度洋和太平洋地區的總部，稱爲「東印度」總部（程紹剛，p.2）。該地名稱在公元397年至1527年叫「巽他卡拉巴」（Sunda Kelapa或Soenda Kalapa），中國人以閩南語翻譯爲「咬留吧」，Kalapa源自Klapper「可可」之意。1527年至1619年改稱「甲雅加達」（Jayakarta），1619年至1942年稱「巴達維亞」，1942年至1972年稱「大雅加達」（Djaharta），1972年以後稱「雅加達」（Jakarta）。

1619年聯合東印度公司將雅加達改名爲「巴達維亞」（Batavia），巴達維亞是早期荷蘭人稱自己的民族叫巴達維亞人（Batavians）。公元69年時，荷蘭地區受羅馬帝國統治，荷蘭人的先祖是日爾曼民族的部落叫「巴達維亞族」（Batavi），在酋長西維利斯（Gaius Julius "Claudius" Civilis）領導下，反叛羅馬帝國，竟然出乎意料和強大的羅馬軍團打成平手。西維利斯在十六世紀成爲荷蘭人的民族英雄，巴達維亞也成爲荷蘭人驕傲的自稱，荷蘭人在詩歌、戲劇、文學不斷稱頌這段民族主義史蹟。荷蘭人攻佔印尼之後，立刻把雅加達改名爲巴達維亞，也就不足爲奇。「巴達維亞」也不斷出現在中國和東亞各地的文獻中，代表荷蘭殖民統治的東方首都。

由於阿姆斯特丹總部與印尼群島距離遙遠，1609年11月26日在巴達維亞設置總督（Governor General）一人，首任總督伯斯（Piter Both, 1568-1615），任期1609年至1614年，以及由數人組成「東印度評議會」（Counsellor）。第二任總督任期1614年至1615年是雷恩斯特（Gerard Reynst, 1560-1615），第三任總督任期1615年至1619年是雷爾（Laurens Reael,1583-1637），第四任總督任期1619年至1623年是大名鼎鼎的柯恩（Jan Pieterszoon Coen, 1587-1629）。

柯恩對台灣島的歷史發展有重大影響。柯恩於1613年擔任班達和雅加達荷蘭商館館長時，即以武力奪取葡萄牙人的地盤，殺戮原住

民，奪取雅加達（Jakarta），易名爲「巴達維亞」（Batavia），作爲從斯里蘭卡、馬來西亞、印尼、中國、台灣島、日本之間的貿易及殖民統治的指揮總部。柯恩信仰嚴酷的加爾文基督教派的教條，把民間私人股份有限公司的貿易商社，發展成一個兼具貿易、運輸、殖民、海盜、販賣奴隸的暴力集團，且是擁有荷蘭政府授權，可以行使國家主權的海外殖民政府。柯恩是聯合東印度公司可以存在近200年的奠基者，於1627年至1629年又回任第6任的巴達維亞總督。

　　荷蘭東印度公司在鼎盛時期有員工3.5萬人之多。巴達維亞總部統治那麼大的地域，1625年總部人員只有665人，全部員工含士兵才4,500人。1625年至1641年間，派在台灣島的員工及士兵才200至600人。1649年後中國移民大量湧入台灣島，士兵才增至1,000人左右。1661年鄭成功進攻熱蘭遮城時，荷蘭士兵只有1,500人，且超過65%是日耳曼傭兵，並非荷蘭人。船艦幹部也有35%以上不是荷蘭人。派駐台灣島的員工須與荷蘭東印度公司簽訂雇傭契約，雇傭期間通常是3、5、10年爲期。簽約的員工包括大員長官、評議員、檢察官、牧師、傳道士、士兵、水手、商人、磚匠、木匠、土地測量師、牧場管理員、裝訂工人、獵人等，但不包括奴隸。

　　1617年「17紳士」賦予東印度總督及東印度評議會立法權力。總督和評議會常被統稱爲「東印度高級政府」，並在重要地區設立「長官」（Governor）進行殖民統治，例如大員（Tayouan）、班達（Banda）、安汶（Ambon）、摩鹿加（Molukken）都派有「長官」。

　　荷蘭人在大員開始殖民統治台灣島，不是尼德蘭七聯省共和國政府直接殖民統治台灣島，殖民統治台灣島的荷蘭人，不是荷蘭的政府官員，是一家股票上市公司「聯合東印度公司」的經理人，業務範圍是從事殖民貿易和殖民統治，商品廣及印尼香料、南非釀酒、台灣島蔗糖，並在荷蘭造船，經營遠洋客運及貨運，在亞洲炒作中國黃金和日本白銀等金融交易，可說是人類歷史上第一家全球化的公司，這些都是荷蘭殖民資本主義的產物。殖民統治台灣島的集團竟然是一家股

票上市公司，讓很多東方人感到詫異，包括日本的德川幕府。

聯合東印度公司常被叫成「荷蘭東印度公司」，以示和英國東印度公司有所區別。該公司成立初衷原本就想積極與中國貿易，尤其是尋求對中國和日本的轉運貿易。但因中國政府採海禁鎖國政策，荷蘭人只好在中國本土之外的海岸邊緣尋找貿易據點，作為和中國民間貿易的交易中心。荷蘭人先動心要和葡萄牙人搶奪澳門，失敗後轉而進佔澎湖，又被明代中國政府驅逐，最後落腳台灣島。可是隨著情勢變化，荷蘭人從建立港口貿易據點的商社，逐漸演變成為台灣島的殖民統治者，把台灣島從部落社會帶進國家體制，可說是意外之舉。

荷蘭聯合東印度公司殖民統治東南亞及台灣島，從1602年成立到1799年解散，存在時間長達197年，共派出1,772艘船，4,789次遠洋航行，平均每年24.3航次，每個月超過2航次，船員達1.2萬人，海外員工達2.5萬人，運送100萬人次的歐洲人遠行前往亞洲，運送250萬噸的亞洲產品回到歐洲，比同時期的英國東印度公司多了四倍，其歷史地位不輸一個封建王朝。荷蘭東印度公司即使最後破產，但長達197年的歷史，為原始股東帶來年平均18％收益率，在這麼長的時間裡能維持如此高的回報率確實相當驚人。荷蘭東印度公司興盛的十七世紀被荷蘭人譽為「荷蘭黃金時代」（Gouden Eeuw），派往亞洲的船隻數量是葡萄牙船隻的5倍，英國船隻的2倍。荷蘭人經由荷蘭東印度公司創立先進的資本主義機構，例如永久性的股份制公司、股票上市公司、證券交易所、政府公債市場、貿易貨物稅等新生事物。（彩圖二十二）

1639年日本對葡萄牙、西班牙鎖國，驅逐葡萄牙人與西班牙人，但仍對荷蘭人開放貿易。日本人把原本提供給葡萄牙人的出島交給荷蘭人，要求荷蘭商館遷至出島，讓投資興建出島的日本人可以繼續收取租金。1641年荷蘭人又奪取葡萄牙人的麻六甲港，控制了北從日本出島，中經台灣島的大員港，南到麻六甲和巴達維亞的貿易路線。1648年荷蘭正式從西班牙獨立出來，但1795年荷蘭被法國佔領，荷蘭共和國被推翻，成立巴達維亞共和國，新政府接管這家公司，成為國

營企業，但因經營不善，海外殖民地又被英國侵佔，使得聯合東印度公司於1799年走向破產。荷蘭在南非、南美洲的圭亞那（Guyana）和蘇利南（Suriname）、印度、錫蘭（Ceylon）、麻六甲（Malaca）、蘇門答臘（Sumatera）、摩鹿加（Maluku）、爪哇（Java）的殖民地又被英國趁機奪佔，全球唯一還懸掛荷蘭三色國旗的土地就只剩下日本長崎的出島。日本政府也慷慨的津貼出島上的荷蘭人，並免費提供生活用品，以維持出島作爲荷蘭共和國一息尚存的象徵。

　　荷蘭東印度公司本質上畢竟是一家股票上市公司，後因殖民事業的成本太高，殖民公司紅利太少，債台高築，尤其1780年至1784年第四次英荷戰爭後，荷蘭的船隊和殖民地被英國掠奪，荷蘭東印度公司的財務瀕臨崩潰，在1799年宣告破產，但所控制的土地，如爪哇、蘇門答臘，並不是還給本地人民，而是由荷蘭政府接管，直接宣示主權，進行殖民統治。荷蘭共和國自稱是共和國，施行殖民統治，卻無比殘酷。

　　英國東印度公司雖然在1600年成立，並獲得英國女皇伊莉莎白一世（Elizabeth I, 1533-1603）授與15年的東印度貿易壟斷權，但英國東印度公司成立時即預定15年授權結束即終止營業，清算財產，不是永久股份制，而且成立時公司名稱叫「與東印度做生意的倫敦商人公司及長官」（Governor and Company of Merchants of London Trading with the East-Indies）。英國東印度公司創立時的股東都是貴族和富商，後來海盜及殖民事業、鴉片和奴隸買賣獲利豐厚，就一直延長特許權，直到1657年爲擴大籌資規模才效法荷蘭東印度公司的結構，改制爲永久股份制。英國的東印度公司以經營印度地區的壟斷貿易及殖民統治爲主，同時走私鴉片，販賣奴隸。在鴉片戰爭打敗中國，割取香港做基地，經營對中國、台灣島、日本的鴉片貿易。但英國東印度公司在東南亞地區卻爭不過荷蘭人，1609年荷蘭人驅逐安汶的葡萄牙人，著手建立爲荷蘭殖民地，在1623年安汶大屠殺（Amboyna Massacre）時，驅逐英國人，許多英國東印度公司的幹部被荷蘭人殺害，只好撤

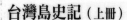

出摩鹿加群島。

　　殖民地是受主權國家統治的領土，但殖民地的人民並不是主權國家的公民，不具備主權國家公民應該有的權利。殖民地人民只是主權國的屬民，法律地位低於主權國家的公民。主權國家在殖民地建立的統治架構，也不同於主權國家在一般領土內的統治架構。荷蘭人殖民統治台灣島，並非由荷蘭共和國直接派遣殖民官員在台灣島建立統治機制，而是由荷蘭政府授權荷蘭聯合東印度公司在海外籌建武裝船隊，行使政府權力，佔領土地，建立殖民地城堡，並代表荷蘭共和國統治殖民地人民。荷蘭聯合東印度公司是股份有限公司制的民間公司，卻有權代表荷蘭政府行使主權，進行統治，納台灣島爲荷蘭共和國主權所統治的領土。因此本書才稱這個時代的台灣島是荷蘭公司殖民之島，而非荷蘭共和國殖民之島。

二、澎湖對峙

　　荷蘭東印度公司1602年成立，1604年即由韋麻郎（Wijbrand van Wearwijk）率領艦隊，趁明代中國軍隊換防空檔入侵澎湖，要求與中國通商。但明代中國政府對海外國際貿易無知且敵視，拒絕韋麻郎的要求，並派沈有容帶兵驅逐。當時韋麻郎不惜重金向中國水手購買情報，得知中國沿海島嶼間的航路。

　　1609年荷蘭東印度公司在日本長崎平戶島開設商館，由史必克茲（Jacques Specx）擔當首任館長，直接隸屬印尼的巴達維亞總督領導。1629年史必克茲繼柯恩（Jan Pieterzoon Coen）出任第7任巴達維亞總督，史必克茲與日籍夫人所生的女兒Sara後來嫁給來台傳教的牧師甘地斯（George Candidus）。1613年史必克茲曾向首任巴達維亞總督伯斯（Piter Both）建議，應在台灣島設立商館，開展對中國的貿易。那時已有日本商船或走私船利用台灣島的大員港或苯港，作爲與

中國和菲律賓的貿易中繼站，但史必克茲的構想直到1624年才實現。荷蘭日本商館館長的地位在台灣島長官之上，所以有兩位日本商館館長升任巴達維亞總督，但從無台灣島的荷蘭長官升任巴達維亞總督。

雷耶生（Cornelis Reijersen, 1595-1632）率領荷蘭東印度公司艦隊於1622年6月22日進攻葡萄牙人在中國的貿易據點澳門，葡萄牙人激烈抵抗，6月26日雷耶生只好轉攻澎湖，並在廣東、福建沿海劫掠船隻。7月11日抵達澎湖，登陸紅木埕。8月2日開始在風櫃尾建造堡壘，8月6日派人去漳州，要求與中國通商。同日雷耶生派龐德古（Willem Bomtekoe）率格羅寧根號（Groningen）及大熊號（de Beer）兩艘船赴台灣島探勘，直到7月19日才返回中國沿海，7月21日抵達漳州月港，待到9月30日返回澎湖。

雷耶生本人於7月26日前往大員，31日返回澎湖。雷耶生的日誌記載：「每年有日本帆船二至三艘來此港貿易，中國人每年有三至四艘帆船載運絹綢來此與日本人交易。」又記載「港口南邊適合築城，外船即難以入港。」換言之，日本人與中國人很早就在大員進行「會船點貿易」，荷蘭人也早有佔據大員港建立城堡的心意。

10月1日福建巡撫商周祚派守備王夢熊勸荷蘭人離開澎湖，改往淡水進駐，雷耶生拒絕，並堅持在澎湖或福建沿岸駐點經商，雙方無法達成共識，雷耶生竟然向中國宣戰。10月18日雷耶生派牛文來律（Cornelisvan Nieuweroode）率船攻擊漳州，摧毀80艘中國帆船，俘虜80名中國人，搶奪60門砲。11月26日進攻廈門鼓浪嶼，將房舍、村莊、帆船、戰艦焚燒殆盡，並在福建、廣東沿海燒殺擄掠，直到12月才回澎湖。

1623年初，雷耶生再度派人與商周祚談判，商周祚堅持荷蘭人必須撤離澎湖，但可派人協助荷蘭人轉赴大員經商。問題是停留在大員的荷蘭人除了遇到少數中國走私商人外，沒有其他中國商人取得商周祚核發許可，得赴大員經商。

1623年5月1日荷蘭人先後在中國沿海擄走1,400個中國人到澎湖做

奴工，建造風櫃尾城砦，完工後還押往巴達維亞當奴隸賣掉。半數中國奴工在澎湖死亡，571人運往巴達維亞，473人途中死亡，只剩98人抵達，其中65人飲水中毒死亡，只有33人倖免於難。1623年9月雷耶生派船長恩格爾（Theunis Jacobsz Engel）回巴達維亞報告，恩格爾說澎湖海灣中荷蘭人可以捕撈到吃不完的魚。

1623年8月商周祚的職務由南居益（1565-1644）取代，8月28日雷耶生派法蘭森（Christian Franszoon）去見南居益，法蘭森要求自由貿易，南居益要求荷蘭人撤離澎湖和大員，並釋放所有被押的中國人（程紹剛，p.31-32）。雙方談判不成，10月28日雷耶生派法蘭森率格羅寧根號等船艦封鎖漳州灣的浯嶼（Pagoda Island），不讓中國商船赴馬尼拉與西班牙人交易。浯嶼屬漳州港尾鎮，距港尾鎮島美村2浬，北距廈門6浬，東北距金門8.5浬。11月1日福建商人張敬泉（Cipzuan）到浯嶼和荷蘭人磋商，並請一位修道人出面替荷蘭人向南居益關說開放通商。南居益將計就計，邀請荷蘭人到廈門談判。11月13日法蘭森率30人上岸立遭扣押，留在海上的船隻也遭王夢熊火攻焚毀，生擒荷蘭人52名及兩名翻譯員，立即在廈門斬首。留駐澎湖的荷蘭人因此沒有翻譯員，央請李旦引薦，李旦推介鄭芝龍，鄭芝龍從此躍上歷史舞台。法蘭森等人則於1624年荷蘭人離開澎湖後，被押往北京斬首。

1624年1月20日荷蘭人爲求報復，由龐德古率4艘船艦在福建、廣東沿海搶劫，但中國已有防備，荷蘭人沒有斬獲，但仍俘虜220名中國人做奴隸。2月20日中國軍隊攻擊荷蘭人的澎湖據點，福建總兵謝弘儀、副總兵俞咨皋、守備王夢熊派兵登陸吉貝嶼、白沙島，進入鎮海港，突破荷蘭人防線，並築造一座石頭城。荷蘭人退守風櫃尾，中國軍隊三面包圍風櫃尾，斷絕風櫃尾的汲水道。正當雙方對峙時，雷耶生辭職獲准，原任摩鹿加群島的班達島（Banda）長官宋克（Martinus Sonck）取代雷耶生。宋克於6月22日搭熱蘭遮號船從巴達維亞出發，8月1日抵達澎湖。宋克發覺局勢不利，派人至鎮海港協商，且央請李旦於8月17日出面調解。8月18日中荷雙方在澎湖娘媽宮（媽祖廟）談

判，8月22日達成協議。荷蘭人同意拆除風櫃尾城砦，撤退至大員；中國同意允許中國商人赴大員交易。8月26日荷蘭人開始拆除城砦。

李旦被中荷雙方所信任，出面調解。因為李旦與兪咨皋的手下許心素合作經商，許心素本是商人，也擔任兪咨皋的白手套，及李旦在廈門的代理人，也曾因此被捕下獄。兪咨皋給許心素一個低階的軍官職銜，方便出入軍營。李旦與荷蘭人是生意夥伴，南居益利用這層關係，准許由李旦斡旋。

商周祚和南居益是這個事件的關鍵人物，商周祚後來降清，南居益則被李自成逮捕，拒降而死。

三、大員港建城

由於明代中國政府峻拒通商，並派兵圍堵，中荷雙方在中國海商李旦的調解下，達成協議。荷蘭人可轉至台灣島的大員港，建立貿易據點，中國政府不干涉中國商人至大員與荷蘭東印度公司進行貿易。荷蘭人遂拆除澎湖的堡壘，將建材運至大員建造「熱蘭遮城」（Zealandia）。荷蘭人進佔台灣島時，把在港口沙洲從「一鯤身」到「七鯤身」活動的原住民，半騙半逼的驅離，但各鯤鯓沙洲上並無原住民居住的村社。在「一鯤身」興建正方形並附有四個稜堡的「熱蘭遮城」後，荷蘭人發現這些沙洲常被海水淹沒，不宜居住，且與內陸不相連接，必須從內陸用船運來飲用水，易遭圍困斷水，不適合做商業區。1625年1月決定在內陸建造商業城鎮，用15匹棉花布向新港社（Sincan）的西拉雅原住民購買「赤崁」（Sakam）的土地，興建宿舍、醫院、倉庫，並鼓勵中國人和日本人到此築屋居住，希望能形成繁華市街，這個城鎮即「普羅民遮市街」（Stad Provincia），就是後來中國移民習慣稱呼的「赤崁街」（Sakam或Saccam）。

荷蘭人相當有建設殖民地的概念，先建立城堡，再建立商館和市

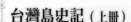

鎮，並設立廣場和碼頭。城堡是統治權威和軍事基地，市鎮有寬大的街道和公共設施吸引商人聚集居住經商。碼頭和港口接近城堡，可迅速補給糧食、兵員、武器。廣場用來宣示權威和公開處刑，更可以隔離城堡和市鎮，既展示統治威勢，也預防暴動。商館則是等待交易的貨品倉庫，也是商業員工的宿舍。1624年荷蘭人的商館最早設在北線尾沙洲島上，但用水取得不便，於1625年1月遷去赤崁興建的普羅民遮市街，卻遇到疫癘流行，普羅民遮市街衰敗。1626年6月荷蘭人拆毀普羅民遮商館的簡易砦堡，搬回北線尾。因為北線尾常淹水，1628年又遷到興建中的熱蘭遮城旁邊建立新的商館。新的商館靠著大員水道岸邊，同時興建成高聳的大員長官官邸，官邸大廳架設2門小砲，可從窗戶發射砲火。官邸樓頂上安放4門小砲，2門砲向北，另外2門砲向西，以防衛官邸和商館，並控制大員水道。新的商館常稱為「四角附城」或「下城」，原先蓋的熱蘭遮城則稱為「上城」或「上層城堡」，兩者相連，也都習慣通稱熱蘭遮城。（彩圖二十三）

　　荷蘭聯合東印度公司是資本主義和殖民主義的混合物，有貿易商、遠征軍、傭兵、海盜等多種角色組成的兵團，為發財致富而戰。它從荷蘭共和國聯省議會獲得特許執照，在東南亞自成一個邊區政府，坐收關稅、控制航線、推翻部落政權、毀滅王國、搶奪地盤、征服土地、屠殺原住民。荷蘭人在印尼的雅加達建立等於首都的總部，台灣島的大員政府只是巴達維亞的分部。

　　在荷蘭人進入大員之前，大員的北線尾沙洲及「台江內海」早已是中國人、日本人、西班牙人「會船」貿易的集結港口，尤其是走私船隻更常以大員為交易地點。荷蘭人進入台灣島，設立貿易據點，建立城堡控制大員港的初衷，並非擴張領土，而是將台灣島當作中國、日本和印尼之間的轉口貿易中心。向中國採購生絲、織品、茶葉、瓷器轉運至日本，或經印尼轉運至歐洲，談不上經營殖民地。後來發現中國人從原住民取得鹿皮，轉賣至日本是門好生意，荷蘭人開始推動殖民統治。荷蘭人以武力鎮壓原住民，鼓勵中國人在台灣島獵鹿，發

放獵鹿執照，徵收保護費。1630年後荷蘭人更進一步奪取原住民土地，從印尼進口水牛，並和中國海商鄭芝龍合作，大量從福建沿海輸入中國移民，至台灣島種植甘蔗和稻米，再出口去中國和日本。荷蘭人的殖民政策並非從歐洲輸入歐洲移民，反而是從中國大陸輸入中國移民。荷蘭人沒預料到這個政策把原住民的台灣島，在短短38年間轉變成中國人的台灣島。

四、西印度公司

荷蘭共和國的資本家不只在遠東設立「東印度公司」，1621年為了爭奪美洲殖民及奴隸貿易的利益，也成立「特許西印度公司」（GWC或WIC，Geoctroyeerde Westindische Compagnie），簡稱「荷蘭西印度公司」。荷蘭和西班牙在1609年簽訂的《十二年休戰協議》，於1621年終止後，雙方再次爆發戰端。荷蘭人組織西印度公司船隊，在大西洋搶劫西班牙船隻，打擊西班牙的海外貿易和在美洲的據點，並以荷西戰爭為掩護，在海上進行海盜活動。西印度公司於1623年用詐欺手段，從美洲印第安人買到紐約的曼哈頓島，接著運用遠洋運輸能力，大肆抓捕非洲黑人販賣至美洲。至1792年倒閉為止，西印度公司運了60萬黑奴去美洲，再加上荷蘭東印度公司較小量的奴隸貿易，荷蘭西印度公司是歷史上運送奴隸規模最大的公司，占歐洲販奴運輸量的一半。1630年至1654年西印度公司佔領巴西東北部，1654年葡萄牙人逐退西印度公司，使荷蘭本土的糖供應缺貨，糖價上漲（程紹剛，p.437）。另一方面，台灣島缺乏適當木材可製作裝運蔗糖的木箱長途運回荷蘭，1651年後英國殖民地又不准荷蘭船隻載運貨物，西印度公司開始陷入困境。西印度公司曾於1674年破產，1675年重整為新公司，繼續營運至1792年。

荷蘭西印度公司的殖民事業激烈挑戰英國東印度公司在美洲的

殖民利益，英荷關係變質，1652年爆發第一次英荷戰爭，荷蘭戰敗。
1665年再度爆發第二次英荷戰爭，荷蘭被迫退出北美洲的殖民地，割
讓紐約殖民地給英國。1672年又爆發第三次英荷戰爭，荷蘭喪失許多
殖民地，直接導致荷蘭西印度公司1674年的破產。

　　1780年至1784年因英國與荷蘭爆發史上第四次英荷戰爭，這次戰
爭起因於英國不滿荷蘭支持1776年美國的獨立戰爭，主動挑起戰端，
擊敗荷蘭海軍，劫掠荷蘭商船，荷蘭運輸業幾乎崩潰，海上馬車夫的
美名一夕崩盤。英國進一步報復，搶奪荷蘭殖民地，拒付英國賣給荷
蘭人的英國國債的利息，使阿姆斯特丹的銀行業倒閉，再低價買回英
國國債，讓倫敦一舉取代阿姆斯特丹成為世界金融中心。1787年荷蘭
國內又爆發擬推翻政府的「愛國者政變」，荷蘭西印度公司的經營環
境風雨飄搖，外加巴西等殖民地經營不善，債務沉重，於1792年宣布
破產倒閉，由共和國的聯省議會收為國有企業。1795年法國軍隊佔領
荷蘭，成立巴達維亞共和國（Bataafse Republiek），荷蘭共和國（尼
德蘭七聯省共和國）滅亡，荷蘭西印度公司被清算殆盡。

第三章
大員長官

荷蘭東印度公司派駐大員的長官（Governor）與評議會
（Counsellor）組成大員當局（Tayouan Authorities）共同治理台灣
島，文獻上常稱為「熱蘭遮城長官」和「福爾摩沙議會」（Raad van
Formosa），大員當局也被稱為「福爾摩沙領地政府」（Formosanse
Landtregeringe）。大員長官先後有12位，包括艦隊司令雷耶生共13
位，從1624年到1662年統治台灣島38年，其任職期間如下：

任職期間	中文名字	本　名
1622－1624	雷耶生	Cornelis Schoon Hoffman Reijersen
1624－1625	宋克	Martinus Sonck
1625－1627	韋特	Gerard Frederikzoon de With
1627－1629	納茲	Piter Nuyts
1629－1636	普特曼斯	Hans Putmans
1636－1640	伯格	Johan van der Burch
1640－1643	特羅德尼斯	Paulus Traudenius
1643－1644	麥爾	Maximiliaen le Maire
1644－1646	卡朗	Francois Caron
1646－1650	歐沃德華特	Pieter Antoniszoon Overtwater
1650－1653	費爾保	Nicolaes Verburgh
1653－1656	西撒爾	Cornelis Caesar
1656－1662	揆一	Frederick Coyett

一、雷耶生（1622年-1624年）

雷耶生（Cornelis Reijersen, 1595-1632），生於荷蘭烏特勒支的
費嫩達爾市（Veenendaal, Utrecht），從未擔任大員長官，但他在1622
年率領荷蘭公司艦隊抵達中國沿海，擬奪取葡萄牙人的地盤，攻打澳
門未成，8月2日佔據澎湖建立基地，10月18日攻擊中國船艦和沿海村
莊，封鎖福建漳州出海口，使明帝國海軍船艦無法出海，但有14名荷

蘭軍人和2名日本助手被中國人當戰俘抓走。12月28日中國官員來信要求談判。雷耶生的上司是印尼巴達維亞總督，1619-1623任期的第4任總督柯恩，1623-1627任期的第5任總督卡本特。

　　1619年至1623年總督任期的柯恩（Jan Pieterszoon Coen, 1587-1629）出生於荷蘭荷恩（Hoorn），1601年赴羅馬學習簿記和貿易，1607年加入荷蘭東印度公司，赴印尼班達島（Banda）參加談判。1610年柯恩向公司董事提交東南亞貿易機會報告，1612年被派任首席商務員（Chief Merchant）。1613年柯恩出任東印度會計長兼班達和雅加達的商館館長，1614年成為助理總督。柯恩透過殘酷嚴厲的手段獨佔摩鹿加島（Moluccas）的丁香（Clove）和班達島的肉豆蔻（Nutmeg）。1619年柯恩升任第4任總督，這時才32歲。1619年柯恩燒毀雅加達，再重建為新城市及堡壘。1621年柯恩想以他的家鄉荷恩（Hoorn）為名，把雅加達改名為「新荷恩」（Nieuw Hoorn），但阿姆斯特丹下令改名為「巴達維亞」（Batavia）。1621年柯恩率領日本浪人和倭寇組成的傭兵屠殺班達島原住民，1.5萬班達人幾乎滅絕，只剩1,000人，其中800人被送去雅加達當奴隸，再從其他島嶼抓原住民到班達島當奴工。柯恩的暴虐殘酷聞名天下，但1623年柯恩卸任，返回荷蘭受到熱烈歡迎，宛如荷蘭民族英雄。1627年又被任命為第6任總督，返回雅加達，1629年染霍亂（Cholera）去世。

　　1623年至1627年第5任總督任期的卡本特（Pieter de Carpentier, 1586-1659）出生於安特衛普（Antwerp），1603年赴萊登（Leiden）研習哲學。1616年加入荷蘭東印度公司，先後擔任貿易總監、評議員、防衛委員，1623年出任第5任巴達維亞總督。1627年卡本特卸任，返回荷蘭，1629年出任公司董事。

　　1622年雷耶生親自赴台灣島考察，發現在大員港（Tayouan）或稱大員灣（Bay of Tayouan），每年有日本2、3艘「戎克船」（Junk）（中國式帆船）前來向原住民收購鹿皮，有3、4艘中國戎克船載來絲織品與日本人交易。1623年雷耶生提出報告，蕭壟社西拉雅人用鹿

皮、鹿肉，和中國人交換稻米、食鹽、菸草。中國人爲便於做生意，甚至獲准住進蕭壠社的男子聚會所。雷耶生估計台灣島上的中國人約有1,000至1,500人，都在從事貿易買賣。雷耶生認爲台灣島當時並無常住的中國人，亦無中國移民的聚落。戎克船（Junk）指中國式帆船「艍船」或「艚船」，是歐洲人貶抑的翻譯名詞，把閩南語「艍」的發音故意翻譯爲Junk，意爲比較破爛、髒亂的船隻，中國人又把Junk翻譯回中文，成爲「戎克」。漢代中國的《南州異物誌》已有描述這種帆船「艍船」的文獻。

1623年1月5日雷耶生抵達漳州灣，1月10日抵達廈門與中國官員談判，達成協議，荷蘭人送2門青銅砲、2門鐵砲、6隻毛瑟槍給中國，交換中荷展開貿易。1月13日中國官員改口要荷蘭人離開澎湖。1月25日雷耶生決定赴福州找福建巡撫商周祚，2月11日兩人達成協議，中荷可以通商，荷蘭人找到適當地點貿易前，可暫居澎湖。事後中國政府卻發現荷蘭人在1622年10月至12月劫掠福建沿海，並擄掠中國人到澎湖做奴工，替荷蘭人興建「紅毛城堡」，還攻擊前往馬尼拉的中國商船。鴿派的浙江歸安人商周祚因而受責遭撤職，換上鷹派的陝西渭安人南居益，商周祚與雷耶生的協議也風吹雲散。

8月至10月荷蘭人和福建總兵謝隆儀函件往來，始終沒有交集。10月25日雷耶生派法蘭森（Christiaen Francx）率艦隊進入漳州河，停泊浯嶼（Pagoda）（漳州港南側），11月5日中國商人張敬泉（Quitsuan）和一位「隱士（修道人）」（Kluizenaer）帶來巡撫南居益的信，要荷蘭人解釋前來中國的目的。荷蘭人說明後，「隱士」認爲荷蘭人請求貿易是正當理由，願說服南居益接受。不久中國官員前來荷蘭船艦談判，雙方達成《貿易協定》草案。中國官員要求荷蘭人上岸簽約，會留下等數的中國官員在船上當人質。結果上岸的荷蘭人被灌醉遭俘，隔天早上荷蘭人發現有50艘火船快速攻擊荷蘭船艦，荷船爆炸沉沒，中國人質跟著淹死。上岸被俘虜的荷蘭官員有艦隊長法蘭森（Christiaen Francx）、上級商務員Willem van Houdaen

和船長Doede Florisz Croes等人。發動火攻的中國軍官是把總王夢熊（Ongsoepie）、總兵謝隆儀（Tschiaa）。中國史料記載，高文律（Kobenloet）遭送北京處決。荷蘭史料則記載，法蘭森遭送北京處決。因爲「高文律」是「指揮官」之意，法蘭森正是當時的指揮官。

　　1624年2月20日雷耶生致函巴達維亞總督，認爲中國人不肯貿易，是因爲荷蘭人佔領澎湖。澎湖資源有限，生存不易，離開澎湖，前去大員，或許貿易會有進展。1624年2月南居益下令總兵俞咨皋、守備王夢熊進攻澎湖，登陸白沙島，卻攻不下荷蘭守將「高文律」（指揮官）堅守的「紅毛城堡」。7月南居益再度進攻，還是僵持不下。雷耶生在澎湖受到中國軍隊圍堵，其上司巴達維亞總督柯恩派宋克接替雷耶生。經過福建總兵俞咨皋指令海商李旦（Cappiteijn China）出面協商，宋克只好銷毀澎湖紅毛城堡及砲台，撤離佔領已2年的澎湖。宋克爲維持與中國貿易的利益，同意改以台灣島的大員港爲要塞及貿易據點，開啓台灣島的荷蘭公司殖民統治史。當時李旦協商談判時的翻譯人員就是鄭芝龍，宋克率船隊赴台灣時，李旦亦指示鄭芝龍隨行至台灣島，就此開啓鄭芝龍波瀾壯闊的一生。

　　這段歷史出現兩個荷將「高文律」，一位高文律遭押送北京處決，另一位高文律堅守紅毛城。另一段史料荷將法蘭森（Christiaen Francx）也被送北京處決。因爲「高文律」（Kobenloet）是職銜，不是人名。而Christiaen Francx的職銜正是「高文律」（指揮官、司令）。荷蘭人後來規劃圩田給中國移民分區租佃時，其中有一個分區爲紀念法蘭森，就取名Kobenloet，其他分區則大都以荷蘭地名或大員長官的姓氏，如阿姆斯特丹、宋克、普特曼斯等命名。

二、宋克（1624年-1625年）

　　宋克（Martinus Sonck,1590-1625）是第1任大員長官，出生於阿姆

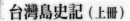

斯特丹，具有法學博士學位的律師，是荷蘭東印度公司開始統治台灣島的關鍵人物。1621年宋克率兵攻佔班達，任班達長官，1623年被控浪費槍支彈藥，調回巴達維亞總部。1624年宋克到澎湖接替雷耶生，發現澎湖據點已被中國軍隊包圍，即決定於8月26日撤離澎湖，轉往台灣島的大員港。宋克的上司是荷蘭第5任巴達維亞總督1623-1627任期的卡本特（Pieter de Carpentier）。

宋克到大員立即在「台江內海」外側沙洲島，俗稱「一鯤身」的地方設立指揮部。在原來1622年及1623年雷耶生探勘用的竹寨舊址，以木板、沙土，興建堡壘，取名「奧倫冶」（Orange）城，以防阻原住民突襲，俗稱「木柵城」或「砦城」，「砦」與「寨」同音同義。這個堡壘後來擴建爲「熱蘭遮城」，現稱「安平古堡」，宋克並在「奧倫冶城」對岸的北線尾設立商館（Factory），作爲貿易倉庫、商業交易所和員工宿舍。

1627年「奧倫冶城」奉命更名爲「熱蘭遮城」（Zeelandia），「小澤蘭」之意，「澤蘭」是「尼德蘭七聯省共和國」最南部的省份。「熱蘭遮城」後來再以磚石改建，1631年6月5日巴達維亞第7任總督史必克茲（Jacques Specz）向阿姆斯特丹總部報告熱蘭遮城已完工，至1633年1月1日第4任大員長官普特曼斯才舉行命名典禮，幾乎是長達10年的建城工程。1627年第2任大員長官韋特在「熱蘭遮城」東邊規劃一個市街區，給歐洲商人、中國海商、中國開墾地主居住，稱「熱蘭遮市街」（Stadt Zeelandia），中國人則稱「大員市街」（Stadt Tayouan）。熱蘭遮城和大員市街之間，隔著一個寬闊的廣場。「大員市街」或稱「大員市鎮」居住過許多中國富商，如蘇鳴崗、林亨萬、何斌，還有一位擁有船隊的傳奇印尼女富商印結瓦丁（Injey Wattingh）。

「台江內海」是一個大潟湖的內水，潟湖形成天然內港，可供船舶停靠。潟湖西北側有狹隘的鹿耳門水道，西南側有寬闊的大員水道，通往台灣海峽。「台江內海」到了清朝因曾文溪改道等因素而日

漸淤積，現今只剩四草湖、鯤鯓湖等遺跡。四草湖是安平舊港所在地，鯤鯓湖於第二次世界大戰後改建爲安平新港。

宋克努力建設熱蘭遮城及大員港，吸引日本人和中國人前來貿易。中國生絲、瓷器運到大員，再轉運至印尼、日本從中獲利。1624年1月3日印尼巴達維亞總督卡本特向荷蘭阿姆斯特丹總公司報告，每年都有日本戎克船到大員港收購鹿皮，最近有艘船剛載走1.8萬張鹿皮和許多中國貨物。（彩圖二十五）

1624年11月23日荷蘭人在呂宋島海岸劫掠中國商船，船上有中國人219名，押到大員時，只剩病重垂危的46人。

1625年1月27日熱蘭遮城共有134名荷蘭東印度公司的員工，當時全公司員工有4,500人，另外專責於馬尼拉與中國沿海貿易的員工有586人。

1625年1月宋克以「花布」（Cangan）15匹（包樂史，p.17），向新港社（Sincan，台南新市）原住民購買位於海岸邊的赤崁（Saccam）的土地，興建宿舍、醫院，並鼓勵中國人前往居住，這就是「普羅民遮市街」（Stadt Provintie）。荷蘭人在同一塊土地另興建「普羅民遮城」（彩圖二十四），就是後來的赤崁樓。據中國文獻記載，1617年福建海盜趙秉鑑曾來台建造「赤墈城」，說「七日而築城赤墈」。七日內能蓋成的「城」頂多只是個竹圍砦壘而已。

1625年，宋克派出兩條船，由諾德洛斯（Jacob Ijsbrandtsz Noordeloos）實地測量台灣島的地理位置及海域，並繪成地圖，稱《北港圖》（Packan Alsoo）（彩圖二十六）確立台灣島是一個完整的島，不是原先葡萄牙人、西班牙人所認爲的是三個島嶼組成的群島。宋克可說是第一個正確認識台灣島形狀的領導人，奠定荷蘭人在台擴張的基礎。

台灣島從此以國際貿易及轉運中心的角色，出現在東亞的歷史舞台。宋克在1625年4月報告巴達維亞總督說：台灣島每年可產鹿皮20萬張，鹿肉乾及魚乾產量相當大。每年中國漁船及商船到台灣島，捕

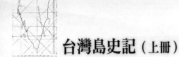

撈或收購鹿產品達100艘以上。中國人進入原住民村社，收購鹿皮、鹿肉、鹿茸、鹿鞭，甚至計畫定居經營漁業。

　　1625年4月13日荷蘭船隊自大員出發，在呂宋島外海與西班牙船隊爆發海戰，荷蘭人發砲400多次，死4人，傷13人，荷蘭船隊敗戰，卻於敗逃時在5月17日於台灣海峽劫掠一艘中國商船，把船上的中國人押往巴達維亞。

　　宋克並在7月1日決定禁止定居日本的中國人到台灣島做生意，也決定對日本人自台灣島輸出貨物時課徵10%出口稅，希望藉此使荷蘭人能壟斷台灣島與日本的貿易。這個關稅政策後來引起濱田彌兵衛事件，因為日本並未對荷蘭人自日本輸出的貨品課徵出口關稅，宋克的關稅政策引發日本人的不滿。1625年9月17日宋克後來從澎湖回航大員時，在港外發生船難，不慎落水溺斃，就地埋葬在熱蘭遮城的城牆下（包樂史，p.29）。但是出口課稅之舉，引發日本人的強烈不滿，卻越演越烈。日本人認為他們比荷蘭人先到大員港貿易，荷蘭人從日本出口白銀等貨物，日本政府也從未課徵任何關稅。日本人的抗議，迫使繼任的大員長官韋特不得不暫時中止課稅。

　　1626年西班牙人繪製的〈Formosa島上荷蘭人之港口描述圖〉中，在大員的北線尾沙洲，靠北方水道的對岸，畫有三棟長形住屋，標記「日本人的村落」，註明「日本人160人」。但在1639年後日本德川幕府鎖國，日本人幾乎全數撤退回國。（彩圖十八）

三、韋特（1625年-1627年）

　　宋克死後，由韋特（Gerard Frederikszoon de With）擔當第2任大員長官，韋特生年不詳。韋特其實是以臨時司令官的名義暫代大員長官，並未真除。韋特和中國海商許心素建立貿易夥伴關係，但荷蘭人的貨運常受到中國海盜騷擾，日本人又直接在台灣島向中國商人訂購

絲綢，向原住民收購鹿皮。韋特意識到日本人在生意上的威脅，請即
將正式接任大員長官的納茲（Piter Nuyts）先去日本與德川幕府協商。
此時西班牙人又佔領台灣島北部和荷蘭人爭奪中國、日本的貿易。韋
特同時面對中國海盜、日本人、西班牙人的壓力，力圖突破困境。韋
特曾任商務員，頗有商業眼光，以預付資金的方式，開始與廈門的許
心素（Simsou）操作貿易生意（程紹剛，p. xxiv），也看出台灣島除了
做貿易中心外，尚有肥沃土地可發展農業。韋特的上司是印尼巴達維
亞第5任總督1623-1627任期的卡本特。

　　1625年10月29日韋特向巴達維亞報告說：「普羅民遮市街的建設
頗有進展，中國人蓋的房屋已有30到40間，VOC在那裡也蓋一間房屋
給大員長官和部屬居住，還蓋一間倉庫、兩間醫院、一間給班達人居
住的房屋、一間木匠坊、一間燒磚工人的住房、一間馬牛羊棚，以及
幾間堆放雜物的房子。市街的西邊蓋簡單可防火的碉堡，以保護公司
和中國人的房屋。」

　　韋特為了在台灣島推展「農業殖民地」，一面從印尼爪哇進口水
牛，從澎湖引進黃牛，一面和鄭芝龍訂約自中國大陸把中國人移民到
台灣島，種植甘蔗，發展蔗糖產業出口，及捕撈烏魚，製作烏魚子出
口。這使得台灣島除了轉運貿易中心外，開始有農產品出口產業。鄭
芝龍後來也把原先承繼自顏思齊的台灣島中部據點，即雲林北港至嘉
義布袋附近的中國移民村落的管轄權賣給荷蘭人。中國移民從此在荷
蘭軍隊保護下，免於原住民武力的威脅，陸續移民台灣島，成為荷蘭
殖民地的屬民。

　　1626年11月13日根據韋特的報告說：「普羅民遮市街的疾病和死
亡猖獗嚴重，中國人都逃走了。」韋特只好把設在普羅民遮的商館搬
回北線尾，但北線尾地勢低窪，易淹水不宜作商館及倉庫。1627年只
好又從北線尾搬到大員（一鯤鯓）水道岸邊，並在熱蘭遮城的東邊建
造大員市街，作貿易市集。1628年商館建成，長45公尺，寬8.5公尺，
稱「老商館」。大員市街有一條南北向街道，兩條東西向街道，其中

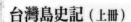

一條稱作「寬街」或「百老匯」（Breestraat）。後來擴建為三條東西向，三條南北向的街道區，每條街道寬約20至30公尺，街道兩旁有水溝，街道且鋪上路面。荷蘭人並積極籌辦大員的市街建設，衛生防火設施、區位規劃、土地所有權登記等。1634年大員當局為了消防問題，下令所有大員市街的居民不可以用竹子和茅草造屋。1643年3月更下令所有竹造或茅草屋頂的房屋必須在8天內拆除。大員市街的興起，普羅民遮市街因此沒落，原訂在普羅民遮市街外圍開發農田的計畫亦告流產。普羅民遮市街到1648年因中國移民湧入，突然又興旺起來。普羅民遮市街原本只有36間房屋，1648年迅速增加到175間房屋。

韋特同時為鞏固熱蘭遮城的防衛，1627年在一鯤鯓北方對面的北線尾沙洲上建造碉堡，該沙洲俗稱「北線尾」或「北汕尾」（Bascedoy或Paxemboy, 閩南語「北線島」的音譯），取名「海堡」（Redoudt Zeeburch），中文文獻翻譯「熱勿律非砦」，又稱「熱堡」（Zeeburg），可防衛鹿耳門水道，控制從台灣海峽進出台江內海的水道，拱衛「熱蘭遮城」。「海堡」牆厚2.5公尺，有三層樓，頂層做瞭望塔，下面兩層，上寬下窄，上層寬9公尺，下層僅寬6公尺，上層架設6門大砲。但「海堡」於近30年後的1656年遭颱風摧毀，荷蘭人為了節省經費未予重建，卻意外提供鄭成功於1661年輕鬆渡越鹿耳門水道進入台江內海的戰爭條件。鄭成功佔領普羅民遮城後，攻佔北線尾，在「海堡」原址附近設置砲台，發動砲戰封鎖大員水道。北線尾呈西北往東南走向的長型沙洲島，東南邊是大員水道的北岸，西北邊是鹿耳門水道的南岸。「海堡」距離大員水道3公里，距離鹿耳門水道2.5公里，可以用火砲同時守備兩個水道，重要性不同凡響。（彩圖二十七）

原住民部落間常有戰爭，荷蘭人的鄰居新港社老居於劣勢，被麻豆社和目加溜灣社欺侮，荷蘭人動用100多名士兵協助新港社擊退麻豆社，依甘地斯牧師（Georgius Candidius）的說法：「新港社將燒成灰燼，社民將遭屠殺，沒有荷蘭人保護，新港社會被消滅。」然而這份

友誼卻不長久，甘地斯消滅異教信仰的基督教福音，卻引來新港社民的反彈。相較之下，日本人只做生意，不介入原住民的宗教信仰，對原住民的態度顯得更加慷慨，在荷蘭人和日本人的矛盾中，新港社倒向日本人，不久就發生「迪卡（Dijcka）事件」（或譯理加事件）。

1627年初鄭芝龍開始在中國沿海劫掠商船，6月韋特率領船隊進入廈門協助明朝政府打擊鄭芝龍，11月與鄭芝龍爆發海戰，韋特船隊敗走。台灣海峽兩岸船舶往來就此被鄭芝龍封鎖，荷蘭人在大員的生意陷入困境。1627年7月10日荷蘭大員評議會決定要求魍港一帶的中國商人、工人、海盜都要申請居留證，否則受罰。荷蘭人試圖用居留證控制隱藏於台灣島的中國海盜，以及與海盜有聯繫的中國人。因為鄭芝龍以魍港為基地的走私、貿易、海盜活動已傷害到大員港的利益，但荷蘭人遲至1636年5月才在魍港建造碉堡，執行管制措施，碉堡到1637年1月才完工，稱為「維利申根堡」（Vlissingen）。「維利申根」又稱「弗利辛恩」或「夫利辛亨」，是尼德蘭國隸屬澤蘭省（Zeeland）瓦爾赫倫島（Walcheren）上的一座港口的名稱。

對荷蘭人而言，在韋特任內更具歷史性的事件，是1626年西班牙人從菲律賓馬尼拉派來的軍隊，佔領台灣島北部的基隆港，建立「聖薩爾瓦多城」（San Salvodor）。雖說是西班牙軍隊，成員卻有不少菲律賓的土著民族。當時西班牙人與荷蘭人不論是政治上、經濟上或宗教上都是敵對關係，西班牙人派兵佔領基隆，有五個目標：一、不讓荷蘭人獨佔台灣島，並找機會驅逐荷蘭人；二、在基隆建立軍事基地，保護航行台灣海峽至日本海域的西班牙商船；三、建設基隆港為貿易基地，拉攏中國和日本商人前來交易；四、把基隆作為向中國、日本傳播天主教的中繼站；五、西班牙王國與荷蘭人的《十二年休戰協議1609-1621》到期，西班牙人計畫在台灣海峽或東海上劫掠荷蘭人，需要一個據點。

1624年李旦勸說荷蘭人，棄澎湖，就大員，特別勸荷蘭人不要去基隆，因為基隆附近原住民「嗜殺殘忍，無法溝通」。1626年西班牙

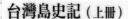

人佔領基隆後的經驗，證實李旦的先見之明。1627年淡水的原住民村社間，相互爭戰激烈，其中有部落聯絡西班牙人前去調解，西班牙人派20名士兵前去淡水，卻反遭攻擊，陣亡8名。西班牙人不得不再派100名士兵前去淡水報仇，原住民卻竄入山中；但讓西班牙人發覺淡水河谷，生產稻米，人口也稠密，於是決定佔領淡水。1628年西班牙人派軍隊在淡水河口取得一座小碉堡，建立「聖多明哥堡」（San Domingo）。

四、納茲（1627年-1629年）

納茲（Piter Nuyts, 1598-1655）是第3任大員長官，出生荷蘭米德堡Middelburg，米德堡是澤蘭省的首府。納茲是個十足的悲劇人物，就任大員長官前，先去日本處理荷蘭與日本之間的10%貿易關稅的爭端，再繼韋特之後接任大員長官，卻是一系列災難的開始。納茲先在大員扣押日本人濱田彌兵衛，卻反被濱田彌兵衛綁架，即史上有名的「濱田彌兵衛事件」。納茲曾前往廈門處理貿易問題，卻蠻橫地扣押鄭芝龍，逼迫鄭芝龍與荷蘭東印度公司簽訂貿易協議，巴達維亞總督卻認為這份協議反而對荷蘭人不利。納茲的蠻橫和粗魯惹惱了總督柯恩，1629年8月柯恩解除納茲的職務，並召回巴達維亞，納茲立即遭羈押，並於1632年被當作犧牲品押赴日本道歉。納茲被日本人關押4年，1636年獲釋。納茲的上司是巴達維亞第6任總督1627-1629任期的柯恩（Jan Pieterszoon Coen）。

納茲是行事激進的人物，好採強硬手段。1629年2月10日納茲向巴達維亞建議：與中國貿易是西班牙人和葡萄牙人唯一的經濟支柱，荷蘭人如果不斷挑起戰事，可以毀掉西班牙人和葡萄牙人的中國貿易，西葡兩國會放棄澳門、馬尼拉、麻六甲、帝汶、摩鹿加等殖民地。攻擊與西班牙人和葡萄牙人貿易的中國商船，可以迫使中國人轉向到

大員交易。納茲的策略是自己當起海盜劫掠中國、西班牙、葡萄牙等國的商船，封鎖中國人與西葡人的貿易，逼使中國商人轉向大員做生意。

（一）1628年濱田彌兵衛事件

早在荷蘭人進佔台灣島之前，中國人和日本人就常在台灣島各天然港口互易走私物品，宛如海上市集的「會船點貿易」。荷蘭人進佔台灣島之後，荷蘭人常與日本人爭奪中國貨物的商機，像生絲及織品。濱田彌兵衛事件是台灣島史上第一件台灣島政權與日本政府之間爆發的重大國際糾紛，其性質包括商貿糾紛、關稅爭議、綁架談判等，其結果更影響當時的台日貿易，危及荷蘭人建立歐洲、印尼、中國、日本的貿易網計畫。

1622年荷蘭東印度公司船艦進佔澎湖，擬作為與中國、日本貿易的據點。1624年明代福建巡撫南居益派兵驅逐荷蘭人，鄭芝龍當時擔任荷蘭人翻譯員，參與勸說荷蘭人退出澎湖。事後在荷蘭人支持下，藉著荷蘭人的船隻，鄭芝龍從事海上「私掠」西班牙商船的工作。1625年顏思齊病死，手下的海商集團被鄭芝龍合併接收，鄭芝龍擴大經營自認為合法的「私掠」。明代中國官員非但沒有獎賞鄭芝龍調和中荷澎湖對峙事件的功勞，反而擬以海盜罪名緝捕鄭芝龍。鄭芝龍心生怨懟，乾脆全心全意投身海盜工作，擴張實力，發兵佔據廈門，封鎖漳州，凡中國商船無鄭氏令旗者一律扣押沒收。明代中國政府不得已再施海禁，卻造成更多商民加入鄭芝龍的海商兼海盜集團。

明代中國政府只好與實力日益壯大的鄭芝龍談和招撫，1628年授予鄭芝龍海軍將領的官銜「海防游擊」。鄭芝龍再挾官銜，把其他競爭者打為非法貿易。鄭芝龍瞬間成為中國沿海、台灣海峽、南海海域的海上霸主。無鄭氏令旗的船隻必定被劫掠，連擁兵自重的荷蘭人，也不得不繳費購買兩面鄭氏令旗，但礙於顏面，又不敢聲張。荷蘭在台灣島的第3任大員長官納茲也不得不在1628年10月和鄭芝龍簽訂3年

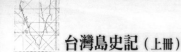

的貿易協定，購買生絲，販賣胡椒等貨物，否則中國貨物一件也買不到。中國生絲直接運往日本的生意，全被鄭芝龍在日本的商館壟斷，但運往台灣島並未遭到干擾。荷蘭人向鄭芝龍購買的生絲，只好載往印尼，再轉運回歐洲。

　　當時濱田彌兵衛盤算若向中國人訂購生絲，從福建運至台灣島，再轉運至日本，比起鄭芝龍的壟斷價格，還是有很大的利潤空間。濱田彌兵衛以此構想說服長崎大貿易商野藤次郎投資，野藤次郎再向好友長崎代官末次平藏（1546-1630）尋求協助。濱田彌兵衛年少時，即在海上討生活，當過倭寇海盜，後來也擔任末次平藏的朱印船船長。朱印船是日本德川幕府特許發給朱印狀，得從事海外貿易的船舶。末次平藏是日本江戶時代的貿易商，後來取代村山等安出任長崎代官。末次平藏在日本與台灣島、越南、泰國之間從事朱印船貿易，成為巨富，其朱印船被稱為「末次船」。

　　濱田彌兵衛的生絲轉運計畫獲得末次平藏的支持，1626年濱田彌兵衛先到福建泉州，向生絲大盤商蔡得遠訂購2萬斤生絲，貨品暫時存放在蔡得遠的倉庫，再從台灣島派船去載運。接著濱田彌兵衛和末次平藏來到大員購買鹿皮，並向大員長官韋特要求租借附有鄭氏令旗的戎克船，去福建載運生絲。韋特對於濱田彌兵衛到處宣揚荷蘭人有鄭氏令旗船一事，覺得有損顏面，甚為不悅，因此對待長崎代官末次平藏的態度很冷淡，不但拒絕出租船舶，還禁止其他船舶去福建替濱田彌兵衛運貨，更要求日本人必須支付10%交易關稅。對於出口關稅一事，日本人甚為反感，荷蘭人在日本進出口不必納稅，荷蘭人在台灣島竟然要求日本人納稅。濱田彌兵衛這項有利可圖的生絲轉運生意，被荷蘭人在運輸和稅金上刁難，弄得血本無歸。

　　1627年6月28日納茲剛到台灣島履新，接手處理韋特與濱田彌兵衛的紛爭，這個紛爭已影響到長崎平戶島荷蘭商館的生意。納茲先表面爽快答應濱田彌兵衛的租船請求，私下卻訓令按兵不動，待他赴日談判回台再說。

　　濱田彌兵衛久等不耐，於1627年定下計謀，遊說16名新港社原住民赴日本，冒充「高山國使節團」，由迪卡Dijcka擔任團長，向長崎代官末次平藏控訴荷蘭人的「暴行」，並晉見幕府將軍德川家光（1604-1651），控訴荷蘭人的「暴虐統治」。濱田彌兵衛利用德川幕府不了解荷蘭東印度公司擁有主權委任狀的特性，指控荷蘭東印度公司只是一家商行，納茲只是商人，不是荷蘭官員，希望幕府派兵驅逐荷蘭商人，完成豐臣秀吉未完成的計畫。在這個計謀中，迪卡是新港社原住民頭目，史稱「迪卡事件」。1627年7月24日納茲赴日本與幕府洽談，7月28日「高山國使節團」也出發赴日控訴「荷蘭商人欺壓土著」。迪卡晉見德川家光，表示獻地臣服，並進貢鹿皮、毛氈、孔雀尾毛。德川家光則回贈銀條、服飾、絲綢。在末次平藏運作下，納茲未獲德川家光接見，12月一事無成回到台灣島。

　　1628年5月27日濱田彌兵衛再度率船來台，帶有470名船員，並帶回16名原住民，納茲禁止其靠岸，有5名原住民因饑餓生病而死亡。濱田彌兵衛不得已將迪卡等人交給荷蘭人，才獲准上岸。納茲下令以叛亂罪將包括迪卡等11名原住民逮捕下獄，其中有4個人脫逃。納茲派兵搜捕，縱火焚燒迪卡等人的住宅。其實新港社是荷蘭人最早接觸的原住民，協助荷蘭人建築城堡，幫助荷蘭人攻擊其他原住民。但迪卡事件後，荷蘭人仍重罰新港社，意圖懾服所有原住民。此時納茲也接獲密報，指控濱田彌兵衛船上載有士兵、大砲、刀槍等武器。納茲搜船後，果然查獲武器彈藥，全部扣留，且軟禁濱田彌兵衛一個星期。

　　濱田彌兵衛被軟禁後，要求發還武器彈藥，釋放原住民，租船赴福建取貨，准許返回日本，但納茲全部拒絕。1628年6月29日濱田彌兵衛決定鋌而走險，率12名日本人至熱蘭遮城，佯稱獲得日本政府的信函，將有利於日荷關係，要求晉見大員長官。納茲對日荷關係十分頭痛，聽說有日本政府來函，立即開門迎接，並率4名官員等候，欲與濱田彌兵衛展開會談。濱田彌兵衛及其隨從皆暗藏利刃，一行人進入納茲辦公室，13人立刻亮出尖刀，將在場8名荷蘭人制伏，濱田彌兵衛並

用尖刀抵住納茲的脖子。荷蘭人雖在外面聚集100多名士兵，也無法改變人質被挾持的困境。在僵持過程中，有3名荷兵身亡。雙方相持5日後，荷蘭人屈服。

納茲勉強與濱田彌兵衛訂立下列五點協議：

1. 荷方以納茲之子勞倫斯（Laurens）、商務員毛澤爾、范登、哈特曼（Hartman）、莫科特（Moercoert）等5人為人質，乘坐日船；日方以濱田彌兵衛之子等5人為人質，乘坐荷船；與濱田彌兵衛同時回航日本，俟抵達日本後交換人質。

2. 立即釋放被拘捕下獄的迪卡等原住民及2名中國籍翻譯。

3. 日本賜給新港社原住民的禮物，被荷方沒收，應予發還。

4. 為保證日本人的安全，在啟帆赴日之前，荷人須將進港船舵皆收起上岸。

5. 日本商人在中國遺留絲絹2萬斤，濱田彌兵衛等企圖取回時，受荷蘭人阻礙，以致現在已被海盜鄭芝龍搶走，荷蘭人應賠償

納茲遭濱田彌兵衛綁架圖

損失；又數年前以未付交易關稅為由，被荷蘭人沒收的1,500斤絲絹亦應予發還。

荷方於7月5日將生絲12,053斤交付日本人，不足7,947斤再以每百斤14.10金元的現金支付，濱田彌兵衛即釋放納茨。濱田彌兵衛則押人質於7月7日離台返日，7月25日返抵日本。

當荷蘭人質抵達日本後，末次平藏聽從柏原太郎的建議，堅持撕毀濱田彌兵衛的協議，將荷蘭人質與船員逮捕下獄，同時封閉荷蘭在平戶的商館及船舶。荷方發覺事態嚴重，急忙派詹森（Willem Janssen）赴日賠罪，卻被驅逐出境。巴達維亞總督柯恩下令革除納茨的大員長官職務，改派普特曼斯接任大員長官，並再派詹森於1630年赴日斡旋，但日方態度強硬，荷日通商因而中斷。

在1628年至1632年這5年間，荷蘭人因日本封閉平戶商館，生意遭到重大挫折，以為日本人僅痛恨納茨一人而已，故決定犧牲納茨，在1632年將納茨押赴日本服刑以為懲戒，再遣使赴日要求開市通商。1630年末次平藏去世，1632年才釋放荷蘭人質，但納茨仍須軟禁於平戶島的民家，納茨之子則因罹患赤痢早已死於監獄。荷蘭人的平戶商館及船舶雖有短暫開放，但隨即再度封閉。

1636年荷人派卡侖（Francois Caroc）為特使，專程從巴達維亞到日本，進獻796斤青銅燭台給日光市的東照神宮，表明向日方請罪，並要求釋放納茨，納茨才被救出日本，並結束日荷之間長達11年（1625-1636）的貿易糾紛，但荷蘭東印度公司的「公法人地位」，而非只是商行，卻也因此獲得日本政府的承認。

納茨和濱田彌兵衛的命運剛好相反。納茨原本在印度任職，1627年調任台灣島大員長官。1629年納茨下台時，巴達維亞總督柯恩批評他無能、暴躁、固執、懦弱。第7任總督史必克茲（Jacques Specz）指控納茨強索稅款，粗魯對待商人，不當動用公款，強姦平埔族女性。「濱田彌兵衛事件」則被日本人稱為「大員事件」，或「納茨事

件」。但日本人並未趁機攻佔台灣島，反而鎖國，失去爭雄台灣島的機會，直到1895年甲午戰爭後才奪取台灣島。

濱田彌兵衛被日本人視為維護國格的民族英雄，濱田彌兵衛抗拒繳納荷蘭人在大員港徵收的10%關稅，綁架納茲的行動，都被日本人視為爭得日本國格的英勇事蹟。日本殖民統治台灣島時，特地在安平古堡（熱蘭遮城遺跡）立碑紀念，上刻「贈從五位濱田彌兵衛武勇之趾」，「贈從五位」是1915年大正天皇追封濱田彌兵衛的官銜。「贈」是追封之意，「從五位」以上者具日本貴族身份。對台灣島的意義則是事件平息後，台灣島在日本、中國、印尼之間，扮演轉口貿易中心的功能更加速發展。

濱田彌兵衛事件是標準的地緣政治事件，跟後來移民台灣島的中國人無關，亦即與現在所有的台灣島住民無關。現在台灣島住民並無日本人或荷蘭人，即使有混血後裔，所佔人口比例也微乎其微。但此事件的歷史意義顯示：第一，荷蘭人的貿易市場不能沒有日本這一塊，必須委曲求全接受日本人的要脅。荷蘭人裡子和面子不能全要時，寧可要裡子。第二，荷蘭人內部必須以納茲做替罪羔羊，把所有過失都推給納茲，免除其他人的責任。第三，台灣島與重要貿易夥伴的糾紛，具有先天性的弱點，無足夠實力抗衡大國的壓力，不宜輕啟爭端，即使海上強權荷蘭亦復如此。第四，任何掌握台灣島貿易生存線的國家，很容易勒索台灣島，台灣島要養活太多人口，譬如像荷蘭人要支撐荷蘭東印度公司的股票價格，都要小心維持與重要夥伴的互動關係。第五，荷蘭人縱有城砦與砲台可以控制大員港，並強徵關稅，卻忽略了貿易對象的抵制與報復，尤其台灣島這種內部沒有市場的貿易轉運站，更沒有本事自行其是。第六，荷蘭人在濱田彌兵衛事件前後，照常對中國人課徵10%關稅，原因在於中國政府漠不關心，或中國商人不知或無法抵制，並非中國沒有能力報復，這個情形直到鄭成功出現才扭轉。

（二）荷日司法管轄權的爭議

在1624年以前，日本人到大員港和中國人進行「會船點貿易」早已行之多年。荷蘭人控制大員港後，常覺得無法介入中日商人之間的貿易，於是在1625年先下令禁止定居在日本的中國人來到大員港買貨，荷蘭人試圖壟斷中國貨源，自行轉運去日本，不讓定居日本的中國人爭搶中國貨品。另外針對日本人到大員港購貨，要課徵10%出口關稅，用意在打擊日本人爭搶中國貨源的意願。荷蘭人認為如此就可以壟斷中國大陸運來的貨品，並轉運去日本銷售。荷蘭人只是沒料到引發濱田彌兵衛事件，遭致灰頭土臉的後果，最後還准許日本人居住在大員港可以有自己的司法管轄權。當時居住在台灣島的日本甲必丹（僑領）Captain Sirobtdonne宣稱獲得德川幕府授權，可在台灣島對日本人行使司法管轄權，荷蘭大員長官在濱田彌兵衛事件過後也接受了。

（三）麻豆溪事件

納茲也沒處理好荷蘭人與台灣島原住民的關係。1629年6月13日納茲派遣62名荷蘭兵赴麻豆社（Mattau或Mattauw）搜捕中國海盜「三腳大爺」（Sachataija），麻豆社原住民推說海盜已逃逸，只留一艘海盜的戎克船。荷蘭人結束搜索行動時，途經麻豆溪，今名「八掌溪」。麻豆社原住民主動幫忙扛槍，背著荷蘭兵渡河，半途中原住民突然將荷蘭兵摔落水裡，並由埋伏在河流兩邊樹欉的麻豆社人突襲殺死荷蘭人。麻豆社原住民共殺死61名荷蘭士兵，僅一名中國籍翻譯和一名奴隸逃脫，麻豆人並趁機進攻新港社，想殺死人在新港社的大員長官納茲，但納茲在前半個小時獲得情報，先行逃離。麻豆社人焚毀納茲和甘地斯牧師在新港社的住宅，並到赤崁洗劫荷蘭人蓄養的牛、馬、羊。同日，蕭壠社人刺殺一位納茲派去學習語言的牧師助理、一位男孩和一位水手（包樂史，p.97-98）。當時台灣島的荷蘭士兵總數只有

298人，這事件死亡61人，衝擊很大。但納茲因濱田彌兵衛事件纏身，兵力不足，無法派兵討伐麻豆社，討伐行動就耽擱下來，直到普特曼斯繼任大員長官，1635年兵力準備充分後，才對麻豆社原住民展開報復行動。麻豆溪又被稱為「謀殺者之河」或「叛逆者之河」，但實際上流經麻豆社領地的河流是曾文溪，不是麻豆溪。

（四）甘地斯牧師

甘地斯（Georgius Candidius, 1597-1647），又譯「干治士」，德國人，荷蘭萊登大學（Leiden）神學院畢業。1627年6月來台傳教，是台灣島史上第一位基督教傳教士。甘地斯積極對新港社原住民傳播

新港語《新約聖經》

基督教義，力圖改革平埔族的墮胎惡習，移風易俗。但連續發生迪卡事件、濱田彌兵衛事件、麻豆溪事件，影響甘地斯與原住民的信任關係。甘地斯只好花時間處理荷蘭人自己的宗教事務，並編輯羅馬拼音的「新港語」字典，用新港語編寫基督教祈禱文和教理問答。甘地斯著有《福爾摩沙記事》。1631年任滿返回巴達維亞與總督史必克茲的女兒結婚，1633年再度來台傳教，1637年任滿返回荷蘭。甘地斯於1643年返抵巴達維亞，擔任荷蘭人的拉丁文學校校長及圖書館館長，1647年去世，年50歲。後來清代來台傳教的甘為霖牧師將日月潭取名「甘地斯湖」（Lake Candidius），用來紀念這位台灣島首任基督教牧師。

五、普特曼斯（1629年-1636年）

第4任大員長官普特曼斯（Hans Putmans, ?-1656），出生荷蘭米德堡（Middelburg）。普特曼斯接任大員長官時，發現熱蘭遮城的地盤同時受到各方面的挑戰及威脅，包括：對中國的貿易遭到海盜李魁奇的騷擾，幾乎停滯；佔領台灣島北部的西班牙人威脅南下攻擊大員；大員附近的原住民又常殺害荷蘭人雇來的中國「農民工」。

普特曼斯決定用戰爭手段解決問題。他先發動對中國海岸的騷擾戰爭，卻被鄭芝龍打敗。後來簽訂和約與鄭芝龍合作，沒想到卻能大幅擴張對中國貿易。普特曼斯於是著手對原住民麻豆社（Mattau）、蕭壠社（Soulang，台南佳里）、小琉球（Liuqiu或Samaji，沙馬基）或稱拉美島（Lamey）發動戰爭，鐵腕鎮壓原住民。另方面也計畫驅離佔領台灣島北部的西班牙人，以統一全台灣島。普特曼斯推動原住民的基督教信仰，引進中國移民種植甘蔗、稻米，也都有長足的進展。普特曼斯另一項重要的建設是1634年在熱蘭遮城的西南方，位於一鯤鯓和二鯤鯓交界處的高地上規劃興建「烏特勒支堡」（Redoubt

Utrecht），因爲擔心那塊高地可能被敵人架設砲台，陷熱蘭遮城於極不利的處境。烏特勒支堡的東側並設有「馬廄」，放置馬隻。這個憂慮在1662年烏特勒支堡被鄭成功攻陷後，荷蘭人惡夢成眞，只得投降。普特曼斯是荷蘭人把「大員商館」（Factory）轉變成「殖民地」（Colony）的關鍵人物。普特曼斯的上司是第7任巴達維亞總督1629-1632任期的史必克茲（Jacques Specz），第8任1632-1635任期的布勞威爾（Hendrick Brouwer），第9任1636-1645任期的第文（Anthony van Diewen）。

史必克茲（Jacques Specz, 1585-1652）出生於荷蘭多德雷赫特（Dordrecht），1609年史必克茲順利在長崎平戶（Hirado）設立荷蘭商館，並經由三浦按針（Miura Anjin, 1564-1620）協助，獲得德川家康的朱印狀，可從事對日貿易。三浦按針是英國人，本名William Adams，1600年起居留日本。史必克茲後來擔任荷蘭商館館長幾達20年，1629年出任第7任巴達維亞總督，1632年卸任，回荷蘭當專業的藝術收藏家。史必克茲擁有5幅林布蘭（Rembrandt Harmenszoon van Rijn, 1606-1889）的畫作，價值連城。

布勞威爾（Hendrick Brouwer, 1581-1643）荷蘭出生，1606年駕船赴荷屬東印度（印尼），1610年擔任船長率3艘船的艦隊再赴印尼。布勞威爾設計出「布勞威爾航路」（Brouwer Route），可以縮短自南非到巴達維亞的航行時間半年至一年。布勞威爾利用南緯40度至50度間的西風帶，號稱「咆哮40度」（Roaring Forties）的強勁西風，加速帆船向東航行。這條航路又稱「快速帆船航路」（Clipper Route），Clipper是快速大帆船的稱呼。1611年布勞威爾被派赴日本長崎出島Dejima擔任荷蘭商館館長（Opperhoofd），1614年離職。1632年出任第8任巴達維亞總督，1636年卸任。1642年布勞威爾率艦隊赴智利（Chile）探險而去世。

第文（Anthony van Diewen, 1593-1645）生於荷蘭屈倫博赫（Culemborg），1616年第文赴阿姆斯特丹經商，卻失敗破產，轉

到荷蘭東印度公司任職。1626年出任商務長（Director-General of Commerce）和評議員，1636年擔任第9任巴達維亞總督。第文任內最大的成就是探勘澳大利亞和新西蘭（紐西蘭），1645年第文於總督任上去世。

（一）1629年征伐原住民與「血稅」

　　荷蘭人進佔台灣島第5年，普特曼斯上任大員長官，即對原住民採取鐵腕政策，藉口懲罰「迪卡」（Dijcka）事件，首先從新港社（Sincan，台南新市）下手，展開軍事行動。荷蘭人原本在1626年韋特長官時，已制伏新港社原住民，但普特曼斯再以新港社原住民隱匿逃犯為由，焚毀與濱田彌兵衛前往日本朝貢的新港社頭目「迪卡」等11人的住宅，新港社原住民無比恐慌，全部逃入山中。後循平埔族慣例處罰，替荷蘭人興建住宅1幢，進貢豬隻30頭、稻米10包，原住民才獲准返回新港社。普特曼斯接著利用原住民制伏原住民，命令新港社原住民去攻擊其他村社，若不服從則以違抗軍令罪處死。這些替荷蘭人打仗的原住民，被荷蘭人稱為繳納「血稅」。荷蘭人禁止原住民獵首，卻鼓勵原住民替荷蘭人打仗時獵首取賞。

　　荷蘭人在1625年曾派人去目加溜灣社（Baccaluan，台南善化）探竹木，遭原住民攻擊而敗走，荷蘭人一直伺機要教訓目加溜灣社。目加溜灣社和麻豆社原住民又到赤崁攻擊荷蘭人，普特曼斯忍無可忍，決定先懲罰目加溜灣社，「要用火和刀毀滅目加溜灣社」，1629年11月23日出兵襲擊，12月2日目加溜灣社投降。新港社繳納「血稅」，奉命參與攻擊目加溜灣社，事後也有分享到戰利品。「血稅」是殖民統治必然的現象，1940年代日本殖民統治台灣島，以志願兵、義勇隊、徵兵、鋤頭戰士等名義招募台灣島民參加日本侵略中國和東南亞的戰爭，更把「血稅」發揮到淋漓盡致。

　　1629年納茲長官時代，麻豆社原住民在麻豆溪用計淹死荷蘭兵，荷蘭人當時無力報復，各地原住民因此輕忽荷蘭人的實力，揚言要

把大員的荷蘭人趕走。1631年普特曼斯企圖征伐麻豆社，不料遭遇颱風，轉而攻擊南方海岸邊和新港社有嫌隙的「上淡水社」或「大木連社」（Tapouliangh，屏東萬丹），讓新港社相信荷蘭人有能力打敗與新港社對立的村社，死心蹋地效忠荷蘭人。普特曼斯在1633年金門料羅灣海戰失利，1634年熱蘭遮城又遭海盜劉香襲擊。1633年麻豆社頭目達加弄（Taccaran）要求魍港（嘉義布袋）的中國漁民進貢，且率眾攻擊領有荷蘭人捕魚和貿易證照的中國人。達加弄還揚言要搭船赴日本，找日本人驅逐荷蘭人。普特曼斯先派甘地斯牧師前往麻豆社送禮，邀請達加弄共同討伐居住屏東的西拉雅族分支馬卡道人（Makatao）。達加弄非但按兵不動，還放話要攻擊參與荷蘭人行動的蕭壟社和新港社。普特曼斯等到島外情勢平靜後，於1635年才展開報復，征伐麻豆社。這是歷史上改變台灣島主權歸屬的第一場戰爭「麻豆戰爭」。

（二）1630年收購鄭芝龍的地盤

荷蘭人於1624年進入台灣島，勢力範圍也僅限於大員港附近，其他台灣島的土地大多由原住民部落村社掌控。當時台灣島有一部分土地是受鄭芝龍管轄的，範圍北從雲林縣的口湖、水林、北港，南至嘉義六腳、新港、東石、布袋（魍港）附近。嘉義東石、布袋是鄭芝龍從李旦繼承的勢力範圍。雲林北港、水林、口湖、嘉義六腳、新港的地盤，是鄭芝龍從顏思齊繼承的所謂「十寨」而來。1630年鄭芝龍和普特曼斯達成協議，將地盤讓渡給荷蘭東印度公司，從此荷蘭人的勢力從大員港延伸到台灣島中南部。施琅曾提及此事，說：「鄭芝龍就撫，將此地稅與紅毛爲互市之所。」鄭芝龍在1628年接受福建巡撫熊文燦招安，擔任明朝政府的海軍將領，官銜是「海防游擊」。1630年鄭芝龍將台灣島的地盤賣給荷蘭人，向熊文燦表達他不會「據島造反」。這件買賣也顯現鄭芝龍與荷蘭人的合作關係相當深厚。荷蘭人的利潤主要靠對中國和日本貿易，荷蘭人很快發現需要與中國海盜或

海商合作，自然找上鄭芝龍。鄭芝龍協助荷蘭人把台灣島打造成「荷蘭王冠上最美的珍珠」，荷蘭人則協助鄭芝龍成為世界上最強大的海盜及海商。但這份鄭芝龍建立的實力傳到鄭成功手上，反而成為摘取珍珠的最有力手掌。

（三）1631年中國人移民台灣島

　　1625年大員長官韋特積極鼓勵中國人移民台灣島，協助荷蘭人擴大耕地，把台灣島殖民地盡快轉型為農漁牧出口基地。1626年中國東北稱帝的後金皇帝努爾哈赤去世，皇太極繼位，領軍圍攻明朝政府的東北駐軍。1627年中國明朝崇禎皇帝即位，十七世紀的世界氣候危機也從1627年開始，至1644年達到頂點。1627年陝西大旱，災民聚眾形成「流寇」，糧價暴漲，波及東南沿海省份。福建地區首現饑荒，再加上倭寇海盜猖獗，百姓苦不堪言。1629年9月15日普特曼斯寫給阿姆斯特丹商會的信中提到：「關於總督建議我們的，增加中國人到大員的事情，似乎不容易達成（包樂史，p.99）。」但是中國的政治情勢，卻使中國人有強烈的動力移民台灣島。1630年崇禎皇帝錯殺對抗後金的大將袁崇煥，中國政局陷入混亂。第7任巴達維亞總督史必克茲眼見中國內部動盪不安，台灣島又急需中國移民，以添增農漁牧的勞動力，特派印尼華僑也是福建人的「蘇鳴崗」（Bencong）回鄉，勸說並獎勵中國人赴台灣島開墾。中國人正想逃離天災人禍，乃趨之若鶩。

　　1631年4月3日，第一批中國移民177人搭乘荷蘭東印度公司船舶抵達台灣島的大員港。同時間在廈門港等候搭船的移民還有1,000多人。1631年底台灣島的中國移民總人口數達2,000人以上，已超過荷蘭人在台灣島的總人口數。1633年鄭芝龍升任明朝政府福建都督，適值福建發生旱災，鄭芝龍與荷蘭人簽約，招募饑民至台灣島開墾，中國移民總數更大幅增加。

　　1635年後台灣海峽的海盜活動較為平靜，兩岸船舶航行技術更加熟稔安全，商船、漁船往返頻繁，兼差載運移民，提供中國移民大量

赴台的運輸條件。商船每艘可載運70人，甚至300人；漁船也可載運20多人。1637年6月至1638年11月，荷蘭人《大員商館日記》記載，超過60人運量的商船，從廈門、安海開往大員的商船就有50艘，載客5,216人，平均每月2.94艘，每艘104人；從大員開往廈門、安海有35艘，載客3,159人，平均每月2.06艘，每艘90人。這個統計只是載客量的一部分，沒算入其他港口的運輸量。1635年普特曼斯招募中國移民到台灣島種植甘蔗，中國移民從中國帶甘蔗種苗到台灣島，熱蘭遮城提供金錢獎勵以及耕牛用來翻土（包樂史，p.166）。同年中國移民也成功在赤崁種植可製成藍染料的植物，普特曼斯計畫出口到中國（包樂史，p.180）。

　　1636年蘇鳴崗定居大員，建造耗資6,000西班牙里爾（Real）的石材豪宅，1里爾約值0.25英鎊。蘇鳴崗向荷蘭人申請大片土地，成為「大結首」，從中國大陸招來移民，開墾田地，種植稻穀。

　　中國移民抵達台灣島即編入「大小結首制度」，從事農耕開墾工作，使台灣島從原住民的漁獵社會，轉型為中國移民的農業社會，生

十七世紀中國人移民台灣島的住家圖，引自荷蘭醫師Olfert Dapper(1639-1689)1670年出版《荷蘭東印度公司派使第二次(1662)及第三次(1664)出訪中國大清(van taising of Sina)》所繪圖。

產可供外銷的蔗糖和稻米，形成蔗糖、稻米、鹿皮三大外銷產業。

　　所謂「大小結首制度」是混合中南美洲的農場奴隸制度、印尼實行的「華人甲必丹」（Chinese Captain，中國頭人）包工制度，以及中國人的佃農制度，所形成的土地制度。每10畝地為一「結」或「份」，由一位農民開墾耕作，每1畝等於667平方公尺，約等於202坪。數十個「結」或「份」的中國移民編組為一個「小結」，推舉一個頭人稱「小結首」。數十個「小結首」編組為一個「大結」，推舉一個頭人稱「大結首」。荷蘭殖民官員直接管轄「大結首」，「大結首」負責管轄「小結首」，「小結首」負責管理實際耕種的中國移民。「大結首」和「小結首」分別各有各的土地所有權，兩者之間沒有所有權的從屬關係，類似合夥關係。以「大小結首制度」開墾農地的台南地區因此少有大地主，相對於清代中國時期台灣島除了宜蘭地區因吳沙開墾採結首制外，其他地區採用的「墾首」制度，會產生「大租戶」和「小租戶」，跟著產生土地所有權重疊的「大租權」和「小租權」，容易產生大地主，也會發生「一田兩主」的問題。墾首制的大租與小租關係，類似租佃關係或僱傭關係。名義上大租戶（墾首）是土地所有權者，將土地永久租給小租戶（墾戶），小租戶擁有土地「永佃權」。

　　大小結首依序分配土地，並由「甲必丹」或荷蘭人提供開墾資本。中國移民開墾後，可以擁有土地的所有權。但赤崁地區的土地由荷蘭東印度公司直接擁有，再放租給中國移民以佃農身份耕種，中國移民稱之為「王田」，因為當時中國人習慣稱荷蘭大員長官為「王」。赤崁以外的土地都撥給中國墾民、荷蘭自由民，甚至公司職員投資開墾作為「私田」，荷蘭自由民指荷蘭東印度公司員工以外的荷蘭人。中國墾民與荷蘭自由民可以擁有土地所有權，並於1647年後建立土地登記制度，發給土地所有權狀（Landbrieven），公司職員大多只有7年期的土地使用權。荷蘭人把這些「私田」以「耕田輸租」的名義，依產能分上、中、下三等則，訂定什一稅率徵收田賦及農具耕

牛的租金，但是只有土地使用權的公司職員不用繳稅。1645年赤崁地區的墾地已有3,000甲，其中稻田1,713甲，甘蔗園612甲，番薯和大麥161甲，雜田514甲。每1甲等於9,699平方公尺。經由這些制度，荷蘭人獲利頗豐，中國移民也大量增加，且需求更多的原住民土地。

1635年普特曼斯藉詞征伐原住民，統一台灣島的動力，就是搶奪原住民土地，供中國移民墾殖。所以從《麻豆條約》開始，普特曼斯與原住民簽訂的降約，都會特別規定不准原住民殺害中國移民。獎勵中國移民墾田和「大小結首」制度成效非凡，台灣島1636年的白糖產量即有1.2萬斤，黑糖產量超過11萬斤，1637年蔗糖總產量達40萬斤。每斤約等於0.6公斤。

荷蘭殖民政府爲了鼓勵中國移民投入更多心力和資源，改良農地和水利，逐漸允許中國移民擁有「王田」的「永佃權」。荷蘭人只要收到地租，就無權任意收回租地，也無權改租他人。但中國移民可以自行轉讓「佃權」給其他人當佃農，中國移民等於以「永佃權」名義取得某種形式的土地所有權。後來荷蘭人更出售或放領偏遠地區土地，直接讓「大小結首」取得土地所有權，改收土地賦稅。但由於大員政權對中國、西班牙人、葡萄牙人不斷開戰，戰費高昂，普特曼斯爲籌集戰費，除了收取地租和土地賦稅外，動腦筋開徵人頭稅、人頭附加稅、十分之一交易稅、十分之一關稅、贌社稅，加重剝削中國移民和原住民；甚至對大員市街內的房屋課徵房屋稅，1635年的大員市街雖只有三條街，南北向一條街，東西向兩條街，街道寬度約15公尺，徵稅仍不可免。

荷蘭人爲吸引更多中國移民來台開墾，推動獎勵措施，包括租借耕牛、低利農業貸款、保障收購價格，另一方面也推廣種植棉花、大麻、靛青、薑母、菸草、小麥、土伏苓。土茯苓是治療梅毒的藥物，當時梅毒起源於中美洲，由哥倫布帶到西班牙，傳入法國等歐洲國家，再由葡萄牙人達伽瑪傳到印度，葡萄牙商人轉傳至澳門、廣東、日本長崎，荷蘭人則傳入台灣島。中國醫藥土伏苓被發現能有效治療

梅毒，荷蘭人從福建進口土伏苓，在台灣島種植，銷售到世界各地，價格昂貴，荷蘭人獲利不少。

荷蘭人爲了確保耕牛足供日益擴大的墾田使用，1640年12月大員長官特羅德尼斯（Paulus Traudenius）下令不得殺牛，不得食用牛肉，還宣傳說善良的基督徒要像葡萄牙人一樣不吃牛肉。荷蘭這個政策被鄭成功延續下去，鄭成功視耕牛爲「耕稼重資」，嚴禁殺牛，1661年5月在赤崁城處決8位殺牛吃肉的中國人。這個政策後來演變爲台灣島中國移民社會不殺牛和不吃牛肉的民間習俗和迷信。

牛隻不但是荷蘭人眼中的耕種工具，也是可以自由買賣的資本器材。1648年5月15日荷蘭大員長官歐沃德華特（Pieter Antoniszoon Overtwater）在赤崁設立台灣島史上第一個農產品市集，中國移民從各處運來日常生活用品和農產品到市集裡交易，牛隻買賣也在此舉行，因此市集被中國移民稱爲「牛墟」。

人口密度高的中國福建發生人口流動，往人口密度低的台灣島或東南亞移民，是自然的經濟現象。荷蘭人提供武力保護，降低中國移民遭原住民獵首殺害的風險。荷蘭人與鄭芝龍的航海技術，保障中國移民可以安渡台灣海峽，降低海域「埋冤」的風險。走私船隻雖可提供廉價船運，但航行技術不高，又要躲避官船追緝，「埋冤」的風險相對較高，於是有渡台悲歌之說；但比起遠赴東南亞，渡台風險相對較低，走私偷渡入台絡繹於途。偷渡移民常無法整合進入既有的生產體系，成爲流浪勞動力，被稱爲「羅漢腳」。荷蘭殖民時期，中國移民數量小，羅漢腳現象稀少。清代中國時期，兩岸同屬一國，移民入台門檻降低，數量增大，羅漢腳現象就愈趨普遍。

（四）1633年料羅灣海戰

荷蘭人自1624年進佔台灣島的大員港，即取得明代中國政府的默許，可與中國進行貿易。鄭芝龍於1628年受明朝政府招撫，兼任明朝海軍將領，由「亦盜亦商」搖身一變爲「亦官亦商」。1629年1月大員

長官納茲向巴達維亞總督柯恩報告稱：「到中國貿易，已獲福建當局默許，必須派船到廈門。」當年大員運中國貨物至日本有5艘船、運貨至巴達維亞有2艘船，7艘船的貨物總值118萬荷盾（gulden），獲利高達一倍。

荷盾（Dutch gulden）又稱guldijn florijn，相當於英文的golden florin或guilder，是小金幣（gold penny）的單位。十七世紀時，荷蘭的貨幣基本單位是Stuvier銀幣，但價位相當不穩定。十七世紀初，一個荷盾金幣等於20個Stuvier銀幣，又另外發行一種Rijksdaalder銀幣等於2.5個荷盾金幣，也等於50個Stuvier銀幣。巴達維亞又自行鑄造發行俗稱「劍銀」的Crown銀幣等於一個Rijksdaalder銀幣。到了1645年一個西班牙里爾銀幣可以兌換57個Stuvier銀幣。當時一個荷盾約值0.1英鎊，或約值0.4至0.35西班牙里爾。1650年後荷蘭及台灣島都面臨經濟衰退和通貨膨脹，Stuvier銀幣價位大跌，1654年一個荷盾金幣可以兌換60個Stuvier銀幣。中國翻譯為「盾」是因為當時荷蘭銀幣鑄有盾牌標誌，荷蘭另外發行一種銅幣叫Duit，價值等於八分之一的Stuvier銀幣，荷蘭貨幣幾乎是金幣、銀幣、銅幣都有，相當混亂，所以對外貿易只能使用價位較穩定的西班牙里爾銀幣。1654年6月17日大員長官下令作農的中國人撲殺蝗蟲，每抓一斤蝗蟲獎賞一個Stuvier銀幣（盧泰康，2015）。西班牙里爾是當年國際通行貨幣，一直到清代時期西班牙里爾銀幣仍是台灣島的通行貨幣，1697年郁永河《裨海紀遊》記載：「市中用財，獨尚番錢。番錢者，紅毛人所鑄銀幣也。圓長不一式，上印番花，實則九三色。台人非此不用，有以庫帑予之，每蹙額不顧，以非所習見耳。」

1630年普特曼斯與鄭芝龍簽約，由鄭芝龍代理荷蘭人的中國貿易，鄭芝龍並允許荷蘭船艦自由航行於台灣海峽，雙方互蒙其利。鄭芝龍曾親筆寫信給巴達維亞總督，稱讚普特曼斯英明。

普特曼斯得意之餘卻突發奇想，1633年4月決定以武力迫使中國政府和鄭芝龍禁止西班牙人和葡萄牙人與中國貿易，履行鄭芝龍答應讓

荷蘭人自由與中國商人貿易的承諾，要求中國對外貿易全由荷蘭人壟斷，以酬謝荷蘭人幫忙消滅海盜李魁奇的功勞。遂於1633年7月12日派13艘戰艦組成艦隊進攻廈門，不料卻襲擊停泊於廈門灣內待修的鄭芝龍船舶，擊沉戰船30艘，小戰船25艘。獨霸台灣海峽的鄭芝龍已允許荷蘭人自由航行，只是尚未履行自由貿易的承諾，沒料到荷蘭人會發動攻擊。尤其鄭芝龍剛與海盜劉香在廣東打了一場海戰，兵力都還在廣東，廈門只有海戰受損的船艦拖回整修，對荷蘭人來襲毫無防備，數十艘船遭焚。廈門的明朝軍隊原本就防守薄弱，官船全遭焚毀。7月29日普特曼斯提出停戰條件，除上項要求外，要求增加在鼓浪嶼設立商館，在福州設立代表處。

這段期間，荷蘭船艦趁勢封鎖廈門灣，橫行鼓浪嶼、金門、廈門之間。明朝軍隊無力再戰，只好與荷蘭人談判。荷蘭人邊談判邊掠奪，亦官亦盜騷擾中國沿海，到處搶奪食物，還迫使廈門、金門、烈嶼（小金門）、鼓浪嶼附近村落提供豬、雞、牛，否則燒殺擄掠。談判時荷蘭人要求中國政府禁止中國人與西班牙人、葡萄牙人貿易，作為停戰和撤軍的條件。

鄭芝龍對普特曼斯的突襲深惡痛絕，決心報復，調集所有海上武力，購買新穎英國大砲，積極備戰，同時發出懸賞令：燒紅毛船者，賞200兩；殺1荷蘭人者，賞50兩。集合35艘戰艦，100艘放火船，其他大小船隻共400艘，誓與荷蘭艦隊一決勝負。普特曼斯發覺鄭芝龍備戰，於是尋求海盜劉香、李國助等人相助，與荷蘭人聯合起來對鄭芝龍開戰，荷蘭人則提供大員、巴達維亞及其他港口，供劉香等人停泊，作為報酬。這證明普特曼斯對中國政府的談判優勢，因鄭芝龍的插手而消失殆盡。

1633年9月鄭芝龍先與劉香激戰，劉香敗逃澎湖。10月福建省巡撫鄒維璉命令鄭芝龍任前鋒。1633年10月16日普特曼斯船隊停泊於金門料羅灣外海，10月22日鄭芝龍無視氣候惡劣，親率艦隊進擊金門料羅灣，以火船進攻。普特曼斯沒料到，鄭芝龍竟然把50艘大型烏尾船、

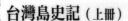

100多艘戰艦都當作火船使用，犧牲打攻入荷蘭艦隊。普特曼斯大敗，4艘荷蘭戰艦沉沒，另5艘也重創，其他船舶全部著火沉沒。劉香看到這個火攻場面，拋棄普特曼斯，率先逃逸。這場海戰，史稱「料羅灣海戰」。

1633年11月23日鄭芝龍寫信給普特曼斯，如果荷蘭人認罪道歉，雙方可以重建關係。12月18日普特曼斯派林亨萬赴泉州安海與鄭芝龍協商。1634年3月7日林亨萬帶回鄭芝龍給普特曼斯的信，並載來130擔生絲。鄭芝龍信中表示雖然並不滿意普特曼斯，但也不再計較。

戰後談判，明代中國政府要求：1、荷蘭人回到大員，不准再來中國沿海；2、荷蘭人要賠償中國的戰爭損害；3、由中國人載貨到大員貿易，不准荷蘭人直接與中國貿易。荷蘭人從此放棄壟斷中國貿易的慾望，但也獲得中國商船可運貨至大員的商機，中國貨物如絲綢、瓷器等運至台灣島，再轉運至日本和印尼，台灣島成爲轉運中心的形勢更加強化。鄭芝龍的政治份量和海商地位，經此海戰，如日中天，普特曼斯則被迫辭去艦隊司令的職務。

（五）1634年劉香攻擊熱蘭遮城

金門料羅灣海戰結束後，海盜劉香（?-1635）四處流竄，跑到哪裡，搶到哪裡，再將搶得的貨物低價賣給荷蘭人。鄭芝龍與劉香原本是拜把的海盜兄弟，1628年鄭芝龍投降明朝政府，被任命爲福建海防游擊。1632年兩人決裂，各奔東西，劉香離開鄭芝龍，再度下海爲盜。畢竟金錢財物才是職業海盜的人生目標，加官晉爵無法滿足這些慾望。1632年下半年，劉香已擁有船舶170艘，徒衆數千人，在閩江出海口燒殺擄掠，北犯溫州、台州、寧波，搶劫商船。劉香是漳州漳浦人，與西班牙人、葡萄牙人結盟，西葡兩國又與荷蘭敵對，鄭芝龍與劉香的貿易利益因此產生重大矛盾。1632年9月23日鄭芝龍寫信給普特曼斯，請求協助剿滅劉香。12月4日鄭芝龍與劉香在漳州灣大戰，雙方打成平手，劉香逃逸。7月初兩人再度於廣東海域大戰，劉香再度敗戰

逃逸。

　　1633年鄭芝龍累功晉升為福州都督，權力炙手可熱，沿海的海盜紛紛投降或被剿滅，海盜對手僅剩劉香。4月下旬鄭芝龍與劉香再戰於廣州灣，劉香遭到重創，但鄭芝龍也損失慘重。

　　劉香向普特曼斯提議合作攻打澳門。普特曼斯自知無力再起戰端，體認到應調整策略，與中國修好，轉而冷淡劉香，甚至拒絕劉香船艦停靠大員港，此事大大激怒劉香。普特曼斯原先承諾劉香，可提供大員、巴達維亞等港口，任其自由停泊貿易，但這個承諾已不再兌現。普特曼斯的反悔，引發劉香的不滿。

　　1634年鄭芝龍派兵追擊劉香，3月劉香與鄭芝龍在漳州激戰，劉香小勝。3月中旬劉香在廈門外海搶奪12艘滿載貨物的中國商船，劫持後押往澎湖。劉香通知普特曼斯，要求就這批貨物與荷蘭人通商，並希望再度合作，共同打擊鄭芝龍。普特曼斯非但不予理會，還命令劉香離開澎湖，且不得劫掠赴大員交易的中國商船。3月29日劉香希望移師魍港，普特曼斯立即回絕，還限令劉香10日內離開澎湖。

　　劉香聞訊非常憤怒，1634年4月8日劉香率領600名海盜部隊登陸大員港，且利用雲梯攻城，登上熱蘭遮城。荷蘭人立刻以步槍、大砲反擊，引發激烈攻城戰。荷蘭人調集1,000多位原住民參戰，劉香被迫撤退，但集結50艘船艦封鎖大員港。4月13日劉香轉戰打狗港，與原住民爆發衝突。由於鄭芝龍的壓力，劉香的船隊只好撤離，大員港解除封鎖。4月14日劉香返回廣東，進攻海豐。

　　1635年5月23日鄭芝龍與劉香在廣東田尾洋爆發海戰，劉香被圍無路可逃，引爆炸藥自殺身亡，橫行台灣海峽及東南沿海的大海盜終於殞命。鄭芝龍與劉香兩人征戰6年，終於分出勝負，鄭勝劉敗。劉香從1632年6月至1635年5月危害中國沿海航運安全，鄭芝龍剿滅劉香，聲勢更勝，已是無人可取代的海上霸主。中國商人、移民來往福建和台灣島安全無虞，就是鄭芝龍提供的保護傘。鄭芝龍也因收取貨物保護費成為巨富。

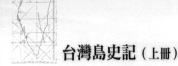

1636年12月30日荷蘭人檔案中因此記載：「中國沿海已無海盜問題，航行極為安全。廣東商品與絲織品可望於近日大量運抵大員。」

（六）1635年麻豆戰爭

麻豆社與荷蘭人之間的矛盾，勢須以戰爭解決。1629年麻豆溪事件，荷蘭人尚未報仇。1633年麻豆社長老達加弄（Taccaran）計畫從日本引兵對抗荷蘭人，且命令在魍港附近捕魚的中國漁民要到麻豆社進貢，否則將予以獵首。這些中國漁民已向荷蘭人納稅，荷蘭人的收稅權力因此受到麻豆社直接挑戰。荷蘭人先禮後兵，普特曼斯派甘地斯牧師至麻豆社致贈禮物，邀請麻豆社共同征伐屏東原住民，平分戰利品。1634年麻豆社不但拒絕荷蘭人的提議，還騷擾參與討伐行動的新港社和蕭壠社。1634年9月普特曼斯積極準備作戰，向印尼巴達維亞總部申請增兵至少400名，以征服麻豆社。1635年歷史上影響台灣島主權變動的第一場戰爭「麻豆戰爭」，終於爆發。

1635年5月9日《熱蘭遮城日誌》記載，麻豆社的達加弄威脅要燒毀效忠荷蘭人的新港社。5月10日普特曼斯帶領75名士兵進駐新港社，5月11日達加弄逃亡，5月12日麻豆社答應送9隻豬向新港社道歉。但是10月14日荷蘭牧師尤紐斯報告說麻豆社與蕭壠社結盟，準備與荷蘭人敵對。11月23日普特曼斯率領近500名荷蘭兵及新港社原住民2,000人，進攻麻豆社。荷蘭士兵展開報復大屠殺，麻豆社原住民首戰即死亡近300人，其餘遁入深山，老弱婦孺逃避不及者有26人遭新港社人獵首。普特曼斯下令燒毀所有房舍，至少有3,000棟房舍全毀。11月28日兩位麻豆社長老出面請求投降，普特曼斯交給他們一份條約，12月3日麻豆人「作為歸順的象徵，他們把種在土裡的小檳榔樹和小椰子樹交上來」。1935年12月18日麻豆社向荷蘭人投降的條約生效，從此服從荷蘭人統治，簽訂的條約是台灣島史上第一份領土主權轉讓條約《麻豆條約》。

《麻豆條約》內容裡，荷蘭人承認麻豆社土地的領地權利原本屬

於麻豆社原住民，麻豆社原住民同意移轉領土主權給荷蘭人，成為荷蘭殖民地的屬民，服從荷蘭人統治。荷蘭人此後對原住民征伐勝利後，依樣畫葫蘆要求被征伐的原住民簽訂類似條約。荷蘭人累積各地原住民村社類似的《麻豆條約》，取得全台灣島的領土主權。荷蘭人也取得村社長老及頭目的任命權，每村社每年任命4位配合度較高的人為長老，再指定會服從命令的人為頭目，授與荷蘭執政官奧倫治親王（Prince of Orange）的三色旗、黑絲絨袍、鑲銀徽的藤杖，杖頭有荷蘭東印度公司的紋章。1635年蕭壠社和麻豆社禍不單行，爆發天花，蕭壠社原有戰士400人，病死近半；麻豆社也病死300名戰士，位於兩社中間的目加溜灣社也遭到傳染（包樂史，p.177）。

　　1635年12月22日至25日普特曼斯趁勢攻擊大員東南方的塔卡揚社（Takayang，屏東里港大澤機社，或稱武洛社）和塔加里揚社（Taccorejangh，屏東市或高雄阿蓮區和岡山區），全社房舍付之一炬，附近各村社大為驚恐，史稱「聖誕節之役」，塔加里揚社事後遷居屏東市與阿猴社合併。放索社（Pangsoya，屏東林邊）等七個村社相繼投降，屏東南端的瑯嶠社（Lonckjou，屏東車城）也於1636年與荷蘭人簽約投降。荷蘭人的火槍優於原住民的傳統長矛和箭矢，荷蘭人的戰馬和戰鼓也令原住民的人數優勢失去戰力，原住民從此失去抵抗荷蘭軍隊的意志。

　　1635年麻豆戰役後，荷蘭人徹底征服西拉雅原住民，下令原住民不得殺害中國人，並鼓勵中國人來台墾殖。到了1659年，中國人在台居留人數達3萬人，與平埔族原住民全部人口30,539人相當，是西拉雅族人口14,769人的兩倍。這場「麻豆戰爭」對中國移民是否能順利移民台灣島至關重要。

　　荷蘭人利用「麻豆戰爭」的威力，恐嚇其他原住民村社必須順服。不到三個月，就有27個原住民村社向荷蘭人投降並獻出土地主權。六個月後，荷蘭人統治的原住民村社增加至57社，荷蘭人完全控制台灣島西南部，正式成為荷蘭殖民地。

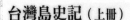

荷蘭人為擴大殖民地，1636年繼續進攻原住民村社。1636年1月初普特曼斯再度率領新港社征伐蕭壠社（Soulang，台南佳里）。抓獲蕭壠社首腦多人，交給與蕭壠社有宿怨的新港社殺害以洩恨。如此一來，新港社更加效忠荷蘭人。另方面卻也加深新港社與蕭壠社的仇恨，兩社原住民更無法聯合起來對抗荷蘭人。荷蘭人以夷治夷、分而治之的統治策略很殘酷，卻很有效。同年1月中旬荷蘭人以同樣手法進兵大武壠社（Taivuan，台南玉井）。

1636年普特曼斯四度興兵鎮壓蕭壠社、大目降社（Tavocan，台南新化）和小琉球社[Liuqiu，沙馬基（Samaji）]。蕭壠社曾於1634年與新港社結盟，對抗麻豆社。但蕭壠社裡親麻豆社的人取得權力，立即叛離荷蘭人，改與麻豆社合作對抗荷蘭人。1635年麻豆社兵敗，蕭壠社立即向荷蘭人上貢求和，荷蘭人拒絕。普特曼斯要求蕭壠社交出親麻豆社的人，送到新港社斬首，作為臣服的條件，否則燒光蕭壠社，蕭壠社最後屈服照做。大目降社、目加溜灣社（Baccaluan，台南善化）、哆囉嘓社（Doroko或Doreko，台南東山）、諸羅山社（Tirosen，嘉義）眼見無法抵抗，紛紛投降。但洪雅族的貓兒干社（Basiekan，雲林崙背）、虎尾壠社（Favorlangh，雲林虎尾、土庫、褒忠）、斗六社（Davole），以及位於屏東外海，叛服不定的小琉球社（Lamey）的西拉雅族人仍然拒絕臣服。

1622年10月荷蘭船金獅子號（Gouden Leeuw）擱淺在小琉球島，荷蘭人稱「拉美島」（Lambay或Lamey），而後又稱「金獅島」，登島船員全遭小琉球原住民殺害。普特曼斯以小琉球社殺害荷蘭船員及中國人為由，於1633年11月12日派人焚燒小琉球村社，1636年4月再度興兵殺害小琉球社300多人，俘虜700多人運至大員，男的賣為奴隸，女的配給新港社人為妻，小琉球社遂滅。1636年7月第三度派兵征滅小琉球社，台灣島中南部至1636年底已盡歸荷蘭統治。

普特曼斯向荷蘭東印度公司巴達維亞總部報告「血稅」的優點。荷蘭人在台灣島駐軍僅有2,000名，但殖民地擴大，兵力已不敷使用。

若增派荷兵將使殖民利潤下降，荷兵又都是歐洲招來的高價傭兵，財務負擔很重。因此利用原住民的「血稅」，少數的荷蘭人可以統治大多數的原住民和日益增加的中國移民。普特曼斯甚至認為「血稅」制度下的原住民武力可再擴張，作為攻擊澳門、中國沿海的力量。

（七）《麻豆條約》與統一台灣島

《麻豆條約》是台灣島歷史上第一份領土主權讓渡條約，也使荷蘭人從大員港口的佔領軍和貿易商升級為殖民地的統治者，代表荷蘭共和國正式統治台南高雄地區。1635年普特曼斯率軍攻打台南麻豆社原住民，原住民戰敗投降，簽下《麻豆條約》，條文如下：

> 「長官普特曼斯及大員的熱蘭遮城評議會，代表荷蘭特許的聯合東印度公司為一方與麻豆社全權代表的頭目們（de Gecommitteerde Oversten）代表全體村民為另一方訂立條約（accort）如下：
>
> 第一，我們Tavoris、Tancksuij、Tilulogh 和Tidaros，代表全體我們麻豆社民並以其名義，承諾將我們慣於懸掛誇耀的、我們所有收藏被屠殺的荷蘭人頭及其他骸骨，由全村社每個村民手中收集起來，然後即刻呈交到新港給牧師尤紐斯Junius，包括所有毛瑟槍（musquetten）或其他火器（geweer），還有〔軍〕服，及其他自行在我們這裡搜出的諸如此類的物品。
>
> 第二，我們以活椰子與檳榔樹苗種入土中，認可我們將讓渡並徹底奉獻並在所有方面給予崇高至大的聯邦議會，傳自我們先人、以及當前我們已在麻豆社以及附近佔有的，這種權限與各種財產權，包括我們的司法管轄權（jurisdictie），即限於東至山，西至海和南北方；包括我們號令（commandement）所能達到之處，應繼承的，或者在此透過佔有，根據所有人民權利（aller volckeren recht）所取得的財產權。

第三，今後我們沒有任何理由與荷蘭人及其聯盟或盟友發動戰事，相反的，對上述可敬的聯邦議會認同、尊敬、服從，視為我們的庇護者，我們欣喜、自願臣服在她之下，為此目的，並且使一切因此更有秩序的運行，我們承諾在所有的事物上順從並跟隨那四位頭目（Overhooffden）[長官會從我們長老（Outsten）委任並開列的雙倍名額名單中遴選出來] 公平的指揮、命令、指令。又承諾持續在我們四所公廨中以三個月一輪為期懸掛親王旗於其中一所，若有顯然大事發生，頭目們和村中長老（Outsten）需要集合時，便在此處舉行。

第四，若長官與一些其他村社或本島居民發生戰事，我們隨時願意並做好準備，以隨荷蘭人參戰並集結增援（Vermeesteren），反之荷蘭人也（當戰爭是合理的發動，並且本身就長官的認知決定採取時）在公司體制（Constitutie）限度內，應遵守對我們盡可能公正的支援和幫助。

第五，我們對於所有在魍港或其他地方燒石灰的、在平原上為了交易鹿皮或其他商品而活動，帶來必需品的中國人，不加以阻礙或加諸負擔（抽稅之意）。從這裡到他們生活的其他地方，應該准許他們完全自由重複通行，而不得將中國海盜、荷蘭逃犯或逃亡的奴隸，加以收留或提供住宿，而相反的要即刻根據發布的緝捕令（requisitie）自行將其交出，或者自行押送城中。

第六，當我們被持親王權杖（Princen Stock）的法庭人員（Deurwaerder）要求特定人，或者一個以上的人出面，立即到新港或城中（以回答某些問題或其他要求）出庭應訊，即應親身應訊並服從。

第七，也是最新的一點（Jongsten），對我們所認識到犯下屠殺荷蘭人的罪責，每年的贖罪日，應送雄、雌兩隻大豬到城堡給長官，同時在可敬的先生尊前為保持友誼，我們再度對長官回賜的四支親王旗致上崇高敬意。」

1635年底麻豆社等地爆發傳染病，1636年1月4日《東印度事務報告》記載：「北港居民貧窮、懶惰、無所奢求；與此相反，勤勉、認真、耐勞、好勝則是大員的中國貧民的特點。所以，在征服作惡的麻豆人之後，特別巨大的變化在福島將指日可待。曾多次向我們伸出援助之手的萬能的上帝使殺害我們的劊子手所在的村社流行疾病，導致那裡的居民有一半死亡，爲我們達到目的減少了困難。（程紹剛，p.168）」

1636年初，荷蘭公司進軍蕭壠社、大武壠社，命令各該社原住民簽下類似條約。到1636年底，有57個村社都自動或被迫與荷蘭公司簽訂《麻豆條約》式的條約，其中包括屏東地區的「瑯嶠十七社」，荷蘭人從此正式取得台灣島南部地區的領土主權。

《麻豆條約》可以說開啓了荷蘭東印度公司統一台灣島的政治和軍事行動。荷蘭人統一台灣島的進程可分爲四個階段：（1）1624年至1634年，鞏固大員基地；（2）1635年至1636年，征服麻豆社等台灣島南部的原住民；（3）1641年至1642年，討伐台灣島中部和東部的原住民，及驅逐北部的西班牙人；（4）1644年至1645年，掃蕩北部、中部、東部的反對力量。1645年後，荷蘭公司可說完成了統一台灣島的工作。荷蘭人把歸順的原住民定位爲「國民」，把中國移民定位爲「中國人」。任命原住民頭目或長老治理「國民」，遴派僑領「甲必沙」（Cabessa）或「甲必丹」（Capitan）治理「中國人」。

荷蘭人在第一任大員長官宋克帶領下，從澎湖撤往台灣島的大員港，利用澎湖拆除的建材，找來中國勞工，在大員港口建築城堡，起先取名「奧倫治城」（Fort Orange），以紀念奧倫治親王。1627年擴建時奉巴達維亞總部指示，改稱爲「熱蘭遮城」（Fort Zeelandia）。熱蘭遮城於1634年完工，從此成爲統治台灣島的政治中心。所以說1624年至1634年是荷蘭人鞏固大員基地，建立熱蘭遮城爲台灣島首府的階段。

1635年至1636年，從簽署《麻豆條約》開始，荷蘭人確立對台灣

熱蘭遮城完工圖

島南部地區的領土主權，1636年2月有26個原住民村社聚集新港社，舉行儀式歸降荷蘭東印度公司。同時1636年荷蘭人繪製的台灣島地圖的形貌已經與實際的全島形貌相當吻合，也把台灣島標示為「福爾摩沙島」（Het Eyland Formosa），把澎湖群島標示為「漁夫島」（Pescadores）。

普特曼斯於1636年離任後，1641年至1642年間，第6任大員長官特羅德尼斯持續征伐原住民，分成三路軍事行動，第一路進攻台灣島中部，雲林地區的虎尾壠社（Favorlangh，雲林虎尾、土庫、褒忠）、斗六社（Davole）、貓兒干社（Vassikangh，雲林崙背），成功收服歸順。緊接著進行第二路軍事行動，征服台東卑南鄉泰安村的「大巴六九社」（Tammaloccau），並收服沿途各原住民村社。第三路軍事行動是直接派兵逐退台灣島北部的西班牙人，佔領基隆（雞籠），終結西班牙人在台灣島北部佔領的港口。

1644年至1645年間，第8任大員長官卡朗集中兵力掃蕩基隆、淡水附近的原住民村社，消滅中部的中國海盜巢穴及大肚社（Dorida）部落聯盟的反抗，並進軍到達花蓮港口附近地區，完成台灣島的全島統

一。從1635年普特曼斯發動麻豆戰爭，到1645年卡朗完成全島統一，荷蘭人前後花了10年的時間終於統一台灣島。

（八）首次歸順會議

1636年2月21日或26日在尤紐斯牧師（Robertus Junius）斡旋下，台灣島西南部26個原住民村社齊聚新港社，舉行「歸順會議」（Rijktag，或稱「領地會議」），但參加者不包括「瑯嶠十七社」。各原住民村社代表聚集聆聽普特曼斯訓話，荷蘭語、新港語、虎尾壠語、排灣語交錯翻譯，這個「歸順會議」開啓台灣島在荷蘭殖民時代的統治體制「地方會議」（Landdag或Landtagen）的原型。普特曼斯特別在這次「歸順會議」安排新港社頭目迪卡Dijcka代表原住民發表講話，宣誓效忠荷蘭東印度公司。迪卡就是濱田彌兵衛事件的主角之一。

1636年4月22日尤紐斯牧師致函普特曼斯稱，中國籍翻譯「藍沙

荷蘭殖民政府召集原住民舉行「地方會議」圖

哥」（Lampsack）曾勸瑯嶠大頭目與荷蘭長官簽訂「和約」。5月15日普特曼斯致函甘地斯牧師稱：「瑯嶠大頭目的弟弟已到大員向荷蘭人輸誠……但大頭目本人似乎對我們的善意仍有所懷疑，好幾次酒醉後把刀架在我們的人的脖子上，指稱我們的人是來勘查情況的奸細，以後會來攻打他們。」接著1637年1月31日大員長官伯格宣布「剛與由17個村社組成且人口稠密的瑯嶠大頭目簽訂和約……爰決議派員前往瑯嶠蒐集資訊，並瞭解是否也可能與卑南（Pimaba）簽訂和約，最終目的要打通前往金礦的途徑。」表示屏東地區的瑯嶠十七社已歸順荷蘭人。1636年10月24日普特曼斯即將離職，與接任長官的伯格連袂訪問新港社，有36個村社長老或頭目聚集，送行普特曼斯，歡迎伯格，並向伯格宣誓繼續效忠。這是歐洲封建時代「臣服禮」（Homage）的簡化版，往後成爲荷蘭殖民時期新舊任長官交接的慣例。1637年2月3日伯格稱：「領導16到17個村社的瑯嶠大頭目於（去年）12月4日抵達大員，要求與公司締結和約。」1637年2月5日伯格派Johan Jurriaensz中尉率人抵達瑯嶠，受到大頭目熱烈歡迎，並受邀前往豬勝束社（Dolaswack）的大頭目住所。

尤紐斯牧師描述「歸順會議」的盛況，是史無前例的「荷蘭盛世」（Pax Hollandia）：「這些人首次相聚，氣氛友善，彼此凝視，相互親吻，這些部落之間經常戰爭，如此友愛，前所未見。他們現在都效忠我們，相親相愛。如果沒有我們的影響力，他們仍將不會團結，相互不敢對話，彼此互不信任，詐欺對方是家常便飯。」荷蘭人的統治權威的確使原住民的部落戰爭從台灣島的歷史上逐漸消失。

「歸順會議」及其後發展出來的「地方會議」，程序都類似，先由大員長官開場訓話，要求和平相處，說明《麻豆條約》等的意義。接著頒贈給每個部落代表「長老信物」，包括一件黑色天鵝絨長袍、一根頂部鑲有荷蘭聯合東印度公司銀色徽章的藤杖、一面代表部落臣服的橘色令旗。藤杖代表荷蘭東印度公司的權威，在長老卸任或離職時，要繳回給大員長官，再重新發給新就任者。最後由部落代表向

大員長官呈遞插在村社泥土中的檳榔和椰子樹苗，象徵臣服與效忠。會議結束後，大員長官會派人巡迴各個村社，向原住民解釋「長老信物」的意義，以及大員長官訓話的內容。出席的原住民代表被定位為村社的「重要人物」，每個村社不限一位，如1638年的出席名單，目加溜灣社有4位代表，蕭壠社有6位。這些代表中有一半或幾位會被任命為村社長老，其中較資深者還可能被任命為部落頭目。這些代表組成的部落會議，就是該村社的治理決策機關，對村民的處罰權只有罰金，非經荷蘭人同意不得以肉刑處罰村民。換言之，荷蘭人才有刑罰權，部落長老只有行政處罰權，讓村社原住民認定荷蘭人才是真正的統治者。

荷蘭人馴服原住民主要是靠軍事力量，鞏固權力，鎮壓反叛。荷蘭的軍威在「歸順會議」後，1636年8月多了29個村社求和臣服，使歸順村社達到57個。尤紐斯牧師說道：「戰爭帶來豐碩成果，麻豆社和塔加里揚社的反抗惡行，房舍被焚毀，就是很好的教訓。」每次「歸順會議」或「地方會議」時，荷蘭人都要強調：「因為在這個地方的中國人不可信任，因此各社的長老必須向社民轉告我們的命令說，要盡可能不要跟中國人來往，以免被那些壞人用惡毒的作為所勾引，……。」見《熱蘭遮城日誌》1654年3月30日北區地方會議及4月2日南區地方會議紀錄。

（九）尤紐斯牧師

尤紐斯牧師（Robertus Junius, 1609-1655），生於荷蘭鹿特丹（Rotterdam），畢業於萊登大學印度神學院，該神學院專門培養赴亞洲傳教的牧師。尤紐斯是台灣島史上第二位基督教傳教士，於1629年至1643年來台傳教14年，住在普羅民遮城附近的赤崁村（Sakam），籌組原住民的宗教組織「小會」（Consistory）。1636年設立台灣島第一所基督教學校，收70名西拉雅族男童及60名女童，以羅馬拼音的新港語教學。尤紐斯訓練牟士牧師（Petrus Mus）、芬德魯斯牧師

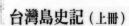
（Guilielmus Vinderus）、和甘比宇牧師（Johannes Campius）三位牧師，接續來台傳教。尤紐斯「一手火槍，一手棉布」推廣基督教，一面派荷蘭兵到各村社強迫丟棄原住民敬拜的神像，驅逐尪姨（Inibs，女巫），一面贈送棉布及衣服給願意送子女到基督教學校的家庭以示獎勵。許多村社拋棄傳統神像，建造學校、教堂，興建教員宿舍。西拉雅族沒有夫妻觀念，隨意性交與墮胎，年老才不定時同居。尤紐斯用武力和教育，使原住民按基督教儀式結婚，鼓勵夫妻同居，共同扶養小孩，行一夫一妻制。傳說原住民受洗人數達5,400人，經基督教婚禮的原住民夫婦達1,000對，對於改變西拉雅人原始的男女關係，尤紐斯做出基督教化的貢獻，也替荷蘭東印度公司用武力征服原住民後，順利統治台灣島立下功勞。尤紐斯1643年離台前，也訓練出50名具有書寫能力的原住民擔任學校教師。對原住民來說，尤紐斯既是牧師，也是行政官員。他負責發放教區內的獵鹿執照，每個月可分紅10里爾，當時一頭豬的價格約1里爾，一匹馬約1.5里爾，中國工人月薪3里爾。尤紐斯離台時積蓄的存款有4,600里爾。1655年尤紐斯因鼠疫黑死病在阿姆斯特丹去世。

六、伯格（1636年-1640年）

伯格（Johan van der Burch, ?-1640）是荷蘭德夫特人（Delft），接第5任大員長官時，荷蘭東印度公司已鞏固了台灣島的殖民基礎，也穩定了對中國的貿易。台灣島被經營成獲利豐厚的貿易轉運中心，黃金從中國運來大員，再運去印度。絲綢從中國運來，再運去日本。從中國運來大量移民從事農墾、糖業、漁業、獵鹿，再出口這些農獵產品去中國、日本、東南亞。伯格的上司是第9任巴達維亞總督1636-1645任期的第文（Anthony van Diewen）。

伯格1636年從印尼來台就任時，也找印尼僑領蘇鳴崗、

Hambuan、Jaumo、Cambingh等四人隨行來台，與普特曼斯時代就來台灣島做生意的「林亨萬」等人，積極招募中國移民墾地種植稻米、甘蔗。1637年記載，每個開墾者可以分到20甲墾地，「甲」當時稱爲Morgen。

蘇鳴崗（Souw Beng Kong, 1580-1644）福建同安人，念過私塾，未成年即應「李錦記商號」船隊招募上船工作，赴印尼謀生，通曉葡萄牙語、荷蘭語、爪哇語。印尼商號老闆李錦收蘇鳴崗爲義子，蘇鳴崗很爭氣，率領船隊開拓航路，在爪哇萬丹（Bantam）經商致富。1619年蘇鳴崗帶領中國移民開發巴達維亞，購地建屋，修堤挖溝，荷蘭聯合東印度公司首任巴達維亞總督伯斯任命他爲首任華人甲必丹（Chinese Captain），即「僑領」，「頭家」或「頭人」。1636年7月抵達台灣島，1639年返回巴達維亞，1644年去世。蘇鳴崗從中國大陸招來移民，在赤崁開墾，種植甘蔗、稻米。蘇鳴崗曾建議伯格課徵賭場稅，因爲中國移民好賭，賭場處處有，因此得罪大員地區跟賭場事業相關的中國商人。

Hambuan是個謎樣的人，生年不詳，從事兩岸貿易，一直扮演荷蘭人和鄭芝龍間的和事佬兼聯絡人。在荷蘭人眼中Hambuan是可靠的幫手，但1640年11月3日Hambuan返回福建途中，遇船難死亡，從此荷蘭人就得自行與鄭芝龍打交道。有人說Hambuan的中文名字就是林亨萬，是同一個人；甚或有人說林亨萬就是廈門進士林宗載，因爲林宗載，字允坤，號「亨萬」，廈門塔頭人，1609年中舉人，1616年中進士，當到太常寺卿，1628年辭官經商，但這些說法都很難證實。

Jaumo是大員地區七大地主（大結首）之一，被荷蘭人任命爲通事，曾聯合中國商人、通事、大小結首反對課徵賭場稅。Cambingh也是通事，曾參與荷蘭人的探金事業。

伯格就任大員長官立即召集各地原住民村社長老到新港社，舉行向荷蘭東印度公司表達致敬的「歸順典禮」。台南以北有15個村社的頭目參加，台南以南有13個村社頭目參加，共計28個村社出席「歸順

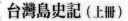

典禮」。

　　1636年12月14日有瑯嶠十六社的頭目率眾到熱蘭遮城表示歸順，並請求協助攻打台東卑南族的村社。所以1637年8月2日前任大員長官普特曼斯致函阿姆斯特丹董事會稱，1636年底承認荷蘭東印度公司是其領主的村社已從22個增加到57個，包括瑯嶠15個村社。

　　1637年10月25日伯格率領300名荷蘭士兵及1,400名來自麻豆、蕭壠、目加溜灣的原住民武士，進攻虎尾壠社，虎尾壠人僅有800人迎戰，荷蘭人燒毀2,200間虎尾壠社的房舍，虎尾壠人死亡數十人，虎尾壠社幾乎化爲灰燼。

　　1637年12月伯格率領300名荷蘭士兵及1,500名原住民武士，攻擊拒不參加「歸順典禮」的麻里麻崙社（Vavoralangh、Verovorangh，下淡水社，屏東萬丹香社）。麻里麻崙社壯丁800人堅決抵抗，兵敗投降，被迫獻出土地。1638年12月伯格再以麻里麻崙社未到大員向大員長官致敬爲由，率兵200名和原住民武士1,500人，鎮壓麻里麻崙社，焚燬150棟房舍及200座糧倉。參加「歸順典禮」從此成爲原住民的義務。麻里麻崙社就是在清代中國時期列爲「鳳山八社」之一的「下淡水社」，後來分散遷移到恆春半島和東部花蓮的池上、富里、玉里，或台東的大武（巴塑衛）、太麻里、卑南等地。

　　1638年虎尾壠人射死3名中國獵人，柏格率210名士兵興師問罪，逮補4位虎尾壠長老，燒毀房舍穀倉，虎尾壠社簽約承諾不再阻擾持有獵鹿執照的中國人，虎尾壠的鹿場全部開放給中國獵鹿人。

　　伯格自1639年開始決定對中國移民徵收人頭稅，每人每月0.25里爾，並向各行各業廣泛收稅（程紹剛，p. xxviii）。1638年12月22日第9任巴達維亞總督第文（Anthony van Diewen）向阿姆斯特丹董事會報告，荷蘭人管轄區內有1.1萬名中國人從事捕鹿、捕魚，種植稻米、甘蔗。1640年9月1日荷蘭殖民政府正式對中國男性移民課徵人頭稅，發現應繳稅的定居中國移民有3,568人，但到1649年才普遍開徵中國婦女的人頭稅。1639年西班牙殖民政府夥同菲律賓的土著排華，屠殺2.5

萬名中國移民，馬尼拉與中國的貿易幾乎停頓。與菲律賓的情況相比較，台灣島可說是中國移民的天堂。

伯格任內是台灣島經濟起飛的時期。1636年荷蘭人實施捕魚執照制度，向打狗等地捕捉烏魚的中國漁民課稅，增加不少稅收。1640年台灣島的中國移民成年納稅人口有3,568人。荷蘭殖民時期只有中國移民的納稅人口資料，沒有中國移民實際人口具體的統計數字。學者分別以兩種模型估算，第一種模型估算實際人口是納稅人口的1.4倍，第二種模型估算實際人口是納稅人口的3.08倍。以1.4倍計算總人口數，即4,995人以上；以3.08倍計算，總人口數達11,000人。

台灣島的中國移民人頭稅大增，中國移民替荷蘭人開墾的土地大幅增加，荷蘭東印度公司各種收入也增加。1636年至1642年間，土地開墾面積擴大，農業生產尤其在蔗糖方面，產量增加6倍。1649年糖產量達90萬斤，1650年糖產量120萬斤，1658年糖產量173萬斤，可見伯格任內台灣島土地開墾所造就的蔗糖產業已建立相當穩固的基礎。每斤等於0.6公斤。

1636年起，荷蘭人也由陸路探勘台灣島，抵達彰化鹿港一帶，同時批准中國移民捕鹿的範圍也急遽擴大。1637年中國移民的捕鹿場擴大至嘉義和彰化，並在魍港（嘉義布袋港）設寨防衛，稱「維利申根堡」（Vlissingen）。魍港也是石灰產地，提供荷蘭人磚瓦建材，不再從中國進口。1638年即有151,400張鹿皮運往日本，供製成軍用物品「陣羽織」，獲得暴利。荷蘭人殖民統治台灣島期間，每年平均出口8萬張鹿皮，但台灣島的野鹿卻也因而瀕臨絕種。尤其中國移民都用「陷阱」和「罠網」捕鹿，荷蘭殖民政府課稅方式是，每個「陷阱」每月抽15個里爾，每個緱套「罠網」每月抽1個里爾的稅金，同時對鹿肉、鹿皮等課徵10％出口稅。里爾是西班牙銀幣的單位，每一里爾約值0.25英鎊。荷蘭人稅收越多，台灣島上的鹿隻愈稀少。荷蘭傳教士負責販賣獵鹿執照給中國移民，所獲稅金用於支付傳教士薪資、傳教經費、或賞給學童，當然大部分成為傳教士的額外酬勞。

　　荷蘭人與中國的貿易也獲得明朝政府的批准，貿易利益更加可觀。1637年台灣島對外貿易欣欣向榮，荷蘭人開往日本的商船就有14艘，載貨總值246萬荷盾，每1荷盾約值0.1英鎊，其中由台灣島出發的商船佔80%以上。但到達日本的商船，大部份還是鄭芝龍的商船，這時候荷蘭人和鄭芝龍之間一直維持既合作又競爭的微妙關係。荷蘭東印度公司在台灣島的利潤頗豐，1638年至1639年獲利107,400荷盾，1639年至1640年獲利268,933荷盾。荷蘭銀幣鑄有盾牌標誌，因此被中國人翻譯爲以「盾」做單位。

　　伯格在尋金方面也做了許多努力，1637年2月伯格派兵搭船前往台東卑南岬，經原住民告知當地確有黃金礦砂，從此開啓伯格的黃金夢。4月再度派人搭船抵達卑南，擬北上噶瑪蘭Cabaran尋金，途遇大雨折返大員。1638年1月伯格再派部隊駐紮卑南岬，尋找金礦並調查東部原住民，尋金工作直逼西班牙人佔領的基隆，由此啓動荷蘭人統一全台灣島的征伐事業。

　　1638年1月24日伯格派中尉尤里安茲（Johan Jeuriaensz）率兵進攻太麻里社，1月30日攻佔太麻里社，荷蘭人刻意任由同行的斯卡羅人馘首40個太麻里人，並俘虜70個太麻里社的女人和小孩。尤里安茲下令放火焚燒300間房屋，史稱「太麻里事件」。1638年9月9日商務員魏斯霖（Maerten Wesselingh）率6名士兵經過瑯嶠前往卑南覓。

　　1637年荷蘭爆發著名的「鬱金香狂熱事件」（Tulip Mania），從土耳其引進的鬱金香，吸引荷蘭人搶購，價格暴漲，還產生期貨式和票據式的交易。這個投機泡沫在1637年2月突然爆裂，荷蘭各大城市都陷入混亂，但對台灣島沒有記載有何影響。荷蘭的「鬱金香狂熱事件」與1720年英國的「南海公司股價泡沫事件」、法國的「密西西比公司股價暴跌事件」並列史上三大經濟泡沫事件。

　　在傳播基督教文化方面，伯格任內也蓬勃發展，甘地斯牧師於1636年在新港社設立學校，教育新港社70名少年，傳授羅馬字母，講解基督教義，並以羅馬拼音文字，記錄新港語及虎尾壠語（Vavorlang

或Favorlangh），且編製新港語字典。1638年甘地斯在高雄大社區大社里的「放索社」（Pangsoya）設立學校，並命令屏東萬丹的「大木連社」（Tapouliangh，上淡水社）自建學校。放索社在延平王鄭經時代被驅逐至屏東林邊鄉水利村。1644年在屏東的阿猴社（Akauw）等村社，也開設許多簡單的學校。到1639年台南的大湖、麻豆、蕭壠、高雄的阿公店（Agongtoan）都設有基督教堂，各地受洗禮的人數達1,849人，包括：新港社人口1,047人，幾乎全部受洗；麻豆社3,000人，有250人受洗；目加溜灣社1,000人，有61人受洗；蕭壠社2,600人，有282人受洗；大目降社1,000人，有209人受洗。

　　1640年3月，伯格於任上病故，葬於熱蘭遮城邊第一任長官宋克的墓旁。

七、特羅德尼斯（1640年-1643年）

　　第6任大員長官特羅德尼斯（Paulus Traudenius, ?-1643）通曉中文，出生南荷蘭高達市Gouda，他對荷蘭東印度公司最大的貢獻是在1642年逐退佔領台灣島北部港口的西班牙人，統一台灣全島。從此以後，西班牙人只能在菲律賓遙控對中國的貿易。特羅德尼斯任內繼承伯格的台灣島尋金夢，但最大的失誤也是從中國運到台灣島，再轉運去巴達維亞的黃金，被發現是成色不足的摻假黃金。特羅德尼斯的上司是第9任巴達維亞總督1636-1645任期的第文（Anthony van Diewen），就此事嚴厲責怪特羅德尼斯。

　　在貿易方面，特羅德尼斯在1640年與日本訂立《貿易互惠協定》，同時積極與鄭芝龍修好。鄭芝龍利用明朝政府和荷蘭人間的矛盾，擴大自己的貿易勢力。特羅德尼斯則利用鄭芝龍與明朝政府的關係，獨佔鄭芝龍出口的中國貨物，使台灣島成爲蓬勃的轉口貿易中心。荷蘭人提供資金給鄭芝龍去獨佔中國市場，間接控制中國與日本

的貿易，排除西班牙和葡萄牙的競爭。當時荷蘭人的收穫比鄭芝龍更多，這結果是鄭芝龍始料未及的。

在稅收方面，特羅德尼斯下令對7歲以上中國移民課徵每人每月0.25里爾的人頭稅，每1里爾約值0.25英鎊，不可謂不重。1640年8月1日，熱蘭遮城及新港社附近就有3,568位中國移民長期居留，被課徵人頭稅，比荷蘭殖民台灣島初期中國移民約2,000人，多了1.5倍。原先規定中國婦女和替荷蘭大員政府服務的中國人免稅，後來1649年對特定條件的中國婦女也開徵人頭稅。

荷蘭人發現原住民和中國移民交往過密，不利於荷蘭人統治，再加上中國移民有壓迫原住民或挑撥原住民抗拒荷蘭人統治的疑慮，因此採行措施將限制原住民活動的政策，擴及中國移民。1640年4月召開原住民村社長老會議，就有原住民長老指控「居住之中國人，藉荷蘭人之名對彼等加以壓迫」。荷蘭商務員衛斯霖（M. Wess Lingh或Maerten Wesselingh）奉派前往東部「卑南覓」，經過各村社時，原住民告知「在卑南覓及附近各村貿易之中國人煽動土番」。荷蘭人因此發出告示，禁止中國人赴卑南覓。

在尋金方面，1640年至1641年荷蘭人繼續找遍台東、花蓮全境，尋金始終毫無所獲。1642年1月特羅德尼斯率領350人的部隊，由大員出發前往東部，開拓尋金路徑，一邊尋金，一邊征伐，經過一個月的征伐，花蓮及台東許多原住民部落紛紛投降，但傳說中盛產黃金的哆囉滿河（Turoboan或Danau River，花蓮立霧溪），仍毫無金礦蹤影。1643年3月再派兵236名經淡水、雞籠到宜蘭的哆囉岸或花蓮的哆囉滿（Taraboan）探查金礦，結果仍然失敗。貫穿荷蘭人統治台灣島期間，不論如何努力尋金，只探得山間溪流的砂金，而非金礦的礦脈，不足以支應尋金經費。荷蘭人尋金熱潮於是逐漸消褪，所謂「哆囉滿」黃金河宛如幻夢。但事實上台灣島的九份金礦的礦脈，就在荷蘭人走過的探勘路徑上。

在殖民統治原住民方面，「地方會議」（Landdag或Landtagen）

是特羅德尼斯的重大政治成就。1641年4月11日按例在赤崁召集「歸順會議」（Rijktag），原住民頭目長老42人出席，但特羅德尼斯把「歸順會議」改稱「地方會議」，作為政策討論及宣布的集會，以發揮更大的統治作用。原住民獻出豬隻和果實表示順服，荷蘭長官重新任命部落村社的長老。荷蘭人在「地方會議」上提醒村社長老應盡的職責，部落有犯罪或爭端要立即通知荷蘭官員，要尊敬基督教，要服膺傳教士，要逮捕無照的中國商人和獵人，耳提面命一堆村社長老的職務責任。特羅德尼斯則回贈黑色披袍和銀飾爪哇藤杖，表示授權治理村社原住民。

荷蘭人把「地方會議」定位為「殖民地的最高臣服會議」，即「地方代表會議」之意。中國移民的頭人和商船船長也列席地方會議。每年召開「地方會議」時，台灣島歸順荷蘭殖民政府的原住民部落的頭目或長老，翻山越嶺，溯溪過河，抵達指定集會地點。盛大排場在隆隆炮聲響後開始，大員長官訓話，發佈政令、呈獻貢品、頒授權杖、招待歐式餐宴。「地方會議」的制度其實早在荷蘭和歐洲地區風行已久，統治者召集各地方代表定期討論事務，發布重要命令。荷蘭人將之應用於台灣島，成為年度重大事件。

此時在荷蘭人的勢力範圍之外，北邊有拒絕臣服的東螺社（Taopari或Dobale Bayen，彰化埤頭、北斗）、眉裡社（Dobalibaiou, Vairie，彰化溪洲）和虎尾壠社，分別於1639年10月、1640年初騷擾領有荷蘭執照的中國獵鹿人和漁夫，殺害受荷蘭人保護的中國移民，於是荷蘭人的北伐勢必進行。換言之，中國移民向北開拓，引導荷蘭軍事行動向北征伐，有人稱為「共構殖民」，意指荷蘭人與中國人共同合作殖民台灣島。這是過度解讀，當時的中國人被荷蘭人統治，中國人也無統治原住民的條件，稱不上「共構殖民」。

1641年9月12日特羅德尼斯獲報，派駐卑南的商務員兼軍醫魏斯霖（Maerten Wesselingh）遭到台東大巴六九社（Tammalaccauw，卑南鄉泰安村）和呂家望社（Nicabon，Likavong，卑南鄉利嘉村）謀殺。

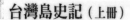

1642年1月11日特羅德尼斯進攻大巴六九社（Tammalocon），焚毀全村，屠殺村民，以資報復。途中瑯嶠社大頭目拒絕提供補給，還殺害荷蘭船隻舵手，又謀害持有證照的中國漁民，大員當局決心發動逮捕瑯嶠大頭目的戰爭。1642年底至1643年1月3日特羅德尼斯派拉莫修斯（Johannes Lamotius）率軍進攻瑯嶠，大頭目逃亡台東知本，其兒子被殺死，5個瑯嶠較大村社的房舍、穀倉、農作物全被焚毀。這是瑯嶠第一次遭到荷蘭人武力征伐。

1641年11月20日，特羅德尼斯親率荷蘭兵400人及中國移民舢舨船300艘登陸雲林笨港（Poonkan），與牧師尤紐斯率領新港社等原住民部隊1,400人會師，征伐西螺社，殺死30多人，並焚燒宅舍150座及穀倉400座，並砍倒所有果樹。11月27日續攻虎尾壠社，焚燒虎尾壠社房屋400間，穀倉1,600座。

1642年2月及11月荷蘭人再派兵攻擊虎尾壠社（Farvolong，雲林虎尾）、二林（Tackeijs或Gielim，彰化二林）、東螺（Taopari，彰化北斗）、西螺（Sorean或Sailei，雲林西螺）及其他村社。使得斗六門、虎尾壠、二林、貓兒干（Basiekan或Vassikangh，雲林崙背）等村社心生恐懼，只好訂約投降，於是台中以南盡歸荷蘭人統治。

1642年特羅德尼斯與虎尾壠社簽訂《虎尾壠條約》，規定虎尾壠社不許在超出大員長官核定的界限外捕鹿，同時也不許中國人到原住民領地內捕鹿。虎尾壠人捕鹿必須事先獲得許可，若有違約，每戶每年要進貢10束稻穀及5張鹿皮給荷蘭人。虎尾壠社的捕鹿領地原本涵蓋雲林縣和彰化縣，建有2,200間房子，人口3,500多人，是當時全台灣島平埔族最大村社，比台南麻豆社的村社規模還要大，屬於洪安雅族，分成兩個主要的部族，一個在雲林虎尾自稱Tern，一個在彰化二林自稱Tackey。荷蘭東印度公司的牧師哈伯宜（Gijsbert Happartus）編有《虎尾壠語字典》，牧師花德烈（Jacobus Verrecht）編有虎尾壠語的基督教教理問答《對話》，留下語言紀錄。大員長官召集地方會議時，虎尾壠語和新港語都被列為開會的通用語言。但經過荷蘭人發動

的幾次戰役，虎尾壠社急速衰落。1661年鄭成功派楊英到虎尾壠社徵糧時，發現虎尾壠社已人口四散，無糧可徵。

1642年2月14日訂立的《虎尾壠條約》，代表荷蘭共和國正式統治彰化雲林地區，內容如下：

1. 虎尾壠人承認有非法行為。
2. 無論什麼理由，虎尾壠人均不得加害荷蘭人及其盟友。
3. 虎尾壠人不得收留殺人兇手，應移送大員，嚴加追究。
4. 虎尾壠人未經大員長官批准，不得對鄰近村社發動戰爭。
5. 虎尾壠人必須聽從荷蘭人命令，提供勞役、食物、其他必需品。
6. 虎尾壠人見到有人持荷蘭親王權杖或其他標誌召喚，應立即前往效命。

1642年2月23日《虎尾壠條約》又增訂下列四項條款：

7. 虎尾壠人如果違背前述規定三次，每戶處罰每年應繳10束稻穀及5張鹿皮。
8. 虎尾壠人每個村社應各建房屋一座，供3、4名荷蘭人居住。
9. 虎尾壠人不得允許中國移民在其山野鹿場狩獵。
10. 虎尾壠人不得越界狩獵。

1642年7月26日特羅德尼斯為了強力禁止西拉雅族的墮胎習俗，將強迫婦女墮胎的3名蕭壠社人判處絞刑，「將他們吊在柱上，直到死亡，而為了儆戒他人【將屍體】豎立在出口道路旁，已激起他們極大恐慌。」特羅德尼斯不斷用恐怖手段馴服原住民。

淡水的硫磺、基隆的煤礦、宜蘭的黃金始終是荷蘭人的夢幻事業，卻都在西班牙人的地盤上。荷蘭人與佔據淡水、基隆的西班牙人本就是敵對政權，現在更面臨對決時刻。荷蘭人既擔心西班牙人會串連原住民和中國移民，形成反荷勢力，也擔心西班牙人擴張勢力範圍

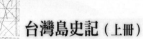

圍到台灣島中部，危及彰化以南的荷蘭統治區域。於是，1642年8月特羅德尼斯派兵驅逐台灣島北部的西班牙人，佔領淡水的「聖多明哥堡」（紅毛城）及基隆的「聖薩爾瓦多城」，改名爲「安東尼堡」(Fort Antonio)及「北荷蘭城」（彩圖二十八）。力量薄弱的西班牙人很快就投降，投降俘虜共有446人，包括西班牙人115名、婦女及兒童60名、奴僕116名、菲律賓邦板牙（Pampanga）土著62名、卡加延（Cagayenos或 Kagiander）土著93名。西班牙自此結束16年台灣島北部的軍事佔領，荷蘭人消滅西班牙佔領軍統一全台灣島，這也是特羅德尼斯的最大成就。

1642年9月22日台灣島北海岸的大雞籠社（Quelang）、金包里社（Quimoury）、三貂社（Kiwannoan或山朝社Santiago）原住民向荷蘭人臣服，比照《麻豆條約》，承認荷蘭人的主權統治。金包里社的位置有兩種說法，一在基隆市區內，一在旁邊的金山鄉。據1647年荷蘭人的統計，金包里社只有84戶，288人；到了1655年只剩48戶，157人。在荷蘭統治時期，金包里人即已凋零。

1642年10月特羅德尼斯任命哈祿斯（Hendrick Harrouse）爲雞籠「北荷蘭城」（Fort Noord Holland）的首長，該城原本是西班牙人的「聖薩爾瓦多城」，在荷蘭人攻城砲擊中全毀，僅剩西北側的稜堡，荷蘭人重修後改名「北荷蘭城」。哈祿斯派出中尉拔鬼仔（Thomas Pedel）與台北盆地北側的基隆河中游的里族社頭目冰冷（Ponap）簽訂《里族條約》。冰冷也是基隆河沿岸12個巴賽族（Basay）部落村社聯盟的大頭目，控制著基隆河連接基隆與淡水之間的河道運輸，聯盟包括上游的房仔嶼社（Kipangas）、中游的麻里折口社（Kimadaminadauw）、到下游的塔塔悠社（Kataya），甚至更下游的毛少翁社（Kimalotsigauwa）全受《里族條約》的拘束，也代表荷蘭共和國正式統治台北盆地，內容如下：

1. 自願將土地提供給荷蘭共和國以示忠誠，不攻擊荷蘭人及其盟

軍，彼此和平相處，並且自願提供協助。尤其看到荷蘭船隻擱淺時，要協助船隻並帶往最近的城堡。

2. 荷蘭親王旗（荷蘭共和國國旗）出現於村社時，要立刻前往雞籠島（今基隆市和平島）了解並完成所交付的任務。

3. 有荷蘭人迷路要幫忙帶回城堡，遇到黑奴逃跑則要強制帶回給荷蘭人，可獲得報酬。

4. 荷蘭人打仗時必須出兵協助；同樣的，福爾摩沙人（台灣原住民）發生戰爭時，在合理情況下，荷蘭人也會派兵協助。

5. 每週一次到荷蘭人市集交易樹苗、新鮮食物，將可獲得相對應的價錢或物品，但偏遠地區可兩週一次。

6. 本條約由巴達維亞總督核定，如有調整，頭目也要接受，所做的調整也會如前述一樣公平。（張隆志，47-59）

1642年12月特羅德尼斯以瑯嶠（Lonckjou）大頭目在1月拒絕提供食物給征伐台東大巴六九社路過瑯嶠的荷蘭士兵。大頭目還殺害在瑯嶠看守飲料的荷蘭舵手，且有瑯嶠人殺害領有荷蘭捕魚證照的中國漁民等事由，特羅德尼斯派士兵300人及放索社、下淡水村社的戰士400名討伐瑯嶠各村社，擬逮捕瑯嶠大頭目。1643年1月3日荷蘭人凱旋，殺死40個瑯嶠人，俘虜7人，焚毀5個村社，大頭目的兒子也被殺死，大頭目逃亡到台東知本（Tipol）。

同時，特羅德尼斯下令隔離原住民和中國移民，理由是中國移民四處散播謠言，誣稱荷蘭人是來掠奪原住民土地，尤其有些中國移民已和原住民婦女通婚，並生育兒女，使原住民更相信荷蘭人是騙子。另外，也因為中國移民還利用原住民的單純，在交易時藉機剝削原住民，再託辭嫁禍給荷蘭人。荷蘭人發布的隔離措施有：一、禁止中國移民居住在麻豆（Mattau）及諸羅山（Tirosen）以北的地區，或大目降（Tavocan）以南的地區；二、中國移民要與原住民交易，只能在舢舨上貿易，且每月要繳1個里爾（Real）的許可費；三、中國人的貿易

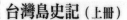

戎克船（Junk）停靠台灣島東部或西部的任何港灣，都要繳8個里爾的許可費；四、已居住在蕭壠、麻豆、新港、目加溜灣、大目降、諸羅山、大武崙（Taivuan或Tevorang，台南玉井）的中國人要向荷蘭人報備，居住在禁止地區的中國人可以繳交規費後遷居到赤崁、大員或鄰近村莊。然而這道隔離禁令卻使原住民的商品供給短缺，價格上揚，離海岸線愈遠的原住民，尤其大龜文及瑯嶠地區受害愈深，也愈痛恨荷蘭人，這是特羅德尼斯始料未及的後遺症。

1643年3、4月間經由中國人泰康（Taycon）牽線，屏東山區的下排灣Pagewang、陳阿修（Talasuy，來義鄉丹林村）、勃郎（Patlong或Potlongh，來義鄉文樂村）、無朗逸（Vorangil，來義鄉南和村）、巴諾（Paynos）等村社的頭目先後到大員，歸順荷蘭人。

1643年3月25日荷蘭人文書官史摩巴（Christiaen Smalbach）、掌旗官史密斯（Jeuriaen Smith）、臨時隊長伯恩（Pieter Boon）告訴內獅頭社（Borboras）的頭目巴拉隆（Patlalun）說：「我們的（評議會）議長麥爾（Maximiliaen Lemaire,1606-1654）非常驚奇，他們這些人為何那麼頑固，那麼不聽話，還不搬到平地去住……命令他們要把他們的家搬下去放索仔社附近或其他適當的平地，在那裡耕種農地，到現在還不照他們的承諾。」3月26日荷蘭人又對大龜文社（Taccabul）的頭目提莫斯（Timos）提出依照承諾搬到平地的事。3月28日荷蘭人嚴厲責備阿朗衛社（Calingit）的頭目卡邦（Cappangh）沒有遵守承諾搬家到平地。這三個村社的頭目向荷蘭人請求，搬遷到離放索社（Pangsoyas）南邊約5英哩的河谷平原，荷蘭人准其所請，但三個村社卻未搬遷，因此遭荷蘭人質問。這三個村社常被誇大為「大龜文王國」，荷蘭人為了方便治理，要求他們搬遷到平地，免得「據山為王」。

中國移民曾振暘是福建漳州海澄人（漳州龍海），與顏思齊同鄉，1642年去世，由其子若龍、若鳳埋葬於台南南區「桶盤淺」（台南東區與南區交界處）墓園內，是台灣島上中國移民現存最早的墳

墓，已列爲古蹟。曾振暘的墳墓有相當規模，證實當時定居台灣島的
中國移民有人已頗有財力。

　　1643年特羅德尼斯遭到指控：「運回巴達維亞的中國黃金有攙假
的半金半銀，損失慘重。」被召回巴達維亞總部，但此時的特羅德尼
斯業已病重，無法申辯，不久即病逝巴達維亞。畢竟荷蘭東印度公司
本質上是商業集團，特羅德尼斯在台灣島開疆闢土的功勞，抵不上商
業買賣損失的過錯。國家重視領土主權，公司重視買賣利潤，這是半
政府、半商業的殖民公司會面臨到的價值矛盾。

八、麥爾（1643年-1644年）

　　麥爾（Maximiliaan le Maire,1606-1654）出生阿姆斯特丹，是第
7任大員長官，他的職銜其實只是「評議會議長」，代理大員長官而
已。任內值得提的事蹟只有拆毀西班牙人的雞籠城堡，並在淡水修建
另一堡壘，就是現在的紅毛城。麥爾短暫的任期內，掌控原屬於西班
牙人的硫磺採礦權，開放中國移民開採硫磺，課徵硫磺稅；在淡水港
修築砲台堡壘，則用於保護硫磺開採權。另一方面，1643年李自成、
張獻忠等政權戰亂爲禍，中國移民大舉湧入台灣島。麥爾雖然被巴達
維亞認爲是不適任的大員長官，但在任期內台灣島的貿易成績仍頗令
巴達維亞滿意。比較有趣的是麥爾「發現」蘭嶼，從此蘭嶼變成台灣
島的附屬島嶼。麥爾的上司是第9任巴達維亞總督，1636-1645任期的
第文（Anthony van Diewen）。

　　1643年10月9日瑯嶠大頭目的弟弟加祿堂（Caylouangh）希望帶
領追隨者搬遷到放索社（Pangsoya，屏東林邊）鄰近土地，荷蘭熱蘭
遮城評議會批准這個新的村社就以他的名字命名，取名「加祿堂社」
（Karittongangh或Caylouangh，屏東枋山加祿村）。同一天，評議會
也批准勃郎社（Potlongh）搬遷至力力社（Netne）附近的平地。這些

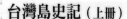

案例顯示，荷蘭人擁有管制村社遷徙的權利。1644年荷蘭人嚴懲居住新港社的大目降社人任意遷移：「新大目降土番數家族約計60人，在故長官特羅德尼斯時代，依彼等之希望爲受基督教教育，准其來住新港，後來數次申請欲回原地，未獲許可，而竟前往築屋種稻，因此，爲示儆戒起見，將上列房屋及水田予以破壞，而將該人等帶回新港居住，並將主謀者中之二人繫鎖以示懲罰。」

　　1650年熱蘭遮城的官員萊特（David Wricht）發現加祿堂社及附近5個村社皆由同一位女性擔任頭目，1661年2月大員當局的瑞士籍傭兵海卜托（Albrecht Herpott, 1641-1730）記載，隨部隊征討排灣族的力里社，從加祿堂社的海岸登陸，一位女頭目提供膳食給荷蘭部隊。

九、卡朗（1644年-1646年）

　　卡朗（Francois Caron,1600-1673）出身法國基督教胡格諾教派（Huguenot），遭天主教迫害，逃難到荷蘭。他的生平很傳奇，1619年他才只是一名廚師助理，派駐日本當廚房夥計，卻學會日文成爲翻譯員。後被拔擢爲商務員，甚至晉升爲駐日商館的館長。卡朗在日本待了22年，1641年才返回巴達維亞。1643年被派任爲第8任大員長官，積極管理原住民村社，推動甘蔗種植。每年定期召集原住民頭目舉行「地方會議」，他推動的政務相當成功。透過「地方會議」報告統治狀況，改選頭目和長老，並派荷蘭政務員監督頭目長老。政務員可以直接指揮村社居民，布告法令，且有司法權及領兵權，協助頭目長老推動村務。卡朗的上司是第9任巴達維亞總督1636-1645任期的第文（Anthony van Diewen），以及第10任巴達維亞總督1645-1650任期的力英（Cornelis van de Lijn）。

　　卡朗上任即加強對原住民的統治措施。劃分台灣島爲南部、北部、東部、淡水等四個行政區，分區舉行「地方會議」。南部會議區

的範圍從赤崁以南至瑯嶠，北部會議區從赤崁以北到大甲溪。南北兩區的集會地點都在赤崁的「公司大庭園」（Commpes Grooten Hoff）。淡水會議區則從大甲溪以北到淡水、基隆、宜蘭，集會地點在淡水紅毛城堡。東部會議區包括台東、花蓮，集會地點在卑南。四個行政區的原住民頭目長老，每年集會一次，集會前派荷蘭政務員、通事巡迴各村社，提醒頭目或長老出席。集會時要向荷蘭長官報告各部落狀況，每次都得向荷蘭東印度公司宣誓效忠。大員長官則頒發烙刻東印度公司標誌的權杖，表示有權行使頭目行政權和司法權。卡朗認為原住民部落之間缺乏中央政府，荷蘭人挑起這個政府功能，更容易辦事。卡朗還下令建築從新港到鹽水溪（Zoute River）的道路，赤崁位於道路中段，從新港到赤崁這段道路約10公里，就雇用500個中國勞工。道路寬度約4公尺，途經兩條河流，建造兩座石頭橋。

　　但淡水區的村社仍多未歸順。1644年淡水會議區預定應有24個村社歸降，但僅基隆的金包里（Kimauri或Quimoury）等4個村社及淡水的10個村社歸降，噶瑪蘭（Cabaran）的村社都未歸降。卡朗於是加強武力威懾原住民，1645年2月卡朗去信巴達維亞宣稱荷蘭東印度公司已可完全統治台灣島原住民。10月即派兵征伐噶瑪蘭原住民，並尋找哆囉滿[Turuboan，花蓮新城立霧溪（Takili）]黃金河。拒絕歸順荷蘭人的村社，被焚毀一空，荷蘭人終於完全掌控基隆、淡水與宜蘭地區，但還是沒找到哆囉滿黃金河。因為台灣島的金礦在瑞芳九份的山上，不在河流裡。

　　卡朗在租稅方面也頗有辦法，1644年在「地方會議」宣布開徵原住民貢賦，「為表示服從，今後應繳出鹿皮或稻穀。山地各村落係新歸順，故本年免其納貢，而由明年起納之。但是東西沙魯末（Salmo）、斗六門（Davole）及巴拉排斯（Valapais）各村落乃賊徒金王之同黨，故應令其加倍納貢以充罰款。諸羅山之村落，為扶助土番教員起見，令其繳納年所需米糧，皆喜從命。上列事項，將來在推行基督教之其他各村落亦擬仿照此例課徵之。」

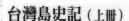

　　另為管理村社貿易，卡朗宣布自1644年11月起「為增加公司收入，及實現地方會議時，對各村落頭人之諾言起見，決定在主要各村落笨港（Ponckan）河及南部全體，在一定條件之下，令中國人或荷蘭人之最高標價者包攬商業」，即實施「贌社制度」。將原本對中國移民實施的「包稅制度」運用到原住民頭上，創立土產交易市場，稱為「贌社」（Pacht），徵收村社交易稅，稱為「贌社稅」。

　　卡朗命令任何人要到原住民部落做買賣，必須先取得許可證，每一個村社只發給一張許可證，這張許可證要公開標售，由最高價者得標。這形同給得標者（贌商或社商）獨佔該村社買賣的權利。只有得標贌商可以賣食鹽等生活物品給村社原住民，村社要賣出鹿皮、鹿肉、鹿茸也只能賣給持有該村社「贌商」證照的商人。得標的贌商大多是中國商人，少部分是荷蘭商人。贌商會鼓勵原住民獵鹿，並與原住民合作，驅逐持有其他村社獵鹿執照的中國獵鹿人。發放獵鹿執照的傳教士收入因而跟著減少，大員長官與傳教士的矛盾也益加激烈，後來還互控至阿姆斯特丹董事會，這些發展在卡朗意料之外。

　　1644年卡朗成立「七人委員會」，由荷蘭人4人，中國人3人組成法庭，專責處理「關於收稅員（Fisco）與刑事（Geweldiger）及其使用人之不法行為」，每星期集會開庭二次，審理民事事件。同年，卡朗為了大幅發展赤崁地區的農業，從赤崁到新港社開闢一條產業道路，「路寬60呎，兩側都有3呎寬的排水溝，從赤崁連接到那條新港社的小溪，長度一又四分之一哩。在這條道路經過的小溪上，建造了兩座漂亮的磚頭拱橋，方便各種車輛通行」。

　　卡朗任內也遇到很多棘手的問題，1644年7月30日台灣島遭遇颱風和暴雨成災，熱蘭遮城的海岸遭沖垮，中國移民的市街和原住民的村社受損嚴重，大員地區耕地也受創慘重。當時耕地面積只有25平方公里，到1657年才達68平方公里。這個規模已算是荷蘭東印度公司殖民地最大的耕地，巴達維亞城總部當時的耕地面積也才47平方公里。

　　1644年10月台中大肚部落的頭目率眾反抗荷蘭人統治。1644年也

是明朝帝國滅亡，崇禎皇帝自殺，中國陷入大動亂的年代，中國難民潮大量湧向台灣島。雖然因為戰爭動亂，荷蘭人無法自中國順利進口瓷器、生絲賺錢，卻改運輸中國移民離開中國賺取運費，移民潮湧入台灣島也使土地開墾規模擴大，人頭稅等稅收迅速增加，促使荷蘭人的殖民事業蓬勃發展。1645年卡朗還鼓勵中國移民攜帶妻兒到台灣島定居，宣布第一位帶妻子到台灣島定居的中國移民可以免繳十年的土地什一稅，第二位可以五年免繳，其餘也有獎勵。1646年12月台灣史上第一位中國婦女來台定居，所有中國婦女都免繳人頭稅。當時有8位中國頭家（墾首）很快就有5位接妻子來台（江樹生著，p.200-201）。荷蘭人在1643年至1644年度的貿易收入只有7.7萬盾，殖民地稅收9.8萬盾，到了1644年至1645年度，殖民地稅收高達11.7萬盾，每盾約值0.1英鎊。但是中國移民湧入台灣島，帶來稅收也帶來疾病。1645年台灣島爆發傳染病，大員、淡水死亡者甚眾，台東卑南有村社杳無人跡，東部地方會議都得停止舉行。

1645年4月29日卡朗准許牧師（van Breen）兼任行政官員，可向中國移民徵稅和收取訴訟罰金，並可抽成當作酬勞，擁有稅務官員的權力，而且「除了涉及死刑及其他重大事件之外，有絕對的權力處置。」9月4日卡朗授權牧師Joannes Happart兼任新港社、目加溜灣社、大目降社的司法官員，牧師Bavius兼任蕭壠社、麻豆社、哆囉嘓社、諸羅山社、大武壠社的司法官員。卡朗此舉造成政教合一的效果，也產生牧師和其他官員更多的衝突，牧師也趁機索求更高的待遇。9月4日卡朗下令擔任學校教師的原住民有義務搜捕殺人犯，這些原住民教師無形中成了警察，使得大員當局的統治架構益形複雜。可是牧師和教師並未受過法律訓練，1651年後發生多起牧師行使司法權，處罰過當致死的案例，使得大員當局為了懲戒牧師而傷透腦筋。牧師擁有稅務官員的權力後，成為中國移民借貸的對象，也捲入紛爭不斷的債務糾紛，這些都被大員長官和高級官員認為是基督教傳播效果不彰的原因。

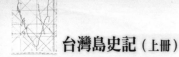

卡朗於1646年調回巴達維亞升任副總督，1650年涉及走私，被解除職務。1665年離開荷蘭東印度公司，加入法國東印度公司，先後出任馬達加斯加（Madagascar）、印度蘇拉特（Surat）等地的長官。1673年返回法國途中，於葡萄牙海岸遇難身亡。

（一）1644年征伐噶瑪蘭

卡朗在1644年初派兵從淡水出發，征伐噶瑪蘭族的山豬毛社（Sotmiar）（註：可能是三貂社，不是屏東三地門鄉的山豬毛社）失敗，荷蘭士兵死亡21人，中國人和黑人死亡70人，平埔族士兵死亡45人。9月再派兵300人進攻噶瑪蘭族，噶瑪蘭44個村社全數投降。10月征服三貂社，台灣島東北部全被荷蘭人征服。

（二）1644年-1645年大肚部落的反抗

台灣島中部有22個村社，以大肚社（Dorida，閩南語「肚累大」）為中心，組成部落聯盟，由中國移民稱為「番大王」（Quataong）的頭目領導。文獻上至少有兩位「大肚王」，第一位叫「甘仔轄・阿拉米」（Camachat Aslamie），去世於1648年；第二位是其外甥「甘仔轄・馬祿」（Camachat Maloe）。「大肚部落聯盟」的轄區大約在大甲溪以南、大肚溪以北。Camachat 有時拼寫成Takamacha。

1644年9月卡朗派兵征服雞籠、淡水、噶瑪蘭等地拒絕順服的村社，並下令回程時進攻大肚部落。10月初噶瑪蘭、雞籠、淡水的原住民已全部歸降，開始征伐大肚部落。10月20日甘仔轄率軍突襲荷蘭兵。22日兩軍在彰化戰鬥，甘仔轄獲勝。29日荷蘭兵敗退回到大員。

1645年1月卡朗再度出兵征伐大肚部落，大舉焚毀大肚村社，殺害原住民，甘仔轄兵敗投降，簽訂有名的《大肚降約》，代表荷蘭共和國正式統治台中地區，內容如下：

1. 承認頭目以前的領主權力，但簽約後權力及稅收統歸荷蘭東印度公司。
2. 刑事處罰權歸荷蘭東印度公司。
3. 頭目對各村社的管轄權歸荷蘭東印度公司。
4. 各村社選出長老管理社務。
5. 頭目和長老都要出席「地方會議」。

　　大肚部落的「王國」從此名沒實亡，只保有部分的自治權，例如可限制基督教傳教士的活動。自此荷蘭人在台灣島，從台南大員至台北淡水及基隆的陸路，暢通無阻。但「大肚王」必須向荷蘭殖民政府繳納鹿皮充作稅賦。由於大肚部落過度捕殺鹿群，危及鹿群的生存，自身的經濟實力跟著衰敗。到了1670年延平王鄭經派軍征伐，滅亡「大肚王國」，轄下的沙轆社（Salach）幾乎被滅族，剩餘族裔被迫移居南投埔里。

　　大肚部落的人口屬拍瀑拉族（Papora）原住民，在荷蘭殖民時期有所謂「大肚四社」：即牛罵社（Gomach）、沙轆社（Salach）、水裡社（Bodor）、大肚社（Dorida）。牛罵社又稱「大肚上堡」，沙轆社和水裡社又合稱「大肚中堡」，大肚社即「大肚下堡」，被統稱「大肚三堡」，亦是所謂「大肚王國」的核心區域。大肚社本身又分成大肚南社（Dorida Mato或Chamachat）、大肚中社（Dorida Babat）、大肚北社（Dorida Amicien）。「大肚王國」至少由18個村社組成鬆散的跨部落聯盟，但還沒發展到「酋邦」（Chiefdom）的地步，更談不上「王國」（Kingdom）。「大肚王國」內的村社除了拍瀑拉族外，也有巴布薩族（Babuza）、洪雅族（Hoanya）、巴則海族（Pazehhe）和貓霧捒族等的村社。貓霧捒族（Babusaga）原本被日本學者列為巴布薩族（Babuza）的分支，經簡史朗研究應改列拍瀑拉族的分支。

（三）《瑯嶠條約》

1643年1月3日荷蘭人征伐瑯嶠社，大頭目逃亡。1644年5月24日大頭目的兒子到熱蘭遮城求和，同日瑯嶠大頭目的弟弟也是加芝萊社（Catsiley）頭目Caroboangh也到熱蘭遮城表示臣服。1645年1月23日荷蘭人逼迫瑯嶠大頭目簽訂歸順條約，限定其只擁有龜勞律（Goranos，恆春鎮墾丁里社頂）、豬勝束（Dolaswack或Tolasuacq或Sukaro，滿州鄉里德村）、無朗逸（Vorangil，來義鄉南和村）、施那格（Sdaki，四林格，牡丹鄉四林村）、蚊蟀埔（Manutsuru或Vanghsor，滿州鄉滿州村）等五個村社的收貢權，且擔任其頭目，其餘村社的直接統治權全部割讓給荷蘭人，這等於是直接削權瑯嶠大頭目，大頭目的地位只剩下部分「收貢權」，連處罰屬民或指定繼承人的權力都被剝奪。

《瑯嶠條約》代表荷蘭共和國正式統治屏東地區，內容如下：

1. 荷蘭東印度公司承認瑯嶠大頭目有龜勞律（Goranos）、豬束（Tolasuacq）、無朗逸（Valnigis）、施那格（Sdaki）、蚊蟀（Vanghsor）等五個村社的收貢權，且擔任其頭目。
2. 荷蘭東印度公司有權決定瑯嶠大頭目死後的繼承人。
3. 瑯嶠大頭目不得處分屬民的身體及生命，只有大員長官才有這個權力。
4. 瑯嶠大頭目要決定其他事項，應會同駐大木連社（Tapouliangh，上淡水社，屏東萬丹）的政務員（Politiquen），召集長老會議後處理。
5. 每個村社各推選二名長老，權限與荷蘭東印度公司轄下其他村社長老相同。
6. 瑯嶠大頭目應善待屬民，不得使屬民不滿而規避統治。
7. 屬民得控告瑯嶠大頭目，荷蘭公司若有必要會庇護屬民，大頭目不得處分該屬民。

8. 瑯嶠大頭目以前轄下的村舍，現已直接歸順荷蘭公司，不得加害，要和平相處。

9. 瑯嶠大頭目轄下五個村社須向荷蘭東印度公司納貢，大頭目免納貢，長老在職期間也免納貢。

10.每年瑯嶠大頭目和各社長老要出席南部地方會議。

11.非經荷蘭東印度公司許可，不得讓中國人居住於村社內，違法的中國人應遞交給荷蘭公司。

12.瑯嶠大頭目應履行上述條款，違者撤職。

上述各項條款削弱及剝奪了瑯嶠大頭目的權力。瑯嶠大頭目直轄村社，從原來17個減為5個。大頭目只對這5個村社擁有租稅權，且不得傳給子女和親屬。大頭目不得使用斬首權。遇事要向政務員或大員長官請示報告。各村社設置長老，直接對荷蘭人負責。各村社必須向公司納貢，大頭目免納貢，長老在職期間則免繳，可見荷蘭人用長老制衡大頭目。荷蘭人通過長老直接傳達政令，貫徹到村社，荷蘭人不再需要大頭目實行間接統治。在荷蘭統治時期，對原住民的統治大致就是彈性維持著兩種模式：一是普遍實行的長老制，另一種是像瑯嶠實施的大頭目與長老兩軌制。

十、歐沃德華特（1646年-1650年）

歐沃德華特（Pieter Anthoniszoon Overwater, 1610-1682），生於荷蘭霍恩Hoorn。他接第9任大員長官不久，遇上中國東南地區鬧饑荒，再加上清朝政權和南明政權的戰爭激烈，鄭芝龍被押往北京，鄭成功反清勢力大增，但饑荒和戰亂的難民也湧入台灣島。這使得荷蘭公司的墾殖人力大增，向中國移民課徵的人頭稅收入大幅成長。表面上殖民事業蒸蒸日上，但中國移民擴增的人數，卻使荷蘭人感受到日增的

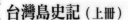

威脅。1646年11月11日荷蘭的日本長崎出島商館日誌記載：「中國人來到該島愈多，我們將很難保持該島為自己的領土，一如以前的情形了。」就是反映荷蘭人這種不安的心理。1648年中國成年男子的人數已超過2萬人。另外，荷蘭公司也賣了大批胡椒去中國，並運回大量黃金，轉運去巴達維亞。這段時期，台灣島上除了部分高山族村社尚不服從荷蘭殖民統治外，大部份原住民已向荷蘭人臣服，1648年臣服的原住民總數有61,696人。歐沃德華特的上司是第10任巴達維亞總督1645-1650任期的力英（Cornelis van de Lijn）。

力英（Cornelis van de Lijn,1608-1679）出生於荷蘭的阿克馬（Alkmaar），1627年赴巴達維亞擔任助理，1632年出任會計長（Accountant-General），1639年升任荷屬東印度評議會（Dutch Council of the Indies）的特別評議員（Counsellor-Extraordinary）。1640年轉任海洋法院院長（President of the Schepenrechtbank），1642年成為正式評議員（Full Counsellor）。1646年被任命為第10任巴達維亞總督，1650年退休。

歐沃德華特原任日本長崎「出島」的商館館長，1646年改調大員副長官，後因卡朗升任巴達維亞副總督，大員長官由歐沃德華特繼任。此時明朝崇禎皇帝已於1644年自殺，中國抗清部隊紀律鬆散，劫掠百姓，互相征戰，再加上清軍野蠻屠殺，福建社會秩序崩潰，向外移民大增。台灣島的中國移民從1640年的4,995人，增加至1647年的13,500人以上。歐沃德華特擔心中國移民的維穩問題，向巴達維亞請求增兵1,200名，未獲同意。

1647年荷蘭人對屏東大龜文社及鄰近的村社採取分而治之的策略，以弱化大龜文社的影響力。1647年4月10日荷蘭人提供4至10匹（Cangan）花棉布做獎勵，要親近荷蘭人的村社去砍反對荷蘭人的村社的人頭。結果反荷的村社跑去投靠大龜文社，反使其勢力更強大。但荷蘭人持之以恆，玩弄這套策略，最後大龜文社也歸順荷蘭人，且定期參加地方會議。

　　1647年至1651年間，葛拉維斯牧師（Daniel Gravius）從荷蘭東印度公司借得4,000里爾，自印度購入121頭閹黃牛，轉借給蕭壠社作爲耕牛之用。

　　1648年9月15日「荷蘭長崎商館日記」記載，中國逃難到大員的難民超過7千人，糧食供應困難。Macleod分析的東印度公司報告，提到台灣島的中國人遽增達2萬人。1649年「長崎商館日記」說中國戰亂稍微平靜，有8,000名中國人返國，但大員的中國人仍超過1萬人。1648年中國明清戰事波及華南，荷蘭人對中國貿易因而萎縮，中國的絹絲、綢緞幾無出口。但中國糖價、米價大漲，台灣島生產糖米出口到中國，大發利市。軍用硫磺更是大量出口到中國，讓荷蘭人賺得不少利潤。

　　1648年對荷蘭人而言是歷史上的關鍵年，國力臻於巔峰。10月24日西班牙王國在德國明斯特市簽署《明斯特條約》（Vrede van Munster）承認「尼德蘭七省聯合共和國」（Republiek der Zeven Verenigde Nederlanden）獨立。《明斯特條約》與《奧斯納布魯克條約》（Vrede van Osnabruck）合稱《西伐利亞和約》或譯《威斯特伐利亞和約》（Peace of Westphalia），這個《和約》奠定政教分離的現代主權國家的基石。明斯特（Munster）和奧斯納布魯克（Osnabruck）這兩個城市都位於德國威斯特伐利亞（Westphalia）地區，故有此和約名稱。「尼德蘭」或者簡稱「荷蘭」終於正式成爲主權獨立的國家。

　　1648年荷蘭人統計平埔族原住民有251村社，13,955戶，63,861人。

　　1648年中國移民以成年納稅人口數1.4倍計算，估計約1.2萬人至2萬人；以3.08倍計算，總人口數3.2萬人。1649年中國移民成年納稅人口11,339人，男性10,501人，女性838人。以1.4倍計算，總人口數15,875人；以3.08倍計算，總人口數34,924人。荷蘭人的紀錄顯示，1648年中國大陸因戰亂和饑荒，移入台灣島的中國移民遽增爲2萬人，包括婦女500人，孩童1,000人，但大陸饑荒過後，有8千名中國移民返

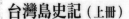

回中國大陸。1649年荷蘭人開始對中國女性移民課徵人頭稅，1650年中國移民納稅人口有1.5萬人。

歐沃德華特於1650年調回巴達維亞，轉任市政官及評議委員，常被批評忽視台灣島東部，使該地變得危險且無利可圖。歐沃德華特於1682年去世。

十一、費爾保 （1650年-1653年）

費爾保（Nicolaas Verburg, 1620-1676）生於荷蘭德夫特（Delft），中國文獻翻譯其名為「攀直武祿」或「花碧和」。他出任第10任大員長官沒多久，荷蘭在台灣島的殖民統治開始動搖。先是和中國的貿易，因鄭成功封鎖台灣海峽，陷於停頓，熱蘭遮城對外水道淤積嚴重，航運困難。1652年更爆發「郭懷一事件」，大批中國移民企圖推翻荷蘭殖民政權失敗，有4、5千名中國移民被殺，墾殖收入及對中國移民課徵的人頭稅都大幅減少，此後更不斷傳出鄭成功將東征台灣島的「謠言」。費爾保的上司是第11任巴達維亞總督1650-1653任期的雷尼爾茲（Carel Reyniersz）。

第11任巴達維亞總督雷尼爾茲（Carel Reyniersz,1604-1653）出生於阿姆斯特丹，1627年出任印度東南部烏木海岸（Coromandel Coast）荷蘭殖民地的上級商務員（Upperbuyer），1630年升任烏木海岸的長官（Governor of the Coromandel Coast），1650年升任巴達維亞總督，但阿姆斯特丹總部並不滿意雷尼爾茲，荷蘭東印度公司的17人常務董事會（Seventeen Lords）於1653年下令解除雷尼爾茲職務，雷尼爾茲卻於離任前夕去世。

1649年日本長崎的荷蘭商館日誌記載：「據大員長官和評議會說，中國來的貨品日漸減少，逃到大員的中國人日漸增多，有七千人以上。」又記載：「日本人來館稱『我們與中國官員談話得知，在大

員的中國移民有萬人以上，中國移民有攻佔荷蘭城堡的傳言』。」事實上1649年台灣島中國移民的成年納稅人口就有11,339人，男性10,501人，女性838人。以納稅人口1.4倍計算總人口，中國移民總人口數15,875人；以3.08倍計算，總人口數達34,924人。1650年中國移民的成年納稅人口數10,811人，呈負成長，以1.4倍計算，總人口約1.5萬人。；以3.08倍計算，總人口數33,298人。

1650年費爾保自己估計，轄區內的中國移民超過1.5萬人，1652年他又估計中國移民達2萬人，成長率33.3%。1650年10月30日費爾保向巴達維亞總督報告，每月有10,811中國移民繳人頭稅，有4成的人免稅或逃稅，中國人實際上超過1.5萬人。

費爾保任內與台灣島最關鍵的歷史事件都發生在1652年。首先，是總部在廈門及金門的鄭成功擬殺部將施琅，施琅被迫逃亡，鄭成功轉而殺害施琅的父親及弟弟，施琅只好投奔清朝政府，此即「施琅事件」。這事件埋下31年後1683年心懷殺父仇恨的施琅率領清軍2萬多人，戰船600多艘，進攻澎湖群島，大敗鄭成功的孫子鄭克塽，消滅台灣島的延平王國的因果。再則是散佈傳言說鄭成功要攻佔台灣島驅離荷蘭人，作為「革命論述」的郭懷一，領導中國移民起兵推翻荷蘭統治。失敗後，有4,000至6,000名中國移民被殺，此即「郭懷一事件」。郭懷一兵敗被殺，參戰的平埔族拿2,600個中國移民的頭顱向荷蘭人領賞。中國移民人口數從1651年的19,600人，減少到1652年的15,000人。

費爾保也是個大貪官，上行下效，荷蘭在台灣島的統治體系腐化成貪官集團。郭懷一事件後，費爾保自知已內外交困，立即向巴達維亞總督申請調職。費爾保也感受到鄭成功的壓力，向巴達維亞報告說：「中國清朝政府與國姓爺的戰爭，國姓爺已失利，台灣島很可能是國姓爺最後的去處。」但後來費爾保卻指責最後一任大員長官揆一誇大鄭成功進佔台灣島的可能性，涉嫌浪費公帑，過度投入戰備。

費爾保離開台灣島時，攜走來源不明的財產35萬盾，約當8萬隻豬的價格，但仍然繼續在荷蘭東印度公司服務20年，1667年還升任巴達

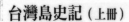

維亞副總督。費爾保在1662年前後，對最後一任大員長官揆一極盡醜化之能事，對揆一加強台灣島防務的要求，都全力反對，這對鄭成功攻佔台灣島貢獻不小。

在1642年至1651年國會派和保皇派對峙的英國內戰（English Civil War）期間，荷蘭支持英王查理一世（Charles I, 1600-1649），但後來克倫威爾（Oliver Cromwell, 1599-1658）領導的國會派的軍隊獲勝，查理一世遭處斬。1651年10月英國在克倫威爾領導下制定《航海條例》（Navigation Acts）報復荷蘭，重創荷蘭以國際貿易和海運業為支柱的經濟體質。英國規定所有進口到英國及其殖民地的貨物只能以英國船隻運輸或以貨物原產國的船舶運輸，使荷蘭的商船面臨無貨可運，荷蘭殖民地又無英國船舶可運貨的困境。荷蘭瞬間落入經濟蕭條，波及台灣島的蔗糖出口產業，蔗糖無法出口，台灣島的甘蔗和糖價大跌，這是1652年爆發郭懷一事件的關鍵背景。當時英國視荷蘭為「唯一能危及英國安全的海上強國」，所以採取這項措施削弱荷蘭國力。英國雖也有所損傷，但程度遠小於荷蘭遭受的損害。英荷兩國還因此在1652年至1654年爆發第一次英荷戰爭（First Anglo-Dutch War），荷蘭國勢開始衰退。這個《航海條例》在1663年、1673年和1696年歷經三度修改，最後1760年開始動用《協捕令》（Writ of Assistance）嚴厲執行《航海條例》，影響英國殖民地的生計，導致1775年至1783年的美國獨立戰爭。英國這則法律對歷史軌道影響深遠，事屬罕見。

費爾保任期結束時，台灣島的經濟結構也有顯著的變化。原本大員附近的耕地面積約5,000甲，米田約3,700甲，甘蔗田約1,334甲。到1653年耕地面積卻增加達8,403甲。1653年大員當局的財政收入，關稅、市場稅、貨物稅、貿易利潤等「商業收入」已比土地稅、地租、人頭稅、狩獵稅等「土地收入」多出1.3倍。1653年財政收支，總收入667,700盾，土地收入285,770盾、商業收入381,930盾。總支出328,784盾，財政盈餘達338,916盾，相當於總收入的50.8%。荷蘭人做到農商平衡發展，且財政健全，台灣島可說是荷蘭東印度公司的搖錢樹。

1652年爆發郭懷一事件，1653年是荷蘭殖民統治由盛轉衰的關鍵分水嶺。

（一）1652年郭懷一事件

郭懷一事件發生於1652年9月7日，中國人作為台灣島的外來移民，集結起來，要推翻荷蘭人的殖民政權。當時中國移民有近2.5萬多人，已是台灣島的第二大族群。平埔族原住民有6萬人，仍是第一大族群。高山族原住民沒有人口統計，無法確定。荷蘭人只有2,000多人，跟隨郭懷一起兵的中國移民約有4,000至6,000人，郭懷一自認有人數優勢。但平埔族原住民和皈依基督教的中國移民是支持荷蘭人的基本群眾，反而使郭懷一陷入不利情勢，最後以快速失敗收場。

郭懷一（Gouqua Faet, 1602-1652）是福建泉州人，其父郭瑞元開設勝和棧商鋪，常和李旦、顏思齊、鄭芝龍這些海商有生意往來。郭懷一於1624年移民來台，比荷蘭人來台早幾個月，落戶居住在海商顏思齊墾殖的大本營「笨港」，即現今的雲林北港，擔任中國移民的頭人。1625年顏思齊去世，鄭芝龍接收地盤，據說郭懷一向鄭芝龍建議擴大招募中國人移民到台灣島，並提供「三金一牛」吸引中國農民來台。「三金一牛」是每一農民可借貸銀三兩，每三位農民可借貸牛一頭，鼓勵福建饑民遷徙至台灣島墾荒。

鄭芝龍大部份時間都在金門、廈門、泉州，很少在台灣島。1627年鄭芝龍擬進軍漳浦，攻打明朝軍隊，特地回笨港招兵，適巧郭懷一臥病未參與漳浦戰役，就留在笨港全力開墾，並與原住民加強來往，結識洪雅族貓羅社（彰化芬園）頭目大貓武。郭懷一在貓羅社原住民協助下，很快擴大墾殖範圍。郭懷一不僅自給自足，尚有餘糧供應大武郡社（彰化社頭）、南北投社（南投、草屯）、諸羅山社（嘉義）、他里霧社（雲林斗南）、斗六門社（雲林斗六）及哆囉嘓社（台南東山）等村社。郭懷一用稻米換得許多鹿皮、鹿脯，再轉賣給日本人。1629年郭懷一笨港倉庫的米糧、鹿皮、鹿脯都相當充裕。鹿

皮賣給日本人做武士盔甲的外披「陣羽織」，米糧尚能回銷泉州。

郭懷一在1629年從中國大陸聘來打鐵師、裁縫師、鑿井師、建築師、醫師等專業人士，購買砍伐原始森林所需的鋤頭、犁、柴刀、鎌刀、農具，大幅提升雲林彰化地區的農業生產力。碰巧福建旱災，農民一窩蜂到台灣島投靠郭懷一。但是1628年鄭芝龍投降明朝政府，1630年左右鄭芝龍就把笨港至布袋地區的中國移民管轄權賣給荷蘭東印度公司。鄭芝龍的笨港地盤是取自顏思齊，布袋魍港地盤是取自李旦，從此雲林嘉義間沿海村寨的中國移民，就從中國海商集團的自由移民，變成荷蘭東印度公司殖民地的屬民。1661年鄭成功攻佔大員的訴求之一，就是討回鄭芝龍在笨港和魍港的領地。

1641年大員長官特羅德尼斯率兵登陸笨港，征服雲林地區的原住民，郭懷一略懂荷蘭語出面斡旋。特羅德尼斯與郭懷一相談融洽，邀郭懷一遷居大員，並出任中國移民的大結首，獲頒荷蘭東印度公司權杖，被尊為「華人甲必丹」（Chinese Captain）。郭懷一時年39歲，很受荷蘭人敬重，特別提供普羅民遮城附近的禾寮港（Smeer Dorp）的油村（Olijlankan），供郭懷一居住。又指定現今台南永康洲仔尾（永康區鹽行里）大片的原始林地由郭懷一開墾。當時這片地區是圍海築堤，引流灌溉的農田，荷蘭人稱為「阿姆斯特丹圩田區」（Amsterdam Polder）。在荷蘭本土「圩田」（Polder）一詞是指有水溝、運河和風車控制水位的低窪耕地，在台灣島卻用來指稱界線劃分清楚的耕地地段。

好景不常，1643年後，荷蘭人在台灣島的殖民統治，吏治敗壞，官員走私，貪污橫行，用稅收及各種手段橫徵暴斂。第7任大員長官麥爾是有名的無能；第8任卡朗除壓榨原住民，大肚部落被迫反叛，還被控走私；第9任歐沃得華特靠通貨膨脹撈錢，中國移民首當其衝；第10任費爾保更是知名大貪官，用軍隊暴力強徵人頭稅，連婦女也不放過。當時中國移民的婦女約有1,200人，原本不必課徵人頭稅，費爾保卻下令課徵，並趁機貪污，堪稱是大員長官中最貪污又最暴虐的

一位，終於在1652年激出中國移民武裝推翻荷蘭人政權的「郭懷一事件」。

　　1651年起，就有多起中國移民不滿荷蘭人高壓徵稅的暴力抗爭事件，費爾保強硬鎮壓，使得中國移民與荷蘭統治當局的關係愈趨緊張。尤其查到逃漏稅可分得三分之一作為獎金，荷蘭的官吏、士兵，甚至牧師都介入查察中國移民的逃漏稅，假借查稅，侵入住宅，翻箱倒櫃，甚至公然索賄及行搶。費爾保還派出部隊120人從南向北，沿路掃蕩抗稅的中國移民，尤其是偷渡來台的中國移民更是被抓捕榨稅，甚至是當街殺害的對象。中國移民抗暴的聲浪越來越高，郭懷一身處其中，對荷蘭人越加不滿，遂聚集中國移民，力主武裝起事，推翻荷蘭人統治。

　　郭懷一原先計劃引鄭成功入台，再行起兵。但鄭成功轉戰廣東，無法聯絡。郭懷一決定假借鄭成功即將攻台的謠言，堅定抗爭群眾的信心，準備自行揭竿而起。「（起事者）得到許諾，一旦殺掉荷蘭人，即可分到一份擄獲錢財，而且不必繳稅。他們甚至被說服，根據推算是九月十七日，載運三千人的三百艘中國帆船，滿載著武器和大砲，即將登陸打狗來協助他們。」（藍柏，2019, p.50）原先郭懷一計劃舉行盛大的中秋節晚會，邀請費爾保等人參加，再於宴會上起兵擒拿，接著興兵進攻普羅民遮城及熱蘭遮城。參與計畫討論的呂芳名向費爾保告密，費爾保立即加強戰備工事，調集原住民武裝，派兵監視郭懷一。郭懷一發現事機敗露，被迫倉促起事，興兵攻打普羅民遮城，荷蘭人反應不及，郭懷一部隊順利攻佔普羅民遮城。

　　費爾保率軍強力反攻，郭懷一部隊抵擋不住，立即潰敗，荷蘭兵很快重新收回普羅民遮城。郭懷一率餘眾4,000多人撤往漚汪（台南市將軍區），準備長期據守。荷蘭人為激勵鬥志，許諾平埔族原住民殺死中國移民，可用人頭領賞。原住民每殺一位中國人，獎賞花布Cangan一塊。9月9日、10日兩天，原住民就砍殺500個中國移民。原住民驍勇善戰，郭懷一部隊抵擋不住，迅即潰敗。平埔族帶了2,600個中

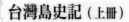

國人頭領賞，射殺郭懷一的平埔族人更獲得50里爾的特別獎賞（程紹剛，p.367）。

郭懷一起兵12天，兵敗被殺，中國移民不分男女老幼，不論有無參戰，被殺6,000多人，每4人被殺1人，按人口比例計算，可說是台灣島史上最大慘案。費爾保在1652年10月30日報告巴達維亞總督的信上說，中國人被殺或餓死3,000人。費爾保日誌記載：「他們（原住民）獵獲許多人頭，為了減輕負荷，只帶回耳朵。這些野蠻人在三天之內殺死六千多人，倘若有機會繼續下去，他們不久便會殺光島上所有的人（中國人）。（藍柏，2019, p.50）」1652年12月24日《東印度事務報告》記載：「原住民隊伍見此情形，急起直追，直打得敵人狼狽不堪，留下2,000多具屍體……逃跑的中國人仍由原住民繼續追擊；整個暴亂前後持續12天，有3,000至4,000名中國人喪命（程紹剛，p358）」中村孝志在1937年6月撰〈荷蘭時代台灣農業及其獎勵〉文中說，郭懷一事件時，台灣島的中國移民人口有16,000人，但事件發生後中國男子4,000人被殺，其中只有1,800人是郭懷一的部下，另有5,000名中國婦女被殺。換言之，中國移民有9,000人被殺害。

但平埔族參戰的代價也不小，人口從1650年的68,657人，驟減至1654年的49,324人，整整少了近2萬人。其中除了小部份因戰爭死亡外，隨戰爭而來的饑饉和傳染病造成的死亡人數也不少。1652年12月24日《東印度事務報告》指出：「整個（郭懷一）叛亂平定期間，台灣島村莊遭受重大損失，特別是收穫的作物，包括上季收購的糖和稻穀，均儲存在他們田地裡的倉庫中，多數被毀，有些房屋甚至被燒掉，正像普羅民遮一樣，只剩幾座石房。叛亂使貿易停頓，使公司蒙受損失。」1654年1月19日報告又指出：「麻疹和高燒流行，平埔族老少染病眾多，疾病仍在繼續，已奪去許多人的性命，稻田無人播種，今年恐怕要鬧饑荒。」

（二）郭懷一事件的背景

　　1650年台灣島甘蔗種植過多，缺乏足夠資金收成製糖，大員當局放任不管。很多蔗田到1651年後，面臨英國制訂《航海法案》杯葛荷蘭商船運輸業，波及沒有英國商船可供運輸的蔗糖出口業，台灣島的蔗園只能任令荒蕪，中國佃農因此大量失業，生活無著，四處流浪，變成羅漢腳。1651年10月24日巡視台灣島的巴達維亞特使弗斯特班（Versteben）寫信給總督雷尼爾茲說：「普通的中國人十分貧困，貧苦的砂糖工人無事可幹，只能領過去10%的工資，四處謀生，上山砍柴，打零工雜活。他們一無所有，台灣島普遍瀰漫不安和怨氣。」

　　1650年費爾保還提高中國移民的人頭稅，從每月0.25里爾提高到0.5里爾。1640年9月1日普遍開徵人頭稅時，尤紐斯牧師就說：「中國人非常窮苦，無法負擔每月0.25里爾（每人每年3里爾）的人頭稅。」1650年突然提高一倍，激起抗稅，自是意料之內，再加上稅吏常帶士兵趁夜晚挨家挨戶檢查人頭稅收據，並趁機敲詐收據不全的家戶，弄得雞犬不寧。每1里爾約當0.25英鎊，人民幣2.5元，新台幣12.5元，依當時的國民所得計算，是很重的稅負。

　　西班牙銀幣當時具備「國際貨幣」的地位，每一單位「西班牙里爾」El Real等於3.095公克的白銀。荷蘭人當時也採用西班牙銀幣的貨幣單位「里爾」Real。1600年代，1里爾約當0.73兩銀，1里爾等於2.5盾（Gulden或Guilder，金屬幣之意），古代稱Florijn。「盾」是荷蘭銀幣的貨幣單位，因為上面鑄有盾牌標誌，被中國人翻譯為「盾」。在1660年代，1盾約當0.1英鎊，1里爾等於0.25英鎊。當時台灣島的薪資水平，荷蘭商館館長月俸約150盾，教師月俸23盾，資深工匠月俸11盾，普通住宅每戶約值300盾。假設1600年代的英鎊至今價值不變，現今1英鎊約10元人民幣，50元新台幣。因此，1盾等於1元人民幣，所以1里爾約當2.5元人民幣，12.5元新台幣。事實上1600年代至今的通貨膨脹使英鎊貶值約500倍，有人認為算入物價貶值因素，1600年代的1里

爾應該等於現今125英鎊，1盾應該等於現今50英鎊。如此推算，1里爾
應該等於現今1,250元人民幣，或6,250元新台幣。

　　糧食不足更是暴亂的溫床，1650年台灣島稻田耕種面積有3,481
甲，1651年只剩1,924甲，減少45%。這是蔗田種植面積搶走稻田面積
的結果，是早期「米糖相剋」現象的病兆。甘蔗種植過多，遇上1651
年英國杯葛荷蘭商船，台灣島蔗糖運不出去，糖價下跌，蔗農和佃工
失業。稻米種植太少，米價上漲，民生困苦。1651年稻米種植過少，
1652年糧荒爆發，點燃了郭懷一事件的火種。

　　鄭成功於1646年起兵抗清，1650年鄭成功軍力已達4萬人，聚集
廈門，戰艦百餘艘。台灣島上的中國移民渴望鄭成功能成為反荷靠
山，郭懷一等人也試圖聯絡鄭成功佔領台灣島，驅逐荷蘭人。當時
鄭成功正忙於「反清復明」，無暇他顧。但郭懷一、黑鬚子、龍官
（Lauecko）等人宣傳說1652年9月17日中秋節鄭成功將派300艘戎克
船，載運3萬名兵士及火砲武器抵達「打狗」（Tancoya，高雄），中
國移民若響應鄭成功，起而消滅荷蘭殖民政權，將獲得豐厚獎金，且
免除人頭稅。

　　1652年9月17日中秋節原是郭懷一準備武裝起兵，爭奪政權的日
子，但9月7日下午中國移民的長老郭苞（Pau）、呂芳名等7人進入熱
蘭遮城，向費爾保舉報郭懷一叛變。適巧3小時前，費爾保也接到報告
說，外界傳言鄭成功要攻打台灣島。費爾保立刻派人赴普羅民遮城和
阿姆斯特丹圩田區探查，結果發現阿姆斯特丹圩田區有很多中國移民
手持長矛、火把、大刀、劍、火槍聚集。這些武裝移民看到荷蘭人潛
入偵查，知道事蹟外洩，郭懷一倉促啟動，命令於9月8日黎明進攻普
羅民遮城。

　　郭懷一事件結束後，1652年12月24日《東印度事務報告》記載：
「須在對面普羅文薩城的十字路口當中修築一座砲台……將耗資
f.20,000，這筆費用將通過取消中國婦女免交人頭稅一項規定獲得補
償，每月可收取600里爾。（程紹剛，p.361）」

十二、西撒爾（1653年-1656年）

　　第11任大員長官西撒爾（Cornelis Caesar, 1610-1657）生於荷蘭高斯（Goes），1629年以助理身份來到巴達維亞，1637年派駐大員擔任商務員，1641年晉升爲大員的高級商務員，1644年擔任民事官，1646年返回荷蘭，共駐留台灣島近十年。1651年返回雅加達擔任特別委員，1653年出任大員長官（程紹剛，p.xxxiii）。他面對的是經濟衰退及災害頻傳的台灣島。全島性的傳染病造成人口大量死亡，大規模蝗蟲災害蔓延全島，農作物收成嚴重受損，甚至遭遇危害巨大的地震，鄭成功又下令全面封鎖中國大陸與台灣島的貿易。此時第12任巴達維亞總督馬茲克又要西撒爾加徵稅收，西撒爾堅不贊同，遂被召回巴達維亞。西撒爾的上司是第12任巴達維亞總督1653-1678任期的馬茲克（Joan Maetsuycker），中國文獻翻譯其名爲「物馬綏掘」。

　　馬茲克（Joan Maetsuycker,1606-1678）出生於阿姆斯特丹，去世於巴達維亞。在魯汶大學Leuven攻讀法律，畢業後在海牙Hague和阿姆斯特丹執業律師。 1636年馬茲克移居印尼，當時稱做荷屬東印度Dutch East Indies。1646年馬茲克被荷蘭東印度公司任命爲錫蘭殖民地的長官Dutch Governor of Zeylan，Zeylan後來改名爲Ceylon。1653年馬茲克被任命爲第12任荷屬東印度總督Governor-General of the Dutch East Indies，俗稱巴達維亞總督，馬茲克擔任此職長達25年，是任期最長的總督，直到去世。馬茲克於1653年與鄭成功起衝突，1654年2月6日《東印度事務報告》記載：「國姓爺寫信給大員長官，抗議公司特使瓦赫納爾在前往廣州途中攔截他一條駛自廣南的帆船並搶走船上的貨物。（程紹剛，p.403）」這是造成1662年失去台灣島的重要原因，馬茲克把責任全推給揆一，馬茲克並未因此被阿姆斯特丹總部怪罪咎責。

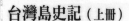

　　西撒爾任內在淡水附近的森林發現樟樹，這是台灣島後來成為世界樟腦生產中心的起始點，但早在1640年鄭芝龍已有經過台灣島販賣樟木和樟腦去日本的記載，只是不確定這些貨品是出自中國大陸的轉口貨物或台灣島內生產的貨物。不過直到清代中國時期，樟腦才成為大量出口的經濟產物。1653年西撒爾有鑑於「郭懷一事件」的教訓，上任即興建更堅固的「普羅民遮城」，即赤崁樓，1655年竣工，與「熱蘭遮城」互為東西犄角，拱衛「台江內海」，防禦海盜。普羅民遮城是「省城」之意，城堡附有兩個稜堡，每個稜堡建為兩層，上層有5門大砲，下層有4門大砲，加上城堡本身有4門小砲，共有22門砲，火力強大。城堡中有井水，荷蘭人自認為可屹立數百年，沒料到鄭成功只花幾天就攻陷，原因是補給困難，很容易被圍困封鎖；而熱蘭遮城靠著台灣海峽，補給較容易，可承受長期包圍。尼德蘭共和國當時只是鬆散的邦聯，荷蘭人對荷蘭省政府比對尼德蘭國家更忠誠，常以「省」的概念命名。普羅民遮城位於「台江內海」的東側，可監視停泊於「台江內海」的船隻，熱蘭遮城位於「台江內海」的西側，控制船隻出入台灣海峽。

　　西撒爾擔心郭懷一事件的類似事件再起，在1656年3月7日的地方會議，一再告誡原住民說：「中國人不很可靠，各村社長老要命令村社居民盡可能少跟中國人來往。」這道命令反映了荷蘭人、中國人、原住民之間的複雜關係。

　　荷蘭人早在1625年就用15匹花棉布（Cangan）買到原屬新港社原住民的「普羅民遮」的土地，即今「赤崁」地區，開始建設「普羅民遮市街」（Stad Provintia），擬供中國移民及商人、日本商人居住的市集。但直到1648年這個市集才因中國戰亂，中國移民激增，而繁榮起來。西撒爾重新規劃市集，並興建堅固的「普羅民遮城」，即今「赤崁樓」，形成台南市的早期雛形。「普羅民遮城」的興建經費來自對「女性中國移民」課徵專款專用的人頭稅，1649年納稅中國女性移民就有838人，是男性10,501人的8%，實際女性的人口比例會比納稅女性

人口高很多，因為未達課稅標準或免稅的女性很多。1653年後西撒爾收取中國移民婦女的人頭稅，自然不是問題。足證在荷蘭殖民統治時期，中國移民在台灣島就有「唐山嬤」存在，這使得「只有唐山公，沒有唐山嬤」的說法不攻自破，所以「無唐山嬤」是錯誤的歷史傳說。

　　強固後的「普羅民遮城」，置有22門火砲，火力強大，與「熱蘭遮城」不相上下。西撒爾報告巴達維亞總督馬茲克說：「新建的普羅民遮城可屹立數百年，城中還有清澈的井水。」1656年2月1日《東印度事務報告》記載：整個強固「普羅民遮城」的工程預算耗資f.110,000（荷盾），超出預算一半多（程紹剛，p.441）。雖有新城堡可防止中國移民造反，卻抵擋不住天災。十七世紀氣候危機開始在台灣島發威，1653年的傳染病、蝗災、地震，1654年的蝗災，1655年的蝗災，1656年的暴風雨，西撒爾都束手無策。平埔族原住民和中國移民大量死亡，農業生產停頓。荷蘭人必須從日本進口米糧，以應付饑荒。天災造成人口減少，中國移民的人口有後繼移民補充，人口數仍然維持成長，但平埔族原住民人口卻無力添增，台灣島的社會結構就從原住民的台灣島，轉變成中國移民的台灣島。中國移民結合中國政權推翻荷蘭人統治，只是時間問題，因為僅有不到1,000人的荷蘭兵，有再多的火砲，再強的城堡，在已成形的中國移民之島，都無法長久保衛荷蘭殖民政權。

　　原住民人口按1650年荷蘭人編製的「番社戶口表」，平埔族原住民有315個村社，15,249戶，原住民人口68,675人。但原住民人口在1656年，村社減少為162個，戶數減少為8,294戶，人口減少為31,221人。

　　1650年至1656年間的統計比較，平埔族原住民人口減少超過一半，其人口銳減的因素都發生在1653年至1656年間：

　　第一，1653年是台灣島歷史上的災難年，也是十七世紀氣候危機的一部份，先是爆發麻疹和高燒傳染病肆虐，原住民大量死亡，稻田

荒蕪。1653年10月西撒爾報告巴達維亞說：「南部、北部的村社相當多人，不分老少，死於瘧疾和麻疹，造成許多稻田廢耕。」1653年11月台灣島發生第一次大蝗災，「北部基隆，飛蝗如黑雲，以至作物大受損害」。11月6日和7日《東印度事務報告》記載：「整座福島被飛自空中的無數蝗蟲像烏雲一樣遮蓋。」11月20日又記載：「雞籠的守衛士兵中流行高燒病。」（程紹剛，p.403）1653年12月台灣島又發生大地震，中國移民和原住民大量死亡，尤其北部的巴賽族和噶瑪蘭族，噶瑪蘭族在這場災難中幾乎慘遭滅族。《熱蘭遮城日誌》第三冊第289頁記載：「1653年又因蝗蟲成災，造成全島饑荒。到處看到有人病死，像麻疹和熱病。」

第二，1654年也是饑荒年，5月10日台灣島爆發第二次蝗災，全島都被蝗蟲掩蓋。「有蝗蟲自西北飛至，吃光稻穀蔬菜，八千人饑餓以死。」耕地面積比1650年減少三分之一，從6,409甲下降至4,232甲。《東印度事務報告》記載：「5月10日，成群的蝗蟲從天而降，將整座島嶼覆蓋，地面全被掩埋，天空與海洋也無法辨認，人們恐懼不堪。」《熱蘭遮城日誌》記載的蝗災從5月10日到9月7日都還沒結束，5月10日記載：「傍晚，我們看見松果園那邊好像有一片烏雲罩在那裡，先是長長地伸展，然後寬寬地展開。這現象，幾個月前在本島北邊的雞籠出現過，以後也在本島南邊出現，即非常多的蝗蟲飛來，使得天空因而昏暗起來。」6月1日記載：「同（5）月23日有大群蝗蟲經過那裡（虎尾壠）。這群蝗蟲經過那裡的時間，從早晨八點鐘到深夜，……」6月20日記載：「本（6）月12日，那邊（雞隆）的天空被大群的蝗蟲遮得幾乎看不見了。」6月27日記載：「有大群蝗蟲出現在那裡（二林），多到天空全是蝗蟲了，……」6月29日記載：「可知這害蟲遍佈全島了，而且還逐日加倍地在增加。」7月2日南區政務員Johannes Olario報告：「那些數目驚人的蝗蟲把田裡所有的作物通通吃光了，那一帶的原住民將有遭遇極大饑荒的危險。」9月1日記載：「現在那些蝗蟲又重新大量出現，使得這鄰近田裡的稻作已有部分枯萎

了。很顯然，還有繼續使全部稻作都被這些蝗蟲吃光的可能。因此，無可懷疑地，嚴重缺糧，以及因而引起的大饑荒，將在這地區各處發生，尤其是在福爾摩沙的原住民當中將更爲嚴重。」

第三，1654年傳染病災情慘重，1月19日《東印度事務報告》記載：「福島平原地區流行麻疹和高燒，南北村社中的老少染病者衆多，疾病仍在繼續，已奪去許多人的性命。結果使他們的稻田無法播種。因而，原住民今年恐怕要鬧飢荒。教堂和學校等宗教工作也明顯受到影響。原因是從事宗教和民政工作的職員均受疾病困擾，多數人離開村社而返回大員（程紹剛，p.395）」。《熱蘭遮城日誌》7月21日記載：「在大員和赤崁，熱病（Hete Koortsen）猖獗，以致日常有很多人死亡，……」8月22日有一場「非常強烈的暴風」。8月28日記載：「轄區（麻豆）裡原住民的疾病、死亡和饑荒的悲慘狀況。」9月13日凌晨四點半又發生大地震，災情嚴重，《熱蘭遮城日誌》記載：「非常大而且激烈的地震，夾雜著很大的轟隆聲。」9月27日記載台東卑南的原住民村社因爲饑荒，爭奪糧食，村社之間的殺戮越來越嚴重。

第四，1655年台灣島發生第三次蝗災，「稻田蔗園，全被破壞」。

第五，1656年10月7至8日台南地區出現百年未見的暴風雨，房屋大批倒塌，農損達三分之二，居民死亡慘重。荷蘭人在大員的北線尾修建的「熱堡」（或稱「海堡」）也被暴風雨摧毀，「熱堡」是守衛港口水道的碉堡。荷蘭人事後未重建海堡，《熱蘭遮城日誌》10月17日記載：「這個碉堡已經連地基都一起翻開倒塌了，那裡甚至也沒有可以建造碉堡這麼重的建築物的適用土地。」荷蘭人放棄重建「海堡」，使1661年鄭成功進攻台灣島時，不受「海堡」大砲的威脅，得以順利通過鹿耳門水道，也使得鄭軍爭奪北線尾沙洲時，可輕易打敗沒有大砲掩護的荷軍。

西撒爾任內與鄭成功的關係很矛盾，1653年8月7日西撒爾決定建造普羅民遮城堡，10月24日寄往巴達維亞的信報告說，鄭成功固

守基地越來越困難，普羅民遮被攻擊的可能性升高。鄭成功當時控制福建閩南、廈門、金門、澎湖，荷蘭人早有鄭成功攻佔台灣島的傳言，但1654年4月4日30歲的鄭成功還專函請西撒爾派荷蘭醫師拜耳（Christiaan Beyer）赴廈門替他治病。5月23日拜耳抵達中國，鄭成功左手臂長了幾個腫瘤（Knobhelen），醫師拜耳診斷後，開立藥方，調製藥物，鄭成功親自複核藥物，派親信醫官監督拜耳配藥。1654年7月6日《熱蘭遮城日誌》記載：「那些腫瘤已開始消散，並且軟化了。但是現在缺乏藥物，那些可以完全消除那病源的藥物。」荷蘭醫師拜耳回台後，卻留下報告，除指稱鄭成功罹患Morbum，某種病毒感染的腫瘤，有人解讀是梅毒。拜耳醫師觀察鄭成功性情乖戾，處罰妻妾奴僕部下，手段殘暴，毫無人道。《熱蘭遮城日誌》8月21日記載拜耳醫師的信，信上說：「國姓爺仍經常很殘酷地處人死刑，很多人被殺，包括有罪和無罪的。」1649年到1661年鄭成功處死的文武大臣不下70名之多，與同時期清政府皇帝皇太極籠絡文臣武將的手法形成強烈對比。這到底是鄭成功病毒感染腦部的後遺症，還是鄭成功乖張的統治性格，就不得而知。

另一方面，不到一年，因為1654年荷蘭人在澳門外海搶劫鄭成功的商船，雙方關係惡化。1655年鄭成功即針對台灣島的荷蘭人發佈《海禁令》，不准中國商人與菲律賓的西班牙人進行貿易，也斷絕中國貨物外銷到台灣島，同時切斷台灣島與日本的貿易。巴達維亞總督馬茲克也想壟斷同樣的貿易管道，不時與鄭成功的船隊爆發衝突。鄭成功除了要報復巴達維亞的武裝搶劫外，也意圖壟斷中台、台菲、台日的貿易，以籌措軍費。這道《海禁令》嚴厲封鎖台灣海峽的貿易活動，對荷蘭人造成經濟上的沉重打擊。荷蘭人武力不及鄭成功，也只好任由鄭成功壟斷中間利潤。這道《海禁令》直到1657年8月才解除，這已是荷蘭末任大員長官揆一上任後第二年。

荷蘭人的利潤主要是靠把日本和菲律賓的白銀運到中國，再用白銀從中國買黃金和蠶絲運到日本，以及再用黃金買印度布匹，運到印

尼交換香料，最後把香料運去歐洲。中國用白銀做貨幣，所以黃金的價格比國際低，荷蘭人還可以賺一手「匯差」。當時中國的金銀比價是一比七，在日本是一比十，在歐洲是一比十二，在中國的銀價相對比較貴。西班牙人從美洲波利維亞的波托西（Potosi）銀山挖白銀運到馬尼拉，由荷蘭人再轉賣到中國，換取黃金、絲綢、瓷器。這些貨物轉來轉去，都以台灣島當轉運站，或貿易中心。當這些轉口利潤被鄭成功壟斷，荷蘭人在台灣島的根基就開始潰堤。

十三、揆一（1656年-1662年）

　　大員最後一任長官揆一（Frederick Coyett, 1615-1687）是瑞典人，出生於斯德哥爾摩（Stockholm），揆一和第8任大員長官卡朗是連襟，受惠卡朗的推薦，1646年出任荷蘭駐日本出島商館的館長，1647年調任大員評議會議員，1651年當時的大員長官費爾保與牧師倪但理（Daniel Gravius）因牧師在原住民村社行使管理權的問題爆發衝突，揆一支持倪但理，種下日後與費爾保不合的因子（藍柏，2019, p49）。1656年2月1日《東印度事務報告》記載：「揆一的月薪由130盾提高到150盾，簽訂三年的合同，本來他予以拒絕，現在已經接受，因為他經驗豐富，具有能力，我們對此較為滿意。（程紹剛，p.442）」揆一在1656年6月15日接任第12任長官時，荷蘭人在台灣島的處境已是千瘡百孔，窮途末路。與中國、菲律賓、日本的貿易仍被鄭成功封鎖，荷蘭公司的翻譯官何斌又偷偷在台灣島替鄭成功籌集軍餉。揆一懷疑中國移民的忠誠，著手施行恐怖政策，許多中國移民的頭人被扣押刑求，查問與鄭成功的往來。被懷疑的中國移民遭逐出田地，成為流浪的羅漢腳。揆一為了不使米糧落入鄭成功手裡，竟然派人砸毀中國移民的糧倉，焚燒米糧。鄭成功只好策略性的假意解除海禁，緩和大員及巴達維亞當局的敵意。鄭成功最後於1662年反擊，率

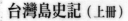

軍包圍熱蘭遮城。揆一投降鄭成功後，返回巴達維亞，被判處終身流放於印尼的小島，但8年後獲贖。揆一的上司是第12任巴達維亞總督1653-1678任期的馬茲克（Joan Maetsuycker）。

揆一就任大員長官後，在統治原住民方面，淡水會議區原住民反抗荷蘭統治的事件頻傳，1656年2月八里坌社（Pergon, Perragon）、南崁社（Pereoutsy, Perkoutsi, Parkoutsie）、毛少翁社（Kimassau）、坑仔社（Mattatas）、竹塹社（Pokaal, Pocael）原住民攻擊中國漁民，殺害4名荷蘭人，包圍淡水紅毛城（程紹剛，p.440）。林仔社（Chinaar）、坌社（Rappan）、萬里社（Pillien）原住民攻擊淡水的中國移民村落。林仔社人還阻擾巴賽人（Basayers）運送補給品到荷蘭人的淡水要塞。對荷蘭人而言，原住民攻擊中國移民，就是應該被鎮壓的暴動。

1657年7月揆一決定征伐竹塹社（Pokaal）、南崁社、坑仔社、八里坌社、林仔社、林仔分社（Kakkerlak或Cackerlack，小雞籠社）。同年9月揆一派施達爾（Schedel）率240名士兵及60名水手，水陸並進，赴淡水會議區嚴懲原住民，焚燒竹塹社、林仔社、八里坌社的田舍及農作物，斬殺各社頭目，懸首於基隆要塞，荷蘭人展示完全不同於西班牙人的統治手段。

1657年各村社因麻疹流行，頭目和長老無法出席「地方會議」，南北地方會議都被迫取消。駐彰化二林的荷蘭政務員報告說：「天花還在蔓延，北投社（南投草屯）的長老死了；南投社兩個長老都死了，全社95個成年男子只剩34個。」

1658年揆一在宜蘭地區的哆囉美遠社（Tallabayawan）設立貿易站，與噶瑪蘭人進行貿易，甚至買噶瑪蘭人的子女為奴。揆一在台灣島搞奴隸貿易，行徑實在怪異。

揆一兇殘的程度不下於郭懷一事件時的費爾保，1659年揆一又派出120名荷蘭兵及150名原住民武士，攻擊淡水會議區的武溜灣社（Pulauan或Pinnonouan，新莊），焚毀全村。

在統治中國移民方面，1659年後鄭成功的抗清軍事鬥爭可說節節敗退。中國移民已不再是經濟移民，更多是逃避戰禍的政治移民，人數謠傳暴增達10萬人。揆一恐懼中國移民引入鄭成功政權，採用恐怖手段禁絕中國移民協助鄭成功籌集軍費和軍糧。中國移民的頭人橫遭監禁刑求，從事農作的中國移民的糧倉遭沒收或焚毀。揆一的恐怖政策更使中國移民渴望鄭成功攻佔台灣島，也產生更多鄭成功即將攻佔台灣島的傳言，惡性循環，又使揆一變本加厲的實施恐怖政策，更積極向巴達維亞總部申請調派更多兵力。

1655年，鄭成功發佈的《海禁令》，兩岸往返船隻全部斷絕，在1656年讓台灣島的經濟重挫，揆一不得不與鄭成功謀和，尋求解禁開放兩岸貿易的機會。1657年3月揆一派何斌攜帶貴重禮品赴廈門拜訪鄭成功，希望鄭成功解除《海禁令》，也承諾荷蘭人不會妨礙鄭成功派赴東南亞貿易的商船。7月鄭成功答覆會在8月解除《海禁令》，恢復兩岸貿易。但揆一卻也得到消息，鄭成功一邊開放海禁，一邊透過在台灣島的中國商人對台灣島出口的貨物開徵1%出口稅。1660年更得知連頗受荷蘭人信任的何斌也協助鄭成功徵稅，揆一於是下令捉拿何斌。何斌早已委託郭平暗測鹿耳門水道，繪製鹿耳門溝至普羅民遮城的航路以及台灣島地形圖，迅即帶著相關圖資投奔鄭成功。揆一大為緊張，立即查封鄭成功在台灣島的商館。1659年12月16日《東印度事務報告》記載：「公司的中國翻譯何斌，在他私下為國姓爺在福島收稅被發現並受罰之後，攜妻兒和他的姐夫逃往中國。」所謂「何斌徵稅」是指國姓爺指示何斌對從大員輸出中國的食物諸如鹿脯、鹹魚、蝦等，以及從中國輸入到大員的黃金，各徵收1%的輸出入稅。若有人拒繳，何斌將把其姓名、船貨報告給國姓爺。（程紹剛，p.513）

雖然鄭成功發布《海禁令》，卻只禁止載運貨物，不禁止載運人員，進入台灣島的中國移民仍然迅速成長。1655年3月至1658年2月間，荷蘭人統計共有488艘船載運17,808人到台灣島，其中男性16,241人，女性1,567人，女性是男性的9.6%；有425艘船載運14,758人從台

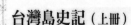

灣島返回中國大陸。1657年台灣島的中國移民成年納稅人口數16,600人，以1.4倍估計，總人口數約23,240人；以3.08倍估計，總人口數51,128人，中國移民已超過平埔族原住民的人口數。

1661年初台灣島的中國移民成年納稅人口達2.5萬人，以1.4倍計算，總人口在3.5萬人；以3.08倍計算，總人口數7.7萬人，都已遠遠超過平埔族人口數。人口政治的現實，台灣島從原住民之島及荷蘭公司之島轉變為中國移民之島的客觀條件已經成熟，只缺如何擁有武力及如何建立政權。鄭成功的軍事實力及閩南人的政權特徵，有利於中國移民的認同。台灣島誕生中國移民政權，只剩鄭成功的決心。

1660年初揆一獲得情報，鄭成功正籌備攻台武力，立即報告巴達維亞，鄭成功將於3月27日進攻大員港，要求加派艦隊增兵保衛大員。揆一且在普羅民遮城四周挖掘壕溝，約2.19公尺（7呎）深、3.77公尺（12呎）寬。巴達維亞認為揆一過度緊張，3月27日也的確風平浪靜。但巴達維亞為防範未然，於7月派出12艘戰艦600名兵員，假借攻擊澳門的葡萄牙人為名，航抵台灣島。揆一與艦隊指揮官范德連（Joan van der Laen）卻起矛盾，范德連在台灣島待了兩個月，覺得鄭成功並無攻台的動靜，預訂10月份要轉戰澳門，揆一激烈反對。

范德連與揆一爭執不休時，在拔鬼仔（Thomas Pedel）建議下，大員評議會於1660年11月乾脆直接派迪拉茲（Adricaen Dillarts）率3艘戰艦直奔廈門面見鄭成功，要求鄭成功表態在維護鄭荷傳統情誼，或進攻台灣島做出選擇。鄭成功答覆說，他正忙於抗清事業，絕無進攻台灣島的意圖，責備揆一不應聽信小人，既已解除海禁，希望合作促進貿易，不要相互懷疑。面對鄭成功的表態，揆一認為是詐術，更積極投入大筆經費修建戰備。但由於鄭成功於1658、1659年兩度北伐失敗，1660年卻在福建反攻清軍獲勝，巴達維亞認為鄭成功的說法合情合理，下令揆一停止濫用經費於加強戰備。到了1661年2月范德連決意攻打澳門時，澳門的葡萄牙人早得到情報並做好萬全準備，范德連不得不取消攻佔澳門的計畫，率艦離台，巴達維亞為此懊惱不已，就把

責任怪到揆一頭上。

　　巴達維亞召開評議會，認定鄭成功攻台的傳言是無稽之談，決議不再增兵加強防衛台灣島，同時決定撤換揆一。曾任大員長官的費爾保抨擊揆一說，1650年時，台灣島的淨收入是52萬盾，到1660年在揆一統治下，人口增加3倍，但淨收入卻降到7萬盾。費爾保認為揆一的恐怖政策威嚇中國移民，農業生產受到破壞，也間接影響中國商人與台灣島貿易的意願，更得罪鄭成功，引來更多貿易障礙。最後巴達維亞評議會無異議撤換揆一，改派柯連克（Harmen Klenck Van Odessen）於1661年6月接任。

　　1661年1月8日至12日大員長官揆一派商務員哈滔爾（David Harthauer）率250名軍隊及其他村社勇士，進攻大龜文社頭目轄下的「力里社」（Lalekiek、Derkekuk、Laluqeluge，屏東春日鄉），焚毀部落，殺死11人，以示警告其他村社。2月14日至27日哈滔爾再度率兵200名及其他村社勇士討伐大龜文社，「焚毀一切」。當時「大龜文王國」的轄區只剩下大龜文社（Taccabul，屏東獅子鄉）、內獅頭社（Borboras，屏東獅子鄉）、力里社（Lalekiek，屏東春日鄉）、率芒社（Kasuvongan，屏東春日鄉）等，為何揆一要接連兩次派兵征伐，原因並不清楚。哈滔爾進攻途經加祿堂社，夜宿田野，受到加祿堂社女頭目的熱烈接待。

　　揆一始終認為鄭成功即將突襲台灣島，卻採取很多奇怪的措施。《熱蘭遮城日誌》1661年3月5日記載：揆一下令「從今以後，任何中國婦女，都不得以任何方式，從此地或這地區的其他地方被送出去」。揆一認為中國婦女可作為中國移民效忠荷蘭人的人質，用這種方式控制中國移民，使之不敢投靠鄭成功，這種措施實在太愚蠢。但是荷蘭人也發覺中國移民的動向很詭異，原本中國商人聚集的大員市鎮（熱蘭遮市鎮）突然靜寂起來。1661年4月14日《熱蘭遮城日誌》記載：「此地（熱蘭遮）市鎮裡的各行各業都靜寂得好像死了那樣，很多房子都關門了，大部份的中國人婦女，也有部份的男人，現在都留

在赤崁，看起來像是害怕從中國會有什麼可怕的事情發生。」揆一的預料很快成真。

但是1661年1月26日《東印度事務報告》記載：揆一下令中國農民拆毀糧倉，放火燒毀7,000至8,000袋稻穀，甚至可能達20,000袋。數千農民從遠處的耕地被趕到大員，沒有時間收拾他們的財物。農民若違背命令，將受到嚴懲。大員長官從一開始就製造混亂，還下令羈押10名頗負威望的中國人，包括幾名長老，只因為獲報他們把妻兒送往中國，經審問查核卻又發現他們的家屬在台灣島，仍繼續羈押。大員長官抓了許多「叛徒」，嚴刑拷打，卻沒有任何證據。這些人多數從事農業，這種作法幾乎變相破壞農業生產。這全是大員長官錯誤判斷和一時衝動引起的，他又不肯承認錯誤。這段記載成為後來揆一被判死刑的證據之一。（程紹剛，p.528）

1661年4月30日鄭成功派遣的400艘戰艦已出現在台灣島外海，從原本淤積嚴重的鹿耳門水道，藉著漲潮時分，彎彎曲曲的拐進「台江

揆一投降鄭成功交出熱蘭遮城

內海」，在今日的台南永康的洲仔尾禾寮港登陸，5天內很快就攻下「普羅民遮城」。鄭成功登陸地點也可能是柴頭港（台南北區）的麋鹿灣（Lakjemuyse），再移師夜泊禾寮港（德慶溪、新港溪）北岸。鄭成功下令將「普羅民遮城」改名爲「赤崁樓」，同時進軍包圍揆一的總部「熱蘭遮城」。7月5日巴達維亞總督馬茲克派卡烏（Jacob Caeuw）率9艘軍艦，兵士725名，準備8個月糧食，急赴台灣島救援被圍困的熱蘭遮城，但已無法挽回荷蘭人的頹勢。

　　經過9個月的圍城攻防戰，1662年2月1日揆一投降，與鄭成功簽訂《鄭荷條約》，荷蘭人交出台灣島主權，鄭成功在《條約》上以「大明招討大將軍國姓爺」（閩南語拼音）的名義接收台灣島主權，從此台灣島的主權首度歸屬中國，由中國的諸侯藩王鄭成功以「延平王」的法律名義統治台灣島，台灣島成爲延平王國的轄區。但是延平王國是中國的諸侯政權，法律上並非脫離中國的獨立國家。因爲當時延平王國的首府仍然位於廈門，鄭成功把赤崁改名爲「東都明京」，意指「中國東部邊區政府的大明京城」。但不確定的是，「東都」的轄地僅指台灣島，或者還包括其他鄭成功的轄地，如澎湖群島、金門、廈門等地。「明京」是否僅指「台南」，也不清楚。鄭成功把大員港改稱「安平鎮」，因鄭成功的故鄉是泉州安平橋，並設置「承天府」作爲地方行政機構，管理台灣島這塊新領地。6月23日鄭成功瘁逝，年僅38歲。但中國移民進入台灣島，不再是荷蘭殖民地的屬民，而是中國藩王政權的臣民。荷蘭東印度公司認爲失去台灣島是一項重大的財物損失，1662年12月26日《東印度事務報告》說：「公司在大員的財產均留在那裡，由敵人霸占。按商務紀錄的最後結算，那裡的財產總值超過f.900,000，再加上那一地區f.250,000的費用以及所遭受的巨大損失，占東印度資金的很大一部分。（程紹剛，p.568）

　　揆一返回巴達維亞即遭監禁，1666年先被判處死刑，後改判終身流放班達群島（Banda Islands）西邊的艾伊島（Ay），直到1674年揆一的子女和親友向威廉三世（William III, 1650-1702）求情，才獲准繳

25,000荷盾罰金獲釋。1675年揆一返回荷蘭用筆名C.E.S，意即「揆一及其同伴」，寫下《被忽略的福爾摩沙》一書傳世。威廉三世於1672年繼任尼德蘭七聯省共和國執政官，兼任荷蘭省及澤蘭省的都督，1689年英國爆發光榮革命，威廉三世與妻子瑪莉二世（Mary II, 1662-1694）成為英格蘭、蘇格蘭和愛爾蘭的共同國王。

第四章
荷蘭公司的征伐與統治

一、荷蘭人的征伐行動

荷蘭人於1624年進佔台灣島南部時，附近地區已有少數中國移民和日本留守的貿易商人，但並未形成村落組織，其餘人口絕大多數是平埔族原住民，平埔族中又以西拉雅族占大多數，組成了西拉雅四大村社：麻豆社、蕭壟社、目加溜灣社、新港社。

1625年荷蘭人即開始統計台南附近原住民的戰鬥力，以便規劃軍事行動。據1625年4月《巴達維亞城日記》記載，在荷蘭人的城堡附近四個平埔族村落可以武裝的男子人數：麻豆社3,000人，蕭壟社1,000人，目加溜灣社1,000人，新港社400人。荷蘭人調查準備完畢，統治台灣島38年間，陸續在全島設置13個軍事據點，對不服從統治的原住民施加武力鎮壓，並採行焦土政策，焚毀村社，大肆屠殺，用恐怖政策統治原住民。其後荷蘭人爲確立並擴大在台灣島的統治權，多次興兵征服原住民，史有記載較大規模的軍事行動至少有二十次。

1633年11月12日以小琉球島民於1622年10月殺害登島取水的荷蘭船艦金獅號船員爲由，熱蘭遮城首度派兩隊士兵、60名水手、250名新港社等原住民戰士，進攻小琉球（Lamey或稱Samaji，沙瑪基），焚毀村舍，島民逃進山洞躲藏。

1635年巴達維亞總督布勞威爾（Hendrik Brouwer）數度下令基於復仇和航行安全，要清洗小琉球島民，因爲小琉球是荷蘭人從大員往來瑯𤩝的船運中途站。荷蘭人從大員前往瑯𤩝，最方便的航路是先從大員到小琉球，再從小琉球到瑯𤩝。

1635年11月23日第4任大員長官普特曼斯以報復麻豆溪事件爲由，派兵500名攻擊麻豆社、目加溜灣社，麻豆社人逃跑，還是死亡26人，荷蘭人縱火焚燒全社，是史上著名的「麻豆戰爭」。12月3日麻豆社投降，12月18日簽訂《麻豆條約》，12月19日在麻豆社舉行歸順儀式。

　　1635年12月22日至25日普特曼斯以殺害荷蘭人及新港社人爲由，親自率兵500名和500個新港人攻擊台灣島南部塔加里揚社（Taccorejangh，高雄阿蓮區，1645年後來併入阿猴社，屏東市），將全村焚毀。普特曼斯向總督布勞威爾報告：「此役成功地獵獲九顆敵首，並傷及多人，全社毀壞，所有樹木和放滿稻穀的房舍都燒爲平地。」（包樂史，p.6）

　　1636年1月8日攻擊蕭壠社，有7名蕭壠社人因參與麻豆溪事件被交出斬首，1月13日普特曼斯才回到熱蘭遮城。

　　1636年4月21日荷蘭人於是再度派兵100名，連同100名新港社和80名放索社原住民第二度征伐小琉球。先殺死3人，俘虜20人。許多小琉球島民躲進烏鬼洞，荷蘭人火攻洞內，燻死300人，逼出洞42人，8人成年男性，34人婦孺。另外捕獲323人，53人是成年男性，125人女性，孩童145人，全部解送大員。總計屠殺405人，191名俘虜送去爪哇當奴隸，但大多死亡。482名婦女和兒童發配給新港社當奴隸，成年男子當奴工；24名兒童被荷蘭人收養爲童奴，小琉球人大多受虐死亡。同年7月5日荷蘭人第三度征伐小琉球，派兵30人，並動員新港社、蕭壠社、麻豆社、目加溜灣涉、放索社、塔加里揚社、力力（Delatocq）社等原住民進攻小琉球，殺死300人，俘虜544人。

　　1636年12月28日《東印度事務報告》記載：「小琉球……被我們掃蕩一光，居民全被清除，有554人被我們的人運走，300人拒絕投降，情願在飢餓、疾病、臭氣等惡劣的環境中死去。那裡的人能幹、健美、強壯，有172名男女和小孩被送往巴城，這些人自願投降，抗拒者均被以鐵鍊銬住到魍港和大員勞動，婦女和兒童均被分散到新港人中間，使他們皈依基督教。因該島種植可可，我們的人以300里爾的價格出租給中國人，以後將獲得更高的租金。（程紹剛，p 180）」1640年、1644年、1645年荷蘭人決定清洗島上原住民，幾乎全被殺戮滅種，只殘留15人。1649年1月18日巴達維亞總督力英（Cornelis van de Lijn）向阿姆斯特丹報告總共清洗1,119名小琉球島民。

　　1637年10月30日大員長官伯格率300名士兵和1,400名來自新港、目加溜灣、蕭壠、麻豆、諸羅山的原住民進攻虎尾壠社，殺死22人，燒毀400間房舍和裝滿稻穀、小米的倉房。當時虎尾壠社有3,500人，12月5日虎尾壠社頭人赴大員投降。

　　1638年1月30日荷蘭人率兵126名和500名瑯嶠戰士突襲台東太麻里社，並將該社夷爲平地。殺死40人，俘虜120人。

　　1638年12月1日伯格率300名士兵對虎尾壠社懲罰性的征伐，逮補5名長老，燒毀150間房舍和200間米倉。

　　1640年3月20日派駐台東的商務員魏斯霖率12名荷蘭士兵和卑南社原住民攻擊里壠社，殺死500名里壠人，俘虜9名婦孺。

　　1641年11月20日第6任長官特羅德尼斯親率荷蘭兵400人及中國移民舢舨船300艘登陸雲林笨港（Poonkan），與牧師尤紐斯率領新港社等原住民部隊1,400人會師，從安平港出發，11月24日征伐西螺社，殺死30多人，並焚燒宅舍150間及小粟穀倉400座，並砍倒村社內的所有果樹。11月27日荷蘭軍隊再進攻虎尾壠社（Favorlangh，雲林虎尾、土庫、褒忠），縱火焚燒房舍400間，穀倉1,600座，大火連燒兩天。特羅德尼斯命令虎尾壠社和五個周圍村社包括斗六門社、西螺社、貓兒干社、二林社派代表將遭虎尾壠社殺害的荷蘭商務員Hans Ruttens等三人的頭骨送回大員，並簽訂《虎尾壠條約》（程紹剛，p.233）。

　　1641年9月12日特羅德尼斯獲報，派駐卑南的商務員魏斯霖（Maerten Wesselingh）遭到台東大巴六九社（Tammalaccauw，卑南鄉泰安村）和呂家社（Nicabon，卑南鄉利嘉村）的人喝醉酒後殺害。魏斯霖於5月31日乘船到達瑯嶠，經陸路前往卑南，要召集東部原住民探勘金礦，並說服他們種植稻米（程紹剛，p.232）。1642年1月11日特羅德尼斯率兵353人出征台東卑南鄉大巴六九社（Tammalocon），縱火焚毀全村，大巴六九社死亡27人，荷兵死亡1人，並勒令不准在原地重建村舍。途中瑯嶠社大頭目拒絕提供補給，還殺害留在瑯嶠看守飲料的荷蘭舵手，又謀害持有證照的中國漁民，大員當局決心發動逮捕瑯

嶠大頭目的戰爭。

1642年底至1643年1月3日特羅德尼斯派Johannes Lamotius率荷蘭兵300名和400名放索社人進攻瑯嶠，大頭目逃亡台東知本，其兒子被殺死，5個瑯嶠較大村社的房舍、穀倉、農作物全被焚毀。這是瑯嶠第一次遭到荷蘭人武力征伐。

1642年2月14日及23日兩度攻擊有台灣島最大鹿場的虎尾壟社（Favorlangh），虎尾壟社投降，簽訂《虎尾壟條約》及補充條款，只允許有獵照的中國人進入鹿場，荷蘭人自此完全控制台灣島的捕鹿經濟。

1644年1月15日代理長官麥爾向巴達維亞總督第文報告，派兵從淡水遠征噶瑪蘭山豬毛社，兵敗造成荷蘭兵21人、中國人和「黑人」70人、原住民45人陣亡。

1644年9月18日荷蘭派兵300名，分乘3艘戰艦，進攻台灣島東北部宜蘭的噶瑪蘭灣，進入噶瑪蘭村社招撫原住民。有34個村社降服，但有五結鄉的掃笏社（Sochel Sochel）和壯圍鄉的奇立板社（Kakitapan）不服，荷蘭人縱火焚燒兩村社的存糧，懾服該地區44個村社。

1645年4月21日的《巴達維亞城日記》記載，荷蘭長官派兵160人出征台灣島東部，但因糧食輸送不及，陽光強烈，饑餓加染病只有60人回到大員，經過40天後也告死亡。其實所謂荷蘭兵大多是荷蘭人招募來的日爾曼傭兵，不是真正的荷蘭人。

荷蘭人從1624年進佔台南，1634年到1645年這11年間不斷以武力鎮壓原住民，從南部到東部，再到東北部。其間在1642年還揮軍北上，擊敗佔領北部港口的西班牙人，以優勢武力屈服北部原住民。

1645年荷蘭人成功鎮壓阻礙台灣島南北通路的「大肚王國」等原住民村社，肅清中國海盜和走私商人，並把統治勢力擴及台灣島東部，甚至深山裡的高山族。

荷蘭人陸續以武力鞏固在台灣島的統治權，1650年荷蘭人宣稱全

島有300個部落臣服，也使台灣島成為統一在荷蘭共和國主權之下的殖民地，所用兵力只有700名士兵。但1951年後甘蔗生產過剩，稻米生產短缺，饑荒蔓延，經濟衰退，荷蘭人的主權地位開始動搖。1652年爆發郭懷一事件，離大員港較遠的原住民部落也開始反叛，再被鎮壓，又復反叛，動搖了荷蘭殖民政府的統治根基。

1652年12月台北盆地位於新莊一帶，武勝灣社（Pulauan或Pinnonouan）受到兩位荷蘭通事的威脅，要求進貢稻米、鹿皮、女人，否則將殺死村社長老。社民於是獵殺荷蘭通事，荷蘭人立即派兵70多人進攻武勝灣社，雙方戰力相當，形成僵持。荷蘭人在郭懷一事件後已無力向北增兵，只好改採經濟封鎖，切斷中國商人和武勝灣社的食鹽、蔗糖和鐵器的交易，原住民最後投降，被控殺害荷蘭通事的兩名原住民遭梟首示眾，武勝灣社派出代表求和，「雙手交叉，雙膝下跪」承諾不再叛亂。但武勝灣社也慢慢解體，1938年日本人調查，武勝灣社只剩下一戶，人口僅5人。

發生於1652年中國移民的郭懷一事件，荷蘭人尚能有效動員原住民，鎮壓郭　一帶領的中國移民所組成的武力。但郭　一事件9年後，中國移民人數大增，已能內應外合，荷蘭人於是增兵至1,200人，應付中國移民的造反。1654年荷蘭駐軍實際上只有961人，三分之一集中在大員和赤崁，其他兵力分散在重要崗哨和主要原住民村社。淡水港有駐軍80名，基隆港有50名。這些相對薄弱的軍力，讓何斌有機會在1661年說動鄭成功進擊台南大員港。最後荷蘭人於1662年敗走，結束荷蘭人在台灣島38年的統治。

1650年平埔族原住民人口數有68,657人，經歷1652年郭懷一事件後，1654年只剩49,324人，減少28％。到了1656年更減少至31,221人，等於6年間減少54.5％。平埔族原住民在荷蘭人統治這38年間的人口數，可說從6萬人以上，減至3萬人，對平埔族而言，真是一大災難。有人認為平埔族人口減少只是歸順荷蘭人的村社減少，所以已歸順的村社向荷蘭人陳報的人口數字也減少。這個說法的可能性不能排除，

但不足以說明減少幅度爲何這麼大，更無法解釋荷蘭人派在各地的政務員頻頻報告原住民村社滅村慘劇的事實。例如鄭成功軍隊在1661年已找不到虎尾壟社的人口，虎尾壟社曾是台灣島平埔族最大聚落。

荷蘭人的征伐行動雖統一了全台灣島，但征伐行動有幾個特色：首先，征伐的鎮壓行動藉著優勢武器，非常殘酷的攻擊，殺人放火，焚毀糧倉，村社夷爲平地，尤其小琉球社的的征伐鎮壓，完全是滅種屠殺的殘酷罪行。荷蘭人在台灣島的政權，可說是對原住民的血腥鎮壓建立起來的。再者，征伐行動同時利用和製造族群矛盾，找新港社原住民共同征伐麻豆社，抓捕麻豆社人由新港社人殺死。征伐蕭壠社時，召集新港社參加。征伐虎尾壟社和西螺社時，召集其他村社參與。如此一來，使各個原住民村社互相仇視，無法團結一致反叛荷蘭人，這是標準的分而治之。但靠的是讓各村社相互有血海深仇的記恨，這是非常暗黑的統治策略。

除了征伐外，村社遷徙也是荷蘭人常用的手段，把居住在山區的原住民遷至平地，便於就近控制。1659年12月22日《熱蘭遮城日誌》記載：「原住民還算相安無事。大武壠社的人終於……搬下來住在麻豆社與諸羅山社之間的哆囉嘓社。」

另外，荷蘭人征伐原住民村社時，也召集中國移民參加，擴大中國移民與原住民的矛盾。中國移民本來就與原住民有太多利益衝突，召集中國移民參與鎮壓原住民，更使這道裂痕深如海溝。當中國移民在郭懷一領導下起兵反叛荷蘭統治，荷蘭人又號召原住民鎮壓中國移民時，原住民挾著新仇舊恨，屠殺中國移民更是手段兇殘。最後，荷蘭人的征伐行爲不只要原住民在政治上順服而已，荷蘭人利用戰果不斷掠奪原住民的土地、硫磺、煤炭、木材，荷蘭人的統治是標準的殖民統治，殖民者用武力剝削被殖民者的財產和利益，而這些財產和利益輸送回殖民母國，成爲荷蘭政府的稅收和荷蘭東印度公司的股利，殖民者不會把利得花費在被殖民的原住民身上，是殖民統治的本質。

二、貿易剝削

　　荷蘭人1624年初到大員港設立大員商館時，不過是原住民村社之間的港口小商站，最初10年荷蘭人投注全部的力量，穩固大員港作為中國貿易的轉運中心，無力征服原住民。1635年後才開始把台灣島當成待征服的殖民地，並建立統治決策機制。荷蘭東印度公司在台灣島的決策機構以大員長官（Governeur）和評議會組成，主席是評議長，也是長官的副手。評議員若干人由上席商務員、商務員、軍隊司令員組成。大員長官直轄各地政務員、稅務員、會計員、檢察官、法庭庭長等，大員長官的權力被中國移民視為中國式的「藩王」。

　　荷蘭人取得台灣島主權，統一台灣島後，要花費更多財力，治理原住民和中國移民，又要支付豐厚股利給阿姆斯特丹的股東，又要滿足基督教傳教士的需求，大員長官只好用盡各種手段剝削台灣島上的原住民和中國移民，剝削手段包括徵稅、壟斷貿易買賣、佔有土地、控制開墾利得等。這些手段獲取的利益，如果是取之於台灣島，用之於台灣島，當然只是重分配（redistribution）或移轉性支付（transfer payment），不是剝削。荷蘭人把這些利益大部分當作「公司利潤」，送去雅加達總部，再轉送回阿姆斯特丹的總公司，最後變成聯合東印度公司（VOC）這家股票上市公司的股息股利。這是殖民公司以政府之名剝削殖民地人民的標準模式。

　　以鹿皮為例，原本是原住民捕鹿，製成鹿皮和鹿脯，賣給中國商人，再轉賣去日本和中國。荷蘭人取得台灣島統治權後，先限制原住民的捕鹿區域，再向中國移民收取捕鹿許可證的規費，讓中國移民去搶原住民的鹿場。一般中國移民都很窮，繳不起許可規費，荷蘭人再放高利貸給中國移民繳規費。荷蘭人同時規定中國移民捕鹿後，只能把鹿皮和鹿脯賣給荷蘭人，由荷蘭人再轉賣給日本或中國。如果有中

國商人向荷蘭人繳特別稅，也可以買賣鹿皮。荷蘭人嚴禁中國移民私自運送鹿皮回中國，或私自賣給日本人。換言之，荷蘭人採用多重剝削，收取稅規費，壟斷買賣，壓低買價，剝削原住民和中國移民。但原住民會認為中國人搶他們的鹿場，常殺害中國移民洩恨，荷蘭人再以保護中國移民為名，動用武力殺害原住民。這使得原住民和中國移民長期處於敵對關係，當中國移民人口激增，危及荷蘭人統治，如郭懷一事件，荷蘭人就能輕易地動員原住民報復中國移民。在郭懷一事件短短幾天內，原住民就砍了2,600個中國移民的人頭，向荷蘭人領賞。

　　除了鹿皮之外，荷蘭人也大肆掠奪硫磺、煤炭和尋找夢幻的黃金。台灣島的硫磺產地在北投，原住民在荷蘭人治台之前即已開採琉磺，賣給中國商人，再運回中國做火藥及彈藥使用。荷蘭人則提供武力保護及周轉資金，利用中國商人去採買原住民的硫磺，再賺一手轉賣去越南、柬埔寨、印尼。荷蘭人早就探知基隆附近有煤礦，也是運用同一手法驅使原住民去挖煤轉賣。荷蘭人為了尋找黃金，幾乎用武力把台灣島繞了一圈。荷蘭人先派兵從台南經屏東，進入台東，再北上花蓮，直到宜蘭和基隆。另外一方面，從台南搭船北上到淡水，再循路到基隆，進入宜蘭，想經花蓮進入台東。荷蘭人找黃金的努力，始終沒有找到黃金礦產，頂多找到零星的沙金，卻沒有什麼開採價值，最後只好放棄。在找尋黃金的過程，也不斷征服噶瑪蘭族，據說「哆囉滿社」（Turoboan）就在尋金熱中，被荷蘭人武力征服，每戶每年都要向荷蘭人繳納1錢黃金，作為投降歸順的年貢品。荷蘭人尋找台灣島黃金的征伐行動，和剷除原住民反抗力量，與統一台灣島的行動可說是同步進行著。

　　再以土地為例，荷蘭人先以武力侵奪原住民捕獵的鹿場，再招來中國移民開墾成農地。荷蘭人獎勵中國移民，無償提供土地及耕牛，初期免稅及低利貸款，吸引中國人來台墾田，種植甘蔗、稻米，並鼓勵中國商人來台投資開墾土地。中國人要自行負擔土地開發和建置水

利設施的費用，還要繳納租稅給荷蘭人。如果土地上種植甘蔗，製成蔗糖，只能賣給荷蘭人，再由荷蘭人大賺一手，轉賣到海外各地。稻米則以供應台灣島使用爲原則，否則自東南亞運米到台灣島，運費等成本太高，且時常供應不及。

三、徵稅剝削

荷蘭殖民政府的苛捐雜稅很多，包括進出口關稅、人頭稅、村社貿易稅、稻作稅、漁業稅、鰡魚（烏魚）稅、鹿肉出口稅、宰豬稅、衡量稅、釀酒稅、鹽稅、市場稅、牛奶稅、房屋稅、航運稅，以及各種附加稅捐。

1625年荷蘭人開始對從大員港出口去日本的貨物課徵10%出口關稅，這是台灣島首度出現的賦稅。1626年對漁獲量課徵10%的漁獲實物，稱捕魚稅。1629年採收牡蠣的漁民，要將牡蠣殼繳交給荷蘭人做爲建材，稱牡蠣稅。1629年對所有進口貨物課徵10%進口關稅。1638年對房屋買賣雙方都要課徵10%房屋交易稅。1640年對中國男性移民課徵人頭稅，1649年對女性中國移民課徵人頭稅。1650年對所有出口貨物都課徵10%出口關稅。其他稻米稅、獵鹿執照稅、鹿肉出口稅、烏魚稅也紛紛出籠。

1630年荷蘭人實施「獵照」制度，發放獵照給中國移民捕鹿，逐漸把原住民的捕鹿活動排擠掉。台灣島最大的鹿場在虎尾壠（Favorlang），1641年荷蘭人揮兵征伐虎尾壠原住民，並驅逐沒有獵照的中國人。有獵照的中國人以陷阱、套索捕鹿，短期內雖增產鹿皮出口量，但野鹿數量卻因捕殺過度很快減少。

荷蘭人最剝削的殖民政策是要求原住民納貢。1642年起，每戶每年要徵繳稻穀10擔或鹿皮5張，後來改爲稻米20斤或鹿皮4張，這個「年貢」制度所收不多，卻紛爭不斷，1648年巴達維亞下令廢除。但

是鹿皮運去日本銷售是一門大生意，1634年荷蘭人出口到日本的鹿皮就有11萬張，1638年增加至15萬張。稻穀在台灣島本地出售，荷蘭人掌控稻價，或用來向原住民易貨買鹿皮。原住民常為納貢爭議反抗，荷蘭人再以武力鎮壓。荷蘭人如此不擇手段獲取鹿皮，台灣島野鹿的數量就急遽下降。雖然荷蘭人曾採限制捕鹿措施，但對野鹿的生存數量已無實益；再加上荷蘭人把鹿場改變成甘蔗園的政策，台灣島野鹿的生存空間遭到壓縮，到鄭成功時代已瀕臨滅絕。

當時中國人在台灣島做勞工每個工作天的工資約0.125里爾，每個月要繳人頭稅0.25里爾，等於2個工作天的工資。荷蘭人要徵收這些苛捐雜稅，又不肯規規矩矩選派稅務人員收稅，都找荷蘭士兵挨家挨戶搜查中國移民人口，以課徵人頭稅。這些士兵基本上是招募而來的歐洲不良分子，其中大部分是萊茵河東岸的日耳曼人，文化水準和素質都很低劣，常藉機恐嚇取財。荷蘭士兵和中國移民衝突不斷，忍無可忍，終於在1652年爆發郭懷一事件。

1644年以前，荷蘭人對原住民的村社貿易採取許可證制度，凡是要進入村社交易的商人，必須繳稅取得許可證，這些「社商」通常是中國商人。荷蘭人常常要進入村社稽查「社商」是否獲得許可證，反而增加成本。荷蘭長官卡朗在1644年創立村社專賣制度，稱為「贌社」Pacht，間接徵收村社交易稅，稱為「贌社稅」。從此廢棄許可證制度，改用「贌社」（Verpachten van Dorpen）或稱「村社承包」（Verpachtingende Dorpen）制度，又稱「福爾摩沙贌社」（Pacht der Formosanense Dorpen）。公開標售「贌社」，取得「贌商」資格的商人，繳納贌金，就取得與特定村社交易買賣的壟斷權利。荷蘭殖民政府收取的贌金替代原先發放許可證的村社交易稅。大部分「贌社」由中國商人得標，小部分由荷蘭商人得標，就特定區域內的原住民村社，投標承包收稅業務，並獨佔村社所有對外交易，故稱「贌商」。得標商人自行收稅，實際收稅金額高於投標承包金額（贌金）就是商人的利潤。收稅的方式也是用高於市價的衣料、食鹽、鐵鍋、雜物、

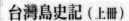

生活物品，與原住民交換低於市價的鹿皮、鹿肉。中間的價差就是「贌商」的利潤及贌金稅款。原住民被限制只能賣給獨佔的「贌商」買家，常任由強勢買家的「贌商」剝削，造成原住民生活困頓。

這種「贌社稅」是被承包的「村社貿易稅」。村社的鹿群越多，「贌Pacht」的贌金就越高。贌社的承包期限一年，剛開始實施的時候，中國移民和荷蘭官員都來競標，1652年後因郭懷一事件，荷蘭殖民政府禁止官員競標，「贌稅」投標幾乎都由中國移民得標。「贌商」為了確保獨佔利益，會全力驅逐潛入村社做買賣的其他中國移民。

各村社的贌金差異很大，以1644年為例，各村社的贌金如下（單位：里爾）：大武壠（Tevorang）140；哆囉嘓（Dorecko）140；諸羅山（Tirosen）285；他里霧（Dalivo）115；虎尾壠（Favorlang）300；大員南方各村社 800；北港溪各村社 220；西二林（Dorenap）以北，淡水（Tamsuij）以南各村社 140。1650年有位中國商人以600里爾的「贌金」，取得台北三峽霄裡社的鹿皮貿易一年的獨佔權，他用食鹽、鐵器、瓷器、布匹等物品，和霄裡社交換鹿皮。

其他稅收只是課稅對象不同而已，也大多採用贌稅制度，但大多是針對中國移民課徵，只有很少數針對荷蘭人。人頭稅、村社貿易稅、稻作什一稅等三項占全部稅收近9成，也幾乎全都是中國移民在繳稅，或由中國商人的贌商在收稅，中國移民可說是荷蘭人的納稅機器。

例如，稻作什一稅是把赤崁及鄰近的農田分成15或16個「圩田區」（Polder，灌溉區），每個圩田區都用荷蘭地名或大員長官的姓氏作為區名，然後按年分區公開標贌，得標者負責向農民收取十分之一的稻穫，賣出稻穫，繳交贌金給大員當局。這些圩田區的名稱如下：阿姆斯特丹（Amsterdam）、德夫特（Delfts）、荷恩（Hooms）、恩克豪森斯（Enckhuysens）、宋克（Soncx）、納茲（Nuyts）、普特曼斯（Putmans）、伯格（Van der Burghs）、特羅德

尼斯（Traudenius）、麥爾（Le Mairs）、鹿特丹（Rotterdams）、中堡（Middel Burghs）、韋特（De Wits）、高文律（Koeckebackers 或 Kobenloet）、清水溪（Verssche Rievier）以南等等。1645年赤崁的耕地面積約25.5平方公里（3,000Morgen），1650年增至55平方公里（稻田3,500Morgen、蔗田2,900Morgen），1657年在增至68平方公里。這些面積看起來不大，但比起巴達維亞在1650年只有47平方公里，已算荷蘭殖民地最大的耕地了。

　　阿姆斯特丹圩田區就是禾寮港所在區域，又稱Smeerdorp或油村（Olijlankan）。普特曼斯圩田區則是土地最肥沃的地區。荷蘭人如果認為得標者贌金太低，還會廢標重來。何斌曾標到「清水溪以南圩田區」的稻作稅，荷蘭人覺得贌金太低，廢標重贌。清水溪又稱二層行溪，就是現在的二仁溪。贌社稅最糟糕的狀況是得標者可以很快的將得標權轉賣出去，贌社稅權變成投機性金融商品，最後在1950年爆發連鎖性的民間債務危機，甚至在1952年間接導致郭懷一事件。

　　台灣島的荷蘭人除了向原住民收納貢品，向中國移民收繳租稅，也從事轉口貿易和海盜搶劫生意。荷蘭人自行從事轉口貿易，例如從印尼訂購胡椒、丁香等香料及鉛、銅等軍用材料運往中國。荷蘭人的海盜搶劫生意是派艦隊巡航，搶劫航向澳門、馬尼拉的中國和西班牙商船，一方面把海盜當作生意，另一方面打擊西班牙人和葡萄牙人的生意。西班牙人以馬尼拉作為貿易基地，葡萄牙人以澳門作為貿易據點。荷蘭人正與西班牙人進行獨立戰爭，葡萄牙又與西班牙合併，在台灣島的荷蘭人以戰爭為幌子，搶劫這兩國的船隻，實際上也搶劫和這兩國做生意的中國商船。

　　荷蘭殖民政府從台灣島原住民和中國移民搜刮大筆資金，除了送回阿姆斯特丹總公司外，也花費不少經費在台灣島，用於建造城堡和鎮壓原住民。建造防衛城堡，包括熱蘭遮城、熱堡、烏特勒支堡、普羅民遮城、在魍港的維利申根堡（Vlissingen），以及在各軍事據點部署兵力，出動軍隊鎮壓原住民的軍費，都是荷蘭人很沉重的開銷。

荷蘭人把剝削所得全數送回阿姆斯特丹總公司，例如1650年盈餘40萬盾荷幣，約當4噸黃金，都送回總公司，平常已無多餘資金建設台灣島，踫上天然災害，更缺乏資金進行救災及復原重建，任令殖民地上的平埔族和中國移民自生自滅。中國移民雖常遭厄運，但中國戰亂頻仍，航海技術不斷改善，移民台灣島的人口數不斷增長。平埔族人口則不斷減少，荷蘭人離開台灣島時，平埔族人口剩下不到一半。

荷蘭人殖民台灣島之前，中國漁民早已來到台灣島沿岸捕魚。荷蘭人殖民台灣島後，更積極招引中國漁船，以增收捕魚稅。《巴達維亞日記》於1631年4月2日記載有80艘中國漁船到大員捕魚，還說如果不是海盜猖獗，應該更多艘才對。1640年有200艘中國漁船前來捕魚。1641年1月28日記載漁業不振，1647年說中國戰亂，中國漁船只有100艘來大員，漁業稅收少一半。1650年荷蘭人的帆船製作師John Struys到台灣島，看見有很多中國漁船捕烏魚，要向荷蘭人繳10%漁業稅。1653年烏魚捕獲量達41.2萬尾，1657年12月至1658年2月烏魚捕獲量高達39.8萬尾。不管是捕烏魚或其他魚類，不論是近海或內河，荷蘭人都要課稅。所以荷蘭人派兵巡視沿岸海域，監視中國漁船，稽查漁業稅收，極盡剝削之能事。

概括來說，大員當局課稅方式有三種：第一，用贌稅的方式課徵，如原住民村社貿易稅、宰豬稅、稻穀什一稅、漁稅、衡量稅、人頭稅。第二，設立稅捐處徵收稅金，如關稅、房地產買賣稅、磚與石灰稅、大員鎮及普羅民遮鎮的人頭稅、各種執照稅。第三，經由牧師徵收的稅賦，如獵鹿許可證、原住民村社內的人頭稅（主要是向居住在原住民村社裡的中國人課徵）。

四、「番大租」和「人頭稅」

信奉基督教的荷蘭人無法接受平埔族「女耕男獵」的生活方式，

批評平埔族「女人工作，男人遊手好閒」。荷蘭人想了一個辦法，引進田犁和耕牛，教導平埔族熟悉犁耕技術，且只教給原住民男人。原住民也覺得男人適合犁耕，尤其學會駕駛牛車，讓男性原住民享有狩獵的榮譽感，又提高農耕產量。把平埔族從女人「鋤耕」的社會，帶入男人「犁耕」的農耕社會。政治上更可奇妙地降低原住民因實施「贌社稅」減少所得的怒氣，荷蘭人趁機培養原住民的農地所有權概念，建立租地制度。當中國移民挾著更高的耕種技術，在獵鹿場荒野上擴大耕地，荷蘭人以統治者的權威保護原住民的「土地權」，要求中國移民支付土地租金給原住民，形成早期的「番大租」制度。1644年每甲田地「番大租」約2里爾，共收取700里爾。平埔族的性別文化和母系的土地繼承制度阻礙「女耕」轉向「男耕」的生活方式，因此為了提高農田產量，將土地招佃中國人耕種，勢在必行。

　　原住民在村社居住範圍和耕作的田地，荷蘭殖民政府承認原住民擁有土地所有權，而不承認原住民對獵鹿場荒野有土地所有權。原住民也未對這些土地提出所有權的聲索，或產生土地所有權的概念，頂多只提出排除他人進場狩獵的要求。這是「狩獵優先權」的概念，不是「土地所有權」的概念。但只要中國移民進入這些荒野土地開墾耕種，荷蘭殖民政府會要求中國移民繳納「番大租」給原住民，無形中設定這些被中國移民開墾的農地的所有權屬於原住民。土地所有權的確是人類發展到農耕社會的產物，且是經由丈量、定樁，產生具體面積範圍的所有權概念，遊牧社會的土地所有權很難存在。

　　「番大租」制度意外發揮效果，調和中國移民和原住民間的矛盾，這個制度就一直被清代中國保存下來，直到日本殖民時代才被廢除。荷蘭人與原住民在「番大租」制度下產生共同利益，形成政治聯盟，足以鎮壓日漸增多的中國移民。1652年郭懷一事件發生時，荷蘭人很快就能動員2,000名原住民戰士鎮壓中國移民，就是明證。在此之前，中國移民比較能用平埔族語言與原住民溝通，中國商人也比較和原住民親近，原住民有許多次反抗荷蘭人，都因中國移民的煽動而

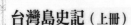

起。對於原住民在關鍵時刻能否接受荷蘭人的指令，荷蘭人始終擔心。原住民協助鎮壓郭懷一事件，讓荷蘭人放心，但1662年鄭成功大軍攻台，原住民袖手旁觀，又讓荷蘭人傷心。

1603年陳第《東番記》就提到，出入原住民村社的中國商人精通原住民語言。1624年荷蘭人抵達台灣島，中國人相當疑懼荷蘭人會侵害他們的經商利益，不斷散佈不利荷蘭人的「謠言」。不幸的是，對原住民而言，這些「謠言」很快成眞。1635年麻豆戰爭時，荷蘭人以優勢軍力屈服原住民，命令中國移民分別聚集聽訓，荷蘭人譴責中國移民煽動原住民「造反」，要求中國移民「改過」，否則將驅逐出境。中國移民很快就轉向投靠荷蘭人，荷蘭人也很快發現中國移民的翻譯能力是有價值的資產，但也很快發現中國移民常藉機欺騙原住民。1640年荷蘭人發覺中國移民與中國、日本海盜及走私集團有著千絲萬縷的關係，足以逃避荷蘭稅務官員的查緝。中國移民比荷蘭人更早抵達台灣島東部，並試圖煽動原住民反抗荷蘭人，荷蘭人回應以武力驅逐。荷蘭人最後想到辦法，用中國移民制衡中國移民，就是「贌商」制度。中國商人花錢取得「贌商」資格，同時也會花錢獎勵原住民檢舉無照的中國商人。

1644年荷蘭人對中國移民拒絕信奉基督教相當惱怒，有些中國移民娶原住民女性，生有中國裔的小孩，產生「從夫居且夫婦同住」的中國化家庭，結合中國的祖先崇拜和原住民的萬靈信仰，抗拒基督教神學。荷蘭官員試圖威脅拆散這些拒絕信仰基督教的中國化家庭，但發現很難成功，因爲這些中國商人早就成爲荷蘭傳教士生活上不可或缺的幫手，也是傳教士銷售各種執照的對象和重要的收入來源，而且傳教士認爲這些「從夫居」的家庭，正是他們要改造原住民社會的模範，寧可多花時間扭轉中國移民的宗教信仰。同時，中國移民也渴望從傳教士獲得利息較低的貸款，中國移民之間的借貸利息常高達月息4%到5%。傳教士比官員更了解中國移民的財務生態，1640年荷蘭官員準備對中國移民課徵每個月0.25里爾的人頭稅，傳教士就擔心對中

國移民課重稅，將使中國移民以欺詐的方式從原住民身上賺回。傳教士擔心重稅會產生過度狩獵野鹿，造成鹿群滅絕，使原住民生活更加困難，導致疾病叢生，引發原住民的憤怒與叛變。荷蘭官員卻爲了應付巴達維亞和阿姆斯特丹的股利和股價需索，無視於傳教士的擔憂，不斷課徵各種重稅，甚至1649年也開始對中國婦女課徵人頭稅，終於引發1652年郭懷一事件和1661年何斌事件，結束了荷蘭東印度公司在台灣島的殖民政權。

五、荷蘭公司推廣基督教

　　荷蘭殖民者除武力鎮壓原住民外，也展開基督教的推廣工作。1625年大員長官宋克致函巴達維亞，請求派牧師來台對員工及家屬佈道，薪資由熱蘭遮城負擔。荷蘭東印度公司隸屬加爾文教派，1627年6月派甘地斯牧師（Georgius Candidius）從巴達維亞抵達大員，除了服務熱蘭遮城員工外，還基於宗教使命，開始對大員附近新港社的原住民傳教，這是基督教在台灣島傳教的起點。甘地斯成爲台灣島史上第一位基督教牧師。但甘地斯很快發現，單靠他一個人無法對大量的原住民傳教，而且荷蘭人常與原住民衝突，更不利傳教。甘地斯牧師於是花大量時間學習原住民的新港語，用羅馬拼音創造新港語文字，編寫簡易的《新港語聖經問答教本》，編撰新港語與荷蘭語的對照字典。用新港語傳授基督教義，設立學校教導原住民青少年以羅馬拼音書寫文字，甚至印刷新港語和荷蘭語對照版的《簡易聖經》，寫成地契，這些檔案資料通稱《新港文書》。對照版的《簡易聖經》送回荷蘭印刷，只是問世時熱蘭遮城已被鄭成功攻佔了（程紹剛，p.1）。

　　當時新港語通行很多原住民村社，包括新港（台南新市）、大目降（台南新化）、大武壠Tivoan（台南玉井或高雄甲仙）、麻豆、赤崁（台南中西區）、蕭壠（台南佳里）、目加溜灣（台南善化）等

社，甘地斯牧師用新港語傳教相對有成效。1628年甘地斯牧師高興的向巴達維亞報告，新港社已有128人能背誦祈禱經文。1629年甘地斯聲稱有120人受洗爲基督徒，甘地斯撰寫《福爾摩沙記事》，描述原住民善良友好，像希臘城邦有民主機制，常在村社廣場集會，相互辯論。甘地斯說可以使原住民成爲亞洲最普及的基督徒，希望可以爭取更多的資源投入傳教工作。1630年大員長官普特曼斯替甘地斯牧師蓋一間教堂兼住宅，堪稱台灣島第一所基督教堂。普特曼斯說：「這教堂代表基督教的進展，也可從邪惡黑暗中拯救新港人。」荷蘭人也採用武力禁止原住民傳統的巫術祭典，甚至殺害女巫。

在荷蘭傳教士和官員的眼中，原住民村社之間爭戰不休、叛服不定，單憑勸說和誘導無法使原住民信奉基督教，透過暴力懲罰才是有效的手段。甘地斯牧師於1627年及尤紐斯牧師(Robertus Junius)於1629年，先後來台傳教。先後來台傳教。甘地斯原本認爲西拉雅族原住民沒有政權和欽定宗教，應該較容易接受基督教。西拉雅人卻建議

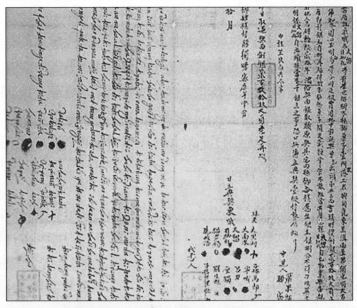

清代中國時期還在使用的《新港文書》

牧師和部落女巫（尪姨）較量誰的禱告或作法能使稻穀豐收。1631年荷蘭軍隊率同新港社原住民，攻擊南方海岸邊和新港社有嫌隙的「下淡水社」（屏東萬丹，麻里麻崙社），輕易獲勝，讓新港社相信荷蘭人信奉的上帝是眞神，新港社長老才死心塌地「拋棄偶像」，改宗基督。由於大員長官普特曼斯的軍事征服進展順利，1636年後，目加溜灣社、大目降社、麻豆社紛紛在荷蘭官員和士兵面前舉行「拋棄偶像」，改宗基督的儀式。

荷蘭傳教士除了要求「拋棄偶像」外，更三令五申，譴責淫亂、私通、裸身、亂倫，要求狩獵或耕種時，先下跪禱告。更抨擊夫妻分居，要求夫妻同住，共同扶養兒女。傳教士強調戰爭的勝利，是信奉上帝的結果，不是戰士獨居在男子公廨的效果，也不是尪姨作法對未滿36歲孕婦強行墮胎的結果。西拉雅人的傳統信仰，要求男人未滿40歲必須按照嚴格的年齡層級，居住男子公廨，不得與妻子共組家庭，也只能暗夜摸黑會晤妻子；未滿36歲的孕婦必須墮胎，以確保戰事勝利。傳教士對這些以尪姨爲核心的迷信，完全無法容忍，怒氣終於在1641年爆發。荷蘭傳教士帶領士兵逮捕250名尪姨，放逐到諸羅山，11年後這些尪姨只剩48名活著。

1636年尤紐斯牧師在新港社辦學校，招收10歲至14歲男童70名，女童60名。到1638年所有新港社民都信奉基督教，尤紐斯到處設學校，教育內容是熟記祈禱文和簡單教義，並學會用羅馬拼音文字書寫新港語。但學校擴充卻導致合格傳教士不足，只好找士兵或不合格者充任，卻造成後來傳教紀律敗壞的結果。1643年尤紐斯還訓練50名原住民成爲教師，但大員當局財力不足以支付教師薪資，改叫部落分擔，用米糧支付。但荷蘭大員當局給牧師的薪資很高，相當於高級商務員、軍隊隊長、船舶艦長，所以牧師就扮演了民政官員的角色。

1903年英國蘇格蘭牧師甘爲霖記載：「荷蘭東印度公司的主要目標在治理殖民地，及從大員商館獲取貿易利益。但資金不足，又缺人手，無力派任足額的通事、稅官、警察，傳教士必須同時兼任三種角

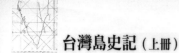

色：（1）、擔任荷蘭人的教堂牧師；（2）、擔任政府官員，負責翻譯、收稅、核發獵鹿執照；（3）、向原住民傳教，辦學校。牧師卻只希望專心傳教，傳教士不想擔任民政工作，又想享高薪和特權，終於與大員當局爆發衝突。」1643年大員長官特羅德尼斯抱怨尤紐斯，1644年卡朗批評傳教士「教會花費龐大經費，極力誇耀傳教績效，但原住民只是假裝信教。」1651年費爾保指控倪但理（Daniel Gravius）牧師勒索中國移民651.5里爾，但巴達維亞總督替倪但理翻案。1654年9月30日《熱蘭遮城日誌》記載虎尾壠（Favorlang）的政務員David Hardhouwer指控說：「有些教會人士太過施展權威，特別是他們的部屬，即那些學校教師，因他們偏狹易怒的性格以及酗酒，對福爾摩沙人手打腳踢的情形更是過分。因此，那些原住民對我們荷蘭人越來越反感，也越來越惱怒。這個政務員預料，遲早將會因而發生大暴動，……」

荷蘭傳教士統計，從1626年至1639年間，新港社人口1,047人，全部受洗爲基督徒，有45名兒童就讀教會學校。大目降社人口1,000人，209人受洗，有38名兒童就學。目加溜社人口1,000人，261人受洗，87名兒童就學。蕭壠社人口2,600人，282人受洗，130名兒童就學。麻豆社人口3,000人，215人受洗，140名兒童就學。但是除這五個村社外，其他地區的基督教化工作，收效不大。後期甚至採毆打、放逐等高壓手段，要原住民放棄傳統信仰，卻使原住民在鄭成功進攻台灣島時，主動投靠鄭成功軍隊。事實上，巴達維亞也發現使用高壓手段傳播基督教可能有很大的副作用。

基督教牧師給原住民帶來現代文明，卻也因強硬的傳教方式使「荷原關係」增添緊張與潛在的衝突。《熱蘭遮城日誌》記載1661年1月26日巴達維亞來信說道：「總督府當局得知福爾摩沙的議會對【原住民】拜偶像施行重罰之後，主張應該以和平的方式取代強硬的手段，來對待那些福爾摩沙的原住民。」但情勢快速發展，荷蘭人來不及調整強硬的傳教方式，鄭成功的軍隊進佔台灣島，讓原住民被壓

抑的情緒爆發開來。《巴達維亞日記》1661年11月記載：「南部山地及平野住民及長老等，皆毫未反抗，服從國姓爺……毀棄教會用具及書籍，又恢復古來異教之儀式」。鄭成功的部屬楊英的《從征實錄》說：「南北路土社聞風歸附者，接踵而至。」

　　歐洲傳教士進入美洲都會學習當地語言，出版字典，用當地語言編寫簡單的《聖經》，但美洲原住民最後使用的語言都變成歐洲語言，而不是原住民的語言。因爲當原住民熟悉歐洲基督宗教和文化，很自然的會放棄表達效力相對弱勢的本族語言。但是荷蘭人在台灣島傳播基督教，卻沒有達成同樣的效果。荷蘭人派來台灣島的傳教士也不是人人都如甘地斯、尤紐斯、韓布魯克般具有奉獻熱忱，一些工作怠惰、走私撈錢、貪取稅款、行爲放蕩的傳教士在所多有，像虎尾壠社、麻里麻崙社等地區竟然少有受洗基督徒，與新港社地區相較，即可區別傳教效率的高低（程紹剛，p. li）。

六、荷蘭公司的經濟模式

　　荷蘭人與明代中國政府妥協，從澎湖群島移師至台灣島的大員港，剛開始必須與西拉雅族原住民妥協，再設法安撫早已進出原住民村社做買賣的中國商人，並與早在大員港落腳的日本商人取得共識，也要和中國、日本海商船隊達成契約，避免發生諸如濱田彌兵衛事件，破壞荷蘭人建立東南亞、中國、日本之間貿易網的計畫。大員港作爲貿易基地和轉運中心，至少讓荷蘭人有機會挑戰西班牙人控制菲律賓馬尼拉爲轉運中心的貿易網，以及葡萄牙人控制下的中國澳門以及日本長崎的貿易網。大員港作爲海軍艦隊基地，可以保護台灣海峽、東海、黃海的荷蘭商船，威脅中國政府合作，從中國出口絲綢、紡織品、瓷器、砂糖、獸皮，運去日本、印尼、越南，再轉運至歐洲。當時台灣島並無足堪販售到國際貿易網的產品，台灣島的重要性

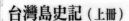

僅是地理位置不得不然的選擇。

　　荷蘭人控制大員港，建立「大員商館」，逐步推動貿易殖民的經濟模式，這是一種以壟斷為目標，以武力為後盾，取得貿易最大利潤的經濟模式。其基本模式如下：從日本買白銀運到台灣島，再轉運到中國，用白銀買黃金，運回台灣島，再從台灣島運黃金到印度買布料，拿這些印度棉布去印尼換香料，運回荷蘭；或從印尼換蔗糖運去日本，再換白銀。因為中國當時用白銀作貨幣，黃金只做飾品，黃金相對便宜。在中國市場，白銀5兩或7兩兌換1兩黃金。在日本和東南亞卻以黃金作貨幣，白銀10兩兌換1兩黃金。在歐洲的白銀12兩兌換1兩黃金。荷蘭人乾脆做起金銀買賣，把中國黃金運去日本，再把日本白銀運至中國，賺取兩地差價。差價以黃金結算，再運去印度購買棉布。印度人喜歡黃金，印尼產香料的摩鹿加群島原住民不懂黃金，所以用印度棉布交換印尼的胡椒、丁香、豆蔻等香料。這個複雜的貿易模式，讓荷蘭大員商館以台灣島做交易及轉運中心，賺得豐厚利潤。

　　基本模式還可以用日本白銀去中國換生絲、蔗糖、稻米，再經台灣島轉運去日本，或去中國換瓷器，轉運去日本或歐洲。荷蘭人在阿姆斯特丹設計瓷器圖樣，把圖樣送到台灣島找中國人做木製模型，再送木製模型去中國江西景德鎮訂貨，每年達20萬件。最後，荷蘭人乾脆從中國招募中國移民在台灣島種植稻米、甘蔗，運去中國換黃金，或運去日本換白銀。更厲害的是，找原住民捕殺台灣鹿，把鹿皮賣去日本，鹿肉、鹿茸、鹿鞭賣去中國，最後乾脆把捕鹿生意包給中國人，讓大批中國移民去捕鹿。台灣島的甘蔗首次收成就在1635年，1637年糖產量40萬斤，1644年90萬斤，1650年達300萬斤，每斤等於0.6公斤。1652年蔗田面積已達稻田面積的三分之一，糖外銷達4,800公噸，等於800萬斤。荷蘭人建立的台灣糖產業，一直興盛到第二次世界大戰後。以運輸重量計算，蔗糖、烏魚、鹿肉是荷蘭殖民時期台灣島輸出至中國的前三大農漁產品，而且蔗糖幾乎是烏魚和鹿肉的總和。

　　這個經濟模式也要依賴台灣海峽發達的橫渡航運為條件，自1637

年6月至1638年12月的時間，約一年半，從中國的廈門、安海、烈嶼等港口，開往大員港的船隻達723艘，搭載11,632人。從大員港開往中國各港口的船隻雖只有508艘，但也載運10,927人。這個經濟模式的風險是怕日本鎖國或中國海禁，擔心海盜及海禁。不幸的是，日本鎖國或中國海禁的風險經常發生，例如濱田彌兵衛事件遭日本幕府下令禁止貿易，鄭芝龍在1641年後壟斷日本的生絲進口等等。遇上海盜，荷蘭人尚有武力應付，但碰到鄭成功下令海禁之類的問題，就束手無策，往往造成台灣島經濟衰退。

　　荷蘭人很早就發現，很難只將台灣島當作「大員商館」而已。首先，荷蘭人常與日本人、中國人、原住民發生衝突，如果內陸腹地被其他人控制，荷蘭人的大員港或熱蘭遮城並不安全。再者，依賴進口糧食維持荷蘭駐軍，昂貴又危險，尋找在地的糧食來源，勢須控制廣大田野做腹地。第三，擴張基督教福音傳播至內陸原住民，符合信仰的要求，且穩固荷蘭人的權柄。第四，唯有從內陸取得稅收和開墾的投資利得，才有足夠資金撐起前項安全、駐軍、傳教的財政需求。因此從貿易港殖民地走向產業殖民地，是荷蘭人非走不可的道路。荷蘭人無法引進歐洲移民，自然想到引進工資較低廉的中國移民開墾田園，種植稻米、甘蔗，對中國移民課徵人頭稅、地租、田賦。引進中國商人當社商、漁民、贌商，剝取更多利益。

　　荷蘭人的原始構想，利用中國移民剝削台灣島資源，利用白人傳教士控制原住民，但卻引來更多紛爭，加重治理成本。傳教士和原住民常聯合起來抵制中國移民以及大員長官派駐各村社的政務員，傳教士和政務員也常聯合起來抵制中國移民，一切爭端都是因租稅和金錢利益的衝突所引起的。越來越多的中國移民使傳教士、政務員、原住民都感到威脅。這個威脅感又使荷蘭人與原住民輕易的結合起來，殲滅1652年的郭懷一事件，這個結合卻也在1661年的鄭成功大軍前崩潰。熱蘭遮城最後一位長官揆一說：「把握機會擴張土地並不一定都是明智的」。為了稅收和投資利潤，征服原住民，擴大土地開墾範

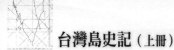

圍，卻引來中國移民，反客爲主，奪走台灣島主權，對荷蘭人而言是得不償失的策略。

七、荷蘭公司的土地制度

　　荷蘭東印度公司對台灣島的土地採行四種制度處理：第一，原住民村社和鄰近土地視爲「封建諸侯」的土地，村社擁有集體土地所有權，不屬於原住民個人或個別家庭所有。荷蘭人尊重原住民的土地使用權，由村社長老或頭目做出處置決定。荷蘭人也以歐洲的封建土地關係的法律看待原住民村社持有的土地權利，大員當局與原住民的關係被視爲封建領主與封建屬臣的關係。原住民必須對荷蘭效忠（Homage），並繳納稻米或鹿皮作爲貢物；荷蘭人則提供庇護（Beschermheeren），保護村社安全，並制止村社互相之間的獵首戰爭。但1648年大員當局接到巴達維亞指示，進貢已構成原住民沉重負擔，於是取消原住民的進貢責任。另外，中國移民喜好砍伐竹林，採擷竹子作爲房屋建材。1644年大員長官卡朗下令，中國移民砍伐竹林須先繳納每月1里爾的許可費，同時支付擁有該竹林的原住民村社每100根竹子3里爾的補償金。中國漁民若在台灣島沿海捕魚或在島內河川捕撈，必須繳納漁撈稅，徵稅方式是以贌社標售處理，但大員當局會將河川捕撈的漁撈稅收入轉發給原住民村社。荷蘭人也准許原住民把村社土地租佃給中國移民耕作，每年每甲租金約1至2里爾，且租佃契約不得超過7年。中國農民開墾土地造成鹿群消失，荷蘭當局補償鹿群減少的損失給原住民，再從中國農民身上加稅課徵回補。

　　第二，大員當局劃定特定區域給中國移民開墾，並頒發土地所有權狀給中國人。大員長官普特曼斯提供現金和耕牛，借貸給中國人耕作，而且還提供許多運輸和後勤的便利。荷蘭人以盡量公正的法律保護中國人的土地所有權，並以武力保護中國移民在開墾和耕作時的人

身安全，免於原住民的攻擊。這些特定開發區域大多位於赤崁以南，高屏溪以北的地區。取得開墾土地所有權基本上是免費的，但中國移民要自行投資墾地及灌溉設施，可以雇用農民耕作，也可以租佃出去給其他中國移民。中國移民於是結夥共同開墾，再分割土地，自行處置，就形成「結首制」。大結首是開墾團夥的頭人，小結首是獲得分割土地的人。土地主要是種植甘蔗或稻米，大員當局抽取十分之一的收成，稱作「什一稅」。依荷蘭東印度公司檔案記載，當時有32位大結首都擁有土地所有權，其中一位就是郭懷一（Faijet）。而土地面積最大的人叫Samsiack，他持有1,486甲土地。

第三，大員當局也頒發土地使用權（Usufruct）給官員和牧師，土地使用權是無償取得，一般以5年爲一期，面積不超過200甲，不得繼承或轉讓，也不用繳納「什一稅」。依荷蘭東印度公司檔案記載大概有17位官員或牧師獲得土地使用權，但也有部分人士比照中國移民取得土地所有權，鄭荷戰史上留名的拔鬼仔（Thomas Pedel）就取得土地所有權。這些官員或牧師當然不是自行耕種，大多轉手交由中國移民耕作，坐收租佃收入。這一部分土地常被稱爲「王田」，鄭成功攻佔台灣島後沒收爲延平王室的財產。

第四，大員當局提供土地租佃給中國移民耕種，經常還附有種種獎勵措施，例如三年免繳「什一稅」，提供低利貸款，免費出借耕牛和農具。這種租佃土地的收入經常充作原住民蓋學校和教堂的專款，中國移民實際上是荷蘭政府的佃農，這些土地相對比較肥沃，也理所當然地歸類爲「王田」。但是這些土地的地租往往過高，造成承租人損失慘重。1659年12月16日《東印度事務報告》記載：「福島中國人殖民地的情形令人擔憂，原因是數年來福島村社貿易和其他公司財產的出租價格過高，中國人每次損失嚴重，使他們負債累累，不能自拔。……況且降低蔗糖價格，更加劇了他們的困境。公司建立的這一殖民地高峰期似乎已過，那一地區每況愈下，……何斌在福島負債最多，也是福島（村社）貿易和耕地租佃規模最大的中國人，他欠公司

的新舊債務總計17,122.5里爾，尚未還清，其中只能償還6,500里爾。另外他欠中國、荷蘭私人的債務竟高達50,000里爾，整個大員為此震驚，有些人因此而破產，而且我們恐怕還會有更多的中國人面對累累債務，手足無策而逃之夭夭。」（程紹剛，p.513）顯見荷蘭東印度公司也承認高租稅政策是造成中國人破產的主要原因。

第五章
荷蘭時代的中國移民

一、中國移民村落

荷蘭人1622年至1623年剛抵達台灣島探勘時，就發現中國移民的
蹤影，有商人、漁民，但沒有定居的農民，也沒有中國人的村落，只
有在一鯤鯓沙洲北端發現有一處小型的中國人聚落。《荷蘭東印度
公司檔案》第1081號記載：「我們從別人得知」有1,000或1,500個中
國人住在原住民村社，原住民「全無舟楫」，靠這些中國人沿著海岸
一個村社、一個村社做買賣，原住民可以交易生活用品，如鐵器、食
鹽等。這個記載證實佔平埔族人口半數的西拉雅族原住民不是海洋
民族。荷蘭人發現原住民的鹿皮都賣給中國人，換取從中國運來的食
鹽，荷蘭人從1623年就起心動念要從中國人手上奪取鹿皮生意（包樂
史，p.20-21）。

1625年中國人就受荷蘭人雇用來台灣島從事營造、運輸工作，尤
其是建造熱蘭遮城的勞工。工資每個工作天0.125里爾，每月約工作24
天。當時的物價如下：一件衣服0.62里爾、一雙鞋子0.82里爾、一頭豬
1里爾、一隻步槍2.77里爾、一名奴隸24.38里爾、一匹馬49.42里爾、
荷蘭士兵月薪3.46里爾。

1626年西班牙人登陸台灣島北部後，有馬尼拉來的中國移
民（Maieles Chinos）在雞籠聚居，形成「生意人區」（Sangley
Parian）。西班牙人習慣稱中國人聚集的街道叫做「澗內」
（Parian），中國人用閩南語翻譯成「萬里」。

1627年中國人來台從事伐木業，1629年來台從事磚窯業、石灰
業的工匠工作，1930年從事釀造業。1631年後，中國的農夫應荷蘭人
號召，大舉移民台灣島，當荷蘭人的佃農，種植甘蔗。1634年種植稻
穀、棉花、大麻、靛青。1635年種植小麥、薑、菸草、土伏苓。1636
年獵鹿執照開放給中國人。

　　中國人通常會設法在3年內儲蓄4里爾的西班牙銀幣，轉寄回中國大陸給家人，因此做長期定居打算的中國人還不多。但是1636年後，蘇鳴崗等人挾鉅資開墾田地，建造灌溉水渠及防洪工程，務農的中國人村落就開始產生。

　　原住民生產糧食只能自給自足，荷蘭人必須從泰國、日本進口稻米，供應官員、軍隊、船員、奴隸、傭工。但是運送糧食既昂貴又危險，不是長久之計。1631年荷蘭殖民政府也想從歐洲、印尼，運送荷蘭人來台灣島殖民，無奈遠洋航運的船舶無法載運太多荷蘭人，而且運費太高，不易負擔。1633年荷蘭人統計中國移民只有700多人，爲了就地擴大面積，耕種稻米，荷蘭人迫不得已透過中國商人或鄭芝龍之類的海商，自中國福建招募農民來台，替荷蘭人開墾田地，種植稻米，增加糧食供應，這是經營殖民地的老辦法。剛好中國當時戰亂頻仍，台灣島適時提供生存機會，荷蘭人提供武力保護和船運，中國農民渡海來台開墾，是項很有吸引力的選擇。

　　荷蘭人依據印尼的經驗統治中國移民，先任命中國移民當「頭家」或「甲必沙」（Cabessa），或稱「中國甲必丹」（Chinese Captain）。這些是半官式的地位和身份，「甲必沙」（Cabessa）原意是葡萄牙語的手工業者的行會代表人，在澳門被用來稱呼由中國人擔任的低階警察，後來成爲東南亞歐洲殖民者授予中國移民仕紳的榮譽職稱，可參與諮商政策，或調解糾紛，甚至協助司法審理，其意義接近「長老」或「頭人」。「甲必丹」（Captain）語出葡萄牙國王授予海外開拓有功的貴族的一種封建頭銜，有「甲必丹」頭銜的葡萄牙貴族就取得治理新領地的權利。但後來轉型爲「首領」的用詞，歐洲殖民者則用「甲必丹」頭銜授予最高聲望的中國移民，用來協助殖民者治理中國移民，其意義接近「僑領」。

　　中國移民的市街聚落有「頭人」，農村聚落也有「頭人」，通常也是開墾的「大小結首」，「結首制度」帶動中國移民村落的形成。1636年蘇鳴崗等華僑領袖從福建廈門招徠中國農民，墾田種植稻米和

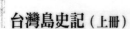

甘蔗，但中國人的商船和漁船才是運輸中國移民來台的主力。1637年荷蘭人還提供移民現金補助，1638年至1639年荷蘭官員卻認為台灣島的中國移民已有8,000至10,000人，可以開始課徵人頭稅。1640年有3,568位中國移民被課徵人頭稅，但中國婦女及替荷蘭東印度公司工作的中國移民免課人頭稅。1649年中國婦女也開始被課徵人頭稅，足證中國婦女移民來台已有相當人數。1649年有11,339人繳人頭稅，1650年有10,811人繳稅，1653年後，荷蘭人將徵收人頭稅的工作發包給「贌商」。荷蘭人有時也實施減稅政策，尤其對剛移民台灣島沒幾年的中國移民，以示獎勵移民。但荷蘭人進口耕牛租給擅於操作犁耕的中國農民，並訓練原住民犁耕及操作牛車，出身狩獵文化的原住民雖不擅於犁耕，卻精熟操作牛車，常幫中國商人或農民運輸貨物取得報酬。

1648年福建災荒，中國移民大舉逃難到台灣島。1650年10月有10,811中國移民繳納人頭稅，1656年有13,680人被課徵人頭稅。中間還卡著1652年郭懷一事件，中國移民遭屠殺三分之一，因此也有很多中國移民逃回福建。1653年至1655年台灣島爆發一連串天災，中國移民更是逃難回福建，可見中國與台灣島之間的人口流動是雙向進行，而非單向流動。但是1658年鄭成功兵敗撤退至廈門，受到清軍的威脅，中國人大批逃難海外，部份渡海到台灣島。於是，台灣島與中國大陸之間，就形成一種很特殊的人口移動模式。1654年荷蘭地圖在淡水就標示有「中國人區」（Chinese Quartier）。

中國移民開墾的農田面積也因人口因素產生波動，1645年荷蘭人統計已開墾耕地3,000甲，稻田1,713甲，蔗田612甲，其餘雜田。10年後才加倍，1655年耕地6,421甲，稻田4,978甲，蔗田1,443甲。但1660年耕地面積達12,252甲，才經過5年，幾乎是1655年的2倍，這是鄭成功兵敗，福建居民逃難到台灣島擴大開墾的結果。當時田地換算：每畝約等於667平方公尺，15畝約等於1公頃，每公頃等於1萬平方公尺。每甲等於2.396英畝或11,736平方公尺、1.17公頃，或2,934坪。

二、中國移民的人口

　　1621年之前，中國人在台灣島的人數約只有1,500人，大多是貿易、捕魚等季節性的工作人員，沒有長期定居台灣島的中國人。1633年中國人在台灣島定居約只有800人，後來中國戰亂加劇，中國人大批移民台灣島，1638年增至1萬人。1640年荷蘭殖民政府對中國移民課徵人頭稅，可課稅人頭有3,568人。1641年為4,000人，1642年為4,500人，1643年為9,584人。

　　1644年、1645年沒有可課人頭稅的中國移民人數資料，1646年為13,500人，1647年無資料，1648年為17,500人， 1649年減少為15,000人，1650年人數不變，1651年增至19,716人，1652年又減少為17,500人。1653年因為郭懷一事件，中國移民丁口被殺4,000人，人頭稅丁口減少為13,500人。1654年為14,201人，1655年為15,492人，1656年為18,730人，1657年為15,177人，1658年為22,500人，1659年為27,500人， 1660年、1661年人數不變。其中，1646年12月才有資料顯示符合課稅資格的中國婦女移民定居台灣島的人數。

　　整體來說，荷蘭殖民統治時代的台灣島是一個土地資源豐沛、勞動力短缺的地方。地租便宜，勞動價格和勞動生產力高漲，但原住民出草獵首的生命威脅，農民工需要有效的武力保護，開墾荒地也需要基本的資本投入。荷蘭人能提供安全保障與資本借貸，自然吸引中國福建移民蜂湧入台。當時的福建土地短缺，人口密集，人口壓力沉重，造成地租高漲，勞動價格和勞動生產力低落。明末清初的福建又面臨戰亂頻仍，勞動力和資本都缺乏保障，土地灌溉設施失修，資本利息昂貴的處境。如此一推一拉，勞動力往台灣島流動，產生中國人大舉移民台灣島的現象，除了受海運能力限制外，已沒有太大的阻隔。荷蘭人發現雇用中國人的薪資比蓄養奴隸的成本更便宜，而且中

國人很勤奮，不需強硬監督便能自行工作。因此1631年起，荷蘭人即積極吸引中國人移民台灣島。1639年荷蘭人只蓄養60名奴隸，卻雇用3,000名中國人從事建築營造工作。

這股移民動力，從荷蘭殖民時期到清代中國同治年間才止息。中國移民到乾隆年間，人口數目已多到足夠自組民兵武力對抗原住民的階段，甚且墾首大地主的資本也從中國大舉流入台灣島，不必清政府太多協助，中國移民已有雄厚資金建造水利設施和灌溉系統。中國的資金和勞力大舉輸入台灣島的移民潮，完全是經濟動力的結果，不是任何政府管制措施能抵擋得住的力量。台灣島上的中國移民人口大幅增加是不可逆的歷史進程，所謂「渡台三限制」或其他禁令，不只是公文書上不存在，縱使有也從未有任何實際效果。

第六章
西班牙佔領軍（1626-1642）

一、西班牙人的據點

　　雞籠山高588米，現稱基隆山，山勢高聳，緊鄰東海，是日本、琉球到福建、菲律賓海上航線最好的航海指標。1586年4月20日西班牙的第6任馬尼拉總督維拉（Santiago de Vera）計畫佔領台灣島，控制台灣海峽，並以台灣島作爲天主教會向日本、中國傳播信仰的中繼站。1589年西班牙國王腓力二世（Felipe II de España,1527-1598）批准這項計畫，1592年西班牙的第7任馬尼拉總督雷巴登雷拉（Gómez Pérez Dasmariñas,1519-1593）派兵擬攻佔台灣島，卻遭遇颱風而被迫返航，佔領計畫功敗垂成。1624年荷蘭人佔領大員港，頻頻出動船艦，攻擊菲律賓與中國之間的西班牙商船。西班牙的第18任馬尼拉（代理）總督（Interim Governor）施爾瓦（Fernando de Silva）不得不設法佔領台灣島，選擇雞籠山旁的基隆港，作爲佔領的第一個據點。

　　1626年5月10日施爾瓦派瓦迪斯（Antonio Carreno de Valdes）率300名士兵和2門加農砲，從馬尼拉抵達台灣島，佔領基隆社寮島，即現今基隆和平島，趕走大巴里（Taparri）與金包里（Quimaurri）村社的原住民，「燒毀存放稻米與小米（borona）的穀倉（tambobos），用很好的木材所蓋的屋舍，以及他們的家當」。6月16日舉行佔領儀式，宣布「以國王之名佔領，新土地是國王財產的一部分」，並啓建「聖薩爾瓦多城」（San Salvador），神父馬丁略（Bartolome Martinez）也隨軍在社寮島建天主教堂，雖然簡陋，卻是台灣島史上第一個天主教堂。馬丁略於1629年8月1日從淡水搭船返回基隆時，遇上強風大浪溺斃，整船沈沒，無人生還。西班牙人當時認爲：「Taparri是一個海盜的村落並且兇悍地拒絕臣服於西班牙人。這些人與住在距離聖薩爾瓦多小島（社寮島）1.5里格（8.25公里）的Kimauri村落的原住民有不共戴天之仇。」這些紀錄佐證大巴里社（Taparri）位於萬里鄉，而金包

里社（Kimauri）位於基隆市區，不是後來的台北縣金山鄉。

　　1627年底馬尼拉的運補船因天候因素，未能抵達基隆，西班牙人陷入糧食危機。安東尼維拉（Antonio de Vera）率20名人員到淡水買糧食，遭到伏擊，安東尼維拉等遭到殺害，其餘逃脫。西班牙人派托瑞斯（Lazaro de Torres）率100名士兵，搭船攻入淡水，原住民棄社逃逸。托瑞斯搬走原住民穀倉的稻米，裝滿一整艘大帆船（加列船，Galley）和4艘大舢舨船，運回基隆。西班牙人擒獲數名頭目，將之處死，其餘綁腳鐐服勞役。

　　1627年西班牙人自馬尼拉出發，航至「哆囉滿」（Turoboan），位於花蓮立霧溪口，尋找黃金，但船員幾乎被原住民殺光。1632年西班牙人阿奎拉（Domingo Aquilar）赴哆囉滿淘金，只從河裡淘出小砂金。

　　1628年西班牙人佔領淡水，建「聖多明哥堡」（San Domingo），所謂「堡」只是簡單的防禦工事。同時西班牙佔領軍向馬尼拉報告說：「傳教士和艦長試著跟原住民協商，向他們表達善意，但原住民拒絕服從國王。」後來還承認「霸佔原住民屋舍，劫奪原住民的糧食，原住民村社被焚毀，甚至夷為平地，原住民逃亡」。

　　西班牙人在淡水遇到的原住民是「林仔人」（Senaer、Chinaen、Chettaer、Sinack、Chinar）和「大屯人」（Toetona）。林仔人組成許多村社，包括：林仔社、圭柔社（Cackerlack或Kaggilach）、雞柔社（Kipas）。大屯人也組成許多村社，包括：大屯社（Touckenan）、阿里荖社（Arrito）、阿里磅社（Aripong）。

　　這些村社的人口都很少，依荷蘭人統計，林仔社在1646年只有131人，1647年增至294人，但隨後快速遞減，1648年280人，1650年160人，1654年130人，1655年只剩81人。

　　林仔社、圭柔社、雞柔社等三村社分佈在淡水至三芝之間，雞柔社與小雞籠社同源。圭柔社在1735年土官貓勞眉的賣契裡描述：「圭柔社，北至八連溪，南到施茂墾地。」到1746年圭柔、外北投社、大

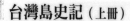

屯社合併，改以「圭北屯社」（Kiuibaduan）名義出現。

大屯社在1654年有82人，1655年只剩77人。阿里荖社（Arrito）在1650年有193人，1654年153人，1655年只剩95人。林仔人與八里坌社、北投社爲敵，也與新店溪和大漢溪匯流處的武𣿰灣社（Pulauan）、宜蘭的噶瑪蘭人爭戰，村社相互之間常爆發獵首戰爭。

二、傳播天主教失敗

1630年神父艾斯奇維（Jacinto Esquivel, 1595-1633）進入金包里社（Quimourri或Kimauri，基隆仁愛區，有人誤爲新北市金山區）、八里坌社（Parihoon、Sipandang、Parrigon、Parichon，新北市八里區）、林仔社（淡水市區）傳教。艾斯奇維在大巴里社（Tappari，大八里社、小八里社）傳教，並蓋San Juan Bautista教堂。又在金包里社（Kimauri）蓋San José教堂。艾斯奇維在1632年撰寫《關於福爾摩沙島情況報告》（Memoria de las Cosas Pertenecientes al Estado de la Isla Hermosa），提到Quimourri都是Tappari人，兩者習俗和語言相同，但分開居住，互相競爭，從事以捕魚、打獵、製鹽、造箭、蓋房子、紡織及製造刀具（bolo）維生，但不懂得農耕，不像其他村社的原住民懂得耕種。

與大巴里社（Tappari）人隔鄰，靠近淡水河口的林仔人擅於耕種，但散居成8、9個小村落。1630年艾斯奇維爲了傳教方便，在淡水社蓋一座「玫瑰聖母堂」（Virgen del Rosario），在林仔社蓋一座Nuestra Senora del Rosario教堂，把林仔人聚集成一個村莊。教堂落成安座聖像時，西班牙人還與林仔人歡樂飲宴。教堂由巴葉茲神父（Francisco Vaez）主持，傳說有200多位原住民受洗爲天主教徒。艾斯奇維神父則編撰一本《淡水印地安人語言詞彙》（Vocabulary of Language of the Tamsui Indians），並在基隆設立一所學校，據說也有

中國人和日本人的小孩就讀。艾斯奇維於1633年8月9日從基隆搭中國船赴日本，於途中遭中國船員殺害，屍體拋入大海，船員割下艾斯奇維神父的耳鼻，向日本長崎奉行（市長）領賞。

1632年西班牙淡水長官阿卡拉索（Juan de Alcarazo）率80多人沿淡水河溯水而上，勘查台北盆地及淡水河上游的兩岸。一路進入基隆河（Quimazon），見到內北投社（Quipatao或Kipatauw，台北北投區），內北投社人擅於採挖硫磺，每5擔硫磺值3里爾，可換2匹花布。阿卡拉索往東航行到接近台北松山的里族社（Lichoco，台北內湖區湖元里）。另一路探勘進入淡水河中游，艾斯奇維記載，有武勝灣社（Pulauan）等三個大型部落村社，有3艘日本商船沿淡水河載走鹿皮，日本水手說鹿皮比生絲更暢銷。艾斯奇維也發現原住民拿鹿皮、水藤、硫磺，跟中國商人交換銅鐲、銅鈴、布匹。艾斯奇維還提及，西班牙人嘗試對佔領軍初到台灣島時，曾燒殺原住民的事，決定賠償4,000披索，但最後賠不到600披索。

西班牙人認為林仔人服膺天主，才能聚集成為村莊。但林仔人卻認為進教堂是為拉攏西班牙人共同對抗北投社和八里坌社，這個認知差異，導致不幸的「林仔事件」。巴葉茲神父後來計畫在八里坌社也蓋教堂，並進入北投社Pantao傳教，並想調解北投社與林仔社的恩怨。1633年1月27日林仔社頭目比拉（Pila）認為巴葉茲與北投社「勾結」，且要幫助宿敵八里坌社，率眾埋伏將巴葉茲獵首。1627年比拉曾被西班牙人綁腳鐐做苦勞，經巴葉茲神父保釋才獲得自由，沒料到比拉會反過來殺害巴葉茲。

巴葉茲的傳教工作由穆羅（Luis Muro）神父繼任。有記載說1633年西班牙神父迪歐斯（Teodoro Quiros de la Madre de Dios）曾遠赴淡水河上游、三貂角、宜蘭等地傳教，有600人受洗。1634年卡達斯（Quiro Cartas）神父讓500多人受洗。

1635年迪歐斯神父據傳趁原住民部落流行天花，積極傳教，替原住民施洗。原住民認為信仰天主教，有助於避開傳染病。迪歐斯赴貢

寮社（Caquiuancian或Kona，陷阱之意）向原住民傳教，五天內替141名原住民施洗。在宜蘭替6歲以下兒童施洗186人，成人320人。西班牙人也承認這些熱烈受洗的原住民並非改宗一神論的天主教，而是希望多一個神靈來保佑，以免除疾病的侵襲。原住民也期待通過受洗儀式能與神父和西班牙軍隊建立結盟關係，在村社戰爭中取得優勢。西班牙人篤信天主教，派神父向原住民傳教，這是羅馬天主教在台灣島最早的傳教史蹟。但神父停留時間不長，神父一離開台灣島，受洗信徒常跟著散夥，傳教效果不彰。有些神父來台灣島的目的也只是想過個水，等待時機轉調去中國或日本。西班牙佔據台灣島北部的宗教目的可說完全失敗。

1636年3月西班牙人補給不濟，陷入糧荒。1636年3月穆羅神父和24名西班牙士兵進入淡水河，前往北投社買糧，返回淡水要塞時，卻遭遇300多名林仔人突襲，西班牙24名士兵、2名女性及幾位僕人遭到集體屠殺，穆羅神父也被殺害。穆羅神父和巴葉茲神父都被安葬在淡水的小山頭上。

1636年8月西班牙人命令每戶原住民每年要繳納3「卡桶」米和2隻雞。每1「卡桶」（gangtang或gantingh）等於8.5公升。林仔人不滿，突襲西班牙的駐軍要塞，西班牙人死亡30人，其餘30人逃回雞籠。西班牙人的軍事力量不足以威懾原住民，反遭屠殺，威信崩盤，已無法建立統治或課稅機制；再因糧荒縱容士兵搶奪原住民的雞隻和稻米，官兵變強盜，原住民反抗更激烈，西班牙人更不敢離開城堡，也就談不上統治或傳教。

1637年1月馬尼拉的菲律賓總督高奎臘（Sebastian Hurtado de Corcuera, 1587-1660）說：「就土著皈依天主教信仰……在所說的這11年裡，全都證實了純屬虛妄。」受洗方式被認為「全無章法」。

三、建立殖民地失敗

　　在殖民目的方面，台灣島北部地區在十七世紀居住通行巴賽語
（Basay）的原住民，分佈在淡水、台北、基隆一帶，是母系社會的
平埔族原住民，被日本學者伊能嘉矩誤認為名稱叫「凱達格蘭族」，
其實「凱達格蘭族」是從來不曾存在的名稱，使用「巴賽族」才是正
確名稱。巴賽族擅長製作工藝及交易買賣。西班牙人於1626年佔領基
隆，企圖征服巴賽族之前，巴賽族已知出售硫磺、黃金、鹿皮給中國
和日本商人。西班牙人為突破荷蘭人對菲律賓的封鎖，派兵佔領基
隆，開始所謂的「殖民」統治。但西班牙人的統治方式，實在連個殖
民政權都談不上，完全不知如何統治巴賽族，無法建立轉口貿易或產
業，也缺乏有系統地設官分治，反而像佔據梁山泊的土匪。但是西班
牙人煞有其事在文獻上記載，把台灣島北部劃分成淡水（Tamchui）、
噶瑪蘭（Cabaran）、哆囉滿（Turoboan）三個「省區」，卻又說不
出來誰是「省長」、「省政府」或「省府官員」在何處，更講不清楚
「哆囉滿」的位置。西班牙人把人煙稀少的貢寮和三貂角附近劃為
「哆囉滿省」（Turoboan或Turumoan），顯見這些文獻都是吹噓的。
因為傳說的產金地「哆囉滿」位於花蓮立霧溪口，但是包括瑞芳九
份、金瓜石在內的「哆囉滿省」卻真正存有金礦，到清代劉銘傳時期
才被發現。也有人論證「哆囉滿省」位於花蓮，更是虛無縹緲的說
法，因為西班牙人在花蓮出現的機會少之又少，更不可能有「省」的
觀念。

　　在轉運貿易工作上，西班牙人希望中國、日本商船能聚集到基
隆、淡水交易，進行「會船點」貿易，讓貿易港有貨物稅可收，卻始
終引不起中國人、日本人的興趣，連從馬尼拉開出的西班牙船隊都很
少停靠淡水、基隆。尤其慘的是，1631年5月馬尼拉的補給船抵達台灣

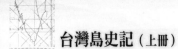

島，僅運來稻米給駐軍，忘記帶白銀購買中國商船的生絲，使得原先在港口等候交易的中國商人失望而歸。1631年6月30日有6位菲律賓原住民從淡水搭一艘西班牙小船逃亡到大員，他們向荷蘭人通報：「他們已經2年沒有領到他們工作的薪水……（西班牙人）與原住民及其附近部落，時而敵對，時而友好，但是並沒有藉由征伐或其他方式表示敵對，因為在和平的時候，西班牙人並沒有到內陸（西班牙人只在社寮島上待著）。（包樂史，p.122-123）」1634年11月兩艘從基隆載運砂糖的商船抵達日本長崎，卻被日本幕府禁止輸入，原船返回。西班牙人與日本人、中國人做生意的功夫，遠不及荷蘭人。貿易港的生意做不成，西班牙人也不懂得從中國輸入農民，在台灣島墾殖，再種稻米輸出日本。西班牙人只是官僚人員，不懂生意經，最後虧損連連。1635年日本發布《第三次鎖國令》，更讓西班牙人在基隆、淡水的港口無事可做。原本西班牙人認為控制淡水，可以介入硫磺、水藤、鹿皮、植物染料的生意，因為北投社（Pantao）、大巴里社（Tapari）開採硫磺，林仔社產藤條、鹿皮和稻米。但是事與願違，這些貨品早已是中國人用銅環、鐵器、食鹽、珠玉、花布與原住民交換而壟斷，西班牙人很難介入。

四、軍事部署失敗

就軍事目的而言，西班牙人在基隆、淡水分別派有兩位職權相等的殖民長官，卻無統一事權，其職權又遠不如荷蘭人的大員長官，倒像個駐地遠征軍軍官而已，事事都聽從馬尼拉的菲律賓總督瞎指揮。馬尼拉總督又困於菲律賓種種內外交困，對駐軍台灣島這兩個港口的佔領軍根本無心無力。西班牙人在台灣島北部的「殖民據點」，完全靠菲律賓補給，連自給自足都成問題，常常發不出薪資給士官兵，更不要說往外擴張，或截擊台灣海峽或東海上的荷蘭船隊。西班牙士兵

的補給始終不足，常向原住民搶奪糧食，像盜不像官。1632年有艘西班牙商船自菲律賓北上，漂流至宜蘭，遭噶瑪蘭族原住民殺害，西班牙人藉機進攻噶瑪蘭族，佔領宜蘭，也沒有建立統治機能，不久即撤退，所謂「噶瑪蘭省」如同空中樓閣。西班牙士兵很多是訓練不足的菲律賓土人，根本不足以形成統治機制。

1637年菲律賓經濟衰退，為削減開支，減少對台灣島駐軍的補給。馬尼拉總督胡太都（Sebastian Hurtado de Corcuera, 1587-1660）認為淡水生意做不起來，又無法統治原住民，對於台灣島的佔領軍很失望，決定減少淡水駐軍人數。1638年乾脆下令拆毀淡水的聖多明哥堡，裁軍到只剩100多名士兵，集中到基隆，從此所謂「淡水省」變成海市蜃樓。整個基隆薩爾瓦多城在1640年只有400多人，包括50名西班牙人、30名菲律賓土著兵（Pampangans）、200名奴隸、130名中國人，更談不上「殖民統治」，倒像有待整頓的敗兵殘將，連個大型原住民村社都不如。1626年至1630年西班牙佔領軍可說天天在等待來自馬尼拉的補給船，其他事一籌莫展，完全不像殖民政府的軍隊。

1640年9月荷蘭軍官瓦瑞斯（M. G. Vries）率軍進入淡水，才發現西班牙人早已撤離。荷蘭人找中國商人購買北投社的硫磺，1641年瓦瑞斯施壓要原住民保護中國商人。1641年10月荷蘭人「拔鬼仔」（Thomas Pedel）帶著淡水原住民赴大員報告西班牙人的軍事力量。基隆的西班牙駐軍發覺到原住民正與荷蘭人合作，要求馬尼拉增兵支援，卻得不到回應。1642年8月荷蘭人進攻基隆，西班牙人僅抵抗6天就投降。荷蘭軍隊佔領淡水、基隆，有些原住民臣服，有些反抗。西班牙人成了俘虜，被送至大員港關押。

1644年2月原住民殺害70名荷蘭人，11月大員當局立刻調動大軍鎮壓所有原住民村社，並從淡水南下，鎮壓所有不服統治的原住民，並肅清中國海盜和走私客。1645年荷蘭人終於打通台灣島南北陸路交通線。荷蘭人的做法與西班牙人比較，西班牙人根本談不上統治台灣島北部，很多歷史書籍記載台灣島有過「西班牙殖民統治」，完全不符

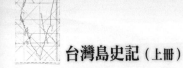

合歷史實情。西班牙人的統治力量連個原住民部落都不如。

西班牙人要佔領台灣島最早的目的是對抗豐臣秀吉的南進政策，不讓台灣島和呂宋島落入日本人手中。再來，荷蘭人東來爭奪台灣海峽控制權，影響西班牙人對中國和日本的貿易，必須反制。最後，荷蘭人先佔領台灣島南部，吸引中國人和日本人到大員港貿易，影響馬尼拉的生意甚巨，西班牙人覺得有必要在台灣島也經營一個可競爭的港口。所以西班牙人決定佔領雞籠港及淡水港，但沒有發揮預期的功效，所有策略目的全歸失敗。

西班牙人在台灣島雖待了16年時間，但不論統治原住民、轉口貿易、傳播宗教、建立殖民政權，都乏善可陳。既沒有徵稅制度，沒有機制指揮原住民，原住民也無頭目效忠西班牙人，西班牙人也沒有從中國、菲律賓、或西班牙本土招募外來人口移民台灣島，更沒有進行任何像樣的荒地開墾，所以可以下結論說：西班牙人沒有殖民統治台灣島北部，其行事顯得只是一群不知所措的港口佔領軍而已，毫無主權展示活動可言。有些台灣島的歷史著作常把西班牙人在台灣島北部的佔領行動，且僅佔領基隆、淡水兩個港口，提高到與荷蘭殖民統治相同位階的準殖民政權，這顯然過度抬舉這批西班牙人了。

五、西班牙殖民帝國的沒落

西班牙在台灣島基隆和淡水的港口佔領模式失敗，其實是西班牙殖民帝國沒落的縮影。西班牙王國以貴族和官僚模式經營殖民地，英國與荷蘭卻以資本主義的殖民公司模式發展殖民地，效果高下立判。西班牙王室對殖民地設下嚴格限制，阻礙殖民地農工人口的增長。西班牙貴族和官僚在美洲殖民地掠奪大量黃金和白銀，未轉化為工商資本，反而揮霍一空。西班牙王國殺雞取卵，採行橫徵暴斂的財稅政策，殘害本土經濟發展。西班牙國王查理五世（卡洛斯一世）和其

子腓力二世都是天主教的偏激份子，下達《血腥敕令》迫害基督新教派、猶太人、伊斯蘭教的柏柏爾人（Berbers或Amazighs）。偏偏這些被迫害的「異教徒」相對較有能力經營工商業。

　　西班牙貴族認為經商不是高尚行業，將殖民地掠奪的財富揮霍在進口奢侈品，把多餘資金放貸給英國、荷蘭、法國的銀行家，反而促使英荷法工業資金大幅累積。西班牙未能與葡萄牙結成堅固聯盟，耗費資源，相互爭戰，於1580年併吞葡萄牙，卻使葡萄牙喪失開創大航海時代的雄心壯志。等到1668年葡萄牙企圖掙脫西班牙獨立，也早就失去與英荷法爭勝的能力。

　　荷蘭的稅收佔西班牙王國總稅收的90%，西班牙王室卻於1550年頒布《血腥敕令》迫害荷蘭人，逼使荷蘭人於1581年宣布獨立，展開獨立戰爭，英國藉機介入，以金錢、軍隊資助荷蘭人反抗西班牙。西班牙的無敵艦隊於1588年被英國擊敗，西班牙陸續喪失殖民地，勢所必然。英荷的私掠船趁機對西葡的商船大肆劫掠，西葡的殖民事業與海外貿易大受打擊。1618年開始的「三十年戰爭」，1635年法國對西班牙宣戰，1648年西班牙被迫簽訂《威斯特伐利亞條約》，西班牙王國的殖民帝國夢基本上已經結束。1642年西班牙人退出台灣島不過是西班牙殖民帝國沒落的伴奏曲。

附錄、原住民村社對照表

一、台北地區

村社（中文）	村社（羅馬拼音）	說明
阿里荖	Arilaw, Arrito	石門
阿里磅	Aripong	石門
淡水	Casidor, Hobui, Tanchuy, Tamsouij	滬尾，淡水水源里
貢寮	Caquiuancian, Kiwannoan	
塔塔悠	Catayo, Cattayo, Kataya	台北中山區大直金泰里，又稱上塔悠。下塔悠則在松山
秀朗	Chiron, Chiouron, Siron, Sirongh	新店遷永和
海山	Gagaisan	樹林
小雞籠	Kaggilach, Kaggilac, Cackerlack, Kakkerlak, Sappan, Kipas, Kijpabe, Kibbabe	雞柔、圭柔，淡水、三芝、錫板、嘎奇臘
圭武卒	Kanatsui, Kimotsi, Kimoetsiouw	大稻埕，奇武卒
甘豆門	Kantaw, Casidor	關渡
雞籠	Keilang, Keran, Kimaurri, Quimoury	大雞籠，基隆市
雞柔山	Kilousan	圭柔山社，淡水義山里、忠山里。
麻少翁	Kimassauw, Moronos, Kimalotsigauwa	毛少翁社，士林社子或天母
麻少翁溪	Spruijt van Kimassauw	
基隆河	Kimazon, Quimazon, Quelanghsche	
內北投	Kipataw, Quipatao, Pantao	台北北投區，巴賽族，又稱「奇北投」，「女巫」之意
金包里	Kitapari	奇大巴里，金山、萬里，金包里是錯誤的翻譯
圭北屯	Kiuibaduan	淡水屯山里
瓦烈	Kiwari	土城遷新莊、三峽溪北
唭哩岸	Kizingan, Kirragenan, Kirananna, Kernannananna	北投區石牌
外北投社	Kuapataw, Rappan	淡水的北投里
里族	Litsouck, Lichoco, Litsoeck	內湖區湖元里

村社（中文）	村社（羅馬拼音）	說明
暖暖	Loanloan	基隆暖暖
雷朗族	Luilang	雷里與秀朗合稱
瑪陵坑	Malingkin	基隆七堵
麻里折口	Malysyakkaw, Maliziho, Kimalitsigowan, Kimadaminadauw	松山，錫口
瑪鍊	Masu	萬里
峰仔峙	Pangasi, Kipanas, Kipangas	房仔嶼、峰仔嶼、水返腳、汐止
萬里	Parian, Pillien	澗內，西班牙語稱中國人市集之意
八里坌	Paripen, Palihun, Pergunu, Prarihoon, Pergon, Pergon	淡水區竹圍，原在八里區的大社遭後 社攻擊，遷居淡水竹圍。又稱坌社。
大浪泵	Paronpon	大龍峒、北港
擺接	Peitsie, Paijtsie, Paitsij, Paghsij, Peijtsil	板橋社後里
坌	Pen、Rapan	淡水區竹圍，原在八里區的大社遭後 社攻擊，遷居淡水竹圍，又稱八里坌社。
武勝灣	Pinnonouan, Pulauan	新莊海山口遷至板橋光復里
大雞籠	Quelang	基隆市社寮，基隆，雞籠
金包里	Quimoury, Kimaurri, Kimaurij	雞籠，基隆仁愛區，常誤為金山區
里族河	Ritsouquie Revier	
里末	Ribats, Liui	艋舺遷板橋埔墘
了阿八里	Rieuwwerowar	台北市中正區汀州路
雷里	Ruijryck, Luili, Rivrijcd, Ruiri	艋舺，迦納仔。台北萬華區
沙 廚	Samadu	艋舺
三貂	Santiago, Kiwannoan, Olim Kiwamioan	山朝社，貢寮
圭柔	Senaer, Chinaen	林仔社、淡水忠山里
嘎嘮別	Sialawbe, Halapei	北投桃源里和稻香里
林仔	Sinack	淡水林仔
錫口	Sykaw	松山，麻里折口
大巴里	Taparri	沙巴里，基隆、金山、萬里
打賓	Tapin, Tapien	大幫坑社，石門，富貴角的巴賽語就叫「打賓」。
奇獨龜崙	Touckenan	大屯
大屯	Touckenan, Touchunan, Towquenan, Toetona	奇獨龜崙

村社（中文）	村社（羅馬拼音）	說明
大佳臘	Touckunan	艋舺
瓦威	Vavui	三芝
挖仔	Wara, Quiware	龜崙蘭社、龜崙林社，秀朗、永和

二、桃園地區

村社（中文）	村社（羅馬拼音）	說明
眩眩	Gingingh	新竹遷至桃園南崁後消失
乃乃	Kemarij, Sinaney	龜山奶奶崎，奶笏庄
坑仔	Mattatas,Tsijnandij	蘆竹區坑仔里、外社里，南崁四社之一
南崁	Percuzi, Pereoutsy, Parricoutsie, Barecoutsock, Lamcam, Perkoutsi, Parakucho	南崁四社之一
霄里	Sousouly	桃園八德大湳里、平鎮貿易里、東社里，南崁四社之一
大科崁	Takohan	大溪
查內	Terrisan, Tarrisan, Tarrissan	打勝山，桃園大溪區番子寮
龜崙	Touckenan, Coumangh, Coullon	奇崙社，桃園龜山區頂社里，南崁四社之一
澗仔力		中壢
芝巴里		芝巴林社，大園與中壢之間

三、新竹地區

村社（中文）	村社（羅馬拼音）	說明
眩眩	Gingingh	新竹遷至桃園南崁
竹塹	Texam, Pocaal, Pukkal, Pocael	新竹市北區舊社里

四、苗栗地區

村社（中文）	村社（羅馬拼音）	說明
貓盂		苗栗苑裡客庄里、五北里，崩山八社之一
後壠	Auran, Yass	阿蘭社，雅斯社，後壠鎮南龍里、中龍里、北龍里，後壠五社之一
中港	Makalubu, Tokodekal, Tockudekol	後龍與竹南交界的溪流沿岸，後壠五社之一，又名馬卡盧布社。
新港		後龍校椅、埔頂，後壠五社之一
貓裡	Bari	巴利社，苗栗市中苗、南苗，後壠五社之一

嘉志閣	Kalikan, Kalican, Calikas, Kalika Rusudt	苗栗市北苗，嘉勝里，後壠五社之一
宛里	Wanrie	苗栗苑裡成功路，崩山八社之一
吞霄	Calicautomel, Calicaroutsiou, Honeyan, Pourawan	通霄鎮通東里、通西里，崩山八社之一
房裡	Warawar, Waraoral	苗栗苑裡中山路、北房里、南房里，崩山八社之一

五、台中地區

村社（中文）	村社（羅馬拼音）	說明
麻里蘭	Aboan Balis	豐原，岸裡九社之一
岸裡	Aboan Tarranoggan, Tarovagan	斗尾龍岸社，神岡
烏牛欄	Aoran, Auran, Aboan Auran	豐原，「巴則海族」五大社之一
阿罩霧	Ataabu	霧峰
貓霧捒	Babousack, Babusaga, Poavosa	台中南屯區（麻務捒）
水裡社	Bodor, Vudol	大肚中堡之一，龍井，「拍瀑拉族」四大社之一
大肚南社	Dorida Mato	又稱甘仔轄社，Chamachat社
大肚中社	Dorida Babat	
大肚北社	Dorida Amicien	
牛罵頭	Gomach, Goema, Gumei	大肚上堡，清水，「拍瀑拉族」四大社之一
大湳	Karahut, Karehut, Caracha	新社區大南里，樸仔離五小社之一
岸裡大社	Lahodoboo, Pahodobool, Pahadopuru, Tarovagan, Tarronagan	斗尾龍岸社，神岡，「巴則海族」五大社之一，岸裡九社
大肚	Middag, Dorida, Hajyovan	大肚下堡，「拍瀑拉族」四大社之一
葫蘆墩	Paradan, Daiya-rotol	豐原，「巴則海族」五大社之一，岸裡九社之一
大馬僯	Papatakan	東勢，「巴則海族」五大社之一，新社，樸仔離五小社之一
大甲	Patientia（忍耐）	
大甲溪	Patient River（忍耐溪）	
大甲西		大甲番仔寮，社尾，德化社，崩山八社之一
大甲東		台中外埔大東村、馬鳴埔，崩山八社之一
雙寮	Tanatanaka	台中大甲建興里，崩山八社之一

村社（中文）	村社（羅馬拼音）	說明
日南	Tadonannan	南日社，台中大甲日南里、龍泉里、幸福裡，崩山八社之一
日北	Waraval	大甲靠近苗栗苑裡
樸仔離	Poalij, Paualay	豐原樸仔口遷東勢、石岡、新社，巴則海族（噶哈巫族Kaxabu），朴仔離社
阿里史	Rarusai, Lalisai, Balis	潭子區，「巴則海族」五大社之一
沙轆	Sada, Salach, Soara	大肚中堡之一，「拍瀑拉族」四大社之一
山頂	Santonton	新社區馬力埔，樸仔離五小社之一
萬斗六	Dosck Noort	霧峰萬豐里、舊正里，車平營。
岸西		岸東社之西，岸裡九社之一
岸東	Daiyaodaran, Abouan Tarranogan, Rahodo, Puru	岸裡大社的總社，神岡，岸裡九社之一
岸南		岸東社之南，岸裡九社之一
岸裡舊社		薯社，后里舊社，岸裡九社之一
西勢尾		神岡西勢尾，岸裡九社之一
翁仔		豐原翁子，岸裡九社之一
岐仔		岸裡九社之一
水底寮	Tarawel	新社，樸仔離五小社之一
社寮角	Pazzehu Amisan	石岡，樸仔離五小社之一
掃涑	Vavusaga	巴則海族，掃捒
蔴薯	Varut	

六、彰化地區

村社（中文）	村社（羅馬拼音）	說明
阿束	Asock, Assoeck	和美鎮還社里，大竹番社口
柴仔坑	Baberiangh	彰化市國姓里大竹阿夷
眉裡	Ballabais, Dobali baiou, Balabaijes	溪洲舊眉，或埤頭番子埔
貓羅	Bnauro, Kakar Barroroch, Varo, Karra Karra	芬園鄉下茄荖
二林	Geruys, Gielim, Takkais, Tarkais, Tackeijs, Tackais, Tackays, Makatun	二林舊社
北斗	Groot Double	東螺
半線	Pangsoa, Pasua	彰化市番社洋、光南里

東螺	Taopari, Dobale baota, Baoata, Abasche, Dobale Bajen, Dobale Bayen	埤頭番子埔，或田中與埤頭之間，1821年遭洪水沖毀，遷移至北斗。
鹿港	Taurinak, Rokauan	
馬芝遴	Taurinap, Dorenap, Betgirem, Tariu, Betgilem	鹿港 埔鹽 福興
大武郡	Tavokol, Babariangh, Tavocol, Tavekol, Taivukun	社頭
西二林	Terenip	馬芝遴
大突社	Turchara, Taytoet, Atavu	大村、溪湖

七、南投地區

村社（中文）	村社（羅馬拼音）	說明
牛眠山	Baisia	樸仔離遷至埔里眉溪，噶哈巫族
水里	Kankwan	
大湳	Kalexut	樸仔離遷至埔里眉溪，噶哈巫族
水沙連	Sazum	
守城份	Suwanlukus	樸仔離遷至埔里眉溪，噶哈巫族
沙連	Soalian	
南投	Tausa Talakey	南投市
北投	Tausa Mato, Savaga	草屯
蜈蜙崙	Tauving	樸仔離遷至埔里眉溪，噶哈巫族
埔里	Kabilan, Kariavan	哈里難，蛤美蘭，布農族

八、雲林地區

村社（中文）	村社（羅馬拼音）	說明
貓兒干	Basiekan, Vassikangh, Vasikan, Batsikan, Batehican, Basjekan, Bossacam	崙背（麻芝干）
斗六門	Davole, Talack, Tawrag, Dovaha, Talackbayen, Talackbaijen, Taorak	斗六
猴悶	Dokowangh, Chaumul, Dokouangh, Goumol, Caumul, Tossavang, Docovangh, Deusouvan	土庫，或斗南將軍里溫厝角 另一說是：台南市仁德區舊名「土庫」才是「猴悶」。
肚貓螺	Donbalees	西螺附近
笨港	Poonkan, Poncan	北港
西螺	Sorean, Sailei, Kleen Doubale, Cleen Doubale	紅毛社

他里霧	Teribo, Tialiro, Talivou, Dalivoe, Dhalibao, Daliva	斗南
虎尾壟	Vavorolangh, Favorlangh, Vavorlang, Ternern	虎尾、土庫、褒忠
埔姜		褒忠
柴裡		斗六溝仔墘
南社		二崙

九、嘉義地區

村社（中文）	村社（羅馬拼音）	說明
阿里山	Arrisang, Jarissang, Arrissangh, Jorijs	阿里山鄉
阿拔泉	Appassouangh, Appassoan	嘉義梅山、竹崎，或南投竹山，或屏東高樹鄉舊庄村和源泉村。另一說，阿拔泉指源出日月潭的烏溪，見黃叔璥撰《台海使槎錄》。書中說阿拔泉水清，虎尾溪水濁，皆源出水沙連，虎尾溪即今之濁水溪。
打貓	Dovaha, Dovoha, Douvaha	民雄
奇冷岸	Kirangangh, Kiringangh	
大龜佛	Takopulan	阿里山八社之一
東斗六	Talacbayen	併入打貓
諸羅山	Tirosen, Tilaocen	嘉義
維利申根堡	Vlissingen	布袋
魍港	Wancan	布袋
皂羅婆		阿里山八社之一
踏枋		阿里山八社之一

十、台南地區

村社（中文）	村社（羅馬拼音）	說明
漚汪	Auwangh, Ouwang	將軍區
目加溜灣	Baccaluan, Backlouwangh	灣裡社，善化區溪美里，西拉雅四大社之一
北線尾	Bascedoy, Paxemboy	台南四草湖
加老灣	Caluan, Calawan	七股國姓港
清水溪	Cattaya, Verssche Revier	二仁溪，二層行溪
哆囉嘓	Doreko, Doroko	東山
堯港	Jockan, Jokkan, Brouwer	興達港，高雄茄萣或台南西港

村社（中文）	村社（羅馬拼音）	說明
茄拔	Kapoa	加拔社，楠西，四社平埔之一
鹿耳門	Lackquemoy	
芒仔芒	Lakuri, Voungo, Vogavon	芒仔社，玉井區芒子芒（三和里），四社平埔之一
鹿陶洋	Lohotan	楠西
麻豆	Mattau, Mattauw, Toekapta, Takapta	西拉雅四大社之一
茅港尾	Omkamboy, Vatiouwva, Hoem Cangbooy	下營茅港村
本鹿	Pitnongh	
糞地	Poltij, Polty	
赤崁	Saccam, Sakam	
宵裡	Siyauri, Siaurie	消籬社，玉井豐里村，四社平埔之一
新港	Sincan, Tagloulou, Tacholo, Tachloeloe	新市、山上，西拉雅四大社之一
蕭壠	Soulang, Toeamimigh, Tocanimick, Touamimigh	佳里區番子寮、北頭洋，西拉雅四大社之一
噍吧哖	Tapani	大武壠二社，玉井玉井村
大目降	Tavocan, Tavakangh	新化
大員	Teyoan, Tayouan, Teyowan, Teijouan,Taioan, Lamangh	台灣，台窩灣
大武壠	Tevorang, Taivuan, Tivorangh	大內區頭社、玉井區歡雅厝，大武崙頭社，大呸社，四社平埔之一
直加弄	Tikaran, Tickaranse, Hamsekam, Tackalan	安定區，乾草港之意
締福盧干	Tivalukang	新化知母義
瓦維斯濱	Walvis Been	大灣，台江內海
鹽水溪	Zaut River, Route River, South River	咬狗溪、新港溪
芒明明		望明明社，玉井區芒明里、望明里
大武　派社		白河區六溪里
月津		鹽水
雙溪口		白河
卓猴		卓機社，山上區
吉貝耍	Kabuasua	東山東河里，西拉雅族的蕭壠社的分支，村社原屬洪安雅族的哆囉嘓社，後者因而他遷關仔嶺。

十一、高雄地區

村社（中文）	村社（羅馬拼音）	說明
阿公店	Agongtoan	岡山，船仔草之意，竿蓁仔
大傑顛	Cattia，Taburian	燕巢區，遷徙於茄苳、路竹、旗山、內門，漁夫灣之意
干仔霧	Kannakannovo, Kanakanavu, Cannacannavo, Kanakanabu, Namasia	干仔務社、簡仔霧社，那瑪夏區，卡那卡那富族
墩仔	Kongodavane, Koadavan, Tona, Tuna	多納社、屯子社，茂林區多納里，內優六社之一
蚊仔只	Mangacun	瑪雅竣社，那瑪夏區瑪雅里
萬打籠	Oponoho, Mantauran	東打籠社、邦鷴社、萬斗籠社，茂林區萬山里，內優六社之一
羅漢門	Rohan	內門
嘎拉鳳	Salavang	桃源區桃源里
打鼓山	Taakao, Taakaosua	打狗社，打狗山、壽山，鼓山區
高砂	Takasagun	塔伽沙古，日本人命名，泛指台灣島
打狗	Takau, Takow, Tancoya, Takao, Tankoija	竹林之意
多納	Tarredick, Tarradijk, Kungadavane	大谷，高雄市茂林區多納里
踏網	Teldreka, Maga	網社、芒仔社，茂林區茂林里，內優六社之一
米籠	Suaci	美籠社、美隴社，內優六社之一，桃源區美蘭部落
內攸		甲仙區、六龜區、桃源區，內優六社之一
土庫		阿蓮區復安里

十二、屏東地區

村社（中文）	村社（羅馬拼音）	說明
阿猴	Akauw, Takarayen	屏東市，塔加里揚，鳳山八社之一
大武	Bangrui, Labuan, Labor	霧台鄉大武村
蚊蟀	Bangsoer, Manutsuru, Vanghsor, Dantor, Vangcul, Vangsor, Vangtsur	蚊卒社，滿州鄉滿州村，滿州是蚊蟀的日語音譯，瑯嶠十八社之一，斯卡羅族

村社（中文）	村社（羅馬拼音）	說明
巴達煙	Batain, Padain	八歹社，瑪家鄉高燕部落
望嘉	Bongelit, Vongoritt, Vongalit, Vungalid	望仔立，無朗逸，位於七佳峽谷，來義鄉望嘉村
內獅頭	Borboras, Barbaras, Barabaras, Vulavulas, Barbaros	獅子鄉獅子村、內獅村
內文	Caqovoqovolj, Takabolder, Takopol, Tackebul, Tjakuvukuvulj, Tolckebos	龜文社，獅子鄉內文村，原住於枋山溪支流內文溪兩岸，1948年遷至現址，位於楓港溪上游
加六堂	Cardeman, Karittongangh, Caylouangh, Caratouan, Karrittonganh	加祿堂，枋山加祿村
中社	Chakudakudalj, Kudakudal	牡丹中社，牡丹鄉，排灣族
加務郎	Cobeonggar	位於來義社北方
豬勞束	Dolaswack, Doloswack, Tolasuacq, Sukaro, Tirosu, Tjurusu, Tjiljasuaq, Lonckiouw, Derasoa, Cilasoaq	地藍松社，滿州鄉里德村，瑯嶠十八社之一，又稱瑯嶠，斯卡羅族
草埔後	Galongongan	獅子鄉草埔村
龜勞律	Goranos, Caralos, Coralos, Valakatsey, Coroloth, Kuraluts	龜仔角，恆春鎮墾丁里社頂（大尖山社頂公園），排灣族
傀儡人	Kalees	排灣族
加蚌	Karaboangh, Maraboangh, Kucapungane, Caraboangh	加婆敢社，霧台鄉好茶村
率芒	Kasuvongan, Kasuga, Kasevengan, Svon	卒罔社，春日鄉春日村
茄藤	Kattangh, Cattia	奢連社，傑顛社，南洲鄉萬華村，佳冬鄉，鳳山八社之一
加泵	Kaviyangan	泰武鄉佳平部落，傀儡山二十七社之一
陳阿難益難	Kazangiljan	卡札給蘭社，瑪家鄉佳義部落，傀儡山二十七社之一
加走山	Kazazalian	泰武鄉萬安部落，傀儡山二十七社之一
君崙留	Koulolau, Karolus, Kulialiau, Kuljaljau, Culalou, Coelalouw	龜仔用社，昆崙坳，來義鄉古樓村
古阿崙	Kulaljuc, Kuvaleng	姑仔崙，泰武鄉泰武村
加無朗	Kaviyangan	泰武鄉佳平村
大籠肴	Langalangau	

村社（中文）	村社（羅馬拼音）	說明
力里	Lalekiek, Lalekeleke, Tourikidick, Durckedurcq, Tarikidick, Durckeduck, Dralegedreg, Ljaleklek, Tarrikidick, Rarukruk	歷歷社、歷八社、年律社，春日鄉力里村
龍鑾	Lindingh, Lungduan, Drungulan, Lingdan, Longduan	令蘭社，瑯嶠分社，恆春鎮南灣里龍鑾山，或龍鑾里（龍鑾潭附近），斯卡羅族
瑯嶠	Lonckjou, Lonckiouw	恆春鎮城南里、城北里、城西里，瑯嶠十八社之一
老佛	Luypot, Loepit, Loupit, Lupeche, Kanavos	恆春鎮東北邊，滿州鄉響林村，在滿州鄉中心的北邊，往高士佛的路上。1653年荷蘭人的地圖誤把Lupoe視為台東知本，阿美族
牡丹灣	Macaren, Matsaran	牡丹鄉旭海村的太平洋海岸邊
馬卡道族	Makatao	
加者惹也	Makazayazaya	瑪卡札亞札亞社，瑪家鄉瑪家村，傀儡山二十七社之一
茄藤仔	Mangrove	海茄苳，紅樹林
八絲立	Masilidj	馬須利德社，瑪家鄉北葉部落，傀儡山二十七社之一
毛絲絲	Masisi	泰武鄉馬仕部落，傀儡山二十七社之一
大頭目	Mazazangiljan	
貓郎逸	Nangenangi	貓籠逸、小麻利，瑯嶠十八社之一，滿州鄉永靖村，在滿州鄉中心的西南邊，位於滿州往西去恆春的路上。
力力	Netne, Netnee, Dolotocq（包括：力力, Sengwen, Tarakeij, Jamick, Keersangan），Delatocq	新園，鳳山八社之一
小黑人	Ngedel	
新塔樓	Nieuw dorp Soetenauw	
新武里	Pachiwang	北葉安社，瑪家鄉，傀儡山二十七社之一
八歹	Padain, Batain	巴達煙，瑪家鄉高燕部落
八瑤	Padriyiur, Bunsili, Spadior, Palior	拔蟯社，滿州鄉長樂村（南仁湖西側），一說是貓裡毒，一說牡丹鄉八瑤部落（東源村Maljipa）

村社（中文）	村社（羅馬拼音）	說明
下排灣	Pagewang, Parriwan	
排灣	Paiywan	筏灣社，瑪家鄉排灣村
放索	Pangsoya, Pangsoor, Pangsoya	阿加社，屏東林邊，鳳山八社之一
勃郎	Patlong, Potlongh	勃郎錫干，來義鄉文樂村，位於上淡水社東邊山區
大茅茅	Pavaverau, Papaverouw	春日鄉
巴諾	Paynos	位於上淡水社（大木連）東邊山區
擺律	Pilis, Pelis, Pijler	白鷺社、白露社，瑪家鄉，傀儡山二十七社之一
枋寮	Pingle	
糞箕	Puljetji, Poltij	糞地，本地社，泰武鄉佳興村
勃郎錫干	Pucunuq	來義鄉文樂村，傀儡山二十七社之一
瓜覓	Quaber, Kuavar, Koabal	割肉社，古華社，春日鄉古華部落
射麻里	Qatoro, Soavari, Kaliutsur	滿州鄉永靖村，斯卡羅族
竹社	Sabaruku, Tatalivan	牡丹鄉石門村，排灣族
小琉球	Samaji, Lamey, Lambay	沙馬基，拉美島
董滴	Sangdi, Sagedeu	士文社的外圍
射不力	Sappide, Sapdijck, Sapediq, Sabdyck, Sabedig, Sawali, Sappide	射武力社、謝不益社、射麻里社，獅子鄉丹路村
高士佛	Saqacengali, Kuskus, Koesoekos, Kous Kous, Kuskus	滑思滑社，牡丹鄉高士村，牡丹社南方，瑯嶠十八社之一，排灣族
貓仔	Savaluq, Baya, Biah, Savaruku	恆春鎮網紗里及仁壽里貓仔坑，瑯嶠十八社之一，斯卡羅族
施那格	Sdaki, Sdakj, Cinaqi, Stagl, Sidaki	四林格，牡丹鄉四林村，瑯嶠十八社之一，排灣族
施卒臘	Serlja	泰武鄉萬安村安平部落，傀儡山二十七社之一
豬母	Sivora, Tivora	
斯卡羅	Skaro, Seqalu	恆春鎮，滿州鄉，排灣化的卑南族
牡丹	Sinvaudjan, Matsar, Mastsaer, Sinbaujan	新保將（葛藤之意），牡丹鄉牡丹村，排灣族
山豬毛	Sotimor, Sonaelbulck, Soutimor, Timor	三地門鄉三地村
吉勞	Sodirau	獅子鄉丹路村
士文	Suffungh, Suffingh, Seveng	春日鄉士文村
滿州埔	Surizuk	滿州鄉滿洲村，斯卡羅族

村社（中文）	村社（羅馬拼音）	說明
塔樓	Swatelauw, Sotanau, Sattanauw	里港塔樓村，鳳山八社之一
塔加里揚	Taccariangh, Takareiang	高雄市阿蓮區，1645年後併入屏東阿猴社
來義	Talacobos, Talakobus, Tjaljaavus, Rai	礁　加物社、内社，來義鄉來義村，傀儡山二十七社之一
草山	Talaravia	獅子鄉南世村
大木連	Tapouliangh, Tapuliang, Pandandelh	萬丹社皮、社上，上淡水社，大目連，鳳山八社之一
竹坑	Tarracway, Tarraiqui, Tokotokowan, Tjuruquay, Katu	哆囉快、哆咯快，獅子鄉竹坑村
德社	Tataljivan	車城鄉保力村竹社，瑯嶠十八社之一，1935年併入茄芝來社
武洛	Tedackyangh, Takayang, Tedackian	大澤機社、塔卡揚社、里港武洛村，鳳山八社之一
礁勝加物	Tjaljaqavus	來義社，來義鄉來義村，傀儡山二十七社之一
女仍	Tjaljunay, Chaljunai	牡丹社北方，併入牡丹鄉牡丹村，排灣族
大文里	Tjakuvukuvulj	泰武鄉德文部落
加籠雅	Tjanaqasiya	來義鄉義林村，傀儡山二十七社之一
茄芝萊	Tjaqaciljai, Katsheley, Catsilly, Catseleij , Jakachiral	加錐來社，牡丹鄉石門村，瑯嶠十八社之一，同村內有頂茄芝萊社（Coatsilai, Coaquatsilai）和外茄芝萊社
礁罔葛氏	Tjavangavangas	泰武鄉萬安部落，傀儡山二十七社之一
七卡當	Tjuvecekadan, Chikatan, Toutsikadangh, Toutzikadangh, Toevadsicadan, Toutsikadangh	七腳亭社、七卡丹社，七佳社，七佳冬，七家陳，春日鄉七佳村，傀儡山二十七社之一
大龜文	Tockovol, Tocupul, Tiaquvuquvulj, Tocobocobul, Taccabul, Takabul, Tockopol, Caqovqovolj, Tjakuvukuvulj, Tjakuvulj	獅子鄉內文村，茅草之地，水源地，遙遠之地
拖拉修	Tolasoy, Talasuy, Calasiu, Tallassu	陳阿修，來義鄉丹林村
快仔	Torackweij, Tjuruquwai, Tjuruquay, Tarraiqui, Choroqoai	上哆囉快，獅子鄉竹坑村快子部落，瑯嶠十八社之一
大狗	Tuakauw, Taco	士文社的外圍

村社（中文）	村社（羅馬拼音）	說明
港口	Vaqitsun	滿州鄉港口村，阿美族
下淡水社	Verovorangh, Vavoralangh	下澹水社，麻里麻崙社，位於屏東萬丹，後遷至內埔、恆春，鳳山八社之一
無朗逸	Vorangil, Valingitt, Valangit, Vongorti, Alongec, Tjaljaqadja, Belangssit	務郎逸社，貓籠逸，屬望仔立社管轄，來義鄉南和村，傀儡山二十七社之一，位於上淡水社東邊山區
娃卡巴	Wakaba	瑪家鄉涼山村
猴洞		恆春鎮，瑯嶠十八社之一
貓裡毒		滿州鄉長樂，瑯嶠十八社之一
阿律		傀儡山二十七社之一
寶力		車城鄉保力村
砂碼磯頭		恆春鎮貓鼻頭

十三、宜蘭地區

村社（中文）	村社（羅馬拼音）	說明
武暖	Baboeloan, Baboelian, Baboloan	奇武暖，礁溪鄉光武村
馬荖武	Bragoelian	冬山武淵村
武罕	Banarouban	冬山群英村
蘇澳	Catinunum	
利澤簡	Hedecanan, Letegan	里德幹社、奇力港，奇澤簡，五結鄉下福村，休息之地
奇立板	Kakitapan, Kipottepan	壯圍鄉　後村、東港村
加禮宛	Kaleoan, Kalewan, Cleen Mondamar	五結鄉秀水村
奇武蘭	Kibannoran, Quibaranan, Banouran	淇武蘭，礁溪鄉二龍村、光武村
南搭吝	Kigenobutarangh, Kipottepan, Kgenabtoran	毛搭吝、瑪魯口，冬山鄉群英村
奇武荖	Kimabolauw, Mabolauw	冬山鄉三奇村
芝鎮	Kimaroetenoch, Maroutenoch	麻支鎮落，礁溪
抵把葉	Kittatobigaet, Kipattobbiaer, Pattoubayer	抵百葉社，礁溪鄉德陽村，1657年遷至雞籠
冬山	Kriouan	
流流	Laulaua	撈撈，宜蘭市東村里
里荖	Linaw	里腦，冬山鄉補城村
高東	Mabassingh	馬麟，礁溪玉光村
擺離	Parerier, Payrier, Kibairier	擺里，宜蘭市，宜蘭農校
抵美簡	Pattongadiuan, Patobbican, Pattoucan	礁溪鄉白雲村

村社（中文）	村社（羅馬拼音）	說明
珍仔滿力	Pinabarath, Kannabasjen, Pinabarat	宜蘭市進士里
婆羅辛仔宛	Polosinaian, Poarissinan, Polosinnawan, Parissinawan	五結新店村
叭哩沙	Pressinowan	三星鄉，竹林之意
芭荖鬱	Proude, Paraud	叭荖鬱、吧咾吻、叭咾吻，員山惠好村
棋立丹	Serrimien, Madipatan	奇立丹，礁溪鄉德陽村
辛仔罕	Sinagangh, Sasinagan, Sinachan	辛仔羅罕，新仔罕，宜蘭市新生里
新仔羅罕	Sinarogan, Sinarochan	壯圍鄉功勞村、宜蘭市
掃笏	Soche-Sochel, Sagol-Sagol, Sogol Sogol	五結鄉興盛村
踏踏	Tabbetab, Taptap	礁溪玉田村
哈美蘭	Tackabierangh	
挽蘭	Tackiwannan	
打馬	Tagadouang, Hizmamaa	頭城鎮竹安里
打那岸	Tarrochan de Soedien, Taradagan, Tarrogan de Passouw, Tarongan, Taradingh	打那軒、打那巷、哆囉岸，礁溪玉光、玉田村
龜山島	Tatachel, Malabariga	
打蚋米	Tenaboeran, Tanaborawan	打那美，冬山永美村
抵美抵美	Tobtobbe, Tobe Tobe	壯圍鄉美間村
抵美福	Tomecho, Tomegoch, Tomichoch, Tomechoch	壯圍鄉美城村或美福村
哆囉美遠	Torobiawan, Tallabayawan, Tarabiawan, Turoboan, Taloebayan, Talebeauan	壯圍鄉新社村「社頭社」、大福村，但西班牙人的Turoboan指貢寮、瑞芳一帶。
歪打歪	Wayouway, Wayaway	外阿外，羅東仁愛里

村社（中文）	村社（羅馬拼音）	說明
哈仔難三十六社	東勢（溪南）16社：婆羅辛仔宛371（婆羅新仔宛、五結新店村）、里荖183（里腦，冬山補城村）、加禮遠453（加禮宛、五結秀水村）、奇澤簡100（其澤簡、奇利簡、利澤簡、里德幹、奇力港，五結利澤村）、打朗巷108（打那岸，羅東新群里，或五結鄉協和村）、打蚋米204（打那美，冬山永美村）、馬荖武 119（貓里府烟、武淵，冬山武淵村）、猴猴124（蘇澳龍德里）、留留仔98（留留，五結新店村，冬山河畔）、掃笏331（五結興盛村）、芭荖鬱92（叭咾吻、員山惠好村）、歪仔歪96（羅東仁愛里）、武罕133（冬山群英村）、珍珠美簡248（冬山珍珠村）、南搭吝93（冬山鄉群英村）、奇武荖440（冬山三奇村）。
		西勢（溪北）20社：哆囉美遠343（壯圍大福、新社村）、抵美抵美73（芝密，壯圍鄉美間村）、打那岸44（哆囉岸，礁溪玉光、玉田村）、打馬 126（頭城竹安里）、踏踏161（礁溪玉田村）、奇立板81（壯圍 後村、東港村）、 里目罕41（貓里霧罕，壯圍新南村、東港村）、擺離102（宜蘭市）、奇武暖67（礁溪光武村）、珍仔滿力238（宜蘭市進士里）、奇武蘭49（奇蘭武蘭、淇武蘭、奇武暖，礁溪二龍村、光武村）、抵美福149（壯圍美城村或美福村）、棋立丹68（礁溪德陽村）、 芝鎮42（ 芝鎮落，礁溪）、新仔罕308（仔罕，宜蘭市新生里）、新仔羅罕89（辛仔羅罕，壯圍功勞村、宜蘭市）、高東98（馬麟，礁溪玉光村）、撈撈70（流流，宜蘭市東村里）、抵把葉50（礁溪德陽村）、抵美簡62（礁溪白雲村）。

註：1、村社名稱後面的數字是1821年調查的人口。
　　2、東勢人口合計3,193人，西勢人口合計2,261人，總計5,454人。
資料來源：李信成，清治下噶瑪蘭族「番社」的組織與運作，ws.e-land.gov.tw。

中村孝志在〈荷蘭時代的台灣蕃社戶口表〉收錄噶瑪蘭村社44個如下：Barringayan, Kibabaloan, Kietakoeboan, Kigenabtoran, Kikarriawan, Kimaloen goedoes, Kinabourouw, Kipagabogan, Kipaltik, Kiparande, Kiparra Simmowan, Kipatoebouroh, Kipinnabarat, Kippatoengandoeyan, Kiprossa passan, Kisanna, Kisarimin, Kisasossahoe, Kisidisidil, Kisinnegan, Kisiwarogan, Kitabtab, Kitallabiawan, Kitamiggogh, Kitampan, Kitangh, Kitangraran, Kitarradangan, Kitobbetobbe, Kitomiggogh, Kittnourikan, Kittoeloubayan, Kiwayiaway, Qingodoes, Quigoenos, Quibararan, Quimabolanto, Quimadieptan, Quimatoech, Quimodammer, Quitallobij, Tackwawan, Tametamory, Tarrongan. |

十四、花蓮地區

村社（中文）	村社（羅馬拼音）	說明
七腳川	Chicasuan, Cikasoyan, Sicosuan	知卡宣、七腳川、竹腳宣，壽豐鄉或吉安鄉太昌村、慶豐村、吉安村
水蓮尾	Chiulien, Sullen	阿美族舊社
納納	Dafdaf	
觀音	Daracop	達拉哥，花蓮玉里鎮東邊
大港口	Makotoy	
抖難	Nataoran	丹郎、多難、荳蘭，花蓮市
壽社	Patibur, Boryen	壽豐，阿美族舊社
歸化	Saquiraya, Sacry	竹窩社
崇爻	Soukou , Tsongau	花蓮市
大巴塱	Tabaron, Tafalong	礁巴郎社，光復鄉富北村
馬立雲	Tacciraya, Sakircia, Saccarey	花蓮瑞穗鄉
立霧溪	Takili	
薄薄	Tallaroma, Pukpuk	薄泊社，吉安鄉仁里村
哆囉滿	Turoboan, Tarraboan, Turuboan, Danau	新城，太魯宛，立霧溪口，但西班牙人的Turoboan指貢寮、瑞芳一帶
馬太鞍	Vadan, Radangs	光復鄉大同村
筠椰椰		撒奇萊雅族、花蓮市
芝武蘭		豐濱鄉
芝密		瑞穗鄉
貓丹		麻丹社，光復鄉或玉里鎮春日里
水輦		壽豐鄉

十五、台東地區

村社（中文）	村社（羅馬拼音）	說明
蘭嶼	Bottom, Ponsonotau, Bottom, Botel Tobago	
奇拉雅山	Cilangasan	
阿塱衛	Calingit, Calenet, Aljungic, Ajogetsu, Calonoy	阿朗壹，台東達仁鄉安朔村
加走灣	Kakacawan, Pikak Sauwan	長濱鄉
文里格	Labicar, Lavabikaer	虷仔崙，金峰鄉新興村
里壠	Linauw	關山鎮里壠里
馬武窟	Mabukuru	東河鄉，武突社、貓武骨社
麻荖漏	Madawdaw, Miraurao, Mararau	成功鎮
掃別	Moronos	長濱鄉

村社（中文）	村社（羅馬拼音）	說明
呂家	Nicabon, Likavong	呂家望社，卑南鄉利嘉村
巴塱衛	Palangoe, Pangwu	大武鄉
大鳥	Patsaban, Batsibal, Patseral, Patciabal	大鳥萬社，大武鄉大鳥村
卑南	Pimaba	卑南覓，卑南鄉
白桑安	Palan, Pallay	八桑安，台東長濱鄉
綠島	Sanasay, Sanna Sanna, Maurysy, Sama Sana	
大巴六九	Tammalaccauw, Tammaloccau, Pune Wattin	泰安部落，卑南鄉泰安村
太麻里	Tavalij, Tawalij, Tawaly, Taveley, Tavalij, Sinapayan, Chabari, Arurun, Tjavualji	大貓貍社，平板之意，或太陽照耀的肥沃土地
大南	Terrorma, Taroema, Tanan, Taranak, Tarouma	卑南鄉
知本	Tipol, Katratripulr, Ripos	卑南鄉溫泉村